VIND**O**BONA
VERLAG SEIT 1946

AF168238

G. QUILITZSCH

Lebenslügen
meiner Mutter
SELBSTBETRUG IM GROSSEN STIL

VINDOBONA
VERLAG · SEIT 1946

Bibliografische Information
der Deutschen Nationalbibliothek:

Die Deutsche Nationalbibliothek
verzeichnet diese Publikation in
der Deutschen Nationalbibliografie.
Detaillierte bibliografische Daten
sind im Internet über
http://www.d-nb.de abrufbar.

www.vindobonaverlag.com

© 2024 Vindobona Verlag

ISBN 978-3-902935-97-7
Lektorat: Jasmin Fürbach
Umschlagfoto:
Evgenyatamanenko | Dreamstime.com
Umschlaggestaltung, Layout & Satz:
Vindobona Verlag

Gedruckt in der Europäischen Union
auf umweltfreundlichem, chlor- und
säurefrei gebleichtem Papier.

Inhaltsverzeichnis

Wien, SOMMER 1948 ...

Drei Jahre waren vergangen seit dem Ende des Zweiten Weltkrieges. Das ramponierte Wien glich einer riesigen Baustelle. Die
meisten Großstädte des restlichen Europas leckten ihre Kriegs-
wunden, und überall schaufelte man Schutt. Die schweren Aufräumarbeiten des zerbombten Wiens liefen auf Hochtouren. Vier
alliierte Siegernationen hatten Österreich unter sich aufgeteilt,
rund 700.000 Soldaten, davon 400.000 aus der Sowjetunion, befanden sich im Land. Gewisse Bundesländer und Wiener Bezirke
waren unter französischer, amerikanischer, englischer oder russischer Überwachung und die Innenstadt, der erste Bezirk, wurde
von ihnen gemeinsam kontrolliert. Jeeps mit je einem Soldaten
der vier Nationalitäten schauten auf die einheimische Bevölkerung und einander. In den Jeeps benahmen sie sich höflich. Bei
den Kontrollpunkten von einem Sektor zum anderen stand oft
Streit bei den Russen an der Tagesordnung. Der Schwarzmarkt
und das Spionagegeschäft florierten prächtig. Es gab von allem
zu wenig, Mangel stand hoch im Kurs. Not machte erfinderisch,
und so manches Geschäft befand sich jenseits der Legalität. Der
Schwarzmarkt war wirtschaftlich oft die einzige Überlebens-
chance. Die Winter 1945 und 1946 hatten sich unbarmherzig,
streng und brutal gezeigt. Viele, von der kriegsbedingten Ent-
behrung geschwächten, Menschen wurden dahingerafft. Für
viele Kinder waren die Bedingungen noch schwerer zu ertragen,
sie erlebten ihre nächsten Geburtstage nicht.
   ... Als Kleinkind dieser Zeit hatte ich mehr Glück, auch wusste
ich von all diesen Dingen gar nichts, außer dass ich im 10. Wiener
Gemeindebezirk Favoriten wohnte, am Stefan-Fadinger-Platz 28,
mit den kampierenden Russen auf einer Wiese mit Hügeln direkt
vor unserer Haustüre. Angrenzend stand eine dazugehörige
Kaserne, welche die Russen für ihre Soldaten beschlagnahmt
hatten. Viele von ihnen hausten auch in Zelten auf dieser Wiese, die sich inmitten des hügeligen Areals zwischen der Kaserne
und unserer Eigenheimsiedlung befand, abgegrenzt von einem
Stacheldrahtzaun. Die hochrangigen russischen Offiziere resi-

7

dierten teilweise in beschlagnahmten Siedlungshäusern; eines davon war die andere Hälfte unseres Doppelhauses.

Die Adresse am Wienerberg beim Wasserturm befand sich am äußersten Rande der Stadt; wir hatten richtig ländliche Gegebenheiten. Wo heute die Raxstraße Stoßstange an Stoßstange versucht, Staus und zu viele Fahrzeuge zu bewältigen, existierte damals eine bescheidene einspurige Straße vorbei an dem hügeligen Übungsgebiet der angrenzenden Kaserne. Der wenige Verkehr von der Triesterstraße schlängelte sich den Stefan-Fadinger-Platz entlang, an unseren Siedlungshäusern vorbei, auch an der Kirche Maria von Berge Karmel weiter Richtung Oberlaa, links und rechts flankiert von Feldern und Gärtnereien. Dazwischen waren zwei soziale Wohnbauanlagen der Gemeinde Wien. Direkt hinter unseren Häusern befanden sich die Wienerberger Ziegelwerke mit einem riesigen Gebiet, in dem fleißig Lehm geschürft wurde. Ziegel für den Wiederaufbau war begehrte Ware, die Herstellung lief auf Hochtouren.

Wir wohnten neben dem Ziegelwerkareal ziemlich isoliert von modernen städtischen Vorteilen und Bequemlichkeiten, inmitten reichhaltiger Botanik mit bebauten Feldern, Schrebergartenanlagen, einem Kiesvertrieb und der Firma Jergitsch, welche mit Zäunen und Gittern handelte. Dort befand sich auch ein heruntergekommenes Gasthaus namens Schachinger, direkt gegenüber einem hohen Wasserturm. Im Gasthaus soffen die Russen, obwohl es ihnen verboten war, dann brach unter ihnen öfter Streit aus, hin und wieder gab es auch manchmal einen Verletzten und sogar Tote. Unsere Adresse befand sich in keiner guten Gegend und war definitiv oft sehr gefährlich für alle Einheimischen. Der Wasserturm wurde von den russischen Säufern für Mutprobenspiele benutzt. Sie kletterten auf die Spitze und pinkelten hinunter. Manchmal diente der hohe Turm auch für den Selbstmord junger, angetrunkener, von starkem Heimweh geplagter, todunglücklicher russischer Besatzungsmitglieder. Solche Vorkommnisse wurden heruntergespielt, es war nicht wünschenswert, diese Gegebenheiten breitzutreten.

Am Ende unserer Straße befand sich eine zerbombte Kirchenruine. In deren Keller wurden mehr als 300 schutzsuchende Bewohner aus der Siedlung und den Gemeindebauten der Umgebung getötet, als eine Bombe einschlug. Die Kirche hatte einen ungewöhnlich modernen Baustil ohne üblichen Kirchturm. Die US-Luftwaffe hielt das Gebäude von der Vogelperspektive aus für eine Fabrikhalle, weil sich auch viele Bahnschienen in der Umgebung befanden. Deswegen war dieses Ziel definitiv eine Bombe wert gewesen. Als wieder einmal die Luftschutzwarnsirenen heulten, just an diesem Tag wollte meine Großmutter auf keinen Fall in den Kirchenkeller. Alles in ihr sträubte sich dagegen und sie beschloss, in ihrem eigenen Keller die wild wütenden US-Bomben zu überleben, oder auch nicht. Sie erzählte später, dass sie einfach nicht in das Kirchenuntergeschoß gehen konnte, um an diesem Tag dort Zuflucht in Anspruch zu nehmen. Die Angst und Hysterie der anderen schutzsuchenden Anwesenden wollte sie sich einfach nicht antun. An diesem Tag war es ein massiver Bombenangriff, der damals wütete: von Wiener Neustadt, über Wien Süd, breit gefächert, bis zum ersten Bezirk, wurde alles einem todbringenden Pfad der Verwüstung preisgegeben. Als es vorüber war, stellte sich heraus, dass nicht nur die Kirche einen Volltreffer abbekommen hatte, sondern auch einige Siedlungshäuser. Großmamas Haus war nicht dabei, und ihr sechster Sinn hatte ihr wieder einmal gute Dienste erwiesen, sie blieb verschont, viele ihrer Nachbarn kamen zu Tode, und ihre Umgebung wurde schändlichst ramponiert.

Wir lebten äußerst abgeschieden vom restlichen Wien. Bei uns in der Nachbarschaft gab es nicht viel Auswahl an Einkaufsmöglichkeiten. Wir hausten so richtig, „wo sich die Füchse gute Nacht sagen", wie unsere Verwandtschaft immer spottete. Obendrein befand sich der zehnte Bezirk in russischer Überwachung. Er war also gefährlich, weil die Russen als cholerisch und sehr oft stark betrunken galten. Das machte sie unberechenbar und gewalttätig. Es war auch die Rede von Belästigungen Frauen gegenüber. Man tuschelte hinter vorgehaltener Hand über bösartige Vergewaltigungen von jungen und auch alten Frauen, und einige vertuschte Todesfälle.

Weil ich von all diesen Gegebenheiten noch nichts wusste, war für mich die Welt vor meiner Haustüre oder dahinter völlig in Ordnung. Meine Großmama, damals um die fünfzig Jahre alt, war der Mittelpunkt meines Lebens. In unserem Haushalt in der linken Hälfte eines Doppelhauses gab es täglich so viel Interessantes zu tun. Großmama hieß Lore und war sehr geduldig, wenn sie mir trotz meines zarten Alters Aufgaben zuteilte, Anweisungen gab, mich lobte, wenn ich gute Arbeit leistete, nicht schimpfte, wenn ich etwas falsch machte und mir ruhig erklärte, was ich in Zukunft besser oder anders machen sollte. Sie war im Umgang mit mir sanft, hatte lustige, braungrüne Augen und eine stramme, kurvig- weibliche Figur. Nacht für Nacht cremte sie ihre überaus geschickten Hände ein und steckte sie in weiße Baumwollhandschuhe. Leider brachte es nicht viel, da sie Garten und Haus in Schuss hielt und es damals so gut wie keine Haushaltsgeräte gab. Für sie standen keine Gummihandschuhe zur Verfügung, die sie vor heißer Lauge und Geschirrwasser schützten. Auch waren Drahtwaschel und Scheuerpulver Ata und Immi von Henkel, die aus Marmor- oder Quarzmehl bestanden, sehr ätzend für die Haut. Großmama sagte immer, dass man eine Dame an ihren gepflegten Händen erkennen würde. Mit Wehmut erzählte sie gerne von ihrer Jugend in der Kaiserzeit und den damaligen Schönheitsidealen, wie die weichen, blassen, perfekt manikürten Damenhände der reichen Mittelschicht und der Aristokratie. Damen hatten glanzpolierte Fingernägel anstatt mit Nagellack plebejisch rot zugekleisterte Krallen wie die Amerikanerinnen der US-Besatzer. Pflege war Großmama für Haus, Garten und sich selbst sehr wichtig. Sie war eitel und färbte sich die Haare, für die damalige Zeit, sehr gewagt. Dafür verwendete sie Nussschalenextrakt, damit die Haare dunkel blieben und glänzten. Sie hatte überhaupt großes fundiertes Wissen über Heil- und Schönheitsmittel pflanzlicher Natur. Wenn es Gurkensalat gab, verwendete sie Scheiben und Schalen als Maske, legte diese auf ihr Gesicht und machte ein halbstündiges Schläfchen damit. Da musste ich mich gedulden und still sein, bis ihre Schönheitspflegepause vorüber war. Sie kannte viele nützliche Dinge, welche das Leben angenehmer machten, ich war daher in guten Händen, was allerhand nützliches Wissen für harte Zeiten betraf. Unser geregelter Tagesablauf begann sehr zeitig in der Früh. Da mussten die Hühner und Hasen gefüttert werden, welche wir im Garten hinterm Haus hielten. Auch die neuen Gemüsepflanzen brauchten einen Schluck Wasser. Die Größe unseres Grundstücks betrug zirka 200 Quadratmeter und jeder Zentimeter war mit Obstbäumen und Gemüse bepflanzt. Sogar die Gitterzäune stützten Fisolen, Bohnen-, und Gurkenpflanzen. Wir hatten elf Obstbäume, drei Weinstöcke und zwei Wildrosenbüsche, deren Früchte, die Hetscherln, im Herbst zu Schnaps verarbeitet wurden.

War die Gartenarbeit fertig, ging es auf die Troststraße zum Einkaufen in einige wenige kleine Geschäfte. In dieser Nachbarschaft galt unser erster Besuch einer Milchfrau, die auch mit Brot und Gebäck handelte, wenn diese zu haben waren. Sie erzählte immer die neuesten Tratschereien. Beim Fleischhauer nebenan waren Pferdefleisch, Würste und Speck oft nicht vorrätig, dafür aber immer saftige Geschichten und oft sehr schlechte Ware. Neben dem Fleischgeschäft befand sich ein Laden mit Sauerkraut, da waren auch Essig- und Salzgurken in riesigen Fässern und Gemüse in Gläsern zu haben, plus interessanter Tratsch und sogar Witze, die ich nicht verstand. Das Lokal war immer einen Besuch wert, auch wenn es für mich nur ein Essiggurkerl zum Sofortessen gab. Direkt nebenan hatte ein wortkarger, knorriger Schuster seine Werkstatt. Schuhe waren eine Rarität und teuer. Man ließ sich die Sohlen seiner alten Hatscher neu aufdoppeln, der hintere Absatz und die vordere Spitze wurden sehr oft mit Eisenplättchen verstärkt, um sie vor dem schnellen Verschleiß zu bewahren. Bei jedem Schritt klimperte dann der Gang vor sich hin. Auch die Risse an der Oberseite der Schuhe wurden immer wieder geflickt. Die Zeiten waren hart, das tägliche Leben sehr schwierig und teuer. Es gab immer zu wenig von Allem, überall sehr oft lange Warteschlangen zu ertragen, um das Wenige doch noch zu bekommen. Wir wurden durch unsere Lebensumstände zur Genügsamkeit gezwungen. Das prägte unser weiteres Leben, beeinflusste es ungemein und machte aus uns tüchtige Sparmeister, was bei den Meisten von uns ein Leben lang anhielt. Durch unsere Lebensumstände wurden wir angehalten, erfinderisch zu werden, auch experimentierfreudig, um neue Wege zu gehen. Jede Schwierigkeit und Hürde wurde eine Herausforderung, wenn überwunden, der Sieg ungemein wohltuend und befriedigend. Als Kind dieser Zeit lernte ich wertvolle Überlebensstrategien. Großmutters Lieblingsspruch war: „Hilf dir selbst, dann hilft dir Gott". Unnütz herumsitzen und Trübsal blasen war nicht nach ihrem Geschmack, weil sie von früh bis spät unermüdlich zu unserem täglichen Wohlbefinden beitrug. Zum Beispiel nach unserem Einkauf in der Nachbarschaft wurde das Erworbene zu Hause verarbeitet, und wenn nötig mit Eingemachtem oder Getrocknetem vom Vorjahr aus unserer Speisekammer gestreckt. Wir gingen mit Essbarem vorsichtig, fast andächtig, um und schätzten jedes Lebensmittel. Die akuten Hungerjahre wie im Krieg und direkt nach seinem Ende lagen offiziell hinter uns, aber drei Jahre danach gab es noch immer massive Beschränkungen bei fast allen Lebensmitteln, der Kleidung, dem Heizmaterial, und auch bei Hygieneprodukten.

Unsere häuslichen Aktivitäten waren am späteren Vormittag von einer intensiven Lärmkulisse begleitet. Am Kasernengelände, direkt vor unserer Nase, wurde fleißig und sehr laut für den nächsten Krieg geübt. Die Russen tobten sich ordentlich aus mit einem rostigen Panzer und absolvierten damit tägliche Schießübungen. Trotz geschlossener Fensterläden rüttelte und schepperte unser Geschirr in der Küchenkredenz, auch die Fensterscheiben klirrten. Die Russen übten auch fleißig das Schießen. Manchmal verfehlten die Geschosse ihr Ziel, sie landeten dann in den Mauern unserer Häuser. Deswegen musste man zu dieser Zeit besser den Aufenthalt im Vorgarten meiden. Aus diesem Grund kam unser Briefträger auch erst ab Mittag. Nach zirka zwei Stunden war der Spuk vorbei und wir konnten uns wieder unseren Aufgaben im Vorgarten widmen, den Gehsteig fegen, oder die Straße benutzen, um dort entlang zu eilen und anfallende Dinge zu erledigen.

Es gab immer viel zu tun. Das Kochen war zeitaufwändig, wir hatten keine Fertiggerichte, es fehlten oft Zutaten und man musste andauernd improvisieren, mit Ersatz schummeln. Wenn doch noch die richtigen Kombinationen von Ingredienzen vorhanden waren, gab es zum Beispiel Nudeltag. Am frühen Morgen wurden große Mengen Teig für Eierbandnudeln geknetet, ausgerollt, Nudeln geschnitten und auf sauberen Tüchern über Sessellehnen in der Küche zum Trocknen aufgehängt. Von früh bis spät waren wir eingedeckt mit Arbeiten, die uns ein relativ angenehmes Überleben garantierten. Wir mussten nach dem Kleinvieh – drei Hühner und vier Hasen – sehen, das hinter dem Haus im Garten untergebracht war, und Saison bedingt Obst und Gemüse in den Beeten versorgen, oder zum Sofortverbrauch ernten. Immer gab es etwas zu tun. War die Ernte üppig, wurde sie für den Winter eingekocht oder getrocknet.

Großmama Lores Halbschwester Helene hatte einen Bauernhof in Niederösterreich. Wenn bei ihr im Herbst das Schlachten angesagt war, schickte sie uns Würste und Speck für Schmalz. Der Speck, der fette Schweinebauch, in Würfel geschnitten, wurde in einem großen Topf erhitzt, ausgelassen, die bräunlichen Fettstückchen dann in eine Kartoffelpresse gegeben und ausgepresst. Das ergab knusperige Grammeln als Knödelfülle. Auch mit dem ausgelassenen Schmalz vermischt und mit Knoblauch, Zwiebel, Salz und Pfeffer gewürzt, wurde es ein Brotaufstrich. Sicherlich war das Zeug reichlich ungesund, aber wir hatten sehr wenig und verwerteten alles, was den Magen füllte und uns zu Energie verhalf. Noch immer existierten große Engpässe in der Lebensmittelversorgung.

Wir kannten keine Müllprobleme. Die Müllabfuhr kam einmal im Monat, da existierte fast kein Abfall, Brennbares wurde verheizt, alle Alufolien gesammelt und an eine Anlaufstelle zum Wiederverarbeiten gebracht. Lebensmittel in Dosen waren rar, es gab noch kein Plastik und keine Verpackungen, wie wir sie heute kennen. Obst und Gemüse wurde beim Kauf in altes

Zeitungspapier gewickelt, dieses verbrannt, das Eingekaufte ohne Verpackung in ein Einkaufsnetz gegeben, oder das Gemüse einfach in einen mitgebrachten Weidenkorb eingeräumt. Die wenigen Lebensmittel in Schachteln, wie Nudeln, Salz, Kaffee, Kakaopulver, Zucker etc., wurden verheizt. Auch die Milch kam in eine mitgebrachte Milchkanne und wurde aus einer riesigen Aluminiumkanne herausgeschöpft. Heute undenkbar wegen der Hygienevorschriften. Wir sind trotz dieser Zustände nicht erkrankt. Die Milch hatte viel mehr Fettgehalt als heute. Alles Essbare war heilig, wurde andächtig respektiert und bis zum letzten Fitzelchen verarbeitet. Organisches Material und Gartenabfälle kamen auf den Komposthaufen. Lebensmittel wurden nicht entsorgt, auch wenn sie hart an der Grenze zum Verderben waren, bei Obst und Gemüse wurden die schlechten Stellen herausgeschnitten und die übrigen Fruchtteile zu Kompott, oder bei Gemüse als Suppeneinlagen, verarbeitet. Auch altes, hartes Brot wurde in Brotsuppe verwandelt, mit ausreichend Kümmel und einem kleinen Schuss Rahm, wenn möglich, oder in Brotwürfel geschnitten und leicht knusprig in Schmalz angebraten, auf Suppen gestreut. Aus trockenen Semmeln machten wir Bröseln. Diese kamen in Torten und Kekse, wenn nicht genug geriebene Nüsse vorhanden waren, oder zum Panieren des seltenen Wiener Schnitzels, auch in Schmalz herausgebacken, sehr ungesund aber köstlich. Das „falsche" Schnitzel war auch beliebt im Frühling: Hollerblütendolden genauso paniert und herausgebacken wie das Fleisch.

Alles wurde mit langwierigen Arbeitsschritten erledigt. Zum Beispiel der Waschtag. Die Schmutzwäsche musste am Vorabend in unserer Kellerwaschküche im Kupferkessel eingeweicht werden. Dazu brauchten wir große Mengen Schmierseife, das war bernsteinfarbene, dickflüssige Seife mit der Konsistenz von Honig. Bei Tagesanbruch am nächsten Morgen wurde unter dem Kessel mit der eingeweichten Wäsche ordentlich eingeheizt und die Schmutzwäsche gekocht. Danach bekamen die Wäschestücke bei gröberer Verschmutzung in einem hölzernen Waschtrog eine harte Bearbeitung mit der Rumpel. Anschließend wurden noch vorhandene Flecken mit einer Reisbürste kräftig geschrubbt, das Wäschestück dann mehrmals geschwemmt, ausgewunden und es kam in einen Weidenkorb. Vom Keller in den Garten getragen, wurde alles zum Trocknen aufgehängt. Allerdings war das mit gewissen Risiken verbunden, nämlich schwarzblauer Amselscheiße auf blütenweißer Bettwäsche, was Großmama immer in Rage versetzte, sodass sie mit Kieselsteinen nach den Vögeln schmiss und fürchterlich auf Tschechisch fluchte. Bei Schlechtwetter und im Winter diente der Dachboden zum Wäschetrocknen vier Stockwerke höher, vor Amseln in Sicherheit, jedoch das Trocknen zog sich oft eine ganze Woche hin. Für saubere Betten, Vorhänge, Teppiche und appetitlich gedeckte Tische bei allen Malzeiten mit Stoffservietten war Großmutter keine Mühe zu groß.

Der Bügeltag dauerte sehr lange, da Großmama sogar Socken bearbeitete. Es gab noch keine knitter- und bügelfreien Textilien. Die weiße Damastbettwäsche hatte geklöppelte Spitzenrüschen, was im Schlafzimmer nobel aussah, beim Bügeln aber viel Zeit kostete. Auch die bestickten Tischtücher und Servietten brauchten viel Aufmerksamkeit, um nach der Wäsche wieder zu erstrahlen. All das war ein großer Aufwand, aber Großmama wollte um jeden Preis einen gepflegten Haushalt, einen schönen Garten und eine gute Gemüse- und Obsternte. Dafür war sie gewillt, hart zu arbeiten, und das Resultat konnte sich sehen lassen. Es war viel hochwertiger als das ihrer Schwestern Großtanten Hilda und Grete, trotz der Hilfe ihrer beider Hausmädchen. Die zwei „Gnädigen" konnten gerade mal heißes Wasser für Kaffee oder Tee kochen, und rührten auch keinen Finger bei irgendeiner Hausarbeit.

Hinter der Siedlung, im Areal der Wienerberger Ziegelwerke, hielten deren Arbeiter für Milch und Fleisch Ziegen und Kühe. Von dort holten wir den Dünger für unseren Garten. Mit Leiterwagen und darauf großen Weidenkörben sammelten wir mit Handschuhen die trockenen Kuhfladen und Ziegenkügelchen ein und transportierten sie zu unserem Grundstück. Gerade nach so einem Ausflug, während wir beschäftigt waren, die Beute in Kübeln voll Wasser aufzuweichen, um Flüssigdünger herzustellen, bekamen wir einen störenden Besuch. In unserem teils stark bekleckerten Arbeitsgewand waren Großmama und ich nicht gerade sehr salonfähig. Für unser harmonisches Dasein war das Auftauchen dieses Schreckgespenstes immer sehr aufwühlend. Sie besaß leider ihren eigenen Schlüssel zu unserem Refugium, so konnten wir uns nur stillschweigend überrumpeln lassen. Das Auftauchen meiner Mutter bedeutete für Großmama und mich immer Chaos. Für die damaligen Lebensumstände zeigte Madam ein außerordentliches Erscheinungsbild. Es gab in den Geschäften noch sehr wenig modische Damenbekleidung, nur in gedeckten Farben und langweiligen Mustern, mit ultrakonservativer Schnittführung. Finanzielle Möglichkeiten waren fast immer begrenzt. Die meisten Frauen trugen triste Bekleidung von der Stange, besser situierte Frauen hatten eine Schneiderin. Für Normalsterbliche war auch der zweckmäßige „Trümmer-Look" aktuell: geflickte Arbeitsbekleidung. Noch immer wurde von den meisten Frauen in gewissen Bezirken Schutt beseitigt, um das zerbombte Stadtbild zu sanieren und die Ziegel von Mörtel zu befreien, um sie wieder benutzen zu können. Wiederverwertung bei Allem war überall angesagt und oberstes Gebot.

Das Modepüppchen, das da angerauscht gekommen war, um uns den Tag zu vermiesen, war ganz anders angezogen. Klein und extrem dünn glich sie einer Miniversion der großen Mannequins in französischen Modejournalen. Ganz in Schwarz gekleidet, was sie noch viel schlanker erscheinen ließ, mit einem farbigen und kostbaren Seidentuch am Hals, wirkte sie sehr elegant. Um sie größer wirken zu lassen, trug sie immer Pumps mit hohen Absätzen, sehr riskant bei Kopfsteinpflaster oder löcherigen Gehsteigen. Nylonstrümpfe mit Naht waren für ihr Gesamterscheinungsbild ein absolutes Muss. Sie schminkte sich, hatte feuerrote Lippen, ihre Wimpern waren kräftig getuscht, die Augenbrauen in hohe Bögen gezupft und nachgemalt, ihre Nägel passten farblich zu den Lippen. Das war damals absolut ungewöhnlich bei österreichischen Frauen. Madam wohnte bei einer Tante im amerikanischen Sektor von Wien, wo die weiblichen Besatzungsmitglieder angeblich auch Lippenstift und Nagellack trugen. Bei Kritik in der Familie, „angeschmiert wie ein Hutschpferd" zu sein, verteidigte sie sich lautstark mit diesem Argument. Sie bezeichnete ihre Kritiker als Sonderlinge, die hinterm Mond lebten.

Wie immer sofort hysterisch, als Mama sah, dass wir mit getrockneten Kuhfladen beschäftigt waren, konnten alle Nachbarn ihr Gekreische deutlich hören. Sie schimpfte wegen unserer Tätigkeit, war wieder einmal wütend, riss mich beim Jackenkragen hoch, schleifte mich keppelnd ins Haus und die Stiegen hinauf ins Bad im ersten Stock. Dort angekommen, entledigte sie mich sehr unsanft meiner Kleidung, ließ ein viel zu heißes Bad ein und schmiss mich hinein. Danach schrubbte sie mich, als wäre ich ein schmutziger Holzboden, bis ich feuerrot wurde und meine Haut sehr wehtat. Mit dem Waschlappen attackierte sie alle Körperöffnungen. Danach ertränkte sie mich fast mit Haarshampoo, bis ich beim Ausatmen große Blasen machte und die brennenden Augen waren auch nicht lustig. Nach der Haarwäsche kam das Ausspülen, indem sie mich unsanft unter Wasser hielt, ich viel Badewasser schluckte und hustend wieder auftauchte. Schließlich an Händen und Füßen unsanft aus der Wanne auf ein Stockerl verfrachtet, rutschte ich natürlich, nass und glitschig wie ich war, hin und her, was ihr sehr missfiel. Ein harter Klaps ließ nicht lange auf sich warten. Es war sinnlos, sich zu wehren, das machte sie nur wütender und brutaler. Nach der Rutschpartie kam mehr schrubben mit dem Badetuch und Attacke auf alle Körperöffnungen. Die Krönung der Aktivitäten aber war das Auskämmen der nassen Haare, da ich eine starke Naturkrause hatte und diese leicht verfilzte. Ungeduldig wurde herumgerissen, bis ich doch noch schrie, da setzte es sofort eine ordentliche Ohrfeige. Danach ging es um etliches härter zu und wenn am Hinterkopf gerissen und gekämmt wurde, kam meine Stirn immer wieder in Kontakt mit Mutters Gürtelschnalle. Ich befand mich auf einem Stockerl, mit meiner Stirn genau in Höhe ihrer Taille, hatte dann Tage lang auf der

Stirn einen großen blauen Fleck, und manchmal waren auch die Fingerabdrücke ihrer Hand auf den Wangen zu sehen. Als wir fertig waren und ich im Nachthemd steckte, wurde ich die engen Stufen hinauf zu einem kleinen Mansardenschlafzimmer gezerrt, dort unsanft aufs Bett verfrachtet und die Fensterläden lärmend geschlossen. Das Fenster davor blieb offen, danach verschwand die Furie und ich war sehr froh darüber, leider nicht über meine Umstände und Umgebung. Durch die Fensterläden blitzten hier und da Sonnenstrahlen und machten Muster auf die dunklen Zimmerwänden. Vereinzelt drangen Stimmen und fröhliches Gelächter aus umliegenden Gärten zu mir herauf in mein dunkles Verließ. Diesen Leuten ging es gut, weil sie den herannahenden Abend in der freien Natur genießen konnten, was Großmama und ich auch immer taten. Stattdessen war die Furie wieder einmal hergekommen, hatte unseren friedlichen Tagesausklang gestört und verhindert. Lange saß ich im Dunkeln auf dem Bett, starrte auf die Lichtmuster, die durch die Fensterläden auf der Wand tanzten und heulte vor mich hin. Alles tat mir weh. Ich verstand nicht, warum diese Person solch Benehmen an mir losließ. Wenn Großmama mich badete, war das lustig, angenehm warm und ich durfte mit einer Plastikente und einem kleinen Boot spielen, bis es Zeit war, mich zu waschen. Nach einer Weile ließ ich die Tränen bleiben und kroch aus dem Bett, die Treppe hinunter in den ersten Stock zum Stiegenabgang ins Untergeschoß, wo ich Omama und Mutter beim Streiten in der Küche zuhören konnte. Es gab immer die gleichen Streitpunkte: wie meine Mutter mich behandelte, sie müsse sich einfach besser beherrschen. Mit Geld disziplinierter umgehen, endlich auf ihrer Arbeit den Mund halten und sich unterordnen, sie sei keine 14-Jährige mehr und sollte die Faxen lassen. Großmutter machte ihren Standpunkt klar:

„Du willst etwas haben und zwar sofort, das ist eine wirksame Strategie für Neugeborene, aber völlig unpassend für eine fast Dreißigerin!"

Das Leben sei eben kein Honiglecken. Mutter konterte mit dem Argument, dass sie nie ein Kind wollte, dass Frauen unterdrückt waren, dass sie als Wesen zweiter Klasse behandelt wurden, dass ihr jüngerer Bruder Kurt immer bevorzugt wurde, dass Großmama immer auf ihr herumhackte usw. Diese sagte ihr, sie war auch eine ungewollte Schwangerschaft, das verstand ich damals noch nicht, und dass die meisten Kinder nicht unbedingt geplant waren, sonst wäre die Menschheit schon längst ausgestorben. Beide Frauen gruben uralte Differenzen aus, und blieben sich nichts schuldig, als sie sich gegenseitig beschimpften. Dann weinte Mutter und ich musste schleunigst wieder nach oben zurück ins Bett, damit ich von ihr nicht erwischt werden würde, und in ihrer Rage auf das Leben sie mich noch mal haute. Ob ein Kleinkind hassen kann? Damals noch nicht. Jedenfalls mochte ich sie überhaupt nicht und diese Emotion war sehr stark. Für mich war sie einfach furchteinflößend und böse, unfreundlich und mit Schmerzen verbunden. Ich mochte auch ihren Geruch nicht. Später erfuhr ich, dass es Chanel Nr. Fünf war, und das sehr teure Parfüm von einem französischen Modedesignerhaus stammte. Bei mir löste der Duft für den Rest meines Lebens größtes Unbehagen aus. Sogar Jahrzehnte später kriegte ich Gänsehaut, wenn er mich erreichte. Froh und ungeheuer erleichtert waren wir immer, wenn Madam am nächsten Tag das kleine Kabinett neben dem Badezimmer, wo sie bei uns nächtigte, verließ. Sie war am Morgen, Gott sei Dank, immer verschwunden. Wir konnten uns in Ruhe von Mamas rabiatem Besuch erholen, in Ruhe frühstücken, und meine Schrammen verarzten, uns auch wieder ungestört unseren Aufgaben widmen. Wenn wir Glück hatten, war für uns mindestens zwei Wochen Ruhe bis zu Mutters nächstem brutalen Besuch, so hatten wir diese Gnadenfrist, um unser friedliches Leben weiter zu genießen.

Die andere Hälfte unseres Doppelhauses war in desolatem Zustand. Dort kamen und gingen dubiose Russen zu allen Uhrzeiten geschäftig ein und aus. Manchmal wollten sie bei uns Einlass, wenn sie vorher zu tief in die Flasche geschaut hatten. Meistens trugen sie die Burschen zuhauf, denn nebenan wurden laute Sauforgien gefeiert, mit Gesang und Mutproben. Zum

Beispiel polterte die Russenmeute in die Mansarde, um einen auserkorenen Soldaten dort aus dem Fenster aufs Dach zu schicken, und ihn grölend animierte, in der Dachrinne stehend, aus einer Flasche zu trinken. Einer stürzte ab, durchschlug die Pergola und blieb am Betonboden der Terrasse schwer verletzt oder tot liegen. So genau wussten wir das nicht. Er wurde aufgesammelt und auf einer Bahre weggetragen. Der Vorfall brachte danach Ruhe. Die Russen blieben wegen des Unfalls plötzlich dem Saufhaus fern. Nach einer Weile leerstehend, wurde die verwahrloste Bude plötzlich in Stand gesetzt und eifrig bearbeitet, neue Fensterscheiben, Fensterläden und eine neue Eingangstüre installiert, alles sah gleich viel freundlicher aus. Tagelang wurde drinnen gehämmert und es stank nach frischer Farbe. Einige Soldaten schleppten sehr schöne Möbel herbei. Großmama war der Meinung, diese wären von irgendeinem armen Bürger konfisziert worden. Kurz darauf zog ein Offizier mit einer wunderschönen blonden Frau und einem herzigen kleinen Jungen ein. Er und ich waren sofort fasziniert voneinander und beim alleine-in-unseren-jeweiligen-Gärten-Spielen starrten wir uns durch den maroden Gartenzaun sehnsüchtig an. Tage lang begnügten wir uns mit kurzem „guten Tag"-Nicken, wir trauten uns nichts Anderes. Als meine Mutter bei ihrem nächsten sadistischen Besuch mitbekam, dass wir neue Nachbarn hatten, kriegte Großmama strickte Anweisungen, mich ja nicht mit dem Buben in Berührung kommen zu lassen, wusste man doch nicht, was für scheußliche Bazillen das fremde Kind hatte. Für sie war jedes Kind eine Viren- und Bazillenschleuder, auf alle Fälle jeglicher Kontakt war immer tunlichst zu vermeiden! Am liebsten hätte sie mich unter eine Glasglocke gestellt und nur hervorgeholt, um mich zu martern.

Die neuen Nachbarn traten in den Hintergrund, als ein Ereignis unsere Welt völlig auf den Kopf stellte. Es war ein sehr aufregender Nachmittag gewesen. Großmama Lore hatte ein Telegramm bekommen, worüber sie die Fassung verlor und heftig zu weinen begann. Innerhalb einer Stunde gab es Familienversammlung in unserem Wohnzimmer: Diese bestand aus Großmamas Halbschwestern Grete und Hilda plus ihren Ehemännern; meiner Mutter; Onkel Kurt – Mutters jüngerem Bruder mit Elli, seiner deutschen Ehefrau. Tante Franzi, Großmamas Schwägerin, war auch gekommen mit ihrer Mutter Aloisia, Großmamas Schwiegermutter. Untereinander gab es normalerweise Eifersüchteleien, Streitigkeiten, kleine Gemeinheiten. Es war nicht unbedingt ratsam, alle auf einem Haufen zu haben. Man musste wissen, wen man mit wem zusammen einladen sollte, um Harmonie zu bewahren. An diesem Tag herrschte Frieden, da das bevorstehende Ereignis etwas Außerordentliches zu sein schien. Onkel Kurt teilte Stamperln aus und bemühte die Schnapsflasche, indem er allen Anwesenden kräftig eingoss.

Die „liebe Familie" schnatterte durcheinander; sie weinten, lachten und tranken Schnaps, den Onkel Kurt weiterhin geschickt verteilte. Nach und nach bekam ich mit, dass ein mir unbekanntes Familienmitglied, dem es schlecht ging, in Kürze bei uns eintreffen würde. Dass ER sehr lange verschollen gewesen war, als „gefallen" gegolten hatte, (was immer das bedeutete), sozusagen von den Toten auferstanden war, ER von Russland nach Hause geschickt wurde, dass ER in einem schlechten gesundheitlichen Zustand, aber wenigstens am Leben, war. Kurz darauf kam ein Rettungswagen des Roten Kreuz, der vor unserer Haustüre anhielt. Da stürzte die schon beschwipste Mischpoke aus dem Wohnzimmer zur Eingangstüre hinaus, um den Transport in Empfang zu nehmen, ich natürlich hinterher. Aus dem Wagen wurde eine Bahre mit einem Mann darauf ausgeladen. Er hatte ein graues Gesicht und langes, weißes Haar, einen weißen Bart und tief eingesunkene Wangen. Seine nackten Füße ragten hinaus über der Decke, die ihn bedeckte und die Trage, er musste daher sehr groß sein. Behutsam wurde er ins Haus, dann ins Wohnzimmer, getragen und auf den Divan gelegt. Die Familienmitglieder gruppierten sich schweigend um ihn herum. Mamas Bruder, mein Onkel Kurt, nahm mich beiseite und erklärte mir feierlich, dass mein Großvater aus sibirischer Kriegsgefangenschaf aus Russland endlich heim zu uns gekommen war.

Als Veteran des Ersten Weltkrieges war Alois Hanzlik im zweiten Krieg früh in russische Gefangenschaft geraten und nach Sibirien geschickt worden, wo er mit aller Kraft versuchte, zu überleben. Nun war er zum Sterben in seine Heimat entlassen worden. Großmama hatte alle Hände voll zu tun, um ihm seine letzten Wochen so angenehm wie möglich zu machen. Die Ärzte hatten ihn aufgegeben. Mit Wasser in den Beinen, nur mehr Haut und Knochen, hustete er auch noch zum Fürchten, und bekam kaum Luft beim Atmen, völlig teilnahmslos hatte er auch keinen Appetit. Bei einer Körpergröße von einem Meter neunzig war er gefährlich abgemagert und seinem Ende sehr nahe.

Die gemeinsame Wand unseres Doppelhauses war dünn genug, um die Nachbarn von Opapas Erstickungsanfällen in Kenntnis zu setzen. Eines Tages stand die hübsche russische Offiziersgattin plötzlich auf unserer Veranda hinterm Haus und klopfte an der Terrassentüre. Sie war durch den maroden Maschenzaun geklettert, eigentlich sehr vernünftig, weil so die österreichischen Nachbarn sich nicht die Mäuler zerreißen konnten, wegen Fraternisieren mit russischen Besatzern, was ungern gesehen war. Die schöne Russin brachte eine bestimmte Kräuterteemischung gegen den fürchterlichen Husten. Ihr Name war Dunja und sie verfügte über altes sibirisches volksmedizinisches Wissen. Großmama konnte genug Russisch, um sich mit Dunja zu verständigen, die ein wenig Deutsch sprach. Auch dachte Großmama, es könne nicht schaden, etwas Neues auszuprobieren. Wenn Großpapa sowieso sterben musste, war es doch sinnvoll, Dunja schalten und walten zu lassen, wenn nur die kleinste Chance auf Linderung seiner Symptome bestünde und er sich beim Sterben leichter täte. Unsere Ärzte hatten Großvater als nicht mehr zu retten eingestuft, viel zu fortgeschritten ins Negative war sein Zustand.

Großpapa hatte nun plötzlich alternative medizinische Betreuung von unserer russischen Nachbarin. Er konnte sich mit Dunja auf Russisch verständigen, und ließ alles über sich ergehen. Er schluckte erstaunliche Mengen sonderbar riechender Flüssigkeiten, bekam stinkende Brust- und Wadenwickel und

Ganzkörperpackungen. Großmama Lore und ich bereiteten die Tees und Tinkturen in der Küche vor. Zwischendurch gingen wir in die Ziegelteiche, um Schafgarbe und Brennnesseln, Huflattich und Lehm für Packungen zu sammeln. Wir fuhren in den Wienerwald, um zusätzlich bestimmte Rinden und Pflanzen zu holen, und machten einen Hustensirup aus Fichtennadeln, Honig und Wodka, der tatsächlich Linderung verschaffte. Außerdem brachte er Großvater zum Lachen und er bekam einen Schwips. Dunja brachte viele sonderbare Flüssigkeiten zu trinken, vor allem alles, was Vitamine enthielt, oder stärkte; zum Beispiel jeden Morgen rohen Eidotter angerührt mit einem Teelöffel Honig in über Nacht abgestandenem dunklen Bier. Von irgendwoher hatte Dunja plötzlich Zitronen aufgetrieben. Den Saft und die Schalen verwendete sie auch für Großvaters Rosskur. Das Haus stank nach Kräuterapotheke, die Wäscheleinen im Garten waren voll mit nassen Tüchern. Zuerst erschien Großpapas gesundheitlicher Zustand schlechter. Er hatte arge Erstickungsanfälle und musste sich häufig übergeben. Abwechselnd war er Schweiß gebadet, danach zitterte er sehr heftig mit Schüttelfrost. Er bekam Essigwickel abwechselnd an den Füßen und den Waden, auch Brustwickeln am Rumpf. Er schnaufte, hustete und zitterte rund um die Uhr, aber er starb nicht, und langsam klangen die heftigen Krankheitssymptome ab, der Husten verabschiedete sich sogar total, und auch die Flüssigkeit in den Beinen gehörte der Vergangenheit an. Die Flüssigdiät, bestehend aus Tees und Suppen, wurden durch feste Nahrung ersetzt und Alois vertrug sie, ohne sich übergeben zu müssen. Dunja schleppte Leckerbissen herbei, welche es eigentlich schon jahrelang gar nicht mehr gab. Zum Beispiel waren da allerlei Pasteten, Dosenfisch und Kaviar, sicherlich konfiszierte Lebensmittel von irgendwoher, man durfte darüber nicht nachdenken. Unsere liebevolle Betreuung, plus die sonderbare Diät, wirkten Wunder. Wir alle glaubten fest an Großpapas Genesung, die tatsächlich nach zwölf Wochen eintraf. Wackelig auf den Beinen, hatte er plötzlich großen Appetit, war gut gelaunt und für jegliche Blödelei zu haben. Die innige Freundschaft, welche zwischen unseren Familien blühte, war wunderbar erfrischend. Miteinander lachen zu können und guter Dinge zu sein, gab Kraft und tat der Seele gut. Die Zeiten waren höchst unerfreulich, aber wir steuerten dagegen mit unserem kollektiven Enthusiasmus und der Aufgabe, Großpapa von der Schaufel des Todes geholt zu haben. Heimlich huschten wir durch den morschen Gartenzaun und betraten abwechselnd durch die Hintertüren gegenseitig unsere Häuser. Es geschah verborgen vor gierigen Nachbarsaugen und bösen Gerüchten, welche Probleme auslösen hätten können. Die gegenüberliegenden Häuser, die unsere Gärten überragten, waren vorwiegend von Russen beschlagnahmt, von dort drohte keine Gefahr der Entdeckung plus Repressalien. Wir wollten uns diese und dummes Gerede von unseren neidigen, missgünstigen Wiener Nachbarn in der Siedlung ersparen. Großmama hatte durch zwei Kriege gelernt, desto weniger Andere von einem wussten, desto besser. In einer Zeit, in der Hunger, Elend, Neid und Bösartigkeit immer noch ihre hässlichen Gesichter zeigten, war es sehr wichtig, Geheimnisse zu bewahren. Außerdem war Großmama sowieso von den Wiener Nachbarn angefeindet worden, als die „ewige Gnädige", die große Dame „aus'n zehnten Hieb". Großmamas gutes Benehmen und würdevoller Auftritt wurden als affektiert und hochnäsig ausgelegt. Sie selbst war immun gegen die Kritik und Sticheleien von ihren Nachbarinnen und behandelte sie mit extra eleganter, freundlicher Höflichkeit, auch darauf achtend, immer gut frisiert und zurechtgemacht zu sein, sogar beim Fegen des Gehsteigs, oder wenn sie Dünger in den Ziegelteichen holte. Das machte die Giftweiber noch gemeiner und hinterhältiger. Deswegen war Großmama mit dem Russengeheimnis umso vorsichtiger. An der gemeinsamen Küchenwand machten wir uns mit unseren Nachbarn Klopfzeichen aus, ob die Situation passte, um herüberzukommen. Wenn wir Besuch von der Verwandtschaft bekamen, sagten wir kein Wort über unsere neuen Freunde, schon gar nicht zu meiner Mutter. Immer war Kräutersammeln für gesundheitliche Zwecke Großmamas Spezialität gewesen. So fiel Mutter bei ihren sporadischen Überfällen nichts Ungewöhnliches an Großpapas Behandlungen auf. Sie dachte, diese waren auf ihrer Mutters Kräuterkunde zurückzuführen. Einmal verplapperte ich mich vor ihr mit Russisch und sie dachte, ich hätte es von Großpapa gelernt. So blieb unser Geheimnis der Freundschaft mit den Besatzern unentdeckt. Großpapas Wiederkehr unter die Lebenden und seine Genesung schrieben alle Verwandten Großmamas Kräuterkunde zu. Die Tatsache, dass er bei seinen Liebsten war, hatte positiven Einfluss auf seine Gesundheit und war seinem Umgang mit uns zuzuschreiben.

Dunjas Ehemann Sergej sprach passables Deutsch. Alois war nach insgesamt sechs Jahren Kriegsgefangenschaft der russischen Sprache mächtig, weil er sie lernen wollte, um mit den sibirischen Lagerwächtern besser zurechtzukommen. Großmama Lore und wir Kinder lernten jeden Tag neue Wörter dazu. Wir erzählten einander aus unserem Leben, kochten abwechselnd zusammen unsere Lieblingsspeisen, je nachdem, wie es die vorhandenen Zutaten erlaubten. Der kleine Piotr und ich lernten richtig gut Schachspielen. Alois buddelte mit uns Kindern im Garten. Gott sei Dank ließ sich Mama wochenlang nicht blicken. Es war eine wunderbare, glückliche Zeit, die wir alle richtig genossen. Doch plötzlich war das Ende unserer innigen Freundschaft da. Familie Olnikoff wurde zurück nach Russland abkommandiert. Es gab einen hastigen, tränenreichen Abschied, danach war das Nachbarhaus wieder dunkel und verlassen. Die fehlenden Olnikoffs hatten ein riesiges Loch in unseren Tagesablauf gerissen, und wir vermissten sie sehr.

Im 1949er Frühjahr, Sommer und Herbst, Wetter bedingt, machten die Soldaten auf ihrem Übungsareal am Abend Lagerfeuer und musizierten. Mit musikalischer Begleitung eines Akkordeons, oder einer Balalaika, war der Chorgesang dazu wunderschön und melodiös. Die mehrstimmigen Harmonien schwebten auf der Abendluft zu uns in die Siedlung herüber, und die Lieder klangen oft schwermütig, nach unerfüllter Liebe und tiefem Heimweh. Ich dachte immer wieder, dass Menschen, die solche Musik machten, keinesfalls nur böse sein konnten. Der Kontakt mit den Olnikoffs war so harmonisch und angenehm gewesen, ich hatte überhaupt keine Angst vor Russen, obwohl andauernd Schauergeschichten über sie kursierten. Vergewaltigungen unter dem Einfluss von Alkohol, sogar Verstümmelung und Mord wurden ihnen zugeschrieben.

Großpapa Alois und ich konzentrierten uns darauf, alles Mögliche zu lernen. Zum Beispiel pflegten wir das Schachspiel, und bald konnte ich richtig gut spielen. Auch im Rechnen und Lesen ging es für mich flott voran. Im Wohnzimmer hatten wir ein voluminöses Lexikon mit Zeichnungen; wir beschäftigten uns täglich mit einem Wort und seiner Bedeutung. Im Laufe der Zeit lernte ich daraus viel Ungewöhnliches, auch Exotisches und Wissenswertes. Alois werkte mit mir im Keller, wo wir Vogelfutterhäuschen und Nistkästen bauten. Er zeigte mir, wie man sicher mit allen möglichen Werkzeugen umzugehen hatte. Am Abend im Wohnzimmer widmeten wir uns neuen Wörtern, er machte mit mir einfache Rechenaufgaben, oder Großmama Lore und ich nahmen Handarbeiten in Angriff, auch Sockenstopfen, während Alois uns Tiergeschichten aus Dr. Dolittle vorlas. Er präsentierte die einzelnen Tiere mit verschiedenen Stimmlagen und Persönlichkeiten, hatte großes schauspielerisches Talent und es war sehr lustig. Manchmal genossen wir im Radio ein Hörspiel, was dann oft fast so gut wie Großpapas Darbietungen war. Wir rösteten Edelkastanien oder Apfelschalen auf der heißen Herdplatte des Holzofens in der Küche. Dann duftete das Haus in den drei Stockwerken, und man fühlte sich warm und geborgen. Die Winter waren schneereich und bitterkalt. Sie dauerten oft bis April mit mehr als einmal weißen Ostern.

Trotz Schnee und Eiseskälte steuerte Mutter leider auch an Winterabenden öfter unser Haus an. Sie bestand darauf, im Tiefschnee in Stöckelschuhen, allerdings mit Überschuhen, daher zu rutschen. Sie trug nie eine Kopfbedeckung, weil das ihre Hochsteckfrisur durcheinanderbringen könnte. Nach wie vor trug sie Nylonstrümpfe, anstatt Wollene, und keine warme Unterwäsche, nur modische „Palmers"-Spitzen, das hörte ich bei einem Streit zwischen ihr und Großmama, auch dass sie alle möglichen Beschwerden durch Verkühlung ihres Untergestells bekommen könnte. Die Endstation der Straßenbahn war mindestens einen Kilometer von unserer Siedlung entfernt. Wenn Mutter im tiefsten Winter bei uns im Haus angerutscht kam, war ihr eiskalt, sie hatte schlechte Laune und sie war nicht ansprechbar. Trotz der leichtsinnigen Aufmachung für Winterwetter, hatte sie nie eine Erkältung, obwohl sie angeblich sehr heikel war und leicht krank wurde, was sie andauernd von sich behauptete. Dem Anschein nach hatte sie in Wirklichkeit eine Rossnatur. Nach ihrer Ankunft bei uns sichtlich stark unterkühlt, lehnte sie sich wenigstens eine Stunde lang gegen den warmen Kachelofen im Wohnzimmer und strickte an irgendeiner wollenen Kreation. Strickzeug hatte sie immer bei sich, um etwas zu tun, während sie ätzende Kommentare von sich gab. Lästern über Kollegen, die Politik oder Familienmitglieder schien ihr riesigen Spaß zu machen. Wenn sie sich im strickenden, bissigen Auftau-Modus befand, saß ich mucksmäuschenstill unter unserem Klavier, wohin ich flüchtete, sobald ich ihr Ankunftsgezeter im Hauseingang und Vorzimmer hörte. Wenn ich dann Glück hatte, vergaß sie manchmal, mich zu heiß zu baden.

DAS (FROHE) FEST

Knapp vor Weihnachten brachte Mama viele Schachteln mit essbarem Christbaumschmuck zu uns nach Hause. Im Gewerkschaftsbund gab es für die Angestellten diesen sehr günstig. Ich sollte davon nichts wissen, aber ich kam den Erwachsenen sehr früh auf die Schliche und hatte keinerlei Illusionen über das „Christkind". Heilig Abend wurde bei uns trotz harter Zeiten immer sehr verschwenderisch gefeiert, mit Bergen von Geschenken, da Omamas Halbschwestern Hilda, Grete und Opapas Schwester Franzi uns als finanziell Schwächere kräftig unterstützten. Neben einem wunderschön geschmückten Tannenbaum, (auch günstig durch den Gewerkschaftsbund erworben), der sich vor Süßigkeiten bog, waren jedes Weihnachten viele brauchbare, oft kostspielig luxuriöse, Geschenke darunter aufgetürmt.

Um an die Bescherung zu kommen, musste ich an der traditionellen Fischsuppe und dem gebackenen Karpfen mit Kartoffelsalat vorbei. Ich mochte beide absolut nicht, würgte sie irgendwie hinunter, um endlich zu meinen Geschenken zu gelangen. Irgendwann nach der Mahlzeit läutete „das Glöckchen" und wir durften ins Wohnzimmer, wo der fantastische Baum im warmen Kerzenlicht erstrahlte. Die sprühenden Wunderkerzen im verdunkelten Raum schufen eine traumhaft schöne Atmosphäre. Tante Franzi und ihre Mutter feierten immer mit uns. Alois wollte es so, er war eben ein guter Sohn und netter Bruder, hatte auch Aloisia und Franzi jeden Donnerstag nach der Arbeit zum Abendessen in ihrer Wohnung besucht. Er brachte mir von ihnen immer eine essbare Überraschung mit, Schokolade oder exotische Früchte, wie Bananen, Mandarinen, Blutorangen, auch getrocknete Datteln, Aschantinüsse und Feigen, damals alles noch Besonderheiten und im Verhältnis zu anderen Lebensmitteln richtig teuer.

Am 24. Dezember herrschte ausnahmsweise halbwegs Friede zwischen allen Familienmitgliedern, sogar Mutter hielt sich meistens unter Kontrolle und verzichtete auf ihre giftigen Bemerkungen. Am 25. Dezember, abwechselnd jedes Jahr, feierten wir entweder bei uns am Stefan-Fadinger-Platz oder sehr oft in Ober-St.-Veit bei den Brodas. In der verschlafenen Jahrhundertwendevilla bewohnten die Brodas das erste und zweite Stockwerk. Im Souterrain war eine Flüchtlingsfamilie mit vielen Kindern einquartiert. Am schönsten war der Garten, eigentlich ein Park mit riesigen, alten Tannen, welche im Wind herrlich rauschten. Das Gebäude besaß etwas Verschlafenes und Geheimnisvolles, auch leicht Verwahrlostes, es war hinter dichten Hecken versteckt, das vorletzte Grundstück in der stark ansteigenden Adolfstorgasse. Dahinter gab es einen steil aufwärts führenden Weg zur Mauer des Lainzer Tiergarten. In ihr befand sich ein kleines vergittertes Tor und dahinter tummelten sich Wildschweine, welche wir bei Spaziergängen manchmal mit Rosskastanien fütterten.

Wenn wir den anstrengenden Weg in die Broda-Residenz geschafft hatten, gab es Erfrischungen und den neuesten Tratsch von Gute-Fee-Haushälterin Elli. Mutter saß oft zu Füßen von ›(Groß)Onkel Christian und hörte andächtig zu, wenn er über Demokratie, Gesetz und Menschenwürde redete. Christian war nur drei Jahre älter als Mutter, jeder konnte sehen, wie sehr sie ihn anhimmelte, sie fand ihn ja so gescheit! Seine steile politische Laufbahn an der Seite des späteren Bundeskanzler Bruno Kreisky war noch in weiter Ferne. Christian Broda lagen unser Land und sein Wohlbefinden sehr am Herzen, sein Lieblingsthema war die Demokratie und was die Bürger zu tun hatten, um sie zu leben und zu beschützen. Seiner Meinung nach war das Österreichs höchstes Gut. Wo immer unsere Familienmitglieder zusammenkamen, wurde sehr viel über Politik und soziale Gerechtigkeit diskutiert. Großtante Hilda, um mehrere Jahre älter als Christian, war als Rechtsanwältin eine Verfechterin von der vollkommenen Majestät des Rechtes. Um jede Willkür zu vermeiden, musste es geordnete Kontrolle durch das Volk geben. Es waren idealistische, patriotische Politiker in der Regierung, auch wenn sie unter der Besatzung offiziell nicht sehr viel zu sagen hatten.

WENDE DEIN GESICHT DER SONNE ZU, SO FALLEN DIE SCHATTEN HINTER DICH

Im Frühjahr 1950 zog in die andere Hälfte unseres Doppelhauses ein hochrangiger russischer Offizier ein. Er hatte keinen Familienanhang. Bei ihm gingen jede Menge Soldaten aus und ein. Tag und Nacht brachten sie Bürounterlagen und Aktentaschen, einige hatten wieder zu tief in die Wodkaflasche geschaut. In der Nacht, im Suff, wollten sie dann zu uns herein und Großmama musste sie aufklären, dass sie in die Nachbarhaushälfte gehörten. Die Störungen erweckten in uns immer ein gewisses Unbehagen, da die Burschen, wenn besoffen, gefährlich werden konnten, ein Zwischenfall hätte uns wahrscheinlich unser Haus gekostet. Es war nicht immer unproblematisch, besoffene Russen nach nebenan zu dirigieren, damit sie bei ihrem Vorgesetzten ihre Unterlagen abliefern konnten. Von Zeit zu Zeit hörten wir wütendes Geschrei durch die gemeinsame Trennwand im Wohnzimmer, natürlich konnte man drüben auch die süßen Töne unseres Klaviers hören. Das gute Stück war pechschwarz, mit Messing und Perlmutt verziert. Schmetterlinge, Blätterranken und Blüten verschönten das echte Jugendstilstück. Es war mit einem teils zerfransten, von Motten zerlöcherten, Teppich verhüllt, um seine Schönheit vor gierigen Blicken zu verbergen. In unserer Familie spielte fast jeder etwas Klavier, was damals in gewissen Kreisen zum guten Ton in der Gesellschaft gehörte. Großmama liebte Operettenmelodien und konnte vom Blatt spielen, Alois, um sie zu ärgern, spielte den Flohwalzer, und er konnte Noten lesen, weil er lange Jahre in einem Chor gesungen und eine schöne Stimme hatte. Mutter nahm sporadisch einige Jahre Unterricht, hatte aber nicht viel zu bieten oder zu Stande gebracht. Sie quälte sich und uns mit Beethovens „Für Elise", welches sie dahinmurkste, wie ein schwerer Fall von Stuhlverstopfung, mit ihrerseits dazu passenden Gesichtszügen.

Als Alois mir eines Nachmittags am Instrument wieder die Tastatur zu den Noten erklärte, klingelte es plötzlich heftig an der Vorgartentüre. Dort stand unser neuer Nachbar umringt von vier russischen Soldaten. Als Großmama ihnen allen den befohlenen Eintritt gewährte, stürmten sie an ihr vorbei, sofort in unser Wohnzimmer, wo Alois und ich verdutzt am Klavier saßen. Mit dramatischer Gestik nahm der „Goldfasan" den zurückgerollten Teppich vom Instrument und schmiss ihn zu Boden. Er öffnete den großen Klavierdeckel, winkte Opa und mich von der Tastatur, warf seine Kappe in einen Lehnstuhl und platzierte sich auf der Klavierbank. Sein wohlgeformter Kopf war kahlgeschoren und glänzte; wir blickten in blitzende, bernsteinfarbene, mandelförmige Augen und ein lächelndes Gesicht. Seine gepflegten Hände und manikürten Fingernägel stürzten sich in die Tasten. Die Melodien sprudelten dahin. Sie rollten und donnerten, klagten und flatterten wie sanfte Schmetterlinge. Ein musikalischer Cocktail floss durch das Haus, aus dem offenen Fenster in die Nachbarschaft hinaus, desgleichen das Instrument noch nie von sich gegeben hatte. Dieser Fremde war ein wahrer Künstler. Plötzlich stand er auf, klappte den Tastendeckel zu und in perfektem Deutsch verlautbarte er: „Beschlagnahmt! Das wird abtransportiert", dabei lachte er uns mit perfekten weißen Zähnen an, welche für mich der Klaviertastatur Konkurrenz machten und um die Wette blitzten. Alois zwinkerte uns zu, er holte Schnaps und festliche, große Gläser aus der Vitrine. Großmama Lore war konsterniert, ich verstand nicht, wieso er so gelassen sein konnte. Man wollte unser schönes Klavier abtransportieren, das durfte doch nicht sein. Die vier Soldaten und ihr Offizier hatten sich neben dem Instrument ihrer Begierde niedergelassen und Großpapa schenkte großzügige Portionen hochprozentiger „Eigenmarke" Schnaps ein, die es in sich hatte.

Die Soldaten machten einen sehr traurigen Eindruck. Ihre Uniformhemdblusen waren abgetragen, Kragen und Manschetten verschlissen, ihre Hosen geflickt und speckig. Ihre Stiefel abgetreten, ungeputzt, ihr Blick stumpf, die schwieligen Hände hatten kleine Verletzungen und einer der Burschen auch abgebissene Fingernägel mit Blaumeise. Ihre Gesichter waren jung, verhärmt und schlecht rasiert. Sie sahen hungrig und für mich irgendwie erbarmungswürdig aus. Im Gegensatz zu ihnen strotzte ihr Kommandant vor gutgenährtem Wohlstand. Seine Uniform war neu, die Stiefel spiegelblank geputzt. Seine schlanken, graziösen Hände samt perfekt manikürten Fingernägeln schwebten gestikulierend durch die Luft, die er mit einer brennenden Zigarette anräucherte. Es war keine Papirossi, die Russische mit einem langen Pappendeckelmundstück und einer ca. zwei Zentimeter langen Tabakspitze. Er rauchte amerikanischen Tabak. Auf dem Päckchen, welches auf einem seiner Oberschenkel lag, stand Camel. Seine Backenknochen waren hoch, dazu eine etwas flache Nase und sein durchdringender bernsteinfarbener Blick aus leicht mandelförmigen Augen war hypnotisierend. Er schien über gute Manieren zu verfügen, bohrte sich weder in der Nase, noch kratzte er sich in höchst fragwürdigen Körpergegenden, wie seine Begleiter.

Als die Schnapsflasche fast leer war, begann der Klaviertransport. Unser Haus hatte relativ kleine Räume und vom Wohnzimmer bis zum Eingang gab es noch drei Türen, welche in äußerst unvorteilhaften Winkeln zueinanderstanden, speziell für einen Klaviertransport. Die vier vom Schnaps angeschlagenen Burschen taten den Umständen entsprechend wirklich ihr Bestes, nur funktionierte es nicht. Das Klavier wurde seitlich aufgestellt und teils durch die Wohnzimmer- zur Vorzimmertüre gefädelt. Nun steckte das Drum dort endgültig fest. Die armen Kerle probierten hinauf, hinunter, schräg so und so, schräg andersherum. Der Offizier brüllte Befehle, die Burschen schnauften und stöhnten. Einer verletzte seine Hand. Ein zweiter verriss sich den Rücken. Der Offizier konnte nicht mehr durch die Türe im Wohnzimmer und musste aus dessen Fenster kraxeln. Dort plumpste er unvorsichtiger Weise mit seinen spiegelblanken Stiefeln in eine Wanne voll Regenwasser, welche wir mit Kuhfladen veredelt hatten, dementsprechend war auch der Geruch nicht angenehm. Vorgesehen war diese Flüssigkeit für das Gießen und Düngen der Blumenkisten am Verandageländer. Bei jedem Schritt platschend, triefend nass und brüllend, kam der Offizier durch den Seitengarten und versuchte, die vordere Eingangstüre zu benutzen, aber an dem verkeilten Klavier kam er leider nicht vorbei. Er war wütend und plötzlich befahl er seinen Burschen, das Objekt seiner Begierde an seinen vorherigen Platz zu stellen. Opa schenkte den Russen aus einer neuen Flasche Schnaps ein und genehmigte sich auch einen Schluck. Wir waren noch lange nicht aus dem Schneider. Inzwischen hatten die Nachbarn mitbekommen, dass bei Hanzlik etwas im Gange war. Bevor einer dieser Genies das Geheimnis des Klaviers verraten konnte, verjagte Lore die Neugierigen und knallte die Hauseingangstüre von außen zu. Sie war die ganze Zeit im Garten geblieben, weil sie das Treiben im Hausinneren nicht ertragen konnte, dazu hatte sie einfach zu schwache Nerven. Der Offizier schüttete den Schnaps in sich hinein, als wäre es Wasser, er schien einfach immun gegen Alkohol zu sein. Dagegen waren die einfachen Soldaten schon ziemlich angetrunken, als der Offizier sie plötzlich wegschickte. Festlich wurde uns mitgeteilt, dass Oberst Sachorov von jetzt an zum Klavierspielen zu uns kommen würde. Großpapa verschluckte sich bei dieser Neuigkeit und Omama fiel fast in Ohnmacht, als ihr dämmerte, was uns bevorstand. Das Klavier war gerettet, aber um ein Haar wäre alles daneben gegangen. Eines der Klavierbeine hatte gewackelt, alle drei waren abschraubbar gewesen. Auf die Idee waren die Russen aber nicht gekommen.

Der musikalisch begabte Russe wurde nun unser Dauergast. Das war gar nicht gut, oder doch? Bei Mutters nächstem Besuch spielte Sachorov gerade Klavier, als sie erschien. Sie bedeutete für ihn Liebe auf den ersten Blick, war genau, was er sich vorgestellt hatte. Er wollte unbedingt eine westlich dekadente Frau auf Stöckelschuhen in verführerischen Nylonstrümpfen mit Naht! Wo die wohl mündete, fragte er Mutter mit einem eindeutigen Gesichtsausdruck! Er griff völlig verzückt nach ihrer Hand. Diese Dame war geschminkt, mit entzückendem kleinen Schmollmund und roten Lippen, nach Chanel Nr. Fünf duftend, elegant, klein und zierlich. Die russischen Besatzungsfrauen, die den Straßenverkehr regelten, waren groß, derb, ungeschminkt und vollbusig. Sie konnten energisch anpacken, was wiederum den Wiener Männern zu gefallen schien. Pianist Andrej Sachorov war total verzaubert von Mutters Erscheinung, tänzelte neben ihr her, nahm ihre zweite Hand und überhäufte sie mit Komplimenten. Ohne mich mit einem heißen Bad zu quälen und von ihr früh zu Bett gebracht zu werden, ergriff sie hastig die Flucht und blieb auch sehr lange weg. Er hatte sie tatsächlich verscheucht! Das freute mich sehr, nur wusste ich, dass diese Situation nicht allzu lange anhalten würde. Allerdings entpuppte sich der Oberst als fürchterlicher Tyrann, ein gemeingefährlicher Zeitgenosse, für uns eine Katastrophe. Er war verantwortlich für das Aufspüren von Kriegsverbrecher gegen das russische Volk und gewissen Flüchtlinge aus den Ostländern, welche, wenn erwischt, nach Sibirien ins Straflager verfrachtet wurden. Er übernahm unser Wohnzimmer als Büro, seine Laufburschen kamen und gingen zu jeder Tages- und- Nachtzeit mit dicken Akten. Er ließ ein Telefon installieren. Manchmal gab es von Sachorov den ganzen Tag Schreitiraden. Zu seiner Entspannung spielte er dazwischen Klavier, oder terrorisierte Großmama in der Küche. Sie ließ sich das mit Müh und Not nur gefallen, weil er allerlei seltene Luxuslebensmittel herbeischaffte, deren Zubereitung er sich aber auf ganz bestimmte Weise vorstellte. Sie hatte Angst vor ihm, versteckte ihre Gefühle jedoch hinter arroganter Würde, Verachtung und geheuchelter Anteilname. Als der Russe wieder einmal den Inhalt ihres Kochtopfes inspizierte und im Begriff war, nachzuwürzen, platzte Großmama der Kragen und mit tropfendem Kochlöffel haute sie ihm auf seine manikürten Finger. Danach zog er sich tief beleidigt ins Wohnzimmer zurück, brüllte ins Telefon und verordnete irgendeine Schandtat. Zum Glück blieb er oft tage-, sogar wochenlang weg, sodass wir wieder unseren Aufgaben ganz normal nachgehen konnten. Leider dachten unsere Wiener Nachbarn, dass wir durch das Kommen und Gehen von den Russen Vorteile bekamen, welche sie nicht hatten. Großpapa nahm diese Situation in Angriff, indem er beim Spazierengehen oder Einkaufen jeden anjammerte, der es hören wollte, oder auch nicht, wie furchtbar der Oberst war. Dass wir nervlich am Ende waren, auch das entsprach den Umständen. Wir hatten vor, deswegen Urgroßmama Maria in Seebenstein zu besuchen, um uns von dem wahnsinnigen Russen zu erholen. Genau das taten wir trotz der Angst, unser kleines Häuschen endgültig an die russischen Besatzer zu verlieren, indem sie es in unserer Abwesenheit beschlagnahmen würden. Wir ließen es darauf ankommen; eines Tages, in den frühen Morgenstunden, schlichen wir uns nach Meidling und nahmen den Bummelzug Richtung Aspang. Seebenstein lag am Weg dorthin und war unser Ziel, um günstig Urlaub zu machen.

Jeden September gab es auf Wiesen und in Wäldern viel zu ernten. Ein Besuch bei Großmamas Mutter war auch notwendigerweise geplant. Der Wert eines Menschen bemisst sich nicht anhand von dessen Aussehen. Trotzdem haben es schöne Mitmenschen in gewisser Hinsicht viel leichter im täglichen Leben und genießen dadurch mehr Vorteile. Bei unserer Urgroßmutter Maria Kostroun-Prucha war das auf jeden Fall so gewesen.

DIE HALBSEIDENE DAMPFWALZE

Meine Urgroßmutter Maria war Großmama Lores Mutter, auch von ihren Halbschwestern Hilda und Grete. In der Stadt Prag in Tschechien geboren, wurde sie im Alter von achtzehn Jahren in der Provinz mit einem viel älteren Witwer zwangsverheiratet. Als Vater von vier kleinen Kindern war Pavel Kostroun ein wohlhabender Großbauer mit einer gutgehenden Gastwirtschaft, sehr arbeitsam, nett und langweilig. Er brauchte eine Mutter für seine Kinder und eine Wirtin für seinen Gasthausbetrieb. Maria blieb lange genug in der Ehe, um zwei Kinder zu bekommen: Großmama Lore und ihren Bruder Franticek. Nach einigen Jahren hatte Maria genug von sechs Kindern, der Land- und Gastwirtschaft, auch dem faden, braven Ehemann. Eines Tages, mit einigen bescheidenen Schmuckstücken, verließ sie ihren Ehemann, die Kinderschaar und nahm einen Zug nach Wien. Dort versetzte sie die bescheidenen Preziosen, Ehering inklusive, und mietete sich in einem Randbezirk ein billiges Zimmer. Es war Frühling und bei Tagesanbruch marschierte sie in den Wienerwald. Dort pflückte sie Veilchen, band die Blumen in Sträußchen und füllte zwei Körbe damit. In ihrem Zimmer wurden die Blumen bewässert und Maria legte sich schlafen. Am späten Nachmittag machte sie sich zurecht, arrangierte ihre Veilchenbüscheln in den zwei Körben und marschierte in die Wiener Innenstadt zur Staatsoper. Dort drapierte sie sich dezent auf den Stufen beim Haupteingang. Sie hatte große veilchenblaue Augen und lange, schwarze Wimpern, war klein und zierlich, sah jünger als ihre 25 Jahre aus, und die Kombination vom sitzenden, scheu kokettierenden Mädchen zwischen zwei Körbchen mit den wohlriechenden Blumen war sehr verlockend und extrem wirkungsvoll. Mit süßer Stimme und klimperndem Wimpernaufschlag bot sie den Männern „ganz frische Veilchen für die schöne Dame" an. Der Türsteher wollte sie verjagen, sie flirtete mit ihm und bot raffinierterweise Prozente von ihren Einnahmen an, wenn es unbedingt notwendig war, um ihren Platz zu behalten. Er ließ sie ohne Mitschnitt weiter verkaufen und sie wurde eine kleine

Sensation. Maria hatte sogar die Polizisten irgendwie herumgekriegt. Die wollten sie mit einer Verordnung gegen Betteln verjagen und zeigten ihr ein Schriftstück.

„Aber meine Herren, wo wird denn hier gebettelt? Ich helfe doch nur den Leuten, ihr Leben zu verschönern, da, riechen Sie, der Duft ist doch himmlisch, und die Farbe so herrlich!" Sie hielt ihnen zwei Sträußchen auf Zehenspitzen stehend unter die Nase entgegen und klimperte gekonnt mit ihren langen Wimpern. Man erlaubte ihr natürlich zu bleiben. Vor und nach ihr war es niemandem gelungen, so eine Schau abzuziehen. Der Frühling war Maria gnädig, es gab viele Veilchen, viele spendable Opernliebhaber und laue Abende ohne Regen. Als die Veilchen zu Ende gingen, hatte Maria sich einen Verehrer angelacht. Dass er verheiratet war, störte sie nicht im Geringsten. Herr Prucha war ein sehr aktiver Gewerkschaftsorganisator für Österreich, dabei von der Stunde Null. Er hatte als Lebensgrundlage ein Ledergeschäft und eine Eigenproduktion für Koffer und Taschen. Das war ein ganz anderes Leben wie auf dem Bauernhof, genau Marias Kragenweite. Sie entpuppte sich als sehr talentiert in der Kunst der Verführung, auch im Verhandeln und Verkaufen. Sehr schnell hatte sie Herrn Prucha für sich gewonnen und den Umsatz im Ledergeschäft massiv gesteigert. Zwei Kinder später, Omamas Halbschwestern Margarete, die ältere, und Hildegard, die jüngere, wurde eine Zeit lang als Familie ohne Trauschein zusammengelebt. Erst später gab es Hochzeit, für die damalige Kaiserzeit und kurz danach sehr gewagt.

Maria hatte kein Interesse, auf Dauer Windeln zu waschen und für Wickelkinder zu sorgen. Sie wollte zurück in den Verkauf und in die Politik an der Seite ihres neuen Mannes. So holte sie ihre damals 14-jährige Tochter aus der Kostroun-Ehe, Eleonore, kurz Lore genannt, also Großmama, nach Wien. Diese hatte sich riesig gefreut, sie wollte zwar Lehrerin werden, aber Verkäuferin in einem schicken Wiener Geschäft war auch nicht zu verachten. Ihre Freude war allerdings von kurzer Dauer, die ihr zugedachte Rolle bestand darin, Ersatzmutter zu sein, mit schmutzigen Windeln, und Babybrei, alles für einen knausrigen Geldbetrag. Noch dazu kam, den Haushalt zu besorgen. Sie kannte den egoistischen Charakter ihrer Mutter, hatte diese ihre anderen Kinder und sie selbst in der Tschechei von heute auf morgen ohne Erklärung verlassen. Lore taten ihre Halbgeschwister leid. Mit der eiskalten Mutter brauchten die beiden Streicheleinheiten und sie würde sie ihnen geben.

Stiefvater Prucha war ein sehr fortschrittlicher Mann und er merkte, wie sehr Lore unter den neuen Umständen litt. Er erklärte ihr, dass Kinderbeaufsichtigung auch ein Beruf sein konnte und versprach ihr, zu ihrem 18. Geburtstag ein tolles Zeugnis als Erzieherin. Sie stieg darauf ein und diese Berufsrichtung eingeschlagen zu haben, würde ihr später sehr gelegen kommen. Herr Prucha war ein fortschrittlich und modern denkender Mann, ließ seine Töchter später sogar studieren, damit sie niemals von einem Ehemann abhängig sein mussten. Für die damalige Zeit für Frauen höchst ungewöhnlich. In der Monarchie und kurz danach waren Frauen von der Gnade ihrer Ehemänner abhängig. So etwas wollte Herr Prucha nicht für seine Töchter. Hilda studierte Jus und wurde Rechtsanwältin. Grete studierte Pädagogik und widmete sich den ganz Kleinen, ihrer Meinung nach Zukunft der Nation. Ende des Zweiten Weltkriegs stellte sie Kindergärten auf die Beine, für die vielen arbeitenden Mütter, welche das zerbombte Wien sanierten, Ziegel klopften und Schutt schaufelten. Später wurde Grete Kindergarteninspektorin, als Frau Regierungsrat saß sie im Stadtschulrat. Sie hatte eine sehr brüske Art sich zu artikulieren und behandelte auch Erwachsene manchmal wie störrische, kleine Kinder. Das schockierte, aber erstaunlicherweise brachte es immer ein gutes Resultat. Ich liebte ihre resche Art, im Laufe meines Lebens wurde sie meine Ersatzmutter und eine clevere Beraterin.

Großmama Lore war als 18-Jährige nach vier Jahren Halbschwesternbetreuung offizielle Kindererzieherin mit Zeugnis, ausgestellt von Stiefvatergewerkschaftszampano Prucha. Die Dreierkonstellation der Schwestern und Halbschwester hielt ein Leben lang und sie unterstützten sich gegenseitig bis zu ihrem Tod. Sie stritten sehr oft, weil sie neben anderen Ansichten auch verschiedenen politischen Parteien angehörten. Weil Streit bei ihnen wie ein klärendes Gewitter funktionierte, halfen sie einander trotzdem bis an ihr Lebensende immer durch so manche haarsträubenden Krisen.

Als wir in Seebenstein ankamen, fuhren wir zuerst zur Veilchen-Urgroßmama Maria. In ihrer Jugendstilvilla einquartiert, hatte sie ein schönes Zimmer mit Balkon im ersten Stock. Dort verbrachte sie jedes Jahr von Anfang Mai bis Ende Oktober. Bei unserer Ankunft war sie im Garten, in einem Liegestuhl weilend, inmitten wohlriechender Phlox, Dahlien, Rosen und Gladiolen. In schwarze Spitze gekleidet, weit über 70 Jahre alt, sah sie trotzdem noch immer sehr schön aus. Ihr Blick war durchdringend mit tief dunkelblauen Augen, dunklen Wimpern und Augenbrauen. Sie war klein und zierlich, ihr schneeweißes Haar war üppig und gewellt, sie hatte nur wenige Falten. Ihre noch immer vollen Lippen kräuselten sich in Argwohn, als sie ihre Tochter Lore studierte, mit wohlklingender, sanfter Stimme und einem starken harten tschechischen Akzent richtete sie das Wort an meine Großmama:

„Hast mal wieder zu viele Mehlspeisen gegessen. Außerdem siehst du aus, als hätte dich ein Esel im Galopp verloren!", ätzte sie leise zur Begrüßung mit süffisantem Lächeln. Meine arme Omama war sichtlich gekränkt:

„Danke, mir geht es auch gut und du kannst es einfach nicht lassen, immer zu kritisieren!", antwortete sie mit trauriger Stimme, während sie an ihren Haaren zupfte und ihr Kleid glatt streifte. Danach öffneten beide die sprachlichen Schleusen und auf Tschechisch flogen die Fetzen. Liebe und Anerkennung gab es keine zwischen diesen beiden Frauen. Man brauchte kein Wort zu verstehen, um mitzubekommen, wie tief ihre Abneigung gegeneinander war. Nachdem sie eine Weile gestritten hatten, verabschiedeten sie sich gefühlskalt voneinander, als wäre nichts gewesen. Ich war über diese Gegebenheit schockiert, es war ja wie bei meiner Mutter und Großmama, wenn sie sich zu Hause stritten.

Nach dem Streit marschierten wir zu unserem Quartier am Waldrand zu Familie Buchecker. Dort hatten wir im Dachgeschoss Zimmer und Küche, mit Plumpsklo im Garten und Nachttopf unterm Bett. Für heutige Standards undenkbar, jedoch für damals, Ende der 40er Jahre, in ländlichen Gegenden war das völlig normal.

Ich kannte Großmama Lore als liebevolle, sanfte Betreuerin, und natürlich stritt sie mit meiner Mutter, aber bei Weitem nicht so vehement bitter wie mit ihrer eigenen. Mir war nicht klar, warum die Mutter-Tochter-Beziehungen in unserer Familie so gar nicht liebevoll funktionierten. Trotz der unschönen Streitereien, einmal pro Woche zwischen Omama und ihrer Mutter, genossen wir unseren Sammelurlaub. Die Tage verbrachten wir mit Streifzügen durch Wald und Wiesen, man konnte sehr vieles ernten, das taten wir auch. Es gab Holler, Haselnüsse, Pilze, Beeren, Fallobst, alles Mögliche zum Trocknen, Dörren oder Einkochen. Großpapa Alois zeigte mir, wie man ohne Kompass die Himmelsrichtungen bestimmen, anhand von Bäumen ihre Nordseite finden und brauchbare Pilze, Beeren und Heilpflanzen erkennen konnte. Meine Neugier gefiel ihm und wir waren ein gutes Gespann, was brauchbares Ernten betraf. Das Gefundene verarbeiteten wir jeden Abend, fädelten hauchdünn geschnittene Pilze, Obstscheiben (Äpfel und Birnen), und Kräuter auf Zwirn zum Trocknen auf. Wir hatten auch Gläser, die mit heißem Kompott und Marmelade gefüllt, mit heißem Paraffin versiegelt wurden, um ihre Haltbarkeit zu sichern. Am Ende unseres Urlaubes würden wir von Onkel Hubert, Gretes Ehemann, mit unserer reichen Ernte im geräumigen amerikanischen Auto nach Hause befördert werden.

Einige Male besuchten wir Uroma Maria und immer nörgelte sie an ihrer Tochter Lore herum. Die Streithähne brachten es nicht fertig, auf ihr Gegenüber zuzugehen, um ihren Standpunkt, ihre Differenzen, zu erklären und irgendwie auszubügeln. Urgroßmutter Maria war sicherlich immer noch eine sehr schöne Frau für ihr Alter, völlig ohne künstliche Hilfsmittel. Leider hatte sie eine hässliche, giftige, nörgelnde Persönlichkeit, außerdem bezichtigte sie andauernd Leute um sie herum des Diebstahls. Sie behandelte ihre Töchter Hilda, Grete und Lore von oben herab. „Bitte" war für sie ein Fremdwort und kam in ihrem Wortschatz nicht vor. Sie und ich mochten einander gar nicht. Ich war mir sicher, dass sie niemanden mochte, außer sich selbst, diesbezüglich erinnerte mich ihre Verhaltensweise an meine Mutter. Großpapa war Maria überhaupt ein Dorn im Auge, sie konnte es nicht lassen, ihn zu beleidigen und zu demütigen. Spöttisch nannte sie ihn den kleinen Beamten mit „wichtig/unwichtiger Aktentasche, Inhalt höchst wahrscheinlich Beamtenpausenbrot". Meine Großmutter Lore nannte sie das hässliche Krater-Mondgesicht, weil diese als Jugendliche unter Akne gelitten hatte, was auf ihren Wangen Narben hinterlassen hatte. Meine Mutter war für Uhrgroßmutter Maria die „Salongurke", was uns allen gefiel, weshalb wir diesen Spitznamen auch bei vielen Gelegenheiten verwendeten. Marias Frechheiten wurden von allen Familienmitgliedern toleriert, ohne ihr Kontra zu bieten. Am aller Ärgsten aber misshandelte sie jede Art von Bedienung. Hildas Hausgehilfin Elli und Gretes Fini traktierte sie, bis diese in Tränen ausbrachen und völlig verzweifelt waren. Fertig mit den Nerven nach einer Konfrontation mit der bösen tschechischen „Gnädigen", verkrochen sie sich in ihren winzigen Zimmern. Wenn dann Grete oder Hilda versuchten zu schlichten, war Maria die Scheinheiligkeit in Person und beteuerte ihre Unschuld: Das Ganze musste ja ein bedauerliches Missverständnis sein. Dies oder das hatte sie doch nie gesagt, so war das doch gar nicht gemeint gewesen, da hatte man sie doch völlig falsch verstanden! Dieses Szenario spulte sie scheinheilig ab, mit sanfter Stimme, süßem Lächeln und falschem Getue.

Elli und Fini stammten aus niederösterreichischen Großfamilien mit acht und zehn Geschwistern. Beide hatten mangelhafte Schulbildung, da sie Kriegskinder gewesen waren und deswegen nur sporadisch die Schule besucht hatten. Nach 1945, um zu überleben, suchten sie als 14- und 16-Jährige Anstellungen als Hausmädchen, damit sie nicht verhungern mussten. Ihre Familien hatten zu viele Mäuler zu stopfen, deswegen wurden die Ältesten in die Großstadt auf Arbeitsuche geschickt. Der Broda-Haushalt nahm Elli und die Frau Regierungsrat Margarethe Kammerer Fini. Beide bekamen eigene Zimmer der Größe eines Zugabteils, einige hundert Schillinge Lohn/Taschengeld pro Monat, legale Anmeldung, somit auch Krankenversicherung, bezahlten Urlaub, später Pensionsanspruch und einen freien Tag pro Woche. Wenn Maria gerade abwechselnd bei der einen oder anderen Tochter wohnte, quälte sie die Mädchen zum Zeitvertreib mit immer einfallsreicherem, gemeinen Mist. Elli und Fini waren Marias Gemeinheiten schutzlos ausgeliefert. Sie ließ sich mit ihren ekelhaften Spielchen nie erwischen, weil sie sich vor Zeugen immer zuckersüß und höflich ihnen gegenüber verhielt. Kaum waren potentielle Zeugen nicht mehr zugegen, ging es los und die Mädeln brauchten lange, um sich wieder zu beruhigen. Abwechselnd hatten Hilda und Grete Jahr für Jahr monatelange Hausbesuche von ihrer Mutter. Von Oktober bis April wohnte sie bei einer von beiden. Auch wir am Stefan-Fadinger-Platz bekamen diese dubiose Ehre von Zeit zu Zeit verliehen, aber zum Glück nicht oft und nur für sehr kurze Intervalle. Bei uns gab es keine Hausgehilfin, die man zum Zeitvertreib quälen konnte, unsere Nachbarschaft war Maria viel zu ordinär, unser Siedlungshaus zu minder. Außerdem gab Oma ihrer Mutter ordentlich Kontra, ließ sie absichtlich lange warten, wenn diese etwas wollte, und war nicht übermäßig freundlich zu ihr. Ober-St.-Veit oder Döbling, die stattlichen Villen von Hilda und Grete, waren viel mehr nach Urgroßmutters Geschmack. Außerdem konnte sie ja dort zum Zeitvertreib Fini und Elli herumkommandieren und quälen. Ihre Pension war zu klein, um auf Miete standesgemäß zu logieren. Um des lieben Friedens Willen brachte man sie sechs bis sieben Monate des Jahres auf Sommerfrische in Seebenstein unter und teilte sich die Kosten. Meine Mutter stritt mit Maria sehr gerne und die beiden lieferten sich verbale Kämpfe sondergleichen. Sie schienen es herzhaft zu genießen und waren beide große Egoisten, denen es unglaublichen Spaß machte, ihr Gegenüber zu beleidigen, verletzen und verspotten.

„DIE SALONGURKE"

Mama hatte große Schwierigkeiten, auf Dauer eine feste Anstellung zu bewältigen. Sie hielt nicht viel von Titeln. Aber diese waren in Österreich Tradition, sie zu ignorieren, schätzten die Leute absolut nicht, speziell wenn am Standesamt promoviert wurde. Die Ehemänner waren Ärzte, Professoren oder hohe Beamte wie Hofräte, Minister, Bauräte, Obersenatsräte, etc. Die Damen der Gesellschaft bestanden darauf, mit Frau Doktor, Frau Professor oder Frau Hofrat angesprochen zu werden. Bei Mama waren alle nur Herr und Frau so und so. Das wurde keinesfalls gerne gehört. Eleonore kam immer zu spät zur Arbeit. Die halbe Nacht wurde gelesen, in der Früh kam sie nie zeitgerecht aus den Federn und war unausgeschlafen. Sie hatte andauernd schlechte Laune und gesundheitliche Beschwerden. Je nachdem, was gerade in Zeitungsartikeln beschrieben wurde, merkte sie sich die Symptome und belästigte damit sofort irgendwelche Fachärzte. Die Zeit dafür nahm sie sich während der Arbeit. Sie gab laufend ungefragt sarkastisch-negative Kommentare von sich. Direkt darauf angesprochen, meinte sie scheinheilig: „Ich sage doch nur die Wahrheit!" Auf die Idee, dass niemand an ihrer Art der Wahrheit interessiert war, kam sie nicht. Sie liebte es, negatives Unheil aus dem Radio und den Tageszeitungen breitzutreten und zu kommentieren. Die Welt und die Menschen in ihr waren ja so schlecht, da konnte nur Böses passieren. Wenn es tatsächlich zutraf, triumphierte sie euphorisch, als hätte sie im Lotto gewonnen. Sie war zaundürr aber sehnig und ihre Kleidung wirkte sehr elegant, wie ein winziges Pariser Modell sah sie aus, hatte pfiffige Accessoires und war eine tolle Erscheinung, solange sie ja den Mund nicht öffnete. Sie nähte selbst, studierte französische Modejournale und sie konnte Schnittmuster herstellen. Bei Gretes Ehemann Hubert, der ein Meterwarengeschäft besaß, bediente sie sich an teuren Luxusstoffen. Allerdings ohne zu bezahlen, sie fand, dass es ihr zustehen würde, weil die Verwandten sowieso mehr Geld hatten als sie selbst. Mutter war an Dreistigkeit nicht zu überbieten. Die „arme Lore" war halt „schwierig" und nicht immer nett. Innerhalb der Familie genoss sie Narrenfreiheit, und man ließ ihr schlechtes Benehmen durchgehen. Ihre Erscheinung war ein Riesenkontrast zu den bescheidenen Stilrichtungen der anderen Bürodamen. Sie verbarg ihre Unsicherheit und den generellen Hass auf das Leben hinter hochnäsigem Gehabe. Kurzum, sie war eine toll aussehende Erscheinung, eine elegante, kleine Dame, perfekt geschminkt und angezogen, bis sie den Mund öffnete: dann aber eine höchst unangenehme Zeitgenossin, apart aber bissig wie ein kleiner, japsender, überkandidelter Schoßhund.

Die Tanten ließen abwechselnd ihre Verbindungen spielen und verschafften Mutter gute Arbeitsplätze. Sie wurde im österreichischen Reisebüro, vorher in der städtischen Bücherei, untergebracht, später beim österreichischen Touringclub und beim Gewerkschaftsbund. Wenn ihr was nicht passte, was andauernd vorkam, ging sie in Krankenstand. Unsere Familienmitglieder kannten genug einflussreiche Oberärzte und Spezialisten, welche sie wegen nervlicher Überbelastung oder sonst was in den Krankenstand und auf Kur schickten.

In Paierbach-Reichenau war ein Gewerkschaftskurzentrum und dorthin nahm sie mich plötzlich eines Tages mit. Lustig war das auf keinen Fall, weil ich nicht bei ihr sein mochte und sie sich unmöglich benahm. Schon die Anreise bereitete mir später Albträume. Wir mussten auf einen sich aus dem Bahnhof bewegenden Zug aufspringen, weil wir zu spät kamen, um ordnungsgemäß einsteigen zu können. Mit Gepäck und einem Kleinkind war das ziemlich schockierend und für mich ein höchst traumatisches Erlebnis. Helfende Hände ermöglichten diesen Wahnwitz, nicht ohne Kritik von den Mitwirkenden, welche uns in das Waggoninnere helfend hineinzogen: Wie kann man nur?! Und mit Gepäck plus einem Kleinkind! So etwas Unvernünftiges! Im Abteil angekommen, praktizierte Madam Schnapshygiene, indem sie mit einem Flachmann ein Papiertaschentuch befeuchtete und Oberflächen, mit denen wir in Kontakt kommen würden, wie Fenstergriffe, Armlehnen und Kopfstützen, das Tischchen beim Fenster, den Mistkübeldeckel darunter und die Abteiltürgriffe emsig abwischte. Bald stank das Abteil wie beim Brandweiner; wir waren ganz alleine in stinkender Abgeschiedenheit, so störte es niemanden.

Das für uns bestimmte Erholungsheim war inmitten eines wunderschönen Parks mit uraltem Baumbestand. Unter manchen der riesigen Prachtexemplare standen einladend schöne und breite Holzbänke. Dort saßen Erholungsbedürftige, die sich leise unterhielten. Sie genossen den sanften Ausklang des Abends und den Einbruch der Nacht. Von den Bänken unter den Bäumen hörte man vereinzelt dezentes Gelächter, es drang zu unserem Balkonzimmer empor. Madam rastete völlig aus: „Ruhe da unten, manche Leute wollen schlafen!", schrie sie im quietschenden Hochsopran. Die Kurgäste hatten eigentlich keine Ahnung, was los war. Um ihrer Beschwerde Nachdruck zu verleihen, fing Mutter an, mit vollen Blumentöpfen vom Balkonkisterl zu schmeißen. Die armen Gäste verschwanden tatsächlich. Ich wollte vor Scham in einem Loch versinken, aber da war keines. Bestimmt würden die anderen Gäste sie als hysterischen Ruhestörer erkennen, wenn wir am nächsten Tag unter ihnen weilten. Auch als wir im Speisesaal unser Frühstück einnahmen, schämte ich mich für sie gewaltig. Das Getuschel war allgegenwärtig, manches konnte ich verstehen: „... die Blumentöpfe ... wirklich hysterisch ... das süße Kind!". Mutters Augen blitzten plötzlich bei dem letzten Kommentar, was mir absolut nicht gefiel. Das war der Anfang eines hundsgemeinen Kräftemessens zwischen uns beiden und es sollte jahrelang andauern.

Wir gingen viel spazieren, eigentlich schleppte sie mich hinter sich her, trotz dem sie klein war, machte sie für mich sehr große Schritte. Ich musste mich richtig anstrengen, um mit ihr Schritt zu halten und das war höchst ermüdend. Ohne Rücksicht auf diesen Umstand, zog sie mich hinter sich her, bis ich sicher war, dass mein linker Arm sehr bald länger werden würde als mein rechter. Sie sprach nie mit mir, außer zu nörgeln oder schimpfen, und sah mir auch nie richtig in die Augen. Ihre giftgrünen Augen fokussierten auf einen Punkt oberhalb meiner Augenbrauen. Anfangs dachte ich, sie hatte den Silberblick, dass sie schielte, brauchte vielleicht Brillen, aber es war nicht so. Sie sah mich einfach nicht richtig an. Manchmal vergoss sie ein paar Tränen, welche sie dann nonchalant wegwischte und weitermurkste, mit dem, was sie gerade tat.

Wenn wir alleine waren, gab es ihrerseits kein elegantes Gehabe. Sie kletterte gar nicht damenhaft über Zäune, sodass ihr Rock hochrutschte und man ihre Strapse sah. Sie trug immer schwarze Spitzenunterwäsche. Ziemlich abrupt hob sie mich über Zäune, oder zerrte mich dazwischen durch. Furchtlos verjagte sie Kühe, die uns den Weg versperrten. Zu Hause in Wien schrie sie wegen jeder Gelse oder Ameise. Manchmal machten wir eine Pause und setzten uns ins Gras. Sie flocht aus geschmeidigen Lerchenzweigen Körbchen und füllte sie mit Almrausch. Diese hatte ich dann zu tragen und ich fand sie sehr schön. Kaum waren fremde Leute um uns herum, war sie wie ausgewechselt, eine gezierte Wichtigtuerin, spröde und überheblich. Es gefiel ihr, wie mich die Leute anstarrten, wenn ich das Almrauschkörbchen trug, über mich flüsterten und dabei lächelten. Ich war plötzlich ihr persönlicher Aufputz geworden, das Zugpferd, um sich in den Mittelpunkt einer gegebenen Situation zu manövrieren. Das war gar nicht gut. Es fiel mir auf, dass sie andauernd Menschen um sich wollte, welche sie beobachteten, aus welchem Grund auch immer. Sie hatte ungestillten Hunger nach Aufmerksamkeit. Es war ihr auch egal, wie sie diese bekam, und da sie merkte, dass Menschen sich für mich interessierten, wurde ich eingeteilt, diese Aufgabe für sie zu übernehmen, um ihr einen großen Auftritt zu ermöglichen: „Oh, ist die süß, wie alt ist sie denn“. Das hörte sie gerne und machte mich manchmal jünger als ich war. Wozu das gut gewesen sollte, wusste ich nicht. Als wir wieder in Wien waren, fing sie an, mehr Zeit bei Großmama und mir, zu unserem großen Leidwesen, zu verbringen, um mich zu trainieren. Ich lernte mit einem festlichen Tischbesteck und -gedeck umzugehen, obwohl die Utensilien eigentlich viel zu groß für meine kleinen Hände waren und sehr schwer. Für Galagedecke musste man den Unterschied zwischen verschiedenen Messern und Gabeln kennen: für Salat, Vorspeise,

Hauptgang, Nachtisch, Obst und Käse. Bald beherrschte ich alle möglichen Gedecke inklusive Fischbesteck, Schneckengabel und Hummerzange, obwohl es keine Schnecken und Hummer gab. Wir übten mit einem leeren Weinbergschneckenhaus und Nüssen für den simulierten Hummer. Ich hatte zuerst gar nicht gewusst, wie der aussah, bis sie mir ein Bild davon zeigte, nämlich furchterregend. Ich musste unbedingt lernen, wie man die Zange bediente, sie hatte sich das in den Kopf gesetzt. Um sie bei Laune zu halten, ihr keinen Grund zu geben, um böse zu werden, machte ich alles mit. Sie las mir plötzlich englische Märchen vor und ich musste einige englische Verse auswendig lernen. Meine Garderobe wurde aufgestockt. Mutter entwarf und nähte sie selbst, hatte auch vor Kriegsausbruch kurze Zeit in der Hetzendorfer Modeschule viel Brauchbares gelernt. Dementsprechend ausgefallen wurden ihre Kreationen für mich. Großmama schimpfte und spottete:

„Was hast du bloß vor mit dem Kind? Sie ist doch kein dressierter Affe', kaufst Du dir vielleicht einen Leierkasten und setzt sie hübsch angezogen oben drauf?".

„Ach, das verstehst du nicht!" war Mutters einzige Antwort, als sie Nächte lang für mich neue Kleider nähte und deswegen andauernd zu spät zur Arbeit erschien. Großmutters Singer Nähmaschine machte es möglich. Durch diese neuen Umstände hatten wir Mutter auch viel öfter bei uns zu ertragen. Wenn die Kleidermodelle fertig waren, wurde ich schön angezogen, um beim Spaziergehen penetrant hergezeigt zu werden. Mutter fotografierte mich endlos oft in den neuen Kleidern. Wenn fremde Leute sich dann nach uns umdrehten, oder ganz offen Bewunderung für das süße Mädchen mit der eleganten Dame aussprachen, war sie sichtlich davon sehr angetan und manchmal lächelte sie sogar! Mir gefiel das alles überhaupt nicht. Da konnte es schon vorkommen, dass ich absichtlich in eine Pfütze trat, oder im Sommer in Schönbrunn einmal in den Fischteich beim Neptunbrunnen plumpste. Ich war dann schmutzig und triefend nass, da gab es nichts mehr zu bewundern. Bei solchen Eskapaden wurde Mama richtig wütend, und ich verspürte eine herrliche Genugtuung, ihr den Auftritt vermasselt zu haben. Das war ein krankes Spiel, aber wir spielten es jahrelang.

Mir war viel lieber, mit den Großeltern durch Wälder zu streifen, um Essbares zu sammeln, oder mit Großpapa im Wiener Keller mit Werkzeug Vogelhäuschen zu bauen. Leider wurden diese Aktivitäten immer seltener, weil ich mit Mutters Programm beschäftigt war. An Wochenenden gab es mit ihr massenhaft kulturelle Veranstaltungen zu bewältigen: nämlich Matineeaufführungen im Volkstheater oder in der Volksoper, sogar Abenddarbietungen in der Staatsoper, und klassische Musikprogramme im Konzerthaus. Nach jeder Vorstellung waren Belehrungen über das Stück, die Handlung und den Komponisten auswendig zu lernen, bis mir der Kopf brummte. Ich begann, alles Klassische zu hassen und sehnte mich nach den Schlagern, die wir bei Omama im Radio hörten, oder nach Volksliedern, die wir selber gemeinsam sangen. Sie hatte mir einige beigebracht, die wir zweistimmig singen konnten. Bald hing mir das ganze Kulturelle zum Hals heraus und die Salongurke obendrein noch dazu.

Als wäre das alles noch nicht genug, ging die Erweiterung meines kulturellen Horizonts in Richtung Kunsthistorisches Museum los. Dort waren wir an Wochenenden eine Sensation: das herzige, kleine Ding, mit ihrer kleinen, eleganten Mutter beim Betrachten berühmter Kunstwerke. Sogar die Museumswärter lächelten und nickten uns wohlwollend zu. Madam war in Ekstase, ich nicht, musste ich doch die Namen der Künstler auswendig lernen und wissen, wer zu welchen klassischen Gemälden gehörte und wie die dargestellte Kunstrichtung hieß. Auch musste ich wissen, zu welcher Kunstperiode die Werke zählten. Viel lieber waren mir Opas belehrende Streifzüge durch die Natur gewesen, um Essbares zu erkennen, was ich viel wichtiger und praktischer fand. Auch hatte er mir lesen, schreiben, und das Bestimmen der Uhrzeit beigebracht, was wir als unser Geheimnis betrachteten. Hätte Mutter davon gewusst, war nicht auszudenken, was sie mit diesem Wissen angestellt hätte.

Großpapa besaß ein dickes Lexikon mit Bildern und Zeichnungen. Jeden Tag wurde daraus ein Wort mit Beschreibung ausgesucht, welches ich spielend lernte. Ich konnte sogar auch schon addieren. Musik mochte ich weniger, Poesie schon gar nicht, und klassische Theaterstücke auch nicht, aber all das war Mama plötzlich sehr wichtig geworden. Ich bemühte mich des lieben Friedens Willen, die Furie sollte ja keinen Grund haben, Gewalt anzuwenden, wenn etwas nicht ihrer Vorstellung entsprach. Sie ging mir furchtbar auf die Nerven. Es wurde so arg, dass ich mich übergeben wollte, sobald ich bei ihrem Besuch ihr sirenenartiges Getue bei ihrer Ankunft an der Eingangstüre des Hauses hörte. Ich kämpfte dagegen an und es gelang mir fast immer, Omamas bescheidene Perserteppiche zu verschonen. Ich tauchte sofort unter das Klavier, kroch ins hinterste Eck und wartete ab, was auf mich zukommen würde. Mutter hatte eine lästige Art, einen Raum zu betreten. Sofort wurde festgestellt und verlautbart, was Sache war:

„Da riecht's komisch, ist das Klo vielleicht verstopft?"

„Es zieht wie in einem Vogelhäusl! Da kann man sich ja den Tod holen!" (Ich fing an zu denken: „Schade dass es nicht so sein würde", und fühlte mich deswegen sofort sehr schuldig.)

„Es ist viel zu heiß, (stickig, dunstig), es riecht nach Schmierseife, ist die Waschküche in Betrieb? Angenehm ist das aber gar nicht!" Irgendetwas störte sie immer. Danach kam eine endlose Litanei über ihren Gesundheitszustand. Sie hatte eine nervige Art, ihre Stimme zu modulieren, raunzend die Tonleiter rauf und runter, wie eine nervige Sirene. Das ging durch Mark und Bein. Wenn das Ausstallieren erschöpft war, ließ sie sich herab, Anwesende zu begrüßen. Je nachdem, wie sie drauf war, kamen ätzende, oder richtig gemeine Kommentare über das Aussehen ihrer Mitmenschen zum Ausdruck:

„Dein neuer Friseur taugt nichts, die Dauerwelle, (der Haarschnitt, die Farbe) ist sehr unvorteilhaft, dafür ist er wahrscheinlich auch sehr billiger, oder?"

„Hast eine neue Schneiderin, oder stark zugenommen?"

„Hast dir nicht mehr Stoff leisten können? Der Rock ist viel zu kurz und unvorteilhaft bei deinen dünnen (dicken) Beinen."

„Bist du krank oder ist dein neues Puder die falsche Nuance?"

Wenn ihr Gegenüber dann sichtlich zerknirscht dreinschaute, suhlte sie sich in Wohlwollen über den Treffer ihrer Gemeinheiten. Sie lächelte dann ungeniert vor sich hin. Sie hatte einen überkritischen, scharfen Blick und ein Mundwerk wie ein tödliches Schwert. Ihre Redensweise war nicht weich-süffisant wie Urgroßmama Prucha, sondern schrill und rechthaberisch. Etwas Aufbauendes oder Nettes kam nie über ihre rot geschminkten Lippen. Komplimente austeilen, war nicht ihre Art zu kommunizieren. Für mich war sie einfach abstoßend, ich verabscheute ihre raunzende Sprechweise, hohe Stimme, ihre roten Fingernägel, welche bei jeder Gelegenheit für mich Schmerzen bedeutet hatten. Ihr, für damalige Zeiten, sehr teures Chanel-Nr.-5-Parfüm fand ich ekelhaft. Der Duft blieb für mein weiteres Leben unerträglich, ich fürchtete sie und ihr rabiates Benehmen. Das kleine Biest hatte unerhörte Kraft, sie war drahtig und ihre Schläge brannten schmerzhaft auf all meinen Körperteilen. Großmama versuchte immer, zwischen mir und ihr zu intervenieren. Das machte Mutter nur noch unberechenbarer, so ließ sie sie gewähren. Mein Trost war, dass ich wusste, sie würde nach meinem zu heißen Bad und Haare Reißen mindestens eine Woche bis zehn Tage lang aus unserem Leben verschwinden. In letzter Zeit war sie öfter bei uns wegen meiner neuen Garderobe und sie ging uns fürchterlich auf die Nerven.

Ich dachte oft, vielleicht würde ihr etwas zustoßen, danach nie wiederkommen. Das wünschte ich mir schon damals in meiner frühesten Kindheit, allerdings nicht ohne Gewissensbisse. Dann fühlte ich mich schuldig wegen der bösen Gedanken. Es erzeugte Zwiespalt in meiner kindlichen Gefühlswelt. Leider tauchte sie trotz allem immer wieder auf, setzte ihre schmerzhaften Handlungen an mir fort, und immer kamen neue Anforderungen dazu.

Großmama war eine sehr gute Gastgeberin. Ihre Halbschwestern Hilda und Grete kamen oft zu Besuch, manchmal mit ihren Ehemännern. Da war eine gepflegte Jause an der Tagesordnung, mit einem herrlichen Hefeteiggugelhupf voller Rosinen, Mandeln und geriebener Zitronenschale (damals nie behandelt). Wir behielten Zitrusfrüchteschalen, schnitten sie in dünne Streifen, kandierten sie und machten Aranzini daraus.

Das Gesprächsthema von den Erwachsenen war bei allen Zusammentreffen fast immer politisch: Was würde mit unserem armen, kleinen Land passieren? Würden wir als Satellitenstaat hinter dem Eisernen Vorhang verschwinden? Unsere Traditionen und Geschichte in Vergessenheit geraten? Die Aussichten waren deprimierend. Nur Christian prophezeite ein Wunder. Sein unerschütterlicher Glaube an Demokratie, unser Österreich, und unsere Politiker veranlasste ihn, darüber nachzudenken, was in Zukunft wichtig wäre, um eine verbesserte Zukunft für nachkommende Generationen zu sichern. Mutter meinte, dass die Welt auf Dauer keine Demokratien zulassen würde, da Korruption, Macht, Neid und Gier die Menschheit regierte, dies schon immer durch die Jahrhunderte so war, und in der kleinsten Konstellation, der Familie, an der Tagesordnung sei. Sie meinte auch, dass alle Politiker früher oder später ihre eigenen Interessen vor die des Volkes stellen würden. Dass ihre politische Kariere später ein Sprungbrett in gut dotierte Positionen in der Privatwirtschaft waren und das gemeine Volk und seine Bedürfnisse denen da Oben im Grunde genommen völlig egal war. Mamas pessimistische Weltanschauung löste in mir Unbehagen aus und machte mir Angst. Dann erinnerte ich mich, dass der Rest der Familie Mutter sowieso nicht für sonderlich zurechnungsfähig oder verlässlich hielt. Folge dessen sollte man nicht zu viel von ihren Kommentaren halten. Trotzdem war ich von ihrem Standpunkt der Dinge immer beunruhigt. Omama beschuldigte sie der Schwarzmalerei, was ich damals noch nicht verstand. Auch nicht, dass sie ein unverbesserlicher Pessimist war und es immer bleiben würde. Eigentlich versuchte ich, so gut wie nur möglich ihre Gegenwart auszublenden und konzentrierte mich auf das harmonische Zusammenleben mit den Großtanten und Großeltern, da wurde es nie langweilig, von Zeit zu Zeit passierten immer wieder aufregende Dinge.

Eines Tages gab es bei uns fast eine Katastrophe. Ein gewaltiges Gewitter ging über dem Wienerberg nieder. Keines der

Siedlungshäuser hatte einen Blitzableiter. Da der Wasserturm und die nahe Kirche über vergleichsweise hohe Türme mit Blitzableitern verfügten, fand niemand, dass wir unsere eigenen brauchten. Als Sachorov verschwand, wurde das Telefon, das er installieren hatte lassen, von der Wand gerissen, aber die Leitung nicht ordnungsgemäß abgesichert und einfach nur abgeschnitten. Mit furchterregender Stärke wütete das Gewitter über uns. Oma musste dringend aufs WC und ich, vor Angst zitternd, machte es mir auf dem Stiegenaufgang bequem, direkt vis-à-vis der Klosetttüre. Lore wusste, dass ich Angst hatte, ich war panisch, deswegen ließ sie die Türe offen und redete mir Mut zu: „Die Engel sind am Kegelscheiben und haben viel Spaß dabei".

Plötzlich gab es einen ohrenbetäubenden Kracher. Gleichzeitig waren der WC-Türrahmen und das Vorzimmer in gleißendes, weißes Licht getaucht. Stark geblendet, sah ich nur kleine schwarze Punkte vor meinen Augen. Großmama gab einen ordentlichen Schrei von sich und war nicht mehr auf der Klomuschel, sondern am Vorzimmerboden davor. So plötzlich, wie das Licht erschien, verschwand es und wir saßen im Dunkeln. Das Vorzimmer roch penetrant nach Ozon, genau wie beim Höhensonnenbestrahlen im Dianabad. Es dauerte seine Zeit, bis sich unsere Augen vom blendenden Licht erholten. Nach einer Weile befreiten wir uns von unserer Angststarre und versuchten herauszufinden, was da eigentlich passiert war. Das blauweiße Licht hatte uns dermaßen geblendet, dass unsere Augen sehr lang brauchten, um wieder etwas zu erkennen. Großmama Lore stand auf und inspizierte ihre Gliedmaßen, ob da noch alles dran war, was dazugehörte. Unser Vorzimmer roch nach verbrannten Haaren. Auf dem Kopf hatten wir beide noch fast alle. Jedoch waren unsere Stirnfransen und Augenbrauen versengt. Plötzlich klingelte es an der Gartentüre. Als Lore sie aufsperrte, war diese sehr schwer zu öffnen, es lag ein riesiger Ast von unserer im Vorgarten wachsenden, gewaltigen Trauerweide vor der Eingangstüre. Eine Nachbarin wollte wissen, ob wir noch lebten. Sie erzählte uns, das Haus sei vom Blitz getroffen worden, der von einem Draht bei der Weide zum Haus sprang, genau wusste sie nicht, wie das Ganze abgelaufen war. Nach einem Riesenkracher schien unser Doppelhaus vom Dach bis zum Boden von weißem Licht, eben einem Blitz, umgeben gewesen zu sein. Zugleich war noch ein fürchterlicher Donnerschlag zu hören gewesen. Langsam begriffen wir, dass die abgeschnittene Telefonverkabelung schuld an dem Spektakel in unserem Vorzimmer gewesen sein musste, dass wir wundersamerweise eine sehr gefährliche Situation überlebt hatten. Da unser WC-Sitz aus Holz war, funktionierte das isolierend. Warum Oma ins Vorzimmer katapultiert wurde und noch am Leben war, ohne Verbrennungen abbekommen zu haben, blieb ein Rätsel, auch die Klomuschel war zerbrochen. Der Blitz suchte seinen Weg ins Erdreich via eisernem Wasserspülungsrohr und Kanalisationsrohr. Zumindest versuchten wir das Geschehene so zu rationalisieren. Seit diesem Erlebnis hatte ich immer höllische Angst, bei einem Gewitter aufs WC zu müssen.

Die nächste angsteinflößende Schockerfahrung kam natürlich von der lieben Frau Mama. Als mein erster Milchzahn locker wurde, erklärte mir Großmama, dass es sich um etwas ganz Natürliches handelte, sie Platz machten für die zweiten Zähne, dass es ein Zeichen des Erwachsenwerdens sei. Behutsam lockerte sie den ersten Zahn, und es war gar nicht so schlimm. Ich hatte Tage lang Angst gehabt, weil ich nicht verstand, was da passierte. Als Mutter davon erfuhr, machte sie bei jedem Besuch Jagd auf lose Milchzähne. Wehe sie fand einen, der locker war. Da riss sie solang herum, bis er unter Schmerzen meinem blutenden Kiefer entwendet wurde. Ich heulte und schrie, sie schrie zurück, dass es sich so gehörte, damit die nachkommenden neuen Zähne beim Wachsen nicht von den Milchzähnen behindert wurden und schief nachwuchsen. Das ganze Theater war absolut scheußlich. Von dieser Vorgangsweise hatte ich Albträume, jeder lockere Zahn wurde zu einem Horrorerlebnis, falls sie ihn fand. Damals gewann ich den Eindruck, dass ihr das Verursachen von Schmerzen sogar Spaß machte. Viele Jahre später hatte ich noch immer von Zeit zu Zeit Träume von lockeren Zähnen und erwachte schweißgebadet.

Im Sommer 1951 gab es keine kulturellen Ausflüge mehr. Am Wochenende kam Mutter, um zu nähen. Keine weißen Rüschenkleidchen, sondern bunte Spielhosen, Boleros und dazu passende Röcke, farblich abgestimmte Blusen, bunte Bindegürtel und Haarmaschen. Ich musste lange bei Anproben stillstehen, wurde andauernd mit Stecknadeln gestochen, fand die Sachen aber so wunderschön, dass ich keinen Muckser machte. Mutter hatte wieder einmal ihre Arbeit aus gesundheitlichen Gründen, mit Hilfe der Familienverbindungen, auf länger unterbrochen. Alle legten zusammen bezüglich des Finanziellen, damit Mutter und Tochter für acht Wochen nach Italien verschwinden konnten.

Großvater Alois' Schwester Franzi war nach dem Ersten Weltkrieg regelmäßig an die Adria zur Erholung gefahren. Fräulein Franziska Hanzlik hatte nie geheiratet. Weil ihre Mutter Aloisia, früh verwitwet, über keine eigene Pension verfügte, zog sie zu ihrer Tochter und führte ihr den Haushalt. Sie war eine einfache Frau, welche aus dem Weinviertel stammte. Sie mischte sich nirgends ein, liebte ihr Gläschen Wein am Abend und ihre Begonienzucht am Fensterbrett. Franzi belegte eine sehr gut dotierte Position als Rechnungswesenschefin in einer Zuckerfabrik. Sie konnte schneller addieren als jede Rechenmaschine in der Firma, und sie pflegte mit dem Besitzer ein langjähriges, harmonisches Liebesverhältnis. Ihre Urlaube verbrachte sie seit vielen Jahren mit Aloisia und Nichte Eleonore sehr oft in Riccione. Für Eleonore als Kind und später als Teenager war ein Fünf-Sterne-Hotel und das Urlaubsgefühl das wahre Leben. Sie frönte einem natürlichen Hang zu Luxus und Verschwendung, was Tante Franzi noch verstärkte, indem sie ihrer Nichte keinerlei finanzielle Grenzen setzte, ihr sofort kaufte, was diese sich einbildete, gerade haben zu müssen.

Franzis Stadtwohnung war eine große, luxuriöse, elegante, teils mit Thonett-Möbeln im Jugendstil eingerichtete Affäre. Zu Hause am Stefan-Fadinger-Platz war alles für Eleonores Geschmack viel zu gewöhnlich und eng. Sie hasste ihren jüngeren Bruder Kurt und die zwei stritten andauernd. Kurt und sein Nachbarsfreund Otto spielten ihr viele gemeine Streiche. Sie fanden sie ungemein affektiert und äfften sie nach, was Eleonore in Schreitiraden versetzte. Ihre lautstarken Wutausbrüche konnte man in der Nachbarschaft nicht überhören. Speziell, wenn sie sich in Schale warf, waren die Buben drauf und dran, ihr den Auftritt zu vermasseln. Zum Beispiel mit einem wassergefüllten Luftballon, vom Dachfenster auf die Terrasse geschmissen, genau darunter Eleonore in schöner, neuen Abendrobe, von oben bis unten nass geduscht. Das passierte mehr als einmal. Da konnte es schon vorkommen, dass die junge Dame sich wutentbrannt auf die Buben stürzte, um sie kräftig zu verhauen. Kurt und Otto bekamen dann tiefere Schrammen und sogar Veilchen um die Augenpartie. Sie konnte schon damals richtig zuschlagen. Für Eleonore waren die zwei Buben und das Elternhaus ein Gräuel, weil sie Vergleiche ziehen konnte zwischen ihrem Heim, den zwei Villen von Hilda und Grete und Tante Franzis Luxuswohnung im vierten Bezirk. Auch die Luxushotels an der französischen Riviera, in Jugoslawien und Italien hatten ihren Blick der Dinge beeinflusst. Desto älter sie wurde, desto weniger wollte sie in ihrem Elternhaus verweilen. Großmama Lore war oft froh, Tochter Eleonore einige Tage bei Franzi unterzubringen, oder gar wochen-, sogar monatelang wie im Sommerurlaub. Insgeheim konnte sie ihre Tochter nicht ausstehen, und war froh, sich mit ihr nicht abgeben zu müssen. Dies beruhte auf Gegenseitigkeit.

Bevor wir unsere Reise nach Italien antraten, wurde ich noch schnell getauft.Groß onkel Christian wurde mein Taufpate, und die ganze Affäre war ziemlich belanglos. Zu dritt marschierten wir zur zerbombten Kirchenruine Maria vom Berge Karmel am Ende unserer Gasse. In deren Kellerraum, welcher zur Notlösung als Andachtsraum für die Heilige Messe diente, wurde ich gesalbt und mit Wasser begossen. Großonkel Christian versprach, mich vor teuflischen Einflüssen zu bewahren, wir bekamen einen Taufschein und ich war jetzt römisch-katholisch. Ich dachte, vielleicht brauchte man das für die Italienreise. Der Grund war aber ein anderer, was nach dem Italienurlaub zum Vorschein kam.

Die Fahrt mit dem Nachtzug nach Venedig, danach die Küste hinunter, war aufregend. Am Ärgsten aber war die Angewohnheit meiner Mutter, immer unpünktlich zu sein. Fast hätten wir die Zugabfahrt verpasst. Das Gewurstel mit dem Gepäck und uns auf einen sich langsam aus der Station bewegenden Zug zu bekommen, waren Angst einflößend. Helfende Hände machten es dennoch möglich, ohne gefährlichen Zwischenfall! Kritik bekamen wir, weil man mich der Gefahr, auf einen fahrenden Zug aufzuspringen, ausgesetzt hatte: Das süße, verängstigte Kind, mit der affektierten Mutter, wie kann man nur?!!

... In unserem reservierten Zugabteil angelangt, war von Frau Mama wieder mal alkoholischer Großputz angesagt. Fortan würde es diese Prozedur immer auf jeder Reise geben. Es waren in Zukunft viele Reisen vorgesehen, nur wusste ich diesbezüglich von diesem, meinem, Glück noch nichts. So ging es los: Ein Flachmann mit klarem Schnaps oder Wodka und ein Paket Papiertaschentücher eröffneten im Zugabteil eine Wischorgie. Kunstledersitze, der Mistbehälterdeckel und das Klapptischchen unter dem Fenster wurden desinfiziert, dann Tür- und Fenstergriffe, auch der Notbremsengriff und der Aschenbecherdeckel und unsere Hände kamen immer wieder dran. Nach getaner Arbeit durfte ein kräftiger Schluck nur für Mama auch nicht fehlen. Irgendwann sollte geschlafen werden, nur waren wir beide viel zu aufgeregt, um das zu tun.

... Für ein Wald-und-Wiesen-Kind wie mich war die Italien Erfahrung prägend für den Rest meines Lebens, fortan würde ich Strand und Meer lieben, diese Reise wurde ausschlaggebend für den weiteren Verlauf unserer Zukunft. Wie sehr, wurde uns erst im Rückblick bewusst.

Schon am Bahnhof roch man salzhaltige Luft. Am Bahnsteig ließ mich Mutter auf dem Gepäck sitzen, weil sie jemanden dringend suchen ging. In kürzester Zeit war ich von einer schmutzigen Kinderschar umringt, die mich pausenlos anjammerte und an mir herumzupfte. Dann kam ein anderer Zug und sie verschwanden. Danach kam Mutter mit zwei Koffertägern, die uns in ein endzückendes, kleines Hotel brachten. Das Hotel

Bristol lag fast direkt am Strand und war von üppig blühenden Blumen und Sträuchern umgeben. Im Hotel angekommen, gab es eine emotionale Begrüßung vom Chef persönlich und seiner Belegschaft, welche alle Mutter zu kennen schienen. Der Hoteleigentümer Armando Pozzi war früher, noch vor dem Krieg, ihr Verehrer gewesen und freute sich sehr, sie wiederzusehen. Mit ihm und viel Gefolge marschierten wir gleich zur Strandpromenade. Alle schnatterten auf Italienisch durcheinander, Mutter erkannte ich nicht wieder. Sie hatte ihre heißgeliebten Nylonstrümpfe und Stöckelschuhe ausgezogen, ging barfuß, hatte ihre Hochsteckfrisur aufgemacht, um ihrem dunklen Haar freien Lauf zu lassen. Ihr Lippenstift hatte sich verflüchtigt, mit natürlichen Lippen lachte und schnatterte sie unaufhörlich auf Italienisch. Was für eine Metamorphose! Von der Raupe zum Schmetterling: Jede Sekunde würde sie abheben und davonflattern. Ich konnte diese Veränderung kaum glauben; verschwunden war die gekünstelte Zicke, an ihrer Stelle stand eine junge Frau mit Humor und Lebenslust, welche bloßfüßig, mit Zeitweise hopsenden Schritten, die Strandpromenade ansteuerte.

Die Promenade war voll mit kleinen Ständen, welche herrlichen Krimskrams verkauften, zum Beispiel kandierte Nüsse oder Früchte auf Stöckchen gespießt, bunten Schmuck aus Bakelit oder Muscheln, Tücher, Badeanzüge, Sonnenbrillen und Zoccoli; das waren bunte Strandpantoffel mit hölzerner Sohle, flach oder mit Absätzen, die Oberschlaufen aus Leder oder Bast, verziert mit Muscheln oder Blumen. Die steife Sohle verlieh dem Träger einen ondulierenden, sehr aufreizenden Gang. Auf der Promenade bewegten sich einige Urlauber gut gelaunt, stark duftend eingeölt, Eis oder kandierte Früchte essend, das alles zu Tangotönen aus einem Strandlautsprecher. Am Sand lagen Gäste unter bunten Schirmen. Im Wasser tummelten sich weitere fröhliche Urlauber. Den Strand entlang abgestellt, sah man überall Moscone, hölzerne Boote bestehend aus zwei Kufen verbunden mit einer Sitzbank, bei der rechts und links Ruder angebracht waren. Damit wurde am Wasser fleißig gewerkt, viele Segelboote kreuzten dazwischen. Weißer Strand, blau schillerndes Meer, ich fand alles himmlisch, jedoch nicht lange. Am ersten Tag seines Urlaubs sollte man angeblich noch nicht ins Wasser gehen, das wurde mir erklärt, als ich von einer Hotelangestellten zurück in ein Hotelzimmer gebracht wurde, dort angekommen, wartete für mich ein Tablett mit Abendessen. Man half mir ins Nachthemd. Danach wurde ich vom Zimmermädchen eingeschlossen. Von der Terrasse aus konnte man in den Garten des Hotels sehen, dort spazierten elegant gekleidete Menschen auf dem Weg zu irgendwohin, begleitet von leiser Musik, zusammen mit der lauen Abendluft, die nach exotischen Blüten roch. Ich war wütend, das war genau wie zu Hause, wenn ich von Mutter viel zu früh ins Bett verfrachtet wurde. Vor mich hin heulend, kroch ich ins Bett, stinksauer auf alle Erwachsenen. Irgendwann spät in der Nacht schlich dann die Salongurke in ihr Bett.

Nach dem ersten Tag wurde mein Tagesablauf keinen Deut besser. Völlig der Obhut des Hotelpersonals überlassen, war ich wieder einmal eingesperrt, beiseitegeschoben, ignoriert, mir selbst überlassen, mit Mutters „Gastauftritten" bei Malzeiten. Das war zum Verzweifeln! Beim Frühstück sahen sich Mutter und ich, wo ich fein angezogen dem Speisesaalpublikum gezeigt wurde. Danach kassierte mich ein Stubenmädchen und ich wurde in einen kleinen Seitengarten gebracht. Dort standen eine Sandkiste und eine Schaukel, für die Kinder der Angestellten gedacht. Einige kartenspielende Buben waren so nett, mich einzubeziehen, so lernte ich 17 und 4, plus meine ersten italienischen Sätze, diese waren nicht ganz astrein, was ich erst später herausfand.

Zu Mittag kam ein Stubenmädchen, das mich kassierte, umzog und zu unserem designierten Tisch im Speisesaal führte. Dort wartete ich auf die ewig zu spät kommende Frau Mutter. Sie glaubte fest an einen dramatischen Auftritt, wenn sie sich als einzig Spätkommende durch die besetzten Tische schlängelte, angestarrt wurde und sich dabei pudelwohl fühlte. Die Fressorgie begann Punkt 12 Uhr, dauerte fast zwei Stunden und das Angebot war exquisit gigantisch. Alle weiblichen Gäste stellten bei dieser Gelegenheit ihre von Tag zu Tag dunkler glühenden Hautpartien zur Schau. Dies wurde bewerkstelligt in teuren, farbenfrohen, tief ausgeschnittenen Modellkreationen. Die männlichen Gäste hatten es da nicht so leicht, sie schwitzten vor sich hin in Sakko mit Krawatte. Die Zeit der abgeschnittenen, ausgefransten Jeans und schmuddeligen Ruderleibchen war damals noch nicht angebrochen. Nach dem Essen wurde von allen vernünftigen Gästen das Mittagschläfchen oder die Ruhepause angetreten. Mutter und ich waren vernünftig. Sie wollte schlafen, ich war nicht müde, da ich noch nichts unternommen hatte, durfte aber nicht stören. So saß ich auf der Terrasse und beobachtete den leeren Hotelgarten. Es war zum Verzweifeln. Um 16 Uhr ging das Urlaubsleben dann weiter. Die Gäste unternahmen Bootsfahrten in die Umgebung, gingen wieder zum Strand, oder genossen den 5-Uhr-Tee-Tanz. Ich durfte wieder in den Seitengarten. Um 19 Uhr war dann Galaabendessen in Abendbekleidung. Danach gab es die Möglichkeit eines Besuches in der Savioli Bar, dem Freiluftkino, und Privatpartys. Ich durfte wieder aufs Zimmer, dieselbe Prozedur wie am Abend zuvor. Da stand ich alleine auf unserer Terrasse und heulte in die duftende Nacht hinaus. Am dritten Abend kam plötzlich ein Junge von der Vormittagskartenpartie zu mir ins Zimmer. Er hatte einen Schlüssel zur Suite. In mittelmäßigem Deutsch erklärte er mir, dass er mich vom Nichtstun befreien könne, wenn ich wollte. Sicherlich wollte ich. Mir war zwar nicht klar, was ich tun musste, aber alles war besser, als was ich bisher „nicht" erlebt hatte. So kam es, dass ich einen Riesenspaß hatte, Mutter zu hintergehen.

Am nächsten Tag im Seitengarten erklärte mir der Junge von gestern Abend, sein Name war Paolo, worum es ging. Ich wurde in ein geflicktes Kleid gesteckt, meine Haare zerzaust, eine zerfranste Kappe über die Locken gestülpt, Hände und Gesicht beschmutzt und aus dem Garten gelotst. Wir waren Richtung Bahnhof unterwegs und bald trafen wir mehrere Kinder in zerrissener Kleidung. Langsam dämmerte es mir: Das war die Rassel Bande, die mich bei der Ankunft am Bahnhof umringt hatte. Seit unserer Ankunft war Mutter nicht um mich bemüht gewesen, sie erschien nur bei den Malzeiten, ansonsten sah ich sie nicht, und hatte keine Ahnung, wo sie gewesen war oder was sie getrieben hatte. Ich durfte auch nicht an den Strand, um im Sand zu spielen, weil ich nicht schwimmen konnte und vielleicht ertrinken würde, das Schwimmen mir aber niemand beibrachte, dabei hatte ich mich so sehr gesehnt, im Meer zu plantschen. Wenn Mutter nur wüsste, was ich, außer mir vor Freude, im Begriff war zu tun! So kam es, dass ich mit den anderen Kindern die zwei Vormittagszüge anbettelte, und wie es schien, tat ich meine Arbeit ziemlich gut. Es kam einiges an Geld zusammen. Ich gab es an die anderen Kinder weiter und behielt nichts für mich, was mir von der Bande hoch angerechnet wurde und sie freuten sich sehr. Irgendwie war ich als Bettlerin extrem erfolgreich. Mein blasses Gesicht in Kombination mit einen gekonnt müden Lächeln rührte die Reisenden und es regnete Münzen, manchmal sogar Scheine. Im Vergleich zu den italienischen Kindern sah ich mit meiner Blässe aus wie eine Totkranke. Fünf Tage lang lief alles wie am Schnürchen. Zeitgerecht und sauber war ich immer im Speisesaal am Mittagstisch, wo ich auf Frau Mama warten musste. Am sechsten Tag gab es eine kleine Panne. Beim Münzenaufsammeln fiel mir der zerbeulte Strohhut herunter und mein weißblonder Wuschelkopf war deutlich zu sehen. So sah ich einer neu angekommenen, sehr korpulenten deutschen Frau am Bahnsteig voll ins Gesicht. Sie hatte mich die ganze Zeit beobachtet.

„Ach Heino, see doch de Kleene da, gib mir doch en Schein."

Hinter ihr tauchte ein schwitzendes rosa Mondgesicht auf, begutachtete mich kritisch und tat wie ihm befohlen. Blitzschnell sammelte ich das Geld und den Hut auf. Dann rannte ich davon. Gutes Gefühl wegen des Vorfalls hatte ich keines. Beim Mittagessen im Hotel dann die Bescherung: Genau diese zwei Touristen hatten Hotel Bristol gebucht, die Neuankömmlinge mussten ausgerechnet an unserem Tisch im Speisesaal vorbei und sahen mir voll ins Gesicht. Die dicke, blöde Kuh gab einen kleinen Triumphschrei von sich, dann stürzte sie sich auf Frau Mama:

„Ach see doch, Heino, de Kleene, ist doch die vom Bahnhof.
Na so was, schämen soll se sich! Se! Des Kind bettel schicke und
sich da unter anständige Leut vollstopfe!", kreischte die Frau und
klopfte mit ihrer Handtasche meiner verdutzten Mutter voll
auf den frisch frisierten Kopf. Diese hatte keine Ahnung, was
da vor sich ging und völlig überrascht aktivierte sie die Siphon-
flasche, welche sie gerade in der Hand hielt. Der Wasserstrahl
ging Richtung Heino und er bekam eine ordentliche Gesichts-
wäsche. Die Gäste im Saal fingen an zu lachen. Mutter wurde
hysterisch und schrie nach Armando, dem Hotelbesitzer. Paolo,
der als Tellerabräumer zur Mittagszeit im Speisesaal arbeitete,
erfasste blitzschnell die heikle Situation. Er simulierte einen
Zusammenstoß mit mir bei Tisch und begoss meinen Kopf mit
Salatmarinade von seinem Tablett, welches zur Ablenkung lärmend zu Boden fiel. In dem allgemeinen Tohuwabohu wurde das
nicht richtig bemerkt. Armando beförderte uns wild durchein-
anderschreiende Gruppe zu amüsiertem Gelächter der Speise-
saalgäste in die Hotelhalle, um zu schlichten. Mit Olivenöl beschmierten, viel dunkler erscheinenden, glatten Haaren sah ich
ganz anders aus und die Anklägerin war sich momentan ihrer
Sache gar nicht mehr so sicher. Mutter drohte mit rechtlichen
Schritten. Armando spendierte Zimmervergünstigungen und
servierte Sekt zur Versöhnung. Das deutsche Ehepaar folgte
uns einige Tage wie Amateurdetektive, danach widmeten es
sich seinem Urlaubsvergnügungen und der Zwischenfall wurde
vergessen. Das Betteln war nun abrupt beendet. Was folgte, war
überaus beängstigend, weil mich nun Mutter keine Minute aus
den Augen ließ. Sicherlich ahnte sie irgendetwas. Ihr Gewissen
schien sie zu zwicken, da sie nun plötzlich anfing, mit mir Sachen zu unternehmen, die wir die ganze Zeit schon zusammen
hätten machen sollen. Allerdings war ihre Vorgangsweise gar
nicht nach meinem Geschmack.

Der Schwimmunterricht dauerte eine ganze Stunde im seichten
Meer, wo wir die Grundbegriffe durchgingen. Danach schleppte sie mich zur Mole und stupste mich ins tiefe Wasser. Da ich
mir schwimmen Lernen so sehr gewünscht hatte, konnte ich

die Angst vor dem Wasser überwinden. Ich hatte mir gesagt, es sei genau wie zu Hause in der Badewanne, so überlebte ich den Schock nach dem Aufprall auf dem Wasser. Beim Wasserschlucken geriet ich nur deshalb nicht in Panik, weil ich das Gefühl, Wasser in Mund und Nase zu haben, von zu Hause beim Baden kannte. Diese Erfahrung kam mir zu Gute, denn darin hatte ich Übung. Spuckend und strampelnd, oh Wunder, ich soff nicht ab! Langsam kamen Struktur und Rhythmus in meine spastischen Bewegungen, ich hatte überlebt, ich war geschwommen! Später wurde ich eine richtig gute Schwimmerin. Bei dieser Episode sagte Mutter nur: „Na sowas, geht doch!".

Mutters Lehrmethoden waren beim Radfahren nicht anders. Ein kurzer Theorievortrag auf einem Parkplatz, danach auf mich selbst gestellt. Einige Runden durfte ich auf diesem Parkplatz zur Übung drehen, wo ich natürlich Sterne riss. Die blutigen Knie und zerkratzten Knöchel überschüttete Mutter mit Wodka aus ihrem unverzichtbaren Reiseflachmann, den sie auch hier immer dabeihatte. Das Zeug brannte wie Feuer auf der zerschundenen, blutenden Haut. Danach ging es sofort in den Straßenverkehr. Von Todesangst erfüllt, versuchte ich das wackelige Rad unter Kontrolle zu halten, ohne herunter zu fallen oder gegen irgendetwas zu donnern. Es war schrecklich anstrengend und furchterregend. Mit natürlichem Geschick und einem guten Sinn für Balance blieb ich an diesem Tag am Leben. Zuerst wackelig und in Schlangenlinien musste ich hinaus in das undisziplinierte italienische Straßentreiben, auch für ein Nest wie Ricceone war einiges los: mit Fahrädern, zwei Motorrollern und einem rabiaten Doppolino beladen mit allerlei Körben voll Obst, Gemüse, Gebäck, einer Leiter und mehr. Dazwischen ratterte ein komischer Dreiradlaster dahin, er hatte über der Zweiradhinterachse eine Ladefläche, angeräumt mit allen möglichen Dingen, und spuckte eine übelriechende Rauchwolke in die Gegend. Warum mache ich diesen Blödsinn eigentlich, wollte ich von mir selbst wissen. Die Alternative war halt, überhaupt nirgends dabei sein zu dürfen. Ich musste das einfach schaffen! Augen zu und durch – irgendwie gelang es mir, keinen Unfall zu bauen. Ich trat wütend in die Pedale, raus aus dem Städtchen, los auf die Landstraße, mit Mutter hinter mir. Sie schien überhaupt nicht um meine Gesundheit besorgt gewesen zu sein, sagte nur: „Also bitte, gar nicht so schlecht".

Als nächstes kam Tennis, das mochte ich bei der Hitze überhaupt nicht. Das Rakett war zu groß und schwer. Beim Federball jedoch war ich ein Naturtalent und haute der Gegnerin das Federding kräftig auf die Nase. Wir machten anstrengende Strandläufe nach Rimini oder Cattolica, aber zwischendurch war Segeln auch im Programm, dazu bekam ich einen Lehrer, was mir sehr gefiel und sich später als extrem nützlich erwies.

Alles, was ich mit meiner Frau Mama unternahm, war von ihrer Seite aus freudlos, ohne Spaß. Zwischen uns herrschte Rivalität und unterschwellige Feindseligkeit. Außerdem wollte ich ihre Anerkennung für Dinge, die ich gut machte, aber die war unmöglich zu bekommen. Ihre Einstellung war, dass ich als ihre Tochter sowieso viel gescheiter, schöner, begabter und tüchtiger als andere Kinder war, sie sah es als Selbstverständlichkeit, wenn ich etwas gut machte. Warum darüber Worte verlieren? Bei ihr war andauernd ein saures Gesicht dabei, was immer wir unternahmen, sie sah gelangweilt und verbissen drein. Ihr rotgeschminkter Mund machte immer ein angespanntes Schnoferl. Ganz anders beim Kritisieren, Keppeln und Schimpfen, Streiten, Keifen, und wenn sie Leute mit irgendwelchen Gemeinheiten vor den Kopf stieß. Das schien ihr zu gefallen, da blühte sie auf! Da strahlte sie mit Schadenfreude und Überheblichkeit vor sich hin, die Lippen im Lachmodus in die Breite gestreckt, genoss sie Gemeinheiten von Ohr zu Ohr. Außerdem hatte Mutter in Italien wieder ihre Lieblingsbeschäftigung ausgegraben: das süße kleine Mädchen vorzuführen.

Zum Beispiel, zu später Stunde ging es in den Savioli Nachtclub und unser Zierspiel war eröffnet. Fein angezogen, ganz in Weiß mit großer Haarmasche, marschierten wir in das Lokal. Dort wurde ich, auf zwei Pölstern zusätzlich erhöht, auf einen Sessel neben einen kleinen Tisch gesetzt. Ein Ober machte ein großes Getue, als er mir etwas alkoholisch erscheinendes Nichtalkoholisches in einem langstieligen Glass brachte, welches ich dann kaum balancieren konnte, ohne von dem blöden Polsterthron zu kippen. Es war sicher sehr ungewöhnlich, dass eine Mutter ihr Kind in eine Nachtbar brachte. Für meine schien das völlig in Ordnung, da es sehr viele Blicke in unsere Richtung bedeutete und sie diese Aufmerksamkeit merklich genoss. Ich fand die Gäste dort generell ziemlich lächerlich. Sonnengebräunte, herausgeputzte Damen bewegten sich eng umschlungen dicht neben ihren schwitzenden, zugeknöpft im Sakko steckenden Partnern auf einem kleinen Tanzboden. Sie schienen sich zu amüsieren, indem sie sich durch die Gegend schoben, manchmal mit anderen Paaren zusammenstießen. Um den Tanzboden herum hockten, an kleinen Tischen wie unserem, mehr schwitzende Frauen in tief dekolletierter Abendrobe. An ihrer Seite schwitzend, zugeknöpfte Männer in Anzug und Krawatte. Was daran so angenehm und begehrenswert war, konnte ich nicht nachvollziehen. Ein Quartett spielte Schlager der Saison. Am Strand ertönten sie in Originalfassung, im Club, von den Hausmusikern sehr dürftig nachgespielt, gab es dazwischen schiefe Noten. Die Luft im Lokal war extrem stickig, es roch nach Zigarettenrauch, süßlichen Parfüm und Schweiß. Mutter genoss merklich die Situation, weil immer mehr Anwesende zu uns herüberschauten und tuschelten. So viel Aufmerksamkeit war für sie pures Glück, mir war die Situation nicht geheuer, und die schlechte Luft machte mich müder als ich vom Tagespensum sowieso schon war. Ich wollte die Welt der Erwachsenen unbedingt kennenlernen, das hatte ich nun davon. Plötzlich gab es einen Tusch, der die Tanzpaare verscheuchte, dann einen zweiten Tusch und die Nachtrevue begann mit einer schnellen Musiknummer. Ein halbes Dutzend freizügig bekleideter Mädchen hopste nach einem komplizierten Muster auf dem Tanzboden umher. Das hatten sie sich anscheinend nicht sonderlich gut gemerkt. Alle bewegten sich kreuz und quer durch die Gegend, ihre mit Federn und Glitzerpailletten geschmückte Anatomie wurde kräftig verrenkt und geschüttelt. Sie brachten keinerlei erkennbare Harmonie zu Stande. Noch ein Tusch! Die Hausbeleuchtung ging aus, ein einziger Scheinwerfer wurde angeschaltet und fokussierte direkt auf ein stattliches Mannsbild mit von Brillantine triefender Haarpracht. Der spazierte zwischen den Hüpfdolen herum, deren Kostüme hier und da Federn verlor. Er schmetterte sein „Amore" mit dazu gehörenden Handbewegungen, welche die rauchige Luft zu kitzeln schien. Die Musiker folgten mit unsicherer Begleitung und einigen schiefen Noten. Die Technik hatte ihre liebe Not mit den Scheinwerfern: Manchmal blieb das Licht auf dem Sänger, dann wiederum erwischte es eines der Mädels, welches sein Kostüm gerade aus der Pofalte zog. Nach dem Pailletten-/Federgeflatter mit Solist war ein Jongleur dran, der pausenlos die Bälle verlor. Zum Schluss kam noch ein dressiertes Vieh mit seinem Herrchen, bei näherem Hinsehen war es ein Pudel. Auch diese beiden bettelten um Applaus und waren eigentlich die Besten von allen. Danach gab die Schau den Geist auf und es durften die Paare wieder weitertanzen und um die Wette schwitzen. Diese von meinem Balkon aus verborgene Welt der Erwachsenen, nach der ich mich so gesehnt, von der ich mir so viel erwartet hatte, fand ich blöd, öde, peinlich und furchtbar langweilig. Nur mit größter Mühe konnte ich nach dem anstrengenden Tagespensum auch noch mit der Selbstinszenierung meiner Mutter mithalten. Zwischen uns herrschte ein ungesunder Willenskampf. Während sie mit glitzernden Augen fremde Blicke auf uns gerichtet wusste, ich müde neben ihr auf meinem Polsterthron hockte, wartete ich auf irgendjemanden, der am Wege zum Ausgang oder WC an uns vorbeimusste. Dann riss ich meinen Mund weit auf, manierlich eine Hand davorhaltend, um Müdigkeit zu zeigen, welche echt war. Ich wartete noch auf einen Kommentar wie: „Mein Gott, die arme, Kleine", um mich dann gekonnt hinab auf den Boden gleiten zu lassen. Plötzlich war Frau Mama die Böse, die ihr Kind nicht ordnungsgemäß früh genug ins Bett brachte. Dieses kranke Spiel und viele andere würden wir beide noch sehr lange beibehalten.

Die dritte Septemberwoche war angebrochen und die Mehrzahl der Urlauber hatte ihre Heimreise angetreten. Einige kleine

Pensionen waren auch schon geschlossen und viele der Verkaufsstände an der Promenade. Man merkte, dass sich das Städtchen auf die Wintersaison vorbereitete. Von Mutter gab es keine verbissenen Sportaktivitäten mehr. Wir genossen den schütter besuchten Strand und schwammen, ohne zu wetteifern. Die Lautsprecher dröhnten noch immer die Sommerhits; ohne Wirbel der Badegäste dazu kam keine Urlaubsstimmung auf. Die vielen Segelboote waren verschwunden, am späten Nachmittag sah man nur die Fischerflotte zum Nachtfang aufbrechen, dem Sonnenuntergang entgegen. Wir noch vorhandenen Gäste saßen lange im warmen Sand und warteten auf den dunkelblauen Nachthimmel mit tausenden Sternen. Die Lautsprecher waren verstummt, Kirchenglocken riefen zur Andacht. Die zarte Abendbrise roch noch immer nach süßen Blüten, das Meer war spiegelglatt und schwarz wie Pech. Die zauberhafte Stimmung und Schönheit dieser Abende prägten sich in mein Unterbewusstsein ein, erfüllten mich mit Ruhe, die auch auf Mutter so zu wirken schien. Ungeschminkt, mit zerzaustem Haar, sah sie aus wie meine große Schwester. Ihre Lippen waren naturgemäß sowieso schön ohne Kriegsbemalung, sie saß völlig entspannt neben mir, keine Spur von ihrem sonst so verkniffenen Gesichtsausdruck. Warum konnte sie nicht immer so sein? Es stimmte mich traurig zu wissen, dass sie bald wieder in die ekelhaft-neurotische Furie kippen würde.

Zum Blinzeln der Sterne am Nachthimmel machten wir uns vom Strand auf den Weg zurück zum Hotel. Ohne uns vorher für den Speisesaal fein zu machen, marschierten wir in die Hotelküche. Dort aßen wir mit Armando und der Hotelbelegschaft zu Abend. Im Speisesaal dinierte nur mehr eine Hand voll Gäste, der Rest war schon abgereist. In der Küche wurde über alte Zeiten gesprochen, ich verstand nur wenig davon, aber jedenfalls genug, um mitzubekommen, dass es um Mutter ging und darum, was sie in vergangenen Jahren in den Sommerferien alles angestellt hatte. Ihre Eskapaden mit den Mussolini-Söhnen, welche in der Nähe von Riccione eine Villa bewohnten. Ihr freches, wildes Benehmen entfachte vor Kriegsausbruch so manchen Streit zwischen einheimischen Vätern und ihren Töchtern. Mutters schlechtes Vorbild war für einige junge Mädchen in der Vergangenheit Anlass zur Rebellion gewesen und hatte so manchen Familienstreit entfacht. Noch etwas wurde lang und breit beredet. Es hieß Emigration. Ein Hotelkellner hatte einen Brief von seinem Vetter aus New York City. Nach fünf Jahren besaß dieser sein eigenes kleines Restaurant und schickte 100 Dollar pro Monat nach Hause, damals in Lire enorm viel Geld. Kein Wunder, dass sich das Hauptthema an diesen Abenden ums Auswandern drehte. Viele Erwachsene in der Hotelküche waren der Meinung, dass man im eigenen Land nichts erreichen konnte. Korruption und Armut ließen kein Vorwärtskommen zu. Es wäre besser, es woanders zu versuchen. Mir gefiel ganz und gar nicht, wie gebannt Mutter zuhörte. Ich verstand genug von ihrer Körpersprache, um zu merken, dass ihre Faszination für uns nichts Gutes bedeuten konnte.

Der Urlaub ging dem Ende zu. Auf uns wartete die Heimreise und auf mich der Schulbeginn. Unser Abschied vom Hotel Bristol war reich an Chianti und Tränen. Im Zug spürte ich zum allerersten Mal Trennungsschmerz. Der plagte auch Mutter. Trotz anfänglicher Schwierigkeiten, war der Aufenthalt für mich ein schöner gewesen. Prompt hatte Mama vergessen, das Abteil zu säubern, stattdessen trank sie kräftig von der Reinigungsflüssigkeit. Mir hatten das „Sommergefühl", das Meer, und alles drum herum sehr gut gefallen, irgendwie aber fand ich Wald-Wiesen-und-Berg-Urlaube trotzdem genauso schön oder fast schöner.

In Italien hatte ich die manchmal friedlicheren Charakterzüge meiner Mutter kennengelernt, diese waren offensichtlich dort zurückgeblieben. Der Wiener Alltag brachte bei Frau Mama sofort wieder die hysterische Ziege zum Vorschein. Im September 1951 begann für mich das erste Schuljahr, wegen des Italienaufenthalts um drei Wochen später als für die restlichen Kinder der katholischen Privatschule Notre Dame de Sion in der Burggasse. Das war der Grund für meine Taufe gewesen; nur katholische Mädchen wurden als Schülerinnen akzeptiert.

IM WÜRGEGRIFF DES ERNST DES LEBENS

In Wien bekam ich eine Art dunkelblaues Überkleid mit einem weißen, gestärkten, kratzenden Bubikragen – die Schuluniform fürs Kloster. Darunter befand sich die normale Tageskleidung, um sie zu schonen. Ich wurde furchteinflößenden, schwarz gekleideten Klosterschwestern übergeben. Nach dem sonnigen Süden mit seiner Farbenpracht in den üppigen Gärten waren die benzinaromatisierte Burggasse und das düstere Klostergebäude im Vergleich ein echter Alptraum. Die uralte Pförtnerschwester hatte einen weißen Schnurrbart und nur noch wenige brauchbare gelbe Zähne im Mund. Lächelnd verabschiedete sie meine Mutter und nahm mich in Gewahrsam. Leise raschelte ihr schwarzes Gewand. Auch der große, hölzerne Rosenkranz an ihrem Gürtel klapperte. Ihre gestärkte, weiße Haube knarrte bei jeder Bewegung. Sie roch nach Knoblauch und Schmierseife. Ihr Atem pfiff, als sie mich über eine breite Treppe zu meinem neuen Klassenzimmer im zweiten Stock lotste. Stufe für Stufe, Stockwerk für Stockwerk, alles hässlich verfließt, einen endlosen, langweiligen Gang entlang, unser Ziel war eine große, hölzerne, zerkratzte, braune Doppel Türe. Mit einem beklemmenden Gefühl folgend, wusste ich sofort: Hier würde ich es hassen. Von der Nonne durch die knarrende Doppeltüre geschubst, befand ich mich in einem großen, düsteren Raum. Von dessen Decke baumelte eine schwache Glühbirne ohne Lampenschirm, vor den zwei großen Fenstern standen einige üppige Zimmerpflanzen auf hölzernen Gestellen.

„Die Quilitzsch wäre jetzt da!", meldete die Schubserin mich an und mit leisem Rosenkranzrasseln verschwand sie wieder hinter der Klassentüre. Vor mir, hinter ihren Pulten, saßen etwa zwanzig kleine Mädchen mit weißen Bubikragen an den grässlichen blauen Kitteln, die Haare zu Zöpfen geflochten. Aufgeputzt mit großen, weißen Maschen saßen sie da und sahen mich an. Daneben stand eine kleine, dürre, unscheinbare Frau mit einer verfilzten Dauerwelle, dicker Brille und einem Pferdegebiss. Wir starrten einander an. Mir war grauenhaft zumute, trotzdem beschloss ich zur Lehrerin zu marschieren, sie höflich zu begrüßen und zu fragen, wo sie gerne hätte, dass ich sitze. Das war definitiv ein großer Fehler! Der Giftzwerg packte mich beim Ohr, schüttelte mich und vor der versammelten Klasse wurde mir eingeschärft, dass ich in Zukunft gefälligst zu warten hatte, bis man das Wort an mich richtete, bevor ich irgendwelche Initiativen ergriff. Dann schleppte sie mich zu einer hinteren Bank und setzte den Unterricht fort.

Auf einem großen Plakat waren die Buchstaben des Alphabets und dafür dazugehörende Gegenstände, Pflanzen und Tiere abgebildet. Die Lehrerin war mit der Klasse gerade bei „O" angelangt, neben dem Buchstaben war das Bild einer Orange. Aus irgendeinem Grund wollte sie mir plötzlich eine Lektion erteilen, mich blamieren, oder einschüchtern. Tatsächlich holte sie mich wieder aus der hinteren Ecke und zerrte mich vor der Klasse auf das Podium bei der Tafel. Mit dem Zeigestock suchte sie den Anfang des Alphabets. „Das ist das A, so wie für einen Apfel", wurde mir von ihr erklärt. Sie brachte ihren Stab auf „B" und zu einer Birne. Eben hatte sie mich getadelt und in die hinterst Bank gezerrt. Darüber verletzt, und verärgert konnte ich einfach nicht widerstehen und ratschte das komplette Alphabet herunter. Dazu zeigte ich mit dem Finger auf jeden erwähnten Buchstaben. Die Lehrerin starrte mich an, ihr Stab war in der Luft Richtung Zimmerdecke geblieben. Dann schüttelte sie ihren Kopf, fand allmählich ihre Fassung wieder, schubste mich zurück in die hinterste Reihe und ignorierte mich für den Rest des Schuljahres bis nach den Osterferien.

Der erste Schultag wurde dann nur noch ärger. Die folgenden Stunden waren äußerst langweilig. Punkt 12 Uhr, angekündigt mit Glockengebimmel, kam die Mittagspause. Die Klassenzimmer entleerten sich und wir Schülerinnen wurden über eine finstere Treppe zum Speisesaal in das Kellergeschoß geschleust. Auf dem Weg dorthin, von irgendwoher, roch es nach Backhuhn. Wenigstens etwas Gutes zu essen wird es geben, freute ich mich.

Der Speisesaal sah nicht sehr einladend aus. Vom dunklen Gewölbe hingen schwache Glühbirnen ohne Lampenschirme, darunter standen in vier Reihen lange Holztische und -bänke. Auf den Tischen befanden sich klobige weiße Suppenteller und daneben je ein Suppenlöffel. Es roch nicht mehr nach Backhuhn. Die Schülerinnen setzten sich an ihre designierten Plätze. Ich riskierte, mich irgendwo dazuzusetzen. Angesagt war Aufstehen bei Glockengebimmel und langes Beten, danach mehr Gebimmel für endloses Anstellen, um Suppe zu holen. Geklapper von Löffeln gegen Teller war das einzige Geräusch im düsteren Raum. Nach dem Suppengang wieder Glockenleuten und Anstellen fürs Hauptgericht in die Suppenteller, wie scheußlich! Es gab einen Patzen wässriges Püree, dazu ein Fitzelchen strähniges, gekochtes Rindfleisch und eine große Essiggurke. Das Backhendl war ja dann wohl für Nonnen und Lehrerinnen irgendwo anders. Trotz sonstiger Geschicklichkeit und guten Tischmanieren wollte meine Gurke dem blöden Löffel nicht gehorchen. Sie machte sich mit einem Patzen Püree selbständig und beschmutzte meine Uniform, zum schallenden Gelächter von meinen Tischnachbarn. Da kam die mit dem Rosenkranz rasselnde Schwester/Aufsichtsperson, zerrte mich vom Tisch und stellte mich in eine Ecke:

„Hier herrscht Schweigeplicht!", war ihre finstere, gepfauchte Bemerkung dazu. Wenigstens hatte ich mir so den pappigen Reisauflaufnachtisch in den Suppentellern erspart. Diese wurden eingesammelt, es gab Gebimmel, unendliches Beten, mehr Gebimmel, wir durften das dunkle Verlies verlassen und in den Klostergarten. Der war wunderschön und prächtig gepflegt, mit großen, alten Ginko-, Nuss- und Kastanienbäumen.

Tieftraurig, in der bekleckerten Schuluniform, versteckte ich mich hinter einem Baum und sah dem Treiben um mich herum zu. Jede Nonne hatte anscheinend ihr eigenes Glöckchen und ein Trillerpfeiferl. Eine dicke, unfreundlich aussehende Schwester überwachte die Schülerinnen. Diese waren in Gruppen an Spielen beteiligt. Die Mädchen trugen Elfenbeinkreuze an farbigen Bändern um den Hals. Vier verschiedene Schattierungen von Rot für die Volksschulklassen, vier in Grün von hell bis dunkel für die Hauptschülerinnen. Auf Anhieb wusste man, in welche Schulstufe jedes Kind gehörte. Zu den Kreuzen gab es farbkoordinierte Schärpen, welche von einem Gürtel in gleicher Farbe festgehalten wurden. Diese Trägerinnen hatten die Leitung der Spiele und kommandierten auch sonst eifrig herum. Das schien eine Art Auszeichnung zu bedeuten. Wo bin ich da bloß gelandet, dachte ich noch, als die Pause zu Ende war. Von der finsteren, dicken Schwester gab es Töne aus einer silbernen Pfeife zum Anstellen. In langen Reihen, Klasse für Klasse, marschierten wir aus dem Garten zum Hauptgebäude, mit einer Unterbrechung: vor einer Marienstatue zugesch...en mit Taubenexkrementen. Dort gab es nach einem Pfiff ein langwieriges Gebet. Nach einem zweiten Pfiff zogen wir uns in unsere hässlichen Klassenzimmer zurück. Es war 14 Uhr und bis 16 Uhr waren noch zwei weitere fade Unterrichtsstunden vorgesehen, dann eine Stunde für Hausaufgaben. Danach, wie konnte es anders sein, Gebimmel und Gebet, vor der ersehnten Entlassung um 17 Uhr. Wir durften nun zur zahnluckigen Pförtnerschwester in den Warteraum, wo unsere Eltern uns aufsammeln würden. Da begann ein Riesenzirkus: Eine Schülerin mit Schleife aus der Oberstufe hatte Pförtnerdienst. Das bedeutete, sie meldete die Eltern lautstark an:

„Abgeholt, so und so!"

Sie kannte alle Familien beim Namen, reife Leistung! Danach stürmten Elternteil und Kind aufeinander zu, als hätten sie sich mindestens zwei Jahre nicht mehr gesehen:

„Bussi, Bussi", „Warst du brav?", „Hast du mir was mitgebracht ...?"

Es gab beidseitig herzliche Streicheleinheiten. Die Pförtnerschwester rasselte eifrig mit der Sparbüchse:

„Bitte eine Spende für unsere Kapelle", piepste sie mit einem zahnluckigen Lächeln. Die Münzen klimperten in dem Behälter, gespendet von den großzügigen Eltern. Auch Scheine wurden hineingestopft. Eines nach dem anderen rauschten die braven Goldengelchen in die Arme ihrer Liebsten, welche sie sofort mit süßen Mitbringseln verwöhnten.

Bei mir war das ganz anders. Natürlich war Frau Mama immer die Allerletzte im Erscheinen. Der Schülerin, die sie anmelden wollte, drohte sie mit einem rot lackierten Zeigefinger:

„Aufhören mit dem Getue! Wir wissen, wer wir sind, und sonst geht das niemanden etwas an!".

Danach drehte sie sich zur Pförtnersammelschwester um: „Bleiben Sie mir ja vom Leib mit der Betteldose! Das Schulgeld ist hoch genug! Ihre Kapellenruine interessiert mich auch nicht. Und schon gar nicht die blähbäuchigen, verhungernden schwarzen Babys in Afrika. Das magische Wort wäre Geburtenkontrolle! Massenhaft Abtreibung und Sterilisation, ein Kind pro Paar. Innerhalb von zwei Generationen wäre das Elend in den Griff zu bekommen, aber ihr Katholiken wollt ja unbedingt an die Weltherrschaft! Jedes Kind, das aufgepäppelt wird, vermehrt sich später mindestens sechs bis acht Mal, die wiederum auch, und das geht bis ins Unendliche, so kann man keine Rückständigkeit bekämpfen. Ihr propagiert absichtlich Armut im Namen von Jesus Christus und so wird das Elend immer weitergehen, bis zur massiven Überbevölkerung und Hungersnot. Die Zukunft der Menschheit wird schlimm! Irgendwann geht dann die Völkerwanderung richtig los. Deswegen werden tüchtige und fleißige Länder diese Rückständler auch noch beherbergen und füttern müssen. Zukünftige Generationen sind zu bemitleiden. Herzlichen Dank, katholische Kirche!"

Von diesem Wortschwall war die Nonne zutiefst schockiert. Sie sah aus, als hätte Mutter sie mit kaltem Wasser überschüttet, und die Schwester beutelte sich sogar ganz kurz, als ob es sie fröstelte. Mama schadete unserem Ruf mit solchen Kommentaren. Außerdem weigerte sie sich, eine Elternsprechstunde mitzumachen.

„Die Erziehung ist eure Sache, wie ihr den Lehrstoff in das Kind reinkriegt, ist mir egal. Hauptsache, meine Tochter steigt auf in die nächst höhere Klasse, sitzen bleiben wird nicht toleriert! Wie ihr das fertigbringt, überlasse ich euch, dafür werdet ihr ja schließlich bezahlt, und nicht wenig, wenn ich das erwähnen darf!"

Für eine Sonntagsmesse mit Eltern und Kindern im Kloster hatte sie auch nichts übrig:

„Ich bin Atheist und meine Tochter wurde gezwungen, katholisch zu werden, sonst hätten Sie sie nicht als Schülerin genommen, das ist aus meiner Sicht sowieso Nötigung. Euer Drumherum interessiert uns überhaupt nicht! Punkt!"

Mit solchen Äußerungen machte sie uns ganz sicher nicht sehr beliebt. Wir waren richtige Außenseiter. Die Schülerinnen kamen aus intakten, wohlhabenden Familien, sie waren zum Beispiel Fabrikantentöchter, auch aus höheren Beamten- oder Politikerkreisen und vielen Gesandtschaften.

Der Alltag als Klosterschülerin war nichts zum Lachen. Ich kam aus keiner intakten Familie. Mutter war alleinerziehend, mein Vater im Krieg gefallen. Daher sollte ich Höchstleistungen bringen, auch in Zukunft dafür Sorge tragen, dass ich irgendetwas werden sollte, was mich/uns berühmt machen würde. Es musste viel Geld einbringen. Mutter sehnte sich danach und betonte es immer wieder mir gegenüber, auch wenn ich keine Ahnung hatte, wie das werden würde oder zu Stande kommen sollte. Zu Großmama hatte Mutter immer gesagt, irgendetwas Profitbringendes musste doch möglich sein, schön genug war ich ja, um mich gewinnbringend zu vermarkten, auf dieses Ziel steuerte sie uns zu. Wie ich das schaffen sollte, war noch nicht festgelegt, irgendetwas hatte sich zu ergeben. Sie würde mich schon ordentlich abrichten, um das heißersehnte Ziel von Ruhm und Geld zu erreichen. Begeistert über diese Zukunftsaussichten war ich auf keinen Fall, obwohl ich die Tragweite solcher Ambitionen sowieso nicht verstand und mir darunter nichts vorstellen konnte. Instinktiv wusste ich aber, dass „es" sehr anstrengend zu erreichen sein würde.

Leider war ich, obwohl ich lesen, rechnen und schreiben konnte, von Anfang an eine schlechte Schülerin. Meine Höchstleistungen wären möglich gewesen, aber ich war todunglücklich, hasste das blöde Kloster und meine Mutter auch, vermisste die Großeltern und den Garten, eben die gewohnte Umgebung in dem kleinen Haus, wo ich mich geborgen und sicher gefühlt hatte. Mir war in der Schule langweilig, ich verlor mich in Tagträumen. So verpasste ich oft wichtige Instruktionen während des Unterrichts und bald war ich mit Leistungsproblemen konfrontiert, weil ich mein neues Leben absolut hasste mit Frau Wichtig/Mama. Nichts lief harmonisch oder ohne Riesenwirbel.

Eines Tages machte ich den Fehler, eine Walnuss aus dem Klostergarten nach Hause mitzunehmen. Mutter wollte wissen, wo ich sie herhatte, oder ob jemand sie mir gegeben hatte. Ich war mir nicht im Klaren, dass ich die Kronjuwelen gestohlen hatte. Die Furie regte sich dermaßen über meiner Aneignung der Nuss auf, dass sie an den Schreitiraden, welche sie losließ, fast erstickte: Das Kloster war nicht Seebenstein, wo Essbares einfach gestohlen werden konnte! Sie meinte damit die Herbstsammelurlaube mit meinen Großeltern, über die sie immer schon geschimpft, und die sie als beschämend empfunden hatte. Am nächsten Morgen schleppte sie mich im Kloster zur Schwester Oberin Roswitta, gab ihr die Nuss zurück und verlangte von ihr für mich wegen des Diebstahls eine saftige Strafe. Schwester Roswitta sah meine Mutter entgeistert und nicht sehr freundlich an. Sie sagte ihr, dass die Nüsse vom Klostergarten für die Kinder waren, wenn diese sie wollten, sie selbst viel zu tun hätte und sich nicht auch noch um solche Dinge kümmern konnte. Dass Mutter lieber zu einer Sonntagsmesse in die Klosterkapelle kommen sollte, anstatt ihre Tochter zur Diebin zu degradieren und sich um Trivialitäten zu kümmern. War noch etwas Dringendes? Ansonsten sollten wir sie entschuldigen, sie hätte noch zu tun. Wutentbrannt und sprachlos stürzte Mama aus Schwester Roswittas Büro. Die Oberin schüttelte den Kopf und murmelte in meine Richtung, was für eine Schreckschraube Frau Mama war. Ich konnte mir das Lachen fast nicht verkneifen, durch meine rabiate Mutter hatte ich mit Oberschwester Roswita eine neue Befürworterin und Beschützerin für meine Person bekommen. Wortlos ging Mama in die Arbeit und ich blieb in der Schule. Wir redeten einige Tage kein Wort miteinander, ich war sehr glücklich über den Verlauf dieser Episode. Oberschwester Roswita hatte meine Frau Mama ordentlich das Gesicht verlieren lassen, und das gefiel mir sehr.

Mein neues Leben ließ viel zu wünschen übrig und die Klosterschule fand ich einfach grauenhaft. Am meisten störte mich der Religionsunterricht. Er machte mir massiv zu schaffen. Man würde meinen, dass ich abgehärtet war durch das Hühner- und Hasenschlachten für unseren Eigenbedarf und Verzehr. Dass ich mit Tod und Blutvergießen eines Geschöpfes umgehen konnte. Aber die blutigen Darstellungen von Jesus Christus am Kreuzweg, halb verhungert und blutend, die furchtbaren Bilder von Jesus Christus sterbend am Kreuz, empfand ich als extrem erschütternd und generell abscheulich. Die ganze Philosophie von blutiger Gewalt als Erlösung für kollektive menschliche Sünden war für mich hochgradig grauenvoll und störend. Viele Jahre lang verfolgten mich diese brutalen Gräueltaten in Albträumen. Der klösterliche Religionsunterricht beinhaltete meiner Meinung nach überhaupt zu viel Perversität, Brutalität, Verrat, Mord und Totschlag. In den Häusern und Wohnungen meiner Freunde und Verwandten befanden sich keine Herrgottswinkeln. Erst im Landurlaub gab es in den Gasthäusern solche, die ich aber nie näher betrachtet hatte. Auch nicht die kleinen Landkapellen; die meisten davon waren der Heiligen Maria Mutter Gottes gewidmet, die ich mit Großmama im Vorbeiwandern mit frischen Wiesenblumen geschmückt hatte. Erst in der Klosterschule kam ich in Kontakt mit den detailliert bildlichen Darstellungen des gekreuzigten Sohn Gottes. Die Blutspuren am Leib von Jesus Christus und die bluttriefende Dornenkrone auf dem Kopf des Erlösers empfand ich aus meiner Sicht unglaublich verstörend. Ich war erschüttert, dass die Menschheit blutrünstig und gewalttätig gegeneinander agierte, dabei ohne Reue zur Tagesordnung überging, als wäre nichts gewesen. Die Bibel und der Katechismusunterricht waren voll von Gewalt, Mord, Verrat und Niedertracht. Ich sah das alles als höchst bedenklich und beunruhigend. Die Beichte empfand ich als Heuchelei. Da konnte man andauernd Schindluder treiben, sich dazu im Beichtstuhl bekennen, irgendwelche Gebete als Buße herunterratschen und denselben Mist – die Sünden – wieder und wieder, Monat für Monat, wiederholen. Solang ich Buße tat, gab es Vergebung, den Sinn dieser Prozedur verstand ich nicht. Wenn ich den Nonnen im Religionsunterricht diesbezüglich Fragen stellte, gab es gewaltige Repressalien. Ihrer Meinung nach war ich völlig verdorben, schlechter Umgang für meine Mitschülerinnen und man beschloss, mich andauernd hart zu bestrafen, um mich auf das erwartete Niveau zu bekommen. Es wurde verlangt, dass man alles ohne Ausnahme so zu akzeptieren hatte, wie es uns präsentiert wurde, ohne irgendetwas zu hinterfragen. Das konnte ich nicht, nur beschloss ich, um den Strafen zu entgehen, fortan alle Fragen für mich zu behalten, mir meinen Teil zu denken, mich zu verleugnen und zu verstellen, um die Nonnen auszutricksen. Das ging nicht sofort und ich machte noch Fehler, die meine Noten im Betragen oft ramponierten, mit der Zeit jedoch perfektionierte ich die Kunst der Scheinheiligkeit. Als das geschafft war, mutierte ich von der Rebellin zur Vorzeigeschülerin. Die Nonnen waren dadurch mir gegenüber begeistert, ich fand das alles sehr bedenklich.

Einmal im Monat gab es in der Klosterschule „Grand Assemblee" – große Versammlung im Schulfestsaal. Dieser Zirkus fand im Kellersaal statt, wo auch am Sonntag die Heilige Messe abgehalten wurde, solange die hauseigene Kapelle aufgrund einer amerikanischen Bombe noch in Trümmern lag. Im Kellerfestsaal wurde die Leistungszusammenfassung aller Schülerinnen, Klasse für Klasse, von den Klassenlehrerinnen vorgetragen. Diese richteten ihre Mitteilungen an eine Gruppe von Nonnen, in deren Mitte Schwester Oberin Roswita hockte. Sie war sehr groß und korpulent und hatte ein rundes Gesicht mit auffallend roten Wangen. Mit stechenden, tiefblauen Augen starrte sie jeden durchdringend an. Auch mich, ich hatte für sie immer ein freundliches Lächeln übrig in Erinnerung an die Nussdiebstahlepisode. Ich hielt auch ihrem Blick stand und starrte freundlich zurück.

Die Nonnen befanden sich auf einem hohen Podium, die Prozedur vor ihnen war endlos langweilig und ich empfand sie als erniedrigend. Jede Klasse trat vor, stellte sich in einem Halbkreis auf, nach einer tiefen Verbeugung mit Hofknicks las die Lehrerin für jedes Mädchen vor, was es Gutes geleistet hatte, oder Böses verbrochen. Auch Geldspenden der Eltern wur-

75

den erwähnt. Je nach Betragen gab es die farbigen Kreuze und Schleifen, oder bei wirklich schlechter Beurteilung und Noten wurde das Elfenbeinkreuz kassiert. Wer ohne Kreuz herumirren musste, wurde wie eine Aussätzige behandelt. Alles war eine kollektive Demütigung oder eine hervorhebende Belohnung. Es brachte zustande, die Schülerinnen gegenseitig auf das Ärgste wetteifern zu lassen, auch einander nachzuspionieren und zu verpetzen. Ich dachte an die italienischen Kinderbettler und wie sie als organisierte Einheit loyal funktionierten. Was für ein drastischer Unterschied. Ich war von Anfang an sehr oft ohne Kreuz, gedemütigt, als Ausgestoßene herumzuirren, weil ich zum Beispiel im Religionsunterricht manchmal noch immer unbequeme Fragen stellte. Da ich über Sexualität aufgeklärt war, kamen meine Kommentare in punkto unbefleckte Empfängnis auch gar nicht gut an, eigentlich trat ich einen mittleren Skandal los und meine Mutter musste zur Schwester Roswita zur Beratung. Frau Mama gab der Schwester ordentlich Kontra von wegen religiöser, mittelalterlicher Einschüchterung vom dummen Fußvolk, mit lauter Blödsinn aus der Bibel. Da war auch noch die Kleinigkeit der Priester und ihrer Unzucht mit unschuldigen Buben. Darüber stand nichts in der Bibel, welche nur eine riesige Sammlung von krassen Widersprüchen war. Ich musste der Unterredung beiwohnen und als Frau Mama davonrauschte, schüttelte die Oberschwester nur den Kopf und murmelte in meine Richtung: „No bravo, die Mutter ist ja zehn Mal ärger als die Tochter! Beide für sich ein hoffnungsloser Fall, die arme Kleine, was sagt man dazu?"

Sie sah mich sehr bestürzt an, kam zu mir und streichelte mein Haupt. Ich fühlte mich nicht als hoffnungsloser Fall, und es störte mich nicht, am Anfang ohne Kreuz zu sein. Ich hatte mich auch nicht ausgestoßen oder gedemütigt gefühlt und genoss des Öfteren das Provozieren trotz Scheinheiligkeit. Mir gefiel die Klostererziehung gar nicht. Die neue Phase als Klosterschülerin und das ganze Drumherum fand ich richtig übel. Als braves Kind hatte ich gewisse Regeln zu befolgen und einschlägiges Benehmen anzunehmen. Fast alles davon ging mir richtig gegen meine Überzeugungen. Der Hauptgrund des Anstoßes meines Benehmens aber war, dass ich mich weigerte, meinen Blick in Demut zu senken. Nur mit leicht gesenktem Kopf sollte man als braves Mädchen sein Gegenüber anschauen, ohne den Kopf zu heben. Ich sah den Schwestern und Lehrerinnen mit erhobenem Haupt voll ins Gesicht, was als frech und anmaßend galt, und ich empfand diese Kritik als Blödsinn. Wie sollte ich sonst abschätzen und herausbekommen, was mit meinem Gegenüber los war? Ich wusste, dass mein direkter Blick manchmal mein Gegenüber richtig nervös machte, was mir sehr gefiel. Daher verbrachte ich zur Strafe viel Zeit in Schulzimmer- und Speisesaalecken, ich wechselte mich ab zwischen Scheinheiligkeit und Aufbegehren.

In meinem neuen Leben kam auch ein Adressenwechsel vor. Tante Grete überließ Mutter und mir eine kleine Dachgeschosswohnung im siebten Stock am Urban-Loritz-Platz. Aus der gewohnten Umgebung bei Großmama herausgerissen, litt ich sehr unter den vielen neuen Einflüssen des täglichen Lebens mit Frau Mama. Schon beim Betreten des Wohnhauses war mir nicht wohl. Ein Grund dafür war der ekelhafte alte Aufzug. Er sah aus wie ein Vogelkäfig, eigentlich wunderschön aus verschnörkeltem Schmiedeeisen. Er hatte mit Blumenmuster verzierte, geätzte und geschliffene Bleiglasscheiben, zitterte und stotterte ächzend und quietschend sieben Stockwerke hinauf, direkt vor unsere Wohnungstür. Die Wohnung selbst war das Atelier eines Künstlers gewesen und hatte dementsprechend riesige, schräge Dachfenster, welche wetterbedingt leckten. Bei einem Gewitter schienen die Blitze ins Zimmer zu fahren und ich bekam richtig Panik, weil es mich an den Blitzschlag in Großmamas Haus erinnerte. Die Urban-Loritz-Platz-Bude war außerdem eine ewige Geräuschkulisse. Bis in die frühen Morgenstunden, bei jeder Nutzung, quietschte das Aufzugsrad vor unserer Wohnungstüre. Dazu kamen die Geräusche vom Verkehr und der Straßenbahn sieben Stockwerke unter uns. Sie lösten Blitze an den elektrischen Leitungen der Straßenbahn am Strombügel aus, die durch die riesigen Fenster bei Nacht sehr störend zu sehen waren. Die

Wohnung war laut, zugig, heiß im Sommer, im Winter eiskalt und minimal möbliert. Ich würde mich dort nie wohlfühlen. Komischerweise fand sich Frau Mama von dem Lärm gar nicht beeinträchtigt. Normalerweise war sie extrem lärmempfindlich, sogar Grillenzirpen war in der Vergangenheit für sie Anlass genug gewesen, hysterisch zu werden. In der neuen Wohnung fand sie überhaupt nichts störend. Kenne sich bei ihr da einer aus, die Frau war einfach nicht bei Trost. So oder so, sie arrangierte sich mit gegebenen Umständen immer, wie sie sie gerade brauchte.

Das neue Leben mit Mutter wurde nichts zum Lachen. Ihr Größenwahn bezüglich Talentförderung war plötzlich ziemlich heftig ausgebrochen. Zur normalen Schulzeit gab es ab 18 Uhr zusätzliche Projekte zum vollen Schultag dazu. Montags war Schwimm- und Trampolinspringunterricht im Dianabad angesagt. Ich war risikofreudig und der 10-Meter-Turm faszinierte mich. Um von dort oben in der nahen Zukunft tolle Sprünge zu absolvieren, waren Vorübungen auf einem Trampolin nötig. Diese gestalteten sich lustig, weil man Wut und Frust abbauen konnte, und die hatte ich zur Genüge.

Dienstags war Klavierunterricht an der Reihe. Ein geeignetes Instrument stand in unserer neuen Wohnung. Die Klavierlehrerin stank nach Mottenkugeln, der Unterricht bestand aus zweihändigen Tonleitern mit Taktell, sie quälte mich, indem sie mir mit einem Taktstock die Knöchel wund schlug, wenn ich danebengriff. Die „Mottenkugel" schlug gerne zu. Bei einem Glas Wein, einmal pro Monat, unterhielten sich Mutter und die Lehrerin über meine Leistungen. Die Flasche spendierte Mama. Ich musste im Vorzimmer warten, aber ich konnte ihr Gespräch verfolgen. „Sie ist ein begabtes Kind und sehr gescheit, man muss sie nur dazu bewegen, eine genaue Richtung einzuschlagen."

„Schlagen Sie nur zu, Frau Professor, sie wird Sie sicherlich nicht enttäuschen." Das war Mutters Antwort zu dem Thema, na tolle Aussichten! Das Ganze war sowieso unnütz, mit Opa hatte ich Lieder spielen gelernt und Noten lesen.

Gesangsunterricht gab es Mittwoch. Den mochte ich sehr, weil der Lehrer ein wirklich netter, früherer Opernsänger war.

Er erklärte meiner übereifrigen Mutter, dass ich viel zu jung war, um eine klassische Stimmausbildung anzufangen. Höchstens konnte er mir ein wenig Phrasierung und die richtige Atemtechnik, plus das gesangliche Lesen von Noten beibringen. Das tat er dann auch und mir machte es Spaß, vom Blatt Singen zu lernen.

Donnerstags kam Ballett dran und das war für mich eine richtige Qual. Mutter hatte vor dem Krieg in derselben Tanzschule Birkmeyer viele Jahre Unterricht gehabt, war sogar privat mit der Tänzerfamilie eng befreundet gewesen. Dank dieser Tatsache durfte sie seinerzeit sogar bei einer Tanzeinlage in einem Film mitwirken. Während des Krieges gab es Tod und Tragödie in der Familie Birkmeyer. Wegen eines eingeheirateten Mitgliedes, dessen religiöse Zugehörigkeit, wenn bekannt würde, in ein Todeslager führen würde, folgte Verrat aus den eigenen Reihen und der Tod der Verratenen. Die Verräterin ging ins Exil nach Amerika und ward nie mehr gesehen.

Das Ballettatelier in der Hetzendorferstraße Nr. 6 bedeutete nichts Gutes für mich. Mutter und ich waren immer spät dran, sogar im Laufschritt. Verschwitzt ins Tanztrikot zu kommen, hineingewurstelt von einer überspannten Hysterikerin, war richtig nervenaufreibend. Der Umkleideraum roch nach Schweiß und überall kullerten von getrocknetem Blut befleckte kleine Wattebäusche herum, die Spuren von gepeinigten Tanzschülern mit ihren durch die Ballettschuhe brutalisierten Zehen. Etwa zwölf kleine Mädchen wurden von ihren kunstbesoffenen Müttern liebevoll umgezogen. Es gab eiliges Trikot-Zurechtrücken, überschwängliche Umarmungen und Küsschen, einige „mach's gut, Schatz!", einen Klaps auf den Hintern, und die kleinen Käfer summten zum Unterricht. Ich war immer die Letzte und wurde mit einem gezischten: „Mach mir ja keine Schande!" weggescheucht.

Widerwillig betrat ich das innere Sanktum des großen Meisters Anton Heinrich Birkmeyer. Er war zu seiner Glanzzeit eine Berühmtheit gewesen, ein legendäres Talent, welches sogar in einem Bildband meiner Mutter zu sehen war. Abgebildet in vielen berühmten Ballettrollen: versilbert, vergoldet, mit Blätterranken um seine muskulöse Anatomie, ein wunderschöner Mann; seine Spezialität waren grandiose Sprünge gewesen. Die müde, gelangweilte, sehnige Gestalt, die neben dem Klavier hockte und gut zahlenden, teils unbegabten kleinen Mädchen Tanzunterricht erteilte, hatte wenig mit dem Mann auf Mutters Fotos gemein. Er bewegte sich mit Würde, Eleganz und Geschmeidigkeit, als er aufstand, um sich mit seiner Assistentin zu beraten und einige Schrittsequenzen demonstrierte. Seine Bewegungen waren kraftvoll, aber er wirkte müde. Sein wehmütiges Lächeln zeigte sehr große Zähne, die mich an ein Pferdegebiss erinnerten, als er lächelnd die kleinen Anfängerinnen zur Stange an der Wand in eine Linie scheuchte.

Während der Unterrichtsstunde saß Tonis Sohn Michael ein paar Mal zu Füßen seines Vaters, oder er trainierte Streckübungen an den Stangen abseits in irgendeiner Ecke des Saales. Er war ein ausgesprochen hübsches Kind. Wir machten manchmal gegenseitig zueinander blöde Gesichter, mit verdrehten Augen oder „Hasennasen", die charakteristischen, zitternden Nasenbewegungen dieser Tiere. Toni bemerkte die Blödelei und Michael kassierte eine leichte, liebevolle Dachtel auf seinen Hinterkopf. In meine Richtung wackelte Toni mit einem drohenden Zeigefinger. Er war sehr lieb zu mir und die Freundschaft mit meiner Mutter schien noch immer aktuell zu sein. Ich mochte ihn sofort, jedoch nicht den Tanzunterricht. Das verstimmte Klavier, lieblos behämmert von einer uralten Dame, gab den Rhythmus an zur Verrenkung unserer kleinen Körper. Die vielen schwierigen Positionen des klassischen Balletts wurden geübt, der Nachwuchs für das Wiener Staatsopernballett zurecht getrimmt, falls ein Mädchen mit überdurchschnittlichem Talent dabei war, oder auch ein Junge vielversprechende Ansätze für klassisches Ballett zeigte. Hier und da beim Unterricht plumpste eines der Mädels auf den Boden, wenn es vor lauter Verrenkung das Gleichgewicht verlor. Dazwischen bewegte sich eine gertenschlanke Dame mit Zeigestab, in schwarzem Trikot und Wickelrock. Den Stab setzte sie sehr oft ein, wenn sie etwas sah, das ihr missfiel und nicht passte. Sie trug die traditionel-

le Chignon-im-Nacken-Frisur für Balletttänzerinnen und eine
schwarze Augenklappe, angeblich wegen einer Kriegsverletzung
des Auges, wie ihr nachgesagt wurde. Die Unterrichtsstunden
waren endlos braunes Linoleum, auf dem wir herumzurutschen,
darüber zu springen oder zu gleiten hatten. Leichten Stabkon-
takt auf die Körperteile, welche Fehlhaltungen zeigten, brachten sofortige Verbesserung der Haltung.

Wir machten unglaublich schmerzhaftes Dehnen der Muskeln und Sehnen durch. Unnatürliche Positionen wie den Spagat
und die Beinführung waren täglich notwendig, auch zu Hause zu
üben, um Zentimeter für Zentimeter die Spannweite der Beine
zu maximieren. Es gab strukturierten Zwang für eine der an-
strengendsten Disziplin der westlichen Kulturwelt. Das fertige
Produkt – die Belohnung für die Mühe und den Schmerz – war
dann die zauberhafte, elegante Bewegungspoesie des menschlichen Körpers, präsentiert in traumhaften Ballettproduktionen.
Um etwas zu erreichen, musste man mindestens zehn Jahre
brutales Training absolvieren, bis die geschulte Bewegung langsam Früchte trug: Immer wieder endlos Übungen wiederholen,
Zähne zusammen beißen, Schmerzen ertragen und ignorieren,
bis die lückenlose Perfektion der Positionen, Drehungen und
Sprünge aneinandergereiht als mühelose Körperpoesie dargestellt, verzaubern konnte.

Das würde ich nicht schaffen, weil meine Bewegungen nie
weich und geschmeidig genug werden würden. unbedeutend
Diese Unterrichtsstunden waren bei mir nicht sonderlich beliebt, dazu unterstrichen vom unliebsamen Hämmern auf einem verstimmten Klavier. Am Ende der Stunde bekam es einen
Anfall und spielte eine zügige Nummer, zu welcher wir auf eine
bestimmte Weise sehr schnell mit ausgestreckten Armen und
übereinandergeschlagenen Händen hüpfen mussten. Das wurde dann das „Pferdchen" genannt und bedeutete das Ende der
Stunde. Wartende Eltern durften dem Hüpfen im Saal beiwohnen, auch dazu klatschen. Somit gab es die indirekte Mitwir-
kung der Eltern, die ihren goldigen Linksfüßer dabei zusahen,
wie sie sich kräftig verausgabten, was gut fürs Geschäft war.

Ich reagierte mit Zurückhaltung und gezielter Perfektion. Auf Bäume klettern und Radfahren hatten mir geholfen, Balance zu halten, und irgendwie war ich leichter zu verbiegen als die restlichen Mädchen. Für eine zukünftige Primaballerina würde es bei mir nicht reichen. Das wollte Mutter nicht wahrhaben. Ihre Ambitionen für mich erreichten immer sofort unerfüllbare Höhen. Da sie wusste, dass von der Tanzschule Birkmeyer Nachwuchstänzer(innen) für das Wiener Staatsopernballett bezogen wurden, hatte Mutter auch dadurch große Erwartungen für unser beider Zukunft. Na, die würde sich noch wundern, wo ich überall NICHT brillieren würde.

Zusätzlich zu all den Aktivitäten nach dem täglichen Schulschluss wurden in der Wohnung noch so manche Hausaufgaben zu später Stunde erledigt. Nächtliche Schreib- und Rechenaufgaben mit hungrigem Magen, mit Hieben, hysterischen Ausbrüchen zwischen Mutter und Tochter, waren an der Tagesordnung. Vorher die Privatstunden, zwischendurch eine Wurstsemmel, ein Tropfen auf dem heißen Stein. Mutter hielt nichts von Kochen, leider keine Zeit, sie selbst aß fast nie etwas, eigentlich nur sporadisch. Wir waren von der Hetzerei und dem ewigem Zuspätkommen völlig ausgelaugt, aber wir zogen alles beinhart durch. Der Leistungsdruck war fürchterlich, mit Erschöpfung und Verzweiflung meinerseits war alles unerfreulich, aber ich verbiss mich irgendwie in das irre Pensum. Schön langsam schaffte ich, was von mir verlangt wurde. Glücklicherweise hatte mich die Natur mit einem sehr guten Gedächtnis ausgestattet. Ich brauchte Geschriebenes nur einmal zu lesen, um es mir zu merken. Allerdings blieb es nicht lange im Gedächtnis, aber um Tests positiv zu absolvieren, reichte es allemal. Von Mutter unterstützendes Lob oder Anerkennung und gar Streicheleinheiten zu bekommen, war unmöglich. Ich hätte das eigentlich bitter nötig gehabt, um für mich alles erträglicher zu machen. Anfangs tat das lieblose Leben furchtbar weh. Oft heulte ich mich leise in den Schlaf. Mit der Zeit gewöhnte ich es mir ab, dann eben kein Lob und keine Liebkosungen. Das Gelernte, oder was dann davon noch übrigblieb, käme mir sicherlich irgendwann zu Gute und würde sich als nützlich erweisen. Jedenfalls tröstete ich mich mit diesen Gedanken. Irgendwie wünschte ich mir insgeheim trotzdem ihre Sympathie, und das all die Jahre, in denen ich mit ihr zu tun hatte. Es machte mich wütend und ergab keinen Sinn, wenn ich sie nicht leiden konnte, wieso sehnte ich mich nach ihrer Anerkennung? Das war völlig unlogisch und unproduktiv. Ich musste aufhören von ihr, außer Enttäuschung, Schmerzen und irrationaler Brutalität, etwas Positives zu erwarten, leicht war das aber nicht. Von da an ging es mit uns besser voran. Ich ignorierte Madam, brachte immer besser werdende Leistungen, sie fand weniger Grund, mich zu verhauen und zu brutalisieren. Es gab im Hausaufgabenbereich Schrei- und Weinduelle und Schulheftseiten mit Tintentodeinsatz. Das war ein Bleichmittel wie Danchlor, für Tinte zum Ausbessern bei fehlerhafter Rechtschreibung, oder Tinten klecksen, weil wir mit Federhalter und Tintenfass oder Füllfeder schreiben mussten. Ich bemühte mich, Mutter keinen Anlass zu Gewaltausbrüchen zu geben und das kostete mich sehr viel Selbstbeherrschung. Die Wahnsinnige bei Laune zu halten, war nicht leicht, aber sicherlich eine brauchbare Übung für das spätere Leben. Es gab Möglichkeiten, Mutter zu manipulieren; mit der Zeit bekam ich das sehr gut hin. Bei rabiaten Mitbürgern, konnte ich später eine schlechte Situation manchmal sehr positiv beeinflussen, gegensteuern und Gewaltausbrüche minimieren.

Im Frühjahr 1952 blieb ich eine Woche von der Schule fern. Mutter nahm mich mit nach Linz, um dort für Toronto in Kanada einen Einwanderungsantrag zu stellen. Da waren ungeheure Auflagen zu erfüllen, z. B. betreffend Leumund, Gesundheit, Psyche, Schulnoten, politischer Gesinnung und lückenlosem Werdegang. Man musste entweder einen Bürgen haben, der für alles Finanzielle Verantwortung garantierte, eine gewisse Geldsumme selber zur Verfügung haben, oder einen Beruf mitbringen, welcher dringend gebraucht wurde. Man durfte das Einwanderungsland in keiner Weise etwas kosten, musste sich privat krankenversichern, hart arbeiten und als Einwanderer einige Demütigungen in Kauf nehmen, bevor man sich etablierte. Mit

Fleiß, etwas Glück, höflichem Benehmen und Geduld konnte man sich so eine gute Lebensgrundlage erarbeiten. Mit brutaler Arroganz und Aufbegehren war damals nichts zu machen. Einwandern war eine seriöse Sache. Es wurde oft sogar Unterwürfigkeit verlangt, um im neuen Land akzeptiert zu werden. Ein Einheimischer interessierte sich nicht die Bohne dafür, was man im Heimatland besessen hatte oder gewesen war. Wichtig war nur, was man im neuen Land leisten und zu dem generellen Wohl der existierenden Gemeinschaft beitragen konnte.

Im Jahr zuvor (1951) waren Onkel Kurt und Tante Elli nach Toronto in Kanada ausgewandert. Sie wollten ursprünglich in die USA, aber Ellis nationalsozialistische Vergangenheit machte das unmöglich. Die Amerikaner hießen nur Ex-NS-Mitglieder willkommen, welche Spezialkenntnisse zu bieten hatten. Zum Beispiel Werner von Braun mit seiner Raketenwissenschaften. Normale Durchschnittsbürger mit NS-Vergangenheit waren absolut nicht willkommen.

Großmama verfiel in tiefe Trauer, als Schwiegertochter Elli ihren geliebten Kurti als ihren Ehemann abschleppte und nach Toronto beförderte, war doch ihr Sohn ihr Augenstern. Sie verdammte ihre Schwiegertochter und schimpfte sie NS-Luder-Schlampe. Darüber wusste ich noch nicht Bescheid, und ich konnte mir nicht vorstellen, was gemeint war. Kurt als Firma Schmoll-Schuhputzpastenvertreter und Elli als Buchhalterin in irgendeinem -kleinen Betrieb waren mit der österreichischen Wirtschaft unzufrieden gewesen und wollten unbedingt in Toronto schnell reich werden. Angeblich war das drüben gar nicht schwer. Man verdiente ja so viel mehr als in Österreich. Es wurde nicht erwähnt, dass das Gehalt Brutto ohne Abgaben ausbezahlt wurde und man für sämtliche anfallenden Steuern und Abgaben selber verantwortlich war. Tüchtig und gescheit war man, wenn Monat für Monat reichlich vom Gehalt zur Seite gelegt wurde. War man es nicht, konnte man sehr leicht große Probleme bekommen, wenn man seine offenen Abgaben ignorierte und schuldig blieb.

Unsere Familienmitglieder spekulierten über den Verlauf unserer fortdauernden Besatzung. Wir wollten in Wien keinesfalls hinterm Eisernen Vorhang landen und leben, was sehr wahrscheinlich sein konnte. Vielleicht kassierten uns die Russen ein und wir würden ein Satellitenstaat werden. Was genau das bedeutete, wusste ich auch nicht, es konnte auf jeden Fall nichts Gutes sein.

Kurts Briefe an Großmama waren voll von positiven Nachrichten, er schickte pro Monat fünfzig kanadische Dollar. Diese rührte Großmama nie an und sammelte sie in einer leeren Kaffeedose. Sie hatte Kurt abgeschrieben und gab Elli die Schuld für den Verlust ihres Sohnes. Sie konnte von Anfang an ihre deutsche Schwiegertochter nicht leiden. Einmal entnahm ich einer Konversation zwischen ihr und meiner Mutter, dass mein verstorbener Vater auch Deutscher gewesen war. Das machte mich zur Hälfte Deutsche. Wahrscheinlich kamen von ihm meine helle Haut und die weißblonden Haare. In unserer Familie waren alle Schwarzhaarig mit dunklem Teint. Urgroßmama Maria hatte mich Kuckucksei genannt, den Sinn dieser Aussage verstand ich erst viele Jahre später.

In letzter Zeit benahm sich Großmama sarkastisch und kurz angebunden. Mir gegenüber war sie noch die Alte geblieben. Wenn wir an Wochenenden bei ihr auf Besuch waren, gab es schon wieder heftige Streitereien zwischen Mutter und Großmama. Der Grund hieß Auswandern nach Toronto. Beruhigend für mich war das keinesfalls, oder? Mit einem Schlag würde ich meine horrenden Lernansprüche los sein, keine Extrastunden mehr, kein widerliches Kloster mit sadistischen Nonnen und mittelalterlicher Erziehung! Aber so weit weg von meinen geliebten Großeltern und Tanten zu sein, war mir keinesfalls recht. Die neuesten Aussichten schienen belastend. Auch fürchtete ich, ohne Familie in der Nähe, Mutter auf Dauer alleine ausgeliefert zu sein. Ohne das familiäre Sicherheitsnetz eventueller Intervention, wenn sie in punkto Brutalität völlig durchdrehte, schien mir sehr riskant. Mit einer neuen Sprache würde ich mich auch noch anfreunden müssen. In der Ferne gab es weder eine Krankenkassa noch Medizin und Tabletten umsonst, auch keine Kuraufenthalte. Mutter würde doch kein Jahr in irgendeinem Job aushalten und mit Geldeinteilung war sie auch eine Niete. Spätestens nach einigen Monaten würde sie hoffnungslos verschuldet sein und nach Wien um Geld und eine Retourpassage bitten. Also musste ich nur alles abwarten, das Beste daraus machen, neue Eindrücke sammeln und einfach das Ganze über mich ergehen lassen. Diese Eskapade konnte höchstens ein halbes Jahr andauern. Frau Mama war so unpraktisch veranlagt, sie hatte miese Schulbildung und war voller Allüren. Am meisten aber litt sie an Ungeduld. Wie sollte da in der Ferne etwas brauchbar Aufbauendes in unser beider Zukunft zu Stande kommen? Das war völlig absurd, lächerlich, unmöglich. Sie würde kläglich scheitern, das Handtuch werfen, ich brauchte nur ein wenig Geduld. Bald würde ich zurück in der Heimat sein. Dachte ich zumindest.

AM ENDE WIRD ALLES GUT,
UND WENN ES NICHT GUT IST,
IST ES NOCH NICHT DAS ENDE!

In der letzten Oktober Woche 1954 begleiteten die Tanten Grete und Hilda Mutter und mich zum wiederaufgebauten Westbahnhof. Das brandneue Gebäude mit seinen großen Glasfenstern an der vorderen Fassade galt damals als sehr modern und imposant. Ein Zug würde uns nach Paris bringen, wo ein Tagesaufenthalt geplant war. Anschließend am Abend würden wir einen anderen Zug nach Le Havre zu unserem vorgesehenen Schiff nehmen. Es klang alles sehr aufregend, ich konnte mir nichts darunter vorstellen. Bald wusste ich mehr. Der Abschied von den Tanten war mit Geldgeschenken verbunden und ich war traurig, aber beschloss, mit meiner Begleitung die Reise zu genießen so gut es eben ging. Diese hatte Schnapsputzwut im Zugabteil bis zum Semmering. Der lag in der russischen Zone und dort gab es für alle Züge einen längeren Aufenthalt. Die Russen suchten Kriegsverbrecher. Alle Reisedokumente wurden sorgfältig geprüft und die Abteile durchsucht. Als der russische Offizier zur Inspektion bei uns eintrat, beschnupperte er die Luft. Dann sah er Mutters Schnapsflasche und fing an zu lachen, rief „Nastrovje!", winkte und untersuchte nicht einmal unser Gepäck, sah in unsere Pässe, lachte weiter vor sich hin, zwinkerte uns zu und seine Inspektion war gelaufen. Am Bahnsteig vor unserem Zugfenster spielten sich Tragödien ab. Man hatte irgendwelche armen Teufel gefunden, mit denen die Russen ein Hühnchen zu rupfen hatten, oder sich das zumindest einbildeten. Es gab Schreitiraden von den Uniformierten und Tränenorgien von Verhafteten. Wir beide waren besser dran und durften weiterfahren.

Anstatt zu schlafen, hing ich fast die ganze Nacht am Zugfenster. Die nächtliche Landschaft in Österreich war so dunkel gewesen. Kaum passierten wir die Schweizer Grenze, hatten die schlafenden Dörfer und Städte zumindest helle Straßenbeleuchtung, da sparte keiner Elektrizität. An der Grenze zur Schweiz war die Kohlelokomotive durch einen elektrischen Schweizer Triebwagen ausgetauscht worden. Beim Weiterfahren war auch Frankreich gut beleuchtet und die kleinen und größeren Städte strahlten vor sich hin. Gegen Morgen erreichten wir Paris, wo wir unser Gepäck für den Abendzug nach Le Havre aufgaben.

Sicherlich war Paris eine wunderschöne Stadt. Was ich davon erlebte, entpuppte sich als ein Marathonlauf der ärgsten Sorte, noch dazu unausgeschlafen. In zehn Stunden waren wir im Louvre, am Eiffelturm, in der Pariser Kanalisation, wo ich mich übergeben musste, in der Notre-Dame-Kathedrale, zweimal in einem Bistro, um etwas zu essen, und auf zwei Stadtrundfahrten, per Bus und per Boot auf der Seine. Mutter war unerbittlich gewesen und diktierte das enorme Pensum, man kam ja nicht alle Tage nach Paris, wer wusste schon, ob das in Zukunft überhaupt möglich sein würde? Wie irr, mit der Nase in einem Stadtplan, zog Mutter durch Paris mit mir im Schlepptau. Ich hatte es sehr schwer, ihr zu folgen, war hungrig, aber es gab kein Frühstück. Madam hatte bei unserer Ankunft keinen Hunger gehabt, an meinen dachte sie sowieso nie.

Mehr tot als lebendig schaffte ich es noch, mit eigener Kraft in den Zug nach Le Havre zu klettern. Diesmal machten wir einen normalen Einstieg, ohne auf einen sich schon fortbewegenden Zug aufzuspringen. In unserem reservierten Zugabteil war natürlich Schnapsreinigung angesagt. Mitten im Putzfieber kam eine blonde, deutsche Frau mit einem Mädchen in meinem Alter ins Abteil. Beide waren gepflegt und höflich. Sie hatten leider keine Platzkarten, ob sie bei uns mitfahren dürften? Weil Mutter einiges an Reinigungsflüssigkeit intus hatte, war sie nicht so gemein wie sonst, sogar ziemlich gut drauf, erlaubte es und wir hatten eine nette Unterhaltung bis Le Havre.

Nachdem wir den Zug verlassen hatten, ging es zur Passkontrolle, organisiert nach dem Alphabet. Da Mutter und ich verschiedene Familiennamen hatten, mussten wir uns trennen. Sie war Hanzlik und bei „H" war viel los. Ich war „Quilitzsch" und bei mir war gähnende Leere, der Nachname hatte diesbezüglich einen Riesenvorteil, Folge dessen war ich sehr schnell mit allem fertig, was zur Einschiffung gehörte. Ich wurde andauernd gefragt, wo denn meine Begleitung war, und ich musste die Namenssituation mit Schulfranzösisch erklären. Nach der Passkontrolle kam die Koffersuche. In einer riesigen, langen Halle befanden sich jede Menge abgegrenzter Abteile, worin alles Mögliche an Gepäck aufgestapelt war. Es ging wieder nach dem Alphabet und wieder war bei „Q" fast niemand. Dafür türmten sich die Koffer und Kisten bei „H" sehr hoch. Das bedeutete wohl, dass Madame lange nicht an meiner Seite sein würde. Beim Eingang des „Q"-Käfigs war gerade ein Mann auf einem Elektrowagen stehengeblieben. Schulfranzösisch hatte schon in Paris geholfen und der Fahrer vor der Gepäckabteilung freute sich auch über meinen Sprachschatz. Mit den Kofferpapieren sammelten wir diese ein, er setzte mich darauf und wir fuhren zum Einstieg des Schiffes. Was ich für die vierte Wand der Kofferhalle gehalten hatte, war der eiserne Rumpf der Cunard Line Saxonia, das Schiff, welches uns nach Quebec bringen würde. Bis dahin hatte ich keine Vorstellung von den Dimensionen des Transatlantikschiffes gehabt. Es schien riesig zu sein, nur war ich zu erschöpft, um darüber nachzudenken. Der Fahrer versicherte mir die Zustellung der Koffer zu unserer

Kabine und fuhr wieder los, während ich auf einer langen Brücke ins Schiffsinnere marschierte. Am Eingang gab es Pass- und Schiffskartenkontrolle. Dort musste ich die Situation der verschiedenen Nachnamen erklären, und dass Frau Mama irgendwann nachkommen würde. Als allein einsteigendes Kind bekam ich eine Dame in Uniform zugeteilt, die mich zu meiner Kabine führte. Kaum drinnen, wurde auch schon das Gepäck zugestellt. Wir logierten im zweiten Untergeschoß, die Kabine hatte zwei Kojen übereinander und ein rundes Fenster. Schrecklich müde von den Strapazen war das obere Bett äußerst einladend, kaum drinnen, schlief ich sofort ein. Irgendwann kam Madam und beschwerte sich lautstark über irgendetwas. Ich träumte, ich war im Prater auf der Hochschaubahn und schwankte hin und her. Am frühen Morgen schwankte das Zimmer. Dann kam die Erinnerung an die Einschiffung und die Gischt am geschlossenen Bullauge bestätigte es: Wir waren unterwegs! Das taugte Mutter gar nicht. Sie lag in der unteren Koje mit blassem Gesicht und stöhnte nicht wenig.

„Ruf den Steward, mir ist schlecht."

Was ich auch tat. Dann ging ich frühstücken und das Schiff erkunden, dachte noch: Hoffentlich ist ihr noch lange schlecht, damit ich tun und lassen kann, was ich will, ohne Störung! Glücklich über die gegebenen Umstände marschierte ich los. Die Saxonia war sehr elegant, wunderschön, der Stiegenaufgang und die oberen Aufenthaltsräume waren reichlich geschmückt mit kostbaren Kunstwerken. Seidentapeten, Säulen mit Verzierungen, geschliffene Spiegel, bequeme Ledersitzgarnituren und viele Pflanzen in chinesischen Porzellantöpfen verbreiteten eine Aura von Luxus.

Ich genoss das Frühstück im prunkvollen Speisesaal, die Tischgedecke bestanden aus gutem Porzellan, Silberbesteck und Waterford-Kristallgläsern. Nach dem eleganten Frühstück fand ich unsere deutschen Freunde aus dem Zug nach Le Havre. Ingrid und ich beschlossen, das Schiff näher kennenzulernen, ihre Mutter Anna würde am geschlossenen und verglasten Promenadenzwischendeck auf einem hölzernen Liegestuhl mit

Wolldecke auf uns warten. Das Wetter war grau und düster. Das Meer hatte Schaumkronen, es herrschte Windstärke vier (von insgesamt neun), das konnte man einer Karte entnehmen, welche beim Speisesaal fixiert war, auch die Schiffsroute war eingezeichnet und ein kleines Papierschiffchen steckte auf einer Linie, um zu zeigen, wo wir uns momentan befanden. Wir waren nämlich am Ende des Ärmelkanals und dort gab es öfter raue Gewässer. Beim Mittagessen waren wenige Leute im Speisesaal anwesend. Am Nachmittag gingen wir ins Kino. „Sabrina" wurde gezeigt mit H. Bogart und A. Hepburn. Wir waren fast alleine bei der Vorführung und es kam mir vor, als hätten die Schiffsbewegungen an Stärke zugelegt. Noch müde von der Anreise beschlossen Ingrid und ich, früh zu Bett zu gehen. Mutter lag mit grünem Gesicht in ihrer Koje und war außer Gefecht. Die Schiffsbewegungen wiegten mich in den Schlaf.

Am zweiten Tag unserer Reise hatten sich die Schaumkronen auf den Wellen um einiges vergrößert. Das Meer sah blau-schwarz aus und am verglasten Promenadendeck spritzte Meerwasser von Zeit zu Zeit gegen die Promenadenfenster. Dort waren die Liegestühle vereinzelt von Passagieren besetzt. Ein mit bewundernswerter Akrobatik schwankender Steward kam mit einem Tablett voll kleiner Silbertassen und servierte eine schmackhafte, warme Rindsuppe. Die Passagiere schlürften sie halbherzig, da und dort verschwanden sie hastig in verschiedene Richtungen. Mal-de-Meer, die Seekrankheit, war im Begriff, ordentlich zuzuschlagen. Das erregte Wasser schwappte in regelmäßigen Abständen immer mehr gegen die Promenadendeckfenster. Wir hatten Seegang Stufe fünf und damit sehr grobe See. Ingrid und ich konnten uns richtig austoben und auf Entdeckungsreise gehen, ohne dass uns irgendwer Aufmerksamkeit schenkte. Das Schiffspersonal war voll im Stress, die Passagiere übergaben sich en Masse und die Stewards tänzelten geschäftig durch die Gegend mit allen möglichen Dingen gegen Seekrankheit.

Das Schiff, in der Mitte abgegrenzt, hatte die erste Klasse im Bug, die zweite im Heck. Vorne oder hinten, die heftigen Bewegungen waren in beiden Klassen dieselben und ganz gleich ungünstig für empfindliche Mägen. Das elegante Schiff bahnte sich den Weg durch die erregten Gewässer. Gegen Abend gab es noch tiefere Täler zwischen den Schaumkappen. Die Schiffsschraube schnitt einen breiten weißen Streifen ins dunkle Wasser, der kurzfristig in den Wogen verschwand. Hunderte Möwen folgten uns und ihr Geschrei vermischte sich mit dem heulenden Sturm. Ich fand alles furchtbar aufregend und wunderbar spannend. Am vierten Tag gab es keine Windstärkeangaben, höchstwahrscheinlich aus taktischen Gründen. Man konnte nur schätzen: Windstärke zwischen sechs und sieben, das bedeutete hohe See mit Wellenbergen, Gischt und Schaumstreifen, rollend mit Wucht und Momentum. Die Saxonia kämpfte tapfer gegen die erzürnte See. Laut der Karte beim Speisesaal waren wir jetzt zwei Drittel der Reise, mit vorwiegend Rückenwind, über den Atlantik gekommen. Bei jeder Mahlzeit tauchten im Speisesaal weniger Passagiere auf. Ingrid, ihre Mutter und ich hatten die Kellner fast für uns alleine und wir genossen die herrlichen Gourmetspeisen. Um auf den Beinen zu bleiben, legten die armen Kellner richtige Tanzschrittmuster hin. Zum Glück neigten weder sie noch wir zu Seekrankheit. Das offene Deck oberhalb des verglasten wurde aus Sicherheitsgründen gesperrt. Gegen Nachmittag hatten sich die Schiffsbewegungen drastisch verstärkt. Der Bug bohrte sich tief in die wogende See und katapultierte tonnenweise Wassermassen beidseitig in hohen Bögen zurück ins schäumende Wasser. Wir brauchten nicht lange zu warten, wie es weiter gehen sollte. Die Saxonia zitterte, bäumte sich auf, es gab einen starken „Rumms", der das Schiff gewaltig erschüttern ließ, danach verstummten die Turbinen. Nun gingen die Schiffsbewegungen erst richtig los. Die wildgewordenen Wassermassen bombardierten die Saxonia von allen Seiten. Ohne Maschinen, welche die Schiffsschraube betätigten, um irgendwie eine Richtung zu halten, waren wir minutenlang manövrierunfähig, somit schwankten wir nach allen Seiten. Danach rülpsten die Turbinen uneben dahin und die Saxonia nahm einen hektischen Rhythmus auf. Das ging eine Zeit lang immer wieder so dahin, es war äußerst besorgniserregend und ließ uns nichts Gutes ahnen. Die Nachricht kam über die internen Lautsprecher, die sich in allen Kabinen, Gängen und den oberen Aufenthaltsräumen befanden:

„Sehr geehrte Reisende, hier spricht Ihr Kapitän, wir haben eine kleine Panne, kein Grund zur Aufregung, gleich geht's weiter".

Das arme Schiff ächzte und stöhnte, gebeutelt in alle möglichen Richtungen. Wir saßen auf dem unteren Bett und versuchten, uns gegenseitig Mut zu machen. Nach zirka einer Stunde gab es mehr Neuigkeiten:

„Liebe Reisende, hier spricht Ihr Kapitän, kein Grund zur Aufregung! Bleiben Sie bitte in Ihren Kabinen, aber ziehen Sie Ihre Schwimmweste an, das ist nur eine Vorkehrungsmaßnahme, das hat überhaupt nichts zu bedeuten! Die Weste schützt Sie vor Verletzungen, falls Sie zufällig das Gleichgewicht verlieren sollten, und gegen irgendeinen Gegenstand donnern".

Mutter murmelte: „Wer's glaubt, wird selig", Ingrid fing an zu weinen. Ich konnte mir nicht vorstellen, wie die harten, klobigen, unbequemen Schwimmwesten uns vor Verletzungen schützen konnten. Sie waren mit großen, harten, dicken Korkstücken gefüllt, relativ schwer und sehr unbequem. Unsere Luftschutzkeller geeichten, kriegsüberlebenden Mütter waren beschäftigt mit Vorbereitungen für die Eventualität, zu Wasser zu gehen. Bei dem hohen Seegang war das doch gar nicht möglich, dachte ich und kriegte richtig Angst. Wie sollte man bei dem Wetter die Rettungsboote ins Meer bekommen? Sie würden am Schiffsrumpf zerschellen, oder sich in den zu Wasser lassenden Seilen verstricken, und ihre Passagiere würden in die erzürnte See gespült werden. So konnten wir das Schiff nie verlassen. Bei dem Seegang war ein Rettungsboot völlig untauglich und würde sofort vollgeschwappt mit Wasser absaufen. Diese Prognose war gar nicht gut. Trotzdem zogen wir uns vielschichtig mit wollenen Kleidungsstücken an und steckten Regenpelerinen ein. Vorher klebten wir uns unsere Pässe und Bargeld in Plastiksäckchen mit Leukoplast am Bauch auf die nackte Haut. Ich konnte keinen vernünftigen Gedanken fassen, wollte nicht unbedingt absaufen, auch wenn es bedeuten würde, die Schreckschraube endgültig los zu sein. Von Zeit zu Zeit sprangen die Turbinen an und das Schiff stabilisierte sich ein wenig, nach kurzer Zeit aber gaben sie wieder den Geist auf und wir wurden ziellos durchgebeutelt. In so einer Situation erkannte man, wie total hilflos wir Menschen waren, wenn die Naturelemente verrückt spielten. Über den Lärm des Sturms hörten wir plötzlich den Lautsprecher Statik spucken.

„Liebe Passagiere, bitte begeben Sie sich in den Speisesaal, behalten Sie ihre Schwimmwesten an, wie ich schon einmal gesagt hatte – diese dienen dazu, Sie vor Verletzungen zu schützen, sollten Sie bei diesem Wetter stürzen. Nehmen Sie höchstens eine kleine Tasche mit, bitte keine Koffer! Ich wiederhole ..."

Plötzlich gab es ein lautes Gepolter am Gang vor unserer Türe. Eine hysterische Frauenstimme schrie: „Das Schiff siiiiinkt, wir siiiinken!"

Alle stürzten auf den Gang, um gerade noch die Rückseite der Schreierin davonrennen zu sehen. Sofort eilten Passagiere von rechts und links aus ihren Kabinen den Gang entlang zu dem Treppenaufgang, der zu den oberen Stockwerken führte, und wir vier hinter her. Hysterie hatte um sich gegriffen. Jeder drängte und schubste. Wir Kinder waren schlecht dran, da wir mit einer Hand unsere Tasche hielten, und die andere hatten unsere Mütter in der ihren. Wir konnten uns an keinem Handlauf anhalten, und bumsten andauernd in die Hinterteile der vor uns Stiegen steigenden Erwachsenen, die aus Angst oft kräftig furzten. Manchmal verlor jemand das Gleichgewicht, stürzte und riss andere mit sich. Dann wurde geschrien und geweint, und die Stiegen voller Menschen, zusammen mit der heftigen Bewegung des Bodens, auf dem wir standen, löste bei mir unbeschreibliche Angst aus. Irgendwie schafften wir vier es, den Speisesaal zu erreichen. Verängstigt hockten dort einzelne Gruppen von Reisenden zusammen und starrten einander an. Unter ihnen gab es viele, die den Krieg, vielleicht sogar die deutschen Vernichtungslager, hinter sich hatten. Ihre Kapazität für nervliche Belastung war in manchen Fällen nicht sonderlich hoch, sie hatten Angst, so weit gekommen zu sein, so viel Schreckliches überlebt zu haben, um jetzt mit einem Schiff in die Tiefe gerissen zu werden. Wie banal war das denn? Das konnte doch nicht wahr sein! Manche weinten vor sich hin, andere versuchten zu trösten. Die Stewards kümmerten sich rührend um uns. Sie jonglierten Tassen mit Getränken, blieben dabei irgendwie auf den Beinen und die Flüssigkeiten in ihren Behältern auf den Serviertabletts. Unter den Umständen waren das phänomenale Kunststücke. Bald befanden sich alle Passagiere der Touristenklasse im Speisesaal und man merkte deswegen erst, wie relativ spärlich ausgebucht diese Überfahrt war.

Da saßen wir nun mit unserer Panik, während die Saxonia um ihr und unser Überleben kämpfte. Ein junger Mann fing ein Gebet an, das Vater Unser, langsam beteten andere mit, jeder in seiner Sprache, trotzdem klang es harmonisch und irgendwie beruhigend. Nach dem Gebet stimmte jemand ein Volkslied an, ein anderer spielte dazu zaghaft Mundharmonika, dazu kam eine Flöte, eine Tischplatte diente als Perkusionsinstrument, um Rhythmus anzudeuten. Es entwickelte sich eine wunderbare Eigendynamik von musikalischer Harmonie. Die verschiedensten Musikrichtungen wechselten sich ab, in den Sprachen des Landes, aus dem sie kamen. Manchmal war eine Darbietung ein Schlager, oder ein Volkslied, allgemein bekannt, und wurde mehrstimmig mitgesungen. Außerhalb des Raumes ging die Welt unter, wir würden die Nacht vielleicht nicht überleben, aber für uns bedeuteten diese Lieder unseres Kulturkreises in unserer Muttersprache Hoffnung. Wir hörten einander zu und spendeten Beifall. Vor allem aber halfen wir uns gegenseitig, diese fürchterliche Nacht zu ertragen. Das Schiff, aufs Ärgste gebeutelt, malträtiert von der entfesselten Natur, zitterte und stöhnte durch die endlose, rabiat gewordene See und die bedrückende Finsternis. Man hörte zerberstendes Glas, auch einige Male splitterndes Holz oder zumindest so ähnlich, aber die Saxonia machte unbeirrt weiter. Die Schiffsschraube hatte ihre Arbeit nicht mehr regelmäßig aufgenommen und stotterte vor sich hin. Nach zirka sechs Stunden ging dem Sturm schön langsam die Puste aus. Endlich durften wir wieder in unsere Kabinen. Ich war mir sicher, dass die Erinnerung an diese Nacht uns allen, die wir sie erlebten, unwiderruflich in Erinnerung bleiben würde. Dem Tod ins Auge sehend, waren wir in Angst höflich vereint gewesen. Als wir das Schiff verließen, war sich jeder wieder selbst der Nächste. Es wurde vorgedrängt, geschubst, jeder, dem irgendwer im Weg stand, wurde darauf angesprochen. Das allgemeine Benehmen wurde wieder nicht sehr höflich. Die Kameradschaft von der stürmischen Nacht hatte sich verabschiedet. Die arme malträtierte Saxonia, in Begleitung der kanadischen Küstenwache, schleppte sich in den Hafen Quebecs. Man hatte im Bauch des Schiffes gewerkt, um die Turbinen wieder einsatzbereit zu machen, um unser Ziel unter eigener Kraft zu erreichen, aber nur mit Teilerfolg. Angeblich hatte es eine Explosion im Maschinenraum gegeben. Haarscharf schlitterten wir am Untergang vorbei, es gab sogar Tote im Maschinenraum. So kursierten die Gerüchte. Von der Besatzung hörte man nur Beschwichtigungen, diplomatische Floskeln und sah müdes Lächeln. Die Rederei gab jedem Passagier zum Abschied ein Fläschchen kanadischen Whisky. Wenn ein Cunard-Line-Kapitän versicherte, dass es keinen Grund zur Aufregung gäbe, konnte man es glauben oder nicht. Tatsache war, dass die Besatzung auch in der Krise perfekte Betreuung lieferte und einen kühlen Kopf bewahrte. Was genau alles passiert war, blieb aber ihr Geheimnis.

Nach der stürmischen Überfahrt war die Nachtzugreise von Quebec nach Toronto eher langweilig. Das kanadische Schienensystem, breiter als das europäische, hatte auch breitere Waggons. Vor unserem Zugfenster gab es endlose, schneeverwehte, spärlich besiedelte Landschaft. Dazwischen einige hell beleuchtete Städte. Schön anzusehen waren sie nicht, mit Ausnahme von Quebec, über der Stadt die Festung Frontenac, welche auf einem Hügel thronte. Erbaut im Jahr 1893, wirkte sie sehr europäisch.

„FREUNDE KANN MAN SICH AUSSUCHEN, FAMILIE LEIDER NICHT"

In Toronto erwarteten uns Onkel Kurt und Tante Elli. Ihr Willkommen wirkte gar nicht herzlich, sondern irgendwie gekünstelt und sie schienen sehr nervös, unseren Augenkontakt zu vermeiden. Elli war wie immer plump, aufgedreht, überfreundlich, bei ihr wusste man sowieso nie wirklich, was sie dachte, da sie immer Theater spielte. Sie grinste auch ständig von Ohr zu Ohr und ihre großen, weißen, wohlgeformten Zähne blitzten auf ihr Gegenüber, ein perfektes Zahnarztwerbungsmodell für Zahnspangen. Mich erinnerte sie an einen Hai, dessen Abbild ich in Großvaters Enzyklopädie gesehen hatte. Onkel Kurt sah völlig verändert aus. Er war erst 32, aber sehr gealtert, mit tiefen Ringen um die Augen hatte er auch eine Glatze bekommen und sah sehr blass aus. Er qualmte ununterbrochen und war ein vollsüchtiger Kettenraucher geworden. Großmama wäre bei seinem Anblick schockiert und sehr traurig gewesen. Hätte sie doch seiner Ehefrau für seinen Zustand die Schuld gegeben. Kurt schien müde und unruhig. Unser Gepäck gaben die beiden zur Gepäckaufbewahrung am Bahnhof auf. Wir hatten angenommen, wir würden zu ihnen nach Hause fahren. Das ginge jetzt nicht, weil man uns zum Mittagessen einladen wollte und das „große" Auto war in der Werkstatt. Ich glaubte gar nicht, dass es eines gab. So wurden wir in einen VW-Käfer gepfercht und man brachte uns in ein Restaurant irgendwo an der Bloor-Straße, mitten in der Stadt Toronto.

Es war ein komischer Laden, in den man uns lotste und er gehörte einem Freund von Kurt aus Deutschland. In der Bude gab es nur Hühner auf der Speisekarte, allerdings in vielen Varianten, dazu Pommes und verschiedene Salate, sonst nichts. Wir kamen gerade von einer schwimmenden Fünf-Sterne-Luxus-Herberge, mit dazu passenden Gourmetspeisen. So gesehen war der Kontrast enorm, angefangen von billigstem Kunststoffbesteck und -tellern, Papierservietten und Tischen ohne Tischtücher. Das Essen wurde entlang der vierten Wand, hinter Glas, direkt im Gastzimmer vorbereitet, damit die Gäste zusehen konnten, was mit ihrer Bestellung gemacht wurde. Die Luft stank nach heißem Öl von der Fritteuse, später sicherlich auch unsere Haare und Kleidung. Dieser Betrieb von Kurts neuem Freund, der auch sofort zu uns an den Tisch kam, um uns willkommen zu heißen, schien eine Goldgrube zu sein. Die Leute standen Schlange, aßen hastig und verweilten nicht nach dem Essen mit Kaffee, Schnaps oder einer Zigarette dazu, wie auf dem Kontinent.

„Ja, Zeit ist Geld; das ist der Trend der Zukunft. Eat and run – schnell essen und im Laufschritt zurück zur Arbeit. Unter Tags wird gearbeitet und die Leute haben oft nur eine halbe Stunde Mittagspause, schnell und günstig muss das Angebot sein", belehrte uns Kurts Freund. Abends wurde dann in Nobelrestaurants elegant diniert, oder zu Hause entspannt im Kreise der Familie gegessen. So erklärte uns Kurts Freund die hiesigen Gegebenheiten, danach verließ er uns, um hurtig wieder nach dem Rechten zu sehen und Geld zu verdienen.

Mutter und ich hatten unser Backhendel mit wenig Appetit gegessen. Kurt war andauernd auf seinem Sessel hin und her gerutscht und hatte eine Zigarette nach der anderen angezündet. Nun kam das dicke Ende. Die Sache war nämlich so: Ihnen ging es gut, aber das Arbeitspensum war gewaltig, Elli und Kurt arbeiteten beide für die kanadische Sun Life Insurance Company (Versicherungsagentur) und hatten innerhalb von vier Jahren Beträchtliches erreicht. Sie waren viel von zu Hause aus tätig, hatten andauernd Gäste, um Versicherungsverträge an den Mann/die Frau zu bringen, oder freiberufliche Versicherungsverkäufer einzuschulen. Sie stürzten sich auf neu angekommene Immigranten, die sie mit einer speziellen Masche verunsicherten: Dass eine ordentliche Krankheit oder ein Unfall die Einwanderung zunichtemachen könnte, wenn sie keine Vorsorge getroffen hatten. Eigentlich stimmte diese Aussage ja sowieso zu hundert Prozent und es war relativ einfach, deswegen Polizzen zu verkaufen. Es erforderte aber, viel Papierkram zu erledigen, und ihr Gästezimmer war für Regionalvertreter, welche sie unterbringen mussten, oder für Einschulungen brauchten. Außerdem war es doch viel besser, wenn wir ungestört in Untermiete wohnen würden. Günstige Zimmer gab es zur Genüge. Außerdem ging ihr Importgeschäft noch nicht so gut, um zwei Verkäuferinnen zu finanzieren. Wieso zwei? Ausge-

macht war, dass meine liebe Mutter den Laden schmeißen würde. Ellis Mutter war aber vor sechs Monaten aus Wien gekommen, um ihrer Tochter zur Hand zu gehen. Sie machte nun den
Job, der eigentlich für Mama versprochen gewesen war. Diese
wurde kreidebleich. Vereinbart war, dass Mutter das Geschäft
übernehmen sollte, um importierte schweizerische, österreichische und deutsche Bücher und Zeitschriften, Konfekt, Kekse und Christbaumschmuck zu verkaufen. Das zeigte sich nun
als hinfällig. Kurt und Elli aber hatten ihre Fühler ausgestreckt
und einige Gesprächstermine für Mama ausgemacht. Sie würde sicher Arbeit finden, zu viel besseren Konditionen, gar keine
Frage! Mutter sah aus wie am zweiten Tag auf der Saxonia. Mit
größter Mühe entschuldigte sie sich und wankte in Richtung
WC. Mein Tantchen zupfte an meinen Locken und schob mir
einige Geldscheine zu. Onkel Kurt rauchte sich eine Zigarette
nach der anderen an. Eine Weile später kam Mama zum Tisch
zurück, sie hatte geweint. Da verabschiedete sich Tantchen überschwänglich zuckersüß, sie hatte etwas Dringendes zu erledigen. Kurt würde uns zu unserer neuen Bleibe führen, Bussi und
alles Gute. Während Mutter versuchte, ruhig zu erscheinen und
sich die Nase puderte, machte ich mich unfein über die übrig-
gebliebenen Essensreste am Tisch her. Essbares schmeißt man
nicht in den Müll, hatte ich von Omas Urlauben in Seebenstein
gelernt. Kaltes Huhn war nicht zu verachten. Ich packte alles
Essbare ein, danach marschierten wir zum Auto und einer un-
gewissen Zukunft entgegen.

Zu dritt fuhren wir, um unsere Koffer zu holen. Mutter woll-
te so schnell wie möglich in unser Zimmer, es gab aber kein vor-
bestelltes. Kurt meinte nur, man brauche das nicht in diesem
Land, da überall Zimmer zu haben waren. In Toronto gab es kei-
ne Wohnungsnot so wie in Wien. Tatsächlich, als wir aus dem
Stadtzentrum in einen Außenbezirk fuhren, sahen wir viele
Schilder mit „Zimmer zu vermieten". Die Sache hatte aber einen
Haken: Darunter stand auch „keine Kinder, keine Haustiere".
Beim 18. Schild drehte Mama mit einer Schreitirade durch. Die
Geschwister ließen mich im Auto und standen schreiend und

streitend auf der Straße davor, wild gestikulierend. Der Wagen war voller Zigarettenrauch und ich kletterte hinaus. Direkt hinter mir befand sich ein großes, altes Haus mit Veranda und einem sogar für Winter etwas verwilderten Garten. Entschlossen marschierte ich auf die Veranda und läutete an der Haustüre. Sofort kam eine dicke Frau und musterte mich, das ewige Klostermädchen: blauer Faltenrock, weiße Bluse, Matrosenmantel, Barett, ein Knicks und „Haben Sie Zimmer, bitte?" auf Englisch, mit dem treuherzigsten Blick, den ich zusammenbrachte. Die Frau pfiff und rief etwas Russisches über ihre Schulter. Kurz darauf erschien hinter ihr ein rotblonder Riese ohne Hals. Sein großer Kopf mit wildem rotem Haarwuchs schien direkt auf seinen Schultern zu rasten. Es konnte aber auch das fleischige Doppelkinn gewesen sein, was diesen Eindruck erweckte. Der Riese und die Frau unterhielten sich über mich und ich verstand sie. Dank russischer Besatzung konnte ich ihnen verständlich machen, in welcher Situation meine Mutter und ich steckten. Die zwei waren von meinen Sprachkenntnissen, sicher voller Fehler, amüsiert. Der Riese hieß Igor und stapfte sofort zum Volkswagen, um unsere Koffer zu holen. Verdutzt sahen Kurt und Mutter, wie Igor sich für uns betätigte und hörten auf zu streiten.

Wir hatten nun eine Unterkunft gefunden, Mama konnte dort ungestört weinen und Kurt schickten wir zum Teufel. Es gab ein Nachtmahl aus kaltem Huhn. Wir durften in Zukunft auch die Küche benutzen und das Haus hatte zwei Bäder, also eines für uns alleine. Sehr tüchtig oder widerstandfähig war meine Mutter in unserer Situation nicht gewesen, aber was sich die Verwandtschaft da geleistet hatte, war eine unehrenhafte Schweinerei.

Igors Mutter hieß Irina, bkamen aus St. Petersburg und lebten schon fünfzehn Jahre in Toronto. Das Haus war gemütlich, ein wenig staubig und altmodisch aber komfortabel und gut geheizt. Mutter ging jeden Tag auf Arbeitsuche und ich blieb bei den Russen, kümmerte mich um Igors Auto, indem der Schnee vorsichtig abgekehrt wurde. Ich half seiner Mutter in der Küche, was sie begeisterte, aktivierte den Staubsauger, putzte die Bäder und am Ende der Woche hatte ich so einiges im Sparschwein. Mutter kam jeden Abend zurück, ohne Arbeit gefunden zu haben. Sie war kleinlaut und weinte sehr viel.

In Kanada gab es keine Meldepflicht, aber die Schulpflicht rief. So gelangte ich in einen großen Ziegelbau mit riesigen Fenstern, wo ich die dritte Volksschulklasse besuchen würde. Der erste Tag war voller Überraschungen. Das Klassenzimmer der 3A war hell und freundlich. Dort lungerten die Schüler nonchalant in individuellen Sitzgelegenheiten herum, mit nur einer Armlehne, an deren Ende ein kleines Schreibpult befestigt war. Der Unterricht lief gerade im vollen Gang, trotzdem unterhielten sich manche Schüler untereinander. Viele kauten Kaugummi oder starrten aus dem Fenster. Es war ein bunter Haufen, keine Schuluniformen weit und breit. Sie waren alle individuell legere gekleidet. Da stand ich in der blöden Klostertracht: schwarze Lackschuhe, weiße Söckchen, dunkelblauer Faltenrock, weiße Bluse, kombiniert mit dunkelblauer Weste und darüber ein Matrosenmantel mit Goldknöpfen und natürlich am Kopf ein Barett. Hatte ich in Wien im Kloster unerlaubt die Initiative ergriffen, um dafür in Teufels Küche zu geraten, wollte ich mir das hier ersparen. Deswegen blieb ich stillschweigend bei der Klassenzimmertüre stehen. Der Knicks in Richtung Lehrerin brachte schallendes Gelächter von der Klasse. Das war ja wohl eine blöde Geste! Was war bloß los mit mir? Wie man es macht, ist es falsch, dachte ich noch, wurde rot und wartete ab. Die Lehrerin kam mir entgegen und schimpfte die Klasse. Englisch verstand ich nicht, um Genaueres zu entnehmen. Aber mein Benehmen hatte die Dame beeindruckt und es schien, dass sie es als Beispiel guter Manieren der Klasse gegenüber erwähnt hatte. Das war gar nicht gut! In der Mittagspause bekam ich dann die Rechnung: Man wollte mir eine ordentliche Abreibung verpassen. Ein großer Bub schien im Schulhof das Sagen zu haben, als er die kleineren, jüngeren Schüler um mich herum anstachelte. Diese stänkerten mich an, zupften an meinen Haaren, rissen sogar einige aus, stießen mir das Barett vom Kopf, rissen an meiner Kleidung und fingen an, mir die vergoldeten Knöpfe vom Matrosenmantel zu drehen, dann abzureißen. Es gab keine Aufsichtsperson, die mir helfen konnte. Die kleinen Monster wurden immer aggressiver. Meine aufsteigende Angst machte mich plötzlich sehr böse. Da war ich nun den Angreifern ausgeliefert, außer ich half mir selbst irgendwie heraus aus dieser Situation. Der Anführer der Quälgeister gab weitere Instruktionen, plötzlich hörte ich von ihm ein paar italienische Worte. Blitzschnell zog ich einen Lackschuh aus, teilte damit links und rechts Hiebe an die kleinen Biester aus, und die Schlagkraft war respekteinflößend. Dann stürmte ich durch den Mob auf den Anführer zu. Der starrte mich entgeistert an. Ich dachte gar nicht nach, sondern haute ihm, gestreckt auf Zehenspitzen, mit dem Schuhabsatz voll ins Gesicht. Dabei brüllte ich: „Faccio brutto! Vaffanculo!" (hässliches Gesicht! Verpiss (f...k) dich!). Mein Gegner war total überrascht, griff sich an die Nase, die zu bluten begann, setzte sich mitten im Schulhof hin und fing an zu lachen. Die anderen Quälgeister umringten ihn und schrien wild durcheinander. Ich flüchtete so schnell wie möglich in ein WC und kam lange Zeit nicht mehr heraus. An diesem Tag blieb mein Auftritt ohne Konsequenzen.

Der Weg zur Brutalität war mir nicht recht, es passierte wie von selbst, bei dem Schlagausteilen stand ich irgendwie neben mir, beobachtete mich selbst, war sehr überrascht, mit welcher Kraft ich agiert hatte, wie schrecklich der Schlag klang, und die Tat schockierte mich. Mein sonst so passives Wesen hatte sich für kurze Zeit verabschiedet. Was war da bloß passiert? Noch nie hatte ich daran gedacht, Hiebe auszuteilen! Empfangen? Ja! Aber doch nicht selbst zum Schläger werden, das machte mir sofort sehr zu schaffen. Ich war auf Mutters Niveau herabgesunken, Brutalität anzuwenden, um meine Ziele zu erreichen und Frust abzulassen. Nur, was sollte ich tun? Es gab niemanden, der für mich Partei ergriff, mich beschützte, mir half, ich musste das für mich selbst erledigen, und wenn man das nur mit Brutalität handhaben konnte, war das eben so. Trotzdem ging es mir damals nicht gut mit Gewaltanwendung zur Verteidigung, auch wusste ich, dass Gewalt Gegengewalt auslösen konnte und höchstwahrscheinlich würde. Zumindest war mir von Großvater geraten worden, nur im äußersten Fall zuzuschlagen, nur wenn ich sicher war, die Oberhand zu behalten und man mir keine Alternativen ließ. Deswegen hatte ich richtig Angst vorm nächsten Schultag, da konnte alles Mögliche auf mich warten.

Am Morgen nach dem Vorfall wartete der von mir Geschlagene vorm Schulhof schon auf mich, allerdings mit blauer Nase; wohl war mir zuerst nicht bei seinem Anblick. Das brave Klostermädchen hatte ihn verhauen, na so was! Würde er mich jetzt auch verhauen? Ich hatte Angst. Wieder weit und breit keine Aufsichtsperson. Ich war ihm voll ausgeliefert und erwartete Böses. Oh Wunder, er war friedlich, entschuldigte sich sogar. Ich mich auch, seine Nase war arg angeschwollen. Wir erzählten uns gegenseitig das Allernötigste den Sprachumständen entsprechend, ein Mischmasch aus Italienisch, einigen Worten Deutsch und Englisch, was zeitweise richtig amüsant wurde. Er winkte einen Schüler heran, der Deutsch sprach und ins Englische übersetzte. Wir fanden uns untereinander sympathisch und von da an ging es mir gut. Sein Name war Mauro und er nahm mich unter seine Fittiche, so hatte ich plötzlich zwei deutsche Immigrantenkinder, welche mir zur Hand gingen und für mich übersetzten. Ich wiederum war den Schülern in Mathematik weit voraus und machte Mathe Aufgaben für sie. Alles plätscherte richtig harmonisch dahin und ich fühlte mich in der Schule richtig wohl. Trotz Sprachbarriere war die Schule leicht für mich. Man stellte alles zur Verfügung: Wachsbuntstifte, Bleistifte, Tinte wurde nicht verwendet. Hefte auch nicht. Es gab nur A4-Zetteln. Alles war vorgedruckt, man musste nur Sätze oder Rechnungen vervollständigen, wo ein leerer Platz auf einer Linie mit vielen Punkten war, dort wurde mit Bleistift irgendetwas hingeschmiert. Keine klecksende Füllfeder, Tintentod, Verzierungszeilen mit Buntstiften oder ein Schulheft, wo keine Seiten entfernt werden durften. Wie komisch, aber herrlich! Der Kontrast zwischen den Lehrmethoden der beiden Kontinente war immens, beides extrem, und kein goldener Mittelweg.

Bei den Russen half ich im Haushalt, in der Schule genoss ich das Leben ohne Stress vom Kloster und die Extrastunden Tanz und Musik. Meine Mitschüler waren nett zu mir und alles war großartig, bis auf Frau Mama. In vier Wochen hatte sie noch immer keinen Job gefunden. So kam es, dass sie mich eines Nachmittags aus der Schule holte und wir mit Straßenbahn und Bus eine lange Fahrt nach Forrest Hill in eine Millionärsnachbarschaft unternahmen, 112 Dunvegan Road war die Adresse von Mister und „Missis" Skeith, ein drei Stockwerke, 28 Zimmer Palästchen mit griechischen Säulen links und rechts vom Portal. Die Tennisplätze wurden im Winter fürs Eislaufen geflutet, der Garten war eigentlich ein großer Park mit wunderschönen alten Bäumen. Echter Wohlstand war hier zu Hause. In dieser Nachbarschaft, auf riesengroßen Grundstücken stand eine riesige Villa neben der anderen.

Das Stubenmädchen gewährte uns Eintritt in eine Eingangshalle mit Marmorböden und einer riesigen, geschwungenen Treppe, die zu einer Galerie im ersten Stock führte. Unser vollständiges Haus in Wien hätte ohne Weiteres in die Eingangshalle reingepasst. Wir wurden in ein Arbeitszimmer geleitet, um auf die Dame des Hauses zu warten. Überall flauschige, pastellfarbene Spannteppiche, darauf teure Perser, kostbare Antiquitäten, Ölgemälde, Porzellanobjekte, einfach grandios. Mutter verbannte mich in eine dunkle Ecke:

„Wehe, du rührst dich!", pfauchte sie. Kaum hatte ich mich in die Ecke verdrückt, rauschte auch schon die Dame des Hauses ins Zimmer. Sie trug ein pastellfarbenes Seidenkostüm, war perfekt geschminkt und frisiert, eine sehr edle Erscheinung. An der Wand hinter ihr hang ein lebensgroßes Portrait, welches sie in jungen Jahren zeigte, beide gleich wunderschön. Sie war jetzt in den mittleren Jahren einer Lebensspanne, trotzdem richtig glamourös, wie ein Filmstar. Mutter sah auch nicht schlecht aus. Auf keinen Fall wie eine Immigrantin mit niedriger Schulbildung; auch nicht eine aus ärmlichen Verhältnissen stammende Europäerin aus einem von Krieg zertrümmerten Land. Als ich die beiden Frauen nebeneinanderstehen sah, dämmerte es mir, warum Mutter kein Glück gehabt hatte, eine Anstellung zu finden. Sie sah nicht aus, als bräuchte sie eine Arbeit, oder wollte und konnte kräftig zupacken, sondern nur klein, fein und elegant in der Gegend herumstehen. Zur Arbeitsuche hätte sich Mutter ein Kopftuch aufsetzen müssen, hätte keine Schminke oder Nagellack tragen und auf hohe Absätze verzichten und einen losen braunen Kittel tragen sollen. Ihr elegantes Erscheinungsbild war völlig fehl am Platz gewesen. Die Frauen unterhielten sich leise über die Pflichten der offenen Stelle. Danach sagte die schöne Dame: „Ach ja, Sie haben doch eine Tochter, wann werden wir sie kennen lernen? Haben Sie das Kind zu Hause gelassen?" Fragend blickte Mrs. Skeith sich um. Mutter winkte in meine Richtung und ich trat aus der dunklen Ecke, wo ich versteckt gewesen war, machte einen Knicks und wartete auf eine Reaktion. Es gab keine. Die Dame starrte mich nur an.

„Meine Tochter Gloria", sagte Mutter. Frau Skeith war aus ihrer Sprachlosigkeit erwacht: „Na so was, Sie haben die Anstellung, wer so ein gut erzogenes, ruhiges Kind zu Stande bringt, kann ich hier gut gebrauchen, willkommen in meinem Haushalt."

Frau Skeith hatte noch etwas hinzuzufügen: „Lassen Sie sich beide nicht von meinem Sohn Ian tyrannisieren, das kleine Monster wird es versuchen. Kommen Sie sofort zu mir, wenn es irgendwelche Probleme gibt. Er folgt nicht, sogar die englische Kinderfrau wird nur sehr schwer mit ihm fertig! Das Kind ist halt schwer zu erziehen, ich weiß auch nicht, warum es so gar nicht funktioniert." Unsere neue Arbeitgeberin schien richtig konsterniert und besorgt zu sein, fast traurig, als sie darüber sinnierte. Ich konnte mir nicht vorstellen. was diesbezüglich das Problem sein könnte. Und war plötzlich neugierig auf den „bösen Buben".

Hurra! Neuer, Arbeitsplatz, neue Umgebung. Weg aus dem Arbeiterviertel und der Schule für die gewöhnlichen Sterblichen. Der Abschied von den Russen war extrem wodka- und tränenreich. Kurt und Elli hatten nichts mehr von sich hören lassen. Wir würden uns auch nicht melden und so zogen wir nach Forrest Hills zu den Millionären.

Es war 28 Tage vor Weihnachten, als Mutter ihre neue Stellung antrat und wir unsere Unterkunft in der Dunvegan Road bezogen. Die Skeith-Residenz war purer Luxus, auch für die Haushaltsbelegschaft. Wir wurden in der Mansarde untergebracht. Man erreichte die Gemächer durch eine breite Hintertreppe. Die Zimmer da oben, großzügig angelegt mit einem Kommunalraum für uns alle, hatten dort einen Fernseher. Das war ein großer Kasten mit einem kleinen Glasfenster in der Mitte, in dem man Filme ansehen durfte, die von irgendwoher gesendet wurden. Genau konnte ich mir das nicht vorstellen. Der Raum diente auch als Bügelzimmer, damit man dabei fernsehen und somit die Arbeit angenehmer gestalten konnte. Unsere Schlafzimmer waren groß, komfortabel und geschmackvoll eingerichtet. Gretchen, das Stubenmädel, war aus Hamburg, und führte uns herum. Ian, der böse Bub des Hauses, hatte auch sein Spielzimmer im oberen Stock. Es war vollgestopft mit teurem Spielzeug; sogar ein batteriebetriebenes Auto stand mittendrin und eine mindestens eineinhalb Meter hohe Plüschgiraffe. Gretchen meinte, die Skeiths waren sehr unkonventionell, aber sie zahlten gute Gehälter und waren auch sonst nicht knausrig. Bald kam Ians Kinderfrau, die alte englische Nanny, ein winziges, dürres Wesen um die siebzig, mit perfekten Manieren und schillernden dunkelbraunen Augen in einem runzeligen Gesicht voller Sommersprossen und Leberflecken. Sie trug eine blaue Uniform mit weißer Schürze und einer weißen Krankenschwesterdienstkappe. Ich reichte ihr artig die Hand und machte den obligatorischen Knicks, sie mochte das und war sehr amüsiert. Ihr Lächeln zeigte ihre eigenen, etwas unregelmäßigen Zähne, was sie verschmitzt und liebenswert amüsiert wirken ließ. „Elinor", wie Mutter von nun an angeredet wurde, ging fort, um über ihre neuen Aufgaben informiert zu werden. Ich durfte mein neues Zimmer einräumen. Als ich den leeren Koffer im oberen Teil des Kastens verstauen wollte, knallte es plötzlich fürchterlich hinter mir, und ich fiel vom Sessel, den ich zum Draufstehen benutzt hatte, um in die oberen Fächer zu gelangen. Hinter mir in der Türe lauerte ein kleiner, dicker, nicht unbedingt unsympathischer sechs- oder siebenjähriger Junge mit dicker Brille, der mich auslachte. Er war mit Cowboyhut und Pistolengürtel ausgestattet und knallte noch einige Male in meine Richtung mit seiner Pistole. Aha! Der Hausschreck! Ich schmiss die Türe zu, genau in sein Gesicht. Danach war Ruhe.

Beim Abendessen, im Belegschaftsspeisezimmer neben der Küche, machten wir uns untereinander bekannt. Gretchen, der Hausdiener, die Kinderfrau, Nanny, Eleonore und ich waren dabei, uns näher kennenzulernen, als Ian hereinschlurfte. Er hatte noch immer das Schießeisen umgeschnallt und den Cowboyhut auf. Nanny befahl ihm, den Hut bei Tisch abzunehmen und brachte ihm seine Portion, über die er gierig herfiel. Sie ermahnte ihn, anständig zu sitzen und langsamer zu essen, wie ein Gentleman. Patsch! Er schleuderte ihr einen Püreepatzen auf die gestärkte Uniform. Die arme Frau wischte, so gut es ging, die klebrige Masse von ihrer Bekleidung, rügte den Miesmacher und verließ den Tisch. Gretchen und Hausdiener schauten auf ihre Teller, Eleonore lief der Nanny nach. Der Austausch von Ians Teller mit der halbvollen Püreeservierschüssel dauerte einige Sekunden, danach plumpste ich Ians Gesicht voll hinein und ging auf mein Zimmer. Es dauerte nicht lange und Mutter stand vor mir wie von einer Tarantel gestochen. Wie konnte ich nur so etwas machen? Ich gefährdete unser beider Existenz! Es ging mich nichts an, was die kleine Ratte tat! Sie wollte mich schlagen, aber anstatt sie zu fürchten, lachte ich sie einfach aus. Keine Ahnung, wieso ich plötzlich so viel Mut besaß. Sehr sanft erklärte ich ihr, dass in meiner Gegenwart niemand eine alte Frau so behandeln durfte. Dass wir vor einem Monat fast abgesoffen wären, um uns jetzt von einem schlecht erzogenen, siebenjährigen Fratz auf der Nase herum tanzen zu lassen? Ich glaubte gar nicht, dass ich das gesagt hatte und wartete auf Mutters Gewaltausbruch. Sie schüttelte nur den Kopf und verschwand. Diese blöde Emigration hatte mich verändert, seit der brutalen Atlantiküberquerung war mir jegliche Angst vor Mama vergangen, irgendetwas war mit mir auf dem Luxusdampfer in dieser schrecklichen Nacht geschehen.

Meine Aktion mit Ian brachte keinerlei Repressalien. Ich hatte über ihn nachgedacht. Das Problem schien, dass kein Mensch ihm Grenzen setzte, niemand beachtete ihn, am wenigsten seine Eltern. Was immer er anstellte, es gab keinen Widerstand, keine Strafen, höchstens Nanny schimpfte, niemanden sonst kümmerte es im Grunde genommen, was er tat. Er wurde ignoriert, als gäbe es ihn gar nicht. Das tat ihm sicherlich sehr weh, sein schlechtes Benehmen schien ein Hilfeschrei zu sein – „Hey, ich bin auch noch da!" Irgendwie tat er mir plötzlich leid und ich konnte ihn verstehen. Er brauchte Streicheleinheiten, wie gut ich ihm das nachfühlen konnte. Er brauchte auch sinnvolle Beschäftigung außer dem Cowboyspielen, mal sehen, was man tun könnte.

Ian hatte einen Asthmaanfall nach meiner Püreeschüsselaktion, wie sonst auch, wenn er seinen Willen nicht durchsetzen konnte. Beim Frühstück starrte er mich mürrisch an. Ich wünschte ihm einen guten Schultag, strich ihm zum Abschied über die Haare und verschwand.

Die neue Schule war gepflegt, die Schüler sehr selbstständig, mit relativ guten Manieren und teurer Bekleidung. Der Lehrvorgang war allerdings genauso unmöglich wie der in der anderen Schule. Es gab sehr wenige oder gar keine mündlichen Interaktionen und Prüfungen, mit denselben A4-Schmierzetteln, vorgedruckt mit den freien Punktlinien für die richtigen oder falschen Antworten. Auch hier wurde mit Bleistift geschrieben. Was war da bloß los mit solchen Lehrmethoden? Zwischen der strengen Klosterquälerei und diesem achtlosen Gekritzel musste es doch einen vernünftigen Mittelweg geben. Auf jeden Fall war ich mit meiner Klosterschulenausbildung sehr viel weiter als die kanadischen Schüler. Es würde sehr leicht sein, zu bestehen, trotz fehlender Englischkenntnisse. Wenn ich mich sehr anstrengen würde, müsste es mir gelingen, in drei bis fünf Monaten die Sprache fast perfekt zu erlernen.

Bis es soweit war, gab es noch die eine oder andere Schwierigkeit, zum Beispiel: nach Schulschluss zurück zur Skeith-Residenz finden. Das Schulgebäude war sehr groß und es exis-

tierten verschiedene Ausgänge. In der Früh war ich in Eile
gewesen und hatte mir nicht gemerkt, wo ich hereingekommen
war, da ich nicht mit mehreren Aus- und Eingängen gerechnet
hatte. Nach Schulschluss, völlig überfordert, bekam ich ein
schlechtes Gefühl, weil ich den richtigen Ein-/Ausgang nicht
fand, durch den ich am Morgen gekommen war. Ich konnte
den Heimweg zur Dunvegan Road nicht sofort antreten. Englisch beherrschte ich eben nicht genug, um jemanden zu fragen, oder die helfenden Antworten zu verstehen, Französisch
oder Russisch war hier unbrauchbar. Panik stieg in mir hoch
und war im Begriff mich zu überfluten. Ich fühlte, wie akute,
lähmende Angst sich in mir breitmachte, und ich konnte zuerst keinen hilfreichen, vernünftigen Gedanken fassen. So ein
Mist! Was nun? Das war gar nicht, was ich brauchen konnte.
Dann dachte ich an Großpapa. Er hätte gesagt: Ruhe bewahren, durchatmen, nachdenken! Mach Kreise um das Gebäude,
bis du etwas erkennst, was du schon heute Früh gesehen hast.
Nach einer Weile beschloss ich daher, die Schule zu umrun-
den, bis mir etwas bekannt vorkam. Leider sah beim Rückweg
meistens alles irgendwie anders aus als beim Hinweg. So musste ich dreimal je Richtung das Schulgebäude absuchen, bis ich
es endlich schaffte, etwas zu erkennen, um den Eingang, den
ich am Morgen benutzt hatte, wiederzufinden. Mühsam ging
ich auf Umwegen auch den Weg zurück zur Skeith-Residenz.
Irgendwie tauchte dann das Haus endlich auf. Schweißgebadet trotz Winterkälte, wirklich sehr erschrocken, war ich auch
richtig zornig. Ich hätte auf einer Polizeistation keinerlei Auskunft geben können und einen Übersetzer gebraucht. Zutiefst
erschüttert in meinem sonst so selbstsicheren Wesen, konnte
ich die Wut nicht bändigen. Wessen Schuld war das alles? Die
Tränen rannten meine Wangen hinab, und ich schwor mir, von
jetzt an würde ich mich sehr gründlich vorsehen, um in einem
fremden Land mit einer rücksichtslosen Mutter nicht unter die
Räder zu gelangen und mich von meinen Hassgefühlen nicht
komplett überwältigen zu lassen. Nach dieser damaligen Episode fing ich allen Ernstes an, zu wünschen, Mutter würde

bald etwas geschehen, damit ich sie ein für alle Mal los sein konnte. Das war extrem belastend, instinktiv wusste ich, wie ungesund solche Gefühle waren. Ich sollte diese leider noch sehr lange beibehalten.

Mutters Tag begann um sechs Uhr früh mit Frühstücksvorbereitungen. Für uns Schulkinder um sieben, danach kamen die Erwachsenen dran. Frühstück in Kanada war eine große Sache. Mit einer halben Grapefruit, Cerealien oder heißen Haferflocken mit braunem Zucker und Obers, Schinken mit Rühreiern oder Spiegelei mit Speck und Toastbrot, Butter und Marmelade, Kaffee, Tee oder heißer Schokolade, war man speziell im Winter gut gewappnet, dem eiskalten Wetter zu trotzen. Nach dem Frühstück gab es für Mutter Betten machen und Bäder reinigen. Es folgte Staubsaugen der flauschigen, pastellfarbenen Teppichböden und daraufliegendem Perser. Diese mussten von Fußabdrücken befreit werden. Dazwischen trieb Susi, die braune Großpudeldame, ihr Unwesen. Das war ein unglaublich dummes Tier, sie beschloss jeden Tag spielerisch wild zu werden und die frisch gesaugten Teppiche mit ihren Pfotenabdrücken zu verunstalten, sehr zu Mutters Ärger. Susi wartete bis Mutter noch mal saugte, um nachher sofort wieder herumzutollen, bis Mutter das Vieh ins Gästeklo sperrte und lange nicht herausließ. Später gab Susi doch noch das Herumtollen im Erdgeschoß auf. Dafür gefiel es ihr plötzlich, im ersten Stock die frisch gemachten Betten zu ramponieren. Danach sperrte Mama sie täglich in die Garage und ließ sie erst Nachmittag heraus. Da war das Tier dann beleidigt und verhielt sich ruhig. Nachdem die Teppiche gesaugt, der Staub in allen Zimmern gewischt war, und täglich gelieferte, frische Schnittblumen in den Zimmern verteilt waren, ließ sich Eleonore zum italienischen Bauernmarkt fahren, wo sie frische Lebensmittel einkaufte. Sie weigerte sich, Tiefkühllebensmitteln zu verwenden. Im Skeith-Haushalt war es üblich gewesen, müdes Dosengemüse mit Lebensmittelfarbe einzufärben. Erbsen bekamen einen Schuss Grün, die Karotten einen Klecks Orange, usw. Zu allererst entsorgte sie die Lebensmittelfarben und das müde Dosengemüse. Ich hatte keine Ahnung, dass Mutter so gut kochen konnte. In Wien hatte sie nie einen Kochlöffel geschwungen und es gab für mich meist nur Schinkensemmeln, oder gar nichts. In Toronto studierte sie jede Nacht ein Wiener Kochbuch, das sie in die Auswanderung mitgebracht hatte. Die Skeiths waren durch sie plötzlich zu einer Fünf-Sterne-Restaurant-Küche gekommen. Herr Skeith war Börsenmakler und brachte bei seinen Gästen viel Investitionsinformation an den Mann/die Frau, indem diese potentiellen Investorenkunden in seinem Hause bewirtet wurden. Ein Teil der Kosten war sogar von der Einkommenssteuer absetzbar.

Wohlhabende Leute in Toronto bedienten sich damals der drei oder vier exklusiven Catering-Firmen der Stadt. Diese Profis schleppten alles ins Haus, was nötig war, um grandios zu bewirten: benötigtes Geschirr, Besteck, Gläser, Dekorationen, bis zu fünf gängige Malzeiten, je nach Bedarf und Preislage. Wenn man in gewissen Kreisen viel eingeladen wurde, bekam man bei Partys immer wieder so ziemlich das Gleiche vorgesetzt. Bei den Skeiths war das jetzt anders. Mutter schmiss Hotel-Sacher-, italienische oder Wiener-Heurigen-Abende. Um 20 Uhr wurde diniert, oder das Buffet eröffnet. Die obligatorische Eisskulptur ersetzte Mutter mit Marzipanblumen, einem geschnitzten Gemüsearrangement oder kunstvollen Obstskulpturen. Mutter zeigte erstaunliche kulinarische und künstlerische Begabung. In der Nacht kümmerte sie sich um die Tischdekorationen und schlief sehr wenig. Sie war aber meiner Ansicht nach strohdumm. Der Aufwand, den sie trieb, ließ sie sich nicht extra honorieren. Natürlich waren die Skeiths begeistert und erst die Gäste! Aber Mama schuftete zig extra Stunden, und wenn sie sich unbeobachtet glaubte, heulte sie leise in ihr Taschentuch. Sie arbeitete sehr schnell und effizient, eigentlich einmalig und bewundernswert. Eine Kochschule hatte sie nie besucht. Ich verstand das alles nicht. In Wien hätte sie nie so schuften müssen, wie konnte man nur so blöd sein? Sie war Frau Skeiths „Wiener Perle" und sofort wollten sie einige Damen der Gesellschaft abwerben, auch da war sie ungeschickt. Sie hätte die Skeiths bitten sollen, ihr Gehalt zu erhöhen, wurde ihr von den Gastdame doch das Doppelte an Gehalt geboten: Wenn der Skeith-Haushalt sie behalten wollte, bitte mehr Geld. Dazu war sie nicht im Stande. Was war das nur? Dummheit? Hochnäsigkeit? Was ging in ihr vor? Ich verstand sie überhaupt nicht, aber ich vermutete, dass sie nicht genug Selbstsicherheit besaß, um sich gut zu verkaufen. An ihrer Stelle hätte ich mir einen Sponsor gesucht und mit meiner Schiene eine eigene Cateringfirma aufgemacht, um mit den anderen Existierenden zu konkurrieren. Ich hätte Immigrantenfrauen angeheuert, um die notwendigen Arbeiten zu erledigen und nur die Chefin gespielt. In einigen Jahren hätte es mit solch einer Geschäftsidee Reichtum gegeben. Mutter war leider zu blöd dafür. Sie kreierte weiter beispiellos schöne, essbare Kunstwerke, die ebenso gut schmeckten, wie sie auch nobel aussahen. Die Toronto-Gesellschaft hatte etwas Neues zu bereden: das herrliche Wiener Ambiente bei der Familie Skeith. Zu dem Zweck wurde auch ich eingeteilt. Da Mutter gebeten hatte, mich nachmittags im großen Salon Klavier üben zu lassen, wusste man, dass ich spielen konnte und auch singen. So wurde manchmal eine Darbietung meinerseits angeboten. Ein Schuss „alte Weltkultur“ konnte nie schaden. So fetzte ich am Klavier eine Mozart- oder Josef-Haiden-Etüde herunter und trällerte anschließend irgendein Ave Maria, dann ein Knickserl, natürlich klostermäßig kostümiert, danach schön artig unter die Gäste mischend. Ich fand das schrecklich! Die Gäste waren begeistert. Juwelenbehangene, stark geschminkte und parfümierte Damen wollten mich kennenlernen, und ich musste etwas von Österreich erzählen, kein Mensch wusste, wo das war. Die Herren in Abendgarderobe lächelten wohlwollend und tätschelten mir den Kopf, und ich fand das alles abscheulich, aber gut bezahlt. Es gab manchmal fettes Trinkgeld und mein Sparschwein freute sich. Da es vor Weihnachten war, bekam Mama einen Tag frei, um Geschenke zu besorgen. Wir fuhren mit dem Bus bis zur Straßenbahn und weiter ins Stadtzentrum zu den Kaufhäusern Eaton und Simpson. Die Gebäude waren mit bunten, blinkenden Lichterketten geschmückt. Die Schaufenster zeigten tolles, sich bewegendes Spielzeug, einen Weihnachtsmann, Engeln, einen riesigen Schlitten mit Rentieren, farbkoordinierte Christbäume. Die Pracht, Vielfalt und den Überfluss fanden wir richtig schockierend, fast obszön. Das dunkle Wien mit seinen bescheidenen Auslagen, den Kriegsnarben im Stadtbild, beschränkter Warenauswahl, was für ein Kontrast! Die Kaufhäuser hatten acht und zehn Stockwerke, vollgestopft mit Gegenständen, die alle Träume wahrwerden ließen. „Ein paar Dollar Anzahlung, den Rest auf Kredit, nur ein paar Dollar pro Woche!", so lautete die Ansage über die Lautsprecheranlage in den Geschäften. „Schulden machen leicht gemacht", lautete die Devise. Wenn ich da an unseren bescheidenen Gerngross auf der Mariahilfer Straße, mit seinen hölzernen Rolltreppen dachte, musste ich wehmütig schmunzeln. Bei Simpson waren die Rolltreppen aus glänzendem Nirostastahl, es gab laute Weihnachtslieder und aggressive Werbung. Die Spielzeugabteilung war besonders schön, mit Mini-Auto, Nerzstola für die kleine Prinzessin und Stofftieren auch in Lebensgröße. Alles Mögliche war aus fremden Ländern zu kaufen, sogar glasgeblasener Christbaumschmuck aus Deutschland. Das Allerbeste an den Kaufhäusern aber waren die Schnäppchenkeller. Im Untergeschoß beider Häuser befanden sich große Räume voll riesiger Wühltische. Mit Geduld und einem guten Auge für Qualität, konnte man wunderschöne Sachen zu Spottpreisen finden. Die drastisch reduzierte Ware aus allen Stockwerken lud ein zum Zugreifen.

Der Weihnachtstrubel war gigantisch, den Menschen schien es finanziell gut zu gehen. Der kanadische Dollar hatte unerhörte Kaufkraft. Aber die bunte, laute, anglikanische Art, Weihnachten zu feiern, gefiel mir nicht. Ich hatte schreckliches Heimweh und sehnte mich nach der stillen Adventzeit aus meiner Heimat. Nach dem Fiasko bei unserer Ankunft waren wir nur einmal zu Besuch bei Elli und Kurt. Von Forrest Hill zu ihnen am anderen Ende der Stadt dauerte die Fahrt mit zwei verschiedenen Bussen und einer Straßenbahn fast zwei Stunden. Dass man uns mit dem Auto holte, war „leider nicht möglich". Wir kamen zu einem Ziegelbungalow (alle Zimmer auf einer Ebene ohne Oberstock). Die Saxonia und das Haus der Skeiths hatten uns verwöhnt, was Einrichtungen betraf. Daher wirkte das Haus unserer Verwandten eher unspektakulär, sogar langweilig. Gutbürgerliches unteres Niveau mit bescheidenen, grob geknüpften Perserteppichen, einigen gediegenen Mahagonimöbeln, das Haus war herzig aber der Keller war etwas ganz Besonderes. Mit Ledersitzgarnitur und einer langen Bar, die Regale voll mit Alkohol aus der ganzen Welt, und Waterford-Kristall auf indirekt beleuchteten gläsernen Stellagen. Dazu eine schwarze Autogrammwand. Dort verewigten sich Gäste, indem sie etwas Geschriebenes mit einem Griffel einritzten. Unter der schwarzen Farbe war der Untergrund weiß, so sah man die Graffiti-Sprüche, Unterschriften und Karikaturen. Das Tollste aber war ein riesiges Aquarium, eingebaut in einer Zwischenwand. Es konnte von zwei Räumen zugleich bewundert werden. Das war Kurts Domäne und dort machte er seine Versicherungsabschlüsse mit sehr viel Alkohol. Er und Mutter saßen an der Bar, tranken Cognac und stritten. Kein Wunder, dass wir mit Bim und Bussen nach Hause fahren mussten, obwohl man uns die Heimfahrt mit dem Auto versprochen hatte.

Für mich gestaltete sich Weihnachten in der Fremde traurig und bitter. Mutter hatte nicht viel Zeit nachzudenken. Die Einladungen in der Vorweihnachtszeit waren besonders zahlreich, eigentlich gab es täglich Gäste. Herr Skeith verband das Nützliche mit dem Praktischen. Seine Geschäftsbeziehungen, „sehr gute Kunden" und Bürokräfte, wurden zu Feiern im Haus eingeladen und grandios bewirtet. Die Kosten waren sogar absetzbar von der Steuer. In der Dezemberwoche vor Weihnachten gab es jeden Abend viele Gäste. Auch ich hatte meine „Kulturauftritte" und mein Sparschwein profitierte. Frau Skeith holte extra Küchenhilfe für ihre „Wiener Perle". Trotzdem waren die täglichen Vorbereitungen sehr anstrengend. Mama hatte sich übertroffen mit traditionellen Wiener Backwaren wie Vanillekipferln, Zimtblatterln, Rumkugeln, Windbäckerei und hatte sich trotz des gigantischen Aufwands eigentlich gut gehalten, auch wenn sie weit nach Mitternacht mit dem Backen fertig wurde. In Wien hätte sie bei so einem Pensum nachher mindestens fünf Nervenzusammenbrüche und drei Kuraufenthalte gebraucht.

Am 24. Dezember schneite es. Ich hatte Heimweh und vermisste die beschauliche Art zu feiern, die wir gewohnt waren, den schönen Baum mit Kerzenlicht und Wunderkerzen, die vielen Geschenke in Seidenpapier und einfachem Gold- oder Silberfaden, mit einem Tannenzweig daruntergesteckt. Die Geschenke hier waren mit riesigen, glänzenden Maschen verziert und in grell schillerndes Papier verpackt. Die Toronto-Weihnachtsfeierlichkeiten waren bunt, alkoholträchtig und lärmend. Außerdem wurde am Morgen des 25. gefeiert, es gab kein Christkind, sondern einen roten Santa Claus (Weihnachtsmann). Man dekorierte die Häuser mit bunten Lichterketten, für uns sah das aus wie auf einem Rummelplatz. Weihnachten in Toronto schien in erster Linie für das Geschäftemachen zu sein. Man brachte seine Waren an den Mann/die Frau, strebte hohe Umsätze an, und/oder beschenkte diejenigen, denen man etwas schuldig war, oder von denen man etwas wollte. Mit dem wahren Sinn des Festes, Christi Geburt, wie wir es gewohnt waren, hatte diese Kommerzorgie nichts zu tun.

Am Morgen des 25. Dezember, in der Eingangshalle von Familie Skeith, gab es einen Zirkus sondergleichen: Dort stand eine geschlachtete drei Meter hohe Föhre. Sie war mit hunderten blinkenden, farbigen, Glühbirnchen verziert. Dazwischen waren zahllose große, goldene und silberne Maschen, bei jeder davon hing ein „Candy Stick", ein aus Hartzucker geformter, weißer Bischofsstab mit roten Streifen. Unter dem Baum türmten sich Geschenke in wunderschönen, schillernden Verpackungen mit riesigen Maschen.

Unsere Skeith-„Familienfeier" um 9 Uhr früh war auf zirka sechzehn Leute reduziert: Diener, Chauffeur, Hausdame/Köchin mit Tochter, Küchenassistentin, Putzfrau, Gärtner, einige Leute von auswärts wie Briefträger, ein Automechaniker, die Dame von der chemischen Reinigung, der Milchmann etc. in Würde über uns regierend: die Nanny, Ians Kinderfrau.

Bald wussten wir, wieso die uralte Nanny so einen Ehrenplatz in dem Haus genoss. Ihre erste Arbeitsaufgabe im Skeith-Haushalt vor vielen Jahren war gerade angekommen: Anne Skeith, die 33-jährige Tochter von Mister Skeith aus erster Ehe. Eine große, dünne und sehr teuer angezogene Frau. Ihr herbes Gesicht war hervorragend geschminkt, die schulterlangen Haare in Wellen und Locken gelegt, wunderschön honigblond gefärbt. Achtlos zog sie ihren sündteuren Nerzmantel aus und schmiss ihn in eine Ecke bei den aufgetürmten Paketen. Überschwänglich fiel sie ihrem Vater um den Hals, während sie Frau Skeith böse Blicke zuwarf. Sie begrüßte Ian, den kleinen, fetten Halbbruder, welcher sie gar nicht zu mögen schien, weil er sich von ihr wegdrückte. Anne hatte Geschenke mitgebracht und lud sie ab bei den schon vorhandenen unter dem Weihnachtsbaum. Sie verlautbarte, sie war auf dem Weg nach Vermont zum Schifahren. Danach verabschiedete sie sich von Nanny sehr liebevoll. Dann war sie weg. Alle Anwesenden ignorierten Ian, nur ich nicht. Dankbar und stolz zeigte er mir einen neuen Revolver. Dazu hatte er genug Krachkapseln für die nächsten drei Jahre und Kleidungsstücke im Cowboystil bekommen. Ich bescherte ihm ein Buch mit Namen „Lederstrumpf" eine Cowboy-/Indianergeschichte, welche wir zusammen lesen würden, und er war bei solchen Aussichten im siebten Himmel. Er hatte sogar zu naschen vergessen, was seinem pummeligen Körper sicherlich nicht schaden konnte. Alle, die wir im Haus arbeiteten, bekamen Geld und ein persönliches Geschenk. Außerdem hatten die Skeiths ein Essen von auswärts bestellt, damit niemand an Weihnachten arbeiten musste. Wehmütig dachte ich nach über die stillen, schönen Weihnachten in Wien, und das Heimweh war heftig.

Die Skeiths feierten Silvester außer Haus und wir, die Belegschaft, waren unter uns. Später gingen wir in verschiedenen Richtungen irgendwo feiern. Mutter und Nanny soffen Gin und läuteten damit das neue Jahr 1955 ein. Ich kroch ins Bett mit Heimweh und depressiven Gedanken. Wehmütig dachte ich an unsere Silvesterfeiern in Wien, mit einem tollen, üppigen Buffet, Bleigießen, bis Mitternacht Spiele spielen, um Mitternacht sich gegenseitig ein frohes neues Jahr wünschen und um den

Hals fallen. Hier in Toronto war alles so unpersönlich, vorhersehbar und kalt; das hatte mit der Raumtemperatur nichts zu tun. Hoffentlich wurde 1955 ein gutes Jahr, nur glaubte ich irgendwie nicht daran.

Die Schule in Forrest Hill entpuppte sich als langweilig. Spaß hatten wir keinen. Die Lehrer waren nicht inspirierend, die Schüler auch nicht und die Zettelwirtschaft genau so lächerlich wie in der anderen Schule. Es gab Vordrucke mit leeren Zeilen, die zu vervollständigen waren. Keine Tintenschrift, nur Bleistiftschmierrage.

Ich lernte Mitschülerinnen kennen, die mich nach der Schule zu sich einluden. Ihre Häuser waren alle prunkvoll, die Einrichtung meist gediegen englisch aus Edelhölzern, die Teppichböden pastellfarben und flauschig, die Perser darüber sehr schön und wertvoll. Eltern waren nie vorhanden, nur Hausmädchen oder ältere Haushälterinnen. Die Kinder wurden sich selbst überlassen, mit wenig bis gar keiner Überwachung. Ihre Zimmer vollgestopft mit Spielzeug, die Kästen bogen sich mit Kleidung, obszön verschwenderisch. Trotz Personal schienen die Zimmer und die Bekleidung irgendwie ungepflegt. Mutter trieb einen extremen Kult, was Pflege unserer Garderobe betraf. Sie rasierte sogar Gestricktes, wenn sich Knötchen oder Fusseln bildeten, was auch wiederum als extrem betrachtet werden konnte.

Geburtstage wurden groß gefeiert. Ihre Opulenz, mit vielen Luftballons, grellen Torte und Eiscreme, einem Clown und vielen schreienden Kindern, die manchmal mit Tortenstücken warfen, wirkte verschwenderisch. Das alles war meistens überwacht von den Hausangestellten. Die Eltern waren selten zugegen, die Väter waren Geld verdienen, die Mütter bei irgendeinem Wohltätigkeitskomitee oder beim Gartenklubtreffen. Man hatte Kinder, weil das erwartet wurde, aber man hatte auch sein eigenes Leben und seine Interessen, welche auf alle Fälle Vorrang hatten.

Mutter bekam jeden Sonntag frei. Anstatt sich bei Onkel Kurt volllaufen zu lassen und zu streiten, nahmen wir im Frühjahr Wetter bedingt die Fähre zu den Inseln im Ontario See. Drei herzige Landstücke, verbunden miteinander, begrünt, manche mit kleinen Sommerhäuschen, dazu Anlegeplätze für Boote und man hatte eine grandiose Aussicht auf Torontos Wolkenkratzerpanorama. In der entgegengesetzten Richtung das offene Wasser des Ontario Sees, ohne Land am Horizont, wie ein Meer aussehend. Auf dieser Seite waren riesige Felsblöcke aufgetürmt, um die Inseln vor Korrosion zu schützen, wenn die Herbststürme lospeitschten. Dort saßen oft Fischer, jedoch die Wasserqualität war nicht überragend. Da konnten die Fische keinesfalls übermäßig gesund sein. Trotzdem war ein Tag auf den Inseln immer sehr erholsam. Die gute Luft durch Autoverbot auf allen drei Inseln trug dazu bei. Wir hatten immer eine Jause mit und genossen es, ein Boot oder Fahrräder zu mieten. Mutter war bei diesen Ausflügen relativ nett. Sie grübelte über ihr bisheriges Leben nach. Dort fragte ich sie einmal, warum wir hier waren, wenn wir in Österreich viel bessere Verbindungen und Möglichkeiten gehabt hätten. Das war ein riesengroßer Fehler! Bei der Frage wurde sie sehr aggressiv:

„Weil ich Wien und unsere Familie hasse und Österreich überhaupt dazu, sobald du achtzehn bist, kannst du machen, was du willst, bis dahin muss ich dich erhalten und keinen Tag länger, dann bin ich endlich frei!"

Dabei zeigte ihr Gesicht einen äußerst verkrampften Ausdruck. Geschah mir recht, ich wollte es unbedingt wissen. Sie sah mich als Klotz am Bein, einen Fehler, der ihr vor langer Zeit unterlaufen war, für den sie teuer bezahlen musste, aber irgendwann würde diese unangenehme Obligation aufhören. Ich war eine „Obligation". Das schmerzte und störte mich, obwohl ich nicht ganz genau wusste, was das Wort beinhaltete, jedoch sicher war, dass es nichts Gutes bedeuten konnte. Sie hatte sich schwängern lassen, ohne meine Hilfe, ich hatte nicht gebeten, auf die Welt zu kommen, und sie besaß kein Recht, mich andauernd spüren zu lassen, wie lästig ich ihr war, mich in die Fremde mitzuschleifen und mein tägliches Leben zu vermiesen. Irgendwann würde ich mich rächen, ich würde es ihr heimzahlen. Hass ist eine zerstörerische Emotion, er vergiftete und erschreckte mich, aber damals konnte ich leider nicht anders. Ich war nur ein Kind, aber ich verstand die Situation sehr genau. Eigentlich war ich die meiste Zeit sowieso mir selbst überlassen, würde niemals Lob, Anerkennung, gar Liebe von ihr bekommen, musste mich damit endgültig abfinden. Irgendwie brachte ich es aber nicht fertig, hoffte von Zeit zu Zeit auf die ausbleibende Anerkennung und Streicheleinheiten. Es war völlig hoffnungslos, hirnrissig und bescheuert, nur leider fühlte ich so, es machte mich traurig und ich konnte nichts dagegen tun.

Umarmungen und Küsschen gab es in unserer Familie untereinander sowieso nicht. Ich wusste, dass andere Familien ihre Zuneigung gegenseitig offen zeigten. Bei uns war das leider nie der Fall. Auch Onkeln und Tanten waren stocksteif untereinander. Da gab es keine Berührungen vor anderen Personen. Auch beim Kommen und Gehen war alles nur verbal, ohne jeglichen Körperkontakt. Sogar Tante Hilda kuschelte nie vor uns mit Tochter Johanna. Da war nur verbaler und intellektueller Austausch. Offene Zuneigung galt bei unseren Familienmitgliedern als etwas Privates, was hinter geschlossenen Türen vor sich ging, oder gar nicht existierte. Keinesfalls zur Schau gestellt, wurde die Zuneigung automatisch angenommen. Dass man sich mochte und unterstützen sollte, war selbstverständlich, mehr zeigte man da einfach nicht, schon gar nicht vor fremden Leuten in der Öffentlichkeit.

Eines Tages arrangierte Mutter eine siebentägige Abwesenheit von ihrem Job und wir fuhren an die Niagarafälle, um ihre ehemaligen Jugendfreunde aus Wien, Fritz Kramer und Sigmund Kulka, zu treffen. Die Wasserfälle galten als ein beliebtes Ziel für Flitterwöchner und Touristen aus aller Welt: Diese gewaltig herabstürzenden Wassermassen in gigantischer Dimension, zu fantastisch für Worte, waren einfach grandios! Die Grenze zwischen USA und Kanada verlief zwischen den beiden Fällen. Einer war auf der US-Seite, der andere auf der kanadischen. Sobald die Nacht hereinzubrechen begann und es dunkel genug wurde, bekamen die Fälle bunte Beleuchtung. Das ergab ein tolles Specktakel, für manche Geschmäcker kitschig, für andere wunderschön. Beim Betrachten dieses Schauspiels schwelgten meine Erwachsenen in Jugenderinnerungen und bei Malzeiten, Besichtigungen und Ausflügen auch. Fritz hatte seine zwei Töchter, beide jünger als ich, im Schlepptau, und ich durfte sie bemuttern. Es entging mir nicht, dass Mama Sigmund gegenüber Sternchen in den Augen hatte. Sie benahm sich jedoch ihm gegenüber sarkastisch und stichelnd. Was sie an ihm fand, konnte ich nicht nachvollziehen. Er war höchstens 1,64 m groß und dicklich. Wenn er neben Mutter stand, sahen die beiden aus wie die kleinen Plastikpaare, die man hoch oben auf Hochzeitstorten platzierte. Siggi war extrem kurzsichtig. Hinter der starken Brille hatte er allerdings wunderschöne hellbraune Augen, umrahmt von langen, dunklen, dichten Wimpern. Für diese würde jede Frau ihn maßlos beneiden. Dafür sah es auf seinem Kopf aber schon ziemlich schütter aus.

Wir machten eine Bootsfahrt mit der „Maid of the Mist" (Jungfrau des Nebels). Man bekam einen Gummiregenmantel mit Kapuze und Gummistiefel, da die Fahrt sehr nass werden würde. Das Boot schwankte tief in den Nebel hinein, der vom herabstürzenden Wasser erzeugt wurde. Der tosende Lärm des Wassers war ohrenbetäubend. Die „Maid of the Mist" simulierte absichtlich Turbulenzen, als sie immer tiefer in die Nebelschwaden der Wassermassen steuerte, und das war ganz schön aufregend.

Nach der Bootsfahrt, in frischer Gummibekleidung, kletterten wir endlose Treppen hoch, um zu einem Gang zu gelangen, der zu einer Höhle hinter die Horseshoe Falls führte. Es war alles gewaltig, auch die Lärmkulisse vom Vorhang der herabstürzenden Fälle. Man kam sich winzig klein und unbedeutend vor, die Naturgewalt grandios, extrem einschüchternd, und die entfesselte Kraft war hier äußerst respekteinflößend. So wild auf eine andere Art wie ein rabiat gewordener atlantischer Ozean Ende Oktober.

Mutter und Sigmund tuschelten sehr viel. Das konnte nichts Gutes bedeuten. Meistens schwelgten die Erwachsenen in Jugenderinnerungen. Fritz war der Lustige in der Runde und sorgte für Lacher am laufenden Band. Frau Mama stichelte und stänkerte. Sigmund gab den Ruhigen, Überlegenen. Würde er als Stief-

vater etwas taugen? Ich wurde aus ihm nicht schlau. Er musste
doch wissen, wie unmöglich und schwierig meine Mutter war,
warum sich so eine Beziehung freiwillig antun? Anscheinend
waren beide in ihrer Jugendbeziehung emotional stecken geblieben. Die Zeit hatte wahrscheinlich für sie beide stillgestanden. Ich glaubte jedenfalls nicht, dass sie je heiraten würden.

Ich genoss viel Spaß mit Fritz' Töchtern und wir waren alle
zusammen eigentlich eine sehr harmonische Gruppe. Die Freundschaft der Erwachsenen hatte in einem Ferienlager in Kärnten
während ihrer frühen Schulzeit begonnen und bis 1938 gedauert.
Danach wurde diese Freundschaft aufgrund der Vertreibung von
Fritz und Sigmund vor dem Krieg in die USA wegen ihrer Reli-
gionszugehörigkeit unterbrochen. Nach dem Krieg kamen beide
Burschen als amerikanische Mitglieder der Besatzungsmächte
für kurze Zeit nach Wien. Aus politischen Gründen durften sie
nicht offiziell in unseren russischen Bezirk, so hatte Mutter sie
damals im amerikanischen Sektor getroffen. Sie waren danach
immer brieflich in Verbindung geblieben. Insgeheim vermutete
ich, die Erwachsenen sehnten sich zurück in ihre unbeschwerte
Jugend vor dem Krieg. Miteinander fingen sie die Vergangenheit für kurze Zeit wieder ein. Untereinander ließen sie gegenseitig die Atmosphäre von damals wiederaufleben, und damit
fühlten sie sich wohl. Die Woche in Niagara ging viel zu schnell
zu Ende. Bald war der Spaß vorbei, wir trennten uns und nahmen unser jeweiliges Leben wieder auf. Aber es sollte ein Wiedersehen in den Staaten geben, das sehr bald und für immer;
dieses Ziel war zur Sprache gekommen und was mich betraf,
waren das keine rosigen Aussichten! Es bedeutete für Mutter
und mich kein Scheitern auf fremdem Boden mit Rückkehr in
die Heimat, eher Dreisamkeit mit Sigmund in den Vereinigten
Staaten. Das war gar nicht, was ich wollte und überhaupt nicht
wünschenswert oder erfreulich.

Zurück in Toronto kursierten die Masern in der Schule und
mich erwischte es gewaltig. Sechs Wochen laborierte ich an der
Krankheit. Die Skeiths ließen mich von ihrem Hausarzt betreu-
en, da wir keine aktuelle Krankenversicherung hatten, obwohl

Onkel Kurt uns mit einer Polizze versorgt hatte, Mama jedoch die Prämien nicht bezahlte. Jedenfalls bekam ich sehr gute ärztliche Versorgung von unserer Arbeitgeberin. Nach einigen Wochen merkte ich eine taube, kribbelnde Zehe und einen tauben, kribbelnden Fleck rechts vom Nabel. Manchmal waren beide Stellen ganz normal. Ich dachte mir weiter nichts dabei. Weit entfernt in der Zukunft, nach vielen Jahren, würde dieses Rätsels Lösung zum Vorschein kommen und viele gravierende Veränderungen in meinem Leben bedeuten. Andere Veränderungen waren nun im Anmarsch.

Als die Schule aus war und die großen Sommerferien begannen, zog der gesamte Skeith-Haushalt in eine Sommerresidenz in Muskoka. Das war eine wunderschöne Waldgegend mit 3938 km² Fläche und 1.600 klaren Seen, nordöstlich von Toronto. Mutter war sofort dagegen. Alles, was nicht die Riviera war, existierte nicht für sie, Wald-und-Wiesen-Schönheit schätzte sie so gar nicht. Seit einigen Monaten war sie wieder schnippisch und extrem schlecht gelaunt, faxig und unausstehlich. Irgendwie hatte Frau Skeith es geschafft, sie doch zu überreden, mitzufahren und bei der Sommerauszeit mitzumachen. Mit Auto und danach mit Wasserflugzeug schafften wir es auf eine Landzunge inmitten eines tiefblauen Sees. Dort stand das „Cottage", ein sehr großes, wunderschönes hölzernes Ferienhaus mit einer breiten Veranda rund ums Gebäude. Es befand sich auf einer kleinen Anhöhe. Somit hatte man einen fantastischen Blick auf den See. Beim Haus gab es einen tiefgrünen Mischwald auf zwei Seiten, die dritte zeigte eine einladende Wiese zum Federball Spielen oder Sonnenbaden. Die vierte Seite – die Hausfront – sah zum blitzblauen See. Ich fand das Gebäude und die Umgebung traumhaft schön, definitiv ein Platz zum Wohlfühlen. Mutter meckerte ununterbrochen über alles und jeden und ich wunderte mich, wann sie alles hinschmeißen und davonrennen würde. Lange konnte es bestimmt nicht mehr dauern, bis das geschah, ich spürte förmlich das Unheil auf uns zusteuern.

Die Skeiths hatten sich große Mühe gegeben, für Mutter alles so angenehm wie nur möglich zu machen. Die Küche war sehr gut ausgestattet, man hatte eine zusätzliche Küchen- und Stubenhilfe, zwei sehr nette junge Mädchen, zur Unterstützung für Frau Mama angeheuert. Die Skeiths bemühten sich sehr, den Tagesablauf so rücksichtsvoll und angenehm wie möglich zu gestalten. Unsere Zimmer waren bequem, die Betten komfortabel. Alle Fenster und Türen hatten Fliegengitter, wegen der Mücken, die manchmal ihr Unwesen trieben. Viele Gäste waren auch hier zu betreuen, teils aus der Nachbarschaft von anderen Seen, oder direkt aus Toronto. Sie kamen mit Wasserflugzeugen angereist, schlürften ihre Getränke auf der Veranda und genossen dort den anbrechenden Abend. Frau Skeith saß inmitten ihrer Gäste und klebte Südseemuscheln auf Körbe, Hutbänder, Strohtaschen und Schatullen, oder bastelte Muschelsommerschmuck. Man unterhielt sich miteinander, spielte Schach und Karten. Oder man saß einfach da und wartete auf den dunkelblauen Einbruch der Nacht. Der Schrei der Haubentaucher und das Plantschen der springenden Fische, wenn sie Mücken jagten, waren die einzigen Geräusche, die zu hören waren. Die unberührte Natur ergab eine fantastische Kulisse, vor der man am Abend die Seele baumeln lassen konnte. Tagsüber waren wir schwimmen, Kanu fahren, Beeren pflücken und die herrliche Luft und Sonne genießen. Die Gäste waren alle pflegeleicht, höflich und nett. Mutter hatte wirklich keinen extra Aufwand, sogar weniger zu tun als in Toronto. Die Mädchen legten sich ordentlich ins Zeug, oft musste Mama nur Anleitungen geben, die beiden erledigten alles, was sie ihnen anschaffte, und noch viel mehr. Frau Skeith hatte sogar eine Gehaltserhöhung für Mutter eingeräumt.

Am dritten Abend, in der Dämmerung, gab es plötzlich einen gellenden Schrei, der einem durch Mark und Bein fuhr. Ich wusste sofort, es war Mutter und in Alarmbereitschaft rannten wir hinter das Haus. Dort, beim Küchenhintereingang, wo die Mistkübel aufgereiht waren, stand unsere „Wiener Perle" hysterisch heulend und zitternd. Rund um sie herum waren Waschbären auf der Flucht in den nahen Wald, acht Erwachsene und zwei Junge. Noch ein kleiner Nachzügler kam gerade aus einer der Mülltonnen und schmiss den Deckel lärmend zu Boden. Daraufhin schrie Mutter nochmals und beutelte sich vor Ekel. Irgendwie konnten wir das Lachen nicht unterdrücken. Die süßen Tiere schienen sich auch von Madam zu ekeln und bedroht zu fühlen, stellten sich auf die Hinterbeine, hielten inne, starrten sie kurz an, schüttelten sich und rannten weiter in Richtung Wald. Der Nachzügler war direkt vor ihr, auch er stellte sich auf seine kleinen Hinterbeine, sah in Richtung Mutter, schüttelte den Kopf und lief davon. Die Tiere waren so putzig, die Situation irgendwie herzig und lustig. Eleonore sah das gar nicht so und wurde richtig zornig, weil wir lachten und uns köstlich amüsierten. Es fehlte auch ihrerseits kein Aufstampfen mit dem Fuß, wie ein zorniges Kleinkind, um Mutters Stimmung Nachdruck zu verleihen. Wir fanden das noch lustiger und lachten richtig los. Sie schimpfte uns alles Mögliche und ihre Stimme überschlug sich, sie spuckte Hass und Galle. Man versuchte Mutter zu erklären, dass diese Tiere nicht gefährlich waren, nur bei Tollwut. Es gab schon seit Jahrzehnten keinen einzigen Fall mehr. Dass die Waschbären nachtaktiv seien und immer im Abfall stöberten, bis jetzt hatte niemand etwas dagegen gehabt. Aber Mutter hatte sehr wohl was dagegen, wollte von all dem nichts wissen, sie verlangte sofortige Ausrottung der Viecher oder sie würde auf der Stelle kündigen. Für den nächsten Tag war eine Geburtstagsfeier angesagt mit vielen Gästen. Leider wollte man Eleonore deswegen bei Laune halten. Am Morgen darauf lagen sechs tote Waschbären auf der Wiese. Darüber war ich sehr traurig und böse auf die ganze Welt, am meisten aber auf Frau Mama. Die Tiere waren umsonst gestorben, und ich war wütend auf diese blöde, hysterische Kuh, sie veranlasste Desaster für irgendwelche unschuldigen Kreaturen, ob Mensch oder Tier und besaß einfach keine Empathie, für nichts und niemanden.

Eleonore wollte einfach nicht mehr weitermachen und sie kündigte von heute auf sofort. Zwei Tage später kamen wir nach Toronto zurück und weitere vier Tage später saß ich am Toronto-Flughafen und wartete auf einen Trans-Canadian-Flieger nach

New York City. Ich hatte mit Hungerstreik gedroht, wenn ich nicht sofort zu meinen Großeltern zurückkonnte. Komischerweise war Eleonore damit einverstanden.

In Österreich war der Staatsvertrag unterzeichnet worden; am 15. Mai 1955 wurden wir endlich frei, eine neutrale, eigenständige Republik, die Besatzungsmächte somit Geschichte. Zurückgelassen hatten die lieben ausländischen Herren der Schöpfung 30.000 Kinder bei einheimischen Damen, sehr viele davon von schwarzen US-Soldaten. Viele der Frauen, welche während der Besatzung mit Soldaten Ehen eingegangen waren, folgten ihren ausländischen Ehemännern in deren Heimatland. Meistens waren es Amerikaner, es gab aber auch Engländer und Franzosen, sogar Russen, welche eine österreichische Ehefrau exportierten. Die fremden Soldaten hatten nun das Land verlassen und Österreich war im Stande, sich selbst zu regieren, ohne fremde Einmischung und Bevormundung. Ich durfte endlich nach Hause zu meinen geliebten Großeltern und war vor Freude überglücklich.

„PLANUNG BEDEUTET NUR, DEN ZUFALL DURCH IRRTUM ZU ERSETZEN"

Der Flug nach New York City war beeindruckend, im Vergleich zum kleinen Wasserflugzeug der Skeiths war die große Trans-Canadian-Airway-Maschine ein ganz anderes Kaliber. Wie blieben wir nur in der Luft? Tief beeindruckt, freute ich mich riesig auf die abenteuerliche, bevorstehende Reise. Weil ich als 9-Jährige alleine unterwegs war, schien das zuerst unglaubwürdig und ich wurde vom Fluglinienpersonal andauernd gefragt, wo denn meine Eltern oder meine Begleitperson wären. Es war noch nicht üblich, ein Kind alleine um die halbe Welt zu schicken. In New York war ein Fluglinienwechsel vorgesehen und ich wurde von einer Pan-American-Stewardesse eingesammelt. Sie deponierte mich in einem VIP-Warteraum, bis man mich holen, und zum „Clipper"-Flieger bringen würde. Das war ein viermotoriger Riesenvogel. Der sollte mich über den Atlantik nach Frankfurt am Main befördern und ein drittes Flugzeug würde mich nach Wien fliegen. Es war strategisch fehlerfrei geplant, wurde aber ein höchst aufregendes Erlebnis.

Ich saß alleine in der „Lounge" und las in den dort vorhandenen Modeheften. Weit und breit sah ich keine anderen Passagiere und niemand von Pan American. Mutter hatte mir eingebläut, nur auf das uniformierte Flugpersonal zu hören, oder mit ihnen mitzugehen. So las ich weiter und weiter in den Zeitschriften. Irgendwann dämmerte es mir, dass man mich höchst wahrscheinlich vergessen hatte, deswegen ging ich jemanden von der Pan-American-Fluglinie suchen. Als ich an deren Schalter auftauchte, sahen sich die Angestellten plötzlich sehr bestürzt an. Ich genoss die verlegenen Gesichter. Irgendetwas stimmte überhaupt nicht, ich war mir da ganz sicher, nur sagte niemand, was passiert war. Sie rannten herum wie aufgescheuchte Hühner, als sie von verschiedenen Pulten und Apparaten aus aufgeregt telefonierten. Dann, Hals über Kopf, wurde ich von einer Stewardess eingesammelt und im Laufschritt durch den Flughafen gejagt, hinaus auf die Landebahn zu einer Maschine, die gerade dabei gewesen war, sich für den Abflug einzureihen. Die Einstiegtreppe musste wieder herangefahren werden, um uns ins Flugzeug zu lassen. Kaum war ich drinnen, bekam ich Applaus von den anwesenden Passagieren, aus welchem Grund auch immer. Ich wusste nicht, dass ich bei einer Reisegruppe gelandet war, die eine multiple Städtetour gebucht hatte. Frankfurt am Main war als erster Stopp auf ihrem Programm. Von dort gab es einen Flug nach Wien und im Nu würde ich am Ziel sein. So wurde mir die „Ho-ruck"-Aktion im Laufschritt erklärt. Die Realität sah anders aus. Als ich am nächsten Abend in Wien nicht ankam, was sie telefonisch feststellte, wurde Mutter wieder einmal hysterisch. Sie drohte mit einem Skandal: „Pan-American-Fluggesellschaft verliert 9-jähriges Mädchen!" Sie sah mich schon von Sklavenhändlern einverleibt, auf nimmer Wiedersehen, für irgendein Bordell im Nahen Osten bestimmt. Irgendwie hatte sie ja recht. Man konnte ihr nicht sagen, wo ich mich im Moment befand. Das Dumme an der Sache war, dass ich nirgends auf einer Passagierliste angeführt war, somit existierte ich gar nicht, was Pan American Airlines betraf. Ich war unauffindbar, sehr zum Leidwesen der Fluglinie. Wie konnte so etwas nur passieren?

Das „verschollene Kind" war für Frau Mama ein richtiger Glücksfall: Sie hatte nun eine fantastische Situation zum Wichtigmachen und Dramatisieren gefunden, was sie voll auskostete. Sie konnte die arme Mutter mit verschwundenem Liebling verkörpern, eine Rolle, welche ganz ihrem Geschmack entsprach. Wo war nur die arme Kleine, ängstlich nach ihrer Mutter rufend? Und sie als die Leidende in Todesangst um ihr hilfloses Kind! Was war ihr nur zugestoßen? War sie überhaupt noch am Leben? Was für eine Tragödie! Sicherlich ein gefundenes Fressen für die Journalisten, bei denen sich Mutter ausweinte. Wie konnte man so etwas überhaupt zulassen? Was für eine bodenlose Schlamperei, die Kleine hätte doch bewacht gehört, wie konnte ein Kind plötzlich verschwinden? Wer und wo hatte man sie zuletzt gesehen? Sie wollte endlich Antworten auf ihre Fragen!

Was war eigentlich mit der hysterischen Mutter? Für den Ruf der Fluggesellschaft kam das alles gar nicht gut an. Noch nie hatte man einen Passagier verloren, schon gar nicht ein kleines Mädchen. Das Ganze war sehr peinlich. Das Personal, das mich schnellstens aus New York befördert hatte, bekannte sich nicht sofort zu ihrer Tat, also blieb ich eine ganze Weile unauffindbar, weil man nicht sofort wusste, wo man anfangen sollte, nach mir zu suchen. Inzwischen amüsierte ich mich königlich, da die netten Mitglieder der nach Frankfurt fliegenden Reisegruppe mich als ihr Maskottchen deklariert hatten und mit Naschereien verwöhnten. Ich fühlte mich pudelwohl da oben im Flugzeug, während am Boden die fanatische Suche nach dem „verschollenen Kind" weiterging. Inzwischen genoss ich puren Luxus. Die Ausstattung des Fliegers sah sehr elegant aus, die breiten Sitze waren mit dunkelgrauem Leder bezogen. Die Malzeiten wurden auf echtem Porzellan serviert, es gab schöne, hochwertige Wein- und Cocktailgläser, Silberbesteck mit eingravierten Initialen der Fluglinie, Stoffservietten, ge-

nau wie in einem Fünf-Sterne-Restaurant. Bei Transatlantik-
flügen waren damals nur männliche Flugbegleiter im Dienst.
Einer davon kümmerte sich rührend um mein Wohlbefinden.
Man hatte mich auf einen Doppelsitz gebettet, mit der gemeinsamen Armstütze zwischen den Sitzen hochgeklappt, was ein
komfortables Nachtlager für mich ergab. Die Fluglinie stellte
wunderschöne Polster und Decken zur Verfügung, mit denen
man sich so richtig einkuscheln konnte. Es war lange nach Mitternacht, vor lauter Aufregung und Neugier konnte ich sowieso
nicht schlafen und hatte unaufhörlich durch das kleine Flug-
zeugfenster auf den dunklen Himmel voller Sterne gesehen. Die
anderen Flugpassagiere schliefen tief und fest. „Mein" Steward
hatte eine Riesenüberraschung und kam vorbei, um mir einen
Besuch beim Flugkapitän in der Kanzel zu ermöglichen. Dieser
wollte „das alleine reisende Kind" kennenlernen.

Flugzeugentführungen hatte es bis Dato noch keine gegeben,
und so waren auch keine Sicherheitsvorkehrungen an der Tür zur
Kanzel vorhanden. Sie war unversperrt, man klopfte an und trat
einfach ins innere Sanktum des Piloten und seiner Mannschaft.
Der dunkle Sternenhimmel glitzerte durch die Windschutzscheibe wie Millionen Schmucksteine auf fast schwarzem Samt, dazu
die roten, weißen und grünen Lichtlein der Instrumente ober-
und unterhalb der Windschutzscheibe. Das Schnurren der vier
Motoren, in Kombination mit einer sanften Vibration, ergab
eine einzigartige Atmosphäre. Die Welt mit ihren Problemen
und Tücken schien da oben nicht zu existieren. Ich beschloss
auf der Stelle, später Pilotin zu werden, doch war ich mir nicht
sicher, ob Frauen das erlaubt war, wenn nicht, würde ich halt
die erste sein. Der Flugkapitän war neugierig über meine Rei-
seumstände. Ich schien für ihn ein Sonderfall gewesen zu sein.
Ob ich keine Angst hatte, wollte er wissen. Ich musste darüber
kurz nachdenken. „Nein", sagte ich, es war höchste Zeit nach
Hause nach Wien zu kommen. Kanada war nicht nach meinem
Geschmack gewesen. Von jetzt an würde fliegen definitive meine Art zu reisen sein. Ich hoffte, ich würde noch sehr oft diese
Gelegenheit der Fortbewegung beim Reisen haben. Die Antwort

gefiel dem Flugkapitän und nach diesen Kommentaren strahlten mich die Herren in der Kanzel wohlwollend an. Ich wollte noch wissen, ob Frauen auch Piloten werden konnten, dafür hatte er keine klare Antwort.

Ich erfuhr die Details meines Abenteuers erst im Nachhinein, es war ein ziemliches Durcheinander, und es lief folgendermaßen ab: Auf der Erde war inzwischen alles Mögliche los gewesen. Ich wurde über Funk gesucht, zuerst ohne Erfolg. Mutter hatte aus Toronto die österreichische Botschaft angejammert und Pan American mit einer Klage gedroht. Außerdem wollte sie eine Pressekonferenz einberufen, und Pan American Airways fürchtete einen gewaltigen Imageverlust, wenn sie das Kind nicht schnell aufspürten und diese lästige Frau nicht bald beschwichtigen konnten. Das Ganze war ja wirklich idiotisch, wie konnten sie einen Passagier verlieren? Endlich wurde ich in Frankfurt am Main gefunden. Dort, früh am Morgen angekommen, hatte der einzige tägliche Flieger gerade nach Wien abgehoben. Es gab erst am nächsten Vormittag wieder einen. So stellte mir Pan American als Kindermädchen eine sehr nette Flugbegleiterin zur Seite. Sie sollte mich einen Tag und eine Nacht bei Laune halten, bis mein Flieger nach Wien abging. Die Arme war nicht begeistert, hatte sie sich doch auf einen freien Tag und eine Nacht mit ihrem Pilotenfreund gefreut. Die beiden taten mir richtig leid. Als sie mich zu meiner Zerstreuung in den Frankfurter Zoo begleiten sollten, schlug ich vor, mich dort alleine zu lassen, um mich in fünf oder sechs Stunden wieder abzuholen und sich selbst in der Zeit etwas zu gönnen, was ihnen Spaß machen würde. Ich war doch alleine um die halbe Welt gereist, da konnte ich auch einige Stunden alleine in einem Zoo sein. Ich versprach, keine Tiere zu ärgern, mit niemandem zu sprechen oder mitzugehen, ich konnte sicherlich schon selbst auf mich aufpassen. Die Zwei durften mich eigentlich nicht alleine lassen, freuten sich aber sehr, und die Nacht schenkte ich ihnen auch, da ich keine Angst hatte, in einem Hotelzimmer alleine zu bleiben. Übung darin hatte ich ja genügend in der Vergangenheit damit gehabt.

Am nächsten Tag gab es Pressefotos bevor ich meinen Flug nach Wien bestieg, mit einem Kurzkommentar über das „verschollene Kind", welcher mit der Wahrheit absolut nichts zu tun hatte. Der Ruf der Fluglinie war gerettet, die hysterische Mutter in Toronto auch beschwichtigt und eine Klage abgewendet. Alle Beteiligten waren zufriedengestellt und am dritten Tag kam ich endlich in Schwechat an. Was für ein lustiger, kleiner, hässlicher Flughafen im Vergleich zu den bisherigen, von denen ich gerade kam. Meine Tanten waren überglücklich, mich endlich kassieren zu können, hatten sie doch zwei Tage vorher umsonst auf mich gewartet. Mutter überlegte trotzdem noch immer und wollte die Fluglinie doch noch verklagen. Tante Grete schaffte es, ihr das auszureden.

DREI MENSCHEN KÖNNEN EIN GEHEIMNIS NUR DANN BEIBEHALTEN, WENN ZWEI DAVON TOT SIND

Wieder zu Hause! Was für ein grandioses Gefühl. Die Toronto-Erfahrung rückte in die Vergangenheit. Frau Mama war somit weit weg und ich hoffte, für immer. Schön, in Wien, speziell bei meinen Großeltern, zu sein! Sicherlich erschienen Großmamas Haus und Garten viel kleiner als ich in Erinnerung hatte. Gegen die Herrschaftshäuser in Toronto war das Häuschen sehr bescheiden, um es höflich auszudrücken. Es gehörte schuldenfrei meinen Großeltern und das war viel mehr als Onkel Kurts „neureiche" Immobilie, die bis auf den letzten Ziegel der Bank gehörte.

Endlich in meiner Heimat! Ein wenig kritischer betrachtete ich schon meine Umgebung und die Menschen in meinem Umfeld. Es war mir bewusst, dass ich bei sehr reichen Leuten unterwegs gewesen war. Als ich Vergleiche zog, entdeckte ich die österreichische Sparsamkeit. Essbares war noch immer keine Selbstverständlichkeit, die reichen Kanadier hatten sehr viele Lebensmittel entsorgt, auch wenn sie noch genießbar waren. Der Punkt war „noch". Dort wurde ein bis zwei Tage altes Essen weggeworfen. In Österreich erinnerte man sich noch immer an die Hungerjahre des Krieges, die magere Nachkriegszeit, und verschwendete gar nichts. Beim Schuhe- und Kleidungskauf achtete man dabei auf Qualität und Strapazierfähigkeit. Nach Kriegsende, als es wenig bis gar nichts zu kaufen gab, wurden zum Beispiel abgewetzte Stoffe bei Mänteln, Anzügen und Jacken oft „gewendet". Das bedeutete: aufgetrennt und umgestülpt, die Rückseite des Stoffes nach Außen genäht. Nylonstrümpfe mit Laufmaschen wurden „repassiert"; der Strumpf über ein rundes Glass gespannt, mit Hilfe einer starken Lupe und einer ultrafeinen Häkelnadel die Laufmaschen aufgefangen und empor gehäkelt. Das war viel erschwinglicher, als neue Strümpfe anzuschaffen. Repassierstuben gab es in allen Wiener Bezirken. Niemand, außer Mutter, hätte Nylonstrümpfe wegen einer Laufmasche weggeworfen; die waren einfach zu teuer und wertvoll, daher zig Mal repassiert. Im Sommer malten sich Frauen mit Augenbrauenstift die dunkle Naht auf die Rückseite der Beine, um das Tragen von Strümpfen vorzutäuschen, wenn sie keine hatten. Verschwendung gab es in meiner alten/neuen Umgebung nicht. Bei Tante Grete ging es in eine völlig absurde Richtung. Frau Regierungsrat Margarete Kammerer schien sogar Reiskörnchen zu zählen, die Servierschüssel für vier Personen hatte manchmal nur den Umfang eines übergroßen Kaffeeheferls, ihre Sparsamkeit in allen Ehren, aber manchmal schämte ich mich für sie: Wenn sie Trinkgeld gab, wollte ich mich unterm Tisch verstecken, so mickrig war die Sache. Dabei bezog Tante Grete als Frau Regierungsrat ein sehr gutes Einkommen vom Stadtschulrat. Onkel Hubert Kammerers Meterwarenladen machte prächtige Umsätze, da viele Frauen Kleider schneidern ließen oder sich selbst an die Nähmaschine setzten. Die beiden Kammerers waren also kaum arm. Großzügigkeit zeigte Tante Grete mir gegenüber, wenn wir unterwegs waren. Die Dame hatte zwei Weltkriege durchgemacht und lebte mit der Angst, keinerlei Nachschub von allem Nötigen zu bekommen, also musste ihrer Meinung nach mit allem, speziell Essbarem, sehr sparsam umgegangen werden. Auch hatte sie Angst, überfallen zu werden, sie war oft am Abend alleine unterwegs. So konnte sie ihrem potentiellen Dieb/Räuber vorgaukeln, nur eine arme Pensionistin zu sein, sich nicht mal eine schöne Handtasche leisten zu können, der Henkel der Tasche war mit Spagat umwickelt und geflickt. Zumindest stellte sie sich einen Überfall auf sich so vor. Ihr Bargeld hatte sie in ihren Mantel- und Jackentaschen versteckt, welche sich überall im Innenfutter befanden.

Ihre Haushälterin Fini hatte es gar nicht leicht. Sie musste bis zum letzten Groschen den täglichen Einkauf abrechnen, stundenlang Sonderangebote in Zeitungen suchen, um dementsprechend den Speiseplan günstig zu gestalten. Zusätzlich wurde ihr aufgetragen, mit der Chow-Chow-Hündin dreimal täglich äusserln zu gehen, das bedeutete vier Stockwerke rauf und runter mit dem Hund. Aufzug gab es keinen. Ihr Tagesprogramm beinhaltete einkaufen, danach kochen und zusammenräumen, Abendessen vorbereiten, plus dazwischen mit dem Hund auf die Straße gehen; mit alldem war ihr Tag voll ausgelastet. Die Wohnung befand sich in einer riesigen Prachtvilla im Jugendstil, das komplette letzte Stockwerk umfassend, mit einem schönen Balkon. Frau Regierungsrat verkörperte die geizige Sparsamkeit in Person. So musste Fini oft in drei oder vier Geschäfte bei einem Einkauf gehen. Um einige Schillinge zu sparen, ging es dorthin, wo die Ware auf der Einkaufsliste verbilligt angeboten wurde. Auch der Hundename „Muschi" war Subjekt der Belustigung, um es vorsichtig auszudrücken. Wenn Fini den Hund rief, gab es oft schiefe Blicke, auch Gejohle von übermütigen Jungs.

Die Sparsamkeit und der Geiz von Tante Grete machte sicherlich Finis Leben nicht leichter und waren ganz bestimmt für sie nicht angenehm zu ertragen. Mit den Jahren wurde sie zu einer Außenstehenden, sarkastisch, gehässig und aufmüpfig. Bei ihren Herrschaften traute sie sich solche Eigenschaften nicht zu zeigen. Die hob sie später auch für mich auf.

Elli bei den Brodas erging es da rundum viel besser, die Frau Doktor war sehr zuvorkommend und rücksichtsvoll. Manchmal führte sie Elli sogar mit dem Auto den Berg hinunter einkaufen nach Ober-Sankt-Veit oder Hietzing, damit diese die Einkäufe nicht die steile Adolfstorgasse hinaufschleppen musste. Auch war Frau Doktor oft spendabel und Elli bekam extra Geldgeschenke. Alles schien so, wie ich es in Erinnerung behalten hatte. Die kleinen und großen täglichen Irritationen existierten wie eh und je, aber es beruhigte mich zu wissen, dass sich zwar sehr vieles geändert hatte, jedoch bei den Tanten die Zeit stillgestanden war. Ihre Haushalte mit einer im Haus wohnenden 24-Stunden-Angestellten zählten zu den Auslaufmodellen. Sehr wenige Leute hatten noch so ein Arrangement. Fix angestelltes Hauspersonal war aus ökonomischen Gründen bei vielen Wiener Haushalten aus der Mod e gekommen. Die Abgaben, Steuern und das Urlaubsgeld, später das dreizehnte und vierzehnte Monatsgehalt machten es rundum zu kostspielig für Familien, sich eine 24-Stunden im Haus wohnende Angestellte zu leisten. Die meisten bevorzugten stundenweise bezahlte Köchinnen und/oder Raumpflegerinnen,.

Nach den modernen, hellen, mit riesen Fenstern ausgestatteten, liberalen kanadischen Schulen war der Schulalltag in Wien im dunklen, muffigen Notre-Dame-Kloster sicher nicht angenehm. Jedoch arrangierte ich mich gerne damit, wenn ich nur wieder in meiner Heimat leben durfte. Vor allem nicht als die Tochter der Hausgehilfin, welche Hintertüren und Hintertreppen benutzen sollte. Als ich am Schulbeginn zurück ins Kloster musste, wurde beschlossen, mich die dritte Volksschulklasse wiederholen zu lassen. War doch in Kanada nichts los gewesen in punkto lernen.

Etwas Erstaunliches war passiert: Schüler, Lehrerinnen und Schwestern wollten alles Mögliche über meine Reise und Toronto wissen. Plötzlich war ich wichtig in so mancher Geografiestunde, und musste meine Eindrücke von den Städten und den Niagarafällen schildern, die ich gesehen oder besucht hatte. Ich hatte von drüben Landkarten, Schiffsspeisekarten und Reiseprospekte von den besuchten Städten und den Niagarafällen als Souvenirs aufgehoben und mitgebracht, auch private Fotos waren von großem Interesse für Lehrerinnen und Mitschülerinnen. In den frühen 50er Jahren war eine Ferienreise nach Italien eine große Sache. Eine Schiffsreise nach Kanada und zurück mit drei verschiedenen Flugzeugen bedeuteten eine

Seltenheit und Sensation. Es faszinierte alle Menschen in meinem Umkreis und die Neugier war riesengroß. Über die Zettelwirtschaft und das Bleistiftgekritzel in der Schule gab ich auch Auskunft, das wurde mit großer Belustigung bewertet. Über die Schiffsreise und den Solo-Rückflug musste sehr ausführlich berichtet werden. Die Pressefotos von Pan American halfen, um meine Glaubwürdigkeit zu unterstreichen. Es wollten viele Mädchen aus meiner alten Klasse, jetzt in der vierten über mir, unbedingt freundschaftlichen Kontakt. Früher war ich von ihnen ignoriert worden; Mutter und ich waren nicht standesgemäß wohlhabend genug gewesen. Als Weltreisende war ich plötzlich interessant. Ich bekam nun allerlei Einladungen und Großmama bestand darauf, dass auch ich einlud. Wir stellten im Garten einen Pingpongtisch unter die Obstbäume, Oma servierte Holunderblütensaft und hausgebackene Kekse, und die Mädchen waren vom Garten und den Erfrischungen sehr angetan. Bei ihnen gab es nach der Schule Luxuswohnungen mit Haushaltspersonal, da die Eltern anderweitig beschäftigt waren. Bei mir konnte man Hasen streicheln, Pingpong spielen, Blumen pflücken, Obst auf Sträuchern und Bäumen ernten und nette Großeltern. Wenn die Mädchen dann abgeholt wurden in Autos mit uniformierten Fahrern, brodelte die nachbarschaftliche Gerüchteküche. Wir klärten niemanden auf und die Nachbarn litten unter ihrer unbefriedigten Neugier. Sie beanstandeten auch die Tatsache, dass ich eine teure Privatschule besuchte, Schuluniform trug, und dass die normale Schule in der Knöllgasse um die Ecke unserer Siedlung nicht gut genug für Familie Hanzlik und mich zu sein schien. Sie hackten auf Großmama herum und verspotteten sie mit Imitationen einer hochnäsigen, durch die Nase sprechenden, Zeitgenossin. Sie zerrissen sich das Maul ununterbrochen über alles Mögliche, speziell über die vielen ausländischen Briefe und Pakete, die wir bekamen und über die der Briefträger mit ihnen sinnierte, was er gar nicht durfte. Der Neid regierte unaufhörlich. Großmutter hatte sich schon immer höflich, aber unnahbar, anderen Menschen gegenüber in der Siedlung gegeben. Ihre Zeit als „gnädiges Fräulein" während der Monarchie als Erzieherin hatten ihren Auftritt und ihr generelles Benehmen elegant und würdevoll gefärbt, was nicht gerne gesehen und sehr angefeindet wurde. Sie galt als affektiert, hochnäsig, eingebildet, als „über-drüber"-Frau „VON" Hanzlik, „die Gnäääädige" wurde sie von den Frauen in unserer Nachbarschaft verspottet. Sie lächelte die giftigen Frauen an und brachte ihnen elegante Höflichkeit entgegen, was diese zwar verstummen ließ, trotzdem blieb die Spitzzüngigkeit ihr gegenüber erhalten. Mutter schickte Dollar für meinen Unterhalt, der Wechselkurs war sehr günstig und Omama war begabt im Finanzmanagement. Die Nachbarn sahen Frau Hanzlik gerne bei ihren Einkäufen über die Schulter. War zum Beispiel Beinschinken dabei, wurde sofort beanstandet, dass sie sich selbst nur Extrawurst leisten konnten. Sie hatten keine Verwandten im Ausland, welche Dollars schickten!

Unsere Weihnachten waren noch üppiger als früher, auch ohne essbaren Christbaumschmuck vom Gewerkschaftsbund. Die andere Hälfte unseres Doppelhauses wurde von den ehemaligen Besitzern übernommen und instandgesetzt. Ein Neubeginn mit viel Eifer war überall im Gange und Wien arbeitete pausenlos an seinem neuen Gesicht. Die Zeiten waren noch immer hart, aber es gab Licht am Horizont.

Von Zeit zu Zeit schickte Mama Pakete. Das erste enthielt Erdnussbutter, die es in Österreich damals noch nicht gab. Auch war ein wunderschönes Kunstfaserkleid mit Rüschen dabei. Omama konnte kein Englisch. Sie dachte, die Erdnussbutter war eine Art Schuhcreme, da ein paar Schuhe in demselben Farbton auch im Paket dabei waren, als solche taugte die Erdnussbutter natürlich überhaupt nicht. Das Kleid wollte Lore bügeln, nur schmolz es unter dem heißen Bügeleisen, sie kriegte die geschmolzene Kunstfaser nur sehr schwer vom Bügelbrett und von der Sohle des Eisens. Von da an war jede Ware von „drüben" für sie amerikanisches/kanadisches „Klumpert" und völlig inakzeptabel.

Mutters Briefe waren irgendwie immer gleich. Sie musste viel arbeiten, sie ging zur Abendschule, um Bibliothekarin zu werden, es würde drei Jahre dauern. Sie hatte keine Zeit, weil sie viel lernen und Geld verdienen musste. Alle Familienmitglieder schüttelten nur den Kopf. Das hätte sie in Wien auch machen können. Außerdem wurde gewettet, wie lange sie noch durchhalten würde, bevor sie das Studium hinschmiss, sie hatte ja Übung darin. Architektur und Modedesign wurden angeblich wegen des Krieges abgebrochen. In Wirklichkeit verlor sie für beides sehr schnell das Interesse. Auch hatte sie die Schwarzwald Mittelschule nicht bis zur Matura geschafft.

Ich dachte nie an Mutter. Zu schön war mein Leben ohne sie und ihrem Einfluss. An Wochenenden, bei Schlechtwetter, gingen die Großeltern mit mir oft ins Kino, wo wir kitschige Heimatfilme oder welche mit Handlung in der Kaiserzeit genossen. Wir spielten Schach und Mensch-ärgere-dich-nicht, Mikado und Karten. Wir hörten Radiohörspiele. Am Fernsehen wurde noch gebastelt. Am meisten gefielen mir Winterabende, wenn der Kamin knisterte, wir Äpfel oder Edelkastanien rösteten und Großpapa uns Dr. Dolittle vorlas. Er machte verschiedene Tierstimmen nach, das war immer ein Riesenspaß. Großmama und ich stopften Socken dabei oder stickten an meinen Schulhandarbeiten. Unsere harmonische Stimmung zu Hause war sehr angenehm. Keine halberfrorene, schlechtgelaunte Frau Mama weit und breit, wie wohltuend war das für uns alle.

Zielstrebig und fleißig verrichteten wir, was wir am besten konnten: uns um essbare Vorräte kümmern. Im Sommer widmeten wir uns dem Garten, im Herbst in Seebenstein dem Sammeln von Pilzen, Beeren, Nüssen und Kräuter für den Winter. Dort wurde regelmäßig zwischen Lore und ihrer Mutter Maria gestritten. Sie schienen es zu brauchen, sogar zu genießen. Alles war vertraut, wie es schon immer ablief zwischen unseren Familienmitgliedern. Ich konnte ohne Anspannung oder Angst leben. Es gab noch immer Ballett bei Birkmeyer, Klavier und Akkordeon bei einem Lehrer, der sonntags ins Haus kam, alles ohne Druck und vor allem, ohne zu spät zu kommen oder im Laufschritt zu hetzen, ohne Schläge und hysterische Ausbrüche. Die schlechten Erinnerungen an meine Mutter, das Leben mit ihr in der Vergangenheit und ihre Brutalitäten waren fast vergessen. Mein seelischer Schaden aus dieser Zeit schien verheilt, jedenfalls machte mir mein neues Leben unendlich viel Spaß. Es gab da auch schöne Überraschungen. Bei uns im Kloster von Zeit zu Zeit war Inspektion von Tante Grete angesagt. Sie besuchte regelmäßig den Kindergarten und die erste Klasse. Sehr gerne sah die Frau Regierungsrat nach den Kleinsten der Nation. War ihr Inspektionsbesuch zu Ende, ließ sie mich aus der Klasse holen und ich durfte mit ihr die Schule schwänzen. Dann gingen wir in den ersten Bezirk, zum Demel, ins Sacher oder die Aida zum Eis oder Torte essen, danach in ihre Lieblingsparfümerie Nägele und Strubel am Graben bei der Pestsäule. Dort kaufte sie mir mein erstes Parfüm, auch duftende Seifen, Hand- und Körperlotionen. Diese Nachmittage waren sehr kalorienreich wegen der herrlichen Wiener Mehlspeisen, aber die liebe Tante, obwohl ziemlich übergewichtig, liebte den Besuch in einer Konditorei mit ihren herrlichen Leckereien genauso wie ich. Grete versuchte, mir viel Aufmerksamkeit und Verständnis entgegenzubringen. Sie wusste, wie sehr ich gelitten hatte unter der Lieblosigkeit meiner Mutter. Deswegen kümmerte sie sich rührend um meinen Seelenfrieden bis zu ihrem Tod.

Grete war modern denkend, fortschrittlich, immer offen für neue Ideen, auch wunderschön, mit strahlender, weißer Haut und Zähnen, einem wohlgeformten Mund mit vollen Lippen, dunklem naturgewellten Haar von üppigem Wuchs, hochgeschwungenen Brauen oberhalb großer brauner Augen, umrahmt von dichten, langen, dunklen Wimpern wie bei ihrer Mutter Maria. Bis ins hohe Alter gesegnet mit natürlicher Schönheit, war Grete toll anzusehen. Sie wurde mollig aber gut proportioniert, und sie hatte tolle Beine. Sie trug außer Lippenstift keine Schminke, sie wusste auch jeden Augenblick des Lebens zu nützen und genießen. Wenn sie einen Raum betrat, war jede Langeweile wie weggeblasen. Mit wohlklingender Stimme konnte sie klassische Gedichte rezitieren, auch wunderschön singen, und war von der Natur auch da bevorzugt worden, mit einem angenehm samtenen Mezzosopran.

Bei ihrer Schwester Hildegard war das ein ganz anderes Kapitel. Mit schlankem Oberkörper und schmaler Taille hatte ihr die Natur breite Hüften gegeben, mit einem prominenten Hinterteil, mündend in dicke Oberschenkel und Waden, dazu plumpe Fesseln. Ihre großen, dunklen Augen blickten höchst interessiert in ihre Umgebung und auf die Menschen, denen sie begegnete. Ihr Gesicht trug oft einen traurigen oder bestürzten Ausdruck, wenn sie etwas erledigte, was extrem genau und langsam geschah. Schnelle Entscheidungen konnte sie nie treffen; zögern und das Für und Wider abwägen, waren ihr wichtig. Es dauerte immer lange, von ihr eine definitive Antwort zu bekommen. Dabei sah sie sehr ernst drein, ihre Blicke suchten Unterstützung in den Gesichtern der Leute in ihrer Gegenwart. Sie trug ihr glattes, braunes, dünnes Haar mit Seitenscheitel, die längere Seite mit einer Metallspange aus dem Gesicht gehalten. Die Haare waren auf Ohrenhöhe gerade rund um den Kopf abgeschnitten. Diese Frisur wirkte wie die einer Erstklässlerin. Hilda trug immer Kostüme mit unvorteilhafter Schnittführung, engen Jacken, fast knöchellangen Röcken, um die dicken Beine zu kaschieren. Leider betonten diese Kleidungsstücke noch deutlicher den schmalen Oberkörper und das plumpe Untergestell. Die Kostüme waren immer in gedämpften Farben, wie auch beigefarbene, langweilige Blusen dazu. Ihr Schuhwerk bestand aus bequemen, flachen Tretern mit einer Kreppsohle, welche auf gewissen Bodenbelägen quietschte. Das verlieh ihr einen schwerfälligen, watschelnden, unvorteilhaften Gang. Sie trug fast nie Schmuck und sie schminkte sich nicht. Manchmal hatte sie zaghaft aufgetragenen rosa Lippenstift als einzigen Farbtupfen auf ihrer Person. Von abseits, ruhig und gelassen, beobachtete sie um sich herum die aktuellen Geschehnisse als die stille, graue Maus, welch sie verkörperte. Wild und laut gebärden konnte sie sich auf Knopfdruck, wenn es um soziale Ungerechtigkeiten ging, da wurde sie zur Furie. Soziale Missstände mussten ihrer Meinung nach aufgezeigt und bekämpft werden, koste es, was es wolle. Diese Einstellung schien die Basis für ihre Ehe mit Christian gewesen zu sein, sie waren beide vehemente

Verfechter sozialer Gerechtigkeit und demokratischer Abläufe. Wenn Hilda und Christian bei uns zu Besuch waren, hatte er seine Nase immer in irgendwelchen mitgebrachten Akten oder Büchern. Zwischendurch sprach er über seine Lieblingsthemen: die Gesellschaft, das Recht und die Demokratie. Wie wichtig die Balance zwischen den dreien zu sein hatte. „Das Gesetz ist Vernunft ohne Leidenschaft", eines seiner Lieblingszitate. „Die Würde und die Freiheit des Menschen als unverzichtbare Werte", waren für Christian genauso wichtig wie die Selbstbestimmung. Dazu gehörte auch die aktive Anteilnahme vieler Staatsbürger am öffentlichen Geschehen. Somit bedeutete es, dass die Politiker im Dienst des Volkes standen. Christian konnte alles sehr gut erklären, sodass auch ich es verstand. Er fand, dass Kinder nie zu jung waren, um über die Gesellschaft, ihre Strukturen und Pflichten in Kenntnis gesetzt zu werden. Seiner Meinung nach hatten auch Kinder gewisse Rechte und sollten niemals körperlich gezüchtigt werden. Dabei hatte er mehr als einmal meine Mutter angesehen. In seiner Gegenwart behandelte Mama mich wie ein rohes Ei. Wenn wir in Ober-St.-Veit zu Besuch waren, tollte sie mit Christians Tochter Johanna auf dem Teppich herum, während ich zusah, nachher saß sie stundenlang vorm Onkel auf dem Boden und hang an jedem seiner Worte, wenn er gewisse Aspekte der demokratischen Politik erklärte. Er war nur drei Jahre älter als Mutter. Ich fand uns eine verwirrende Familie, in Bezug auf Alter komisch gestaffelt, auch durch Urgroßmutter Maria, ihre Ehen, und dass sie in so unregelmäßigen Abständen Kinder in die Welt gesetzt hatte. (Um dieser Tatsache entgegenzuwirken nannten wir uns gegenseitig der Einfachheit halber Onkel und Tante, obwohl diese Theoretisch Großonkel und Großtante waren)

Bei Mutters Werdegang gab es einige Leichen im Keller, welche später noch zum Vorschein kamen und gewaltige Folgen lostreten würden. Durch ihr Gerede und die vielen bissigen Bemerkungen kriegte ich so einige Familiengeheimnisse schon sehr früh mit. Mama liebte es, Dinge auszuplaudern, welche für involvierte Mitmenschen unangenehm, schmerzhaft oder peinlich sein konnten. Natürlich mussten gerade dann Zuhörer in der Nähe sein, um diese Geschichten auch detailliert mitzubekommen. Dass zum Beispiel Tante Grete aus irgendeinem Grund eine Schwangerschaftsunterbrechung gehabt hatte. Dass Tante Hilda in erster Ehe mit einem Rechtsanwalt namens Bettelheim verheiratet gewesen war. Weil seine Krankheit Multiple Sklerose schnell fortgeschritten war, hatte man ihm ein Todeslager erspart, da er einer nicht erwünschten religiösen Minderheit angehörte. Er starb 1940 an seiner Krankheit, Christian war sein Freund und Schüler gewesen, der später die um eini Jahre ältere Hilda ehelichte. 1943 erblickte Tochter Johanna das Licht der Welt. Hilda erlitt, weil sie zu schwer hob, eine Fehlgeburt. Das Kind hätte ein Sohn werden sollen, und sein Tod hatten Christian sehr mitgenommen. Viele solche hoch persönliche Geschichten waren für Frau Mama grandiose Munition gegen ihre Mitmenschen, da konnte sie so richtig ausplaudern, kritisieren, kommentieren und schockieren. Ich fand diese Vorgehensweise trotz meiner jungen Jahre geschmacklos, gemein und niederträchtig. Wenn man ihr loses Mundwerk kritisierte, meinte sie scheinheilig, „eh nur die reine Wahrheit" wiederzugeben, sollten sich die Leute halt nichts zu Schulden kommen lassen, dann gäbe es auch nichts zu kommentieren! Mutter schien sich als unfehlbar wahrzunehmen, sich selbst als die Unschuld in Person zu sehen, sie hatte gar nichts Böses getan, nichts Schmerzhaftes verursacht. Mir persönlich bedeutete Diskretion sehr viel, ich fand es wichtig, Geheimnisse zu schützen und zu bewahren. Menschen mit ihren Schandtaten zu konfrontieren, zu beurteilen und diese an „die große Glocke" zu hängen, fand ich abgrundtief schäbig und gemein. Diese Attribute schrieb ich meiner Frau Mama zu und sehr oft schämte ich mich für ihr Benehmen.

Seit ich denken konnte, hatte ich mir insgeheim gewünscht, dass meine Mutter einen Ehemann, für mich einen Vater, finden würde. Es hatte genug interessierte Politiker gegeben, welche ihr nachrannten, sie heiraten wollten. Sie hatte auf stur geschaltet, auf nein danke! Jemand wie Christian wäre toll gewesen. Er mochte mich, weil ich wohlerzogen war und gute Tischmanieren besaß. Seine Tochter Johanna hatte Tante Hilda amerikanisch erzogen. In den USA trieb ein Kinderarzt und Psychologe namens Dr. Benjamin Spock sein Unwesen und er ruinierte viele kommende US-Generationen. Er vertrat den Standpunkt, Kindern keinerlei Grenzen zu setzen, sie in ihrer individuellen Entwicklung nicht dazwischen zu funken. Das beinhaltete auch, sie wie kleine Erwachsene zu behandeln, sie zu fragen, ob sie dies und jenes wollten, jetzt essen, schlafen gehen, dies oder das anziehen, bei allem betreffend den Tagesablauf das Kind bestimmen, es schalten und walten zu lassen, wie es dem Kind gefiel, also komplett antiautoritär. Meine Erziehung war das exakte Gegenteil, beides fand ich extrem. Das „Knödelkind", wie meine Großmama das „Hannerl" nannte, weil sie dicklich und ungraziös war, wälzte sich am Boden, wann immer ihr danach war. Sie stöberte in Laden und Handtaschen, die ihr nicht gehörten, inspizierte die Waren in Geschäften, man hatte sie ermutigt, ohne Einschränkung alles um sie herum kennenzulernen und anzuschauen. Sie hüpfte überall ohne Vorwarnung in der Gegend herum oder schaukelte bei Tisch mit ihrem Sessel, das war als selbstverständlich akzeptiert. Gute Tischmanieren wurden von Dr. Spock als Zwang bei Kleinkindern angesehen. Er war der Meinung, es könnte sogar schädlich sein, zu früh mit Besteck zu essen, das Kind musste Bekanntschaft mit verschiedenen Lebensmitteln auf seinem Teller machen. Auch wenn es mit den Fingern und der ganzen Hand war, er meinte, Besteck war anfangs fürs Kleinkind völlig unnötig. Also aß Johanna mit den Fingern oder hielt ihre Gabel balanciert zwischen vier Fingern und dem Daumen. Mit der zweiten freien Hand arrangierte sie die Nahrung auf dem Teller. Sie hatte einen Sterlingsilber „Schieber" vom Tiffany-Juwelier in New York. Der war als Helfer gedacht für Kleinkinder, wenn sie ihr Gemüse oder Sonstiges nicht auf einen Löffel brachten, und er sah aus wie ein kleiner Rechen. Ich aß mit normal großem Messer und Gabel manierlich, wie es sich gehörte, trotz meiner kleinen Hände und Christian sah mir wohlwollend zu. Ihm gefielen meine Tischmanieren. Wir waren dank meiner Frau Mama sehr eng involviert mit der Broda-Familie. Da gab es gemeinsame Urlaube und viele regelmäßige Besuche in der Villa. Johanna kam auch in Omas Haus und wir spielten im Garten. Ohne die Anwesenheit meiner Mutter und ihren Eltern kamen wir gut miteinander aus, trotz dem sie das Essen auf ihrem Teller noch immer mit den Fingern umarrangierte.

Tante Hilda wollte meiner Mutter oft etwas Gutes tun, indem sie ihr für mich Kleidungsstücke von Johanna zukommen ließ. Anstatt sie selbst auszusuchen und sie uns beim nächsten Besuch in einer Tüte mitzugeben, veranstaltete Tante Hilda mit meiner Mutter eine riesige Theaterproduktion. Deswegen gab es in der Broda-Villa vor „Hannerls" Kleiderschrank „Geschenkstunde für Gloria". Hilda und Christian hatten viele Freunde in England, von dort kam die Kleidung. Dass diese nicht unserem Geschmack entsprach, war unwichtig. Natürlich wurde Johanna Dr. Spock und seiner neuen Erziehungsmethoden gemäß gefragt, ob dieses oder jenes Stück der Gloria gegeben werden durfte. Ich fand den Zirkus lächerlich.

Johanna wand sich hin und her, hüpfte auf und ab und überlegte wie sie sich entscheiden sollte. Meistens war sie großzügig und schenkte mir ihre ultra konservativen Teile, belanglos weil für mich schöne Stücke von Mutter genäht wurden, nur tat sie alles, um sich bei Hilda einzu schleimen. Als ich neu eingekleidet von Toronto heimkehrte, war mein Koffer voll mit tollen kanadischen Teilen und Johannas Garderobegeschenke blieben mir erspart.

Seit frühester Kindheit hatte ich unter Mutters völliger Lieblosigkeit mir gegenüber gelitten, zum Beispiel, wenn sie sich an fremden Menschen oder deren Kinder zu schaffen machte. Da musste ich immer abseits ruhig warten, bis sie fertig war. Auch wenn sie sich mit Johanna beschäftigte. Zusehen zu müssen, wie sie mit ihr lachend und blödelnd herumtollte, war schmerzhaft, die liebe Mama ließ mich immer links liegen, wenn andere Menschen oder Johanna dabei waren. Wenn Mutter mit mir beschäftigt war, lachte sie nie. Natürlich empfand ich Eifersucht, welche ich mir gegenüber offen zugab. Dieser Gemütszustand war mir nicht willkommen. Ich dachte darüber nach und fand es unlogisch, weil ich Frau Mama sowieso nicht mochte und es mir egal sein sollte, wenn sie positive Gefühle anderen gegenüber vorheuchelte. Johanna hatte ein Paar intakte Eltern, nämlich eine Mutter und einen Vater. Den hätte ich auch gerne gehabt. Christian war so, wie ich mir einen idealen Vater vorstellte: ruhig, sanft, gescheit, gebildet, würdevoll, nett und manchmal sogar sehr lustig. So einen würde ich nie kriegen, weil so ein Mann die hysterische Ziege/Mutter unmöglich heiraten würde, das war aussichts- und völlig hoffnungslos. Wer wollte sich freiwillig mit so einer Partnerin bestrafen? Niemand, der etwas zu bieten hatte oder große Stücke auf sich selbst hielt.

Irgendwann hatte sich Johannas Dr. Spock-Erziehung beruhigt, sie hielt ihre Gabel noch immer mit vier Fingern und dem Daumen und berührte mit ihren Fingern manchmal das Essen auf ihrem Teller,. Sie wurde ein recht liebes Kind, ein ruhiges kleines Persönchen mit fast traurigem Gesichtsausdruck, wie der ihrer Mutter. Ihre großen, dunklen Augen sahen aus einem halbgesenkten Kopf in die Welt hinaus. Sie bewegte sich ein wenig schwerfällig, wie Hilda, war ein bisschen plump und nicht mit künstlerischen Talenten übersäht. Drei Jahre spielte sie dasselbe Lied auf ihrer Blockflöte, mit den gleichen schiefen Noten, bevor sie die musikalische Bildung an den Nagel hing. Dafür ging sie gerne zur Schule und lernte sehr brav. Sie hatte von Anfang an fast lauter Einser. In der Hinsicht glich sie ihrem Vater, fast immer hatte sie ihre Nase in einem Heft oder Buch. Sie begehrte nie auf, redete meistens nur, wenn sie etwas gefragt wurde, sie war sehr oft ein stilles Wässerchen und blitzgescheit. Mutter fand es wichtig, dass die Broda-Eltern ihre Bemühungen um deren Kind ganz genau mitbekamen und auch genügend huldigten. Das ging ein wenig nach hinten los, weil Johanna meine Mutter in „Tante Lonni" umtaufte und sie richtig anhimmelte. Auch war Lonni in Johannas eigenen Worten immer „so schön angezogen und geschminkt, und roch so gut nach Chanel!". Ihre eigene Mutter fand sie hergerichtet wie eine Oma, gar nicht flott wie Tante Lonni. Als „Dr. Spock" erzogenes

Kind musste man Johanna ihre Wahrheit laut aussprechen lassen, auch wenn Hilda dabei nicht gerade gut wegkam oder sie sich von der Kritik ihrer Tochter verletzt fühlte. Das begrüßte ich mit geheimer Schadenfreude, fühlte mich aber ein wenig schuldig und unausstehlich eifersüchtig. Ich sah mich zu einem bösen, hinterhältigen Wesen mutierend.

Mutter war innerhalb der Familie als die arme oder die schwierige Lore gehandelt worden. Über jeden Blödsinn, den sie verzapft hatte, sah man hinweg. Erst Jahre später erkannte ich Mamas Motive den Brodas gegenüber: Sie wollte nur bei ihnen Eindruck schinden, um in ein besonderes Licht gerückt zu werden, um von ihnen gewisse Vorteile zu bekommen. Hilda und Christian hatten Mutter immer wieder unterstützt und gesponsert. Mama war nur leider ewig ein Fass ohne Boden geblieben.

Obwohl die Zeiten Mitte der 50er Jahre ökonomisch um einiges besser geworden waren, und man einen leisen finanziellen Aufschwung erkennen konnte, wurde trotzdem von der Bevölkerung immer noch gesammelt, eingekocht, luftgetrocknet und gepökelt, um für die Wintermonate reichlich Abwechslung im Speiseplan zu haben und das Budget zu strecken. Auch herrschte Hochbetrieb in allen Schrebergärten und Bauerngärten mit Gemüse- und Obstanbau. Die Ernten wurden für den Winter haltbar gemacht. Uns machte es Spaß, Vorräte anzuhäufen. Eine volle Speisekammer vermittelte Sicherheit, da wir uns sehr wohl noch an die Hungerjahre erinnern konnten. Die schweren, hageren Zeiten hatten uns Österreicher Sparsamkeit, Genügsamkeit und Vorsicht gelehrt; wir wollten diese Tugenden beibehalten, auch wenn die Zeiten schon besser waren. Die Großeltern und ich sammelten und ernteten nach wie vor im Herbst, weil wir Spaß daran hatten. In ländlichen Gegenden waren die landwirtschaftlichen Tätigkeiten noch sehr verbreitet.

Als wir im Herbsturlaub im September in Seebenstein eines Spätnachmittags aus den Wäldern zu unseren Zimmern bei Familie Buchecker marschierten, war die Landschaft in das goldene Licht der sinkenden Herbstsonne getaucht. Die Bauern, mit Rechen und Sensen auf den Schultern, traten von ihren Feldern den Heimweg an. Die Körbe auf ihren Wagen waren voll mit Wintervorräten. Es herrschte eine wundersame Stimmung: Die leicht rötliche Sonne war verschwunden. Am dunklen Waldrand stieg leichter Nebel auf, ihre blauweißen Schwaden bildeten einen tollen Kontrast zu den vereinzelten gelbgefärbten Bäumen der Mischwälder. Die warme Tagesluft war schnell sehr kühl geworden. Die Wiesen erblühten mit blasslila Herbstzeitlosen, es roch nach Zyklamen, Heu, feuchter Erde, Pilzen, Phlox und Rosen, dem letzten Blütenschub des Herbstes vor der Winterkälte. Die üppige Herbsternte war das Dankeschön für die emsige Feld- und Gartenarbeit und der Pflege von vorhergehenden Monaten. Als wir fast bei unseren Zimmern angekommen waren, funkelten schon die ersten Sterne am noch relativ hellen Nachthimmel. Was Geld betraf, war es eine arme Welt, in der wir lebten. Nur langsam wurden Häuser saniert, vergrößert, oder fertiggestellt. Alles war verbunden mit harter Arbeit, das Ziel in Österreich bestand darin, für zukünftige Generationen wiederaufzubauen, zu sanieren und modernisieren. Kinder und Kindeskinder sollten es einmal besser haben als man selbst, dafür war kein Opfer zu groß und keine Arbeit zu schwer. Landesweit wollten die Menschen sparsam sein, verbessern, verschönern und generell in die Zukunft ihres Landes investieren. Wir glaubten an unsere Heimat und unsere Politiker.

Die monatliche Post von Mutter aus Kanada, inhaltlich immer gleich, lautete: sehr viel Arbeit, viel zu lernen, sie versuchte Bibliothekarin zu werden, die Tanten meinten „wieder etwas, was sie nie beenden wird". Erst nächsten Monat würde es mehr Geld zu schicken geben. Im Moment ging es sich leider nicht aus, eigentlich war das Kostgeld, welches sie für mich zahlte, für uns mit der Dollar-Umrechnung zu Schilling sehr vorteilhaft. Dank dieser Finanzspritze konnten wir uns so einiges leisten. Ich dachte fast nie an Mutter. Höchstens, dass sie lange wegbleiben sollte, oder noch besser, nie wiederkäme. Mein Leben war so harmonisch geworden, Großvater begleitete mich jeden Tag zu und von der Schule und er amüsierte sich mit mir und meinen Freundinnen. Bei der Straßenbahnfahrt nach Hause vertrieben wir uns die Zeit mit Wortspielen. Die Linie 65 und die 13 bis zur Burggasse beförderten uns hin und her. Die Wagons hatten noch eine rückwärtige offene Plattform, was bei mildem Wetter angenehm war. Die Straßenbahnlinie 13 wurde später von Bussen ersetzt. Es tat Großpapa gut, mit uns Kindern zu scherzen und sich zweimal täglich zu bewegen, die schrecklichen Strapazen in Russland machten sich schön langsam an seinem Gang bemerkbar. Er war Mitte sechzig, mit einer Körpergröße von fast zwei Metern, mit voller, weißer Haarpracht und einem edlen Gesicht. Es zeigte eine prominente römische Nase unter einer hohen Stirn, volle Lippen, kein Doppelkinn, dunkle Augenbrauen und klare, tiefblaue Augen umrahmt von dunklen Wimpern. Er war ein schöner, stattlicher, alter Mann, aber sein Körper war ausgemergelt und verbraucht. Solange er mich zur und von der Schule begleitete, hatte er eine Art tägliche Bewegungstherapie und wir strapazierten unsere grauen Zellen mit den Rätseln und Wortspielen. Es war aber klar, dass er körperlich abbaute und es nur eine Frage der Zeit war, bis er nicht mehr die Kraft haben würde, mich zu begleiten. Ich wusste, dass ich irgendwann alleine den Schulweg bewältigen musste und das schon sehr bald. Es wäre kein Problem für mich gewesen, aber Großvaters langsamer gesundheitlicher Verfall wurde für mich zur extremen emotionalen Belastung. Er hatte eine große Rolle in meinem bisherigen Werdegang gespielt, durch ihn lernte ich so viel Brauchbares fürs spätere Leben. Wir hatten gemeinsam viel Blödsinn verzapft, auch wenn der nicht unbedingt nett war. Als wir eine Halbschwester von Großmama in Niederösterreich auf ihrem Bauernhof besuchten, tränkte Großvater kleine Brotstücke in Rotwein und fütterte damit Tante Helenes Legehennen. Die Hühner schienen es sehr zu genießen. Gierig schluckten sie diese neuen, nassen Futterstückchen, welche ihnen vor den Schnabel gehalten wurden. Bald gackerten sie aus voller Kehle um die Wette, das erinnerte an Herrengruppen eines Gesangsvereins. Das Federvieh stand sogar in einem Kreis dicht aneinander, als würden sie sich gegenseitig zuhören, um mehrstimmig besser zu „sin-

gen". Kurz danach kamen sie so richtig in Schuss und „sangen"
um die Wette. Bald bewedelten sie sich gegenseitig mit ihren
Flügeln und „sangen" weiter aus voller Kehle. Danach verließen sie ihre „Gesangsvereinsgruppierung" und vertraten sich
kurz die Beine, welche ihnen nicht sonderlich gut gehorchten.
Sie hatten es nötig, ihren Gang mit ihren Flügeln zu stützen,
und torkelten seitlich halbkreisförmig umher, ihr Gackern hatte sich verändert und klang dann eher nach komischem Qua-
ken. Bald setzten sie sich einfach nieder, stützten sich weiter
auf ihre Flügel und quakten sich gegenseitig an. Wir hatten nur
fünf Hühner zum quakenden Glück verholfen, der Rest von
Tante Helenes Hühnerschar war nüchtern und sehr interessiert
an ihren angesäuselten Freundinnen. Sie blieben bei ihnen, bis
diese es wieder einigermaßen auf die Beine schafften, stützten
sie sogar bei den ersten wackeligen Versuchen, wieder normal
zu gehen. Großpapa fand es faszinierend, wie die nüchternen
Hühner den betrunkenen Beistand leisteten und ihnen Sympathie entgegenbrachten. Er fand, dass Tiere Empathie für ihresgleichen zeigten und Menschen oft eiskalt gegenüber ihren
Mitmenschen reagierten.

Großvater war auch bereit gewesen, seinen Mitmenschen
Streiche zu spielen, um ihre Motivationen zu studieren. Zum
Beispiel stellte er sich mit mir auf der Mariahilfer Straße vorm
Gerngross Kaufhaus auf den Gehsteig. Dort starrten wir wortlos in die Luft, als würden wir etwas am gegenüberstehenden
Gebäude auf dessen Dach beobachten und zeigten auch dorthin.
Sofort kamen Passanten, sahen uns an, stellten sich zu uns dazu
und starrten ebenfalls in die Luft. Irgendjemand zeigte auch
aufs Dach und kommentierte irgendetwas, mehr Leute gesell-
ten sich zu uns. Das menschliche Knäuel wurde größer, behutsam ergriffen wir dann die Flucht aus ihrer Mitte und schlichen
uns davon. Von der gegenüberliegenden Straßenseite beobachteten wir die Neugierigen und keiner wollte zugeben, dass er
keine Ahnung hatte, was er da beobachtete. Es war immer ein
Riesenspaß so etwas in Gang zu setzen. Manchmal kam sogar
ein Polizist dazu und bemühte sich, auch etwas zu erspähen,

bevor ihm dämmerte, was für ein Blödsinn da ablief, er die Ansammlung abbrach und verscheuchte.

Bald würde ich solche Aktivitäten mit meinem Großvater nicht mehr genießen können. Instinktiv wusste ich, dass Alois Hanzliks gesundheitliche Schäden für ihn zum Verhängnis wurden und zum Siechtum führten. Ich hoffte nur, dass er nicht zu lange leiden musste. Es bedrückte mich, über solche Begebenheiten nachdenken zu müssen. Auch fand ich das Leben generell manchmal schrecklich unfair. Am meisten zu leiden hatten oft herzensgute Menschen durch Krankheiten und andere Tragödien.

Bundespräsident Dr. Adolf Schärf (1957 – 1965) vertrat den Standpunkt, dass: „DAS ÖSTERREICH VON HEUTE EIN LAND GEWORDEN IST, FÜR DAS ES SICH LOHNT ZU LEBEN ... EIN LAND, DESSEN VOLK AN DEN STAAT UND SEINE ZUKUNFT GLAUBT". Leider interessierte meine Mutter dieses Gedankengut überhaupt nicht im Geringsten, es schien keinesfalls für sie nachvollziehbar. Sie war wieder einmal im Anmarsch, um Unheil zu stiften und Chaos zu verbreiten.

Ende September 1957, 17 Uhr: Der Abholzirkus von Eltern und Schülerinnen hatte gerade im Kloster bei der Pförtnerschwester begonnen. Ich suchte mir am Gehsteig vor der Schule gerade ein Mädchen aus, das mich zum Pingpong Spielen nach Hause begleiten würde, weil das wunderschöne Wetter genossen werden sollte. Großpapa war nirgends zu sehen und das war gar nicht gut. Eine kalte Vorahnung machte sich in mir breit und mir fröstelte es plötzlich, ich spürte ihre Präsenz bevor ich sie sah. Da stand sie, sogar mit einem breiten Lächeln! Ich hätte sie überall erkannt, obwohl sie total verändert aussah. Das Haar trug sie nicht mehr hochgesteckt, sondern in einem frechen, kurzen Schnitt, mit Seitenscheitel und einer auffallenden, breiten, wasserstoffblonden Strähne. Sie war wie immer braun gegerbt, mit leuchtenden, roten Lippen und Fingernägeln, welche die Luft streichelten. Sie trug riesige silberne Ohrclips, sah extrem dünn aus in einem türkisen Etuikleid, dazu trug sie hochhackige Schuhe und eine schwarze Lackhandtasche mit ausgefallenem, doppeltem Bügel, welcher gleichzeitig als Griff funktionierte.

Wie ein teures Modell aus einer Modezeitschrift sah sie aus. Alle starrten sie an, sie war natürlich wieder im Mittelpunkt der Situation und genoss es merklich. Da stand sie am Gehsteig in der Burggasse vor dem Kloster, inmitten des Abholtrubels von Eltern und Schülerinnen. Ihr fehlte nur noch die Handbewegung zum Gruße der Untertanen, wie es Königin Elizabeth von England auf ihren Fotos in den Zeitschriften immer tat. Ich war richtig verstört, mir fielen wieder die blöden Spiele ein, das ekelhafte Kräftemessen und was noch so an Unerfreulichem anfallen würde. Warum war sie mit dem Schiff oder Flugzeug nicht abgesoffen/abgestürzt? So wunderschön war es ohne sie gewesen, wo kam sie plötzlich her? Was wollte sie? Sicherlich nichts Gutes! Welche Scheußlichkeiten hatte sie für uns diesmal auf Lager? Erschrocken war ich schon über meine feindselige Einstellung ihr gegenüber, aber es fühlte sich gerechtfertigt an, natürlich ging Mutters Übernahme der Situation sofort los.

„Sag deiner Freundin auf Wiedersehen, wir fahren mit dem Auto."

Erst dann bemerkte ich die große, schwarze amerikanische Zuhälterkarre vor der Schule geparkt und hinter dem Lenkrad Sigmund Kulka, ihren pummeliger Jugendfreund mit der dicken Brille, den wir in Kanada bei den Niagarafällen getroffen hatten. Ich ahnte Schlimmes und es sollte sehr schnell wahr werden. Als Großmama das Gartentor aufschloss und ihre ungeliebte Tochter erblickte, verfiel sie plötzlich sichtbar, als sie Sigmund hinter ihr entdeckte, umso mehr. Ich wurde sofort in die Mansarde verbannt, wie konnte es anders sein, schlich aber schnell wieder einen Stock tiefer, um den Streit mitzuhören, der da kommen musste. In der Küche ging es bald drunter und drüber. Mann konfrontierte Großmutter mit einigen Fakten: Sie hatte sich zu Schulden kommen lassen, dass sie vor dem Krieg (1937-38) Briefe von Sigmund an meine Mutter unterschlagen hatte. Somit dachte einer vom anderen „aus den Augen, aus dem Sinn". Sigmund wollte damals Mutter nach Amerika mitnehmen, weg vom kommenden Nationalsozialistischen Regime und dem drohenden Krieg. Mutter hatte natürlich nichts davon gewusst. So nahm das Schicksal über die Jahre seinen Lauf. Beide Liebenden verloren den Kontakt zueinander und nach einiger Zeit heirateten sie andere Partner. Sigmunds Ehefrau, älter als er und gut situiert, nahm ihn als ärmlichen Einwanderer zu sich und griff ihm unter die Arme, um im neuen Land Fuß zu fassen. Später, nach einer Heirat und US-Staatsbürgerschaft, gebar sie ihm zwei Söhne. Außerdem teilten sich beide denselben jüdischen Glauben. Sigmund etablierte sich als Baumeister von Ein-Familien- und kleineren Apartmenthäusern. Er hatte jetzt die Absicht, mit meiner Mutter einiges nachzuholen und deswegen angeblich vor, sich scheiden zu lassen. Das könne eine Weile dauern, er musste noch so einige wichtige Dinge erledigen, andere in die Wege leiten, er würde von sich hören lassen. Sigmund verabschiedete sich und ließ die zwei Frauen in der Küche alleine zurück. Der entfachte Streit zwischen Mutter und Tochter wurde dann wirklich heftig. Großmama beharrte darauf, dass Sigmund sie sowieso niemals geheiratet hätte und auch in Zukunft nicht heiraten würde. Mutter wollte es nicht wahrhaben und meinte, dass sie schon längst verheiratet gewesen wären und sie sich den horrenden Krieg ersparen hätte können. Sich auch den deutschen Ehemann und das Kind erspart hätte, (sie meinte mich), wenn der Briefwechsel geklappt hätte. Omama Lore warf ihrer Tochter vor, dass kein anständiger Mann sie verwöhntes, kindisch egozentrisches Weibsbild heiraten würde, diese konterte mit: „Du blöde, ewig gestrige K-und-K-Gnädige." Oma antwortete: „Hätte ich dich nur abgetrieben, wäre mir und anderen viel Unerfreuliches erspart geblieben, am meisten aber deiner Tochter!" Plötzlich splitterte Glas. Eine von beiden hatte etwas Zerbrechliches geschmissen. Sie schrien und fluchten, man merkte an dem Streit, wie abgrundtief sie sich gegenseitig verabscheuten, diesmal klatschten Ohrfeigen, unglaublich, was für Gemeinheiten sie sich gegenseitig an den Kopf warfen, und was sie einander unterstellten. Aus Großmama brachen plötzlich lang aufgestaute Gefühle heraus, beide spuckten Gift und Galle. Großmama Lores Stimme und Sprache war gefärbt von unterdrückten Tränen:

„Glaub ja nicht, dass du ein geplant und gewolltes Kind warst. Ich mochte nicht Mutter werden, schon gar nicht im ersten Ehejahr, als Alois vom Krieg zurückkam. Was ich alles gehoben habe in der Hoffnung, dass der Fötus sich verabschiedete. Du weißt überhaupt nichts von mir und meinem Leben. Kinder scheinen für manche Menschen unter gewissen Umständen die Strafe Gottes für ihre Sexualität zu sein! Du warst auf jeden Fall eine! Ein schrecklicher Säugling, quengelig, andauernd hast du geplärrt wegen nichts und wieder nichts. Später als ekelhaftes Kind hast du mich fast verrückt gemacht mit deinem Benehmen, dickköpfig, stur, cholerisch und generell unmöglich. Von Anfang an warst du eifersüchtig auf Kurti, bist auf deinen kleinen Bruder losgegangen, hast ihn in der Wiege gezwickt, damit er schreiend aufwacht. Lauter blaue Flecken hatte er an den Unterarmen! Du hast dich dann schnell scheinheilig in eine Ecke verdrückt. Dafür hätte ich dich erschlagen wollen, aber ich brachte mich immer wieder unter Kontrolle. Ich mochte dich nicht, das geb' ich offen zu. Es war wie bei dir, du scheinst ja zu wissen, wie es ist, das eigene Kind nicht zu mögen! Ich mag dich bis heute nicht, weder deine Faxen, noch deine Allüren, du bist unreif, unpraktisch veranlagt, bösartig, pessimistisch und schadenfroh, einfach zum Kotzen und das mit deiner Tochter und dein Benehmen ihr gegenüber ist kriminell." Da ging es wieder einmal um mich. Ich hatte von selbst instinktiv gewusst, dass meine Mutter mich nicht mochte, das beruhte auf Gegenseitigkeit. Es laut ausgesprochen zu hören, musste ich zugeben, war eine ganz andere Sache und ungemein verstörend. Diesmal knallte Großmama die Küchentüre so heftig zu, dass irgendetwas im Vorzimmer zu Boden fiel, danach stampfte sie weinend die Treppe hoch in den ersten Stock zu ihrem Schlafzimmer. Großpapa war Gott sei Dank im Keller werken, das hätte er nicht hören dürfen. Meine Loyalität galt Großmutter, aber wie konnten sich Erwachsene so aufführen? Kurz darauf ging Mutter zu irgendeiner Tante zur Nächtigung, ohne mich vorher zu quälen. Wir sahen die neu durchgestylte Lady erst drei Wochen später. Laut Großmama war sie sich mit Sigmund irgendwo amüsieren. Ich befürchtete trotzdem in unser beider Zukunft von ihr aus viel Schlimmes und es ließ nicht lange auf sich warten. Bis es endlich soweit war und Mutter wiederauftauchte, machte ich mir schreckliche Sorgen um die weiteren Entwicklungen meines zukünftigen Lebens mit ihr. Sicherlich war sie mit Sigmund irgendwie verbandelt und der würde kaum in Wien bleiben wollen. Die Situation war also eindeutig, denn am Ende dieser Konstellation standen irgendwann die USA.

Oh Graus, die Salongurke war wieder da, aber es kam noch ärger: ich bekam meine Tage. Bescheid wusste ich darüber, eine Schachtel Tampons von Mutter wurde von mir auch in ihrem Kasten gefunden und gemopst. Das Jungfernhäutchen präsentierte ein Problem, welches ich auf meine Art löste. Ich war gar nicht begeistert über die Schmerzen, die Hand in Hand mit dem Zyklus kamen, sehr beeinträchtigend, aber wenn ich Turnübungen machte, schien es die Schmerzen zu lindern. Jeden Monat diesen Mist! Freudensprünge darüber, Frau geworden zu sein, machte ich sicherlich keine. Mal sehen, was die Zukunft noch bringen würde, das war jedenfalls kein Haupttreffer. Diesmal kamen anscheinend zwei gigantische Unannehmlichkeiten auf einmal: Mutters Wiederauftauchen und schmerzhafte Monatsblutungen in einen Topf zu werfen, fand ich schrecklich, aber so sah ich eben die damalige Situation.

Die Schreckschraube hatte sich vom letzten Besuch und dessen Turbulenzen beruhigt und stellte, wie schon immer, mein Leben wieder völlig auf den Kopf. Wie früher auch, kam sofort der obligatorische Kurzhaarschnitt, bei einem teuren Innenstadtfriseur. Meine zwei Jahre lang ausgewachsenen, sich durch die Länge weniger kräuselnden, Locken wurden auf fünf Zentimeter abgefitzelt. Jeder Laie hätte das sogar mit einer Nagelschere und Augenbinde (völlig blind) besser zusammengebracht als der affektierte Jüngling „vom anderen Ufer", welcher sich von Mama schikanieren ließ. Von ihr wusste ich über Homosexualität Bescheid, damals war ich acht Jahre alt gewesen. Hatte sie mir doch erklärt, dass einige männliche sehr talentierte Balletttänzer manchmal so veranlagt waren und was genau es bedeutete, sogar wie sie miteinander umgingen. Illusionen und eine unschuldige Kindheit waren bei meiner Mutter nicht vorgesehen. Hauptsache, sie nahm mir jegliche Illusion von Romantik und Liebe. Ihrer Meinung nach waren alle Männer unfähig zu lieben, sie wollten nur Schweinereien und unappetitliches Gerammel, was grausliche Gerüche, Geräusche und Verrenkungen bedeuteten. Sie taugten zu nichts als dazu, Krieg zu führen, rücksichtslos Auto zu fahren und für aufdringliche körperliche Schandtaten. Die blöde Kuh hatte wieder einmal ihr Terrorregime aufgebaut und regierte uns mit eiserner Hand. Mein Kopf war erneut fast kahl, der Haarschnitt scheußlich. Hauptsache es geschah auf der Kärntnerstraße und kostete unverschämt viel Geld. Im Salon konnte sie wieder ihre Bühne betreten, überwachte das Geschehen mit Adleraugen und machte sich ungeheuer wichtig. Der arme junge Friseur war den Tränen nahe gewesen, andauernd funkte Madam dazwischen. Sie fand irgendeine Stelle, zupfte daran herum und verlangte, die Haare dort noch kürzer zu schneiden. Dem Jüngling war fast der Kragen geplatzt und er schlug vor, meine Haare völlig abzurasieren, dann wären sie vielleicht endlich kurz genug? Sie nannte ihn einen frechen Möchtegernkünstler mit zweifelhafter sexueller Orientierung und befahl ihm: „Tun Sie, was ich Ihnen sage." Er warf ihr einen bösen Blick zu und widerwillig tat er, wie ihm befohlen wurde. Mir tat der junge Friseur richtig leid, die Furie war wieder voll in ihrem Element, ihre Mitmenschen zu sekkieren und vor den Kopf zu stoßen.

Ich hörte von Großvater, dass Frauen im Krieg und danach die Haare abgeschnitten bekamen, wenn sie mit dem Feind als Kollaborateurinnen angeklagt wurden. Für die betroffenen Frauen war das damals eine höchst emotionale Sache. Mir setzte es ungemein zu, geschoren durch die Gegend rennen zu müssen, ich kam mir vor wie ein gerupftes Huhn. Darüber sehr traurig, als ich wieder zu Hause war, konnte ich die Tränenflut nicht zurückhalten und weinte bitterlich vor mich hin. Großvater kam gerade aus dem Bastelkeller, merkte, dass der Haarschnitt mich belastete, versuchte zu trösten und mich abzulenken. Wir setzten uns in den Garten und er erzählte mir Omama Lores und seine Geschichte, ihre gemeinsamen Anfänge und wie sie ihr späteres Leben gestaltet hatten. Durch Lores Stiefvater Prucha und dessen Lederwarengeschäft hatte er sie kennengelernt. Dort pfuschte Großvater Alois nach seiner regulären Arbeit auch an gewissen Abenden und kümmerte sich um die Buchhaltung, er war Lore sofort verfallen. Nur wollte sie ihn überhaupt nicht. Er jedoch war von ihr begeistert. Trotz ihrer vernarbten Aknewangen erkannte er sofort ihre Tüchtigkeit, ihren Mut, und ihre Hochnäsigkeit gefiel ihm. Alois Hanzlik war ihr zu „gewöhnlich", ein früherer Beamter, und nun in der Privatwirtschaft kümmerte er sich um Finanzen. Er stammte aus dem Weinviertel, mit seiner unverheirateten Schwester und verwitweten Mutter lebte er in Wien und arbeitete für die Firma Siemens Schukert als Prokurist. Er war ein hochgewachsener, sanfter Riese mit stahlblauen Augen, üppigem, leicht gewellten dunkelbraunen Haarwuchs, einem umwerfenden Lächeln und wohlgeformten, blendend weißen Zähnen. Damals war das eine Seltenheit, da die meisten Menschen durch kriegsverschuldete Entbehrungen schlechte Zähne hatten. Wangengrübchen schmückten sein wohlgeformtes Gesicht und eine hohe Stirn. Er war ein richtig schöner Mann. Lore meinte nur: „Alles, was a Mannsbild schöner als ein Aff' is, is überflüssig."

Alois war hartnäckig in seinen Bemühungen, Lore den Hof zu machen. Sogar bei schlechtem Wetter, im strömenden Regen, stand er endlos lang vor ihrem Haustor mit tropfnassem Blumenstrauß, bis sie ihn, völlig durchnässt trotz Regenschirm, in Gottes Namen zu sich hereinbat. Mit der Zeit waren ihr Alois' Hartnäckigkeit und sein Durchhaltevermögen nicht mehr ganz egal. Lore wünschte sich insgeheim und träumte von einem adeligen Ehemann. Trotz ihrer anfänglichen Gleichgültigkeit Alois gegenüber machte Herr Hanzlik ihr unbeirrt weiter den Hof. Da Lore nichts lernen durfte, weil sie Hausfrau und Kindermädchen für ihre Halbschwestern Hilde und Grete sein musste, verließ sie diese an ihrem 18. Geburtstag. Dank eines Zeugnisses für Kindererziehung, ausgestellt von ihrem Stiefvater, Herrn Prucha, trat sie bei einem Grafen die Position einer Erzieherin an. Es war ein stattlicher Landsitz in der Tschechei mit vielen Bediensteten und alten, eleganten Traditionen. Das Kastell befand sich inmitten eines riesigen Parks mit prächtigen, alten Bäumen. Schöne Kleider zu tragen, keine schmutzigen Hausarbeiten verrichten zu müssen, nur auf ein kleines Mädchen namens Mausi aufzupassen, ihm Geborgenheit zu schenken, auf seine Manieren zu achten, seine Garderobe zu koordinieren und Geschichten vorzulesen oder mit ihm Lieder beizubringen, das konnte Lore sehr gut. Außerdem gefiel ihr der elegante Lebensstil des Grafen. Es gab viele Bedienstete, die sie mit „gnädiges Fräulein" ansprachen und sie hinten und vorne bedienten. Sie aß mit dem Grafen und der neuen Gräfin am herrlich gedeckten Tisch, überwachte Mausis Tischmanieren und genoss das Luxusleben inmitten der Adeligen. Alois reiste ihr auf seinem Motorrad regelmäßig zu Besuch nach. Trotz der langen Reisestrapazen in die Tschechei an jedem zweiten Wochenende, umwarb Alois sie still und leise. Er nahm sich ein billiges Gasthauszimmer zum Übernachten in der Nähe des Kastells. Auch dort stand er manchmal stundenlang im Regen vor dem Schlosseingang, bis er Einlass durch seine Hartnäckigkeit erzwang. Er saß dann geduldig bei den Bediensteten in der Küche und wartete, bis es aufhörte zu regnen und Lore sich herabließ, mit ihm und Mausi im Schlosspark einen Spaziergang zu machen. Danach fuhr er wieder nach Wien zu seinem Leben mit Mutter, Schwester und den Siemens-Schuckert-Werken.

Im Schloss gab es so manchen Tratsch unter den Bediensteten. Die erste Gräfin war gestorben und ihre Krankenschwester hatte ihren Platz an der Seite des Grafen eingenommen. Mausi stammte aus dieser Zweisamkeit. Einige der Hausangestellten hielten immer wieder böse Gerüchte im Umlauf. Zum Beispiel, dass die jetzige Gräfin die damalige ins Jenseits befördert hatte. Angeblich tat sie im Winter deren Schlafzimmerfenster weit auf und die Kranke am Bett nur in einem dünnen Nachthemd ohne Decken liegen gelassen, danach verstarb die gesundheitlich schon vorher angeschlagene Gräfin an Lungenentzündung.

Es ging alles sehr zügig über die Bühne, da etwas Kleines unterwegs war und der Graf sehr schnell wieder im Hafen der Ehe landete. Sieben Monate danach gab es die Mausi zur Krönung der Beziehung und eine Hochzeit.

Lore genoss das feine Leben auf dem Gut. Alois hatte sie immer wieder besucht und als der Erste Weltkrieg ausbrach, musste er einrücken. Er war fest davon überzeugt, er würde in den Kriegswirren sterben. Daher überredete er Lore, ihn zu heiraten, weil sie eine Witwenpension vom Staat bekäme, somit ihr eigenes Geld hätte, was sie auch tat. Den Kindermädchenposten behielt sie trotzdem noch während des Krieges. Sie sparte ihr vollständiges Gehalt, da sie im Schloss lebend keine sonstigen Ausgaben hatte. Kurz vor Kriegsende flüchteten Graf, Gräfin, Mausi und Lore nach Wien. In den letzten Tagen des Krieges wurde das Schlössel zu einem großen Teil beschädigt, Graf und Gräfin blieben für immer in Wien. Etwas Schmuck und Geld konnten von ihnen gerettet werden, so murksten sie, wenn auch bescheiden, in Wien einem neuen Leben entgegen.

Alois war nicht im Krieg gefallen. Er kehrte in seine Heimat zurück und kassierte Lore, seine hochnäsige Ehefrau. Glücklich darüber war sie nicht, aber sie stand zu ihrem Wort. Die beiden fanden eine kleine Wohnung in Sievering und Lore war nun bescheidene Hausfrau. Durch Alois' eheliche Rechte wurde sie auch gleich mit meiner Mutter schwanger. Alois hatte ein regelmäßiges Gehalt mit Aufstiegsmöglichkeiten. Lore konnte mit Geld gut umgehen. Trotz irrer Inflation sparten die beiden Eheleute und schafften es sogar, etwas zur Seite zu legen. Außerdem nahmen sie Mausi gegen Bezahlung in Pflege, dem Grafen und der Gräfin ging es damals nicht besonders gut. Beide mussten sich um ihr „tägliches Brot" kümmern und das ging viel besser ohne Kleinkind. Trotz schlechter Konjunktur sparte Lore verbissen jeden Groschen. Nach drei Jahren kam Alois heißersehnter Sohn Kurt zur Welt. Lore schluckte ihre Trauer über das verlorene Leben in der Kaiserzeit im Schloss als Gouvernante und machte das Beste aus ihrem neuen bürgerlichen Leben als Hausfrau und zweifache Mutter. Alois hatte sein Puch-Motorrad und am Abend, nach der regulären Siemens-Beschäftigung, nahm er Botengänge an. Als Lieferant aller möglichen Wahren fragte er nicht, ob dabei alles legal war oder nicht. Er wurde sehr schnell als „der Große, Schweigsame und Verlässliche" bekannt. Die Aufträge waren viele und die Bezahlung unter der Hand auch sehr gut. Es wurde wenig geschlafen, Alois war die halbe Nacht unterwegs mit seinen Lieferaufträgen, Lore verbrachte ihre Nächte mit einem schreienden Kleinkind und plärrenden Baby, beide Eheleute bissen die Zähne zusammen und erwirtschafteten genug Geld, um sich den Traum eines Eigenheims zu verwirklichen.

Großpapa wollte eigentlich zu gerne auswandern, egal ob Australien, Kanada, oder USA. Er hätte alles riskiert, um Europa zu verlassen. Lore wollte das nicht, ihre Devise war: „Anständige" Leute bleiben zu Hause, um „ihre Heimat" zu unterstützen, um durch Fleiß und harte Arbeit Verbesserungen zu realisieren. Nur ernsthaft Verfolgte hatten, ihrer Meinung nach, einen legitimen Grund auszuwandern, und leider waren viele Opportunisten und Kriminelle auch ein Großteil der Auswanderer. Lore wünschte auf jeden Fall, in Österreich zu bleiben. Also begrub Alois seinen Traum vom Neuanfang in der Fremde seiner Ehefrau zuliebe und machte weiter in ihrer beider Heimat.

1927 gab es genug Geld für die Anzahlung eines Hauses in einer kleinen Siedlung im zehnten Wiener Bezirk Favoriten, vor Inzersdorf, bei den Wienerberger Ziegelwerken, „wo sich die Füchse Gute Nacht sagen", wie Urgroßmama Maria spottete. Es war Lore egal. Hauptsache, sie brauchte nie wieder eine Waschküche oder ein WC am Gang mit fremden Leuten zu teilen. Auch wollte sie ihr eigenes Bad und einen Garten. Die restlichen Familienmitglieder fanden die neue Nachbarschaft scheußlich, das Haus nicht elegant genug. Die Siedlung beim Wasserturm und der Spinnerin am Kreuz war Teil einer Planung für einen ganz neuen Teil von Wien „Süd". Es würde eine Straßenbahnendstation geben, die Verbindung würde es möglich machen, in zwanzig Minuten bei der Oper im ersten Bezirk zu sein, Nahversorgung durch viele Geschäfte und etliche andere Dinge, die das Leben verschönerten, waren geplant. Dass es über fünfzig Jahre dauern würde, bis es zutraf, erwähnte niemand.

In der Umgebung unserer Siedlung befanden sich das Ziegelteichareal der Wienerberger Ziegelwerke, Felder, zwei große Gemeindebaukomplexe der Stadt Wien, große Gärtnereien, viel frische Luft und sonst gar nichts. Tante Franzi hatte ihrem Bruder Alois einen noch fehlenden Betrag zukommen lassen, um die Anzahlung möglich zu machen. Oma Lore war darüber nicht unbedingt glücklich, aber der Traum von der eigenen Immobilie mit Garten war ihr zu wichtig, um auf diese Finanzspritze zu verzichten. Nach und nach sparten meine Großeltern trotz finanziellem Chaos der Zwischenkriegsjahre in Österreich genug, um ihr Heim schön einzurichten. Sie kauften Einrichtungsgegenstände aus zweiter Hand im Dorotheum, einem Pfandleihhaus in der Wiener Innenstadt. Opa Alois unterstützte Lore, wo er nur konnte. Er arbeitete auch immer noch neben seiner Prokuristentätigkeit für sich selbst als Lieferant aller möglichen Waren; darunter befanden sich sicherlich auch illegal erworbene Gegenstände, er fragte nicht viel und brachte die Sachen einfach nur von einer Adresse zur anderen. Meine beiden Großeltern gönnten sich nichts für sich selbst. Jeder Groschen wurde in das Haus und in seine Ausstattung investiert. Mausi war an einem schwachen Herzen gestorben. Trotz des Verlustes des Pflegegeldes sparten die Großeltern eisern weiter. Meine Mutter fing damals an, in ihrer Kindheit und Pubertät ihr Heim zu hassen. Wenn sie etwas wollte, hieß es immer nur: „Das geht nicht, wir brauchen das oder das fürs Haus." So rannte sie zu Tante Franzi, die ihr jeden Wunsch sofort erfüllte. Als Mutter 1957 von Kanada wieder nach Wien kam, war es auch nicht anders. Franzi ließ sie bei sich und Aloisia wohnen.

Sigmund hatte Mama total verrückt gemacht mit der Benutzung von Checkbuch und Kreditkarten, die US-Erfindung und Einführung der bargeldlosen Art der Bezahlung. Es war eine fantastische Weise, finanziell über die Stränge zu schlagen, ganz nach Mutters Geschmack. Bei ihrem idiotischen, chaotischen Umgang mit Finanzen konnte das nur zu einem Desaster werden. Man musste sehr diszipliniert sein, um bei solchen Gegebenheiten nicht den Überblick zu verlieren, was bei ihr sicherlich nicht der Fall werden würde. Zu uns am Stefan-Fadinger-Platz kam sie nach dem großen Streit sechs Wochen später alle paar Tage, um Unruhe zu stiften. Für mich begann eine schwere Zeit, weil Großvaters Gesundheit im letzten Jahr sehr schlecht geworden war. Diagnose: Parkinson. Ich war todtraurig darüber und hatte in unserem „gescheiten Buch" nachgeschlagen: Nervenkrankheit – unheilbar. Großmama hatte Angst vor der Zukunft und wollte trotz der existierenden Differenzen Hilfe von ihrer Tochter. Die Skandalnudel meinte aber, sie hätte keinen Bezug zu ihrem Vater, auch nie gehabt, und es sei schließlich Großmamas Sache. Wie hieß es so schön im Eheversprechen? „In Gesundheit wie in Krankheit!" Das alleine habe meine Mutter schon immer gestört und deswegen wollte sie nicht heiraten. Vielleicht war sie später nicht in der Lage oder hatte keine Lust, einen Ehemann zu pflegen, geschweige denn sich von ihm einengen zu lassen. Ganz schön egoistisch von ihr, diese Lebenseinstellung, es wunderte mich aber gar nicht. Großmama wollte, dass ihre ungeliebte Tochter in Wien blieb. Christian, zu Hilfe gerufen, steckte Mama in seine Rechtsanwaltskanzlei, „Dr. Schwager, Dr. Broda", bekannt für ihr gemischtes Klientel aus Politik, Kunst, Wirtschaft, Medien, Film, Presse, Scheidungskandidaten und für alle Fragen der SPÖ. Halbherzig fügte sich Mama, dort untergebracht zu werden. Bis zu Sigmunds Scheidung würde es noch einige Zeit dauern, und da konnte es nicht schaden, etwas Geld zu verdienen.

Ich war des Öfteren in der Kanzlei, um auf Mutter zu warten, wenn wir beide miteinander im ersten Bezirk etwas zu besorgen oder zu erledigen hatten. Da kam es vor, dass ich Berühmtheiten begegnete. Christians Kanzlei hatte mitunter sehr exklusive Klienten, wie zum Beispiel Herbert von Karajan, dessen Scheidungs- und Geschäftsverträge über die Kanzlei liefen. Ich schien ihm in meiner blauen klostermäßigen Schuluniform zu gefallen. Als das ewige Klosterkind artig und höflich gegenüber allen Erwachsenen, fand ich Herrn Karajan sehr nett, aber hatte keine Ahnung, dass er ein begnadeter Dirigent war. Er fragte mich über meine Schule aus, während er noch auf seinen Rechtssprecher wartete. Christian hatte Herberts Scheidung von seiner ersten Frau Annemarie Gütermann abgewickelt. Skandal gab es keinen, die Kanzlei war äußerst diskret. Nur Mutter gab innerhalb der Familie ihren Senf dazu. Natürlich war sie diejenige, welche drauflos tratschte und blöde Kommentare über viele bearbeitete Fälle der Kanzlei abgab. Christian erteilte ihr sehr energisch Sprachverbot. Es war das einzige Mal, dass ich ihn seine Stimme erhebend erlebte. Er drohte, ihr einen Maulkorb zu verpassen und forderte sie sehr unsanft auf, über Klienten und deren Gegebenheiten betreut von der Kanzlei unbedingt den Mund zu halten. Madam war natürlich wieder laut spekulierend ausfällig geworden und proklamierte schnippisch, dass sie nur die Wahrheit sagte. Wahrheit oder Lüge, Christians Geduld mit Mama war aufgebraucht, lange konnte es nicht mehr dauern, bis er uns mit seiner langjährigen Unterstützung fallen ließ. Damals gab es noch einige Projekte der Kanzlei, die Christians Aufmerksamkeit benötigten, auch wo Mutters Englischkenntnisse, die Besten in unserer Familie, zum Einsatz kamen. Die Kanzlei übernahm die Abwicklung der Verträge und Drehbewilligungen für eine US-Filmgesellschaft für „Die Reise", mit Yul Brynner, Deborah Kerr und viele andere. Es gab eine „Drehbeginn"-Feier in der Broda-Kanzlei, nachdem die Verträge unterzeichnet waren, bei der ich durch Mutter auch dabei sein durfte. Die Filmleute waren aus meiner Sicht faszinierend. Sie schwärmten vom schönen Wien und sauberen Österreich. Es gab den „Eisernen Vorhang", der auch im Film eine Hauptrolle spielte, wie eine teils sogar verminte Grenze mit Stacheldraht und bewaffneten Aussichtstürmen, die Barriere zur freien Welt. Sie wurde vor der ungarischen Grenze auf österreichischem Boden nochmal aufgebaut, um wichtige Szenen zu drehen. Wegen der politischen Lage war es zu schwierig, in Ungarn selbst zu drehen. Damals kannte ich noch nicht die teils sehr hässlichen US-Großstädte, mit denen die Amerikaner unser geschichtsträchtiges Wien verglichen. Auf jeden Fall waren alle, die mit dem Filmprojekt involviert waren, von meiner Geburtsstadt ausnahmslos begeistert. Ich konnte nur wenig Englisch, hatte ich seit meiner Rückkehr aus Toronto doch leider keine Möglichkeit gehabt, die Sprache zu verwenden. In der Burggassen-Klosterschule war nur Französisch an der Tagesordnung. Irgendwie unterhielten die Filmleute und ich uns mit Händen und Füßen, auch mit Zeichensprache, oder wir zeichneten Gegenstände auf Papier, um uns zu verständigen, wir brachten trotzdem gute Verständigung zustande.

In Christians Kanzlei gab es als Klienten viele betitelte Würdenträger und ihre Ehefrauen. Auch wenn man am Standesamt promoviert hatte, war man trotzdem Frau Regierungsrat oder Frau Doktor. Die vielen Titel waren bei einer Ansprache wichtig, auf jeden Fall die Anrede „gnädige Frau" zu Damen. Für Mama waren alle bloß Herr und Frau So und So, wirklich sehr, sehr peinlich! Sie weigerte sich, gewisse Gepflogenheiten zu akzeptieren und ihr Benehmen anzupassen. Auch mit dem Anbieten und Servieren von Kaffee oder Getränken gab es Zoff, sie war ja keine Kellnerin, sollen die Leute doch vor ihrem Termin ins Sacher gehen! Sie konnte einfach ihren Mund nicht halten, war bockig und faxig. Daher steckte sie Christian in ein kleines Hinterzimmer, schüttete sie mit Akten und Schreibarbeiten zu und schloss die Türe hinter sich. Als sie sich darüber aufregte, meinte er nur, sie solle ihre Prioritäten klären, sie wollte doch keine Menschen um sich und immer „allein sein". Also was jetzt?! Wankelmütigkeit war hier nicht angebracht, entweder oder. Extrem beleidigt, fügte sie sich und werkte an der Schreibmaschine in ihrem Kämmerlein. Er zahlte ihr für damalige Verhältnisse ein fürstliches Gehalt. Mitte des Monats war sie jedoch immer pleite und raunzte um einen Vorschuss.

Mutter war andauernd schlecht gelaunt, hatte immer irgendwelche erfundenen gesundheitlichen Symptome und Beschwerden, je nach vorher gelesenen und auswendig gelernten Beschreibungen aus Zeitschriften. Man durfte sie keinesfalls fragen, wie es ihr ging, sonst bekam man eine lange und genaue Beschreibung ihrer Zustände. Mutter passte es gar nicht, dass ich eine

Klasse wiederholt hatte. Da müsse sie mich doch ein extra Jahr erhalten. Das ging keinesfalls. Willkommen, Stress, Tränen und Frust! Ich musste das verlorene Jahr unbedingt aufholen. Diesmal hatte sie sich mit von mir unerfüllbaren Zielen übertroffen. Von einem Tag zum anderen fand ich mich in einer Frauenoberschule mit Internat in Döbling als interne Schülerin eingesperrt, theoretisch mit jedem Wochenende Ausgang. Angesichts der Lernansprüche waren freie Wochenende außerhalb der Schule gestrichen und ich musste zum Lernen im Kloster bleiben. Man erwartete von mir, die verlorene Klasse aufzuholen, alle anstehenden Tests zu bewältigen und die versäumte Klasse, wo ich eigentlich hingehörte, aufzuholen, natürlich mit Nachhilfe. Es wurde verlangt, dass ich mir den unbekannten Lehrstoff eines ganzen Jahres einverleibte. Anfangs hätte das Material genauso gut Chinesisch sein können. Ich hatte keine Ahnung von den Themen: Algebra, Trigonometrie, Latein, Physik. Bis spät in die Nacht und jede freie Minute am Wochenende lernte ich das Zeug auswendig. Es interessierte mich nur nicht, so schnell wie ich es für die Prüfungen lernte, vergaß ich den ganzen Zauber wieder. Da auch diese Schule ein Kloster war, gab es kalte Räume, schlechtes Essen, nur einmal pro Woche eine Duschmöglichkeit, hässliche Uniformen und eiserne Disziplin. Das Eingesperrtsein und Lernen von Dingen, die ich nicht mochte, versetzten mich in größte emotionale Not. Und all diese Umstände stürzten mich in tiefste Hoffnungslosigkeit.

So schlimm war meine Misere noch nie gewesen. Der Schlafsaal befand sich im vierten Stock, ich stand eines Morgens beim offenen Fenster und überlegte, ob ich springen sollte ...? War es hoch genug und würde der Sprung mich auch schnell töten, oder würde ich noch stundenlang leiden müssen, bis das Ende eintraf? Da kam meine praktische Seite durch, die passte nicht zu Selbstmord und ich verwarf die Möglichkeit zu springen, um mich umzubringen. Das Gedankengut erschreckte mich; zusätzlich zu der Depression hatte ich mich andauernd körperlich schlecht gefühlt. Völlig antriebslos war ich und die Heulerei ging mir auf die Nerven, konnte aber das Wasserwerk nicht abstellen. Nach einiger Zeit gewann meine kämpferische Seite endlich wieder die Oberhand und ich beschloss, das von mir erwartete Pensum möglichst schnell zu bewältigen. Wenn es sein musste, auch mit unlauteren Methoden. Ich entwickelte Rachefantasien, um Frau Mama all die Gemeinheiten irgendwann heimzuzahlen, dann musste sie für ihren Egoismus bezahlen. Mit Racheplänen getröstet, ging das Lernen plötzlich viel flotter voran. Ich wusste, dass solche Gefühle seelisch belastend und ungesund waren, aber damals brachten sie mir positive Resultate. Daher kostete ich die Rachegedanken voll aus. Das dreiviertel Jahr in der Döblinger Frauenoberschule kostete mich sehr viel emotionale Substanz. Etwas hatte sich in mir verändert. Der plötzliche Todeswunsch brachte mir vor Augen, wie angreif- und steuerbar ich war durch äußere Umstände, verursacht von meiner Mutter als Drahtzieherin. Das musste ich ändern. Nie wieder würde ich mich von der Hexe so fertig machen lassen, und schon gar nicht durfte ich mich in Selbstmitleid stürzen. Auf keinen Fall wegen ihr mein Leben verkürzen, ich würde durchhalten und stärker werden, bis ich mein eigenes Leben ohne sie gestalten konnte. Trotzdem sehnte ich mich von Zeit zu Zeit nach einer liebevollen, unterstützenden Mutter und rutschte wieder ins destruktive Selbstmitleid. Es wurde eine verstörende Achterbahnfahrt der Gefühle und ich wünschte mir eine vernünftige Lösung für die Aufhebung meines Gefühlschaos, fand aber keine. Über Nacht konnte man sich nicht sofort ändern, man brauchte Übung darin und viel Geduld. Das leuchtete mir ein; ich beschloss, daran zu arbeiten.

Wir durften Esspakete von unseren Angehörigen bekommen mit Naschzeug, Salami, Trockenfrüchten usw. Ich bekam Essensgeschenkkörbe von Julius Meinl am Graben, teuer und exklusiv, mit vielen Süßigkeiten, in der Beziehung war Mutter sehr großzügig. Wahrscheinlich beruhigte sie so ihr schlechtes Gewissen mir gegenüber, nur war ich ziemlich sicher, dass sie so etwas gar nicht besaß. Es musste daher mit ihrer verschwenderischen Natur zu tun gehabt haben. Auf jeden Fall bekam ich viele Pakete mit Naschwaren und tauschte so manches mit den anderen Schülerinnen. Das machte mich bei ihnen beliebt. Gescheit genug war ich, zu wissen, dass es sich nur um oberflächliche, gekaufte Beliebtheit handelte. Es war mir egal, wichtig war nur, dass ich diese grässliche Schulzeit bestmöglich irgendwie durchdrückte, da war auch nichts auszusetzen an gekaufter Popularität und manipulierter Freundschaft. Diese würden mir Dienste erweisen, welche ich zu der Zeit dringend brauchte. Ich lernte, mich vorteilhaft zu arrangieren, auch wenn ich heucheln musste. Die Schule war irgendwann aus und Madam würde sicherlich ihrem heißgeliebten Sigmund nachjagen, was früher oder später Amerika bedeutete und diese Aussicht war keinesfalls nach meinem Geschmack. Trotzdem brauchte ich dafür Kraft, um das Fiasko durchzustehen, ohne den Verstand zu verlieren. Ich war überzeugt, dass die Eheschließung meiner Mutter mit Sigmund unendlich lange dauern oder gar nicht zu Stande kommen und ein steiniger Weg werden würde. Leider sollte ich recht behalten.

Wenn Mutter Geschenke machte, war das immer eine teure Angelegenheit und eine ganz besonders aufwendige Sache. Sie machte sehr extravagante Geschenke, immer viel kostspieliger als mit ihrem Einkommen, für ihren finanziellen Status, angemessen gewesen wäre. Nicht in Frage kommend waren zum Beispiel Luxusgegenstände wie sündhaft teure Designerseidentücher und Markenhandtaschen, französisches Parfüm, Kunstbücher und ausgefallene, überteuerte Pralinen, alles Dinge, welche sie immer wieder verschenkte. Luxusartikel mussten es auf jeden Fall sein, auch für sich selbst war nur das Beste und Teuerste gut genug.

Seit ich ganz klein war, hatte es zu Johannas Geburtstag im Jänner jedes Jahr einen Vor-Faschingsball gegeben. Dieses Fest war der Höhepunkt des Monats Jänner gewesen, kalt, verschneit und eisig, wie damals die Winter noch waren. Mutter drängte sich auch bei Johannas Geburtstag mit teurer Extravaganz in den Mittelpunkt. Sogar im Familienkreis war sie drauf und dran, auch Johannas Kinderfest für ihren Auftritt auszunützen. Ich konnte ihren Geltungsdrang nicht verstehen, desto älter sie wurde, desto mehr schien er sich bei ihr zu verstärken. Nach Mutters Wiedererscheinen in Wien musste Johannas Geburtstagskostümfest ausfallen. Ich war im Kloster eingesperrt. Also gut, so toll war das Fest ja auch nie gewesen. Mit dem Gedanken tröstete ich mich. Alles war deprimierend. Ich konnte nicht verstehen, warum mein altes Leben zu Ende war, und ich vermisste die Großeltern so sehr, auch Großmamas gute Küche und ihren Germteigguglhupf. Das Klosteressen war geschmackloser Billigfraß, Suppen der Farbe von schwerbenutztem Geschirrabwaschwasser, mit drei Karottenringerln und vier Blättern Petersilie als Inhalt. Gemüse war zu Tode gekocht und gestreckt mit Mehl und Wasser mit null Vitamin- und Nährwertgehalt, die strähnigen Fleischportionen winzig klein. Pappiger Nachtisch durfte auch nicht fehlen. Das Zeug schmeckte abscheulich, es war irgendein durchweichter Teigboden mit undefinierbarem Fruchtgatsch obendrauf. Keines von uns Mädchen war darüber erstaunt, wussten wir doch, dass Sparsamkeit bei den Nonnen erstes Gebot war und wichtig für unseren späteren Werdegang. Daher auch die notwendigen Naschpakete von daheim, ohne die es richtig traurig für uns aussehen würde.

Meine Mitschülerinnen kamen meist aus den Bundesländern, Töchter von Politikern, Großgrundbesitzern und einige aus Adelsfamilien. Unser Erziehungsschwerpunkt war, die braven Mädels für die katholische Ehe vorzubereiten: hundertprozentige Unterwürfigkeit dem zukünftigen Ehemann gegenüber, Loyalität zu Kirche und Familie. Die drei „K": Kirche, Kinder, Küche. Frauen waren ja auf dieser Welt, um zu leiden, und das möglichst im Verborgenen. Niemand würde sich für unsere Gefühle interessieren. Deswegen mussten wir lernen, sie ordentlich zu verstecken. Immer ein Auftritt mit demütiger Unterwürfigkeit; Pflichtbewusstsein, und Selbstaufgabe an den Tag legen, das war das Ziel einer braven katholischen Ehefrau und Mutter. Wir waren ja schließlich nicht auf der Welt, um Spaß zu haben, sondern in aufopfernder Demut zu leiden: in blutiger Agonie Kinder auf die Welt zu bringen und sie als brave Zukunftsmütter im eigenen Image zu erziehen. Die Söhne als zukünftiges

Kanonenfutter, pardon, zielstrebige Soldaten und schnittige Offiziere möglichst patriotisch erziehen und/oder sie als brave Ehemänner abzurichten, das war natürlich auch das Ziel. Die Nonnen drillten uns beinhart in diese Richtungen. Sicherlich hatte ich nicht diese Einstellung und Ambitionen für meine Zukunft brauchen können oder wollen. Ich ließ die Nonnen und Lehrerinnen das auch wissen, das wurde von ihnen keinesfalls gut aufgenommen. Wir als wohlerzogene junge Frauen sollten immer mit gesenktem Blick den Nonnen und später Männern gegenübertreten. Das kam für mich nicht infrage, weil ich jedem Mann und jeder Frau aufmerksam ins Gesicht sah, um ihre Mimik zu begutachten, um ihre Emotionen vom Gesichtsausdruck ablesen zu können, um mich dementsprechend vernünftig weiter zu verhalten. So ein Benehmen war eben absolut nicht erwünscht. Die brave Frau von damals sollte sanft und demütig, am besten ein wenig einfältig, sein. Schon gar nicht aufbegehren, ein gutes, passives Vorbild für ihre Kinder, welche unbedingt auch manierlich, still und brav zu sein hatten. Wohlerzogene Kinder sollte man nur sehen, aber nicht hören, genau wie folgsame Ehefrauen, die sich aufopfernd ihrem Ehemann unterordneten. Diese strenge Denkweise war fest verankert in unserer damaligen katholischen Erziehung. Die Idee, dass ich über meinen Tagesablauf mitzubestimmen hatte und auch über meine Lebensziele, wurde als äußerst frivol und anmaßend erachtet. Von Frauen wurde damals erwartet, dass sie in ihrer unterwürfigen Rolle mit den drei „Ks" die totale Erfüllung ihres Lebensinhaltes fanden. Leider beharrte ich auf meiner persönlichen Einstellung gegen das vorgeschriebene Rollenmodell der guten Ehefrau und Mutter. Ich unterstrich die Haltung mit emanzipierten Gegenargumenten, die ich Teilweise von Mutters Streit mit Großmama aufgeschnappt hatte. So war ich für die Lehrkräfte und Schwestern definitiv ein schwieriger Fall. Aber sie wussten, wie hart ich daran arbeitete, den Lehrstoff einzuverleiben, der für die nächsthöhere Klasse notwendig war, und auf die sich meine Mutter kapriziert hatte. In das Material verbeißend, mit einem fotografischen Gedächtnis gesegnet, behielt ich Gelesenes sehr schnell, nur Mathematik war hoffnungslos, da kein Interesse meinerseits vorhanden war und ich mir nichts darunter vorstellen konnte, ich fand einfach keinen Schlüssel dazu, um höhere Mathematik zu begreifen. So betrog ich bei schriftlichen Prüfungen. Fremdsprachen lernte ich gerne. Trotzdem störte mich die Tatsache, dass ich immer wieder Stress hatte und Höchstleistungen bringen musste. Weil Madam Salongurke mich ausbilden lassen wollte, damit ich für sie irgendwann anständig Geld herbeischaffen konnte und sollte. Damit sie mich schneller zu einem Schulabschluss durchboxte und sie endlich frei war vom „für mich sorgen Müssen". Ich wusste schon damals, dass ich diesbezüglich ihren Erwartungen niemals Folge leisten konnte, wollte oder würde.

Den Großteil des neuen Lehrstoffes endlich einverleibt, freute ich mich nun riesig auf die Wochenenden weg vom Kloster. Leider war das von Mutter aus nicht vorgesehen. Sie schrieb mir, sie habe viel zu viel Arbeit in der Kanzlei und leider keine Zeit, um sie mit mir an Wochenenden zu verbringen, vielleicht irgendwann später, im Moment musste sie auch an Wochenenden arbeiten. Ich heulte mir die Augen aus, war ein Haufen Elend und die einzige Schülerin im Kloster jeden Samstag und Sonntag sowie auch an Feiertagen. Schwester Oberin tat ich leid, sie nahm mich beiseite und fragte, ob ich vielleicht im Turnsaal meinen Frust ein wenig abbauen wolle. So kam es, dass ich meinen Zorn und die Trauer wegen des Eingesperrtseins wegturnte. Hinauf auf die Seile, die Ringe, die Sprossenwand, alles diente dazu, um zu vergessen, dass ich wieder einmal den Kürzeren gezogen hatte und das kleine Biest mir nur Schmerz zufügte. Ich durfte mir einfach nichts Gutes von Mutter erhoffen, so würde ich nicht immer wieder enttäuscht werden, aber das war gar nicht so einfach zu bewerkstelligen.

Samstags konnte ich turnen, Sonntag nach der Heiligen Messe wurden bei freiwilliger Arbeit meinerseits in der Küche mit mir und den Nonnen verschiedene Lieder einstudiert. Meine Stimme, ein starker, klarer Sopran, gefiel den Schwestern, davon sehr angetan wurde ich bei ihren Gesangseinlagen bei der Heiligen

Messe miteinbezogen. So sang ich für sie in der Sonntagsmesse, welche auch zugänglich für die Gläubigen der Nachbarschaft war. Den Leuten schien der Gesang zu gefallen, die Kirche wurde mehr und mehr besucht. Als Dank erlaubte man mir ausnahmsweise, das Schwimmbad ohne Aufsicht nach der Heiligen Messe zu benutzen. Ich hatte die Schwesternschaft überzeugt, dass ich gut schwimmen konnte und auch ohne Überwachung nicht absaufen würde. Es schien so lange her, seit ich an der Mole in Italien ums Überleben gekämpft hatte. Das Turnen und Schwimmen waren gut für mich, sie beschwichtigten meine verletzte Seele. Am Anfang meines Eingesperrtseins kam ich mir vor, von der Welt jenseits der Klostermauern richtig vergessen worden zu sein. Da Mutter verboten hatte, mich an schulfreien Tagen meinen Großeltern oder den Tanten auszuhändigen, war ich Monate lang im Kloster eingesperrt. Ich tat den Nonnen leid und bald räumten sie mir Sonderstatus ein, auch in den Klassen. An den Wochenenden, nach dem Turnen oder Schwimmen, half ich den Schwestern freiwillig im Klostergarten, der Küche oder der Wäscherei. Von Großmama hatte ich viel über das Gärtnern gelernt, von den Nonnen noch mehr und viele brauchbare Details über Heilpflanzen, Baumschnitt, Obstbaum- und Rosenveredelung, auch Gemüseanbau, alles Dinge, die mir später zu Gute kamen. Das Leben im Kloster wurde erträglich. In acht Monaten kam Madam nur ein einziges Wochenende, um meine Freizeit mit mir zu verbringen. Komischerweise konnte ich es damals kaum erwarten, ins Kloster zurückzukommen. Ich vermisste das unbeschwerte Leben meiner früheren Kindheit mit meinen Großeltern. Wenigstens war mir dieser Teil meines Lebens ein gutes Fundament für spätere Zeiten gewesen. Instinktiv wusste ich, dass meine Zukunft an der Seite meiner Mutter eine sehr turbulente und harte sein würde, und es begann sofort.

Den Juli 1958, als die großen Sommerferien anbrachen, steckte mich Mutter in ein Sommerkinderlager in Prein an der Rax. Im Gasthaus „Oberes Eggl". Unterm Preiner G'scheid mietete Gusti Kern, eine verwitwete Kindergärtnerin und Bekannte meiner Mutter, den Dachboden des Haupthauses. Sie brachte sechzehn Kinder dort unter. Tagsüber war man in der Natur unterwegs auf Wald-und-Wiesen-Ausflügen. Jeden Abend am Dachboden wurden die Kinder in einer kleinen Metallbadewanne heruntergeschrubbt. Es erforderte viel Wasserschlepperei drei Stockwerke bis zum Dachboden, hinunter wurde das gebrauchte Wasser durch die Dachluke in die Dachrinne entsorgt. War man dann sauber, gab es vorgelesene Geschichten im Strohsackschlaflager. Dann wurde zur Nacht gebetet und brav eingeschlafen. Wenn ein Kind unbedingt noch mal „musste", gab es einen Nachttopf und einen Kübel mit Deckel. Die Umstände ergaben sich so, wir waren deswegen trotzdem gesund, sauber, fröhlich und voller Schabernack. Für Kinder, deren Eltern keine Zeit für sie hatten, wie Schauspieler, Geschäftsleute und Künstler, war das eine lustige Art, Ferien zu verbringen. Ich wollte unbedingt zu meinen Großeltern und dem Wald-und-Wiesen-Leben in Seebenstein, aber Madam hatte es verboten und definitiv andere Pläne für uns beide.

Anfang August kamen Christian und Hilda mit meiner Mutter ins Obere Eggl, um mich abzuholen und nach Wien zu befördern, mit einem Abstecher nach Fünfturm, dem Broda-Gut oberhalb Tilmitsch in der Südsteiermark. Die Fahrt dorthin entwickelte sich zur hochriskanten Angelegenheit. Dagegen wäre russisches Roulett ein harmloses Spiel gewesen.

Christians Autofahrstil bestand, milde ausgedrückt, aus sehr rasanten, gefährlichen Manövern. Er war in jungen Jahren leidenschaftlicher Motorradfahrer gewesen und hatte immer schnelle Maschinen und Autos geliebt. Als sehr guter Fahrer war er trotzdem kühner als die meisten hinterm Steuer unterwegs, allerdings war das eine riesige Untertreibung. Oft gab es bei seinen Überholmanövern nur Zentimeter Platz auf beiden Seiten des PKW, wenn er als Dritter zwischen dem entgegenkommenden und dem überholt werdenden Auto durchschoss. Man konnte nur den Atem anhalten, die Augen schließen und ängstlich auf die Erschütterung eines Aufpralls warten. Ging es gut, wurde kurz aufgeatmet, bis zum nächsten Manöver. Beim Autofahren schien Christian es wirklich wissen zu wollen. Der sonst so ruhige, introvertierte, besonnene Herr Doktor mutierte hinter dem Steuer zu einer suizidalen Furie. Das war für seine Passagiere höchst anstrengend und nervenaufreibend. Die Bundesstraßen waren schmal und kurvenreich. Wir saßen in einem großen, schweren Mercedes und Frau Mama, vorne neben Christian, keppelte andauernd über seinen Fahrstil. Auf der Rückbank im Wagen neben mir saß Tante Hilda mit ihrem grausig-bissigen, stinkenden, schwarzen Cockerspaniel namens Othello. Auch Hilda hatte in weinerlichen Untertönen Christians Fahrstil kritisiert. Unbeirrt von den Damen, sauste er die enge Landstraße entlang Richtung Aspang über die Hügel in die südliche Steiermark nach Tilmitsch und Fünfturm. Er war wie in Trance beim Fahren, völlig unbeirrt vom Gezeter seiner Ehefrau, oder Mama, total in seiner eigenen Welt als Rennfahrer. Eine Autobahn war noch nicht gebaut worden, so quälte uns Christian mit seinen fahrenden Kunststücken durch Niederösterreich, Teile der Steiermark, ein Stück Burgenland und wieder Steiermark, bis Tilmitsch und Fünfturm. Es war kein wirkliches Schloss. Stattdessen sah es aus wie ein großes viereckiges, einstöckiges Landhaus, vorne und hinten mit je einer großen Balkonterrasse. Georg Wilhelm Pabst, der Filmregisseur, Christians Onkel, Bruder seiner Mutter Viola, hatte es aus finanziellen und gesundheitlichen Gründen seinem Neffen überlassen. Dazu mit G.W.s Frau Gertrude, ehemalige Schauspielerin, ein Wohnrecht auf Lebzeiten zugestanden: also alter Besitz komplett mit altem Filmstarhausgespenst! An einer Weinkellermauer im Gebäude war die Jahreszahl 1587 zu finden. Man erzählte sich jedoch, dass an derselben Stelle des Gebäudes ein Jagdhaus aus ca. elfhundert stand, welches irgendwelchen Kirchenfürsten aus Graz gehört hatte. Das gewölbte Gemäuer des Weinkellers, die urig gemütliche Küche und alle ebenerdigen Zimmer dahinter mit denselben Wölbungen gaben einem das Gefühl, im tiefsten Mittelalter gelandet zu sein. Das Haus hatte sehr dicke Mauern im Erdgeschoss, was wiederum herrlich tiefe Fensterbänke ergab. Da war genug Platz darauf für wunderschön blühende Zimmerpflanzen. Der Holzofen in der Küche hatte einen integrierten

Wasserbehälter für Warmwasserbedürfnisse. Im oberen Stockwerk befand sich ein wunderschönes Bad. Georg Wilhelm war in den dreißiger Jahren in Hollywood gewesen und hatte nach seiner Rückkehr von den Vereinigten Staaten, nach US-Vorbild, eine geräumige Badeoase einbauen lassen, sogar mit Heißwasserboiler. Die großen Räume waren vollgestopft mit wertvollen Antiquitäten aus vielen fremden Ländern, alle Zimmer hatten intarsierte Holzböden und exquisite Kachelöfen. Dazu aus vielen Fenstern, je nach Schönwetter, eine Aussicht bis Kitzeck, weiter bis Slowenien. Man war inmitten der traum- und zauberhaft schönen südsteirischen Weinlandschaft. Dort hatten die Pabsts und Brodas seit langer Zeit ihr Familienrefugium als Rückzug von der Welt und zur Erholung. Milde Winter, gesunde Luft, tolle Aussicht, Ruhe und Schönheit der Gegend machten es möglich. Es gehörten einige Pfirsichhaine zum Areal, von denen Viola Pabst in dem milden Klima vorzügliche Ernten einfuhr. Auch viele Äcker und Waldgebiete waren bei dem Besitz dabei. Das Ganze wurde betreut von einem Verwalter, welcher sich ganzjährig um die große Liegenschaft kümmerte. Christians Onkel, der Regisseur, und seine Frau Trude waren in der Vergangenheit sehr viel im Ausland gewesen, um Filmprojekte zu realisieren. Daher sahen die Brodas so gut wie möglich nach dem Rechten. Ganz offiziell übernahm Christian die Liegenschaft Anfang 1957 von seinem inzwischen erkrankten Onkel G. W. Pabst.

Mutter konnte den Mund nicht halten, sie mochte den bauernschlauen Verwalter überhaupt nicht und ätzte, wie bei jedem Besuch, gegen ihn.

„No, wie viele Hektar sind denn heuer wieder verschwunden?"

Hilda verteidigte ihn vehement und Christian verdrehte nur die Augen. Dachte er, Mutter hatte recht? Jedenfalls wurde mehr und mehr Land verkauft, um Erhalts- und Reparaturkosten zu decken. Von denen man eigentlich nichts sah. Das Haus wirkte immer, schon seit jeher, leicht baufällig und ein wenig heruntergekommen. Die Fassade bröckelte hier und da, die zwei Terrassenanbauten waren morsch und lebensgefährlich, wollte man sie betreten. Am Dach hatten die Reparaturstellen ihre eigenen Reparaturstellen obendrauf. Hilda und Christian waren leider unfähig, den bauernschlauen Verwalter in Schach zu halten. Oder sie wollten es gar nicht. Im Laufe der Jahre würde dieser Mann genug in die eigene Tasche gewirtschaftet haben, um sich ein herrliches Haus zu bauen und viele Äcker im Tal zu erwerben. Meine Mutter hatte recht behalten, als sich die Wahrheit Jahrzehnte später herausstellte, jedoch die Taten blieben für den Verwalter ohne Konsequenzen.

Unser Besuch sollte ein Abschied werden und das war schmerzhaft. Ich versuchte, mir jede Ecke und jedes Möbelstück einzuprägen, die herrliche Abendluft zu genießen und die wunderbare Landschaft rings herum im Gedächtnis zu verstauen. Würde ich diesen Ort je wiedersehen? Ich marschierte zu einer kleinen Kapelle nicht weit vom Haus und flehte zur Marienstatue, dass ich zurückkommen dürfte. Es konnte doch nicht sein, dass ich wieder weggerissen wurde von Heimat, Freunden, den Großeltern und Tanten, meiner Muttersprache und meiner gewohnten, geliebten Umgebung. Es gab keine politische Verfolgung, es drohte kein Krieg. Österreich hatte ein erstklassiges Schulprogramm, viel besser als in Nordamerika. Ich war in Wien automatisch krankenversichert durch die Großeltern, da ich bei ihnen offiziell noch gemeldet war. Gute Verbindungen später für eine Kariere hätte es sicherlich für mich durch Christian und die Partei gegeben. Diese Vorteile für meine Zukunft waren für Mutter nicht relevant. Was aus mir wurde, wie es mir dabei ging, war Madam völlig egal. Andere Eltern sahen zu, dass ihre Kinder die besten Chancen für ihr späteres Leben bekamen, nicht so bei uns beiden. Hauptsache wir alle machten, was sie wollte.

Christian nahm mich beiseite und erklärte mir, Mutter habe beschlossen, zurück nach Kanada zu gehen, um dort auf das Visum für die USA zu warten und ich musste mit. Großmama brauchte unbedingt Hilfe von ihrer Tochter, weil Großvater Alois' Gesundheit immer schlechter wurde. Die Parkinson-Krankheit war voll ausgebrochen. Großmama hatte mich als Druckmittel benutzt, mich nicht zu sich zu nehmen in der Hoffnung, dadurch Mutter in Wien zu behalten. Sie dachte, ich würde zu viel Belastung für sie sein, wenn diese sich drüben ein neues Leben aufbauen wollte, und dass mit mir im Schlepptau für sie alles komplizierter sein würde. Der Schuss ging nach hinten los, Mutter war alles egal, außer ihren eigenen Wünschen zählte nichts und niemand. Müsse ich halt mit, man konnte diesbezüglich nichts ändern, es war eben so. Christian meinte, ich sollte das Beste daraus machen, aber vor allem etwas lernen, ein Handwerk, was von politischen und geografischen Grenzen nicht beeinflussbar war, dann wenn ich zurück nach Österreich wollte, später einmal, würde er mir helfen. Er bezahlte die jetzige Reise, dafür würde ihn meine Großmutter hassen. Er meinte aber, Mutter mochte Österreich nicht und es hatte keinen Sinn, sie hier andauernd zu unterstützen, wenn sie sowieso nie wirklich mitmachen wollte. Sie war halt sehr schwierig. Vielleicht würde es ihr guttun drüben ganz auf sich selbst gestellt zu sein und etwas alleine leisten zu müssen. Jedenfalls war dies, was Christian mir nahelegte. Er bemühte sich sehr, mir Mut zu machen, die Situation für mich zu entschärfen, sein Aufwand war rührend. Die existierende Situation war für mich trotzdem angsteinflößend und traurig. Im Grunde interessierte es eigentlich niemanden, was für mich am besten gewesen wäre.

Die neue/alte Situation schlug sich mir wieder einmal auf den Magen. Es konnte doch nicht sein, dass wir Alois Hilfe versagten, dass ich wieder in das blöde Toronto oder sonst wohin musste. Vor allem aber mit ihr. In mir sammelte sich gewaltiger Hass auf diese unmögliche, kleine, giftige Person. Ich fing an zu wünschen, dass sie tot umfallen würde, ein Auto sie anfahren, der nächste Blitz sie erschlagen würde, sie endlich wirklich eine der bösen Krankheiten bekäme, die sie sich andauernd einbildete. Solche Gedanken erschreckten mich anfangs sehr, wohlwissend, dass Hass ungesund war, ich konnte aber nichts gegen meine bösen Gefühle tun und der Zustand war ungemein belastend. Ich sehnte mich insgeheim nach Anerkennung von Mutter, war traurig, weil ich müde davon war, bei den Abenteuern des Giftzwerges mitmachen zu müssen, dabei mitgeschleift zu werden. Dieser eine wunderschöne letzte Urlaub in der Heimat war viel zu kurz, er dauerte nur eine Woche. Ich schwor mir damals, ich würde zurückkommen, irgendwie, irgendwann. Man konnte mir mein Heimatland nehmen, aber nie meine Liebe zu ihm.

Wir erledigten die Reisevorbereitungen von Tante Franzis wunderschöner Wohnung aus, im vierten Bezirk. Mutter hatte Franzis Domizil schon immer als ihre bevorzugte Adresse angesehen, natürlich viel luxuriöser als Großmamas Haus. Franzi wurde Jahrzehnte lang als Geliebte eines Zuckerrübenzuckerfabrikanten, für den sie arbeitete, großzügig finanziell unterstützt. Er investierte für sie auch sehr gerne in Gemälde, Schmuck und kostbare Ebenholzjugendstilmöbel. Ihre Wohnung war äußerst elegant, mit hohen Räumen und Stuckverzierungen an den Decken, mit Art-Deco-Lustern in allen Zimmern. Über den intarsierten Holzböden lagen wertvolle Perserteppiche, es gab exklusive Porzellanvasen und Bronzeskulpturen auf Akzentmöbelstücken. Die Wohnung besaß eine Aura von Eleganz und zeitloser Schönheit. Aloisia war immer eine sehr penible Haushälterin für ihre Tochter gewesen. Jedes Zimmer strahlte vor Sauberkeit und harmonischer Ordnung. Sie liebte Blumen und in jedem Zimmer stand immer frischer Blumenschmuck in Kristallvasen. Gerne huschte Aloisia am frühen Morgen regelmäßig zum Naschmarkt und kaufte saisonbedingt die wohlriechenden Gewächse, im Winter dann Reisig und Misteln. Die Zimmer wurden von ihr saisonmäßig reichlich liebevoll geschmückt. Eines Nachmittags stürzte Aloisia so schwer, dass sie sich einen Oberschenkelhalsbruch zuzog, damals fast immer ein Todesurteil für alte Menschen. Sie war beim Gang in den Hof über einen Fußabstreifer gestolpert und verhängnisvoll gestürzt. Noch vor unserer Abreise bekam sie im Spital eine Lungenentzündung dazu und innerhalb weniger Tage verstarb sie im Alter von 94 Jahren. Tante Franzi fiel in ein tiefes emotionales Loch. Sie flehte Mutter an, in Wien zu bleiben, wenigstens vorläufig, bis sie sich von ihrem Verlust einigermaßen erholt hatte. Die Antwort war: leider nein, keine Chance! Ich fand das sehr schlimm, waren doch Aloisia und Franzi immer so gut und großzügig zu Mutter gewesen, aber es wunderte mich nicht. Ihr waren andere Menschen eben ganz einfach völlig egal. Hauptsache, sie konnte sofort durchsetzen, was sie gerade wollte. Das waren damals ein Visum für die USA und Sigmund Kulka als Ehemann. Alles andere zählte nicht für sie. Durch Franzi und Aloisia hatte Mutter so viele tolle Reisen genossen, teuren Schmuck und Kleidung bekommen, auch ausgefallene Accessoires und traumhaft schöne Schulferien erleben dürfen. Zweimal konnte sie sich sogar am Opernball dank Tante Franzi wichtig machen. Was immer die faxige Göre gewollt hatte, Franzi hatte es möglich gemacht. Emotionale Unterstützung von ihrer Nichte, der ihre Bedürfnisse völlig egal waren, bekam sie nach dem Tod ihrer Mutter keine.

Franzi war sehr traurig. Hatte sie doch für Aloisia ihr ganzes Leben nach deren Bedürfnissen ausgerichtet. Wegen Aloisia wurde nie geheiratet, nun aber ließ ihr Verlust ein tiefes Loch in ihrem täglichen Leben. Ihre Nichte steuerte stur aufs Auswandern zu. Das liebe Tantchen und ihr Schmerz waren der verwöhnten Egoistin völlig egal.

„ALLEN RECHT GETAN, IST EINE KUNST, DIE NIEMAND KANN"

Im August 1958 waren es wieder der Westbahnhof, die begleitenden Tanten, die Geldgeschenke und der Alkoholgroßputz im Zugabteil. Diesmal bestiegen wir den Zug ohne Eile und ganz normal. Ich konnte nicht glauben, dass dieser Albtraum sich wiederholte, wie sehr würde ich in Kürze noch erfahren. Diesmal waren keine russischen Kontrollen am Semmering, mit Tragödien für Gesuchte. Der Bahnsteig war ganz normal frequentiert, mit ruhigen Reisenden, ohne Geschrei in Todesangst von verfolgten Flüchtlingen, welche die Russen verschleppen wollten. Wie sich doch die Zeiten zum Besseren geändert hatten! Wenigstens im Lande Österreich, wenn schon nicht in meinem Leben. Wir befanden uns auf dem Weg nach Rotterdam zu einem holländischen Schiff. Die Olden Parneveldt war ein sehr alter Luxuskreuzer auf ihrer letzten Reise bevor sie verschrottet werden sollte. Sehr vertrauenswürdig klang das nicht und ich hatte so eine leise Vorahnung bezüglich des Ausgangs dieser Reise, verwarf aber die negativen Anwandlungen meiner Gedanken und dachte nur: „Schön langsam wirst du paranoid, der Blitz schlägt auch nicht zweimal im selben Baum ein! Wird schon alles gutgehen."

Auch dieser Ozeankreuzer glänzte mit wunderschöner Ausstattung in luxuriösem, höchst elegantem Jugendstil. Sie war eine der letzten glamourösen alten Damen der Seefahrt aus längst vergangenen Zeiten. Die Reisekosten waren ein Schnäppchen gewesen, Christian war halt sparsam und Großmama sagte immer: „Einem geschenkten Gaul schaut man nicht ins Maul." Das Schiff war voll von Austauschschülern aus allen möglichen Ländern: US-Studenten, die nach einem Studienjahr in Europa nach Hause wollten, und alle anderen würden ein Jahr in den USA als europäische Studenten verbringen. Bis auf die Mannschaft war meine Mutter die Älteste an Board. Gott sei Dank, dass sie sich sofort mit Seekrankheit in unserer Kabine vergrub, obwohl wir noch nicht mal abgelegt hatten. Dort blieb sie auch während dieser Überfahrt, welche auf spiegelglattem Wasser erfolgte. Während der Reise war kein einziges Schaumkrönchen zu sehen, soweit das Auge reichte. Überraschungen gab es trotzdem jede Menge. Das Schiff glitt ruhig über die tiefblaue See und versetzte uns in Urlaubsstimmung. Zeitweise reflektierte die ruhige Oberfläche des Wassers das Licht der Sonne und es sah aus wie ein riesiger goldener Spiegel. Die heiße Augustsonne brannte auf uns nieder, wir räkelten uns gut eingeölt an Deck und erzielten sehr schnell einen wunderschönen braunen Teint. Auf dem Schiff wurde Tag und Nacht gefeiert, Alkohol wurde nur moderat konsumiert, es gab keine Raufereien oder irgendwelche Auseinandersetzungen. Alle Passagiere waren höflich und freundlich zueinander, wenn doch irgendwie ferngesteuert. Dafür war ein Kraut verantwortlich – Marihuanageruch hing allgegenwärtig in der Luft. Sein schwerer, penetranter Duft zog sich durch alle Stockwerke des Schiffs. Es war das Kraut des Friedens, der Rauch der Erleuchteten und fast alle Studenten nahmen an seinem Konsum teil. Auch mir wurde es angeboten, aber ich hatte kein Interesse an dem Zeug. Der Duft alleine genügte, um bei mir Unbehagen auszulösen. Ich wollte keine ferngesteuerte Benebelung, sondern jede Minute der Reise kräftig spüren. Die Olden Hash Parneveldt schipperte durch den Atlantik New York City entgegen. Auf ihr wurde fleißig im Zeitlupentempo bedächtig gefeiert, gesungen und musiziert. Manche Studenten bedienten sich der lateinischen Sprache, um zu kommunizieren, wenn die Weltsprache Englisch nicht vorhanden war. Junge Männer beobachteten mich und es gefiel mir. Schließlich war ich kein Kind mehr, wie bei der letzten Seereise. Ich turnte am liebsten in den frühen Morgenstunden mit den Fußballspielern am Hinterdeck. Sie hatten ein hartes Programm und ich machte abseits mit. Neun Monate im Klosterturnsaal und im Schwimmbecken hatten Muskeln aufgebaut, wo früher keine gewesen waren. Das Fußballspielerübungsprogramm war gar nicht schwer für mich und machte mir Riesenspaß. Liegestütze mit schnellem Klatschen der Hände dazwischen, mochte ich besonders. Es gab einen ersten Flirt mit einem der Spieler, da ich jeden Abend zum Tanzen im Salon war, ihn dort traf und ich bekam meinen ersten Kuss am Oberdeck unter dem blauschwarzen, sternenübersäten Nachthimmel, es war alles sehr romantisch.

Die Olden Parneveldt kroch fünf Tage durch die spiegelglatte See, die heiße Augustsonne brannte auf uns nieder. Plötzlich, am späten Vormittag an diesem fünften Tag, gab es ein Zittern, einen dumpfen Knall, danach Totenstille; die Schiffsschraube hatte aufgehört sich zu drehen, schon wieder unvorhergesehene Reiseschwierigkeiten! Wie konnte so etwas in meinem Leben zweimal passieren? Der Kahn hatte den Geist aufgegeben! Diesmal herrschte ruhige See und das Schiff saß auf dem Wasser wie ein fetter Pelikan. Sofort tauchten einige übermütige Burschen von der Reling ins Wasser. Dem Kapitän gefiel das gar nicht:

„Meine Herren! Sofort raus da, wenn ihr nicht Haifischfutter werden wollt! Diese Tierchen folgen uns wegen der Küchenabfälle!"

Die schwimmende alte Lady hatte einen tödlichen Herzinfarkt erlitten, also irreparablen Motorschaden bekommen, und war außerstande, aus eigener Kraft die Reise zu Ende zu bringen. Volle zwei Tage saßen wir fest mitten im Meer. Auf der Olden Parnevelt wurde brav mit einem Kostümfest gefeiert und mit sehr geschickt improvisierten, lustigen Kostümaufmachungen. Wir tanzten die zwei Nächte durch, schliefen untertags, während zuerst Marinetaucher etwas unter Wasser untersuchten. Danach kamen vier kleine Schlepper und beförderten uns im Schneckentempo in den Hafen von New York. All unsere Reiseanschlüsse waren zunichte gemacht worden, da wir drei Tage später als geplant in New York ankamen. Für Mutter und mich spielte das keine große Rolle, da wir Sigmund sowieso erst in zwei Wochen treffen würden. Geplant war, New York City zu erkunden, das taten wir und hatten eine grandiose Zeit. Wie konnte es anders sein? Aus zwei wurden vier tolle Wochen. Unser lieber Sigmund hatte „noch dringend etwas zu erledigen".

Viele Bekannte der Brodas und meiner Mutter waren vor 1938 und den Nationalsozialisten aus Österreich in die USA geflüchtet. Nun gab es ein Wiedersehen, es wurde endlos gefeiert und politisiert. Viele dieser Leute wurden Psychiater, Seelenklempner, wie sie sich nannten. Sie kassierten einen hohen Stundensatz fürs Zuhören. Die Amerikaner gingen gerne zu diesen Ärzten, um sich ihre Probleme von der Seele zu reden. Anstatt sich zu schämen, psychologische Hilfe zu brauchen, galt der regelmäßige Besuch beim Psychiater als Statussymbol:

„Schaut her, ich weiß, dass ich Probleme habe, ich tue was dagegen, ich kann es mir auch leisten!", so war die Einstellung der Amerikaner, wenn sie Psychiater konsultierten. Sie bevorzugten sogar Ärzte mit Akzent, also eingewanderte Europäer, diese wurden als speziell geeignet für die Psychiatrie angesehen. Man tat, was man konnte, um zu zeigen, wie wichtig einem seine mentale Gesundheit war.

New York City war ein Magnet für Intellektuelle und Künstler, aber auch für viele arme Immigranten aus der ganzen Welt.

In ihren Nachbarschaften gab es Waren und Essbares aus ihrer Heimat und sie unterhielten sich miteinander in ihren Muttersprachen. Man konnte einfach in ihre Viertel gehen und diese Dinge genießen, ohne in ihr Land reisen zu müssen. Es war wie ein Mini-Urlaub in ferne Länder, ohne Reisestress, teure Ausgaben für Reisekosten und Unterkunft.

Manhattan mit seinen Wolkenkratzern war atemberaubend und die Augusthitze, welche in den Hochhausschluchten das Atmen erschwerte. Die Geschäfte zeigten Waren aus der ganzen Welt. Damen trugen Kostüme oder luftige Sommerkleider, Hüte und Handschuhe, dazu passend edle Handtaschen, manche führten kleine Rassehündchen an der Leine, die Männer trugen Anzug, Krawatte, mit Hut, sehr steif und schwitzend. Das generelle Straßenbild war elegant und sehr emsig. Jeder marschierte zielstrebig dahin. Wir bestaunten den berühmten Juwelier Tiffany. In der Auslage sahen wir einen riesigen Diamanten.

Das Empire State Building bot ein wunderschönes Panorama von Manhattan. Bei der Aufzugfahrt hinauf und hinunter knacksten einem die Ohren wegen des Höhenunterschiedes. Der Panoramablick von oben war beeindruckend, man sah die Anlegeplätze für die Ozeanriesen, von da oben aus wirkten sie klein und unbedeutend. Gegen die Wucht dieser Stadt kam man sich winzig und unwichtig vor, die Dimensionen waren einfach überwältigend. Wir streiften durch Harlem und besuchten einige Jazz- und Nachtclubs. Wir kletterten auf die Freiheitsstatue, hinauf bis in die Krone, unternahmen Bootsfahrten um die Insel Manhattan. Wir erkundeten Long Island mit seinen Millionärsvillen auf riesigen Grundstücken stehend, die wie Parkanlagen aussahen, und wir warteten auf Sigmund. Der hätte für uns bürgen sollen, um uns sofort in die USA mitzunehmen, aber es sei etwas dazwischengekommen, wieder einmal! Wie blöd war eigentlich Mutter? Unser Geld ging zur Neige, unser US-Besuchsvisum auch, und wir mussten zurück nach Kanada, wofür wir Einreiseerlaubnis und gültige Visa hatten.

NIEMAND IST SO REICH, DASS ER SICH
SEINE VERGANGENHEIT ZURÜCKKAUFEN KANN

-Oscar Wild

Dass wir im Herbst 1958 zum zweiten Mal in Toronto landeten und wieder in derselben Situation steckten wie vor drei Jahren, machte mich richtig wütend. Frau Mama hatte wirklich einen Schuss, wie konnte sie uns das nur zum zweiten Mal zumuten? Willkommen in Toronto bei Kurt und Elli! Wie schon bei unserer ersten Ankunft waren die beiden wieder keine Hilfe, was die Anstellung für Mutter in der Zeitschriften- und Konfektbude betraf. Das Importgeschäft ging noch immer nicht gut genug, um zwei Verkaufskräfte zu tragen. Die Wahrheit war wahrscheinlich ökonomischer Natur, man wollte keine zwei Verkaufskräfte zahlen, wahrscheinlich nicht einmal eine, und ließ Ellis Mutter einfach für zwei schuften bis zum Umfallen. Dank meiner Mutter gab es zum zweiten Mal fast das gleiche Szenario. Nur diesmal durften wir bei Onkel Kurt in dem Keller mit Bar und Aquarium nächtigen, auf Gartenliegen wohlgemerkt. Beim Einschlafen starrte ich immer auf die Fische, die Scalari gefielen mir am besten, zumindest die sahen beruhigend und sehr elegant aus, als sie ihre Runden drehten. Unsere Zukunft schien so ungewiss, das war nicht beruhigend und machte nicht glücklich, zumindest nicht mich. Ich tröstete mich mit dem Gedanken eines eventuellen Scheiterns dieses Unterfangens. Wenn Mutter die Geduld riss und sie alles hinschmiss, konnten wir zurück nach Wien. Aber leider passierte so etwas nicht. Wir blieben bei Kurt und Elli. Sie war wieder schwanger und es gab bereits eine zweieinhalbjährige Tochter namens Petra. Sie hatte Ellis riesigen Mund mit großen Zähnen, sogar die Milchzähne waren richtig prominent. Sie erinnerte mich an die Karikatur von einem Haifisch. Petra legte ein rabiates Benehmen an den Tag. Kein Wunder, Elli sagte so und so, ihre Mutter das Gegenteil. Im Nu hatte die Kleine erkannt, dass man die zwei Erwachsenen gegeneinander ausspielen konnte. Oma Heike, die den Haushalt eigentlich widerwillig für ihre Tochter schupfte, plus das Importgeschäft, vertrat ihre eigene Meinung über Kindererziehung. Zwischen Mutter Heike und ihrer Tochter Elli herrschten ordentliche Spannungen. Sie schienen sich auch nicht sonderlich zu mögen. Die Damen stritten sich andauernd, Elli mit ihrer geheuchelt freundlichen Art brachte Heike auf die Palme und diese wurde immer aufgeregter, bis sie richtig laut schrie, Petra plärrte dazwischen, Kurt und Mutter wollten sich auch nicht höflich verständigen. Wir mussten so schnell wie möglich aus dem Irrenhaus. Es blieb Mama nichts Anderes übrig, als sich noch einmal an einen reichen Haushalt als Haushälterin zu verhökern. Meine Rolle war deswegen wieder das Kind der Hausangestellten, was mir keine große Freude bereitete, ich mir aber versprach durchzuhalten, bis Mama versagte und das Handtuch warf, das konnte nicht lange dauern. Dann waren wir im Nu wieder in Wien, zumindest hoffte ich es, aber daraus wurde nichts.

Diesmal war es ein anderes elegantes, exklusives Villenviertel und das Heim von „His Honour John Keiller Mac Kay", Richter und Gouverneur der kanadischen Provinz Ontario. Er verkörperte die direkte Vertretung der englischen Königin in dieser Provinz und war ein knorriger, unverwüstlicher Kanadier, um die 70 Jahre alt, mit durchdringendem Blick aus kohlschwarzen Augen, welche an Krähenaugen erinnerten. Das riesengroße Haus war im Tudorstil, mit geräumiger Eingangshalle und imposanter Treppe, die zu den oberen Stockwerken und einer breiten Galerie führte. Alle Zimmer waren wunderschön eingerichtet mit englischen Antiquitäten und exotischen Akzentstücken aus ehemaligen Kolonien der englischen Krone. Palmen und andere exotische Pflanzen in chinesischen Porzellanübertöpfen schmückten alle Zimmer und Gänge, sogar die prunkvolle Treppe in der Halle beim Eingang. Für diese Exoten gab es einmal pro Monat einen Spezialisten, der sich um diese Pflanzen und ihre Bedürfnisse kümmerte. Es war eine sehr prunkvolle Residenz, perfekt für Galagesellschaften. Mutter würden eine Putzfrau und eine Küchenhilfe zur Seite stehen. Es gab noch einen Teilzeitchauffeur, der auch als Gärtner fungierte.

Unsere Zimmer befanden sich im Kellergeschoß, ein großes Schlafzimmer mit zwei Betten und offenem Kamin, und ein Wohnzimmer mit Fernseher. In der ersten Nacht hatten wir vor dem Zubettgehen Besuch und zwar von Fledermäusen, die durch den Kamin kamen. „Madam Hysterisch" flippte aus, so sehr war sie erschrocken, schrie und weinte. Die Tiere flogen im Zimmer umher, es gab keine Fenster, so nahm ich eine Zeitschrift und versuchte sie wieder in den offenen Kamin zu scheuchen, was sehr schwer gelang. Leider erwischte ich einige der armen Tierchen und sie mussten dran glauben, was mich sehr traurig machte und bitterböse auf Frau Mama. Sie und Tiere jeglicher Art war eine schlechte Kombination. Alle armen Kreaturen, welche es störend in ihren Dunstkreis schafften, waren in höchster Gefahr und deswegen meistens zum Tode verurteilt.

Hinter dem Mac-Kay-Garten befand sich ein steiler, teils bewaldeter Abhang, der zu einem naturbelassenen Bächlein führte. Ein kleines Stück Wildnis in einer Wohngegend, natürlich auch mit vierbeinigen Bewohnern: Mamas Lieblingstierchen, welche sich bei Einbruch der Dunkelheit in den Abfallbehältern betätigten. Dasselbe Szenario wie bei den Skeiths auf der Urlaubsinsel: Mutter trug den Tagesabfall hinaus zum Mistkübel und störte die „Kleinen" beim Abendbrot. Natürlich schrie sie zuerst wie am Spieß, aber niemanden kümmerte es. Danach wurde sie wütend, ergriff den Besen, der immer bei den Abfallkübeln stand und drosch die armen Tiere in die Flucht, während sie fluchte gegen „dieses blöde Land, sogar in der Stadt haben sie wildes Vieh ohne Ende!". Am Schornstein saß gerade eine Eule und schrie. Der warf sie Erdklumpen und Steine hinterher und beschädigte dabei einen Dachziegel. Vor dem Schlafengehen verklebte Eleonore noch den Kaminabzug wegen der Fledermäuse, man konnte ja nie wissen! Die Eule war auf den Schornstein zurückgekehrt, ihr Nachtlied hielt der verklebte Kaminabzug nicht auf.

Mutters Nerven waren strapaziert. Man merkte, dass sie endlich in die USA wollte, den Job hasste, ihren Bruder noch mehr und ich ihr eigentlich egal war. Sie beachtete mich gar

nicht, weil sie zu viel um die Ohren hatte. Am meisten störte
sie die Knausrigkeit des Hausherrn. Seine Frau versuchte uns
entgegenzukommen, wo es nur ging, aber der Herr Gouverneur
hatte natürlich immer das letzte Wort.

Es gab einen schwarzen Cadillac für offizielle Auftritte mit
dem Nummernschild 1, dem Bild einer Krone und nochmal 1.
Frau Mac Kay hatte einen graugrünen Bentley, mit dem Nummern Schild 2, einer Krone und 2, mit dem fuhr sie mich ins Etobicoke Collegiate, Montgomery Road, Islington, Ontario. Diese
Schule machte Spaß, weil sie sehr elegant, ruhig und gut organisiert war. Die Kinder, nett und geistreich, kamen aus finanziell
gut situierten Familien. In Etobicoke wurde auf feine Manieren
und Disziplin Wert gelegt. Der Umgang untereinander war von
Höflichkeit geprägt, der Lehrstoff anspruchsvoll, es wurden auch
mündliche Prüfungen abgelegt. Irgendwie waren Schule und
Nachbarschaft der Mac Kays wohlhabender und gediegener als
seinerzeit bei den Skeiths, eben „altes Geld" mit leiser, würdevoller Tradition und sehr viel Reichtum, ohne zu protzen. Eine
Umgebung zum Wohlfühlen. Leider war ich nur das Kind einer
Hausgehilfin. Diese Leute jedoch ließen mich das nicht so stark
spüren. Meine strenge Erziehung hatte mir gute Manieren beschert und so wurde ich auch hier oft nach der Schule eingeladen. In diesen Familien waren die Mütter oft zugegen, um ihre
Kinder nach der Schule zu beaufsichtigen oder etwas mit ihnen
zu unternehmen. Da ich klassisches Klavier spielen konnte, war
ich als Gast gerne gesehen, um die höheren Töchter zum Üben zu
animieren, nachdem ich einige Stücke als Kostproben dargeboten
hatte. Ich wurde mit Respekt, also gut, behandelt, auch oft eingeladen, an Geburtstagsfeiern oder Gartenfesten teilzunehmen.

Eines Tages kam Kurt zu uns und verlangte, dass Mutter bitte
ihren verheirateten Namen, also Quilitzsch, verwende. Er hatte
gerade ein Haus in unserer Nachbarschaft gekauft und es wäre
gar nicht gut für seinen Ruf, wenn er nun in diesem Ambiente
wohnte und seine Schwester einige Häuser weiter schmutzige
Teller für fremde Leute waschen würde. Man könnte eine unangenehme Situation doch so leicht für ihn positiv lösen. Mutter

schimpfte ihn alles mögliche Ordinäre und schickte ihn zum Teufel. Ich war über diese Entwicklung ziemlich geschockt. Was war bloß zwischen den beiden vorgefallen, dass sie sich andauernd in den Haaren lagen? Von Onkel Kurt fand ich die Bitte der Namensänderung einfach lächerlich und an Dreistigkeit nicht zu überbieten.

Der Herbst 58 wurde wunderschön. Sonntags unternahmen wir Ausflüge in die Umgebung, Kurt und Elli ignorierten wir. Der erste Frost hatte die Ahornbäume wunderschön verfärbt, sie leuchteten unglaublich im Sonnenschein. In diesem Oktober mussten mir zwei Dornenwarzen aus der rechten Fußsohle entfernt werden. Wir hatten Onkel Kurts Versicherungspolizzen, auch eine Krankenversicherung, nur Mutter hatte die Prämien einfach nicht bezahlt, sie wollte das Geld sparen. Für jemanden, der in Wien pausenlos zu Ärzten rannte wegen eingebildeter Wehwehchen war das wirklich ungewöhnlich und mit einem Kind fahrlässig. Ich musste das ausbaden und es half absolut nicht, Mutters Wert bei mir zu steigern. Anstatt den Eingriff in einem Spital mit Lokalnarkose ambulant machen zu lassen, gab es die billigere Version: Der Fuß wurde in einer Arztpraxis vereist und die Warzen herausgeschnitten, eine schmerzhaft grausame Art, der Situation Herr zu werden, weil die Vereisung den Schmerz nur minimal abschwächte und diese Warzen tiefe Wurzeln hatten. Folge dessen war auch das Loch in der Fußsohle sehr tief. Nachher wurde es mit einem Pulver und einer Salbe behandelt, danach fest verbunden. Nach dieser Prozedur gab es kein Taxi zum Heimfahren, sondern es wurde von mir erwartet, ganz normal gehen zu können. Wir fuhren mit öffentlichen Verkehrsmitteln zurück zur Gouverneursvilla. Die Schmerzen waren grauenhaft. Mir war speiübel, mit jedem Schritt wurde mir schlechter, nur der aufsteigende Hass für die kleine Frau an meiner Seite, die seelenruhig nonchalant einherschritt, als wäre nichts gewesen, hielt mich auf den Beinen. Ich brauchte unglaubliche Willenskraft, das Ganze durchzustehen und irgendwie zur Villa zurückzukommen. Ich begann wieder zu wünschen, dass ihr etwas passieren, dass sie einfach umkippen würde und ich endlich zurück nach Wien könnte. Mutter war damals neununddreißig und ich dreizehn. Im Nachhinein dämmerte es mir, wie unglaublich blöd ich war. Eigentlich hätte ich einer Ohnmacht den Vorrang geben sollen, der ich sowieso sehr nahe war. Dann hätte ich mit der Rettung zu unserem Zimmer befördert werden können. Egal, ob Frau Mama diese zahlen musste, oder nicht. Aber nein, ich musste brav ihren Erwartungen Folge leisten, und schmerzverzerrt durch die Gegend hatschen. Darüber dachte ich erst im Nachhinein nach. Wie hörig und blöd kann man nur sein!

... Meine gepeinigte Fußsohle heilte meine Seele nicht. Ich ging Mutter aus dem Weg, wo ich nur konnte, und redete mit ihr so wenig wie möglich, was leicht war, da sie von früh bis spät im vollen Haushaltseinsatz war. Wenn ich zufällig in meinem Blickfeld Mütter liebevoll mit ihren Kindern umgehen sah, oder in Filmen Liebkosungen dargestellt wurden, verkrampften sich meine Emotionen und ich heulte los. Einige Zeit später lernte ich, mir das abzugewöhnen.

Nach dem wunderschönen Herbst mit den Ahornbäumen im prächtigen Farbgewand kamen die kanadischen Feiertage: Erntedankfest, Halloween, wo sich die Kinder verkleideten und von Haus zu Haus marschierten, um Süßes oder Saures zu erbetteln. In Österreich hatten wir Allerheiligen, Allerseelen, gedachten unserer verstorbenen Angehörigen und schmückten unsere Gräber. Den Halloweenzirkus fand ich gar nicht gleichwertig und völlig respektlos, eine profitorientierte Geschäftemacherei. Herr und Frau Mac Kay waren sehr sparsam, bei ihnen gab es nichts Süßes, nur rotbackige Äpfel, was sich herumgesprochen haben musste, da sehr wenige Kinder zu uns kamen. Ich durfte die Äpfel austeilen, noch immer hinkend, weil die tiefen Wunden an meiner Fußsohle nur sehr langsam heilten.

Die Sparsamkeit der Mac Kays war manchmal richtig lästig. Mutter hatte überhaupt für jede Scheibe Brot Buch zu führen. Der Frühstücksspeck war auch gezählt, serviert werden durften nur zwei Streifen pro Person und Tag. Es wurden Lebensmittelinventurlisten geführt mit dem Datum, den Eintragungen, Gebinde-/Stückzahlen von eingekauften und verbrauchten Posten. In Hülle und Fülle gab es nur Haferflocken (Porridge). Das Problem war aber der strenge Winter. Die Sparsamkeit des Hausherrn Mac Kay fand 17 Grad als Thermostateinstellung für die Zimmertemperatur ausreichend. Aus Trotz arbeitete Mutter mit einer Straßenjacke über ihrer blauen Uniform mit weißer Schürze und gestärktem Häubchen. Darüber band sie einen Schal, danach sah sie aus wie ein Polarforscher im Schneesturm. Einige Zeit ignorierte der Herr des Hauses ihre Form des Protestes, dann wurde das Thermostat auf 20 Grad gestellt. Man merkte fast keinen Unterschied. An der Innenseite der Tudorfenster, bestehend aus vielen kleinen Glasscheibchen gefasst in Blei, blühten noch immer wunderschöne Eisblumen. Das Haus war überhaupt schwer zu heizen und andauernd zugig. Wir alle rannten herum in dicken Wollwesten und zwei Paar Socken. Die Ausnahme war der ehrenwerte Gouverneur, der huschte sogar leidenschaftlich gerne sehr früh am Morgen umher wie Gott ihn schuf,. Das tat er im Obergeschoß, jeden Morgen entlang der Balustrade. Es schien seine Art zu sein, sich abzuhärten. Mutter war außer sich, als sie ihn eines Morgens um sechs Uhr früh ohne Bekleidung zu Gesicht bekam: „Guten Morgen, Euer Ehren, die Zeit und die Schwerkraft hinterließen ihre Spuren wie man sieht!.", grinste sie ihn an. Daraufhin sprach er einen ganzen Monat kein Wort mehr mit ihr und ging ihr absichtlich gezielt aus dem Weg. Sie genoss diese Situation merklich und lächelte ihm andauernd entgegen, wenn sie ihn doch noch irgendwo zu Gesicht bekam.

Ihre süffisante Präpotenz erreichte ihren Zenit, als wir im offiziellen Cadillac mit Herr und Frau Gouverneur zu einer größeren Einkaufstour unterwegs waren, um für ein wichtiges Fest Besorgungen zu tätigen. Am Weg zum Einkaufszentrum fuhren wir am Golfplatz vorbei, wo emsig von lauter Herren gespielt wurde. Frau Mama platzte plötzlich mit folgender Verlautbarung in die momentane Stille im Fahrzeuginneren:

„Warum müssen Männer immer mit Löchern spielen?"

Der Chauffeur zucket mit den Schultern, als er versuchte, stillschweigend zu lachen, Frau Gouverneur errötete merklich und kniff die Lippen zusammen. Auch sie unterdrückte ihre Heiterkeit. Herr der Situation war ihr Ehemann dann doch nicht. Er war genervt, bekam einen roten Kopf, beschloss aber keine Reaktion zu zeigen. Da ich aufgeklärt war, verstand ich den Zusammenhang. Ich schämte mich für Mutter, wünschte mich weit weg von ihr und Toronto.

Die Söhne des Hauses waren brav und lernten fleißig. Ian, der Älteste, ein wenig „langsam", milde ausgedrückt, übte wie versessen Dudelsack, was schwer zu ertragen war. Richtig gespielt, ist der Klang des Instruments gewöhnungsbedürftig, falsch geübt, unerträglich. Alaister, Alistair der mittlere Sohn, ein blitzgescheiter, raffinierter, sehr charmanter Junge, manipulierte die Erwachsenen, wo es nur ging, um seine Ziele zu erreichen. Er war das perfekte Material für einen Juristen als Sprungbrett für eine politische Kariere und er übte damals schon jede Menge zweideutige Antworten. Jaimie, das schelmische Nesthäkchen, war einfach nur lieb, nett und spielte Dudelsack viel besser als sein älterer Bruder.

Die Familie Boilen, direkte Nachbarn der Mac Kays, gehörte zu den zahlreichen neureichen Multimillionären von Kanada. Herr Boilens Vater suchte im hohen Norden nach Gold und fand Uran, was unerhörten Reichtum bedeutete. Frau Boilen hatte drei Cadillacs: rosa, blau, und lavendelfarben. Alle zwei Wochen fuhr sie eine andere Farbe und ihr Pudel wurde im Hundesalon mit Farbspülung dazu passend eingefärbt, auch seine Fußnägel in der jeweiligen Farbe dazu lackiert. Natürlich war Frau Boilens Garderobe in der gleichen Farbnuance, damit sie zum Wagen und dem Hund passte. Da war eben dekadenter Reichtum mit all seiner übertriebenen Ausartung am Werk. Die Boilens gaben auch sehr viele Feste und bei einem hatten sie nicht genug Personal. Sie liehen sich von den Mac Kays einfach Eleonore aus. Meine Mutter war sehr, sehr böse darüber. Sie fand, sie war kein Gegenstand, den man herumreichen könne. Ich fand das Ganze allerdings sehr amüsant, weil Mutters subtile Rache ganz einfach war. Sie machte in aller Früh, vor dem Fest, drei große Serviertassen voll wunderschöner Häppchen, verwendete dazu als Aufstrich nur Dosenfutter für Hunde und Katzen! Alles war perfekt garniert, gewürzt, dekoriert, auf den Tassen arrangiert, mit geschnitztem Gemüse und Blumen wie Stiefmütterchen und Feuerlilienblüten als Dekor, wirklich prachtvoll anzusehen. Mit Schadenfreude sah sie, wie sich die „High Society" inklusive der Dame des Hauses über die hübschen Leckerbissen hermachte und die Rachestückchen einverleibten. Sie alle gaben diesen Leckereien sogar der normalen Kost den Vorrang. Nach der Party, wo Frau Boilen sie nicht übersehen konnte, platzierte Mama alle leeren Tierfutterdosen auf dem Küchentresen, genau neben den leeren Brötchentassen. Es war ein unmissverständlicher Hinweis, unmöglich zu ignorieren. Ausgeborgt wurde sie nicht wieder, und von den Boilens gegrüßt auch nie mehr.

Im Sommer 1959 gab es in Toronto etwas Großes zu feiern: Die offizielle Eröffnung des Sankt-Laurence-Seeweges stand bevor. Dieser würde es ermöglichen, Waren auf dem Wasserweg vom Atlantik ins Landesinnere von Kanada zu befördern. Emsig wurde die Stadt Toronto auf Hochglanz gebracht. Die englische Königin mit Prinz Philip auf der Yacht Britannia hatte Kurs auf den Hafen genommen. Ein erhöhtes Podium und eine Tribüne wurden dort aufgebaut. Diese waren für diverse Würdenträger und Prominente der Stadt vorgesehen, dort würde das königliche Paar von diesen Leuten auch begrüßt. Wir hatten Plätze auf der Ehrentribüne. Herr und Frau Keiler Mac Kay machten die Eröffnungs- und Begrüßungszeremonie für Queen Elizabeth und Prince Philip. Auf dem Podium, welches in der prallen Sonne stand, war die Temperatur über 30 Grad, mit Luftfeuchtigkeit mindestens 90 Prozent. Die Coldstream Guards, die junge Ehrengardesoldaten, mit der schweren Bärenfellkopfbedeckung, welche, platziert neben der Bühne, die Königin unterwegs „beschützten", standen bei der schwülen Hitze nicht lange aufrecht. Sie fielen um wie Holzstücke – steif durchgestreckte Körper und direkt aufs Gesicht. Keine erste Hilfe für sie. Die mussten auf dem brennheißen Asphalt liegenbleiben, bis die Feier vorbei war. Alle Anwesenden schwitzten um die Wette. Königin Elizabeth zeigte bewundernswerte Haltung. Es musste todlangweilig gewesen sein, mehr als eine Stunde in Stöckelschuhen in der prallen Sonne am Podium zu stehen, mit irgendwelchen fremden Menschen Banalitäten auszutauschen und einen freundlichen, intelligent aussehenden Gesichtsausdruck dabei zu machen. Die Queen war hundert Prozent Profi in ihrem königlichen „Beruf", freundlich kühl, elegant, in pastellfarbener Sommergarderobe, sie transpirierte zumindest nicht sichtbar. Dafür tropfte Prince Philip vor sich hin, seine Kleidung hatte Schweißflecken, bei diesem Wetter unvermeidbar. Sehnsüchtig musterte er die Boote im Ontario Seehafen vor der Stadt. Er starrte ganz unverschämt zu ihnen hinaus und kümmerte sich reichlich wenig um die Ehrengäste, wie seine Königin. Zu Ehren dieser Feier waren hunderte schwimmende Bootmodelle in allen möglichen Ausführungen in den Hafen gekommen, und die gut gelaunten Menschen darauf schwenkten Schilder mit Glückwünschen und „God save the Queen"-Aufschriften. Das brachte sogar ein sehnsüchtiges Lächeln auf Prince Philips Antlitz.

Für die Töchter der wichtigsten Würdenträgerfamilien Torontos wurde ein Fünf-Uhr-Tee mit der Queen auf der Britannia arrangiert. Frau Mac Kay hatte schriftliche Einladungen ausgeteilt, auch eine für mich. Ich weiß nicht, was ich erwartet hatte, aber im Vergleich zur Saxonia und Olden Parnevelt war die königliche Jacht weniger üppig oder reich dekoriert. Ich hatte an goldenen Prunk und einschüchternden, verschwenderischen Luxus gedacht, stattdessen gab es gemütliche, gediegene Tradition, ohne Extravaganz. Die Queen war die professionelle, höfliche Gastgeberin, welche sich unter uns Mädchen mischte und kurz einige Worte mit fast allen wechselte. Danach kamen livrierte Diener und servierten Tee, kleine Sandwiches ohne Kruste und Kekse auf wunderschönem Porzellan. Englische Tradition auf Königin Elizabeths Britannia war von gediegenem, würdevollen und subtilen Komfort, mit gedämpften Farben und polierten Edelhölzern, angenehm beruhigend, ein denkwürdiges Erlebnis. Die Queen war herrlich unkompliziert, einfach nur wie eine gute Gastgeberin der besseren Gesellschaft gewesen, strahlte große Ruhe aus und sanftes Wohlwollen. Sie hatte eine höchst elegante Art zu gehen. Trotzdem ging von ihr Autorität aus, diese Mischung aus Präsenz mit Entschlossenheit und beruhigender Güte war äußerst beeindruckend. Einmal getroffen, würde man diese Frau sein Leben lang nie mehr vergessen.

WENN DIE SONNE TIEF GENUG STEHT, WERFEN SOGAR AUCH ZWERGE LANGE SCHATTEN

Die Eröffnung des Sankt-Lorenz-Seeweges wurde in den Zeitungen mit vielen Fotos sehr genau beschrieben, was zur Folge hatte, dass auch wir in der Gouverneursloge auf der Tribüne in einem Bild zu sehen waren. Nach dem königlichen Besuch waren Onkel Kurt und Tante Elli auf einmal furchtbar freundlich, weil wir eben in der Zeitung zu sehen gewesen waren. Plötzlich wollten sie Kontakt mit uns und leider folgten wir der Einladung. Die neue Residenz der Hanzliks war eine eher bescheidene zweistöckige Affäre, eingerichtet mit Antiquitätennachbau, bescheidenen Perserteppichen, zum Versicherungspolizzenverkauf war es ausreichend.

Kurt wollte unbedingt in den „Granit Country Club" von Toronto, als Mitglied aufgenommen werden, um gute Geschäfte zu machen und mit reichen Leuten Ellbogen zu reiben. Die neue Adresse sollte das möglich machen, und war Kurts Meinung nach dafür unbedingt notwendig gewesen. Nur hatte er sich da verrechnet: Das „alte Geld" verwehrte Eintritt in ihre etablierte Gesellschaft. Kein europäischer Emporkömmling mit dickem Akzent war bei ihnen willkommen, schon gar nicht dieser Österreicher. Im Ausland Geborene wurden generell nur in einem Dienstverhältnis als Hausdiener, Bedienungspersonal im Country-Club-Haus, oder als Köchin und Kindermädchen im eigenen Haushalt akzeptiert. Die etablierte britisch-kanadische Gesellschaft von Toronto blieb unter sich. Sie ließ sich damals weder heiraten noch infiltrieren. Kurt hatte sich umsonst mit seinem neuen Anwesen verschuldet. Wie sehr, würde er noch zur Genüge erfahren. Unser Besuch endete für Mutter wie immer in Alkoholkonsum und Streit zwischen Bruder und

Schwester. Diesmal waren wir im Keller an der Bar im „Bürozimmer" des neuen Domizils. Dort hatte Kurt kein tolles Aquarium wie in seinem alten Haus. Alles wirkte irgendwie mittelmäßig. Wir durften mit den öffentlichen Verkehrsmitteln nach Hause fahren, nicht so schlimm, weil es praktisch um die Ecke von der Gouverneursresidenz war. Immer wieder gab es dieselben Szenarien mit Alkohol und Streit, was war bloß los mit den beiden? Bruder und Schwester schienen sich zu hassen. Jahrzehnte danach lernte ich den Grund ihrer Feindseligkeit.

Als im September 59 die Schule wieder anfing, wurde Mutter unruhig. Sigmund hatte nichts von sich hören lassen. Trotzdem kündigte Mutter beim Gouverneur mit Ende November. Vorher musste sie noch ihre neue Stellvertreterin einschulen. Das arme junge Mädchen weinte die ganze Zeit. Sie war eine Schwarze aus Jamaica, zitterte fürchterlich wegen der Kälte im zugigen Haus, auch trugen ihre Weinkrämpfe dazu bei, sie war ein Mitleid erregendes Häufchen Elend. Wir schenkten ihr Socken und eine dicke Weste, sie besaß nur Tropenkleidung. Wir waren uns einig, dass sie die Arbeit nie schaffen würde. Sie kannte nicht einmal einen Gasherd, auch keinen Eiskasten, und sie tat mir richtig leid, ich versuchte ihr zu helfen so gut es ging, und war mir sicher, sie bekam nur einen Bruchteil des üblichen, gängigen Gehalts für „domestics" – Haushälterinnen. Lohn-Dumping im Anfangsstadium! Der Hausherr meinte, er würde die Kindfrau schon richtig anlernen, wir glaubten an diese Möglichkeit allerdings nicht.

Eine Schulfreundin, deren Eltern aus Wien stammten, hatte mich noch im August eingeladen, mit ihr und ihrer Familie zwei Wochen in Muskoka in ihrer Fischerhütte zu verbringen. Es war in derselben Gegend, wo wir schon mit den Skeiths drei Jahre zuvor geurlaubt hatten. Das Gebiet lag im Zentrum der kanadischen Provinz Ontario, eine ca. 3.940 km^2 Fläche mit Unmengen von großen und kleinen Seen. Dort gab es glasklare Wasserqualität, herrliche Wälder mit unbelasteter Natur- und Tierwelt; es war ein gerne besuchtes Urlaubsziel für die Einwohner von Toronto.

Die Fischerhütte im rustikalen Stil, ohne Luxus, hatte ein dazugehörendes Plumpsklo in den Büschen unweit von der Hütte entfernt. Als ich eines Morgens dort einem Bedürfnis nachging, hörte ich ein Brummen. Danach wackelte plötzlich die WC-Hütte und das Brummen wurde intensiver. Durch die Ritze in der Türe sah ich das dunkelbraune Fell eines Bären. Er schien unbedingt zu mir hineinzuwollen und ich hatte plötzlich Todesangst. Alle möglichen Schauergeschichten fielen mir ein: über kampierende Touristen im Yellowstone National Park, die dort zu Tode kamen. Sie wurden von Grizzlybären angefallen, während sie friedlich im Schlafsack beim Lagerfeuer weilten. Starr vor Angst, rechnete ich meine Chancen aus, wenn die Türe nicht Stand halten sollte. Da saß ich fest, unter mir das übelriechende, volle Plumpsklo und vor mir der übelriechende Bär. Es dauerte endlos lang, bis dem Tier langweilig wurde und es endlich verschwand. Als ich meinen Gastgebern von meinem Erlebnis und meiner Angst berichtete, wurde ich ausgelacht und aufgeklärt. Der Bär war zahm, ein Maskottchen des Rangers, das in einem Feuerwachtturm in der Nähe unserer Fischerhütte weilte, um zeitgerecht eventuelle Feuer zu melden, um mit herbeieilender Hilfe Waldbrände im Keim ersticken zu können. Danach sah ich den Bären noch einige Male am weitentfernten Seeufer, geheuer wurde er mir auch aus der Ferne trotzdem nicht.

Es war ein lehrreicher, wunderbarer Sommerurlaub gewesen, in gesunder, unberührter Natur, mit sanftem Tourismus. Als der Urlaub zu Ende war, nahmen wir unseren Unrat beim Räumen der Hütte wieder mit. Die Natur zu pflegen und schützen, waren damals dort oberstes Gebot und die Menschen hielten sich daran. Keiner von uns hätte sich erlaubt, seinen Mist in der wunderschönen, intakten Natur zurückzulassen.

DIE BESCHEIDENHEIT IST EINE ZIER;
DOCH WEITER KOMMT MAN OHNE IHR!

Unser US-Visum, beantragt vor fünf Jahren, wurde bald aktuell. Ich hatte das Gefühl, dass wir alleine in die USA einwandern würden, ohne Sigmund. So kam es dann auch, und die amerikanischen Grenzer waren nicht sehr freundlich. Sie studierten unsere Papiere, unser Gepäck und uns. Frauen ohne Ehemänner schienen sie nicht sehr zu mögen. Sie fragten Mutter endlos aus über den Verbleib meines Vaters, weshalb wir verschiedene Namen hatten, ob ich eine uneheliche Geburt war, und die Umstände des Todes des Ehemannes/Vaters, bis das Ganze für Mutter zu lange dauerte. Sie begann zu weinen: ihre Nerven! Der Krieg! Sie hatte so viel gelitten und dann noch fünf Jahre auf die Einreiseerlaubnis warten müssen! Und jetzt von den Herren gequält zu werden, war eindeutig zu viel! Sie hielt das alles bald nicht mehr aus! Die Tränen flossen unaufhaltsam, Buhu...hu...hu...!!!!!!!! Plötzlich waren die Grenzer ganz verlegen, wenn nicht gerade freundlich, und ließen uns von Dannen ziehen. Madam hatte soeben etwas Wertvolles gelernt; nämlich auf kriegstraumatische Erlebnisse hinzuweisen, um Sympathie zu schinden. Ihr Wiener Akzent suggerierte eine ehemals verfolgte, gepeinigte jüdische Überlebende und diese wurden in den USA sehr gut behandelt. Ab sofort war das ihre Schiene, mit der sie Jahrzehnte lang erstklassige Sonderbehandlungen und Sympathien erzielte. Diese Theatervorstellung gab sie von nun an immer öfter, jedes Mal wurde das Grundprinzip erweitert und dramatischer ausgebaut. Auf Anhieb flossen auch die Tränen ganz prächtig, die Wirkung erzielte danach immer zu ihren Gunsten, was sie gerade durchziehen wollte. Die kleine Hexe hatte erstaunliches Schauspieltalent.

Wir sollten Sigmund in Detroit treffen und reisten zu einer Jugendfreundin von beiden. Ende November kamen wir bei Emmy Rosdolsky an und durften auch bei ihr wohnen. Emmy und ihr Mann Roman, ein Politologe und ukrainischer Marxist, wanderten 1947 in die USA aus. Davor war Emmy in Österreich während und nach dem Zweiten Weltkrieg als Antifaschistin tätig gewesen und zweimal eingesperrt worden. In den USA etablierte sich Emmy als hohes Wunderkind in der UAV, der Gewerkschaft der Automobilarbeiter, die mitgliedstärkste Gewerkschaft der USA. Emmy war der urintellektuelle Alt-Hippie, uninteressiert an ihrem Äußeren, mit null Gefühl für schönes Wohnen. Sie hatte höchste Bildung genossen, besaß einen hohen Intelligenzquotient und einen gut dotierten Arbeitsplatz, aber trotzdem war sie ungeeignet, praktische Dinge im Haushalt zu meistern, geschweige denn, Sinn für harmonisches, geschmackvolles Einrichten zu Stande zu bringen, zu brauchen, oder Ordnung zu halten. Sie war ein schlampiger, intellektueller Akademiker/Student geblieben, obwohl sie schon in mittleren Jahren angekommen war. Die Wohnung sah aus wie eine Hippie-Studentenbude, ein kniehohes, chaotisches Durcheinander von sehr vielen Büchern und Zeitschriften am Boden verstreut, oder auf uralt-klapprigen Sitzgelegenheiten, nirgendwo brauchbarer Stauraum, um das Durcheinander zu ordnen. Emmy duldete Glühbirnen ohne Lampenschirme, alles war einfach fürchterlich deprimierend, unordentlich und beschämend, passend zur tristen nachbarschaftlichen Umgebung, dunkel, hässlich und fürchterlich schäbig. Als Dankeschön für unsere Unterkunft und Verpflegung, um die Zeit totzuschlagen, bis uns Sigmund holen würde, beschloss Mama, Emmys Bude neu zu gestalten. Was immer los war mit ihm, andauernd war er irgendwo, nur nicht dort, wo Mutter ihn zu treffen hoffte.

Emmys Wohnung lag in einer schlechten Gegend, die Umgebung war verwahrlost und trostlos. Trotz einer schönen, frischen Schneedecke, sahen die Holzhäuser mit ihrem abblätternden Anstrich schäbig aus. In der Nachbarschaft war die Miete billig. Emmy hätte sich mit ihrem Gehalt eine Luxuswohnung, zum Beispiel ein Penthouse, in der besten Gegend leisten können. Warum sie in so einem Loch wohnte, verstand ich nicht. Die Nachbarschaft war richtig abstoßend widerwärtig, ein von Armut gezeichnetes Ghetto. Eis und Schnee lähmten Detroit. Die Stadt war das Herz der US-Automobilindustrie, welche in ihrer Blüte stand. Der Wind pfiff eisig von den großen Seen in die tristen Straßen. Die meisten US-Städte hatten elektrische Leitungen in Randbezirken nicht unterirdisch, sondern auf Holzpfählen am Straßenrand. Gefährlicher und verschwenderischer ging es wirklich nicht. Wetter bedingt, bei Stürmen, gab es laufend Schäden und Stromzufuhrunterbrechungen. Für unterirdische Stromleitungen war nie Geld vorhanden, aber für die andauernden Reparaturen sehr wohl, völlig unlogisch. Diese Holzmasten mit zig Kabeln und Transformatoren sahen schrecklich hässlich aus. Das Vorstadtbild mit verwahrlosten Häusern, meistens aus Holz, ihren abblätternden Fassaden, zerschlissenen Fliegengittern vor den Fenstern und den Eingangstüren, traurige Vorgärten mit rostigen Autoteilen, inmitten eines Waldes von Strommasten, war abscheulich und abgrundtief hässlich. Vor den Häusern standen mehr rostige Autos, manche sogar aufgebockt ohne Reifen. Wir befanden uns in einem typischen hässlichen US-Großstadt-/Vorstadtghetto, wenn man mit mitteleuropäischen Standards verglich, ein riesiger Schock. Was für ein radikaler Kontrast zu der Luxusnachbarschaft von Toronto, in der wir gerade residiert hatten.

US-Armut wurde sehr oft als Verteidigung für Faulheit verwendet. Ein aufgeräumter Vorgarten und ein gefegter Gehsteig hatten, unserer mitteleuropäischen Meinung nach, mit Geld nichts zu tun. Man musste nur seinen schwabbelig dicken Hintern aus dem vergammelten, rostigen Gartenstuhl auf der mit Gerümpel verrammelten Veranda hochkriegen, aufstehen und ordentlich loslegen: den unansehnlichen Müll entsorgen, Sesseln streichen, fegen, einen oder zwei Töpfe mit Pflanzen hinstellen, oder im Winter etwas saisonmäßiges Reisig darin aufbewahren, schon sähe es netter aus. Die dort lebenden Leute hatten keine Lust und kein Bedürfnis, zu verschönern. Sie waren arm und man sollte das auch sehen können. Aufräumen kostete Energie, die brauchte man, um sich mit Fast Food-Hamburgern und Pommes vollzustopfen, um noch dicker zu werden, als man sowieso schon war. Im Winter standen auf den schlampigen Veranden nur Ramsch und die rostigen Sitzgelegenheiten ohne Menschen darauf. Nach Weihnachten dekorierten sogar verdorrte Christbäume die Veranden, welche oft bis Ostern als trockenes Gerippe dort standen. Mit Schnee angezuckert, sah alles in der Nachbarschaft fast weniger hässlich aus. Aber nur fast. Nicht weit von dem Zinshaus in dem wir bei Emmy logierten, befand sich „Woolworth", ein fünf-und-zehn-Cent-Geschäft. Da bekam man alles für wenig Geld für Haushalt, Schönheitspflege, Garderobe und Renovierungen. Für finanziell schwache Leute mit beschränktem Budget eine Möglichkeit, trotz Armut, gewisse Notwendigkeiten zu ergattern. Wir kauften Farbe, Pinseln, bunte Meterware, Bilderrahmen, einen Teppich, Schaumgummi, Vorhänge und eine Klammermaschine. Dann gingen wir an Misttagen in den Wirtschaftsalleen in besseren Nachbarschaften Sperrmüll begutachten und fanden einige noch sehr taugliche Möbel, einen Beistelltisch, einen Blumentisch und vier hübsch verschnörkelte eiserne Gartensesseln für das Esszimmer. Emmys Kombi half uns beim Transport. Dann ging es los, viel wurde nicht geschlafen, wie eine Besessene arbeitete Mama und ich half mit. Zuerst wurde ausgemalt. Danach machten wir eine entzückende Wohnung aus der Bruchbude und ich lernte Unbezahlbares für mein späteres Leben. Emmy hatte eine alte Nähmaschine, an der ich bald sehr gut werken konnte. Wir strichen die eisernen Sesseln in aufmunterndem Grellrot, nähten Pölster für ihre Sitzflächen, tapezierten den vorhandenen Divan und einen Ohrensessel, rahmten blumiges Geschenkpapier als Blickfangbilder, bauten aus Ziegeln und buntgestrichenen Brettern Bücherregale; diese reichten bis zur Decke in Anbetracht von Emmys voluminösen Bücherbesitz. Wir bespannten alte Lampenschirme mit Buchhüllen, kauften ein paar Hängepflanzen und platzierten sie vor den Fenstern in selbstgeknüpften Makrameeampeln. All das zur Schallplattenmusik von der Dreigroschenoper von Bertolt Brecht und Kurt Weil. Als wir fertig waren, konnte ich sie Wort für Wort auswendig und das für den Rest meines Lebens.

Es kam ein Brief von Sigmund, wir sollten nach Reno fahren, er würde uns dort treffen, er habe noch Einiges zu erledigen. Emmy versuchte, meiner heulenden Mutter Ratschläge zu erteilen, weil sie Sigmunds Verhalten als feiges Hinhalten einstufte. Sie war auch aus der ehemaligen Jugendclique von „seinerzeit" in Wien. „Vergiss ihn, der lässt sich doch nie scheiden!" Da wurde Mamas Heulerei nur noch heftiger.

Am 31. Dezember kletterten wir in einen US-Zug Richtung San Francisco, ohne spät dran zu sein und ihm nachlaufen zu müssen, die Station Reno Nevada, endlich unsere Destination. Diese Reise in einem bequemen Zug mit Speisewagen zweieinhalb Tage zu ertragen, war eine recht angenehme Art zu reisen. Man sah aus dem Fenster, Stunde um Stunde war man noch immer im selben Bundesstaat. Das Land war unglaublich groß, ich dachte an die Pioniere und wie mühsam alles gewesen sein musste. Erstaunlicher regionaler Kontrast zeigte sich, als wir die Präriestaaten hinter uns hatten und die Ausläufe der Sierra Bergkette begann, das Rückgrat der Westküste, vom Tipp von Südamerika bis Alaska. Die Pioniere und ihre groben Konestogawagen, welche Monate lang ihr Heim waren, entbehrten jeden Komforts. Durchgerumpelt, Kinder kriegend, Staub schluckend, oder Regen gepeitscht, von Indianern angegriffen, diese Leute hatten Erstaunliches ausgehalten. Ich fühlte mich fast schuldig, weil ich reisegrantig war, trotz so viel Luxus im gut geheizten Waggon eines Schnellzuges. Mit weich gepolsterten Sitzen, einem Speisewagen und Bedienung, welche ein Wägelchen durch die Gänge schob und Limonade, Zigaretten, Sandwiches und Süßigkeiten alle paar Stunden anbot.

Mutters Putzwut hatte sich in Grenzen halten müssen, da der Zugwaggon keine Abteile hatte, sondern offene Sitzreihen mit einem breiten Mittelgang. Sie begnügte sich, den flüssigen Reiniger zu trinken, zwischendurch blätterte sie in einem Modemagazin. Sie war endlich mal erträglich, wahrscheinlich hatte sie Angst, etwas könnte mit Sigmund nicht stimmen. Das Gefühl hatte ich schon sehr lange. Seinetwegen waren wir in diesem Land, in diesem Zug an diesem Silvester.

Der Rutsch von 1959 auf 1960 in einem US-Zug war ein eigenartiges, ungewöhnliches Fest. Das Feiern höchst speziell, ein Riesenspaß und Alkohol floss in Strömen. Getanzt wurde im Mittelgang, zu Musik aus dem Zuglautsprecher, Brötchen und Süßigkeiten von der Bahngesellschaft hatten wir auch dabei, die Fahrgäste boten sich gegenseitig eigenen Proviant an, und Hochprozentiges zum Schlürfen. Jeder machte sich mit jedem bekannt, man zog von Waggon zu Waggon, die Reisenden gingen aufeinander zu, es herrschte eine wunderbare Stimmung. Nur Mama saß in ihrer Ecke und schmollte. Ohne Sigmund war diese Odyssee eigentlich sowieso umsonst. Ich verfluchte den Blödmann, weil ich ihn für unseren Exodus verantwortlich hielt. Und Frau Mama, weil sie sich ihn eingebildet hatte, anstatt in Wien einen der Politiker zu ehelichen, welche sich um sie bemüht hatten, uns Sicherheit und ein sorgloses Dasein geboten hätten.

„WIR SIND DIE GESAMTSUMME ALLER MENSCHEN, DENEN WIR IM LAUFE UNSERES LEBENS BEGEGNEN"

Mutter lag im Bett und heulte vor sich hin. Es war gekommen, wie ich befürchtet hatte. Einige Tage vor unserer Ankunft in Reno war Sigmund nach San Francisco abgereist. Er ließ ausrichten, dass er dringende Dinge zu erledigen hatte, er würde sich aber melden. Als wir am zweiten Jänner um sechs Uhr früh in Nevada ankamen, stand Fritz Kramer am Reno Bahnsteig, um uns abzuholen. Er war Mutters und Sigmunds bester Freund, derselbe, der bei den Niagarafällen dabeigewesen war. Fritz, als unser momentaner Gastgeber und „gute Fee" in der Not, versuchte, so behutsam wie möglich über Sigmund zu informieren, jedoch, wie auch immer man es nannte, Sigi war ohne uns zu treffen weitergereist und hatte scheinbar kalte Füße bekommen.

Fritz war vor 1938 aus Wien nach Amerika geflohen, weil er einem Glauben angehörte, der immer unpopulärer geworden war. Er hatte seinen Unterhalt so recht und schlecht als Skilehrer und Bergretter in Colorado verdient. Dort traf er seine spätere Ehefrau Mary, eine Zahntechnikerin auf Skiurlaub, die beiden heirateten und Mary unterstützte Fritz bei einem Studium. Er wurde Geografieprofessor, mit Lehrstuhl an der Universität von Nevada in Reno. Ganz nebenbei bekamen sie drei Kinder, welche, sobald sie alt genug waren, im Haushalt ordentlich mitzumachen angehalten wurden, um den arbeitenden Eltern zu helfen.

Anfang Jänner 1960 standen wir nun in der kleinen Bahnstation in Nevada; sie war dunkel und nicht gerade einladend. Wir wurden von eisigem Wind begrüßt, die Luft herrlich hochalpin und fantastisch, kein Wunder, wir befanden uns auf 1.373 m Seehöhe. Am Ende der Zughaltestelle strahlte uns helle Beleuchtung entgegen. Bei näherer Inspektion stand da ein riesiger, eiserner Torbogen mit Leuchtreklame. Darauf zu lesen war: „Reno, die größte Kleinstadt der Welt." Dadurch führte eine zweispurige Hauptstraße, links und rechts flankiert von Gehsteigen und einem Spielkasino nach dem anderen. Auf der rechten Seite dazwischen waren viele Juweliere angesiedelt. So konnten Verlierer sofort ihren Schmuck verpfänden, um mit dem Erlös weiterzuspielen, oder Gewinner ein schönes Schmuckstück als Wertanlage erwerben. Tausende farbenfrohe Glühbirnen blinkten und glitzerten um die Wette. Sie zeigten die Namen der Spielkasinos und hatten verschiedene Blinkmuster eingebaut. Für normale Menschen war eigentlich Schlafenszeit, nur nicht in einer Spielerstadt; das laute, fröhliche Treiben der Spieler zeigte null Müdigkeit. Die Kasinos hatten keine Türen, die volle Breite des Gebäudes war ohne vierte Wand, das innere Treiben um die einarmigen Banditen konnte man beim Vorbeischlendern beobachten. Das Gebimmel, wenn jemand eine Maschine zum Auszahlen gebracht hatte, war lautstark zu hören, dadurch hoffte man, unentschlossenen Menschen das Spielen schmackhaft zu machen. Man brauchte nur aus dem Zug zu klettern, einige Schritte zu gehen und in das nächstgelegene Kasino zu stolpern. Alle überbreiten Eingänge hatten Heißluftvorhänge, vorgewärmte Luft wurde von oberhalb der Öffnung nach unten geblasen. Im Sommer war es kühle Luft von der Klimaanlage.

Mutter war bei den Koffern geblieben, während ich mich neugierig selbständig machte. Fritz wartete schon, lud uns in seinen VW-Bus und führte uns aus dem Städtchen unserer neuen Zukunft entgegen.

Reno lag in einem Tal umringt von beachtlichen Bergketten. Die Berge Richtung Westen waren bewaldet, die gegenüberliegenden kahl, ohne Vegetation, wüstenmäßig trocken und strahlten nach Sonnenuntergang in traumhaft schönen Farbschattierungen in Lavendel und Altrosa. An den Bergausläufern im Westen klebten Häuser, kleine Siedlungen mit gleich aussehenden Haustypen. Je nach Preisklasse, gab es da Bungalows und zweistöckige Eigenheime. Das Haus von Fritz lag in so einer günstigeren Siedlung und war recht herzig, ein Bungalow mit drei Schlafzimmern ohne Keller, auf einem Betonsockel, mit Garage für ein Fahrzeug dazu. Was wie ein Natursteinhaus aussah, entpuppte sich bei näherer Betrachtung als großer Schwindel. Die steinernen Außenwände bestanden aus dünnen Natursteinstücken und waren auf Spannholzplatten geklebt, zwischen den Steinen zeigte sich Fugenmasse, hier und da war sie rausgefallen und man konnte die Spannplatte darunter erkennen. Von Weitem sah es aus wie ein aus Stein gebautes Haus, das Schummeln war günstig für den Geldbeutel. Die US-Devise hieß: möglichst jeder Familie ihr leistbares Eigenheim zukommen zu lassen. Ein Modell mit zwei Schlafzimmern war schon ab 12.000 Dollar zu erwerben.

Innen war die Behausung sehr gewöhnungsbedürftig. Man kam direkt von der Straße ins Wohnzimmer, also mit dreckigen Straßenschuhen in den Wohnbereich. Ein Vorraum für Hausschuhe, Regenschirme etc. war nicht vorhanden. Küche, Ess- und Wohnzimmer waren ein einziger Raum, WC und Bad zusammen in einem Raum. Saß man in der Essecke, konnte man alles hören, was im Bad/Klo vor sich ging. Aus jedem Zimmer bekam man alles mit, Privatsphäre gab es keine. Die Wände aus Holzgerüst mit Rigipsplatten darüber boten wenig Stabilität. Ein Schlag mit einer wütenden Faust, damit war man durch die Wand im Nebenzimmer und konnte jemanden dort den Rücken kratzen. So viel zu der US-Bauweise für Durchschnittsbürger. Bei übermäßiger Sturmbelastung, z.B. Wirbelstürmen wie im Mittelwesten, wurden die Häuser zu einem Haufen Brennholz reduziert. Auch wurden elektrische Leitungen hinter den Rigipswänden ohne schützende Rohre verlegt und Gasheizstrahler eingebaut, sodass man die Wärme in zwei Räumen gleichzeitig genießen konnte.

Fritz und Mary hatten zwei Töchter und einen Sohn, die Mädchen rückten zusammen in ein Zimmer und wir bekamen eines von ihnen. Die Familie Kramer hatte wirklich nach Möglichkeit für uns Platz gemacht und uns so gut es ging willkommen geheißen. Mutter war sich in den Kasinos um Anstellung bewerben, aber die Altersobergrenze für Frauen als Kellner, Barmixer oder Kartendealer war 38 Jahre, deswegen die Tränen von Frau Mutter. Sie suchte jeden Tag weiter Arbeit: Renos zweites Standbein nach dem Glücksspiel war Scheidung und Eheschließung. Zur Bürokraft auf Englisch reichte es bei Mama leider nicht. Es gab viele Rechtsanwälte und es dauerte nur sechs Wochen bis man geschieden und wieder frei war, den nächsten Fehler zu begehen. Dafür waren auch viele Hochzeitskapellen zuständig, die 24 Stunden lang Trauungen durchführten. Für eine Frau wie meine Mutter boten sich wenige Möglichkeiten einer festen Anstellung.

Für unseren Geschmack schienen Mary und Fritz einen sehr sonderbaren Haushalt zu haben, für mitteleuropäische Verhältnisse ziemlich schlampig und chaotisch. Die Nutzung des Bügeleisens gab es so gut wie gar nicht. Wäsche aus dem Trockner wurde im warmen Zustand mit der Hand glatt gestreift und aufgehängt, um auszukühlen. War noch etwas verdrückt, blieb es so. Auch die Bettwäsche war leicht faltig und es störte niemanden. Ich dachte an Omas Bügeltag und die Damastbettwäsche mit den Klöppelspitzen. Was für ein Aufwand im Vergleich zu dieser Knitterfaltenorgie. War man nicht zur Stelle, wenn der Trockenzyklus zu Ende war, blieb das Zeug drinnen und wurde irgendwann mit den Falten getragen, oder bei Bettwäsche, zerknuddelt darin geschlafen. Kochkultur war nicht vorgesehen. Aufgewärmt wurden Fertiggerichte aus Sackerln, Dosen, oder es gab Tiefkühlkost. Einmal in der Woche wurde „Elefant" zubereitet. Das waren alle Essensreste aus dem Eiskasten, in einem Topf mit viel Ketchup und einem Suppenwürfel. Dass niemand an Lebensmittelvergiftung starb, schien ein Wunder. Bei Backwaren kamen die Zutaten fertiggemischt aus einer Schachtel. Man brauchte nur Wasser und bei manchen Torten ein oder zwei Eier dazu zu mischen. Das gebrauchte Geschirr wurde in eine Geschirrspülmaschine gestopft. Diese reinigte spiegelblank sogar verkrustete Kochtöpfe! Gesaugt wurde einmal in der Woche, ganz gleich, ob zwischendurch dringender Bedarf bestand, Gardinen waren nicht vorhanden, nur Rollos. Die Fenster wurden erst geputzt, wenn man nicht mehr durchsehen konnte, was zirka einmal im Jahr vorkam. Ich dachte an Omas gestärkte Spitzenvorhänge und Haushaltskult, was für ein Unterschied! Wir befanden uns nun mal im schlampigen Amerika, wo die einfachen Menschen andere Prioritäten hatten. Hier stand an erster Stelle Geldverdienen, danach Freizeitgenuss. Hausarbeit war nicht so wichtig.

Zwei Pluspunkte hatte Reno – alpine Frischluft und herrliches Hochquelltrinkwasser. Wenn man den Hahn aufdrehte, war da keine stinkende Chlorbrühe wie in den Städten im Osten der USA. Dort befanden sich Wasserspender mit Hochquellwasser sogar in Privathaushalten. Was dort aus dem Wasserhahn kam, war untrinkbar. Auch beim Duschen ergab das Wasser oft nicht genug Seifenschaum, wenn man Glück hatte, stank es nur nach Chlor. Wasserrohre hatten auch ihre Probleme, man war genötigt, kostspielige Wasserfilter vor dem Hauptwasserzufuhrrohr einzubauen. War man Wiener Hochquellwasser gewohnt, wurde der Wasservergleich umso deprimierender.

Ein tolles Erlebnis stand uns plötzlich bevor: Fritz war ehrenamtlich bei der Berg- und Skirettung und für die 1960 Winter Olympiade in Squah Valley, California vom 18. bis 28. Februar im Einsatz. Die Eröffnungsfeier wurde groß aufgezogen, mit vielen mitwirkenden Schülerchören aus Nevada und Nordkalifornien. 664 Athleten, davon 144 Frauen, waren dabei die Mitwirkenden. Wir nächtigten im Österreich-Haus im Olympischen Dorf, ich durfte mit den österreichischen Sportlern herumalbern. Ein Skifahrer namens Anderl Molterer erzählte Anekdoten über das Skiass Toni Sailer, der schon bei den Winterspielen vor vier Jahren in Cortina d'Ámpezzo 1956 zwanzigjährig dreimal Goldmedaillen abkassiert hatte. Anton Engelbert Molterer, der „Weiße Blitz von Kitz" hatte 1960 kein Gold erzielt und bei keinem Wettbewerb sonderlich spektakulär abgeschlossen. Das konnte ihm aber nicht die Laune verderben. Dass er mit 70, 80 und 90 Jahren noch immer legendäres Skiass sein würde, wusste damals keiner, am allerwenigsten er selbst.

Die Schneelage im Squah Valley war katastrophal. Dürftiger Niederschlag war stark untertrieben. Wir brauchten ein Wunder, und das kam im allerletzten Moment. Am Vortag der Eröffnung fing es endlich heftig an zu schneien, das dauerte dann die ganze Nacht, die Spiele waren gerettet; Fritz und ich genossen sie von Anfang bis Ende. Was für eine wunderbare Erfahrung, einige sehr gute Sportler aus Ländern hinter dem Eisernen Vorhang waren Teilnehmer. Diese Gruppen hatten ihre jeweiligen Aufpasser und Betreuer mit, falls die Sportler in Versuchung kämen, sich in die USA abzusetzen und Asyl zu beantragen. Fritz erklärte mir die Umstände der Satellitenstaaten. Ich erinnerte mich, dass wir in Wien die tschechischen Flüchtlinge Mitte der 50er Jahre aufgenommen hatten. Es war ernüchternd, zu hören, dass viele Nationen noch immer nicht frei waren, zu tun und lassen, was sie wollten. Sie mussten mit Zwang und Einschüchterung leben, oder noch mit viel Schlimmerem, als wir in der Vergangenheit unter der Besatzung in Österreich erduldet hatten. Das Olympische Dorf ergab eine einmalige Gelegenheit, die Sportteilnehmer untereinander harmonieren zu lassen. Auch wenn ihre Nationen mit anderen Spinnefeind über Kreuz lagen, beim Sport trat das in den Hintergrund. Es gab nationalen Stolz, jedoch bei den Sportlern untereinander noch keine offenen Feindseligkeiten. Wären statt Politiker nur Sportler in führenden politischen Positionen gewesen, hätte die Welt sicherlich anders funktioniert und ausgesehen, nämlich viel friedlicher. Zumindest dachte ich das. Sport wurde noch wegen der Liebe dafür betrieben, es war noch nicht so verbissen verseucht mit dem Druck von Sponsoren und dem großen Geld von deren Werbeverträgen. Die Sportler waren noch nicht zugekleistert mit Werbung an ihren Skis, Hauben und Anzügen wie in späteren Jahren.

Nach dem Aufenthalt im Olympischen Dorf wieder in den Reno-Alltag überzugehen, schien mir gar nicht verlockend, aber es musste sein und bald waren wir wieder im unordentlichen Kramer-Haus, in dem ich mich mit Hausarbeit beschäftigte. Mary rauchte Unmengen von Zigaretten und überall standen überquellende Aschenbecher, es schien aber niemanden zu stören. Beide Eltern waren berufstätig und die Kinder (Grete 10, Anna 8, Richard 6) führten den Haushalt, wenn man das so nennen konnte. In sechs Stunden schaffte ich es, Ordnung in das Chaos zu bringen. Mary war sichtlich erleichtert, als sie von der Arbeit kam und staunend das Wohnzimmer betrachtete. Dafür wollte sie mir als Dankeschön eine Party schmeißen mit Mädchen aus der Nachbarschaft in meinem Alter für die letzte Stufe der Junior-High-School. Meine liebe Mama stellte sich sofort dagegen. Sie wollte, dass ich eine Klasse überspringe, war drauf und dran meine Ausbildung voranzutreiben und das so schnell wie möglich:

„Sie braucht keine Party, und überhaupt geht sie in die 10. Klasse in die Senior-High-School. Das packt sie locker, die hat schon ganz andere Dinge geschafft, und ich erspar mir ein Extra-Schuljahr, um sie zu erhalten. Da dulde ich keinerlei Einmischung."

Sie spuckte schon wieder Unhöflichkeiten und die arme Mary war völlig vor den Kopf gestoßen. Da wollte sie einfach nur nett sein und uns etwas Gutes tun, die Frau Mama war wie immer ekelhaft. Wieder einmal schämte ich mich für ihr Benehmen. Hinterrücks erklärte ich Mary, dass Eleonore sonderbare Ansichten hatte und man sie nicht immer für zurechnungsfähig halten sollte. Dass sogar unsere Familie in Österreich sie loswerden wollte und uns die Überfahrt finanziert hatte, damit sie verduftete. Dass Mutter nie wirklich erwachsen geworden war und halt wie ein launischer Teenager dachte. Ich kam mir überhaupt vor wie die viel Reifere von uns beiden und sah sie als eine trotzige Halbwüchsige. Wie sehr das wirklich so war, zeigte sich in den kommenden Jahren. Die Hoffnung, dass unsere Auswanderung scheitern würde, musste ich verwerfen, Mutter war voll dabei sich zu etablieren. Wieder einmal auf Arbeitssuche, fand sie tatsächlich eine gute Anstellung im Grey-Reids-

Kaufhaus, das einzige Großkaufhaus in Reno und Umgebung. Der Manager war aus einer alteingesessenen Familie aus San Francisco. Herr Katron brauchte für seine Buchabteilung eine gescheite Buchhändlerin, welche über Klassiker und Weltliteratur Bescheid wissen sollte. In Reno befand sich die Universität von Nevada, also war auch eine gut sortierte Buchhandlung mit Fachbüchern, Klassikern und Kunstbüchern notwendig, die eben in diesem Kaufhaus sein sollte. Mutters elegante Erscheinung zusammen mit ihrem extrem starken Wiener Akzent, welchen man als Jüdisch auslegen konnte, waren dem Besitzer sofort sympathisch. Eleonore besaß ein gut fundiertes Wissen in Bezug auf Weltliteratur, sie war sehr belesen, hatte sich immer in Bücher geflüchtet, um mit Menschen nicht oder wenig reden zu müssen. Das war eigentlich sehr unhöflich, aber so war sie nun einmal. Sie liebte Bücher über alles. Im Laufe ihres Lebens eignete sie sich extrem viel Wissen durchs Lesen an, was ihr in dieser Position zu Gute kam. Sie hatte ihr Leben wieder im Griff und das erste, was sie tat, war für uns eine Wohnung zu finden, um von Fritz und Mary unabhängig zu sein und den engen Lebensumständen zu entfliehen.

Madam hatte sich weitgehend übertroffen, die neue Bude war richtig übel. In den USA hatten Eigenheime meistens einen Garten vor und hinterm Haus. Der rückwärtige mündete in eine Bewirtschaftungsallee. Die Mülltonnen waren da untergebracht, deren Inhalt die Müllwagen sammelten, ohne den Verkehr auf den Straßen vor den Häusern zu behindern. (Zeit ist Geld). In der Mülltonnenallee befanden sich auch oft extra Doppelgaragen. Auf so einer war unsere neue Wohnung, welche man mit einer Holzstiege erreichte. Oh Graus! Weniger elegant ging es wirklich nicht. Der Eingang führte in eine verglaste Mini-Veranda mit schmutzigen Fenstern und Unmengen an Spinnweben. Dahinter war ein großer Raum mit einem Divan, der sich in ein Doppelbett umwandeln ließ. Sich mit fast fünfzehn ein Bett mit Mama teilen zu müssen, war für mich nicht akzeptabel. Es gab weder Krieg, noch waren wir auf der Flucht, daher empfand ich es als bodenlose Frechheit, von mir zu verlangen, unter normalen Umständen in dieser Spinnen-Floh-und-Kakerlakenburg zu hausen. Mutter hatte einen leichten Schlaf, wenn ich mich umdrehen wollte oder musste, würde sie mich sicherlich ankeifen. In der Albtraumbleibe gab es eine schimmelige Dusche mit WC und eine Kochnische mit einem uralten, vergammelten Eiskasten, einen abgewetzten grünen Teppich, durch und durch ein schauderhaftes Ambiente. Noch eine niedrigere Stufe zu wohnen wäre ein Wohnwagen in einer Wagensiedlung gewesen, wo die meisten gescheiterten Existenzen endeten, bevor sie obdachlos wurden. Das blieb uns allerdings erspart. Der Kontrast zu den Villen in Toronto und denen meiner Tanten, sogar Omas kleines Haus, war gewaltig. Ich hasste es, so hausen zu müssen. Von „müssen" keine Rede, nur weil die Salongurke sich einbildete, in den USA leben zu wollen. Als Immigrant musste man anfangs solche Umstände hinnehmen. Ich konnte all das nur sehr schwer ertragen und verstand nicht, wie dieses hochnäsige, anspruchsvolle Luxussirenenbiest in so einem heruntergekommenen, unappetitlichen Loch plötzlich leben wollte. Nur, um tun und lassen zu können, was man wollte, ohne Vorschriften von Familienmitgliedern? Dafür schien mir der Preis viel zu hoch. Natürlich war das aber der Grund, nur vergewaltigte sie mich auch, so zu leben, was ich als völlig falsch und total unfair empfand. Es machte mich sehr traurig und böse auf die ganze Welt. Was mich betraf, war das eine sehr schlechte und vergiftende Voraussetzung für meine gute, glückliche Zukunft und auf jeden Fall für unsere persönliche Beziehung zueinander.

WENN DIE MENSCHEN NUR REDEN WÜRDEN
ÜBER DINGE, DIE SIE VERSTEHEN, GÄBE ES NUR
GROSSES SCHWEIGEN

-Robert Lemke

Für Mutter war da noch in unserer neuen Slumbehausung ein Stück Dach auf einem Nebengebäude, auf dem sie an ihren freien Turnustagen, Wetter erlaubend, Sonnenbäder nehmen konnte.

Sie musste durch das Wohnraumfenster dort hinaufklettern. Zum Sturz dabei würde sie nicht kommen, eigentlich schade, dachte ich und war momentan erschrocken über solch böse Gedanken. Auf dem Dach schlief sie dort stundenlang in der prallen Nevada-Hochsommersonne, bis ihre Haut aussah wie ein gegerbter Ledersattel. Sie fand es schön und fühlte sich bei Temperaturen um die 40 plus sehr wohl. Das Dach war mit schwarzer Teerpappe gedeckt, daher musste es darauf noch heißer gewesen sein als die offizielle Temperaturangabe im Radio oder am Thermometer. Schwarze Farbe heizte die Sonne noch einige zusätzliche Grade auf. Außerdem konnten die Teerdämpfe, die durch die Hitze entstanden, nicht gesund sein. Ich hoffte andauernd, dass sie Hitzschlag bekommen würde und ich zurück nach Wien könnte, was einfach nicht geschah. Jeder andere vernünftige Mensch würde bei so einem Vorgehen im Spital enden oder in der Prosektur, zumindest Hautkrebs entwickeln, nicht so Eleonore Hanzlik. Komischerweise störte sie auch nicht der Geruch, den die Teerpappe in der Hitze abgab. Normalerweise hatte sie eine sehr heikle Nase, welche sie zum Rümpfen brachte, sobald nur das leichteste Lüftlein mit Zwiebel-, Knoblauch- oder Furzaromen wehte. Darüber musste dann von ihr detailliert geschimpft werden.

„Missis Hänslig", wie man ihren Namen auf Amerikanisch verhunzte, war nun offizielle Bucheinkäuferin für das Kaufhaus Grey Reids, mit der Hautfarbe einer Mulattin. Menschen mit dunklem Teint wurden in den USA diskriminiert, sogar oft lebensbedrohlich behandelt, bei Frau Mama traf das aber nicht zu. Irgendwie schienen immer für sie andere Regeln zu gelten als für ihre normalsterblichen Mitbürger.

Schon an ihrem ersten Arbeitstag lancierte Madam gute/ böse Taten, indem sie die Kundinnen umzuerziehen versuchte. Bisher war es üblich gewesen, dass junge Mütter ihre Kleinkinder im dritten Stock in der Buchabteilung „parkten". Sie legten sie bei den Kinderbücherregalen mit irgendeinem Buch auf den Boden und befahlen ihnen, dort zu bleiben „bis Mami sie wieder abholte". So konnten die Frauen ungestört einkaufen, ohne sich um ihren Anhang kümmern zu müssen. Die ersten Tage verbrachte „Missis Hänslig" damit, den Müttern ihre „Teppichratten", „Schnullerkröten" und „Windelfurzer" sofort wieder mitzugeben. Sie rührte das infrage kommende Kind mit zwei Fingern am Kragen an, als wäre es verschmutzte Unterwäsche. Naserümpfend erklärte sie der jeweiligen Mutter, die Bücherabteilung sei weder ein Kindergarten noch war sie ein Babysitter. Man solle sich merken, dass Bücher nicht auf den Boden gehörten! Kleinkinder schon gar nicht! Wegen der Bazillen und Keime war der Boden in der Öffentlichkeit von den Kleinen zu meiden! Als erwachsene Frau sollte man das doch wissen.

„Aus was für einem Schweinestall kommen Sie eigentlich?", rief sie den fliehenden Müttern mit ihren Kindern im Schlepptau noch nach.

Mutter war sehr elegant, für US-Verhältnisse extravagant, gekleidet. Sie trug schantungseidene Kostüme oder Etuikleider in Pastellfarben, einen großen Amethystanhänger mit Brillanten an einer Platinkette um den Hals. An den Ohren hatte sie Halbkaratdiamantohrstecker. Ihre hochnäsige Art und der starke Akzent machten den schlampigen Hausfrauen richtig Angst. Sobald Mutter auftauchte, bewegten sich die Frauen mit ihren schmuddeligen Sprösslingen im Laufschritt aus der Buchabteilung. Als Herr Katron diese Art des Vorgehens beanstandete, meinte Eleonore nur, dass die Analphabethausfrauen sowieso nur Heftchen mit Sprechblasen lesen konnten und am liebsten ihre Zeit vorm Fernseher mit Seifenopern vergeudeten. Solche Frauen waren keine potentiellen Kunden für anspruchsvolle Literatur. Madam wollte seriöse Studenten und kaufkräftige Damen der Gesellschaft, die teure Kunstbücher für ihren Wohnzimmertisch oder als Geschenke kauften. Sie wollte Bestsellerautoren für Widmungsnachmittage ihrer neuesten Werke einladen. Auch einige Tische und Stühle für Kundschaft zum Schmökern in Bestsellern und Fotobüchern, eine Espressomaschine mit Bedienung, da neben der Buchabteilung sowieso die Feinkost war. Man konnte beide kombinieren und integrieren, um ein gutes Klima für beide Abteilungen zu schaffen, den

Umsatz für beide zu steigern, und man sollte für solche Veranstaltungen unbedingt Werbeankündigungen in Sonntagszeitungsausgaben schalten. Herr Katron war sprachlos aber er ließ ihr freie Hand und tat, worum sie ihn bat. Das Gesamtkonzept wurde ein Riesenerfolg. Wie schon im Haushalt in Toronto kniete Eleonore sich voll in ihre Aufgaben, tat viel mehr als erwartet wurde, aber sie ließ sich nicht entsprechend honorieren. Innerhalb eines Jahres machte die Feinkost zusammen mit ihrer Buchabteilung grandiose Umsätze. Einige Schriftsteller hatten Buchwidmungsstunden ihrer neuen Bestseller sehr lukrativ vollendet. Kultureller Treffpunkt in Reno war nun die Gray-Reids-Bücherabteilung im dritten Stock. Einmal pro Woche wurde Kinderbuchstunde für die Teppichratten abgehalten. Dafür stellte man kleine Stühle im Kreis auf, eine Studentin saß in der Mitte und las aus einem neuen Kinderbuch. Die Bücherabteilung wurde vergrößert. Eleonore hatte viel mehr Arbeit zum selben Gehalt. Wie konnte es anders sein? Das hatten wir doch schon mal. Ich kam nie dahinter, warum Mutter sich nicht besser verkaufen konnte. Dass sie für unser hässliches Heim und kalten Herd nichts übrighatte, war ja wohl klar. Froh, wenn ich sie nicht sah, kümmerte ich mich um mich, so gut es eben ging. Zum Frühstück verschlang ich einen Hamburger um 10 Cent von der Fast-Food-Bude neben dem Schulgebäude. Mittagstisch war in der Schule sehr günstig und sogar mit gesunden Speiseangeboten zu haben, nach Schulschluss nochmals ein Hamburger um 10 Cent und um weiter 10 Cent Pommes mit Ketchup. Was für ein Lotterleben! Wohl fühlte ich mich nicht dabei, nur kümmerte es niemanden. Oft träumte ich von Großmamas Germguglhupf, Wiener Schnitzel mit Kartoffel- und Feldsalat, Buchteln mit Vanillesauce; mit solchen Gedanken landete man bei tiefem Heimweh. Da war es am besten, nicht darüber nachzudenken.

Sehr schlimm war der monatliche Waschtag. Mutter weigerte sich, einen Waschsalon zu benutzen, wegen der Keime und Bazillen in den Maschinen. Amerikanische Waschmaschinen hatten in den 60ern keinen Kochwäschezyklus. So wurde unsere Bettwäsche und sonstiges wie in meiner Kindheit zuerst im riesigen Kochtopf am Küchenherd gekocht. Danach kam es in die Badewanne und wurde gerumpelt; wo Mutter die Rumpel aufgegabelt hatte, blieb ihr Geheimnis. Danach kam die nasse Wäsche im Badezimmer auf gespannte Wäscheleinen dicht aneinander aufgehängt. Das Trocknen dauerte Tage lang. Den Aufwand fand ich lächerlich, aber Madam ließ sich von der Prozedur nicht abhalten.

Meine Schulpflicht war ihrerseits wieder mit Manipulation der existierenden Fakten verbunden. Die Einschulung im Halbsemester, also Winter, hatte Mutter übernommen, weil es für sie wichtig war, dass ich in die höhere Schulstufe kam, die 9. Klasse übersprang, und in der 10. registriert wurde. Dem Schuldirektor erzählte sie, ein Koffer mit Dokumenten war beim Umzug verloren gegangen und sie würde meine Papiere nachreichen, sobald sie die neu angeforderten Zeugnisse und Dokumente nachgesendet bekam, was nie geschah. Ich war erstaunt, was für eine gute Lügnerin sie war, wenn sie für ihre Zwecke die Fakten manipulierte: In Wien hatte sie ihre mündlichen Gemeinheiten immer verteidigt: „Ich sage doch nur die Wahrheit!" Von wegen! Die erfundenen Fakten gingen ihr ganz leicht über die sorgfältig ausgemalten, feuerroten Lippen. Sobald sie ihre Vorstellung vor dem Schuldirektor gegeben hatte, zischte sie ab: „Mach's gut Kleine, bis heute Abend!" und ein „Luftküsschen dazu, mit einem unverschämt freundlichen Lächeln. Ich dachte, ich träumte! So ein liebevolles Getue hatte sie mir gegenüber noch nie an den Tag gelegt. Der Direktor schüttelte nur den Kopf, glotzte uns beide an, als er diese Vorstellung über sich ergehen ließ, gab mir Instruktionen, einen Zettel und schickte mich zum Schulpsychologen. Dort würde ich Eignungstests machen, bevor ich mir Kurse aussuchen durfte. Alle Schüler wurden in den 60er Jahren auf alles Mögliche mit Eignungstests belastet, um individuelle Stärken und Schwächen aufzuzeigen, damit die lieben Kinderlein bei ihren Talentrichtungen optimal unterstützt werden konnten. Trotz all dem waren die US-Maturanten, verglichen mit europäischen, strohdumm und von einer nachhaltigen Allgemeinbildung komplett befreit. Auch konnten nur die wenigsten Schulabgänger einen kompletten Satz vernünftig bilden. Es hatte in ihrer Schulzeit kaum mündliche Prüfungen gegeben, deswegen konnten die meisten US-Bürger nach dem Schulabgang keinen einzigen Satz ohne Zwischengrunzer von „ahm“, „ehh“ und „ahh“ durchgehend zu Ende sprechen.

Um im Leben etwas zu erreichen, brauchte man eine phänomenale Idee, welche sich zu viel Geld entwickeln ließ. Eine zweite Möglichkeit war, aufs College oder in die Uni zu gehen, um sich weiterzubilden, auch einen Kurs in „öffentliche Ansprachen“ zu belegen, damit man sich ein fließendes Redemuster ohne Zwischenlaute angewöhnte. Ich hatte keine Ahnung, welche Interessensrichtung für mich fürs spätere Leben und welcher Beruf in Frage kam. Wie sollte ich mit vierzehneinhalb wissen, was ich später werden wollte oder welche Möglichkeiten ich haben würde?

Durch die endlosen Hallen der riesigen Schule wandernd, kam mir eine Schülerin entgegen. Sie hielt mir einen Zettel vor die Nase. Darauf stand die Erlaubnis, außerhalb der Klasse und Lehrstunde im Schulgebäude unterwegs sein zu dürfen. Das Mädchen hielt mich für eine Lehrerin, weil ich hohe Absätze und ein graues Kostüm anhatte. Meine Haare trug ich hochgesteckt. Sie waren wieder gewachsen, da ich einen weiteren Kurzhaarschnitt endgültig verweigert hatte. Mein Wintermantel und die Galoschen befanden sich in einer Einkaufstüte von Grey Reids. Ich sah aus wie gute 21. Der junge Psychologe hatte ein Problem mit meinem Alter, er konnte es nicht glauben. Er meinte, so etwas wie ich sei ihm noch nicht untergekommen, und auch er hatte keine wirkliche Ahnung, wo Österreich war. Nach acht „falsch“ oder „richtig“ A4-Zetteln voller Fragen und einem Rohrschachtest wollte er noch wissen, ob ich schon eine Idee hatte, was ich werden wollte. Ich meinte, wollen und können war in meiner Situation schwer zu beantworten, weil viele Faktoren die Antwort beeinflussten. Ich erklärte ihm das schwierige Verhältnis zu meiner Mutter, er hatte schon von ihr Bücher gekauft und schien von ihr schwer beeindruckt gewesen zu sein. Ich erzählte ihm auch von meinem Wunsch, zurück nach Europa zu wollen.

Kopfschüttelnd gab er mir eine Aufstellung mit Kursen, welche in den nächsten drei Jahren unbedingt für die Matura absolviert werden mussten, andere, welche man sich aussuchen konnte, wenn deren Schwerpunkte einen interessierten oder man studieren wollte, und deswegen brauchte. So viel Freiheit in einer Schule, um so früh seine Zukunft zu gestalten, schien eher unvernünftig. Wie viele Jugendliche wussten mit sechzehn schon, was sie unbedingt später im Leben sein wollten? In den frühen 60er Jahren, damals in Reno, wollten noch fast zwei Drittel der Mädchen heiraten und sie wünschten sich eine eigene Familie.

In San Francisco, Kalifornien, begann eine gesellschaftliche Revolution. In London war man schon fest dabei, sie auszuleben. Das neue Ziel der Blumenkinder waren freie Liebe, BH Verbrennungen, schräg-bunte Kleidung, Drogenkonsum von Haschisch und LSD, zusätzlich weit weg von der Traditionsrolle der Frau: Bis dahin hatte sich die Ehefrau dem Ehemann untergeordnet. Sie nahm sogar den Vornamen des Ehemannes an. Man war höchst offiziell z. B. Mrs. (Frau) Eduard Klein, auch wenn man Susie oder Lisa hieß, das war die gesetzliche Anrede und Unterschrift. Ein Großteil der jungen Generation wollte so etwas überhaupt nicht mehr. Sie forderten Freiheit in allem, lebten in den Tag hinein und konsumierten gemütsverändernde Drogen, um ihre Perspektiven zu erweitern. Beruf schien unwichtig, man wollte sofort seine Vorlieben leben und Spaß haben. Die Anti-Baby-Pille ermöglichte Promiskuität und es wurden fleißig die Partner und Betten gewechselt zur Vermehrung der Geschlechtskrankheiten, welche Hochsaison genossen. Das Land war von 1960 bis 1970 im Umbruch. Ringsherum wurde es eine ungewisse und gefährliche Richtung, welche verschiedene Nationen anpeilte. In gar nicht so weiter Ferne lauerte für Amerika ein böser Krieg. Die Jugend zelebrierte teilweise sehr starke moralische Ausschweifungen. Hippies waren im Begriff, die Welt zu ändern, zumindest versuchten sie es. Die alten, konservativen Werte und Regeln der Eltern wurden von der Jugend über den Haufen geschmissen. Kein Wunder, man fürchtete die Weltpolitik und einen eventuellen dritten Weltkrieg (die Kubakrise). Bis es soweit war, wurden andauernd US-Politiker und ihre Mörder erschossen. Die schwarze Bevölkerung kämpfte für Gleichberechtigung, was ohne Mord und Totschlag nicht gelang. Im Süden der Staaten wüteten viele Weiße gegen die Schwarzen und veranstalteten massenhaft Lynchjustiz. Der Kukluksklan hatte Hochsaison. Das waren ein Mob von weißen Rassisten in weißen Nachthemden, dazu Zipfelkapuzen und verhüllte Gesichter, mit zwei Löcher ausgeschnitten zum Durchschauen für die Augen. Sie kamen bei Nacht zu Pferden und verbreiteten tödliche Gewalt unter der ländlichen, schwarzen Bevölkerung. Sie platzierten brennende Kreuze in den Vorgärten ihrer Hassobjekte. Sie steckten die ärmlichen Behausungen in Brand und töteten ihre flüchtenden Besitzer. Hass und Gewalt waren laufend an der Tagesordnung. Zur Ablenkung von den Rassenunruhen wurden später Unsummen ins Weltall geschossen und Vorbereitungen getroffen, um den Mond zu bezwingen. Diese Vorbereitungen wurden Tag und Nacht im Radio und Fernsehen kommentiert. Das Ziel war, Amerikaner vor den Russen auf den Mond hinaufzuschicken, (20. Juli 1969), die Russen durften es auf keinen Fall schaffen, zuerst dort anzukommen. Das war der generelle Stand der Dinge.

Wir bekamen ein Telegramm aus Wien. Großpapa war seiner Krankheit erlegen. Er starb im Lainzer Spital im Wasserbett und hatte furchtbar gelitten. Ein sehr langes Telegramm beschrieb seinen Leidensweg, damit wollte Großmutter Lore ihrer Tochter ein schlechtes Gewissen erzeugen. Mama saß an diesem Abend zu Hause, heulte die halbe Nacht und trank Cognac, danach ging sie zur Arbeit, als wäre nichts gewesen. Großvaters Tod stimmte mich sehr traurig und ich dachte noch lange über meine Zeit mit ihm nach. Er hatte mir so viel Nützliches beigebracht, wir hatten so viel gelacht und geblödelt; er war so ein lieber, wertvoller Mensch gewesen und hatte so viel Leid ertragen müssen. Mir schien das Leben oft zutiefst ungerecht. Leider konnte ich mit niemandem über meinen schmerzlichen Verlust reden, so behielt ich meinen Kummer für mich.

Von den Klassenzimmern im Schulgebäude aus, durch die riesigen Fenster, konnte man das Reno umgebende Bergpanorama bewundern. Die Sierras waren beeindruckend hoch, zerklüftet, in den Niederungen bewaldet, im Winter schneebedeckt, gewaltig und wunderschön. Großvater Alois hätten sie gefallen. Ich verlor mich stundenlang in ihrem Anblick, anstatt etwas zu lernen. Lustlos, schlecht gelaunt, rebellisch und sarkastisch, konnte ich mich selbst nicht mehr ausstehen, war gefangen in einer andauernden negativen Gefühlswelt, aus der es mir nicht gelang, auszubrechen. Die vereinigten Staaten von Amerika wurden für mich einfach unerträglich. Eine Nation von Schafen, fühlten sich die Einheimischen im Rudel wohl. Sie brauchten einen Leithammel, der sie zu irgendwelchen Projekten oder zum Abgrund führte, um abzustürzen. Die meisten US-Bürger suchten kollektive Anregung in vielen Sparten ihres täglichen Lebens. Wie zum Beispiel die Animatoren bei Fußballspielen, die „Cheerleaders". Das waren in sehr kurzen Röcken herumhüpfende Mädchen, die vor und zwischen den Spielen für Stimmung sorgten und die Fans anheizten. Plötzlich nervten lästige Lachschleifen bei allen Situationskomödien im Fernsehen, damit auch genau dort gelacht wurde, wo die Produzenten es wollten, oder weil es gerade dort gar nicht so lustig war, es durfte aber nicht sein, dass die Zuseher für sich selbst entschieden, wo zu lachen war. Jeden Tag tauchten neue „Coaching"-Berufe auf. Das waren selbsternannte Wichtigtuer, die für hohe Gagen ihre Klienten bevormundeten und instruierten. Kein Mensch fragte nach ihren Qualifikationen, ich war mir auch ganz sicher, es gab gar keine. Plötzlich profilierten sich alle möglichen Leute als „Spezialisten" auf ihren „Spezial"-Gebieten: Trainer für Ernährung, Bewegung und Sexualpraktiken. Da erschienen plötzlich zu Hauf Psychologen für hyperaktive Kinder und langweilige Hausfrauen, Hilfe für frigide Gattinnen, unbeholfene Liebhaber und zu früh ejakulierende (Ehe-)Männer. Der Spezialisten Stundensatz war unverschämt hoch. Dazu kamen eine Flut von Selbsthilfebüchern und -artikel in Zeitschriften, die sich mit Anleitungen für das Umkrempeln von Aussehen, Kleidung, Lebensstil, Freizeitgestaltung, Sexualpraktiken und Sexspielzeug für gewisse Stunden befassten.

Subtil und raffiniert verwendete man Nachrichtensendungen zur Beeinflussung der Massen. Die Berichte im Fernsehen wurden total umgekrempelt, um plötzlich vor Ort Reportagen zu bringen. Die Devise war, Zuseher alles brühwarm miterleben zu lassen. Der letzte Schrei war auch mit viel aufgepeitschter Animation in der Stimme, also laut und hysterisch die Geschehnisse breitzutreten: „Wir bringen hautnah die aktuellen Nachrichten direkt in eure Wohnzimmer!", war der Schrei der echauffierten Reporter. Dass die Reportagen nicht mehr neutrales Material waren, sondern beeinflussende Berichte brachten, schien niemanden zu stören, die breite Öffentlichkeit erwartete es sogar. Somit wurden Nachrichtensendungen eingesetzt, um andauernd die Massen unbemerkt in gewisse Richtungen zu scheuchen und Trends zu lancieren. Man musste ganz einfach unbedingt mit diesem oder jenem Trend oder Produkt dazugehören! Niemand wollte zu den ewig Gestrigen gezählt werden. Deswegen gab es nicht nur „fake News" – falsche Nachrichten –, sondern auch neue Verkaufsrichtungen, welche den Hintermännern Milliarden einbrachten. Das waren die Firmen, welche brave, horizontbegrenzt langweilige Hausfrauen rekrutierten, ihren Freunden Produkte bei Hauspartys anzudrehen. Von überteuerter Kosmetik, zu Plastikgeschirr (Tupperware), Bijou-Schmuck, bis Kleidung und Reinigungsmittel (Amway), sogar Nahrungsergänzungsmittel und Vitamine, gab es alles, was zum Geldausgeben verleiten konnte. Die Hausfrauen, deren Kleinkinder sie zu Hause verankerten, konnten durch diese Art der Vermarktung ihrem langweiligen Dasein ein wenig Schwung einflößen. Man lud seine Freundinnen zu sich nach Hause ein und servierte Sandwiches oder Naschereien und Getränke. Man übergab die schnatternde, kichernde Meute einer Firmenrepräsentantin, welche die Ware erklärte und ihre Vorzüge schmackhaft machte. Je nach Umsatz gab es dann einen Warenbonus für die Gastgeberin. Oder man wurde selbst zur Verkäuferin für eine der Firmen und konnte so an dem verkauften Warenumsatz teilnehmen. Die Geschäfte liefen prächtig, weil es viele Hausfrauen gab, welche an Langeweile litten und willkommene Zerstreuung suchten. Außerdem, was war besser als Geld zu bekommen oder auszugeben? Manche Frauen wollten etwas für sich selbst verdienen und stürzten sich mit voller Kraft in das jeweilige Projekt. In den 50er Jahren bis Mitte der 70er war es noch möglich, mit Fleiß und cleverer Organisation, in dieser Richtung gutes Geld zu verdienen. Ende der 70er würde es die goldene Zeit, das gute Leben für den großen Mittelstand, nicht mehr lange gegeben. Oberflächlich gesehen, war noch immer alles möglich. Hinter den Kulissen aber wehte ein neuer Wind.

Ein ganz neuer Trend hielt Einzug in die Schlafzimmer der US-Nation. Die erste nächtliche „Talkshow". Das Format war ganz einfach: Ein überbezahltes und leicht unterbelichtetes Großmaul brachte eingeladene Gäste aus der Unterhaltungsbranche und Politik dazu, über sich viele Geheimnisse und Schweinereien auszuplaudern bezüglich Liebesgeschichten, Karriere, privaten Ambitionen, politischen Anschauungen und was es noch alles gab. Das Zeitalter des „durchs Schlüsselloch Schauens" und öffentlichen Waschens von Schmutzwäsche war angebrochen. Je nach ihrem Wirkungskreis gab es da Diskussionen und Debatten über sogar sehr kontroverse oder unappetitliche Dinge. Das nächtliche Publikum wurde von Monat zu Monat größer, die US-Geburtenrate sank merklich, in den Schlafzimmern gab es tote Hose, dafür waren die Amerikaner über alle möglichen Trivialitäten, Trends, Skandale und Korruptionen bestens informiert. Man traute sich nach und nach an sehr heiße Themen heran, sogar an brenzlige Enthüllungen von Berühmtheiten aus Politik und Wirtschaft. Es begann, darum zu gehen, dass Hintermänner in den Konzernen und der Politik ihre Pfründe sicherten, die Absichten unbekannter Interessenten bedienten und die teils verborgene Zentralmacht ausbauten. Die „Latenight Talkshow" (es gab bald mehrere Talkmaster) beschäftigte sich zunehmend mit vielen politischen Begebenheiten, plus Expertenkommentaren dazu. Mit der Zeit wurde das geistige Niveau der Sendungen immer höher. Man hielt auch nicht mehr hinterm Berg mit brenzligen Themen. So manche Skandale wurden zu später Stunde durchleuchtet, auch einige Ehen von

Prominenten zerrüttet und politische Laufbahnen verlängert oder gekürzt. Erstaunlich, was für Karrieren manche Talkmaster machten. Auch ethnische Talkshows gab es, zum Beispiel Talkmaster mit hispanischer Herkunft. Auch Afro-Amerikaner hatten ihre Talkmastergurus. Sehr bald besaß jeder TV-Kanal seinen eigenen Quatschorgien-Showmaster. Es existierte auch eine sehr aggressive Talkshow, wo sich Paare richtig böse und gewalttätig beflegelten. Mit Namen Jerry Springer peitschte der Talkshowmaster die Feindseligkeiten selbst sogar noch höher, um Quoten zu steigern. Zur selben Zeit kamen viele mittelmäßige Unterhalter zum Zug und wurden bei solchen Nachtsendungen mit einer kurzen Kostprobe ihrer talentbefreiten Künste präsentiert.

Die Zeiten brachten sehr viele gravierende Veränderungen. Der Durchschnittsmensch zählte nicht mehr, aber er merkte das noch lange nicht. Als Alleinverdiener wurde es immer schwerer für das Familienoberhaupt, den finanziellen Bedürfnissen gerecht zu werden, weil das Geld schleichend an Kaufkraft verloren hatte. Die riesige Mittelschicht fing an, sich ganz langsam zu verringern. Die Zukunft würde vermehrt in diese Richtung tendieren.

Ich brauchte einen Beruf, der mir trotz schlechteren Zeiten finanzielle Sicherheit bot. Ein lukratives Handwerk musste her, um Geld zu verdienen und zu sparen, um aus den USA zu verschwinden, das wollte ich so schnell wie möglich. Mutter und ich hatten noch immer keinerlei Krankenversicherung, genau wie auch früher in Toronto. Es gab keine Krankenkasse, eine schwere Krankheit oder ein gröberer Unfall, ohne teurer, hoher, privatfinanzierter Krankenversicherung, oder reich zu sein mit voluminösem Bankkonto zur Verfügung, konnte in den Vereinigten Staaten zum Todesurteil werden. Madam kaufte sich leider lieber eine exquisite Einrichtung und Designermode, anstatt eine Krankenversicherungspolizze mit monatlichen Prämien. Ich musste immer wieder an die Dornwarzen in Toronto denken. Es war klar, dass ich einen Beruf brauchte, mit dem ich mir Krankheiten leisten konnte, ich wollte niemals einem

Mann nur wegen des Unterhalts ausgeliefert sein. Schlimmer noch, um nicht zu verhungern, als Haushälterin für reiche Leute banale Hausarbeit verrichten zu müssen. Irgendwann später würde es für mich dann ein Studium geben. Wichtig war damals, so viel wie möglich zu lernen, zu sparen und vorsichtig zu planen, um von Mutter in Zukunft wegzukommen, um irgendwie nach Österreich zurückzukehren. Zeitweise schien das unmöglich umzusetzen.

Die Mittelschule dauerte bis 16 Uhr von Montag bis Freitag, Samstag war frei. Mutter arbeitete täglich bis 20 Uhr, weil die Geschäfte in Reno länger offenhatten als in anderen Bundesstaaten. Reno selbst, mit seinen Kasinos und Hotels, war 24 Stunden in Betrieb. Besucher konnten spielen, gut und günstig essen, und in den Kasinotheatern von berühmten Namen aus der Film- und Musikbranche unterhalten werden. Der Eintritt war minimal, manche Kasinos boten für den Preis eines Nachtmahls wunderschöne Shows mit berühmten Stars an. Das hieß dann „Dinner Theater", war ungemein populär und bei bestimmten Starauftritten oft für Monate im Voraus ausgebucht. Reno war ein wildes, kompaktes Sündenkaff, das sehr kleine Schwesterlein von Las Vegas.

Offiziell gab es in Reno keine Bordelle, sie wurden außerhalb der Stadt als Reiterhöfe geführt. Eines der wichtigsten Bordelle war die Mustang Ranch im Osten von Reno, bekannt als das größte, hellste Hurenhaus der Welt. Es gehörte Joseph Conforte, einem in Sizilien geborenen Gangster, der Vater legalisierter Prostitution. Seine hübschen Mädels wurden rigoros ärztlich geprüft und sauber, qualitativ äußerst hochwertig. Er schmierte die offiziellen Behörden und man ließ ihn in Ruhe, später wurde er einige Jahre aus dem Verkehr gezogen. Viele Herren der „ehrenwerten Gesellschaft" aus den östlichen Großstädten, die in Nevada auf einer „schwarzen" Liste geführt wurden, durften die Kasinos nicht offiziell betreten. Kein Problem, die Kasinos kamen zu ihnen, die Herren Gangster wurden in den „Ferienreiterhöfen" untergebracht, wo die Spiele dort extra für sie veranstaltet wurden, Spieltische und Croupiers inklusive. Nachher gab es genügend Damenauswahl für heiße Stunden. Die Gesetze wurden einfach leise umgangen oder angepasst, und niemand nahm Anstoß daran. Einheimische wussten um die Doppelmoral der Gegebenheiten. Es war eben so. Hauptsache, die Geschäfte liefen ungestört, die Gäste ließen ihr Bargeld in der Stadt in Kasinos und Bordellen, alles andere schien unwichtig. Das Städtchen Reno war aber, was Überfälle und andere Gewalttaten betraf, fast frei von Kriminalität.

Ein einziger böser Mord geschah an einer jungen Frau, welcher über Monate die Ermittler im Dunkeln tappen ließ. Die weibliche Leiche war in einen Teppich gewickelt, in einer Truhe versteckt, aufgefunden worden. Bis der Täter ausgeforscht wurde, sahen sich die Bewohner von Reno und Umgebung gegenseitig misstrauisch an:

„Wer war der böse Täter? Konnte es der Mann gewesen sein, der gerade an mir vorbei ging? Oder vielleicht mein Nachbar? Der Taxifahrer? Ein Kasinoangestellter? Als weiblicher Single, kann ich mir leisten, mit dem eben kennengelernten Mann auszugehen? Könnte er der Mörder sein? Bin ich dadurch die nächste Todeskandidatin?" Wir wurden alle schön langsam völlig paranoid. Endlich wurde der Schuldige gefunden. Es handelte sich um einen siebzehnjährigen Schüler der Reno High-School und er saß in einem meiner Kurse; wir Schüler waren alle sehr schockiert und konnten es kaum glauben. Der Junge war ein unscheinbares, stilles Wässerchen und sah aus, als könne er nicht einmal bis drei zählen, ein höflicher kleiner Bursche aus der 11. Klasse. Ich hatte ein halbes Jahr neben ihm im US-Geschichtsunterricht gesessen.

Wir hatten in Reno eine sehr aufmerksame, zuvorkommende, freundliche Polizei. Tag und Nacht sorgte sie für Ordnung, allerdings nicht in den Reiterhöfen, weil diese ihre eigene Sicherheitsmuskelprotze hatten, um Probleme zu lösen. Offiziell existierte Prostitution gar nicht, aber gegen Bares an den richtigen Stellen war das alles im Bundesstaat Nevada kein Problem. Das Sexgeschäft florierte vorwiegend in aller Stille außerhalb der Stadt. Die Ausnahme waren einige Fünf-Stern-Superedelprostituierte, die in den Hotelpenthäusern im obersten Stockwerk einquartiert waren und hauptsächlich Ostküstenbonzen aus Politik und Wirtschaft bedienten.

Die schönen, jungen „Nichten" der ehrenwerten Herren sahen aus wie Damen aus der besten Gesellschaft von San Francisco oder New York. Sie waren des Öfteren Kunden in Gray Reids, auch im hauseigenen „Chicos"-Schönheitssalon. Ihre Einkäufe ließen sie sich in ihre Hotelsuiten und -penthäuser liefern, jeder im Kaufhaus wusste, wer und was sie waren. Die Geschöpfe sahen ausnahmslos wunderschön aus, in ihrem Auftreten und Benehmen waren sie vollendete damenhafte junge Frauen. Sie kauften ihre Garderobe, luxuriöse Spitzenunterwäsche, Pelze und Kosmetik in Grey Reids, oder ließen sich im Frisiersalon bedienen. Sie machten immer einen traurigen, melancholischen Eindruck, ohne ein einziges Lächeln und schienen keine gute Werbung für ihren Beruf zu sein.

Manchmal kam Joe Conforte, der Vorzeigzuhälter, mit einigen seiner Damen ins Grey Reids zum Einkaufen. Er hatte ein nettes, rundes jungaussehendes Gesicht. Mitte bis Ende dreißig musste er gewesen sein. In Begleitung neben ihm war immer eine schweigsame ältere Frau, welche fortlaufend in einem Büchlein Notizen machte. Angeblich hatte er eine Kugel in der Wirbelsäule, welche inoperabel sein sollte. Deswegen nahm er harte Drogen gegen die Schmerzen, und manchmal hinkte er gestützt von Krücken. Man erzählte über den gebürtigen Sizilianer und seinen Werdegang unglaubliche Geschichten. Beim Einkauf war er von meiner Mutter sehr angetan und sie von ihm, weil er viele wunderschöne, teure Bildbände von ihr erstand und Bar bezahlte, sie sprachen sogar Italienisch miteinander. Mutter war zu ihm genauso freundlich wie zu den Reno-Ladies, welche sich zu exquisiten Exemplaren der besseren Gesellschaft zählten und ihr als Kunden im Geschäft wichtig waren. In Wien hatte Mutter bei Politikern „der Roten (SPÖ) Bagage" die Nase gerümpft und sie abfällig behandelt, sie waren ihr viel zu ordinär gewesen. In Reno bewegte sie sich zwischen Prostituierten, Zuhältern, Killern, versandelten Alkoholikern und spielsüchtigen Hochstaplern, das störte sie nicht, es schien ihr sogar völlig egal zu sein. Ich konnte das nicht nachvollziehen und verstand ihre Motivation einfach nicht. Immer drehte sie ihre Prinzipien so, dass sie zu der vorteilhafteren Situation passten, welche gerade aktuell und für sie bequem mit Pluspunkten verknüpft war.

Sie wollte mich um jeden Preis unter irgendeiner Aufsicht, während sie arbeitete. So ließ sich Herr Katron von ihr einreden, mich auch zu beschäftigen. Man verfrachtete mich in den Keller bei der Warenannahme und dem Versand. Diese Domäne war in den Händen des einzigen Afro-Amerikaners im Geschäft, er hieß Luther Mac, war groß, um die dreißig, muskulös, höflich, ohne unterwürfig zu sein und sehr kompetent. Sofort ging es für mich los mit eben angekommener Ware aller Art. Ich lernte, das neue Zeug gegen die Rechnungen auszupreisen, auch die Stückzahl zu überprüfen. Luther zeigte mir die Formel der Multiplikation: Ich konnte einfach nicht glauben, wie wenig der en gros Preis im Vergleich zum tatsächlichen Endpreis in den Verkaufsräumen war: „Was sagst du nun? Sicherlich wirst du nie wieder etwas zum regulären Preis kaufen!" Ich war sprachlos, bei den meisten Waren, die beim Abverkauf bis zu 70 % herabgesetzt wurden, schrieb das Geschäft kein Minus. Ich fand die angewendeten Preismanipulationen für Waren unmoralisch, die Profitspanne obszön und viel zu hoch.

Andere Aufgaben in meinem Bereich wurden der Versand von Retourware und als Kundendienst gab es bei Grey-Reids-Einkäufen gratis Geschenkverpackung. Ich musste lernen, Maschen zu binden. Hallmark, eine Grußkartenfirma, schickte eine Firmenrepräsentantin, um mir zu zeigen, wie man schnell die vielen verschiedenen, raffinierten Maschen und den sonstigen dekorativen Aufputz aus den farbigen, seidigen Hallmarkbändern machen konnte. Es war üblich, oft billigen Ramsch zu kaufen, aber dem Paket eine pompöse Geschenkverpackung zu verpassen. Wehmütig dachte ich an unsere Wiener Geschenketradition: schlicht und bescheiden in Seidenpapier gehüllt, mit dünnem Goldfaden ein einfaches Mascherl gebunden.

Die Arbeit war erträglich, manchmal gab es auch Trinkgeld. Mutter bekam eine Anzeige wegen Kindesmissbrauch. Diese hatte damit zu tun, dass Jugendliche erst ab dem sechzehnten Lebensjahr Teilzeitarbeit nachgehen durften, nicht aber mit vierzehneinhalb. Wir mussten vor Gericht. Mit weinerlicher Raunzerei legte Eleonore los vor dem Richter, wie arm wir waren finanziell. Als Alleinerziehende, als Kriegswitwe, musste sie mich irgendwie gescheit beschäftigen und zugleich überwachen können. Das war nur im Kaufhaus möglich, damit ich mich nicht nach der Schule mit den geilen Fußballspielern in ihren Riesenautos, diesen fahrenden Schlafzimmern, herumtrieb. Danach wurde ihre Stimme sehr laut:

„Wenn sie nicht arbeiten darf und schwanger wird, bring ich Ihnen die Tochter und das Baby", was herzliches Gelächter von den Menschen im Saal brachte. Sie stotterte dazwischen: „Meine Nerven, der Krieg. Der Krieg! Ihr habt ja keine Ahnung! Buhuhu", weinte sie los und legte sich heftig ins Zeug. Der Richter sah furchtbar bestürzt aus. Normalerweise stritten sich Scheidungskandidaten in seinem Gericht. Da schien eine Holocaust-Überlebende vor ihm zu stehen. Der starke Akzent und die oskarreife Vorstellung erwirkten meine Arbeitserlaubnis und einen neuen Trick ihrerseits: Wenn immer Mama fortan Mist baute oder ihren Willen durchsetzen wollte, zog sie diese Schau ab. Weinen wegen schlechter Nerven, des Horrors des Zweiten Weltkriegs und dessen blutiger Erinnerungen. Ihr starker Wiener Akzent suggerierte eine gepeinigte Jüdin; diese religiöse Gruppe stand in den USA sehr hoch im Kurs und unter Denkmalschutz. Die neue Masche ermöglichte es Madam, den Rest ihres Lebens in den USA irre Vorteile zu ergattern, wenn sie diese Voraussetzungen suggerierte. Jedenfalls ließ sich das Gericht erweichen und ich durfte legal arbeiten. Somit war ich unter der Fuchtel von Mama, aber ich durfte das eigens verdiente Geld behalten und beim Kleiderabverkauf im Geschäft schlug ich oft kräftig zu. Die Kaufkraft des Dollars war richtig stark. Mit zwei Stunden täglich und zehn Stunden jeden Samstag kam monatlich ein hübscher Betrag fürs Sparbuch zustande. Mein Stundensatz war 1 Dollar und 25 Cents.

In Wien besaß ich auch seit frühester Kindheit ein Sparbuch, welches Tanten und Großeltern regelmäßig fütterten. Mutter hatte es immer wieder geplündert, weil sie unfähig war, Geld einzuteilen, sie immer ihr Gehalt kräftig überzog und Mitte des Monats pleite war. In den Staaten gab es ihr heißgeliebtes Plastikgeld, die gefährlichen Kreditkarten von verschiedenen Firmen mit variierenden Obergrenzbelastungen. Beschwichtigen konnte man die Schulden mit monatlichen Teilrückzahlungen. Hatte man mehrere Karten, konnte man mit dieser Prozedur sehr gut auf Pump leben. Der Trend war: anzahlen und abstottern, vor allem aber so viel wie möglich anschaffen und konsumieren, Kapitalismus in Reinkultur. Mutter liebte dieses System und bald war sie bis über beide Ohren verschuldet. Dafür besaß sie eine schön eingerichtete Wohnung. Die Bleibe war zwar noch immer eine schäbige Bruchbude, aber wenigstens ausgestattet mit Edelnussholzmöbeln aus Schweden. Mutter hatte Stück für Stück die alte Einrichtung durch eine neue ersetzt und dem Vermieter zurückgegeben. Sie kaufte auch Designerkleidung, alles auf Pump. Wegen der Nobelnutten hatte Gray Reids wunderschöne, luxuriöse Unterwäsche, Negligees und teure Markenkleidung, sogar Pelze. Was nicht sofort verkauft wurde, kam zweimal jährlich extrem reduziert in den Abverkauf. Im Nu hatte ich in meinem Schrank tolle, hochwertige Luxuskleidungsstücke, sogar einen echte Pelzparka für den Winter. Ich trug keine typische Teenage-(Backfisch)-Garderobe, und die teure Bekleidung ließ mich älter wirken als ich war. Vorteilhaft konnte man das nicht unbedingt nennen, jedoch hatte ich kein Interesse an Schulaktivitäten, oder das Bedürfnis, bei Schülerseilschaften dazuzugehören, also war es eigentlich egal, ob ich oft beim ersten Eindruck für eine Lehrerin gehalten wurde. Weil ich andauernd unerlaubt vom Unterricht fernblieb und durch die Schulgänge spazierte, war es dann doch von Vorteil, für eine Lehrkraft gehalten zu werden. Leider gab es diesbezüglich auch einen gravierenden Nachteil. Da ich „erwachsen" aussah, mindestens achtzehn Jahre alt, was auch das legale Alter für sexuelle Handlungsfreiheit, also Beischlaf für junge Frauen bedeutete, wurde ich diesbezüglich oft bedrängt. Wenn ich dann mit meinem Schülerausweis wedelte, schlug ich die bösen Herren oft in die Flucht: Sexuelle Handlungen mit Mädchen unter achtzehn waren gesetzlich strafbar, die Strafe sehr hoch und damals noch abschreckend genug, um die geilen Möchtegernliebhaber meistens in die Flucht zu schlagen. Trotzdem war das alles sehr unerfreulich und belastend.

„WER DIE FREIHEIT AUFGIBT, UM SICHERHEIT ZU GEWINNEN, WIRD AM ENDE BEIDES VERLIEREN"

-Benjamin Franklin, einer der Gründer der USA.

Die Reno High-School war langweilig und uninteressant. Der Schwerpunkt galt US-Geschichte, US-Recht und der US-Verfassung, alles Dinge, die mich überhaupt nicht interessierten. Weltgeografie wurde nur sporadisch durchgenommen, auf einer Landkarte, am Globus oder einem Stadtplan konnten die meisten Schüler und auch ihre Eltern sowieso nichts finden. Naturwissenschaften – Flora und Fauna –, also Naturkunde wurde nicht sonderlich spezifiziert. Weltgeschichte war auch nicht wichtig, Hauptsache, Immigranten aus aller Welt besiedelten die USA, wo sie herkamen und wie es dort aussah, oder welche Kriege dort geführt wurden, welche Herrscher regierten, interessierte niemanden. Wollte man etwas über klassische Malerei wissen, belegte man Kunstkurse, wo man selber malte und Arbeiten von klassischen Malern im Rahmen von Diavorträgen vorgestellt bekam. Man konnte auch Fremdsprachkurse belegen. Das Angebot war: Spanisch, Französisch, Deutsch und/oder Latein. Reichlich wenige Studenten interessierten sich für Fremdsprachen, sollte der Rest der Welt doch Englisch lernen. Die US-Bürger beherrschten Englisch sowieso nicht ausreichend, z. B. um Shakespeare zu lesen oder gar zu verstehen. In den ländlichen Gegenden konnte der Durchschnittsbürger gerade genug rechnen, um seine Saat, Lebensmittel, Benzin, Gas, Strom und Miete zu bezahlen, einen Steuerjahresausgleich zu tätigen und manchmal Sprechblasenheftchen oder Autozeitschriften und Waffenkataloge zu lesen. Lernen und Wissen waren nicht unbedingt wichtig und erstrebenswert. Der Schwerpunkt im täglichen Leben lag darin, „sich zu amüsieren". Man wollte Spaß haben und wenn es nur Herumalbern mit dem Briefträger oder der Restaurantbedienung war. Bei fast allen täglichen Begegnungen zwischen den Amerikanern wurde gelächelt, gewitzelt und es herrschte oberflächliche Vertrautheit zwischen den Beteiligten. Allgemeinbildung war unter solchen Umständen überflüssig. Man interessierte sich für trivialen Tratsch; Stars aus Film, Politik und Sport oder die Skandalvorkommnisse in der Nachbarschaft. Was in der Welt vor sich ging, wurde nur am Rande durch die Nachrichten im Fernsehen oder im Autoradio beim Einkaufen aufgeschnappt und sicherlich nicht viel darüber nachgedacht. Andere Nationen interessierten die Durchschnittsbürger nicht, außer die US führte dort Krieg, oder man spekulierte an der Börse. Eine kleine Minderheit pflegte zu reisen um ihren mentalen Horizont zu erweitern, diese Gruppe wurde langsam größer, blieb aber verhältnismäßig klein. Solange der US-Durchschnittsbürger 1) ein Teerpappen- oder Holzschindeldach über dem Kopf, 2) ein Fernsehgerät im Wohnzimmer, 3) ein Auto mit Benzin im Tank, 4) Fertiggerichte in der Kühltruhe und 5) eine US-Fahne am 4. Juli am Haus oder Wohnmobil hatte, war alles OK und kein Grund zur Aufregung, man lebte ja im besten Land der Erde.

Ich hatte eine andere Sicht der Dinge, so ein Leben wollte ich nicht. Der Schulabschluss war unumgänglich. Ich wusste, dass ich gute Noten zum Vorwärtskommen brauchte. Um die zu ergattern, schummelte ich einfach bei Tests, wenn ich nicht lernen wollte. Während der Stunde las ich Sachbücher oder Bestseller aus Mutters Abteilung, mit dem jeweiligen Lehrbuch darüber als Umschlag. In den Klassen wurde der Unterricht von den Lehrkörpern vorgetragen, es gab im Unterricht sehr wenig mündliche Interaktion und keine oder nur sporadisch mündliche Prüfungen oder Debatten. Wenn man sich als Schüler ruhig verhielt und dem aufgeschlagenen Lehrbuch seine Aufmerksamkeit schenkte, galt man als vertieft in den Lehrstoff und wurde von den Lehrern in Ruhe gelassen. Deswegen konnte ich ungestört große Mengen Lesbares verschlingen. Es wurde von mir sogar auf der Straße, am Weg von und zur Schule oder Arbeit gelesen. Dass ich in kein Auto rannte, war ein Wunder sondergleichen. Ich durfte mir jedes Buch aus Mutters Abteilung ausborgen. Sie bekam von den Verlegern viele Gratisexemplare von Bestsellern und meine Buchsammlung wurde sehr voluminös. Ich machte keine Aufgaben, stattdessen verschlang ich viele Bestseller und Fachbücher, auch über Sex und Fortpflanzung. Im prüden Amerika der frühen 60er Jahre war diese Literatur nur von Ärzten verfasst und sehr medizinisch geschrieben. Pornographie konnte man in versteckten Sexshops auftreiben. Hefte mit nackten Mädchen waren mit braunem Packpapierumschlag versehen, damit die Jugend nicht unnütz aufgegeilt würde, was sie trotzdem war. Andauernd ging es zur Sache in den großen US-Fahrzeugen im Autokino. Jedes Jahr waren reichlich schwangere Mädels in der Abschlussklasse.

Es bot sich die Möglichkeit, als Lehrgegenstand in der Oberschule Autofahrtraining mit Aussicht auf einen Führerschein ab fünfzehneinhalb zu belegen. In den meisten Bundesstaaten durfte man ab sechzehn Jahren Auto fahren. Der Kurs wurde ohne Gebühren angeboten. Auto fahren wurde als Notwendigkeit angesehen, nicht als Privileg, das Auto galt als ein Gebrauchsgegenstand und nicht nur als ein gehegtes und gepflegtes Statussymbol wie in Europa, zumindest im Westen der USA sah man das so. Die Entfernungen waren von A zu B sehr groß, wo immer es möglich war, hatten fast alle Häuser, Firmen und Geschäfte großzügige Grundstücke mit möglichst viel Platz zum Parken. Öffentliche Verkehrsmöglichkeiten, außer in Großstädten, waren fast nicht vorhanden. In gewissen Nachbarschaften gab es vereinzelt Autobusverbindungen, welche alle heiligen Zeiten durch die Gegend rumpelten. Oder die großen „Grey Hound"-Busse, welche ein beachtliches Netz über das ganze Land, von Bundesstaat zu Bundesstaat, bildeten. Mit dem Bus in den Staaten herumzureisen, war billiger als mit dem Zug, und die Busse fuhren auch zu kleineren Destinationen im jeweiligen Hinterland. Diese Busse hatten große, schwere Karosserien, mit Metall verkleidet und im Inneren bequeme Sitze, in denen man ganz gut schlafen konnte. Ansonsten war die USA das Land der privaten PKWs.

Ich hatte mich für den Schulfahrkurs eingeschrieben, obwohl ich noch nicht alt genug dafür war, aber niemand merkte irgendetwas. Zuallererst gab es einen Film mit verunglückten Fahrern, blutüberströmt in den Wracks eingeklemmt, kurz nach einem Unfall, sogar sterbend. Die Verlautbarung war deutlich und eindringlich:

„Das Auto ist eine geladene Waffe, handhabt es mit Vorsicht und Respekt, und geht kein Risiko ein!" Leider waren diese Ratschläge ohne Wirkung. „Trink keinen Alkohol, wenn du fahren willst!" Man wollte damit gezielt abschrecken. Tat es aber leider nicht; in meiner Abschlussklasse waren vier Unfalltote unter den Führerscheinneulingen; natürlich mit Alkohol im Spiel und maßloser Überschätzung der Fahrkenntnisse. Die herrlichen, verkehrsarmen Landstraßen verleiteten zur Raserei. Das plötzliche Erscheinen von Rotwild oder Kojoten und Hasen auf der Fahrbahn bedeutete sehr oft Kontrollverlust über das Auto. Danach ging es im Schleuderkurs horrenden und heftigen Verletzungen entgegen. Wir hatten weder Sicherheitsgurte, noch Nackenstützen, auch keine Airbags; bei Unfällen segelten die Opfer des Öfteren durch die Windschutzscheiben, manchmal spießten sie sich an der Lenkradstange auf oder sie wurden beim Unfallhergang aus dem Wagen geschleudert. Das plötzliche Auftauchen von Tieren auf der Fahrbahn, welches bei den Führerscheinneulingen panisches Verreißen der Lenkung verursachte, endete meistens extrem blutig. Zur Bremseinleitung sehr oft zu spät dran, waren verheerende Unfälle die Folge. Fast alle US-Autos hatten starke V8-Motoren. So viel Kraft und ein Führerscheinneuling ergaben die perfekte Kombination für ein oft tödliches Desaster.

Zuerst lernten wir im Schulfahrkurs an Simulatoren mit Lenkrad und einem Bildschirm. Der zeigte die Fahrbahn, dazu konnte man die Gas- und Bremspedale bedienen, deren Betätigung der Simulator registrierte. Es gab keine Kupplung, kein

Schalten, die US-Autos waren fast alle mit Schaltautomatik ausgestattet. Das Simulationsprogramm hatte gesteigerte Schwierigkeitsgrade zum Üben. Hatte man die gestaffelten Lektüren alle durch, und beherrschte sie einwandfrei, ging es zum echten Automobil. Das Lehrheftchen mit den gesetzlichen Regeln dazu hatte ca. 37 Seiten. Verkehrszeichen gab es ca. 25 Stück. Innerhalb von einem Schulsemester hatte man dann einen Führerschein um ca. 30 Dollar.

Beinahe schaffte ich die Prüfung nicht. Ich verwechselte die Instruktion des Fahrlehrers, bog falsch ab und fuhr den Lehrwagen samt Prüfer und zwei weiteren Schülern auf der Rückbank durchs Gebüsch in einen Bewässerungskanal mit „blub blub blub" und mit simulierten Schwimmbewegungen. Der Lehrwagen versank bis zur Motorhaube im träge fließenden Wasser. Alle Insassen waren pitschnass und auf mich nicht sonderlich gut zu sprechen. Auf den Führerschein musste ich noch länger warten wegen meines Alters und des Autowasserbades.

Ich freute mich auf die Freiheit, die mir der Führerschein geben würde. Eine enge Freundin hatte ihr eigenes Auto, aber auch einen Freund mit fahrbarem Untersatz, mit dem sie fast immer unterwegs war, so konnte ich mir ihren Chevrolet ausborgen. Freitagabend war es üblich, sein frischgewaschenes und poliertes Auto Renos Hauptstraße auf und ab zu fahren, um andere junge Leute zu sehen und gesehen zu werden. Für die unter 21 Jahre alte Jugend war in Reno nicht viel zu tun außer in der Wüste Rennen zu veranstalten, Sauforgien beizuwohnen, oder im Autokino die Unschuld zu verlieren, und/oder schwanger zu werden. Für uns Minderjährige gab es keinerlei sinnvollen Zeitvertreib. Wir lebten in einer Sündenstadt mit Spielhöllen, welche kaputte Existenzen oft i n Selbstmord enden ließen. Prostitution fluorierte dezent außerhalb der Stadt. Dazu gab es einige Edle Damen des Horizontalen Gewerbes welche in Luxus Penthäusern in der ganzen Stadt verstreut ihren Geschäften nachgingen. Die fleischlichen Gelüste kamen in und rundherum Reno nie zu kurz.

Pfandleihhäuser hatten oft 24 Stunden offen für Kasinogewinner und -verlierer, 24Stunden gab es Alkoholkonsum und -erwerb.

Trotzdem war eine gewisse allgegenwärtige Prüderie vorhanden. Im Rest des Landes existierten Bundesstaaten, die Alkohol von neun bis siebzehn Uhr nur in vom Bundesstaat kontrollierten und verwalteten Geschäften verkauften. Keineswegs gab es dort rund um die Uhr Alkohol im Supermarkt. In den 1960ern war Nevada der einzige Bundesstaat der USA, wo Glücksspiel erlaubt war. Da konnte man sich ins Delirium saufen, seine Existenz im Spielkasino ruinieren und/oder „oben ohne"-Schaus genießen. Dann, wenn ordentlich aufgegeilt, konnte man jede erdenkliche sexuelle Befriedigung kaufen, alles 24 Stunden täglich. Was für ein Kontrast zu dem braven Österreich! Ich verstand nicht, wieso Mama so eine Umgebung dem intellektuellen, traditionsreichen, kulturell vielfältigen Wien bevorzugen konnte. Sicherlich gab es auch in Österreich jede Menge Perversionen und Illegales anzustellen, allerdings sicherlich diskreter – geheim im Verborgenen. Ich hatte die Gespräche darüber des Öfteren von Christian gehört. Solange die schweinischen Aktivitäten privat abliefen, gab es keine Kläger, ob in Reno oder in Wien.

Seelisch sehr daneben wegen meines Aufenthaltsortes, verabscheute ich meine Umgebung, mich plagte schreckliches Heimweh, das von Jahr zu Jahr stärker wurde. Sehr schnell war ich hasserfüllt gegen alles und jeden, diese Situation schien mich innerlich zu vergiften. Ich fand auch den Rassismus schwer zu verstehen. Die schwarzen Amerikaner führten zum Großteil ein Schattendasein oder wurden in der Öffentlichkeit angeprangert und misshandelt, nur wurde darüber nicht sonderlich viel geredet oder geschrieben. Nie sah man sie als Schauspieler im TV-Programm oder in der Werbung. Sie wurden totgeschwiegen, als gäbe es sie gar nicht. Sie lebten ein getrenntes, verborgenes Leben im Abseits unter sich in ihren Großstadtvierteln, oder im tiefen Süden als Pachtbauern. Es bedeutete, dass der Boden, den sie bewirtschafteten, einen weißen Besitzer hatte, dem sie auch noch die halbe Ernte oder noch mehr abgeben mussten, um ihr armes Leben zu sichern.

Die Amerikaner gingen mir auf die Nerven; in ihrem täglichen Leben benahmen sie sich überfreundlich und quietschvergnügt, wünschten sich immer einen schönen Tag und grinsten von Ohr zu Ohr, ohne triftigen Grund. Sie benahmen sich höflich, diszipliniert auch im Verkehr, warteten geduldig bei Ampeln, in Banken, Supermärkten und Kaufhäusern an den Kassen; es war wirklich nichts auszusetzen an ihrem Umgang miteinander. Diese fast kindlich-einfältige, freundliche Art reizte mich zur Gehässigkeit. Am ärgsten störte mich ihre überhebliche Selbstsicherheit, sie waren nämlich alle ausnahmslos überzeugt, dass sie im besten Land der Erde lebten und die besten Menschen auf Erden seien. Dass die ganze Welt ausschließlich für ihre Wünsche, Kriege und Waren vorhanden war. Ich dachte da anders und sah auf sie herab, fand sie ungemein blöd, ungebildet, eingebildet und naiv. Auch Frau Mama hatte diese Einstellung, sie hielt es aber den Einheimischen bei jeder Gelegenheit mit hartem Sarkasmus und frechen Antworten vor die Nase. Wenn ihr jemand guten Tag wünschte, fragte sie manchmal, was daran so gut sein sollte, auch ob die Betreffenden überhaupt intelligent genug wären, ein Urteil darüber abgeben zu können. Sie wies wildfremde Leute zurecht, wenn diese oder deren Kinder, ihrer Meinung nach, schlechtes Benehmen an den Tag legten, was sehr oft der Fall war. Dass sie deswegen nie gröbere Konfrontationen lostrat, wunderte mich. Irgendetwas an ihr schien dazu beizutragen, dass man ihr forsches Auftreten ohne Repressalien völlig widerstandslos akzeptierte. Wahrscheinlich hatte es damit zu tun, dass man sie für eine geflüchtete deutsche Jüdin hielt, da ihr Akzent sehr stark danach klang, sie auch so aussah, was indirekte Vorteile brachte. Das musste auch der Grund sein, warum sie sich in den USA wohlfühlte. Ich grübelte über ihre Beweggründe nach, warum sie in so einem Land, mit so wenig Kultur, und eingebildeten, zum Großteil dummen Menschen leben wollte. Natürlich, damit sie sich erhaben über sie fühlen konnte. Besser eine mittelmäßig Gescheite unter lauter Nieten, als eine Niete unter vorwiegend Gescheiten! War ihr das kulturelle und menschliche Niveau in Wien zu hoch und zu anstrengend gewesen? Wie sie in Amerika behandelt wurde, gefiel ihr, sie arbeitete daran, ihre spezielle Rolle noch auszubauen und zu perfektionieren. Mir dämmerte, dass es einer der Gründe war, warum wir hier gelandet waren: weil ihre Rolle als ehemaliger Kriegsflüchtling perfektioniert sehr vorteilhaft ankam. Der zweite Grund bezog sich natürlich auf eine Ehe mit Sigmund. Nur, er ging ihr aus dem Weg, sie musste doch merken, dass er sie nicht heiraten wollte. Sie schien das zu ignorieren. Ich tat mir mit den neuen Erkenntnissen schwer, hasste alles, die Wohnung, das Kaufhaus, die Schule und am meisten sie. Ich musste drastische Gegenmaßnahmen setzen, an mich glauben, mein Selbstvertrauen stärken. „Dem Tüchtigen gehört die Welt", musste ich zu meinem Leitmotiv machen. „Wenn man sich auf andere verlässt, ist man verlassen." Auf meine eigene Stärke musste ich lernen zu vertrauen. Obendrein sollte ich mein eigener bester Freund werden. Großmamas Lieblingsspruch war: „Hilf dir selbst, dann hilft dir Gott", das passte gut zu meinen neuen Motivationen. Das einzige, was mir richtig gut gefiel, war der unbeschränkte Zugang zu Büchern aller Art. Ich verschlang auch alles, was mit dem menschlichen Körper und sexuellen Praktiken zu tun hatte, wie man die sicheren Tage eines weiblichen monatlichen Zyklus errechnete. Wann es sicher war für männlichen Kontakt, ohne schwanger zu werden.

Alles, was Mutter ablehnte, wollte ich ganz genau untersuchen. Sie verabscheute und hasste alles Sexuelle, für sie waren Männer blöd, egoistisch und unnütz. Laut Mutter blieben sie ewig Buben und wurden nie erwachsen. Ihrer Meinung nach war das männliche Gehirn voll von ordinärem Mist und Perversitäten, sie wollten immer nur „das Eine" – nämlich Sex! Frauen aber mochte sie noch weniger. Ich war mir auch sicher, dass sie sich selbst auch nicht sonderlich mochte, dass sie das Leben selbst als miese Zumutung empfand, zumindest betonte sie dies bei jeder Gelegenheit.

Ich studierte detailliert das Kamasutra und alles, was ich über Sex in die Hände kriegen konnte, aber allzu viel war da nicht zu haben im prüden Amerika der 60er, außer Doppelmoral. Im „Adult Book Store" (Buchgeschäft für Erwachsene) ab 21 Jahren konnte man pornografische Werke erwerben, mit Zeichnungen oder Fotos. Es gab auch gewisse Geschäfte, wo scharfe Pornographie aus Skandinavien und Japan zu haben war.

Man musste ab 18 in den Militärdienst, bei Krieg sogar für sein Land sterben, aber legal durfte man sich vorher nicht besaufen oder geile Vorlagen zur Selbstbefriedigung erwerben, schon gar nicht eine Bar oder ein Kasino betreten, um sich schnell noch zu amüsieren. Das alles erst ab 21. Ich fand solche Regeln einfach lächerlich, sogar pervers.

Mama hatte mir, als ich sieben Jahre alt war, ganz detailliert die männliche und weibliche Anatomie aufgezeichnet und erklärt. Sie war eine gute Zeichnerin, hatte auch die Kopulation beschrieben, von der man unerwünscht schwanger wurde, und dass ein Säugling von beiden Enden leckte. Kaum war er/sie sauber, ging es wieder los. Babys waren spastisch unkoordinierte, nichts könnende, kleine Kaulquappen, die nur Schmerzen, Dreck, Tränen, Arbeit und Mühsal verursachten. Schon alleine die neun Monate Schwangerschaft waren eine Zumutung der Extrasorte. Die Geburt umso mehr, war mit bösem Schmerz und niederschmetternden, erniedrigenden Entwürdigungen verbunden. Dass dann ein unbekümmertes, schönes Leben endgültig vorbei war und man finanziell zu 18 Jahren Zwangsarbeit verdonnert war, wenn ein schwacher Moment Früchte trug. Dass man deswegen einen großen Bogen um alle Männer machen müsse, wenn man sein Leben einigermaßen genießen wolle. So klein ich war, wusste ich damals instinktiv, sie meinte mich. Für sie war ich ein spastisches Wesen gewesen, das an beiden Enden leckte, danach bedeutete ich einen lästigen Fehler, den sie jeden Tag ihres weiteren Lebens bereute. Es war mir egal, weil ich sie sowieso nicht leiden konnte. Zumindest redete ich es mir ein, aber es störte mich doch und es tat unglaublich weh, was ich wieder nicht zugeben wollte, also hatte ich immer wieder dasselbe Dilemma. Was Mutter ablehnte und schlecht machte, faszinierte mich umso mehr und ich musste einfach alles darüber wissen, so suchte ich meine eigenen Wahrheiten und Antworten in Büchern, speziell über Sex, Fortpflanzung und Verhütung. Ich fand Liebesgeschichten in Filmen und Literatur wunderbar, sie konnten mich zu Tränen rühren. Sex ohne Liebe würde für mich niemals eine Option sein. Das dachte ich zumindest damals.

In San Francisco fing die sexuelle Revolution an und die Blumenkinder waren im Kommen. Das prüde, zugeknöpfte Amerika lag in den Geburtswehen eines irren Umbruchs. Sex ohne Liebe, nur als Sport und Zeitvertreib, war nun angesagt und man legalisierte den nackten Busen. Bis dato war er noch bedeckt a la Marilyn Monroe. Vereinzelt gab es schon „oben ohne Strip"-Lokale. In den Kasinos waren Französinnen mit kleinen nackten Brüsten und wunderschönem Federkörper- und Kopfschmuck in farbenfrohen, eleganten Tanzproduktionen und in eigenen Lokalen zu sehen. Drehte man das Radio oder den Fernseher auf, wetterten Prediger gegen alles, was Reno oder Las Vegas ausmachte und anbot. Der Widerspruch im Land bei fast allem ließ mich immer wieder staunen, auch die Naivität der Massen. Landesweit fanden sich etliche „christliche Prediger", welche in Zelten und im Fernsehen gegen die Sünde wetterten und enorme Summen an Spenden lukrierten. Unglaublich, was für Reichtum diese religiösen „Stars" mit Sünde und Vergebung von den dummen Massen abstaubten. Der christliche Glaube war ein Multimillionengeschäft im gelobten Land Amerika. Die Massen wurden zu Hysterie aufgepeitscht, um ihre Sünden zu gestehen und um Vergebung zu bitten, am meisten und am besten mit Geldspenden an die Prediger.

In der Schule war kollektive Hysterie in einer ganz anderen Richtung angesagt. Jeden Morgen in der ersten Stunde wurde von den Schülern auf die US-Flagge Treue geschworen. Ich blieb stumm und legte die rechte Hand nicht nach links hinüber aufs Herz. Prompt wurde das heftig kritisiert. Ich erklärte, dass die USA nicht mein Land waren, auch nicht die Flagge, ich keine Ambitionen hatte, Staatsbürgerin zu werden, ich nicht freiwillig im Land war, nur da, weil meine psychologisch gestörte Mutter es sich eingebildet hatte. Dass ich als Minderjährige gehorchen und mitkommen musste, sogar irgendwann bald vorhatte, in mein Heimatland zurück zu gehen. All das stieß auf komplettes Unverständnis. Sehr oft auch auf tiefe Animosität: Wie konnte man sich nur anmaßen, dieses wunderbare Land zu verschmähen? Viele Menschen würden für ein US-Visum töten! Was bildete ich mir eigentlich ein? Australien konnte doch nicht so stark und vorteilhaft sein wie Amerika? Anfang der 60er Jahre war es hoffnungslos, einem Amerikaner aus dem Westen der USA zu erklären, dass Austria nichts mit Australien zu tun hatte. Keiner, ob jung oder alt, den ich damals traf, hatte genug geographische Bildung, um den Unterschied zu kennen oder wusste, wo die beiden Länder überhaupt auf einer Karte oder auf einem Globus zu finden waren. Die meisten Amerikaner kannten nicht einmal alle ihre Bundesstaaten und deren Hauptstädte. Die Wenigsten konnten in einem Atlas oder auf einer Straßenkarte etwas finden. Um die Allgemeinbildung in dem Land war es sehr schlecht bestellt. Erst Jahrzehnte später wurde Österreich ein Begriff durch einen Trappfamilienmusikfilm mit der singenden Schauspielerin Julie Andrews, und einen überheblichen österreichischen Großmaul-Muskelprotz-Bodybuilder namens Arnold Schwarzenegger.

Der generelle Trend der Gefühle und Prioritäten für einen „guten" Amerikaner war: 1) Gott, 2) Vaterland/Nation, 3) und erst letztens die Familie. Dazu eine dogmatische Überzeugung, dass der weiße Mann über allen anderen Rassen stand und ihm selbstverständlich persönlich ein Lebensstil mit Waffen zustand. Außerdem, dass er ein Recht auf Geschäftemacherei hatte, auch wenn dabei andere Menschen, oder Flora und Fauna, zu Schaden kamen. Die meisten weißen Amerikaner waren also christliche Extremisten, welche sich als bibeltreue Supermacht sahen, und berechtigt waren, im Namen des Profits rücksichtslose Projekte daheim oder auch in Übersee zu lancieren, um damit abzukassieren.

Von weißer Hautfarbe war ich, aber der deutschstämmige Akzent war nicht wegzukriegen, auch nicht mit gezieltem Sprachunterricht und fanatischen Anstrengungen. Meine Mitschüler, darunter viele vom Fußballteam, nannten mich Kraut. Sie verwendeten einen Kamm, um Hitlers Schnurbart zu simulieren, komischerweise war der bekannt. Sie imitierten den Stechschritt und salutierten mit Hitlergruß, auch das wussten sie. Die Burschen wurden richtig aufdringlich und nervig, die testosterongeladenen- Fußballspielerdummköpfe mein Feindbild. Diese standen unter „Naturschutz", waren fast heiliggesprochen. Der Stellenwert eines Schülers der Reno High-School, hatte er gute Voraussetzungen und Talent fürs Fußballspielen, schoss in die Höhe, wenn es sich bewahrheitete. Wurde er ein guter Spieler, wurde er wertvoll für das Schülerteam und die Reputation der Schule. Alle Hochschulen im Bundesstaat waren vernetzt und organisierten Fußballspiele Rugby Spiele gegeneinander. Talentsucher von den nationalen Profiteams hielten Ausschau nach Nachwuchsspielern in den Schülermannschaften. Gute Spieler wurden in der Schule wie Stars behandelt. Oft waren es strohdumme junge Burschen, denen man sogar die Schulnoten positiv manipulierte, damit sie an bestimmten Spielen teilnehmen konnten, um Konkurrenzspiele für ihre Schulen gewinnen zu können. Legal war es nicht, aber es wurde toleriert. Die Spieler sollten einen gewissen Notendurchschnitt vorweisen können, um an einem Spiel teilzunehmen. Die verhätschelten Burschen glaubten, sich alles erlauben zu dürfen, weil man es auch zuließ. Ich wiedersetzte mich dieser unausgesprochenen Regel, weil mich die täglichen politisch gefärbten Angriffe auf meine Person störten. Der Blödsinn kam vom Anführer der Fußballmannschaft, einem großen, hübschen, sehr dummen blonden Burschen, dem sich alle Mädchen an den Hals warfen. Irgendwann war mir das ganze politische Getue wirklich zu blöd. In einer Mittagspause stand er breitbeinig inmitten seiner Entourage provokant gegen eine Wand im Schulspeisesaal lehnend, umringt von kichernden Mädels. In einer Stimmung geprägt von Frust, Wut und Gewalt marschierte ich zu ihm hin. Er dachte, ich würde mich auch um ihn bemühen wollen und lächelte schon sehr erwartungsvoll. Stattdessen kam ich ganz nah ran und trat ihm äußerst heftig in den Schritt, was ihn sofort in die Knie brachte. Seine Freunde waren starr vor Schock. Ich beugte mich über ihn und drohte ihm:

„Sieh zu, dass du und deine Freunde mich schleunigst in Ruhe lassen, sonst schick ich euch die Russenmafia aus San Francisco, Nastrovje."

Ich schimpfte noch etwas auf Russisch und hatte Riesenglück nach dieser provokanten Tat. Die Fußballelite machte von da an einen weiten Bogen um mich. Die Attacke hätte auch anders ausgehen können. Es störte und belastete mich, zu solchen Maßnahmen greifen zu müssen, aber ich wusste mir nicht anders zu helfen. Andauernd angestänkert und verhöhnt zu werden, war richtig lästig und belastend. Ich wollte einfach nur endlich meine Ruhe.

Die meisten US-Durchschnittsbürger reagierten sehr heftig und abweisend auf alles Russische, oder was, oder wer, damit zu tun hatte. Russisch war böse, alles Amerikanische war als gut angesehen. Die Amerikaner hielten sich nun mal für die Besten der Welt, die Nation Nummer Eins, welche anderen selbstverständlich zu sagen hatte, was zu tun war. Eingebildeter ging es wirklich nicht. Was für eine Nation von Schafen! Von ihren lokalen Medien gesteuert, durch sie wurde Politik gemacht. Anstatt objektiv zu berichten, wurde je nach Parteiinteressen schöngefärbt oder verdonnert, also die Bürger beeinflusst, manipuliert und zielstrebend in bevorzugte Richtungen gelenkt. Wehe dem, der gegen die von den Nachrichten geforderte Meinung aufmuckte. Er wurde verfehmt eingeschüchtert, beschimpft, und ausgegrenzt. Gesinnungsmoral wurde zur Waffe. Die indoktrinierte Mehrheit gab den Ton an und war stolz auf sich. Sie hatten ein Minimum an Bildung aber maximalen kollektiven Nationalstolz. Das Ärgste an der Sache aber war, dass sie allen Ernstes wirklich glaubten, sie seien die Auserkorenen die Welt zu regieren. Größenwahn zusammen mit Dummheit schien mir sehr gefährlich. Es ist unfair, zu verallgemeinern, alle in einen Topf zu werfen. Aber leider war die Mehrheit der durchschnittlichen US-Hausfrauen in den Kleinstädten oder Vororten großer Städte nicht unbedingt sehr gebildet; sie waren oft kauf- und seifenopernsüchtig und einfältig. Mutter äußerte sich einmal sehr drastisch:

„Hätte die durchschnittliche US Vorstadthausfrau eine Fliege verschluckt, gäbe es wahrscheinlich im Magen der Frau mehr Hirn, als in ihrem Kopf."

Diese jungen Frauen murksten durch ihr eintöniges Leben ohne Weiterentwicklung oder Aussicht auf Verbesserung ihres eintönigen Daseins. Sie wussten oft gar nicht, was ihnen fehlte, nur dass irgendetwas in ihrem Leben nie da gewesen oder irgendwo abhandengekommen war. Der Hochschulliebhaber, der zum Ehemann wurde, den sie sich nach dem Schulabschlussball geschnappt hatten, blieb meistens bei seinem mittelmäßigen Supermarkt- oder Baumarkt-, Tankstellen-, Bauarbeiterjobs oder arbeiteten bei McDonald's. Er hatte meistens eine lässige Einstellung zum Leben und ließ seine Angetraute gewähren, wie sie wollte. Die Kinder wurden als Teenager meist Scheidungskinder. Mama und Papa hatten sich gegenseitig zu Tode gelangweilt. Ihre zweiten Ehen brachten auch nicht die ultimative Verbesserung, da sie dieselben geblieben waren. Oftmals hatten diese Frauen keinen Schulabschluss, wenn sie früh schwanger wurden. Sehr viele lebten ein schlampiges Leben in Bezug auf den Haushalt, liebten es, in schlabbrigen Hosen- oder Trainingsanzügen vorm Fernseher herumzugammeln und ihre Lieblingsseifenopern zu konsumieren. Sie besuchten sich gegenseitig zum Kaffeetrinken, Rauchen und Tratschen. Abends, kurz vor dem Erscheinen des Ehemannes, gab es schnell eine gefrorene Mahlzeit aus dem Backrohr und Jahre später aus der Mikrowelle. Es ist unfair, zu verallgemeinern, aber die Mehrheit der US-Familien mit niedriger Bildung und geringem Einkommen, wohnhaft in den vielen wenig schicken Vororten großer Städte und unscheinbaren Dörfern oder Wohnwagensiedlungen landesweit, lebte damals so. Sie hatten Kinder, weil es dazugehörte, sie schlampig oder gar nicht verhüteten und sich kaum mit ihren weiblichen Organen und Zyklen auskannten.

In den 50ern und Anfang der 60er Jahre des vorigen Jahrhunderts kam man mit dem Einkommen des Ehemannes als Alleinverdiener noch ganz gut über die Runden. Amerika produzierte alles, was gebraucht wurde, es gab von nirgendwo in der Welt Konkurrenz. Japan und Europa erholten sich noch von den Schäden des Zweiten Weltkrieges. US-Lebensmittel waren günstig, auch Kleidung und Wohnen, wenn man keine großen Ansprüche stellte.

Ich hatte meine liebe Not mit der Aussicht auf einen Lebensstil der Mittelmäßigkeit. Es bedeutete in den meisten Wohngegenden schlampig gebaute Behausungen und eintönige Vorgärten, ohne Einzäunungen, mit struppigen Büschen und Unkraut durchzogenen Rasenflächen. Viele Vororte hatten nicht einmal Gehsteige. Dafür waren die Immobilien billig, gerade richtig für Jungfamilien und arme kinderreiche Sippen. Genau auf das Niveau in diesen Wohngegenden steuerten junge Schulabgänger zu, wenn sie sehr früh wegen Schwangerschaft geheiratet hatten.

Für die meisten Schülerinnen in der Reno High-School war lernen nicht wichtig. Erste Priorität war, einen Burschen zu finden zum „going steady", mit ihm exklusiv als Paar in der Schule zu erscheinen, mit ihm alle Sportdarbietungen und Schulfestivitäten zu besuchen und miteinander die Freizeit zu verbringen. Den Blödsinn nicht mitmachen und später studieren, wollten nicht sehr viele Mädchen, den Hafen der Ehe ansteuern aber die meisten. Es gab eine Gruppe von „Eierköpfen", zukünftige Erfinder, Politiker, Ärzte, etc., die wissbegierig waren. Bei über tausend Schülern in der Reno-Oberschule war diese Gruppe verhältnismäßig klein. Wenige Mädchen wollten nach dem Schulabschluss studieren. Diese waren vorwiegend Afro-Amerikaner, Native Americans und Asiaten; es war ihnen wichtig, sich zu bilden, Berufe zu ergreifen, womit es möglich war, ihrer Ethnie irgendwie zu helfen, zum Beispiel als Rechtsanwälte als Basis für einen späteren politischen Werdegang.

Ich wollte niemanden retten oder die Welt verbessern, nur noch immer zurück in meine Heimat. Ich dachte, es würde nicht mehr passieren, weil schon so viel Zeit seit meiner Ausreise aus Österreich verstrichen war. In mir brodelte eine Riesenwut und unglaubliche Bereitschaft zu Missetaten. Ich wollte nicht in Amerika sein und dieses Gefühl nahm ständig zu, nur wusste ich nicht, wie ich mich umstimmen konnte. Die Tatsache, dass ich der miesen US-Schulbildung ausgesetzt war, machte mir große Sorgen. Mir dämmerte, dass ich in Bezug auf Wissen und US-Schulabschluss in Österreich nichts damit anfangen konnte. Diese Tatsache empfand ich als niederschmetternd. Alles schien mich innerlich zu vergiften und ich wurde ein perfekter Kandidat für die schiefe Bahn: Mir gefiel plötzlich die nervliche Anspannung und Herausforderung bei Ladendiebstahl. Das amerikanische Vertrauensprinzip, die ungesicherte Ware zur Begutachtung dem potentiellen Käufer zugänglich zu machen, war eine offene Einladung für mich, das Zeug ohne Bezahlung mitgehen zu lassen. Es gab mir einen unglaublichen Kick, Dinge zu stehlen, ohne aufzufliegen. Am leichtesten waren Textilien zu entwenden. Man kaufte ein bis zwei Stücke wie es sich gehörte und trug unter der Kleidung, mit der man das Geschäft betreten hatte, zwei bis drei Stück, die man ohne Bezahlung entwendete. Die Ware war noch nicht elektronisch gesichert, Geschäfte und Umkleidekabinen hatten noch keine Überwachungskameras. Es war so leicht, wie Schnuller von Babys zu klauen. In Psychologiebüchern fand ich heraus, was hinter Warendiebstahl steckte, die Gründe waren zahlreich. Kleptomanie sei eine Anklage gegen Eltern, die ihrem Kind Liebe und Wertschätzung vorenthielten; die ihnen in der Kindheit das Gefühl geraubt hatten, auf sie stolz zu sein. Es war Angst vor Versagen und vor ausbleibender Anerkennung; Überflutung mit feindseligen Gefühlen; Entschädigung für frühere emotionale Entbehrungen, eine verkleidete Anklage gegen Eltern und ihrer Lieblosigkeit ihren Kindern gegenüber, oder ein Angriff auf Traditionen. Das konnte mich betreffen, weil ich richtige Freude verspürte, wenn es gelang etwas zu entwenden, ohne erwischt zu werden. Ich dachte dabei an Frau Mama, auch an die Nuss-Kloster-Diebstahlepisode. Wenn die wüsste, was ich da jetzt anstellte! Ich sah jedoch bald ein, dass ich mir meine Zukunft verbauen könnte, wenn ich doch erwischt würde. Mit einem Mal würde ich den Gray-Reids-Job verlieren, das eigene verdiente Geld auch. Meine Zukunft durch eine Verurteilung bekleckert, war keine gute Option. So ließ ich das Stehlen wieder bleiben. Stattdessen konzentrierte ich mich auf meinen Körper und trainierte, wie auch schon in Kanada, am Morgen und Abend, um die aufgebauten Muskeln vom Kloster zu behalten, sogar noch auszubauen.

Gut fühlte ich mich nur bei den Uhreinwohnern des Landes. Sie waren ein wunderbarer bunter Haufen gemischter Stammeszugehörigkeiten, hatten manchmal verschiedene Ansichten über Brauchtum und was sie davon noch von ihren Großeltern mitbekommen hatten. Verbunden waren sie in der Liebe, dem Respekt und der Verehrung der Natur. Sie fanden es allesamt bedrohlich, wie die Weißen nur wegen des Profits unbekümmert Schindluder trieben mit natürlichen Ressourcen, als gäbe es diese ewig ohne Begrenzung. Sie hielten untereinander zusammen, weil ihnen nichts Anderes übrigblieb, da sie von der Mehrheit der restlichen weißen Schülerschaft andauernd schikaniert wurden. Sie durften sich nicht offen zur Wehr setzen, wenn dadurch Weiße zu Schaden kamen, zogen sie immer automatisch den Kürzeren und mussten Repressalien einstecken oder, schlimmer noch, um ihr Leben fürchten. Diese Ungerechtigkeiten fand ich schockierend. Auch einige Afro-Amerikaner gingen mit uns zur Schule, welche ein gleiches Schicksal teilten. Ihre Eltern arbeiteten im Verborgenen in den Kasinos und Hotels hinter den Kulissen: den Küchen, WC-Anlagen und den Reinigungsdienstfirmen, welche des Nachts ihre Arbeit erledigten, um die weißen Gäste tagsüber möglichst nicht zu stören.

Rassentrennung wurde auch in Nevada rigoros durchgezogen. Eine berühmte schwarze Sängerin stürzte sich aus Protest in ein elegantes Hotelschwimmbecken in Las Vegas. Sofort wurde sie herauskomplimentiert und zwischen zwei Hotelsicherheitskräften wie eine Schwerkriminelle zu ihrem Zimmer im Angestelltentrakt abgeführt. Das Schwimmbecken wurde demonstrativ entleert und von oben bis unten von zahlreichen Reinigungskräften mit Seifenschaum und Bürsten einen ganzen Tag lang geschrubbt. Man gab sich große Mühe, zu zeigen, wie unappetitlich und verseucht der Kontakt mit der schwarzen Rasse angesehen wurde. Solche Verschmutzung musste unbedingt sofort bereinigt werden. Über die komplette Episode wurde von

Journalisten mit ausführlicher Pressefotografenunterstützung tagelang berichtet. Die Gleichberechtigung für Afro-Amerikaner lag noch weit in der Zukunft. Es gab auch keine schwarzen Schauspieler in den Fernsehprogrammen, geschweige denn in der Werbung. Offiziell existierten keine Exemplare dieser Mitbürger.

"ZWEI DINGE SIND UNENDLICH;
DAS UNIVERSUM UND DIE MENSCHLICHE DUMMHEIT;
BEIM UNIVERSUM BIN ICH MIR NOCH NICHT
GANZ SICHER"

-Albert Einstein, Nobelpreisträger

Amerika löste Konflikte gerne mit Gewalt, eine heftige Keilerei war die gängigste Art, Streitereien zu schlichten und überall immer angesagt. Man sah es Tag und Nacht im US-Fernsehen, in den meisten US-Filmen, wo die Fäuste und der Colt für Ordnung sorgten. Auch in Zeichentrickfilmen war das evident, da andauernd „Klopfer" ausgeteilt wurden. Was aber scheinbar an allererster Stelle stand, waren Patriotismus und Militär. Mit dem Treueschwur zur Fahne jeden Morgen gab es in der Senior-High-School (10. 11. 12. Klasse vor der Universität) R.O.T.C: Reserveoffizierstrainingscorps. Das war offizielles Soldatenspielen in Uniformen und mit scharfen Waffen beim Schießunterricht. ROTC lehrte Militärführung, strategisches Denken, Waffenkunde und Ethik, diese Kurse boten eine gute Basis für zukünftige Offiziere, als Grundlage für Militärakademien aller US-Streitkräfte. So wurde schon menschliches Kriegsmaterial unter Halbwüchsigen für zukünftige politische Auseinandersetzungen ausgesucht und gefördert. Wir lebten inmitten einer sehr kriegerischen Gegend. Rund um Reno befanden sich beeindruckend große Militärstützpunkte von Luftwaffe und Armee. Zwei Autostunden entfernt von Reno, in San Francisco, schwamm und saß die pazifische Flotte der Marine, eine vielfältige Ansammlung von schwimmender, kriegerischer Ausstattung in Milliardenhöhe. Entlang der kalifornischen Westküste waren die schönsten Strände vom US-Militär als Truppenübungsplätze beschlagnahmt und mit Stacheldraht abgegrenzt. Dort wurde fleißig für feindliches Erobern und die Übernahme zukünftiger Feindgebiete vom Meer aus geübt. Im südlichsten Kalifornien, in San Diego, war die Flugzeugträgerflotte stationiert. Im südlichen Nevada gab es aktive US-Armee Atombombentestgründe. Ich wunderte mich über Verstrahlung und erwähnte es Mama gegenüber, sie zuckte nur mit den Schultern und meinte, an irgendetwas müsse man doch schließlich sterben. Ich verstand sie überhaupt nicht mehr. In der Vergangenheit in Österreich hatte es für sie täglich akute Aufregung gegeben über gesundheitsbedrohliche Umstände aller Art. Politische Krisenherde weltweit waren von ihr endlos kommentiert worden und immer ungeduldig spekuliert, ob diese den dritten Weltkrieg auslösen könnten oder würden, sogar mit Atombomben, wie seinerzeit in Japan. Wenn nichts dergleichen geschehen war, schien sie sogar enttäuscht und konzentrierte sich auf andere Möglichkeiten, „den Teufel an die Wand zu malen". Wenn politisch kein Krisenherd explodieren würde, fokussierte sie sich auf in Zeitungen beschriebene Symptome von Krankheiten. Sie hatte diese dann sofort auch gehabt und musste gleich zu einem Arzt. Der wurde endlos mit neurotischen Gegebenheiten gequält bis man sie förmlich aus der Ordination rausschmiss oder eine Kur verordnete, um sie loszuwerden. Das war viele Male ihr Modus Operandi gewesen. Alles, was den Fokus auf ihre Person lenkte, wenn auch nur für kurze Zeit, wurde immer wieder eingesetzt, um sich in Szene zu setzen und Aufmerksamkeit zu erregen. In den USA war das ganz anders, da schien ihr eine eventuelle Nuklearverstrahlung egal zu sein. Kenne sich bei ihr da einer aus! In Reno war sie so vertieft in „Kaufmannsladen"-Spielen, dass sie keinen klaren Gedanken an irgendetwas anderes verschwendete. Am wenigsten an mich oder gesundheitliche Umstände. Sie aß nur sporadisch und trank am Abend den sehr schweren, roten, koscheren Mogen-David-Wein, „um besser zu schlafen", wie sie immer wieder betonte. Sie schuftete Tag und Nacht in ihrer Kaufhausabteilung, aber sie erwähnte kein einziges „Wehwehchen". Erstaunlicherweise schien es sie nirgends zu zwicken. Vielleicht lag es daran, dass sie sich wirklich bei ihrer Arbeit wohlfühlte, sie kontrollierte mich auch überhaupt nicht. Das war mir nur recht. Nicht, dass sie mir aus dem Weg ging, sie sah mich nur nicht wirklich, als existierte ich gar nicht, obwohl sie mir oft gegenüberstand. Dieser Zustand half wenig, mich gut zu fühlen. Ich war mir auch total selbst überlassen. Das wiederum war oft ganz nach meinem Geschmack, da gab es wenigstens keine Konflikte. Aber es schmerzte auch, weil ich für sie nicht wichtig war, ich zählte plötzlich noch weniger als sonst, also überhaupt nicht. Ich beschloss daher, diese Situation zu ignorieren und mir selbst die so ersehnten Streicheleinheiten zu geben. Das ging nicht über Nacht, ich musste das erst erlernen.

Langweilig war das Leben in Reno nie. Über Nacht trieb plötzlich ein irrer Waldbrand sein Unwesen in Richtung Donnerpass. Nachts war der Himmel über dem Städtchen gespenstisch erleuchtet. Ein Farbenspiel von unerhörter Schönheit zeigte alle Nuancen von Rot bis Hellgelb, mit aufsteigendem blauem Rauch; schaurig intensiv wirkte alles zusammen.

Im Morgengrauen des zweiten Tages war der Himmel ein deprimierendes Dunkelgrau. Den ganzen Tag gab es nur Dämmerlicht, Angst einflößend, deprimierend und so unwirklich. Man kam sich vor wie in einem dilettantischen Science-Fiction-Horrorfilm. Es fiel schwer, zu atmen, die Sonne war irgendwo hinter dem Rauch verschwunden. Ganz feine Aschepartikel regneten auf uns herab, und genau wie am Tag zuvor, durch die dunkelgrauen Rauchschwaden glühte der Horizont, wo man ihn vermutete, ein gespenstisches Orange. Wir hatten schulfrei, wurden eingeteilt, um Mahlzeiten und Getränke für die Feuerwehrmänner zu organisieren und verteilen. Von den umliegenden Militärstützpunkten wurden die Soldaten mobilisiert und zur Bekämpfung des Feuers eingesetzt, um den erschöpften Feuerwehrmännern zur Hand zu gehen. Als die Nacht am zweiten Tag hereinbrach, war Reno auf zwei Seiten mit wüst brennenden orangen Bergkämmen konfrontiert. Die Aussicht war gespenstisch. Notlager standen zur Verfügung für viele durch das Feuer obdachlos gewordene Menschen aus den umliegend betroffenen Häusern und Ranchen. Es war schwer, zu atmen und unsere Augen brannten von dem Rauch. Die Spielkasinos liefen ungebremst auf Hochtourenbetrieb, wie immer, der Waldbrand schien den Spielern egal zu sein. Sie pumpten ihre Münzen hastig in die Einarmigen Banditen, spielten siebzehn und vier, oder würfelten unbeirrt weiter an den Spieltischen. Am dritten Tag war es fast so finster wie bei Nacht. Der Rauch stieß noch stärker in Nasen und Augen; Spitäler evakuierten viele Kranke in umliegende Gegenden. Die Stimmung war wie „Weltuntergang", zumindest stellte ich mir das so vor, es sah einfach schaurig aus: In grauschwarzer Dunkelheit standen viele erschöpfte Feuerwehrmänner und Soldaten mit Ruß beschmierten Gesichtern herum. Lange Warteschlangen zeigten müde Menschen bei der Essensausgabe. Alles wirkte so fremd, wie das Endzeitszenario in einem bösen Film und ich fühlte mich richtig schlecht. Die Leute waren sehr diszipliniert, das konnte die US-Bevölkerung vorbildlich, sie packten an, wo notwendig, warteten geduldig auf Verpflegung oder erste Hilfe bei Verletzungen. Keine Spur von Drängen und Ungeduld. Jeder schien tranceartig ferngesteuert zu funktionieren. Es dauerte länger als drei Wochen bis der Selchgeruch langsam aus der Luft verschwand. Ein starkes Gewitter mit sintflutartigen Regenfällen half, dem Feuer am vierten Tag den Garaus zu machen. Als wir das nächste Mal Sacramento besuchten, fuhren wir über den Donnerpass durch die verbrannten Wälder. Herzzerreißend, wie verkohlte Baumstämme himmelwärts ragten, soweit das Auge reichte. Ein verbrannter Wald sieht äußerst deprimierend aus, er verbreitete irgendwie Weltuntergangsstimmung, auch ohne Flammen.

Dieses 61er Jahr hatte es in sich! Es wurden Unruhen zwischen Indianerjungs und einigen Weißen immer wieder zum Problem. Einer der Native Americans war mir schon im Vorjahr aufgefallen. Leroy Longfeather/Lange Feder war fast zwei Meter groß, sehnig, mit langem, pechschwarzen Haar und bernsteinfarbenen Augen, hohen Backenknochen, keiner typischen, prominenten, klischeehaften Indianernase, und dazu vor sich hin schmunzelnde, wohlgeformte Lippen. Das ließ ihn leicht amüsiert und schelmisch wirken, als würde so manche menschliche Tragödie, die sich um ihn herum abspielte, leider nicht zu ändern sein, aber kein Grund, die Nerven darüber zu verlieren und Trübsal zu blasen! Er bewegte sich geschmeidig ohne tuntig zu lächerlich graziös aufzutreten. Ich hatte ihn schon im Vorjahr himmlisch gefunden.

Neben der Schule befand sich eine gutfrequentierte Hamburgerbude und davor, nach dem Unterricht, gingen eines Tages drei Fußballspieler auf meinen geheimen Schwarm los, bekamen langsam die Oberhand und er wurde furchtbar verdroschen. Ohne viel zu überlegen, rannte ich hin, nahm den nahestehenden Mistkübel und stülpte ihn einem der Schläger samt Inhalt über den Kopf. Der Abfall darin ergoss sich über das Knäul der kämpfenden Beteiligten und über den Jungen meiner Verehrung. Der Inhalt war scheußlich, mit endlos viel Senf und Ketschup, verwelkten Salatblättern, zerknüllten Papierservietten, Colabechern mit Restflüssigkeit von geschmolzenen Eiswürfeln, Strohhalmen und Zigarettenstummeln. Auch ein abgebrochener Besenstiel war beim Mist dabei, mit dem und einen Abfallkübeldeckel drosch und stach ich auf die Streithähne zu, wo es nur ging. Leroy konnte sich einigermaßen wieder verteidigen und zusammen schlugen wir die aggressiven, bekleckerten Idioten in die Flucht. Von oben bis unten mit dem Abfall beschmiert, beschlossen wir, den Rest des Schultags zu schwänzen, daher begaben wir uns zum Trucky Fluss nicht weit von der Schule entfernt, um uns zu säubern. Dort existierte ein netter kleiner Park, in dem wir uns ein lauschiges Plätzchen suchten und beschlossen, die Schule weiter zu schwänzen, um uns näher kennenzulernen. Über Österreich wusste er nicht viel, aber zumindest, wo es war – zwischen Schweiz, Deutschland, Ungarn, der Tschechoslowakei, no Bravo! Der war ja sogar ein helles Licht. Er wusste auch über Adolf Bescheid. Es interessierte ihn, warum ich ausgerechnet in Reno war, und was ich werden wollte. Aus irgendeinem Grund schüttete ich ihm mein Herz aus. Er hörte mir aufmerksam zu. Die Zeit verging im Flug und ich musste ins Warenhaus, bei der Arbeit dachte ich die ganze Zeit über ihn nach. Er strahlte eine stille Ruhe und Besonnenheit mit Stärke aus, zumindest wirkte er so. Ich hatte mich in seiner Gegenwart einfach wohlgefühlt und das war für mich etwas Neues. Mit meiner Hilfsaktion für Leroy war in der Schule mein weiteres Schicksal besiegelt. In Windeseile, wie ein Lauffeuer, machte die Schlägerei die Runden. Einen der Angreifer hatte ich angeblich sehr böse im Gesicht mit dem abgebrochenen Besenstiel erwischt. Ein weißes Mädchen ergriff Partei gegen ihresgleichen für eine Rothaut! Das war unerhört, absoluter Hochverrat gegen die angesagten Regeln und Traditionen der Reno-Hochschule. Ach so, sie war die blonde mit dem Wuschelkopf und dem komischen Akzent. No ja, das erklärte einiges, aber trotzdem! Das durfte nicht sein und man musste sie unbedingt aufklären, also wurde ich zum Klassenlehrer zitiert und der versuchte mir zu erklären, dass es nicht gut war, sich auf die Seite der Ureinwohner zu stellen. Dass „diese Leute" von vornherein allesamt Verlierer waren, versoffen, haschverraucht und kriminell, nicht der richtige Umgang für ein weißes Mädchen. Die Schule war laut Gesetz veranlasst, den Native Americans den Unterricht nicht vorzuenthalten, aber bringen würde es nichts. So war die generelle Einstellung ihnen gegenüber. Sie waren lernunfähig. Außerdem würde ich mich der Gefahr einer Gruppenvergewaltigung aussetzen oder, schlimmer noch, nachher sogar tot in der Wüste verscharrt werden. Ich konnte nur den Kopf schütteln über so viel Falschinformation und borniere Dummheit. Bei einem Kampf zwischen Weißen und Native Americans zogen diese meistens den Kürzeren. Sie mussten es, sonst würde man sie bestrafen, verurteilen oder manchmal gab es für sie tödliche Unfälle. Seit der Indianerprügelei wurde ich von einigen Weißen bespuckt und bedroht, aber auch von meinen neuen Freunden beschützt. Leroy war der Anführer und der Sprecher für diese Schülerschaft. Sie ließen sich schlecht behandeln, weil sie unbedingt einen Schulabschluss wollten, vielleicht studieren, um später irgendwie aus der Armut und Hoffnungslosigkeit des Lebens mit ihren Familien aus dem Reservat auszubrechen. Wie unrecht doch die Schulleitung hatte, was die Ambitionen dieser Schülergruppe betrafen. Die Pädagogen waren voreingenommen, was die Lernkapazität, Träume und Ziele dieser Leute anging. Es gab einige im Reservat, welche nicht zur Schule gingen, sich besoffen, oder Drogen verfallen waren, und generell Scheiße bauten. Ihre negativen Taten verfärbten auch die Reputation der braven, ambitionierten Anderen. Man schmiss alle Nativ Americans generell in einen Topf.

Die weißen Sportler machten einige Zeit Jagd auf mich und meine neuen Freunde. Wir wehrten uns mit Hinterlist, immer abseits ohne Zeugen und das kam nicht gut an. Schön langsam eskalierte die Situation zu einem richtigen Problem. Plötzlich hatten wir Polizei in den Schulgängen. Sie schafften unparteiische Ordnung, meist nur durch ihre Anwesenheit. Das Ganze war mir unbegreiflich. Man hatte den Ureinwohnern alles genommen, sie verdrängt und man wollte sie im Grunde nicht einmal in der Schule haben. Laut Gesetz waren sie aber schulpflichtig. Eigentlich kochte es in vielen Bundesstaaten im ganzen Land. Die Afro-Amerikaner wollten Gleichberechtigung. Da schien auch unser Konflikt zum landesweiten Trend zu passen. Wir Außenseiter, und ich zählte mich dazu, waren alle gute Schüler und erlaubten uns kollektiv, manchmal die Schule zu schwänzen, indem wir die Umgebung von Renos Wäldern, Wiesen und Wüsten durchstreiften. Die Ausflüge machten wir auf Pferderücken, also war ich gezwungen, reiten zu lernen, möglichst von heute auf gestern. Anfangs fürchtete ich mich, aber ich kam darüber hinweg, weil ich unbedingt mithalten wollte. Leroy zeigte mir, wie man das Vertrauen des Pferdes am schnellsten und besten gewinnen konnte: kein Parfüm tragen, auch kein stark riechendes Deo, die Handflächen mit eigenem Schweiß von Stirn oder Hals dem Tier langsam unter die Nüstern halten, dann streicheln und ihm sanft zureden, damit das Tier sich an die Stimme des zukünftigen Reiters gewöhnt. Das funktionierte wirklich wunderbar. Beim Aufsteigen redete ich dem Tier weiter zu: „Brav sein, schön stillhalten, ich tu dir nichts, lass mich auf dich rauf, und wirf mich um Himmels Willen nicht ab." Ich kam mir völlig verblödet vor, mit einem Pferd zu reden und hatte Todesangst, das Vieh war so riesig, und oben angekommen sah es sehr steil nach unten aus. Wunder, oh Wunder! Ich blieb im Sattel, den Rest erledigte mein neuer Freund, das Pferd. Ganz geheuer war mir das Tier lange nicht, eine richtig gescheite Stute und nach einiger Zeit kamen wir gut miteinander aus. Ich hatte meine anfängliche Angst bezwungen, eigentlich war das Tier ein Genie. Nur durch die Verlagerung meines Körpergewichts nach rechts oder links wusste es, in welche Richtung ich wollte. Es war eben ein echtes Westernpferd, trainiert, seinem Reiter die Hände für das Lasso oder das Gewehr freizuhalten, um zu schießen, anstatt sich mit den Zügeln zu beschäftigen.

Die Native Americans nahmen mich freundlich in ihrer Gruppe auf. Sie wussten so vieles über Pflanzen, das Suchen und Finden von Wasser in trockenen Gegenden, Feuer ohne Zünder zu machen, Himmelsrichtungen zu bestimmen und vieles mehr, und ergänzten so, was ich von Großvater gelernt hatte. Aber sie brachten Zünder und Feuerzeuge mit, auch einen Kompass, warum nicht die Dinge des Fortschrittes benutzen? Meine neuen Freunde waren überrascht über meine Kenntnisse bezüglich Himmelsrichtungen, Feuer machen usw. Ich erzählte ihnen von meinem Großvater und seiner sibirischen Gefangenschaft und meine Kumpel waren faszinierte Zuhörer. Sie wussten nicht viel über den Zweiten Weltkrieg und die Geschehnisse damals in den europäischen Ländern. Im US-Geschichtsunterricht wurde nur über „D-Day", die US-Landung an Frankreichs Küste berichtet. Der Lehrstoff begnügte sich nur im Detail mit Geschehnissen der Weltgeschichte, an denen die USA direkt involviert waren, speziell bezüglich des Zweiten Weltkrieges und den Kämpfen gegen Nazi-Deutschland, auch mit den Japanern im Pazifik. Andere Zusammenhänge interessierten niemanden in dem gelobten Land. Nachdem im Zweiten Weltkrieg Pearl Harbor in Hawaii von den Japanern angegriffen wurde und das US-Militär, dort stationiert, extreme menschliche Verluste und materielle Vernichtung zu spüren bekommen hatte, ging es allen Japanern an den Kragen, welche an der Westküste der USA lebten. Entlang der kompletten kalifornischen Küste, von San Francisco bis San Diego, wurden sie eingesammelt. Auch solche, welche eingebürgert waren, welche da geboren worden waren, oder schon in zweiter Generation in den USA als US-Bürger lebten, egal, sie wurden interniert. Man holte sie bei Nacht und Nebel von ihrem Zuhause ab und brachte sie in bewachten, gesicherten Anstalten (Barackenlagern) unter, welche sich weit weg von der Küste im Hinterland in der Wüste befanden. Sie mussten ihre Heime und Geschäfte von heute auf morgen verlassen und durften nur wenige Dinge mitnehmen. Finanzielle Verluste und seelischer Stress wurden nie abgegolten, in keinem Geschichtsbuch wurde diese historische Maßnahme erwähnt. Ethnische Minderheiten hatten in der Geschichte der USA oft sehr schlechte Karten.

Diese Ausflüge mit meinen Native-American-Freunden entschädigten mich dafür, in Amerika leben zu müssen. Ich suchte mir eine Klassenkameradin, die für mich ein Alibi zusammenlog für meiner Mutter, damit ich über Nacht in der Wüste bleiben konnte. Das war sowieso leicht, denn Mama hatte nur ihre Kaufhausbuchabteilung im Kopf. Nächtigungen in der Wüste Nevadas mit meinen neuen Kumpels unter einem samtenen, blauschwarzen Sternenhimmel blieben unvergesslich. Die atemberaubende, wilde Schönheit des Gebietes um den großen salzhaltigen Wüstensee namens „Pyramid Lake" waren oft unser Ausflugsziel. 487 km² blaues Wasser, 40 km lang, 20 km breit, in 1157 m Seehöhe, mit rings herum Sand, trockenen Hügeln, dazwischen raues Gestein. Im See befand sich eine Steinformation in Form einer Pyramide, daher der Name, das Wasser wurde vom Tahoe See und Trucky Fluss gespeist. Weit und breit waren keine Ansiedelungen, keine Gebäude, Tankstellen, Motels, nichts als Wüste, bizarre Gesteinsformationen und der See. Wir genossen das Schwimmen im angenehm warmen Wasser, mit 1/6tel Salzgehalt von Meerwasser. Es wurde gegrillt und wir wälzten die politischen Themen des kalten Krieges durch. Sex gab es keinen, wir wollten alle im Leben etwas erreichen und uns weder vorzeitig binden, noch uns mit einer möglichen ungewollten Schwangerschaft unsere Zukunft verbauen. Diese Vorgangsweise überließen wir anderen Schülern. (Die Pille war noch im Anfangsstadium). Die meisten amerikanischen Mädchen wollten schnell heiraten und eine Familie, viele von ihnen waren in der letzten Klasse beim Schulabschluss sowieso schwanger. Wenn man sich nicht sofort nach Schulabgang voller Elan verheiratete, sich auf die Hausarbeit stürzte und sich nach Kindern sehnte, wurde das als sehr bedenklich angesehen. Ich wollte keinesfalls so ein Szenario und stand dazu, obwohl es sehr schlecht ankam, wenn man so dachte. Wer nicht „Mainstream" sein wollte, also den Geschmack der großen Mehrheit teilte, anstrebte und lebte, wurde von denen, die dazu gehörten, angegriffen. Meine Indianerfreunde hatten in dieser Richtung keinerlei Ambitionen. Erstens, weil sie gar nicht dazugehören wollten und zweitens, weil sie sowieso diskriminiert wurden. Aber am allerwichtigsten war ihnen die Möglichkeit, etwas zu lernen und Berufe zu ergreifen, welche etwas für die miese Lage der Indianernationen ändern und verbessern konnte. Eines Tages nahm Longfeather mich zu sich nach Hause mit nach Sparks, der kleinen Zwillingsstadt von Reno. Anfang der 60er Jahre war es ein hässliches kleines Städtchen mit heruntergekommenen Bars, einem Kasino, versteckten zweitklassigen Hurenhäusern und einem Indianerghetto in der Nähe. Dort war auch die Vegetation wüstenmäßig, trocken, staubig und trostlos. Die Reservathäuser bestanden zumeist aus klapprigen Holzbauten, an denen alte Farbe abblätterte. Vor Fenstern und Türen schmückten zerrissene Fliegengitter die Bruchbuden. Zwischen ihnen streunten einige hungrig aussehende Hunde umher. Hier und da stand ein rostiges Autowrack, aufgebockt ohne Reifen, in dem Reservatkinder spielten. Die Worte hässlich und deprimierend waren stark untertrieben, das Areal strömte akute Hoffnungslosigkeit aus. Eine der Behausungen beherbergte Leroys Großvater, welcher dort auf eigenen Wunsch im Sterben lag. Er war über 90 Jahre alt, ganz genau wusste man das nicht, musste ungefähr vor 1870 das Licht der Welt erblickt haben. In seiner Kindheit gab es noch die Konflikte mit dem weißen Mann. Auch erlebte er die blutigen Ausmerzkriege, später die wenigen besiegten Indianernationen und ihre Zwangsübersiedlungen in die trockenen, staubigen Reservate. Ich war tief beeindruckt, wie Leroys Familie mit der Situation des alten Mannes umging, so würde- und liebevoll. Er lag bequem aufgebettet auf wunderschönen handgewobenen Wollteppichen, im Schoße seiner Liebsten, rund um die Uhr waren Menschen bei ihm. Er hatte aufgehört, feste Nahrung zu sich zu nehmen und wollte sterben, für ihn war es Zeit zu gehen. Weil ich seinen Enkel verteidigt hatte, wollte er mich kennenlernen. So eine Situation hatte er in seinem langen Leben noch nie gehabt, sie hatte ihn sehr überrascht und ihm gefallen.

Leroys Großvater besaß noble Gesichtszüge mit hohen Backenknochen, einer prominenten Nase und tausende kleine Knitterfalten dekorierten seine Visage, die blitzenden Augen waren dunkelbraun und blickten äußerst neugierig in mein Gesicht. Er trug ein sauberes Jeanshemd und eine Jeanshose. Um seinen Hals hing ein wunderschöner türkisfarbener und silberner Halsschmuck in traditionellen Kürbisblütenstil. Sein üppiges, langes Haar war schneeweiß und zu einem Pferdeschwanz gebunden. Er hatte schöne, gepflegte Hände mit langen, schlanken Fingern, ein Mittelfinger zeigte einen großen Türkis- und Silberring. Wir waren uns auf Anhieb sympathisch. Von ihm hörte ich aus erster Hand, wie es damals in seiner Kindheit und Jugend zugegangen war: wie der weiße Mann vor lauter Gier alles vernichtete, die Büffelherden dezimierte und dem roten Mann seine Lebensgrundlage zerstörte. Die Indianer glaubten folgendes:

Der Mensch sei nur ein Teil des Ganzen, seine Aufgabe ist die eines Hüters und Verwalters, nicht die eines Ausbeuters. Der Mensch hat Verantwortung gegenüber der Natur, nicht Macht, sie durch Gier zu zerstören. Die neuen Einwanderer hatten keinen Respekt für die Balance der Natur. Sie verstanden nicht, dass man schonend mit ihr umgehen musste. Man sollte der Natur mit Ehrfurcht und Verstand gegenübertreten, niemals alles abernten, etwas für Samenbildung stehen lassen für die nächste Saison, oder Tiere nicht alle erlegen, für eine nachkommende Generation Sorge tragen, darauf achten, dass genug übrig bleibt für die Nachkommen. „Indian Nations", die verschiedenen einheimischen Stämme, hatten sich oft mehr oder weniger gegenseitig bekämpft. Sie waren sich aber immer einig im schonenden Umgang mit der Natur und deren Ressourcen gewesen.

Ich kam von da an mit Leroy noch sehr oft mit, um seinen Großvater zu besuchen und lauschte fasziniert seinen Erzählungen. Er wurde langsam immer schwächer, aber als Zeitzeuge war er trotz seiner schwindenden Gesundheit einfach phänomenal. Aus seinen Erzählungen erfuhren wir detailliert, was für Unrecht, tödliche Gemeinheiten, heimtückische Hinterlist mit tragischen Auswirkungen den Native Americans von den Einwanderern verübt und angetan wurden. Als die Indianer Ende des neunzehnten Jahrhunderts von der US-Armee großzügigerweise Decken spendiert bekamen, waren diese vorher bei Kranken und Verstorbenen gewesen, deswegen verseucht. Die Indianer steckten sich an und starben zu Tausenden. Ihre Abwehrkräfte waren auf europäische Krankheiten nicht eingestellt. Es wurde auch gemunkelt, dass dies mit Absicht geschah. Zusätzlich wurden die Ureinwohner einfach dezimiert durch Verfolgung, Kriege, Hunger und noch mehr Krankheiten.

Leroys Großvater prophezeite für des weißen Mannes Zukunft eine total kaputte Natur, sogar noch während meiner Lebensspanne, weil seiner Meinung nach die Gier des weißen Mannes keine Grenzen kannte. Er prophezeite auch eine völlig vermüllte Zukunft mit Ausrottung gewisser Tiere und Pflanzen, was wiederum Ungleichgewicht und großen Schaden für alle Kontinente betraf. Er bedauerte, wie die öden Reservate die Seele seines Volkes tötete und Alkohol ihr Leben verkürzte. Er erzählte mir, wie die Weißen Indianerkinder ihren Eltern raubten, sie in Internate steckten, sie misshandelten, die Kinder zwangen, nur Englisch zu sprechen und die indianischen Sprachen in Vergessenheit gerieten. Man hatte ihnen alles genommen: ihr Land, ihre Lebensweise und Rituale, ihre Sprachen, ihre Kinder, ihren Stolz, ihre Gesundheit und ihre Identität. Was wir in der Reno High-School hatten, waren junge Native Americans, die etwas zu erreichen versuchten, um auszubrechen aus der Armut und Hoffnungslosigkeit der Reservate. Sie wollten ihre

Sprachen, Rituale und Traditionen wiederfinden und -beleben. Sie wussten auch, dass solch ein Ziel nur erreicht werden konnte zuallererst mit einem Schulabschluss. Danach würden einige Rechtsanwälte werden und schön langsam von der Regierung des weißen Mannes einige gestohlene Ländereien zurückholen. Es würde viele Jahrzehnte dauern, bis der Erfolg eintrat, aber diese Bewegung fing damals bei den jungen Native Americans landesweit und eben auch in Reno an.

„OPTIMISTEN SIND SCHLECHT INFORMIERTE PESSIMISTEN"

So wie sich die politische Lage weltweit entwickelte, schien die Menschheit andauernd an der Schwelle der Vernichtung zu stehen. Den Sommer nach der 11. Klasse, 1961, verbrachte ich jede freie Minute bei meinen Indianerfreunden. Wir erkundeten Wald und Berge bis zum Tahoe See, wo die Fernsehserie „Bonanza" gedreht wurde, oder karstige Berge und Wüsten bis Pyramid See und den Silberminen Mecca in Virginia City. Reno und Umgebung hatte wunderschöne Wüsten oder hochalpine Berge, man konnte es sich aussuchen, vielfältige natur- oder geschichtsträchtige Dörfer des alten, wilden Westens, alles leicht erreichbar. Im Coloma Fluss gab es die Möglichkeit, Gold zu waschen. Wir fanden manchmal innerhalb von zwei Stunden sechs bis sieben rosinengroße Klümpchen. Gold brachte damals 35 Dollar die Unze. Einige alte Männer, die ganztägig Gold wuschen, lebten sogar davon. Nicht im reichen Stil, aber es brachte genug, um nicht zu verhungern, sich ein Dach über dem Kopf und Kautabak oder Zigaretten (25 Cent das Packerl) leisten zu können, ein Untermietzimmer war schon um 5 Dollar die Woche zu bekommen, ein Menü für einen Dollar fünfundzwanzig mit Getränk. Der Dollar hatte große Kaufkraft. War man bescheiden und nicht anspruchsvoll, konnte man sehr günstig über die Runden kommen.

Wenn ich mit den einheimischen Amerikanern unterwegs war, holten wir alles, was wir brauchten, aus der Natur um uns herum. Erstaunlich, was es da alles gab. Wir hatten Pferde, Messer und Feuerzeuge, aber ich wollte immer noch zeigen, dass ich ohne, auf die alte Weise, Feuer machen konnte, meine neuen Freunde machten sich aber über mich lustig: Warum so viel Zeit und Mühe, wenn es moderner auch ging? Wir hatten so viel Spaß miteinander und die Landschaft war so wunderschön, diese Streifzüge durch unberührte Natur blieben unvergesslich und einzigartig. So wie wir es noch kannten, war fast 40 Jahre später nichts davon übriggeblieben – meistens gerodet, verbaut, zubetoniert, verschmutzt und vergiftet.

Sehr interessant und lehrreich fand ich, durch die Nevada Landschaft zu ziehen, wir liebten die Natur und wir merkten schon damals, dass im Namen des Profits allerlei Schindluderprojekte betrieben wurden. Zum Beispiel hatte man Sumpfwiesen trockengelegt, um Baugründe zu gewinnen. Natürlich nahm man keine Rücksicht auf die Tierchen, welche um ihren Lebensraum gebracht wurden. Die Wälder am Fuße des Mount Rose (Rosenberg) mussten immer höher hinauf dran glauben, weil die Holz- und Rigipspaläste immer weiter hinauf gebaut wurden. Dafür wanderten das Rotwild und alle kleinen und mittelgroßen Tierchen auch aufwärts oder verschwanden total. Bäche wurden umgeleitet und die Natur gezähmt. Allerdings schien sie rachsüchtig und ließ trotzdem von sich hören: mit einer richtig bösen Überschwemmung.

Große Schneemassen wurden von einer plötzlichen Warmfront mit unendlich viel Regen geschmolzen und das flüssige Gebräu raste ins Tal, wo immer es gefiel. Durch die Murenabgänge mussten viele Häuser dranglauben, sie wurden fortgeschwemmt, weil man sie an ungünstigen Stellen am Berghang gebaut hatte. Der Trucky Fluss schaltete auf völlig rabiat. Das Schmelzwasser trat über die Ufer und überschwemmte nahegelegene Hotels. Dort schwammen Polstermöbel von den Eingangshallen und Rezeptionen auf den Parkplätzen. Einarmige Banditen waren auch dabei, weggerissen aus ihren Verankerungen. Die Brücke über den Trucky Fluss mit Treibgut gegen die Stützpfeiler verstopft, drohte, weggerissen zu werden. Von überall kamen Leute, um die verstopfenden Baumstümpfe und Äste wegzutransportieren und Sandsäcke zu füllen, zu versuchen, zu retten, was noch zu retten war. Eines konnten die Amerikaner sehr gut: sich zusammentun, in der Not effizient dringende Notwendigkeiten organisieren und kräftig anpacken, wo wichtig. Automatisch wurden sie zu gut koordinierten Teams und erledigten das Wichtigste der Stunde, genau wie beim vorherigen Waldbrand. Soldaten von den naheliegenden Militärstützpunkten wurden zur Hilfeleistung eingeteilt. Die Schüler der Reno-Oberschule bekamen schulfrei und wurden eingesammelt, um mitzuhelfen. Vier Tage dauerte es, bis das eisige Wasser nicht mehr stieg. Danach brauchten wir über vier Wochen, um die Straßen und Gebäude vom teils übelriechenden Schlamm zu befreien. Wir hatten alle noch immer schulfrei, um bei den Überschwemmung- und Aufräumarbeiten zu helfen. Die Kräfte einer wildgewordenen Natur zeigten sich auch an Land als unerhörte Gewalt, mit der nicht zu spaßen war. Es brachte bei mir Erinnerungen hoch, an den wildgewordenen Atlantik bei der Überfahrt von Europa. Auch ein größerer Bergbach wie der Trucky konnte durch die Schneeschmelze einen Riesenschaden anrichten und zur wilden Bedrohung ausarten. Was für hilflose, schwache Menschen wir waren, wenn uns Naturgewalten bedrohten. Da halfen keinerlei technische Errungenschaften, um gegenzusteuern. Ab einer gewissen Stärke der rabiat gewordenen Elemente verlor der Mensch ganz einfach die Kontrolle.

Nach der Frühlingsflut nahmen wir Schüler unsere Streifzüge durch die Umgebung von Reno wieder auf. Manchmal übernachteten wir unter den Sternen, dann erzählte man mir die amerikanische Geschichte aus einer ganz anderen Perspektive, das fand man in keinem US-Geschichtsbuch. Mutter log ich wieder was vor, bei einer Freundin zu übernachten, aber sie war viel zu beschäftigt mit ihrer Bücherabteilung, taub und blind für alles außer ihrer Arbeit. Es interessierte sie weder die Berliner Mauer, die Kubakrise, ermordete Politiker, noch der kalte Krieg. Schon gar nicht die Unruhen, welche unterschwellig in gewissen US-Großstädten zu brodeln begannen, in gewissen Bundesstaaten ihrer geliebten USA. Für Mutter war die Grey-Reids-Bücherabteilung das Einzige, was sie interessierte, der Nabel ihrer Welt; sie verbrachte sogar extra Zeit im Geschäft zusätzlich zu den vorgesehenen Öffnungszeiten. Die Umsatzsteigerung war von Monat zu Monat beachtlicher. Herr Katron war begeistert, aber eine Prämie bekam sie nicht. An ihrem freien Turnustag ließ sie sich am Teerpappendach stundenlang rösten und ihre Haut wurde schön langsam dunkler als die der Native Americans. Sie hatte die Farbe einer Haselnuss, mit grünen Augen, einen ganz eigenen gegerbten Lederlook, dazu trug sie ihre Seidenetuikleider in hellen Farben, eigentlich apart und ungewöhnlich. Schon sehr oft bemühten sich Männer um sie, aber sie ließ sie alle abblitzen, was sie in deren Augen noch begehrenswerter machte. Auf diesem Weg würde ich sie nie loswerden und gegen Hautkrebs schien sie immun zu sein. Solange sie sich um ihre Bücher kümmerte, blieb sie mir vom Leib, das war wenigstens zu ertragen.

Plötzlich zogen wir um. Eine von Mutters Kundinnen hatte eine andere Wohnung arrangiert. Dort gab es kein Dach zum Sonnenbaden, aber ich bekam endlich ein eigenes Bett und Zimmer, ein wenig größer als eine Schuhschachtel, deswegen musste ich an Elli und Fini mit ihren Winzlingszimmern in Wien denken. Das neue Wohnhaus hatte außer unserer noch drei weitere Wohnungen. Das Gebäude war nicht aus Holzstruktur und Rigips, sondern aus Ziegeln, kühl im Sommer und sehr hübsch anzusehen, mit einem Erker in unserem Wohnzimmer. Mama übernahm gegen Mietvergünstigung das Gießen des Rasens, das Fegen des Gehsteigs, auch das Saugen in den Gänge und Stiegen im Inneren des Hauses und das Kassieren der Mieten. No! Bravo: Die Salongurke war jetzt Hausmeisterin! Ich konnte es nicht glauben, in Wien hatte sie die Nase fast an der Decke gehabt, nichts war ihr gut genug gewesen und hier machte sie sich plötzlich wichtig, indem sie den Mietern höchst sarkastisch gutes Benehmen beibringen wollte:

„Man putzt sich draußen die Schuhe ab, bevor man das Haus betritt, aus was für einem Schweinestall sind Sie denn entsprungen?"

„Mit dem Teezug durch die Kinderstube? Was für schwei-
nische Eltern hatten Sie denn? Man betritt das Haus nicht mit
dreckigen Schuhen!!"

Zusammen mit dem Wortschwall lief sie auch den beschimpften Personen bis zu deren Wohnungstüre hinterher. Sehr elegant
war das nicht und ich wunderte mich oft, wieso ihr niemand
eine runterhaute. Dieses kleine, giftige, dürre Wesen erinnerte
mich an einen winzigen, japsenden, bissigen Schoßhund und ich
musste lachen, was sie richtig störte. Irgendwie gab es zwischen
uns noch immer „Spielchen", nur hatte ich jetzt die Oberhand
ergattert und keine Angst mehr vor ihr. Da ich mir so viel selbst
überlassen war und viele Entscheidungen selbst treffen konnte
und musste, hatten sich unsere Perspektiven verschoben und
die Beziehung verändert. Außerdem kümmerte sie sich jetzt
auch noch um die Verwaltung unseres Wohnhauses, da blieb
ihr noch weniger Zeit, mir auf die Nerven zu gehen.

Im Sommer den Gehsteig zu fegen war eine Sache, aber Reno
hatte auch strenge Winter, manchmal mit sehr viel Schnee. Vor
der Arbeit den Gehsteig zu schaufeln, war bestimmt nicht nach
ihrem Geschmack, ich würde ihr keinesfalls helfen. So etwas hätte sie nie in Wien machen müssen und ich verstand nicht wieso,
sie es hier tat. Am wenigsten, wieso sie bei solchen Aussichten
nicht die Flucht ergriff. Mit der Flucht zurück nach Wien wurde es nichts, Mutter scheiterte nicht an den vielen schwierigen
Umständen eines Neuanfangs im fremden Land. Auch verlor sie
nicht die Geduld beim Warten auf Sigmunds Hochzeitstermin.
Sie war immer ungeduldig gewesen, am besten sofort von heute auf gestern, nur bei ihm war sie die sanfte Geduld in Person.
Ich dagegen hasste mein Leben, konnte nicht begreifen, wieso
wir hier waren und so leben mussten. Sigmund hatte noch immer kein Hochzeitsdatum festgelegt. War er überhaupt schon
geschieden? Am Anfang unseres Exodus war ich mir ja sicher
gewesen, dass Mutter es keine sechs Monate in der Immigration schaffen würde, wegen Ungeduld kläglich scheitern und wir
schnell wieder in Wien landen würden, aber leider nein, diese
Hoffnung war ein großer Irrtum geworden. Aus irgendeinem

Grund zeigte Madam tolles Durchhaltevermögen. Mir machte die Zukunftsprognose im Lande Angst. Wir hatten noch immer keine Gesundheitsversicherung. Ein Knochenbruch, ein gröberer Unfall, ein entzündeter Blinddarm, oder sonst was, würde unsere finanzielle Existenz völlig zu Nichte machen. Oder wir würden deswegen in Unkosten stürzen, welche nicht zu bewältigen gewesen wären.

In der Politik des Landes ging es drunter und drüber, unterschwellig brodelte Gewalt. Präsident John F. Kennedy war beliebt und unglaublich populär, und er schlitterte die Welt haarscharf an einem Desaster vorbei mit der Kubakrise. Am 27. Oktober 1962 schrammte die Welt am dritten Weltkrieg vorbei. Das war einem vernünftigen russischen Offizier mit Namen Wassili Archipow zu verdanken. Er war auf einem Sowjetischen U-Boot, bestückt mit nuklearen Torpedos, nahe Kuba stationiert. Es wurde von US-Zerstörern mit Wasserbomben attackiert. Den amerikanischen Streitkräften war die nukleare Bewaffnung nicht bekannt. Sein Kommandant nahm aufgrund des Beschusses an, ein Krieg sei ausgebrochen. Dennoch lehnte Archipow den Einsatz von mitgebrachten Nukleartorpedos ab. So verhinderte er den Einsatz von mitgeführten Atomwaffen beider Seiten und somit den Ausbruch des dritten Weltkrieges. Auf beiden Seiten wusste kein Mensch, wie haarscharf wir alle am Weltuntergang vorbeirutschten. Stattdessen wurde die USA in gewaltige neue gesellschaftliche Umbrüche gesteuert. 1963 wurde Präsident John F. Kennedy erschossen. Seinen Tod konnte man im Fernsehen miterleben: Die „Live"-Übertragung vom Besuch in Dallas zeigte, wie der Präsident von Kugeln getroffen wurde. Das Mieder, welches er wegen seiner ramponierten Wirbelsäule trug, verhinderte, dass er schwer getroffen zusammenbrach und vornüber zusammensackte. Er blieb nach den Schüssen aufrecht sitzen, was makaber wirkte. Dafür kletterte Jackie auf den Kofferraum des Autos und wollte fliehen. Das Land und seine Bevölkerung waren völlig traumatisiert, noch nie zuvor wurde ein Präsidentenmord via Fernsehen, mit jedem grauenhaften Detail, in die Wohnzimmer der Nation katapultiert. Das

Begräbnis danach wurde hollywoodreif inszeniert. Die Fotos seiner Witwe und seines salutierenden kleinen Sohnes, als der Sarg seines Vaters vorbeizog, gingen um die Welt.

Die Zeiten waren von Gewalt geprägt, die USA brodelte, weil Rassenunruhen immer mehr und brutaler wurden. Die schwarze Bevölkerung wollte nicht mehr im hinteren Teil eines öffentlichen Busses fahren, eine alte Frau weigerte sich als Erste, dort zu sitzen. Die Schwarzen pochten auf Gleichberechtigung und es gab viele Demonstrationen. Ein sehr vernünftiger, schwarzer Freiheitskämpfer befand sich an ihrer Spitze, der Prediger namens Dr. Martin Luther King. Er hatte einen Traum: Seine Schwarzen Mitbürger sollten in Würde und Frieden Seite an Seite mit den Weißen leben können und dürfen. Er wurde kaltblütig erschossen. Ich fühlte mich bei dieser grauenhaften Gewalt gar nicht wohl, Mutter war das alles egal.

Die junge Generation in Kalifornien wollte trotz der laufenden Rassengewalt überall lieben, frei leben, sich bekiffen und vor allem die steife, prüde, verlogene Lebensweise ihrer Eltern über den Haufen schmeißen. Diese Bewegung fing Feuer und schwappte über das ganze Land. Amerika war im Wandel. Die 60er Jahre hatten es in sich, am Ende der Dekade lauerte ein böser Krieg. Vorher gab es eine US-Mondlandung mit amerikanischen Astronauten noch vor russischen. Die Fernsehübertragung dieses Specktakels legte so manche Großstadt lahm. Menschenmassen standen bei Auslagen, in denen Fernsehgeräte die Mondübertragung zeigten. Das Land war im Mondfieber, nur das war Tag und Nacht wichtig. Die Mondhysterie hatte alles Andere verdrängt. Sogar in den Kasinos, wo nur Spielen Vorrang hatte, waren massenhaft Fernsehgeräte aufgestellt, um den Spielern das Mondgeschehen nahezubringen. Das war auch noch nie da gewesen.

1969 erschoss man den Bruder vom ehemaligen Präsidenten John F. Kennedy, Justizminister Robert Kennedy, ein weiterer schockierender Terrorakt vor laufender Kamera. Bei einem politischen Auftritt, umringt von Sicherheitskräften, gelang es dem Schützen trotzdem, sein Ziel zu erreichen. Der Tod des Justizministers, der höchst wahrscheinlich die Mafia verärgert hatte, und seines Bruder des Präsidenten waren irgendwie in Widersprüche verwickelt. Wer wusste das schon, da die Wahrheit über die Morde beider Brüder hinter den Kulissen blieb, fünfzig Jahre würden alle Unterlagen und Fakten unter Verschluss gehalten werden.

Für mich liefen die 60er Jahre nicht berauschend. Bis auf ein Ereignis, welches wunderbar begann. Ich lernte einen Flugzeugmechaniker kennen, der im nahegelegenen Stead-Fliegerstützpunkt stationiert war. Er arbeitete Teilzeit in einer Tankstelle nahe unserer Wohnung, dort ging ich jeden Tag vorbei auf dem Weg nach Hause vom Gray-Reids-Kaufhaus, wo ich Teilzeit arbeitete. Wir kamen ins Gespräch. Irgendetwas war plötzlich ganz gewaltig zwischen uns passiert, vom ersten Moment an. Wir beschlossen, miteinander auszugehen, um uns näher kennenzulernen. Reno und Umgebung waren mir gut bekannt und ich spielte für meine neue Flamme den Reiseführer, wenn wir es schafften, unsere Freizeit zu koordinieren. Er kam aus dem Mittelwesten und war noch nicht lange am Fliegerstützpunkt stationiert. So konnte ich ihm meine Lieblingsplätze zeigen und wir machten wunderschöne Ausflüge. Richard war groß, mit wildem, lockigen, hellbraunen Haar und schillernden braunen Augen, die verschmitzt und neugierig die Welt anstrahlten. Ich schleppte ihn nach Hause zu Mutter und erklärte ihr, dass ich fortan mit Richard Stone ausgehen würde und sie mich nicht daran hindern konnte. Zu meiner Überraschung meinte sie nur, sollte er mich schwängern, musste er mich heiraten und für mich und den Kindesunterhalt zur Verfügung stellen. Sie sagte das genau so gerade heraus zu ihm, als ich die beiden miteinander bekannt machte. Ich wollte wieder einmal in einem Loch versinken, weil ich mich für sie genierte. Richard lachte nur und versicherte ihr, keine Kinder in die Welt zu setzen, solange er es sich nicht leisten konnte und wir gesetzlich verheiratet waren. Das war's dann auch schon. Richard repräsentierte für sie eine Möglichkeit, ihre Verantwortung für mich vorzeitig zu beenden. Er war 22, hatte seinen Luftwaffensold und konnte im Notfall für mich sorgen. Nur das war, was meine Frau Mama interessierte.

Richard und ich harmonierten fantastisch. Oft sagten wir zur selben Zeit dieselben Dinge und mussten spontan darüber lachen; wir verstanden einander so wunderbar und waren sehr verliebt. Sein Ziel war, nach Alaska zu ziehen. Dort wollte er Flugzeuge reparieren, einen Flugdienst anbieten, den Flugschein hatte er schon. Alaska war der US-Bundesstaat mit den meisten privaten Kleinflugzeugen. Die Größe der Entfernungen und ein mickriges Straßennetz machten die Flugzeuge für die Versorgung mit allerlei Fracht- und Personentransporten unverzichtbar im riesigen Bundesstaat Alaska. Ob ich mir vorstellen konnte, mit ihm als seine Frau dort hinzuziehen, nachdem seine Ausmusterung in einem halben Jahr erfolgte? Und ob ich das konnte! Ich war euphorisch, denn ich wusste, Mutter würde mir dorthin nie folgen oder mich besuchen. Sie hasste Kälte und ich würde sie mit einem Schlag los sein. Was für herrliche Aussichten! Mit einem wunderbaren Mann an meiner Seite, endlich war etwas Hocherfreuliches passiert in meinem bis jetzt schmerzhaften und stressigen Werdegang.

Leider pfuschte uns das Schicksal heftig ins Drehbuch. Wir heirateten heimlich in einem der 24 Stunden lang offenen Reno-Hochzeitskapellen. An sich keine große Sache, nur beging ich unvorsichtiger- und unwissenderweise Urkundenfälschung, da ich mit einer getürkten Altersangabe im gefälschten Ausweis die Heiratsurkunde unterschrieb. Das Schicksal nahm seinen Lauf in eine hundsgemeine Richtung. Richard wurde in seinem Ford Kabrio mit den schönen roten Ledersitzen beim Überqueren eines unbeschrankten Bahnübergangs von einem Frachtzug getötet. Nach einer Doppelschicht am Militärstützpunkt vermutete man Sekundenschlaf, er war auf dem Weg zu mir gewesen. Als ich davon erfuhr, es war im Radio, brach ich zusammen und konnte es fast nicht verkraften. Madam meinte nur, es war schade um ihn. Ich wusste, wie sie das meinte, schade nur, weil sie mich weiter erhalten musste bis zum achtzehnten Lebensjahr. Aus, mein Traum von Liebe, Glück, Abenteuer und

dem Ende der kranken Mutter/Tochter- Beziehung. Herein-
spaziert, illegale Schwierigkeiten! Das Verhängnisvolle an den
Umständen war der getürkte Ausweis mit den falschen Alters-
angaben in der Heiratskapelle. Richard hatte eine Lebensversicherung abgeschlossen und mich als Begünstigte angegeben.
Die US-Streitkräfte/Luftwaffe (Air Force) wollten die Polizze
nicht anerkennen und auszahlen. Sie drohten mit Konsequenzen wegen der Urkundenfälschung, wenn ich keine Verzichtserklärung unterschrieb. Man riet mir, vorsichtig zu sein, und zu
tun, was von mir verlangt wurde, da ich meine Einwanderungs-
erlaubnis verlieren könnte, was mir egal gewesen wäre, sogar
gewollt, mit Rückführung ins Heimatland. Nur wandelte ich
wie im Trance wegen des Verlusts meiner großen Liebe und tat
blöderweise, was von mir verlangt wurde: meine Unterschrift
auf eine Verzichtserklärung für die Versicherungsauszahlung
zu setzen. Damit war die Situation für die Luftwaffe bereinigt.
Mich plagte ein arger Durchhänger und ich litt furchtbar im
Verborgenen. Mama hatte sowieso nichts gemerkt, zu beschäftigt mit ihren Büchern und sich selbst war sie. Auf die USA war
ich wegen dieser Machenschaften noch schlechter zu sprechen
als sonst. Mit der Summe von zwanzigtausend Dollar hätte ich
sofort Wien angesteuert auch sogar von den USA ausgewiesen
werden können, was zu meinen Zielen gepasst hätte. Dummer-
weise entschied ich mich nicht schnell genug richtig. Leider
hatte das Schicksal die Erfüllung meiner Träume nicht vorgesehen. Noch weniger einen tollen Ehemann mit einer lukrativen
Zukunft in Fairbanks, Alaska. Wir hatten geplant, gleich nach
meiner Schulabschlussfeier der Oberstufe die Übersiedlung in
Angriff zu nehmen. Ich hatte im siebten Himmel geschwebt,
noch nie solche Glücksgefühle erlebt, aber in einem unachtsa-
men Moment war alles für immer ausgelöscht worden und nun
durfte ich mich Witwe nennen, mit nicht ganz siebzehn Jahren.
Natürlich nur im Geheimen, weil unsere Eheschließung geheim
war. Wochenlang funktionierte ich nur wie ferngesteuert, konnte nichts essen, nicht schlafen und nicht verstehen, warum so
eine Tragödie uns beiden passieren musste. Mutter war nicht

glücklich, mich wieder in ihrer Obhut zu wissen. Verständnis für meine Trauer hatte sie keines.

Juni 1962 war das Jahr meiner Matura. Wenn man den Schulabgang der US-High-School so nennen konnte. Es gab keine mündlichen Prüfungen, nur eine schriftliche in jedem Fach und gefeiert wurde mit dem Abschlussball in einem stinkenden Turnsaal, dekoriert mit billigem, bunten Krepppapier und Klappstühlen, die mein traumhaft schönes weißes Ballkleid zerrissen. Das wäre mir in Wien beim Opernball nicht passiert. Meine Tante Grete ging regelmäßig jedes Jahr und hätte mich sicherlich protegiert.

Ich kam justament mit Longfeather zum Schulball. Er kannte die traurige Geschichte mit Richard Stone und hatte sogar den Trauzeugen für uns gemacht. Den Eintritt zum aufgeputzten Turnsaal verweigerte man uns nicht, aber wenn Blicke töten könnten, wären wir sofort umgefallen. Ich trug ein wunderschönes weißes Kleid, bestickt mit regenbogenfarbenen, durchsichtigen Pailletten, wie in Wien für Debutanten beim Opernball üblich war. Tante Franzi hatte die Pailletten von der Goldperle im ersten Bezirk gekauft und uns geschickt. Mutter und ich saßen Nächte lang und bestickten Rock und Oberteil des Kleides. Dazu trug ich hochgesteckte Haare, auch weiße Glacéhandschuhe bis über die Ellbogen durften nicht fehlen, die Kombination war eine Wucht. So etwas hatte man in der Schule noch nie gesehen. Leroy im Smoking, sein langes Haar streng zusammengebunden, sah einfach fantastisch aus. Wir waren ein auffallend anmutiges, interessantes Paar, für Rassisten ein rotes Tuch: Meine helle Haut und blonden Locken gegen Leroys dunklen Teint und pechschwarzes Haar waren krass. 1962 wurde Rassentrennung in den USA noch eisern praktiziert. Den Lehrern als Aufsichtspersonen waren wir sehr unbequem, aber sie konnten ihre Blicke nicht von uns wenden. Das blonde Mädchen mit einem Indianer in einem Smoking, also wirklich! Dem Rest der anwesenden Schüler, miteinander beschäftigt, waren wir zuerst ziemlich egal. Die Lehrer tuschelten, starrten in unsere Richtung und einige zeigten sogar wohlwollendes Lächeln begleitet von scheuem Nicken, als sie uns musterten. Das Ganze war bizarr. Wir beschlossen, Öl ins Feuer zu gießen und legten einige tolle Tanznummern hin, also richtige Tanzschulschritte und -figuren, einschließlich eines Walzers. Amerikaner tanzten Walzer, wie wenn sie in Militärkampfstiefeln steckten, ohne Schwung klebten ihre Füße am Tanzboden beim halbherzigen Wechselschritt, dazu ruderten sie alle mit dem ausgestreckten Arm in der Luft umher, als wollten sie Fliegen verscheuchen. Ich hatte mit Leroy die europäischen Tanzversionen geübt und ich war sehr erstaunt, wie gut er führen und beim Walzer mit dem Wechselschritt beschwingt umgehen konnte. Auch die Lehrer waren überrascht und plötzlich verlegen. Andere Tanzpaare starrten uns an, traten beiseite, um uns mehr Platz zu machen und wir beanspruchten einen immer größeren Kreis. Dort hatte man einen beschwingten Wechselschrittwalzer noch nie gesehen. Es sah wahrscheinlich sehr schön aus, weil die Anwesenden uns am Ende plötzlich großen Beifall klatschten. Wir hatten sie fast alle mitgerissen mit unserer Wiener-Walzer-Schau. Völlig verdutzt, weil sie sich hatten mitreißen lassen, wurden die meisten Anwesenden plötzlich mit der Situation überfordert, für oder gegen uns zu sein. So widmeten sie sich schnell ihrer eigenen Unterhaltung. Wir ersparten ihnen weitere Tanzeinlagen und Verlegenheiten, indem wir uns einfach davon machten. Am Weg zum Parkplatz und unserem Auto trafen wir einige der vorher im Saal Anwesenden. Sie hatten Rauchpausen gemacht und manche zeigten uns „Daumen rauf" oder winkten. Ganz egal waren wir ihnen dann doch nicht gewesen.

Wir zogen uns in Longfeathers Auto um. Dann fuhren wir zum Pyramid See, saßen mit einigen Native Americans und Afro-Amerikanern bis in die frühen Morgenstunden um ein schönes, warmes Lagerfeuer und feierten unseren eigenen Abschluss. Über uns ein mit Sternen glitzerndes Firmament der Farbe von dunkelblauschwarzem Samt, unter uns der warme Sand. Zu leise plätschernden Miniwellen am Seeufer gab es Speis und Trank (alkoholfrei), jeder hatte beigesteuert, wir machten auch Musik mit mitgebrachten Instrumenten, welchen wir wohlklingende

Improvisationen entlockten. Die Feier wurde schön harmonisch. Unsere Gemüter waren auf ein und derselben Wellenlänge. In den Augen der Weißen waren wir minderwertig, nur zweitklassig, ein wilder Haufen bunter Verlierer. Wir wussten aber, dass es nicht so war, wir würden es zu etwas bringen. Keine Angst vor harter Arbeit, hatten wir auch ein ganz bestimmtes Ziel vor Augen. Auf keinen Fall wollten wir aber zu frühe Schwangerschaft und trügerische Vorstadtidylle. Auch keinen moralischen Verfall durch Drogen und Alkoholkonsum. Ich hatte gelernt, dass, so wie Indianer und Schwarze als Menschen zweiter Klasse damals gehandelt wurden, ein junges, ausländisches Mädchen mit Akzent und US-Schulbildung generell meist nicht akzeptabel war, um in eine gut situierte Familie einzuheiraten. Nur eine Europäerin, welche die abgeschlossene Schulbildung ihres Heimatlandes mitbrachte, war erwünscht. Die europäische Matura hatte ein viel höheres Niveau als die der USA, was offen anerkannt, höchst geschätzt und heißbegehrt wurde; das disqualifizierte mich. Diese Tatsache schmerzte und ich beschloss, ich würde irgendetwas tun, um ordentlich Geld zu verdienen. Das schien in den USA sowieso das Wichtigste und öffnete so manche Türen, welche sonst verschlossen blieben. Ich brauchte etwas Anspruchsvolles, womit ich mich von meiner Trauer ablenken konnte. Und etwas, was mir ermöglichte, aus der Schusslinie von geilen Männern zu verschwinden. Entgegen der prüden einheimischen Mädchen genossen hübsche europäische Ausländerinnen leider den dubiosen Ruf, sexuell aufgeschlossen, experimentierfreudig und aufgeklärt zu sein; offen für die fleischlichen Gelüste ihrer Sexualpartner. Angeblich waren sie nicht nur für die übliche Missionarsstellung zu haben. Deswegen wurde ich oft sehr belästigt, musste lernen, grobe Übergriffe zu neutralisieren und im Keim zu ersticken. Nicht körperlich verletzt zu werden durch den Wutausbruch eines verschmähten Möchtegernliebhabers war eine Kunst, welche man unbedingt perfektionieren und beherrschen sollte. Einige Male gab es richtig handgreifliche Auseinandersetzungen, in denen ich die Oberhand ergattern konnte, allerdings nur mit winzigem Vorsprung und weil ich durch das viele Turnen stark genug war, den potentiellen Vergewaltiger abzuwehren. So etwas sah man als eine unverzeihliche Entwicklung, da Frauen vor Angst weinend, schreiend und zitternd sich misshandeln lassen sollten, aber sicherlich nicht zuschlagen, zustechen und sich zur Wehr setzen. Diese Vorgangsweise war unerhört, unverzeihlich und ging gar nicht!

Unter meinen Native-American-Freunden praktizierten einige asiatischen Kampfkünste, welche gerade durch Filme aus Asien populär wurden. Auch Leroy war in der Szene und von ihnen allen ließ ich mich beraten, trainieren und unterrichten. Ein tägliches Pensum an körperlichen Übungen absolvierte man, um Kraft und Schnelligkeit zu steigern. Sehr bald konnte ich mich einwandfrei verteidigen. Diese Tätigkeit wurde sehr gut von meinem Muskeltrainingsprogramm unterstützt. Ich trainierte täglich am Morgen und Abend, bis ich zu einer richtigen Kampfmaschine mutierte. Schön langsam sah man ausgeprägte Muskelpartien an meinen Armen und Beinen. Negative Kritik bekam ich von meinen weißen Mitschülern, in meiner ethnischen Minderheitsclique kam der Wunsch, mich zu verteidigen, gut an. Bei ihnen lernte ich vorteilhafte, tolle Griffe zu beherrschen, diese halfen mir, die geil-rabiaten Möchtegernliebhaber sofort außer Gefecht zu setzten. Es war äußerst riskant, sich zu wehren, jede Bewegung musste sitzen, sonst ging die Abwehr nach hinten los. Mein Glück war die Wut, die mich antrieb, wenn Burschen oder Männer versuchten, mir ihren Willen aufzuzwingen. Noch dazu so taten, als würden sie mir einen riesengroßen Gefallen damit tun; dass ich mir etwas Tolles entgehen ließ, wenn ich mit ihnen nicht mitmachte. Ich dachte, in Wien wäre mir so etwas erspart geblieben, so gab es noch etwas Unerfreuliches, Gefährliches, was meiner Mutter und dieser blöden Immigration zuzuschreiben war. Das wiederum erzeugte mehr Negatives in meiner angeschlagenen Gefühlswelt, förderte mehr private Aggression und rohe Gewalt. Die körperliche Verteidigung meiner Ehre gefiel mir plötzlich sehr, da ging es gar nicht wirklich um meine Ehre, ich genoss es, einen Vorwand für Gewalt zu haben, vorlauten, brutal handgreiflich gewordenen Burschen einen Strich durch die Rechnung zu machen, den Spieß umzudrehen und ihnen Gewalt anzutun. Ihre Stückzahl war nicht gering und gegen sie wurde ich richtig aggressiv. Irgendwie musste ich immer auf der Hut sein, falls ein verschmähter Angreifer auf Rache aus war. Da hatte ich Glück, man ließ mich nach einer Abfuhr in Ruhe. Mein Aggressionspegel war unheimlich gestiegen. Es bereitete mir bald große Sorgen, dass mir Abwehrgewalt so gut gefiel. Jeden Lümmel, den ich stoppte, mich zu vernaschen, außer Gefecht setzte und dabei verhaute, machte mir Freude, das schien sehr bedenklich, zutiefst verstörend. Ich tröstete mich mit der Ausrede, dass ich für diese Gegebenheiten nicht verantwortlich war und dass ich ein Recht hatte, mich selbst zu beschützen. Insgeheim aber wusste ich, dass dieser Gemütszustand in eine höchst bedenkliche Richtung ausartete.

Mein Schulabgang stand bevor und es war wichtig, einen Beruf anzupeilen, mit dem ich genug verdienen würde, um zurück nach Österreich zu kommen. Anfang April bis Ende Mai waren Gastsprecher für verschiedenste Berufsrichtungen in die Schule gekommen, um junge Leute für sich zu gewinnen. Auch das US-Militär versuchte zu rekrutieren. Die hätten mich sofort genommen, nur war eine Voraussetzung US-Staatsbürgerschaft anzunehmen, für mich undenkbar, ich würde nie meine Österreichische Staatsbürgerschaft aufgeben.

Herr und Frau Ponce warben für ihre Frisierschulen. Sie hatten in San Jose und in Reno je eine Schönheitsakademie und waren in vielen Zeitschriften, weil sie andauernd Wettbewerbe im Preisfrisieren gewannen. Toupierte Helmfrisuren waren stark im Kommen und die meisten Frauen wünschten sich blondes Haar, wie viele berühmte Filmschauspielerinnen es vorzeigten. Das bedeutete grandiose Verdienste für die Frisiersalons. Ein Pluspunkt schien, dass eine Schere, ein Kamm und eine Bürste in jede Handtasche passten, also ideale Ausrüstung, um schnell, unkompliziert Geld zu verdienen. Verhungern als gute Stilistin/Friseurin würde man in den USA ganz bestimmt nicht und sicherlich in anderen Ländern auch nicht. Ich dachte an Onkel Christian und wie er gemeint hatte, ein Handwerk sei eine gute Basis fürs Leben. Reno schwappte über vor weiblichem Kasinopersonal, Show-Tänzerinnen, eleganten Call Girls und weniger eleganten Nutten, welche alle die toupierten Frisuren trugen. Ich sah mich schon auf dem Weg zur Bank lächeln! So geschah es auch.

Nur war es ein steiniger und anstrengender Weg zum Ziel. Als Mutter erfuhr, was ich vorhatte, bekam sie einen Tobsuchtsanfall:

„Das ist doch nicht dein Ernst, das kannst du nicht tun, was für eine Blamage für unsere Familie! Du musst studieren, du kannst dich doch nicht hinter einen Sessel stellen und schmutzige Haare von wildfremden Leuten waschen! Und überhaupt, wie willst du das finanzieren? In unserer Familie wird studiert, die Johanna studiert, eine ordinäre Friseuse, eine Schande! So einen Blödsinn unterstütze ich nicht!"

Ich ließ sie sich abreagieren, danach präsentierte ich meinen Standpunkt der Dinge und sprach in sanften Tönen:

„Wann hast du mich je unterstützt? Ich musste sowieso immer nach deiner Pfeife tanzen, machen was du willst. Du brauchst gar nichts zu unterstützen und wo ist dein Uniabschluss? Du bist Verkäuferin in einer Spielerstadt, deine Kunden sind Huren, Zuhälter und Gangster aus der Unterwelt", sagte ich, sie hämisch anlächelnd. Mir gefiel es, sie mit der Wahrheit zu konfrontieren. „Und überhaupt, du bist Hausmeisterin, das gab es in unserer Familie auch noch nie! Hast du darüber schon in deinen Briefen nach Wien geschrieben? Das ist dort größtenteils vorbehalten für jugoslawische Einwanderer." Sie trotze mir entgegen: „Ich sammle nur die Mieten!" Nun stand sie in Kampfposition, breitbeinig mit verschränkten Armen über der Brust. Der braungebrannte Winzling sah aus, als wollte sie den dritten Weltkrieg ausrufen. Ich war sehr ruhig und zog alles ins Lächerliche:

„Ach, hör doch auf, der Besen, die Schneeschaufel und der Rasenmäher bedienen sich selbst? Du drehst alles, wie du es gerade brauchst."

Vorsichtig hatte ich auf meine Wortwahl geachtet. Sie runzelte die Stirn, dachte nach und sie schien irgendwie verunsichert zu sein. Das war bei ihr immer riskant, weil sie dann, wenn in die Enge getrieben, meistens richtig bösartig wurde.

„Du verstehst das nicht." Noch immer in körperlicher Kampfstellung begann sie zu raunzen. Prompt entschied sie sich für die Mitleidstur:

„Bei mir war Krieg, ich wollte Architektur studieren und sie schlossen die Universität!"

Jetzt wollte ich es genau wissen:

„Und wie soll das gegangen sein, wenn du aus der Schwarzwaldschule in der Oberstufe geflogen bist? Nicht einmal die Matura hast du geschafft!", lachte ich sie aus. Dann machte ich meinem Schmerz und Frust endlich Luft: „Du hast mir eine solide Zukunft verbaut. In Österreich hätte ich ganz andere Möglichkeiten gehabt. Dank dir bin ich Einwanderin in einem Land, das ich verabscheue, andauernd muss ich sexuelle Avancen zurückweisen, um nicht angegriffen zu werden, bin unter blöden Menschen, deren Bildung beim groben Durchschnittsbürger eine Schande ist. Wahrscheinlich fühlst du dich unter ihnen wohl, weil du selbst kein promoviertes Individuum bist und genauso oberflächlich, eingebildet und blöd wie die einheimischen Deppen hier. Du passt eigentlich sehr gut in die USA, denn du bist eitel, schlecht ausgebildet, egoistisch, egozentrisch, alles vorzügliche Eigenschaften für dieses Land. Friseuse ist ein anständiger Beruf und passt sehr gut zu einer Hausmeisterin."

In Österreich hätte ich Protektion gehabt und mir eine super Kariere mit Hilfe der Partei und Politik aufbauen können, mit einer wunderbaren Lebensqualität, dachte ich, aber sagte es ihr nicht. Danach plärrte ich sie an:

„Hauptsache, es geschieht, was du willst. Auch in Österreich mussten wir immer nach deiner Pfeife tanzen. Was bitte macht dich so verdammt egozentrisch und versessen auf den kleinen, pummeligen Sigmund-Gnom? Ihm andauernd nachzufahren, von einer Adresse zur nächsten! Der will dich doch gar nicht".

Langsam wurde meine Stimme leiser, ruhiger und eiskalt.

„Du hast unser Leben total auf den Kopf gestellt, um Sigmund nachzujagen und meine Chancen im Leben zu vermurksen. Ihr beide und du am meisten willst ja nur eure Jugend auferstehen lassen, das geht aber nicht! Ich werde den Friseurberuf durchziehen, weil ich keine andere Wahl habe, ich will unabhängig sein, von dir und von Männern. Eitle Frauen gibt es auf der ganzen Welt. In dem Geschäft kann man auch die Einnahmen clever manipulieren. Studieren werde ich später, ich will nur endlich weg von dir, deinem Ehefanatismus und deinen Faxen!" Ich überraschte mich selbst, bis dahin hatte ich mich nie mit ihr auf eine Diskussion eingelassen. Mit ihren giftgrünen Augen hinter stark getuschten Wimpern sah sie mich sichtlich bestürzt an. Zum ersten Mal registrierte sie, dass mir seit unserer Ankunft dieses Land überhaupt nicht gefiel. Es war ihr nicht in den Sinn gekommen, dass mir die USA nicht genau so taugten wie ihr. Prompt wechselte sie zur weinerlichen, geschundenen Kriegsüberlebenden, zu Unrecht attackiert von ihrer bösen, gemeinen Tochter. Wie konnte ich nur? Diese Theatralik hasste ich, irgendwie jedoch war ich sehr oft machtlos dagegen und ließ sie immer weiter jammern, während mein Magen revoltierte. Friseuse war sicherlich auch für mich nicht der Traumberuf, ich konnte Frauen generell nicht leiden, mit sehr wenigen Ausnahmen fand ich sie oberflächlich, hinterhältig, eitel und einfältig, aber der eventuelle Verdienst als guter Stylist war einfach zu verlockend! Außerdem hatte ich durch das Leben mit Mutter wunderbar manipulieren gelernt. Das würde mir in dem Beruf sehr zu Gute kommen.

DER EINZIGE WEG, IN DER FREMDE POSITIV
FUSS ZU FASSEN UND DABEI GLÜCKLICH ZU WERDEN,
IST DIE HEIMAT HUNDERT PROZENT HINTER SICH
ZU LASSEN. GLEICHZEITIG MÜSSEN DAS NEUE LAND
VOLL AKZEPTIERT UND KEINE VERGLEICHE ZUR
EHEMALIGEN HEIMAT GEMACHT WERDEN.

Das schaffte ich einfach nicht. Damit verbaute ich mir jede Chance, im neuen Land meinen Seelenfrieden zu finden. Im Hinterkopf hatte ich immer nur die verlorene Heimat und ich zog andauernd Vergleiche. In einer emotionalen Zwickmühle konnte ich mich irgendwie mit der neuen Nation nie arrangieren. Außerdem litt ich zusätzlich zum Heimweh auch sehr unter dem Verlust der Kindheit in relativ geordneten Verhältnissen, mit vielen positiven Einflüssen und Erfahrungen. Zweimal herausgerissen aus Europa, musste ich mich zurechtfinden in einer fremden Gesellschaft ohne Muttersprache, was mich anfangs sehr verunsicherte. Plötzlich in einer Gesellschaft leben zu müssen, ohne sich verständigen zu können, oder zu verstehen, was um einen herum vor sich ging, war traumatisch. Man fühlte sich richtig hilflos. Das waren vollendete Tatsachen, welche meinerseits von heute auf morgen akzeptiert werden mussten, ob ich wollte oder nicht. Es dauerte lange, bis ich einigermaßen die tüchtige, gutgelaunte Immigrantin vortäuschen konnte, mit leichter akzentgefärbter Sprache, die brandmarkte mich als solche. Ich empfand es eben so und ich konnte damit nicht positiv umgehen. Andere Immigranten hatten damit keine Probleme. Sie agierten mit Präpotenz und Arroganz, als gehörte ihnen die ganze Welt und als stünde ihnen alles, was erreichbar und möglich sein konnte, selbstverständlich zu. Ich war nicht im Stande, so zu denken. Wahrscheinlich, weil ich immer die Rückkehr in die alte Heimat im Hinterkopf hatte und ich konnte an nichts Anderes denken. Ich brauchte dafür eine lukrative Möglichkeit, dies zu bewerkstelligen und das versprach ich mir vom Friseurberuf.

Der Kurs, eigentlich ein seriöses Studium, war teuer aber ich überzeugte Sally Ponce, dass ich unbedingt Friseurin werden wollte, aber kein Geld für den Kurs hatte. Ich zeigte ihr an mir eine toupierte Bananenhochsteckfrisur, in sehr kurzer Zeit ausgeführt, nur mit einer Bürste bewerkstelligt, ohne dabei einen Spiegel zu benutzen. Sichtlich beeindruckt, versprach sie mir ein Stipendium für den Kurs, wenn ich zusätzlich jeden Tag vor Schulbeginn den Gehsteig vor der Schule fegen und das Auslagenfenster putzen würde. No, Bravo! Hausmeisterarbeit auch für die Tochter. Diese Tätigkeiten, von mir ausgeführt für ein volles Jahr, so lange dauerte der Kurs, würden das Studium ohne zusätzliche Kosten für mich möglich machen. Natürlich wollte ich

Folge leisten. Das schaffte ich auch locker in einer halben Stunde für beide Tätigkeiten jeden Morgen vor Anfang des Kurses.

Angesagt waren Montag bis Freitag 9 bis 12 Theorie in Chemie, Anatomie, Muskeln, Nerven, Knochen von Kopf, Schultern, Armen, und Händen, Krankheiten von Haut und Nägel. In Chemie: Zusammensetzung von Haarfarben, Shampoos, Cremen für Hand oder Gesicht, Makeup. Dann eine halbe Stunde Mittagspause, bis 18 Uhr an Kunden das Erlernte üben für praktische Erfahrung, sechs Tage in der Woche. Samstags ohne Theorie wurden nur Kunden bedient. Wir hatten einen italienischen Lehrer, zuständig für den Haarschnitt, die wichtigste Basis für eine erstklassige Frisur. Dem Herrn rückte ich nicht vom Rockzipfel und folgte ihm auf Schritt und Tritt. Der Mann war einsame Spitze, was Wunderwirken mit einer kleinen Schere betraf. All meine Freunde und Bekannten mussten für meine Tätigkeiten Federn lassen, weil ich Schnittübung brauchte. Es schien, dass ich Talent, das richtige Augenmaß, die Fingerfertigkeit und das nötige Feingefühl für diesen Beruf mitbrachte. Passte der Haarschnitt, die wichtigste Basis für eine gute Frisur, war es möglich, nur durch das Trocknen mit Luft, den Kopf schütteln, mit Fingern durchkneten und -zupfen tolle Ergebnisse zu erzielen. Das war eines der großen Geheimnisse eines hervorragenden Friseurs.

Zuerst kam noch der offizielle Hochschulabschluss in der Reno High-School. Das war am 2. Juni 1962, ich durfte nicht hingehen und musste im Keller von Gray Reids arbeiten. Mutter bestimmte es so und meinte nur:

„Das ist doch eh keine richtige Matura, was will man da schon feiern?"

Ich war wieder einmal wütend und traurig: Es schmerzte ungemein, nicht dabei sein zu dürfen, auch wenn das Ganze nicht so anspruchsvoll war, wie es in Österreich gewesen wäre. Wessen Schuld war es, wenn wir hier herumgammelten? Immer und immer wieder wiederholte sich dieses Gedankengut, bis ich mich damit selbst langweilte. Das Ganze war so sinnlos, es ließ Bitterkeit aufkeimen und richtigen Hass auf diese unmögliche Person, welche als meine Mutter über mich bestimmte. Was konnte ich dafür, dass sie eine spät pubertierende, Unabhängigkeitsphase durchmachte, und das, wie es schien, seit meiner Geburt.

Da Mutters Heirat mit Sigmund andauernd nicht zu Stande kam, weil er immer wieder „noch was Dringendes zu erledigen hatte", war sie schlecht gelaunt. Oft kippte dieser Gemütszustand unvorteilhaft in meine Richtung und dann flogen die Fetzen. Als ich einmal aus Versehen, halb verschlafen, früh Morgens einen schwarzen BH unter einer weißen Bluse anzog und man ihn durch die Bluse erkennen konnte, schimpfte sie mich Hure und riss mir die Bluse gewaltsam vom Körper. Ich war dermaßen überrascht und rastete völlig aus, schlug zurück und der Schlag war gewaltig, er katapultierte sie rücklings in den Kleiderschrank. Wie von einer Tarantel gebissen, schnellte sie hoch, kraxelte aus dem Kasten und baute sich vor mir auf in Kampfposition, mit den Händen in die Taille gestemmt. Wir sahen uns gegenseitig an, beide zutiefst schockiert von so viel Animosität. Ich ragte über ihre Minimaßen mit meinen 1 Meter 68 cm. Wie konnte es nur soweit kommen? Nicht mehr ein herziges Kind, ihr persönliches Spielzeug, das man vorzeigen konnte, um Interesse zu erregen, danach wieder irgendwo zu deponieren bis zum nächsten Mal, war ich eine junge Frau geworden. Das entsprach gar nicht ihren Vorstellungen. Sie war so beschäftigt gewesen mit ihrem Buchladen in Grey Reids, sie hatte alles Andere um sich herum völlig ausgeblendet und vergessen. Es dämmerte ihr plötzlich, dass es mich irgendwie auch noch gab. Vor lauter Arbeit war ihr mein Erwachsenwerden völlig entgangen. Jetzt war sie mit einer jungen Frau konfrontiert, ja wo kam die denn auf einmal her? Ich konnte nur immer wieder staunen über Mutters narzisstische Tendenzen. Wenn sie an einem Projekt arbeitete, blendete sie alle anderen Gegebenheiten um sie herum völlig aus. Nach dieser Episode gingen wir einander lange Zeit aus dem Weg. Wenn wir uns in der Wohnung begegneten, schlichen wir uns schnellstens in gegengesetzte Richtungen und mieden Augenkontakt. Solche Gegebenheiten trugen nicht gerade zu meinem Seelenfrieden bei. Ich war einfach nur andauernd angespannt und traurig.

Seit der 7. Klasse hatte ich eigentlich aufgehört zu lernen, aber durch sehr viel lesen meinen Allgemeinbildungshorizont erweitert. Allerdings würde das Erlernte für Wiener Verhältnisse niemals reichen. Der Wunsch, zurück nach Österreich zu gelangen, schien bedroht. Sehr bestürzt, arbeitete ich im Gray-Reids-Keller, während meine Mitschüler vor der versammelten Mannschaft ihr Diplom erhielten. Die Qualität der Ausbildung ließ sehr zu wünschen übrig, aber ich hätte gerne die Feier mitgemacht. Schließlich schaffte ich im sechzehnten Lebensjahr den Schulabschluss, noch dazu in einer Fremdsprache, eigentlich eine großartige Leistung, nur war niemand da, der mir dafür auf die Schulter klopfte oder gratulierte. Für Frau Mama war es natürlich selbstverständlich, ich als ihre Tochter musste so etwas „mit links" schaffen. Weniger Leistung war da auf gar keinen Fall möglich. Von ihr aus gab es keine Gratulation, was hatte ich anderes erwartet? Trotzdem schmerzte es und ich versank in Selbstmitleid.

Traurig stürzte ich mich in den Schönheitskult der Amerikaner, weil ich spürte, dass es ein gutes Geschäft sein würde und ich sollte Recht behalten. In Wien hatte man sehr oft schlecht frisierte, ungeschminkte, abgehetzte Mütter gesehen, aber ihre Babys sahen sauber und gepflegt, wunderschön herausgeputzt aus. Die meisten der US-Mütter waren in den ländlichen Gegenden und Vororten der Städte schlampig und ungepflegt wie ihre Säuglinge und Kleinkinder. Man hatte Nachwuchs, weil es zu einer Ehe gehörte und erwartet wurde, aber man ließ sich deswegen nicht verrückt machen mit dem Waschen und Bügeln der Kindergarderobe, welche verwaschen und oft sogar zerrissen war. Man bügelte nicht einmal seine eigenen Klamotten. Man wischte auch nicht andauernd die Kindergesichter, nachdem sie etwas gegessen hatten. Auch das Naseputzen, das Abwischen von Mund und Händen der Kleinen war nicht so wichtig. Manchmal schmutzig zu sein, wurde als ganz normal betrachtet. Viel wichtiger für die US-Mütter waren neues Make-up und Trends, eine neue Frisur auszuprobieren, oder sich eine neue Haarfarbe zu verpassen. Für so etwas hatten die Frauen immer Zeit und Geld.

Als ich im vierten Monat unseres Friseurkurses war, nämlich am 22. Oktober 1962, gab Präsident Kennedy eine historische Ansprache im Fernsehen, informierte die Welt über sowjetische Raketen auf Kuba und kündigte eine massive Seeblockade an. In den Schulen landesweit und auch bei uns in der Schönheitsakademie übten wir, unter vorhandenen Tischen Schutz zu suchen, die Hände gekreuzt über den Köpfen. Eigentlich völlig sinnlos im Ernstfall. Die Bomben waren verheerender und viel stärker als die in Hiroshima und Nagasaki. Ein Atomkrieg war sehr wahrscheinlich geworden. Wir litten unter großer Angst, seit Tagen war an Schlaf nicht zu denken. Nur Mutter murkste seelenruhig in ihrer Buchabteilung, hundertprozentig sicher, dass uns die Welt nicht um die Ohren fliegen würde:

„Warum sollten die Mächtigen so etwas zulassen und tun? Da verdienen sie ja nichts dabei und es geht doch nur um Profitmaximierung, wenn alles verstrahlt auf zig hunderte Jahre war, ruiniert das doch die Finanzwelt! Wer will schon verstrahlte Wertpapiere, Devisen und Tod? Niemand, no bitte! Daher KEIN Atomkrieg! Eigentlich zu bedauern, weil einer die versaute Menschheit und ihre idiotischen Gegebenheiten besser von der Bildfläche verschwinden lassen sollte, und alles dazugehörende sowieso völlig entbehrlich ist!"

Ihre Mitmenschen waren schockiert bei ihrer Verlautbarung, Mutter schien Recht gehabt zu haben. Am Sonntag, den 28. Oktober, verkündete Präsident John F. Kennedy das Aus der Kriegsgefahr, dreizehn Tage hatte die Krise gedauert. Der dritte Weltkrieg war abgewendet. Was die Öffentlichkeit nicht wusste: Das US-Staatsoberhaupt alleine war für den Atomschlag befehlsberechtigt und brauchte einen Offizier mit dem Weltuntergangskoffer. In dem befand sich der Code zum Abfeuern der bösen Raketen und der Kofferträger wich in Krisenzeiten keinen Schritt vom US-Präsidenten. Laut US Pentagon: „Die Strategen wissen: es handelt sich um 28 Minuten. Wer als Erster mit dem Atomkrieg beginnt, stirbt als Zweiter. Wir wussten über die detaillierten Machenschaften Bescheid, weil die vielen Soldaten stationiert auf den Militärstützpunkten rund um Reno ihre Spekulationen artikulierten. Als Teenager in dieser Umgebung lernten wir, mit Angst zu leben. Auch mit vielen geheimen Einblicken in Regierungs- und Militärstrategien, auch Fehlentscheidungen und Unfällen mit Waffen, Bomben und Chemie. Ohne uns selbst mit allen möglichen Schindludergeheimaktionen verrückt zu machen, versuchten wir unsere Lebensziele weiter zu verfolgen. Leicht war das nicht und wieder dachte ich, in Österreich besser dran gewesen zu sein als in den USA inmitten lauter Militärstützpunkte und Atomtestgründe südlich von uns. Trotzdem verbiss ich mich weiter in die Vorbereitung auf meinen Zukunftsberuf.

Der Großteil der US-Frauen gab unerhört hohe Geldsummen aus für Kosmetikprodukte und den Friseur. Toupierte Frisuren waren hochgetürmte, steife Kreationen, eingesprüht mit Haarlack. Das fertige Produkt hatte mit glänzender, beweglicher, verführerischer Haarpracht nichts zu tun. Eine Werbung bombardierte gerade die weibliche US-Bevölkerung mit: „Blonde Frauen haben mehr Spaß" (im Leben), für Friseure ein wahrer Segen, weil die Prozedur teuer und langwierig war. Starke Chemie entzog die natürliche Haarfarbe, bis das Haar strohblond wurde und genau so steif und leblos. Danach kam noch mehr Chemie in der Form von Tönungen darauf gekleistert, in verschiedenen seidig glänzenden, schönen Schattierungen von silbrig bis pastellfarben. Diese Blondierungspräparate zum selber Färben waren noch nicht vorhanden. Filme aus den frühen 60er Jahren mit Doris Day und Rock Hudson zeigten viel blondiertes Haar, der Trend war gut für unser Geschäft. Fast jede Kasinoangestellte und Schautänzerin wollte blond sein, der Andrang in der Frisierschule war gewaltig, weil es preiswerter war als im normalen Salon. Gut Haare blondieren zu können, war eine heikle Sache, man musste Millimeter genau den Nachwuchs mit dem Bleichmittel behandeln, sonst brachen die Haare ab. Blond zu färben in den 60er Jahren war teuer und eine Kunst, die ich zu meiner Spezialität machte. Aber ich hatte bei jeder Blondierung Herzklopfen, weil es für die Kundschaft wirklich gefährlich werden konnte, da die Chemikalien so ätzend waren und Haarbruch bei schlampiger Arbeit immer passierte. Ich übte wie besessen die Farbformeln, das Haareschneiden und das Dauerwellenwickeln. Jeder Handgriff musste präzise sein, auch der Haarschnitt, das Fundament jeder guten Frisur. Man konnte mit diesen Dingen viel verdienen, vorausgesetzt, die Arbeit war erstklassig und wurde flink ausgeführt, ohne zu schlampen. Die Prozedur sollte spielerisch aussehen, graziös und höchst professionell, sonst glaubten die Kunden, sie bekämen für ihr Geld nicht genug Aufmerksamkeit. Ein erfolgreicher Friseur musste auch ein guter Schauspieler sein und die Kundschaft bezirzen, manipulieren aber trotzdem mit exzellenter Arbeit verwöhnen. Es erforderte auch, sich immer weiterzubilden, um auf dem neuesten Stand von Produkten und Modetrends zu bleiben, was ich von Anfang an regelmäßig tat. Ich ging am Abend pfuschen, um schnell und genau zu werden, eine perfekte Choreografie der Handgriffe zu erlernen. Sogar Mutter musste herhalten, aus ihr wurde eine fantastische blonde Sirene. Die Sonnenanbeterin mit der dunklen Ledersattelhaut ergab einen starken, sensationellen Kontrast zu einer bestimmten Nuance von Blond, und einem frechen Kurzhaarschnitt. Die 43-Jährige sah super sexy und wirklich gut aus, sogar mit bösem Blick und zusammengekniffenen Lippen. Sie war plötzlich sofort sehr für meine Berufswahl und wartete geduldig, bis ich sie einarbeitete. Kein einziger, giftiger Kommentar kam über ihre Lippen, über gegen mich, noch über andere Kunden. In der Hoffnung, sie würde mich wenigstens einmal loben, wartete ich vergebens, das kriegte sie nie über ihre Lippen. Ich hoffte auf einige Streicheleinheiten, aber leider war da nichts zu machen. Es wurmte mich trotzdem, dass ihr Lob mir etwas bedeutete. Warum ich das wollte, wusste ich noch immer nicht, es war hoffnungslos und ich musste gewohnt sein, leer auszugehen. Immer wieder suchte ich ihre Anerkennung, nie nahm ich vollständig zur Kenntnis, dass es die nie geben würde. Wie blöd kann man sein? Das war höchst ärgerlich. Im siebten Monat meines Kurses wollte ich perfekt werden und nur schnell viel Geld verdienen. Das Talent zu haben, das Beste aus einem gewissen Typ Frau zu machen, ohne zu übertreiben, war selten, sicherlich in den 60er Jahren in den USA. Meine Kunden hörten auf meine Vorschläge, speziell wenn ich ihnen das teurere Präparat einredete. Ich hatte ein gutes Auge für Balance und Proportionen, konnte helfende Vorschläge unterbreiten, welche für vorteilhafte Veränderungen des Gesamtbildes durch einen raffinierten Haarschnitt und dazu passende Frisur beitrugen. Zufriedene Kunden waren der Dank sowie fette Trinkgelder und viele Weiterempfehlungen. Mein liebster Spruch war: „Von Nichts kommt nichts, wollen Sie 0/8/15 oder sind Sie sich das bessere Produkt wert, bei Ihrem (wunderschönen), (feinen), (gesunden), (geschädigten) Haar?" Je nach Situation war das passende Argument vorhanden. Die Kunden hörten auf mich und stiegen auf alle meine Vorschläge ein. Am besten funktionierte aber bei einer guten Haarwäsche der Verkauf von teuren Pflegeprodukten oder einer neuen Haarfarbe. Das warme Wasser und eine gute Kopfmassage machten es möglich. Sally Ponce schüttelte nur den Kopf, als sie mich beim Shamponieren beobachtete: „So was wie dich hatten wir noch nie, du schämst dich sicherlich nur bis zur Bank!" Wie Recht sie hatte. Ich wurde richtig gierig. Bald brauchte ich gar nicht mehr mit Vorschlägen aufzuwarten. Neue Kunden hatten von mir gehört, kamen und sagten: „Was schlägst du vor? Mach einfach, ich bin für alles offen." Wichtig war mir, trotzdem bei den Damen echte Verschönerungen und ehrliche Verbesserungen ihres Gesamtbildes zu erzielen. Ich selbst trat niemals in Konkurrenz mit der Kundschaft, fast ungeschminkt und mit einem Chignon im Nacken bediente ich meine Damen. Die toupierten Helmkreationen ließ ich bleiben. Meine Kundinnen trugen dramatische Haarschnittfrisuren, ausgezeichnet durch Glanz und Beweglichkeit.

In Reno und Las Vegas gab es damals keine Ein-Dollar-Scheine im Umlauf, stattdessen Ein-Dollar-Silbermünzen wegen der Kasinos, für die einarmigen Banditen. Man gab sie leichter aus als Scheine, weil man sie als Kleingeld betrachtete. Wir alle verdienten sehr viel Trinkgeld, die Serviererinnen und das weibliche Kasinopersonal waren gute Trinkgeldgeber, weil sie in ihren Jobs selber davon profitierten. Wir trugen weiße Uniformen, wie Krankenschwestern, und die Uniformtaschen waren vom Gewicht der Silbermünzen andauernd durchgerissen. Mein Bankkonto freute sich. Mutter sagte ich nichts davon. Seit frühester Kindheit hatte sie immer mein Sparschwein und die Sparbücher geplündert, welche Tanten und Großeltern regelmäßig gefüttert hatten. Sie war nie mit ihrem Geld zurecht gekommen, weil sie undiszipliniert gewesen war und andauernd Impulskäufe getätigt oder sündhaft teure Geschenke gemacht hatte. Eleonore war außer Stande, mit Geld vernünftig umzugehen. Auch damals war sie immer verschuldet. Gray Reids erlaubte seinen Angestellten, ihr Konto um drei Monatsgehälter zu überziehen und sie nutzte diese Tatsache unverschämt aus.

Mama verkaufte sich selbst andauernd unter ihrem Wert, es deutete auf zu wenig Selbstwertgefühl hin. Das entnahm ich aus einigen Psychologiebüchern aus ihrer Abteilung, was ich endlich irgendwie verstand. Im Grunde war sie eine ängstliche, trotzige 14-Jährige geblieben, die „Erwachsensein" spielte, aber außer Stande war, Geld für sich selbst zu verhandeln. Man hatte ihr als drei-Jährige einen Babybruder vor die Nase gesetzt. Ihre Mutter hatte keine sonderlich innige Beziehung zu ihr aufbauen können oder wollen. Bei Sohn Kurt war das ganz anders, der wurde gehegt, gepflegt und geliebt. Die kleine Eleonore fühlte sich zurückgesetzt und ließ ihrem Zorn in Richtung kleinen Bruders freien Lauf. So sehr sie auch gegen meine Berufswahl war, sie beanspruchte mein Können von Anfang an. Ihr gefiel auch meine Geldgier. Komischerweise war es das einzige Mal, dass sie sich positiv über meinen Beruf äußerte, wohl weil sie selbst davon profitierte.

Im Kaufhaus hatten sich einige Männer um Eleonore bemüht, sogar sehr wohlhabende, aber sie ließ alle abblitzen. Ich deutete das als Angst vor einem erwachsenen Mann/Frau-Verhältnis. Bei Sigmund war das anders, sie kannten sich schon als Kinder, wahrscheinlich sah Eleonore ihn und sich selbst noch als Jugendliche an, nicht als Erwachsene, somit bedeutete er für sie keine richtige sexuelle Bedrohung. Seine körperliche Größe war ja auch eher klein, wie ein pummelig-pubertärer Teenager sah er immer noch aus, nicht wie ein bedrohliches, grobes Mannsbild mit körperlichen Bedürfnissen. Mama durch eine Ehe mit einem ihrer Kunden loszuwerden, war leider nicht möglich und Sigi ließ sich verdammt viel Zeit für den gemeinsamen Weg zum Altar.

Blöderweise hatte Mama Tante Franzi als Rollenmodel und Vorbild angestrebt. Wie schon erwähnt, verzichtete diese auf ein traditionelles Leben mit Heirat und eigener Familie. Um ihre mittellose, verwitwete Mutter zu unterstützen, hatte sie sie zu sich genommen, um für sie zu sorgen. Genauso eine Konstellation wollte Mama von uns, nämlich mich als Partner. Ich sollte nie heiraten, eigentlich nur Affären haben, wenn es unbedingt sein musste, möglichst wenige, den Rest der Zeit hatte ich für sie da zu sein, um mit ihr zu leben, sie zu unterhalten und später zu pflegen bis zu ihrem Tod. Was für eine grauenhafte Vorstellung! Sigmund sollte da irgendwie dazwischen dazu passen. Wenn Mutter und ich ein gutes, liebevoll enges Verhältnis gehabt hätten, wäre es ganz sicher möglich gewesen. Meine damaligen emotionalen Möglichkeiten waren weit davon entfernt. Ich hatte sehr viel Groll gegen sie und alles in mir sträubte sich, mit ihr verbandelt zu sein und/oder es zu werden.

Im Herbst 1963 machte ich eine zusätzliche Visagistenausbildung bei MGM Studios in Hollywood, man suchte gerade Nachwuchs für die Maskenbildner-/Schminkabteilungen. Ich fand, es könne nicht schaden, für mich selbst zu wissen, wie man am besten optisch mogeln konnte. Die Filmindustrie, das Studiosystem wie zu seiner Glanzzeit, lag gerade im Sterben und die letzten Zuckungen waren noch zu spüren. Viele Direktoren, Regisseure, Agenten, Assistenten kamen aus Europa, vorwiegend aus Deutschland oder Österreich. Ich war bei einigen Produzenten öfter zu Gast in ihren Villen. Ein hübsches Mädchen bekam viele Einladungen, um die Partys aufzuputzen. Einige der Produzenten, Regisseure und ihre Assistenten hatten schon gehört oder kannten G.W. Pabst, den österreichischen Filmemacher und seine Arbeit, obwohl er in Hollywood nicht erfolgreich gewesen war. Nachdem bekannt wurde, dass ich über zehn Ecken durch Heirat meiner Familie mit ihm indirekt verbandelt war, wurde ich sehr oft eingeladen und manchmal gab es Überraschungen: Die Villa eines berühmten Stars hatte im Garten hinterm Haus ein sehr großes Schwimmbecken direkt neben dem Gebäude. An ihrer Längsseite im Kellerfundament war ein Teil der Hauswand aus Glas. Genau hinter dieser teils verglasten Wand im Untergeschoß befand sich ein großer Raum. Dort war die Hausbar untergebracht, diese verfügte über hunderte Alkoholflaschen aus der ganzen Welt und einen Barmixer hinter der Theke. Daneben standen zwei Billardtische und komfortable Ledersitzgarnituren. Die eine Seitenwand des Raumes zeigte ein riesiges Glasfenster und korrespondierte mit der verglasten Seitenwand des Schwimmbeckens. Sie ermöglichte perfekte Einblicke auf die andere Seite ins Poolwasser, auch jegliches Treiben der Benützer. Ich kam in diesen Keller, um dort Billard zu spielen. Zuerst bemerkte ich die Wasserschau im Pool gar nicht. Es ging jedoch da oben hoch her, was unbekleidete Sexspielchen betraf. Ein sehr berühmter Regisseur, der oftmals selbst Schauspielrollen annahm, saß in eben diesen Billardzimmer und schrie in ein Telefon, während er in einem Manuskript blätterte. Er würdigte dem nackten Sexballett keine einzige Minute. Das Kopulierspiel wurde höchstwahrscheinlich für ihn dargeboten, von Möchtegernstarlets, um aufzufallen und eventuell eine Rolle zu ergattern. In Hollywood fiel man am vorteilhaftesten auf, wenn man sich zurückhaltend gab, und elegant angezogen blieb. Am besten mit hochgeschlossener Bluse und Kleidern, ohne tiefe Einblicke in den Ausschnitt zu gewähren, oder Badeanzugeinteiler statt Mini-Bikinis zu tragen. Damit hob man sich sehr vorteilhaft ab von den halbnackten Starlets und Busenblitzern/Busenwundern. Genauso eine bedeckte Richtung schlug ich ein und hob mich vorteilhaft ab von der mich umgebenden Fleischbeschauung. Nachdem der kontroverse Direktor und Schauspieler das arme Telefon von sich schmiss, das Manuskript noch dazu hinterherfetzte und seine Brille verzweifelt zu reinigen versuchte, ohne ein passendes Tuch zu finden, reichte ich ihm ein Papiertaschentuch, welches er dankend annahm. Ich schien mit meiner brav zugeknöpften Aufmachung sein Interesse geweckt zu haben. Wir kamen ins Gespräch und als er hörte, dass ich mit G.W. Pabsts Familie aus Österreich weitschichtig verknüpft war, wollte er noch was wissen, aber das Telefon läutete und nach einem kurzen Gespräch zischte er von Dannen. Vorher lud er mich noch zu sich und seiner Familie ein.

Ich bekam zwei Angebote, um Probeaufnahmen zu machen, welche ich zuerst dankend ablehnte, jedoch meine Meinung später änderte, ich wollte wissen, wie Probeaufnahmen funktionierten und abliefen. Vor der Kamera, im gleißenden Scheinwerferlicht und völlig geblendet, erzählte ich etwas über mich und Österreich. Teils zog ich das ins Lächerliche, weil so wenige Leute wussten, wo das Land eigentlich war, und andauernd mit Australien verwechselt wurde. Auf jeden Fall gefiel mein Monolog und man wollte mir einen Vertrag anbieten. Aber man legte mir nahe, meine etwas prominente Nase in ein Stupsnäschen verwandeln zu lassen. Man wollte mir auch Zahnkronen verpassen, damit die Lücke zwischen den beiden Vorderzähnen verschwand, noch besser meine kleinen Mausezähne mit Kronen umzugestalten. Das Geld dafür würde man mir sogar vorstrecken, was ich natürlich dankend ablehnte. Somit galt das Angebot als zurückgezogen, was ich nur begrüßen konnte. Die Atmosphäre bei einem Dreh in dem Blechgebäude, welches als Aufnahmestudio diente, war für mich keine angenehme Umgebung: mit künstlichem Licht, stickiger Luft, überall hunderte an Kabeln und grelle Scheinwerfer. Beim stundenlangen Filmen wusste man nicht einmal, ob es sich draußen noch um Tag oder schon Nacht handelte. Man war da drinnen in einem eigenen künstlichen Kokon, völlig abgeschottet von der Realität, der wirklichen Welt außerhalb der Gebäudetüre. Ich wurde Zeuge der Strapazen gewisser Schauspieler. Beim Dreh ging es oft sehr hektisch zu, speziell wenn der Zeitplan nicht eingehalten wurde und man im Verzug war. Die Schauspieler hatten ihre eigenen engen Zeitpläne. Auf mit den Hühnern, in die Maske und Garderobe für die Nebendarsteller, vor den Stars von 6 bis

7 Uhr früh, die Stars von 7 bis 8, manche brauchten länger als eine Stunde. Eine Liz Tailor erschien nie vor 9 Uhr vormittags, manchmal sogar später. So war es in ihrem Vertrag festgelegt. Eine M. Monroe erschien manchmal erst ab Mittag. Nach Maske und Garderobe, dann Drehbesprechung und endlich Szene für Szene der Dreh bis die Resultate dem Regisseur gefielen. Da wir unsere Schmink- und Frisierkünste direkt am Set ausübten, bekamen wir auch mit, welch anstrengende Sache das Filmgeschäft manchmal sein konnte. Viele talentierte Künstler auf einen Haufen machten sich sehr oft das Leben schwer. War der Dreh im Verzug, hinkte er dem Zeitplan hinterher, waren Zoff und Hysterie wegen der zusätzlichen Kosten vorprogrammiert. Jeder Drehtag extra kostete dann doppelt oder dreifach. Mit Stress wegen Zeitverzug passierten Fehler, dann wurde geschimpft, gestritten, geflucht und geheult, in einem Irrenhaus konnte es sicherlich auch nicht chaotischer zugehen.

Oft variierte der Umfang des Stars wegen zu vieler, oder zu weniger Kalorien. Dann wurden hurtig Anpassungen der Kostüme gemacht. Nähte wurden aufgetrennt und von der Garderobedame schnell neu zugenäht oder adjustiert mit Stecknadeln, Klebeband, Wäschekluppen oder Gummibändern. Speziell bei Nahaufnahmen von historischen Filmen oder Western war die Rückseite der Damen und Herren oft voll mit diesen Dingen, damit die Garderobe der Hauptstars perfekt saß. All das kostete Zeit, was die Produzenten gar nicht freundlich stimmte. Auch nicht, dass Szenen wiederholt werden mussten, weil irgendetwas nicht stimmte, der Direktor pingelig war, bis manchmal der Star das Handtuch warf, böse und schimpfend, oder hysterisch weinend in seine/ihre Garderobe flüchtete. Jeden Tag wurde eine kurze Mittagspause abgehalten, danach weitergedreht, oft bis spät in die Nacht hinein. Wir alle schluckten Aufputschmittel, sowohl Bühnenarbeiter als auch Statisten, und erst recht die Stars, bis hin zu den Elektrikern, welche Szenen und gewisse Stars besonders ausleuchten und lange Überstunden machen mussten. Die Pillen und Kapseln waren an Erste-Hilfe-Stationen neben fast jedem Aufnahmegebäude umsonst

zu haben. Manche Stars bekamen Vitamin B12 plus Aufputschmittel (Speed) als Injektionen, verabreicht von Studioärzten
am Set oder in ihren Dressingrooms (Umziehhäuschen). Desto
berühmter der Star, desto schöner die ebenerdigen Bungalows,
welche als Rückzug für hysterische Ausbrüche, Garderobenan-
passung, Mahlzeiten oder dringend benötigten Ruhepausen
diente. Schwulstige Affären oder schneller Sex wurden auch in
ihrem Ambiente genossen.

Für mich waren Hollywood und das Filmgeschäft eine anstrengende, Pillen poppende, Drogen konsumierende, hysterische, sexuell ausartende, ungesunde Welt. Studiobosse behandelten ihre Schauspieler wie unartige Kinder. Die weiblichen
Starlets hatten auch oft die Studiobosse auf der „Besetzungs-
couch" zu bedienen. Vertragsklauseln bestimmten sogar über
Freizeitgestaltung und angeblichen Romanzen ihrer Schauspieler für Filmzeitschriften. Alles Mögliche wurde unternommen,
um das Filmgeschäft interessant aber sauber zu erhalten, um
zukünftigen Filmen und ihren Stars ein tadelloses moralisch
einwandfreies Image zu verleihen oder vorzutäuschen. Homosexualität durfte nicht sein, also wurde sie unter den Teppich
gekehrt und der schwule Schauspieler musste mit irgendeinem
Starlet posieren und eine Romanze vortäuschen. Dazu wurden
zwei alte Schaßtrommeln namens Louella Parson und Hedda
Hopper eingesetzt, um den neuesten Tratsch in Filmmagazinen
breitzutreten. Diese beiden alten Frauen hatten ein Millionen
Leserpublikum und wurden von cleveren Studios mit Geschichten über ihre Starlets und Stars informiert. Alles sollte famili-
entauglich, brav und unschuldig gehalten werden. So manches
weibliche Starlet musste aber oral zu Kreuze kriechen, um sich
später als Star feiern zu können. Die Studiobosse förderten das
brave Image in den Filmzeitschriften der Schauspieler für die
Öffentlichkeit. Hinter geschlossenen Studiotüren spielte sich
so Manches ab. Auf jeden Fall ging nichts ohne Gefälligkeits-
sex. Speziell bei den Agenten, die unerbittlich ihren Perversionen frönten, ging nichts „ohne". Wenn man in der Branche neu
war, musste man sich fügen. Viele große Stars hatten diese Ge-

pflogenheiten schon lange hinter sich gebracht, um in Hollywood weiterzukommen.

Das Filmgeschäft war mir zu dreckig, die Männer, die das Sagen hatten, zu alt und unappetitlich, Los Angeles zu groß und hässlich, die Luft zu verschmutzt und ungesund, das Wetter in Südkalifornien zu heiß und eintönig sommerlich. Dort würde ich mich nie wohlfühlen, nicht einmal für kurze Zeit. Es war höchste Zeit, von dort zu verschwinden.

Im Herbst 1963 war ich mit meiner Frisur- und Visagistenausbildung fertig. Die USA war von Gewalt gezeichnet, im Oktober 1963 wurde US-Präsident John F. Kennedy erschossen. Das Land begab sich in Aufruhr und Schießereien gingen ordentlich los. Politiker und ihre Mörder starben laufend durch Schussattentate. Die schwarze Bevölkerung kämpfte weiter für Gleichberechtigung. Der kalte Krieg florierte. Wir lebten andauernd mit der Angst eines Atomkrieges. Herr und Frau Amerika hatten 1961 angefangen und bauten noch immer Luftschutzkeller in ihren Gärten. Sie füllten sie mit Dosen, Wasservorräten und Jodtabletten. Dass die Verstrahlung viel länger andauern würde, als die Vorräte reichten, schien niemand zu bedenken. Die Bauhäuser verdienten sich eine goldene Nase mit der Angst des Fußvolkes und dem sinnlosen Bau von Schutzunterkünften.

Ganz gleich, womit, es war immer Profit um jeden Preis angesagt. Der amerikanische Traum vom großen Geld für jeden wurde subtil suggeriert. Die wenigsten Leute hatten jedoch eine geldbringende Idee, um Millionäre zu werden. Die meisten Normalsterblichen murksten dahin, indem sie konsumierten, Schulden machten und sich abrackerten. Kam eine böse Krankheit und die Krankenversicherung war ausgeschöpft, wurde man zum Sterben nach Hause geschickt. Zusatzversicherungen konnte oder wollte sich der normale Bürger fast nie leisten. Man hoffte auf gute Gesundheit, was bei den Essensgewohnheiten und ungesunden Lebensmitteln, dem Dauerstress, viel Geld zu verdienen, unmöglich war. Madison Avenue in New York City, wo die Werbefirmen ihr Unwesen trieben, hatten das Land überschwemmt mit ihren Sprüchlein: „Wenn du dieses oder jenes Produkt kaufst und verwendest, bist du ein Gewinner, ... eine Schönheit, ... unwiderstehlich, ... gescheiter als Andere", und was sie sich sonst noch alles ausdachten, um zu ködern. Wo früher Werbung im Rahmen des guten Geschmacks lief, zeigten sie sich jetzt immer aufdringlicher und lästiger. Flächendeckend wurden Hauswände, Gebäudedächer, Zäune als Werbeflächen zugekleistert mit Werbeplakaten. Neben Landstraßen und Autobahnen erschienen große Gerüste mit Werbung und im Fernsehen wurde sie zunehmend länger: ein 30-Minuten-Programm wurde zu zwanzig Minuten reduziert und zehn Minuten davon war Produktplatzierung. Am ärgsten aber waren die Werbungen für Durchfall, Sodbrennen und weibliche Hygieneprouckte zur Abendessenszeit, geschmackloser ging es wirklich nicht mehr und sicherlich keinesfalls waren solche Praktiken appetitanregend.

Ich hatte geheiratet und am 14. Februar 1965 kam mein Sohn Christian zur Welt. Als Großmutter taugte Eleonore natürlich nichts, war sie schon als Mutter eine Katastrophe gewesen. Sie hatte einfach keinen Draht zu einem Baby, auch wenn es sich um ihren Enkel handelte. Es schien, dass auch ich keine überschwänglichen Muttergefühle zu Stande brachte, das erschreckte mich. Christian war ein schönes Baby, mit rosiger Haut ohne Rötungen, mit weißblondem Haar und blauen Augen, die später grün wurden. Ich stillte, nach zwei Wochen pumpte ich ab und ging arbeiten. Ich verdiente genug, um eine Tagesmutter zu engagieren und stürze mich ins Geldverdienen. Kinderkrippen gab es keine. Erst, wenn Kleinkinder keine Windeln mehr brauchten, waren sie akzeptabel für Kindergärten. Christian, natürlich nach meinem Lieblingsonkel benannt, wie konnte sein Name anders sein, war ein braves Baby, und sehr pflegeleicht. Meine Ehe war ein Desaster, eigentlich verabscheute ich mein Leben, wusste nur nicht sofort, wie ich ausbrechen sollte. Der Traum von der Heimat Österreich rückte immer weiter in die Ferne. Die US-Unruhen und die Weltpolitik waren auch nicht zum Jubeln. Es schien, als ob die Menschheit 1965 auf einem Pulverfass saß, das jeden Augenblick explodieren würde.

In Los Angeles hatte ich die Übersicht über die unfruchtbaren Tagen meines Zyklus durcheinandergebracht. Ich war kurz liiert mit einem jungen Schauspieler aus einer TV-Westernserie, der später berühmt wurde, danach auch noch Drehbücher schrieb und gute Filme machte. Auf einmal war ich schwanger, oder schien es zu sein. Die Zeit in Los Angeles war anstrengend gewesen und ich fühlte mich gesundheitlich richtig schlecht. Viel erlebt und geleistet, hatte ich auch zu wenig geschlafen, regelmäßig gegessen und generell mit meiner Gesundheit Schindluder getrieben, mein Monatszyklus war auch gestört. Schwangerschaftstests wie heute gab es noch keine. Leider wartete ich nicht ab was Sache war und ließ mich von Frau Mama beeinflussen. Weil Schwangerschaft in ihren Zukunftsplan passte, ließ ich mich von ihr manipulieren. Dazwischen ätzte sie andauernd:

„Geschieht dir recht, du wirst die Rechnung bezahlen und das Kind kriegen, glaubst du, für dich gelten Sonderregeln? Jetzt wirst du sehen, wie es mir ergangen ist!" Von Zeit zu Zeit, wenn sie sich erinnert hatte, dass es mich auch noch gab, schien es sie zu stören, dass ich erwachsen geworden war. Das „Kind" hatte sie kontrollieren und manipulieren können. Aber die Erwachsene leider auch. Mama beschloss mich zu verkuppeln um sich damit eventuelle Vorteile zu verschaffen. Sie hatte den Sohn einer reichen Familie im Warenhaus kennen gelernt und die Aussichten auf dessen Verbindungen waren ihr sehr wichtig. Ich wollte so sehr nach Wien, um gleich dort zu bleiben und um eine Schwangerschaftsunterbrechung vornehmen zu lassen. In unserer Familie war das keine große Sache gewesen, einige Tanten und Großmutter Lore hatten so etwas schon hinter sich. Mutter dachte nicht daran meine Schwangerschaft beenden zu lassen, weil sie plötzlich einen indirekten Weg zu Wohlstand witterte. Unsere Situation, meine Schwangerschaft, war der Einstieg zu einem besseren Leben für sie durch Hochzeit und Verschwägerung mit Vermögen. Zumindest dachte sie das zu dieser Zeit. Sie war geblendet von deren riesengroßen Anwesen und Privat Flugzeug. Justament richtete sie mir eine elegante Hochzeit aus. Sie holte sich einen Bankkredit, den sie noch lange abstotterte, als die Ehe mit meinem Mann schon längst nicht mehr aktuell war. Robert Clark war ein guter Kunde von ihrer Bücherabteilung, ein Offizier der Luftwaffe kurz vor seiner Ausmusterung. Er war am nahen Stead Luftwaffenstützpunkt bei Reno stationiert. Robert stammte aus einer sehr wohlhabenden Familie um stark zu untertreiben. Er kam aus einem kleinen Dorf namens Placerville, ein langweiliges Kaff in den Sierras, auf dem Weg zum Tahoe See. Es lag in einem engen Tal. Links und rechts davon klebten die Eigenheime an den Steilhängen. Man konnte das Dorf leicht übersehen, da ein richtiger, traditioneller Ortskern fehlte. Es gab eine durch den Ort laufende Bundesstraße, die gleichzeitig die Hauptstraße des Dorfes war. Als solche hatte sie an Wochenenden immer Stau, da Glücksspieler zu den Kasinos auf die Nevada-Seite des Tahoe Sees wollten. Die Bundestaatsgrenze zwischen Nevada und Kalifornien führte mitten durch den See und durch ein Kasino. Die „Cal-Neva Lodge" war halb in Nevada, halb in Kalifornien und auf der Nevada-Seite durfte Glücksspiel betrieben werden. Man konnte von seinem gebuchten Zimmer im kalifornischen Teil spazieren und im Spielkasino, auf der Nevada-Seite, seine Existenz ruinieren.

In den 1880ern genoss Placerville zweifelhafte Berühmtheit, da es „Hang Town" (Galgendorf) hieß und als solches während der Goldrauschjahre fungierte. Es gab damals duzende Gefängnisse und eben so viele Saloons (Bars). Die Richter kamen aus Sacramento oder San Francisco einmal im Monat, um über die dort gefangenen Unholde zu richten und sie meistens auch zu hängen. Unter den Goldgräbern waren genug Schurken und Verbrecher, um die Henker auf Hochtouren zu beschäftigen. Mitte der 1960er Jahren gab es nur noch einen Postenkommandant (Sheriff), ein Gefängnis mit mehreren Zellen, in denen Besoffene am Wochenende ihren Rausch ausschliefen, einen Kreisler, einige heruntergekommene Bars, einen Frisiersalon, einen Fotografen, eine Tankstelle, ein winziges Spital und zwei Kirchen von verschieden Konfessionen.

Mutter wollte eine Juni-Hochzeit. Der Priester in Roberts katholischer Kirche verlangte vorehelichen Eheunterricht und von mir ein Versprechen, keine Geburtenverhütung zu praktizieren. Ich erzählte ihm über meine strenge Klostererziehung und versprach alles, was er hören wollte, wohlwissend, dass ich weder die Ehe ernst nehmen würde, noch die Vorschrift, nicht zu verhüten.

Am Tag vor der Trauung waren „Westerntage" gewesen, mit Reitern auf Pferden, Postkutschen, Planwagen, alle gezogen von Pferden. Ihre Rossknödel lagen überall im Rinnsal. In der Nacht hatte es geregnet und die Rossknödelsuppe war allgegenwärtig. Vor der kirchlichen Trauung musste ich zum Fotographen, um das sündhaft teure Designerhochzeitskleid aus San Francisco, welches sich Mama für mich eingebildet hatte, dokumentieren zu lassen. Das war für die Wiener Verwandtschaft gedacht, um Eindruck zu schinden. Es ging Mutter auch darum, bei der Familie des Bräutigams zu punkten. Die zukünftigen Schwiegereltern besaßen und vertrieben Spielautomaten, Musikboxen, Shuffleboards, Billardtische, Zigaretten- und Getränkeautomaten. Die Standorte für die Maschinen befanden sich in den vielen Bars und Tankstellen entlang der Bundesstraßen und in kleinen Dörfern rings um Placerville in den Sierras. Dort war immer tote Hose, so kamen die Einheimischen in den Bars zusammen und auf den Tankstellen wo sie sich an den Maschinen bedienten, die in der Einöde konkurrenzlos Spiele und Waren anboten. Ein wirklich lukratives Geschäft, man konnte bei den Münzeinnahmen zum eigenen Vorteil das Einkommen und die Steuer manipulieren. Die Schummelei durfte nur nicht unverschämte Dimensionen erreichen. Meine zukünftigen Schwiegereltern beherrschten das zur Perfektion. Herr und Frau Steel hatten es innerhalb von zehn Jahren als ehemalige Sozialhilfeempfänger zu Millionärsstatus gebracht. Allerdings bezogen sie ihre Ware vom Syndikat aus San Francisco. Sicherlich schnitten die auch noch mit. No, wunderbar! Nun würde ich indirekt mit der US-Mafia verbandelt sein.

Als ich am Morgen der Hochzeit vor dem Fotostudio aus dem Taxi stieg, fiel meine lange Schleppe in das Rinnsal, das natürlich voller Pferdepisse und Rossknödel war. Aufgeweicht von Regenwasser befand sich da eine höchst aromatische Brühe vom „Westerntage"-Umzug auf der Straße. Mutter meinte nur, es würde Glück bringen. Ich war nicht begeistert, den Rest des Tages nach Pferdestall zu riechen. Es konnte nur besser werden. Aber das wurde es keinesfalls. Bei der Kirche angekommen, erkannte ich den Bräutigam erst gar nicht, er war gestylt, sein Bart war abrasiert, er trug nur einen Schnurrbart und sah richtig gut aus. Ich hatte meine Kontaktlinsen vergessen und war blind wie ein Maulwurf. Als ich zum Altar geführt wurde, konnte ich die Tränen nicht zurückhalten. Alle Anwesenden und natürlich auch der Bräutigam glaubten, es war vor Glück. Ich kam mir vor, als müsse ich aufs Schafott, um in ein paar Minuten zu sterben. So stellte ich mir das zumindest vor. Alles in mir schrie: „Renn sofort davon!" Ich sah meinen zukünftigen Ehemann an, er strahlte wie ein Leuchtturm in einer stürmischen Nacht. Sein blondes Haar und die blauen Augen wirkten eigentlich ganz gut, er hatte auch einen durchtrainierten Körper, so schlimm würde es doch nicht werden, dachte ich, und wusste sofort, dass diese Gedanken total falsch für diese Gelegenheit waren, „renn doch lieber weit weg". Mein seelischer Tumult war heftig. Ich hatte mich wieder einmal von Frau Mama überrumpeln lassen, etwas zu tun was ich keinesfalls wollte. Sie hatte den Sohn einer Superreichen Familie für ihre Tochter ergattert. Nur das zählte für sie. Endlich gab es durch mich indirekten Zutritt zu Geldadel. Dass diese Leute niveaulos waren, um es höflich zu formulieren, machte ihr nichts aus. Spät aber doch war ich für sie endlich gewinnbringend einsetzbar geworden und nur ein Gegenstand geblieben der zur Nutzung für ihre Vorteile zu sorgen hatte. Ich war zu dumm oder schwach es nicht zuzulassen.

Vor dem Altar waren zwei Vorrichtungen zum Knien. Mit großer Mühe schaffte ich es dort drei Stufen hinauf. Nach der Trauung musste ich wieder herunter, drehte mich falsch und wickelte die blöde Brautkleidschleppe um meine Knöchel, danach fiel ich um wie ein Stück Holz und kugelte die Altarstufen hinab. Das fing ja gut an! Der Sturz hatte zur Folge, dass mir meine Schulter und ein Knie den Rest des Tages höllisch weh taten. Nach dem Kirchenzirkus ging es ins Flachland zu einem teuren, sehr eleganten Golf- und Country-Klub. Den hatte sich natürlich Mutter eingebildet. Ein McDonald's wäre gescheiter gewesen für die 60 Proleten und ihre unmöglichen Kinder, 28 Stück davon auf zwei Beinen, vier Babys im Tragtascherl und fünf noch in den Bäuchen ihrer Mütter. Diese Sippe schien nichts und niemanden an Fruchtbarkeit zu überbieten. Hoffentlich war das nicht ansteckend! Das Familienmotto war: Frauen gefügig zu machen, indem man sie im Winter ohne Schuhe und im Sommer hochschwanger hielt. Das fanden diese dummdreisten Idioten lautstark sehr lustig und gerecht. Ich hatte in einen Klan von rückständigen, grenzdebilen Hinterwäldlern eingeheiratet, alles enge Familienmitglieder meines Mannes. Meine Schwiegermutter war eines von neun Kindern gewesen. Sie selbst hatte fünf Stück geboren. Wahrscheinlich waren die noch nicht schwangeren Frauen nach dieser Hochzeitsfeier wieder schwanger, dachte ich noch und musste lächeln, was von den Anwesenden fälschlicherweise als Freude meinerseits interpretiert wurde. Wie irreführend! In mir sah es fürchterlich aus und ich beschloss, gleich nach der Geburt meines Kindes das Weite zu suchen. Vorher würde ich noch diese Hochzeitsfeier überstehen müssen.

Die anwesende Kinderschar benahm sich unglaublich schlecht. Zuerst musste die dreistöckige Hochzeitstorte dran glauben. Die lästigen Schreihälse hatten Fangen gespielt und den Tortentisch umgeschmissen. Sie fingen auch an, mit Tortenteilen um sich zu werfen. Mutter ging zu den Musikern, eignete sich ein Mikrophon an, um die Eltern anzuhalten, ihre „monströsen Teppichratten und zurückgebliebenen halbstarken, grenzdebilen Stammhalter" augenblicklich unter Kontrolle zu bringen, sonst würde sie die lästige, schlecht erzogene, verwahrloste Meute sofort in die Garderobe sperren lassen und erst nach Abschluss der Feier freilassen. Die Gäste waren Minuten lang ruhig, starrten sie geistesabwesend an, dann ignorierten sie Mutters Anordnungen und ihre grauslichen Kinder gingen an die Bar und begannen, harte

Getränke zu bestellen. Die Kinderschar wütete weiter. Des Bräutigams Vater, mein neuer Schwiegervater, war ein versoffener Ire, schon jahrelang von Roberts Mutter geschieden. Seit ewigen Zeiten beruflich Magier, besaß er, trotz des Alkoholkonsums, noch immer erstaunliche Fingerfertigkeiten. Neben dem Bräutigam stehend, war dieser eine ältere Version meines neuen Ehemannes, dasselbe Gesicht, nur noch nicht so aufgeschwemmt versoffen wie sein Erzeuger. Was nicht ist, kann (wird sicher) noch werden. Eigentlich schade, weil beide auf ihre teutonische Weise recht gut aussahen, flachsblondes Haar, hellblaue Augen, hohe Stirn und rosa Teint. Herr Clark Senior hatte in allen Kasinos von Nevada Spielverbot, da er seine Fingerfertigkeit zu seinem Vorteil hätte einsetzen können, was er vor vielen Jahren regelmäßig auch getan hatte, bis man ihm auf die Schliche gekommen war. Er brachte uns „Bares für Rares", und stahl, pardon, sammelte Schmuck und Uhren, Geldbeutel und Brieftaschen der Anwesenden. Die Gäste mussten die Sachen später auslösen. Das Geld bekam das Brautpaar. Mutter öffnete er den Reisverschluss ihres seidenen, altrosa Kleides. Als sie sich die Nase pudern wollte, stand sie auf, das Kleid machte sich selbständig und plötzlich war sie nur in Unterwäsche zu sehen, zum schallenden Gelächter aller Anwesenden. Da sie so dünn war, zum Kontrast der von zu vielen Schwangerschaften und falscher Ernährung übergewichtigen Frauen im Saal, sah sie gut aus. Sie trug immer nur sehr teure Unterwäsche in tollen, starken Farben. Wozu sie solchen Kult trieb, wenn sie keinen Mann hatte, der sie darin sehen würde, konnte ich nie nachvollziehen. Sie meinte nur, wenn darauf angesprochen, sollte sie einen Unfall haben, war sie wenigstens gut gekleidet. Als ihr Kleid zu Boden rutschte, unterbreiteten die alkoholisierten männlichen Hochzeitsgäste Mutter mit Gejohle einige zweideutige Ideen, um die Party anständig aufzuheizen. Sie war wütend, zog ihr Kleid wieder über ihre Schultern, zog den Zippverschluss hoch, marschierte zu Herrn Clark und begoss ihn mit einer auf dem Tisch stehenden, vollen Wasserkaraffe. Das Gelächter und Gejohle war danach für lange Zeit nicht aufzuhalten. Herr Clark Senior tropfte vor sich hin und genehmigte sich einen doppelten

Bourbon. Die Musik war schrecklich. „Country Music" vom Feinsten, die jaulende, raunzende Geschichten erzählende Volksmusik der ländlichen US-Arbeiterbevölkerung. Die hatte meine Schwiegermutter gegen den Willen meiner Mutter bestellt. Es war alles geschmacklos und unangenehm, lächerlich. In Blue Jeans auf dem Rummelplatz, mit Hot Dogs und Bier hätte alles besser gepasst, wäre um etliches billiger gewesen und sicher lustiger für diese Gesellschaft. Die Kinder tobten weiter beim Fangenspielen, die Erwachsenen soffen, als gäbe es kein Morgen, und das bis Einbruch der Nacht. Der mit Essensresten beschmierte Nachwuchs tollte zeitweise auf dem Tanzboden umher. Einige Paare trieben dazwischen eine Art ländlichen Line Dance. Die Gäste bekamen mehr und mehr Schieflage und Schlagseite, je später der Nachmittag wurde. Niemand machte Anstalten, aufzubrechen und nach Hause zu gehen. Es wurde weiter gesoffen bis in die späten Abendstunden. Erst die Sperrstunde scheuchte die Bagage in die Nacht hinaus:

Dass es lange dauerte, bis der Parkplatz endlich leer war, verdankte man dem Alkohol. Da waren gleich sieben Karosserieschäden vorprogrammiert. Ein vollbesoffener Gast hatte eine wackelige Meinungsverschiedenheit mit einem zweiten im selben Zustand. In ihrem Prügeleifer am Parkplatz ramponierten sie die Karosserie und das Dach eines teuren Sportkabrios.

Ein vollgetankter Gast wanderte am Golfplatz umher und suchte dort sein Auto. Er stieg in ein Golfloch und brach sich den Knöchel, musste mit der Rettung abtransportiert werden und die Retter beschädigten mit ihrem Wagen den Golfrasen.

Es gab zehn Strafen für Hochzeitsgäste wegen Trunkenheit am Steuer.

Mein neuer Schwiegervater war keiner davon, obwohl er sternhagelvoll war, deswegen fuhr er auf dem Weg nach Hause seinen Sonderausführungsmodellprotzkübelcadillac samt Frau und Kindern in einen Feuerlöschteich. Sein Autotelefon war trockengeblieben. So konnte er die Feuerwehr verständigen, die das Auto samt nasser Insassen mit einer komplizierten Bergung zu Leibe rückten.

Zwei Herren soffen irgendwo weiter und tauchten erst vier Tage später auf, nachdem sie als vermisst galten und polizeilich gesucht wurden.

Die Alkoholrechnung vom Country Club war vierstellig. Über diese Hochzeit sprach man noch Monate lang. Nichts dergleichen war in der Gegend je passiert. Was für eine zweifelhafte Ehre.

„HOMO GROBIANUS"

Von Anfang an war es eine freudlose Ehe. Das Kind hatte damit wenigstens einen Vater. Irgendwie würde ich die Ehe eine Weile durchstehen. Die Flitterwochen verbrachten wir im Wohnwagen in den Sierras bei einem wunderschönen See. Weit und breit keine Seele – nur wir beide. Gegen die wunderschöne Landschaft mit alpiner Flora und Fauna war nichts Negatives einzuwenden. Es wurde von mir aber erwartet, alle häuslichen und kulinarischen Arbeiten zu übernehmen. Irgendwann, nach einigen Tagen, war mir das zu blöd. Ich dachte nicht im Traum daran, weiterzumachen. Da gab es einen heftigen Streit. Zur Strafe wurde ich in der Wildnis ausgesetzt. Der neue Ehemann entfernte sich samt Wohnmobil. Er wollte mir eine Lektion erteilen, mir Angst einjagen. So kam es, dass ich auf Rache aus war, zu einer anderen Stelle am See wanderte, weit entfernt von unserem gemeinsamen Flitterwochenplatz. Am Ende des langgezogenen Sees ließ ich mich häuslich nieder, fing mir einige Fische fürs Nachtmahl und machte mir einen Nachtunterschlupf zurecht in einer geschützten Mulde, in einem Dickicht unweit vom Seeufer entfernt. Aus Zweigen, Moos und Gras wurde das Nachtlager gebaut und ein warmes Feuer hatte ich auch, mit vorgewärmten Steinen für die kühle Nacht unterm Schlafplatz. Richtige Angst hatte ich keine, nur war mir ein wenig mulmig zu Mute wegen der Berglöwen (Pumas). Ich schlief sehr schlecht und nur sporadisch und war richtig sauer, sofort wusste ich, dass ich mit dieser Ehe einen Irrweg eingeschlagen hatte. Im Morgengrauen verwischte ich meine Lagerspuren und machte mich dann auf zu einem Forstweg, der mir bei der Herfahrt aufgefallen war. Dieser würde mich irgendwann zur Bundesstraße bringen, die von Placerville nach Tahoe führte. Die Himmelsrichtungen zu deuten, war kein Problem. Falls der obergescheite Ehemann nach mir suchen würde, sollte er nichts Brauchbares finden, dafür hatte ich gesorgt und war bereit, ihm einen Denkzettel zu verpassen. Deswegen verwischte ich auch meine Spuren nach dem Aufbruch zurück zur Zivilisation. Der dauerte zwei Tage und eine halbe Nacht. Ich trödelte in der wunderschönen, unberührten, rauen Natur. Die Wildblumen waren wie auf der Rax oder dem Schneeberg, riesige Flächen mit verschiedenfarbigen Lupinen, dicken Sumpfdotterblumen und Margeriten leuchteten auf saftig grünen Juniwiesen, die Pinien und Mischwälder strömten ein angenehmes Aroma aus. Ich fand sogar Pilze gegen Hunger und es wurde ein unfreiwilliger Ausflug durch die wunderbare Natur der Sierras. Jede Minute des Weges genießend, wollte ich nicht unbedingt bei meiner Rückkehr nach Placerville sofort erkannt werden. Es gelang mir, auch ungesehen in unser hässliches Haus zu kommen und dort wartete ich scheinheilig auf mein dominierendes, neues Mannsbild. Der hatte inzwischen gewaltige Probleme gehabt. Als er mich Stunden später holen wollte, war ich natürlich nicht mehr dort, wo er mich zurückgelassen hatte. Er dachte wahrscheinlich, ich würde ängstlich weinend im Gras kauern und ihm als Retter in der Not um den Hals fallen. Der See war groß und Robert machte sich nicht die Mühe, ordentlich nach mir zu suchen, dachte nicht, dass ich mich sonderlich gut in der Wildnis auskannte. Er fand keine Spuren von mir, was ihm Angst machte, er dachte, mir war etwas zugestoßen und in den frühen Morgenstunden schaltete er die Bergrettung ein. Diese beschuldigten meinen Mann, einen eventuellen Streit, welchen wir vielleicht gehabt hätten, zu verheimlichen und mir etwas angetan zu haben. Der Verdacht lag nahe, dass meine Leiche im See weilte. Man bestellte Taucher. Da seine Familie in Placerville sehr prominent war und der amtierende Sheriff ein Freund meiner neuen Schwiegermutter war, wurde Robert auf freiem Fuße angezeigt und durfte nach Hause. Er fiel fast in Ohnmacht, als er mich am Küchentisch sitzend antraf. Er war in Sorge um seine Freiheit gewesen. Falls ich zu Schaden gekommen wäre, hätte man ihn dafür verantwortlich gemacht. Er meldete mich beim Sheriff als gefunden, der kam, um sich zu vergewissern, dass es den Tatsachen entsprach und die Sache befand sich als erledigt. An dem Abend soff sich der Herr Gemahl nieder, ohne ein einziges Wort zu verlieren, er fragte nie, wie ich nach Hause gekommen war, oder wie ich bewerkstelligt hatte, keine Spuren zu hinterlassen. Wochenlang beobachtete er mich mit Argwohn. Seinen durchdringenden Blick entgegnete ich mit meinem eigenen, bis jedes Mal seiner zuerst wich.

Als ich im siebenten Monat schwanger war, fing eine nächtliche Ruhestörung bei uns an. Robert war nie vor 22 oder 23 Uhr zu Hause und ich befand mich alleine in unserem klapperigen Haus, eine Holz- und Rigipsaffäre mit Holzschindeldach. Wenn die Außentemperatur am Abend abkühlte, knarrte es an allen Ecken und Enden. Die Geräuschkulisse war irgendwie unheimlich. Ich dachte mir zuerst nichts dabei, aber dann kamen Schritte dazu. Zuerst nahm ich an, es sei Einbildung, nur war es das auf keinen Fall. Irgendjemand marschierte auf unserer dreiseitigen Veranda umher. Zuerst erfolgte das Hörspiel kurze Zeit mit Intervallen dazwischen, aber jeden Abend hielten die Schritte länger an, so beschloss ich, der Sache Einhalt zu gebieten. Aus Roberts Waffenarsenal holte ich ein Schrotgewehr. Bei der nächsten nächtlichen Ruhestörung verlautbarte ich: „Achtung, ich bin bewaffnet, scher dich zum Teufel, sonst kracht's!"

Es gab erst keine Reaktion, dann stand der Eindringling plötzlich in der Eingangstüre, welche er knarrend geöffnet hatte. Er starrte in den Lauf meiner Waffe, drehte sich um und wollte wegrennen. Wieso ich trotzdem abdrückte und dem Eindringling einen Hintern voll Schrotkugeln verpasste, konnte ich nicht genau sagen. Ich war sauer, wegen der Angst und des Unbehagens, welche ich die ganze Zeit schon empfunden hatte. Der angeschossene Fremde schrie auf und humpelte weg, ich dachte, dass ich dieses Problem gelöst hatte und es nicht mehr existierte. Aber leider war das nicht das Ende dieser Geschichte. Es stellte sich heraus, dass meine Schwiegermutter den Ruhestörer angeheuert hatte, um mir Angst zu machen, um mich zu vertreiben. Dass ich losballern würde, kam niemanden in den Sinn. Der Verletze verklagte meine Schwiegermutter auf Schmerzensgeld. Die Episode wurde für das Schwiegermonster mir gegenüber eine riesige Blamage. Ich verhielt mich großzügig verzeihend der Hexe gegenüber, von da an war ich ihr nicht geheuer, aber sie ließ mich in Ruhe, wahrscheinlich hatte sie sogar Angst vor mir. Leider nicht genug, um nicht meine Friseurkenntnisse zu beanspruchen. Sie hatte dichtes, braunes Haar und liebte die Hochsteckfrisuren, die ich ihr verpasste. Mit der Zeit wurde sie sogar richtig freundlich mir gegenüber. Aber wir trauten einander nicht über den Weg, sie wusste instinktiv, dass ihr Sohn und ich nicht zueinander passten und dass ich ihn nicht liebte.

Die Ehe entwickelte sich zu einem riesigen Desaster. Durch die Flitterwochenepisode hatte ich meinen Ehemann dazu gebracht, seinen Gesichtsverlust stark zu spüren. Ich war ihm überlegen und schoss sogar auf Menschen! So etwas ging keinesfalls. Robert wurde zu meinem Gefängniswärter. Acht Jahre älter als ich, war er mir trotzdem nicht gewachsen und das machte ihn böse und gefährlich. Er konfiszierte meine Haftschalen und ich durfte nur Brillen tragen, er ersetzte heimlich meine Geburtenkontrolletabletten mit Saccharin. Ich musste heimlich ein zweites Rezept ergaunern, damit ich geschützt gegen Schwangerschaft blieb. Ich durfte nicht arbeiten, so hatte ich kein eigenes Geld und war finanziell völlig abhängig von Robert. Er bestimmte, was ich kaufen durfte, zum Beispiel, welche Marken. Es war mir nicht erlaubt, mein Haar weiter zu färben oder offen zu tragen, nur hochgesteckt aus dem Haus zu gehen, auch keine kurzen Röcke, auf keinen Fall Stöckelschuhe! Er konfiszierte meine bunte Spitzenunterwäsche und verpasste mir weiße „Oma"-Hosen aus Baumwolle und BHs, die er strengstens kontrollierte. Als ich mich wehrte, schlug er mich. Ich bat Mutter um Hilfe, keine Chance, sie meinte nur:

„Du hast dich schwängern lassen, jetzt musst du den Preis dafür zahlen. Das Leben ist nun einmal so, es verzeiht keine Fehler, mach halt, was er will."

Robert vertrug nicht, dass ich mich weigerte, unterwürfig zu sein. Aus Liebe hätte ich es sicherlich getan, nur war meinerseits keine vorhanden. Auf „muss" funktionierte ich nicht. Er war wütend, weil ich ihm beim Schachspielen immer schlug. Die Russen hatten mich eben gut unterrichtet und ich genoss es, ihn zu schlagen. Am meisten stieß er sich an meinen täglichen Turnübungen. Eine Ehefrau und Mutter hatte sowas nicht mehr nötig und auf gar keinen Fall aufrecht zu erhalten. Er selbst wurde zu einem Michelin-Männchen und unglaublich träge. Anstatt mit mir mitzuturnen, trank er Whisky und stagnierte auf dem Divan vor der Glotze. Die Tatsache, dass ich mich bei seinen Angriffen mit meinen gelernten Griffen zur Wehr setzte, machte ihn manisch rabiat, und wenn ich den Kampf gewann, gab es im Nachhinein aus heiterem Himmel ganz plötzlich böse Repressalien. Sein Übergewicht machte ihn zum schwierigen Gegner. So musste ich sehr genau abschätzen, wann und ob ich mich wehren konnte, ohne den Kürzeren zu ziehen. Die Situation in unserer Ehe war ein gefährliches Desaster geworden. Robert arbeitete für seine Eltern und sammelte Münzen von den Automaten ein. Vor Mittag kriegte er seinen Hintern nie hoch. Wie sich ein Mensch in kurzer Zeit so verändern konnte, nur weil er nicht mehr im Militärdienst stand, war für mich nicht nachvollziehbar. Wir waren viel zu verschieden in unseren elementaren Bedürfnissen. Ich wollte ein schön eingerichtetes Haus, auch wenn es eine 12.000 Dollar Holz- und Rigipsaffäre mit zwei Schlafzimmern war. Dazu mit Teerpappenschindeldach, ohne Vorzimmer. Auch war da kein verfliestes Bad, nur PVC-Paneele an der Duschwand und Linoleum als Bodenbelag. Das WC war auch darin anstatt in einem separaten Raum. Ich fand die Bude abscheulich. Dazu genügten Robert vergammelte Möbel von seiner Mutter. Ich hasste mittelmäßige Hässlichkeit. Es gab kein Geld von ihm für neue Einrichtungsgegenstände. Ich löste das Problem, wie damals in Detroit bei Emmy, und beschloss, unser Heim fast ohne Geld zu verschönern. Zu dieser Zeit gab es noch unglaublich tolle Sachen zur freien Entnahme an Sperrmüllsammeltagen. Auch Möbel Meterware bei Woolworth in Kalifornien war billig zu haben. Das Geld zweigte ich vom Kostgeld ab. Auch pfuschte ich an Nachmittagen mit Haarschnitten und Hochsteckfrisuren, das brachte schnelles, gutes Geld. Nächtelang tapezierte ich zwei Lehnstühle, einen grauslichen Divan und Lampenschirme mit Buchhüllen. Ich strich Kleinmöbel und zwei Kommoden wurden abgebeizt, unter den vielen alten Farbschichten befand sich tolles Eichenholz mit wunderschönen Maserung. Ich konnte mit elektrischem Werkzeug sehr gut umgehen und Robert sah mir ungläubig zu, wie ich herumwerkte. Geholfen hatte er mir nicht und ich ignorierte ihn. Er saß nur da in einem speckigen Lehnstuhl, soff Whisky und kettenrauchte, bis ich ihm den Stuhl unterm Hintern konfiszierte und auch neugestaltete, dabei hockte er am Teppichboden und glotzte mich nur stillschweigend an mit einem stumpfsinnigen Gesichtsausdruck. Die Einrichtung und das Dekor wurden wunderschön. Die Nachbarn waren begeistert und Robert war plötzlich stolz auf das, was seine Ehefrau alles zu Stande gebracht hatte. Auch in punkto Gartengestaltung betätigte ich mich und es gab bald etwas zu ernten. Trotzdem war ich sehr unglücklich und hatte angefangen, viel zu rauchen. Robert war zeitweise Kettenraucher Zigaretten kosteten 25 Cent das Packerl. Drei Mal versuchte ich aufzuhören, ohne Erfolg, Roberts Sauhaufen-Messi-Lebensstil löste Wut in mir aus, keine gute Voraussetzung, um die Zigaretten aufzugeben, vielleicht war es auch nur Einbildung. Ich hatte gerne Ordnung. Robert war ein Chaot, schlampig, undiszipliniert und Schmutz störte ihn nicht Zum Beispiel trug er im Haus Straßenschuhe. Ich hatte von japanischen Freunden gelernt, Schuhe nicht im Wohnbereich zu tragen. Robert legte sich mit Straßenschuhen sogar auf den Divan oder auf unser Bett, wenn ihm danach war. Überall lagen seine Sachen, Kleidungstücke, benutztes Geschirr, halb gegessene Lebensmittel, Pfeifentabaksackerln und lose Tabakkrümel, überquellende Aschenbecher, dreckige Socken. Ihn anzuhalten, ordentlicher zu werden, war ein hoffnungsloses Unterfangen. Seine Schmutzwäsche im Schlafzimmer schmückte das Bett, den Boden, jede Sitzgelegenheit. Dazwischen kugelten gelesene Zeitungen und Waffenkataloge herum, hier und da ein schmutziger Tennisschuh als Akzent, sogar eine geladene Fünfundvierziger und lose Patronen, es war für mich zum Verzweifeln. Ich wusste damals, dass ich bei diesem Menschen nicht bleiben würde. Vor der Eheschließung benahm er sich höflich, zuvorkommend, humorvoll und lustig. Er war immer hilfsbereit und manierlich gewesen. All sein gutes Benehmen hatte sich in Luft aufgelöst.

Robert war schon immer an Fotographie interessiert, plötzlich hatte er das Bedürfnis, Nacktfotos zu machen und einen Porno mit mir zu drehen. Natürlich weigerte ich mich, was wiederum Gewalttaten gegen mich auslöste.

Ich wollte kein Kind. Monate lang trieb ich Schindluder mit meinem Körper, hob unerhörte Lasten, fiel vom Pferd, steile Treppen hinunter, es passierte nichts. Zwei Wochen vor dem Geburtstermin haute es mich, diesmal unabsichtlich, beim Glatteis aufs Steißbein, die Schmerzen waren gewaltig, aber ohne dringenden Abgang meines Problems, keine Reaktion. Irgendetwas stimmte mit dem Geburtstermin nicht, ich hatte mich gründlich verrechnet. Am 14. Februar um 2 Uhr morgens war er da, ein Sohn Sternzeichen Wassermann und ein Valentinstagsbaby.

Am 13. Februar um 22 Uhr war ich, hochschwanger und mit Geburtswehen, ins Spital gestapft. Es wütete ein wilder Schneesturm. Mein Gynäkologe tastete den Bauch ab und verlautbarte, dass er jetzt nach Hause fahren würde, um sich ordentlich auszuschlafen. Er meinte nur: „Beim ersten Kind dauert das mindestens 12 bis 18 Stunden, wenn nicht länger." Ich sah auf seine Schuhe, sie waren vollgespritzt mit Zahnpasta.

„Nie im Leben mach ich das bis morgen durch, in ca. 4 Stunden ist das Kind da und Sie kriegen kein Honorar, wenn ich auf Ihre Hilfe verzichten muss", informierte ich Dr. Steward. Der sah mich entgeistert an: „Aber Frau Clark, für Sie macht doch die Natur keine Sonderregeln. Nur mit der Ruhe, wir sehen uns irgendwann morgen Vormittag." (Ach ja? Denkste!) Das Letzte, was ich von ihm sah, waren seine schmutzigen Schuhe mit Zahnpastaspritzer darauf. Irgendwo hatte ich gehört, dass er Vater von acht Kindern war. Für mich eine zweifelhaft positive

Voraussetzung für einen Gynäkologen. Seine Ehefrau tat mir leid, er musste doch gewusst haben, wie man Geburtenkontrolle praktizierte. Draußen war der Schneesturm heftiger geworden. Um 2 Uhr früh war mein Sohn da. Mit einer schockierten Schwester zur Welt gebracht, hatte ich ihn nach Naturvölkerart mit Hilfe der Schwerkraft in der Grätsche entbunden, vorher bis zur letzten Minute mit Auf- und Abgehen. Das Baby hatte weißblondes Haar. Der blonde, blauäugige Robert schien nun doch der Vater meines Kindes zu sein, wenn man die extra Wochen Verspätung beim Geburtstermin rechnete. Mit Robert verhütetet ich nicht, da wir dachten, ich wäre sowieso schwanger. Schwangerschaftstests wie heute gab es damals nicht. Robert wusste von Anfang an in unserer Beziehung über mein Dilemma Bescheid und wollte mich auch mit dem Kind eines Anderen. ehelichen. Mutter hatte mich beeinflusst ihren Kunden aus der Grey Reids Buchabteilung zu heiraten basierend auf Geldgier. Dahinter steckte die Aussicht auf superreiche Schwiegereltern und eventuelle Vorteile welche diese Verbindung bringen würde.

Um unsere Ehe zu verschönern, spendierte Schwiegermama Robert und mir eine verspätete Hochzeitsreise nach Mexiko. Da Robert keine Zeit hatte, oder es nicht erledigen wollte, wurde ich mit der Anschaffung des Reisegeldes, den Traveler Checks von der Bank, beauftragt. Da ich die Transaktion ausführte, wurde das Bargeld meiner Schwiegermutter in die Checks umgetauscht und in meinem Namen ausgestellt. Das schien niemanden zu stören, mir sollte dieser Umstand zu tollen Erlebnissen verhelfen.

Von Placerville in Nordkalifornien bis zur Grenzstadt Tiuhuana Mexiko war es eine wunderschöne Reise die Küstenstraße Highway One neben dem schäumenden Pazifischen Ozean entlang. Die Landschaft in diesem amerikanischen Küstenabschnitt war konkurrenzlos eine der schönsten der USA. Die steilabfallenden Landzungen erzeugten hunderte raue Buchten, in denen sich der pazifische Ozean mit mächtigen weißschäumenden Wellen abreagierte. Hier und da abseits der Küste ragten Steinformationen aus dem Wasser. Um sie herum, durch die schäumende See, formten sich Gischtschleier, die im Sonnenlicht Regenbogenfarben erzeugten. Seevögel schwirrten durch die Lüfte mit wildem Geschrei und sie nisteten in den Klippen. Die Kombination von all diesen Gegebenheiten war einzigartig und wunderschön.

In Tihuana angekommen, wollte Robert in der Grenzstadt unbedingt übernachten. Während seiner Militärzeit hatte er oft dort Urlaube verbbracht. Nachdem wir ein schäbiges Motel für diesen Zweck gefunden hatten, schleppte er mich von einem miesen Sexklub zum nächsten. Die Grenzstadt hatte sehr viele davon und die Schaus, die dort geboten wurden, waren an Perversion und Abartigkeit nicht zu überbieten: Geschlechtsverkehr in Gruppen, mit Tieren, oder beides, absolut abscheulich. Robert war hochinteressiert und zeigte akute Spannertendenzen. Ich war ungemein angewidert und richtig böse auf den scheinheiligen, abartigen Menschen an meiner Seite, den ich blöderweise geehelicht hatte. Über diesen Entwicklungen zutiefst konsterniert und abgestoßen, reagierte ich mit Rachegefühlen und Flucht. Ich wollte einige Wochen einfach nur ausspannen, glücklich sein ohne Einschränkungen und Bevormundung. Sofort beschloss ich, Robert einen Denkzettel zu verpassen, egal was die späteren Konsequenzen sein würden, und ich war mir sicher, dass diese gewalttätig sein würden, aber es war mir egal. Die Reiseschecks lauteten so wieso auf meinen Namen. Robert hatte mich beauftragt sie bei der Bank zu besorgen weil er selbst zu faul war sich darum zu kümmern. Das interpretierte ich eben als Wink des Schicksals. Wir waren auch in meinem Kabrio unterwegs, so konnte man mich unter dem Vorwand eines gestohlenen PKW nicht suchen und festnehmen lassen. Ich hatte ihn mir trotz Roberts Einwänden von früheren Ersparnissen gekauft als Belohnung für die Geburt meines Sohnes. Robert gefiel er, so ließ er ihn mich Ausnahmsweise behalten. Mein Angetrauter musste also warten bis ich die Güte hatte, in Placerville wieder zu erscheinen. Unter dem Vorwand, aufs WC zu gehen, schnappte ich mir vorher die Autoschlüssel. Das war leicht, weil der gute Ehemann keine Sekunde auf andere Dinge um ihn herum achtete, außer auf den Sexzirkus, welcher gerade geboten wurde. Ich kletterte unbehelligt ins Auto und haute ab gen Süden, um Mexiko alleine zu erkunden. Sollte er doch seine Frau Mama um eine Rückfahrkarte für einen Bus nach Hause anbetteln und versuchen zu erklären, wo sein Geld, seine Frau und ihr Auto geblieben waren. Sicherlich würde alles, was ich von da an unternahm, höchst gefährlich werden. Eine junge, blonde Frau mit nagelneuem Kabrio alleine unterwegs in einigen mexikanischen Bundesländern war eine freche Herausforderung des Schicksals. Für solch eine Gegebenheit waren Raub, Vergewaltigung und Tod höchstwahrscheinlich möglich. Irgendwie wusste ich, dass große Risiken mit meinem Abenteuer verbunden sein konnten, aber ich war so zornig über diesen Ehemannidioten mit so vielen abartigen Tendenzen, dass ich einfach nur Mexiko bereisen wollte, ohne Bevormundung oder Streitigkeiten und ich schoss alle Bedenken in den Wind. Mit fehlendem Begleitbeschützer war mein Vorhaben kompletter Irrsinn. Trotzdem fuhr ich im mexikanischen Bundesstaat Sonora nach Hermosillo. Die Landschaft war wüstenmäßig, extrem trocken, bewachsen mit eindrucksvollen Kakteen und anderen stacheligen Gewächsen, manche zeigten wunderschöne Blüten. Manche der großen Kakteen waren bis zu 200 Jahre alt. Die Wüstenlandschaft hatte sehr tolle Sehenswürdigkeiten zu bieten, wenn man aufmerksam danach suchte. Falken saßen oft hoch oben auf den großen Kakteen, kleinere Vögel nisteten in ihren Löchern, manchmal huschte Kleintier hurtig über die Landstraße. Ein paar Mal schlängelten sich sogar Klapperschlangen in den kühleren Abendstunden von einer Seite der Straße zur anderen.

Langsam die sekundären Landstraßen dahingondeln, den warmen Fahrtwind in den Haaren, war Balsam für die Seele. Am späten Nachmittag beschloss ich, in einem kleinen Dorf etwas zu essen, eine einsame Tankstelle mit winzigem Imbissstand direkt daneben erfüllte dieses Grundbedürfnis. Ich bestellte zwei Maisfladen, gefüllt mit Hühnerfleisch, Käse, Tomaten und Chilisauce. Diese Tacos waren richtig schmackhaft. Bevor ich weiterzog, ging ich mir noch die Hände waschen. Neben dem

Tankstellenrestaurantverschlag musste ich einen langen, überdachten Gang entlang an dessen Wand nebeneinander viele Glasbehälter standen. Beim Erkennen ihres Inhalts war ich heftig erschrocken. Darin ringelten sich große Klapperschlangen und wedelten drohend mit ihren Schwanzrasseln. Das war einfach schauderhaft. Beim Rückweg vorbei am Imbissstand zum Auto winkte mir die mexikanische Bedienung zu. Sie lachten, streichelten ihre Bäuche und riefen Hühnertacos, Schlangenfleisch und bogen sich vor Lachen. Als mir die Bedeutung dämmerte, hatte ich schwer zu kämpfen, mich nicht zu übergeben. Den Gefallen tat ich den Einheimischen nicht und winkte zum Abschied. Die Fladen hatten vorzüglich geschmeckt, also wo war eigentlich das Problem? Man war ganz schön präkonditioniert von gewissen Vorurteilen, so beschloss ich, dem keine Bedeutung mehr zu schenken. Krank von dem Schlangenfleisch wurde ich auch nicht.

Im nächsten mexikanischen Bundesstaat gab es neue Erlebnisse und viele schöne Dinge zu sehen: In sechs Wochen war ich kreuz und quer unterwegs, mit keinem einzigen Gedanken an meine schlechte Ehe, meine griesgrämige Mutter und Österreich. Mein Kind wusste ich geparkt in guten Händen. Meine Schwiegerfamilie waren richtige proletarische Einfaltspinsel, aber sie waren vom ersten Tag an gute, hingebungsvolle Ersatzmütter und Babysitter. Tun und lassen dürfen, was ich wollte und über mich alleine bestimmen zu können war eine herrliche Wohltat. Meine Masche war ganz einfach: Wenn ich angekommen war, wo es mir gerade gefiel, parkte ich das Auto, welches sehr viel Aufmerksamkeit erregte, gab einheimischen Kindern, die es sofort umringten, Kleingeld und versprach ihnen noch welches dazu, wenn sie gut darauf aufpassten, nicht hineinkletterten und nichts beschädigten. Danach ging ich ins Dorfzentrum und begann, irgendein schönes Panorama oder Gebäude mit Aquarellen, welche ich immer dabeihatte, zu malen. Innerhalb von zehn bis zwanzig Minuten kamen andere Touristen oder Dorfbewohner, um mir über die Schulter zu sehen, man kam ins Gespräch, ich mit elementarem Spanisch, die Zuseher sehr oft mit Englisch. So gab es viel brauchbare Information über Sehenswürdigkeiten in der Umgebung, auch oft Einladungen zu privaten Besuchen und Festen. Die Einheimischen waren sehr freundlich und neugierig. Eine alleine reisende junge Frau war höchst ungewöhnlich.

Im Bundesstaat Jalisco, in der Gegend von Guadalajara, besuchte ich Gringo Gulch. Dort hatten die US-Filmstars ihre Refugien, nicht weit entfernt befanden sich riesige Agavenfelder. Da war das Zentrum der Tequilaproduktion, das Casa Herodura Destillat, in der Amatitan-Tequila produzierenden Stadt. Schon seit dem 16. Jahrhundert wurde das Getränk dort hergestellt. Zur Zeit meines Besuches lief gerade eine große Fiesta. Gefeiert wurde mit viel Tequila und eine Mariachikapelle sorgte für erstklassige musikalische Unterhaltung. Die Gruppe bestand aus Trompeten, Gitarren, Bassgitarre, Geige und Harfe, sie spielten sentimentale Lieder oder schmetterten fröhliche, schnelle Nummern dem Publikum entgegen. Sie unterhielten ein buntes Durcheinander von Einheimischen und US-Touristen, wir amüsierten uns königlich, das mexikanische Essen war vielfältig fantastisch und erst die Margaritas! Das Getränk bestand aus Tequila, Tripple Sec, Limettensaft und Salz am befeuchteten Glasrand. Nach einigen davon fühlte man sich im siebenten Himmel, beschwingt und völlig im Einklang mit seiner ganzen Umgebung. Es wurde getanzt, nach Herzenslust geblödelt, von einer Sekunde zur nächsten dann, ohne Vorwarnung, ganz plötzlich gingen einem die Lichter aus! Man feierte weiter, hatte jedoch von da an den berühmten Filmriss.

Nach der Fiesta und der Tequilanacht, zu Mittag, erwachte ich am Rande eines Agavenfeldes neben meinem Kabrio. Auf der Motorhaube lag ein auf dem Rücken schlafender Mariachimusiker, er hatte die Arme gekreuzt über seiner Gitarre, die auf seinem Bauch lag, und schnarchte lautstark der Sonne entgegen. Zwei weitere Musiker saßen verschlungen und lautstark schnarchend am Kabriorücksitz, ein vierter lag im offenen Kofferraum auf meinem Gepäck. Durch die Atmungsbewegungen der Männer, als sie dahinbüselten, glitzerten in der Mittagssonne die silbernen Verzierungen an ihrer schwarzen Tracht. Eine große Bassgeige ragte über die Windschutzscheibe, abgestellt auf dem Fahrersitz. Es schien eine gelungene Feier gewesen zu sein. Von der Sorte gab es noch einige, da ich immer wieder eingeladen wurde und man in allen Bundesstaaten sehr viel Tequila servierte.

Ich besuchte Chihuahua, wo die gleichnamigen, putzigen Hunde herkamen, dort besichtigte ich einige Züchter und erfuhr sehr nette Gastfreundschaft.

Und ich fuhr durch Teile von Sinaloa, nicht wissend, dass der Bundesstaat die Hochburg der Drogenbosse und ihrer Umschlagplätze war. In den Bundesstaat trauten sich nicht einmal die „Federales", die mexikanischen Bundespolizisten. Ich geriet aus Versehen in den nördlichen Teil, weil ich mich verfahren hatte. An einer schmalen, entlegenen Landstraße, auf der ich ohne Erfolg umdrehen wollte, verstellten mir plötzlich vier wild aussehende Männer zu Pferden den Weg. Sie trugen Gewehre und Patronengürtel kreuzten diagonal ihre Oberkörper. Sie waren mit offenen Hemden bekleidet und zeigten unbehaarte, tiefbraune Brustmuskulatur. Sie trugen langes, schwarzes Kopfhaar, einer war mit schwarzem Bart geschmückt und zeigte dazu passende schwarze Zähne, als er mich angrinste. Er war definitiv zum Fürchten, eigentlich ließen alle vier einem die Haare zu Berge stehen. Die anderen drei grinsten mich auch an und ich bekam Gänsehaut. Ich dachte noch: Jetzt geht's dir an den Kragen, da kommst du höchst wahrscheinlich nicht mehr lebend raus! Der Übelaussehende mit den schwarzen Zähnen kam an die Fahrerseite des Kabrios, beugte sich zu mir herunter und zupfte an meiner blonden Hochsteckfrisur. Wegen der Hitze war mein Haar in einem Pferdeschwanz darunter zusammengewurstelt und darauf steckte eine blonde Postiche, ein Haarteil, in den 60er Jahren hoch in Mode. Es war mit zwei Haarspangen nicht sehr streng befestigt. Der Wilde hatte das Ding plötzlich in der Hand und war perplex, seine Kumpel fingen hysterisch an zu lachen und auf ihn zu zeigen. Erst sah er grimmig drein, aber Gott sei Dank lachte er plötzlich auch mit. Ich beschloss, dasselbe zu tun. Vorsichtig aus dem Wagen steigend, schuschte ich den Reiter mit meiner Haarpracht in der Hand von der Wagentüre. Danach ging ich schnell zum Kofferraum, um den zu öffnen. Darin befanden sich zwei durchsichtige runde Hutschachteln mit Styroporköpfen für die Haarteile. Eines davon war leer, im zweiten noch ein Reservehaarteil vorhanden. Die Männer waren mir gefolgt und drängten sich neugierig um mich. Da nahm ich das Ersatzhaarteil heraus und reichte es einem anderen Reiter plus den Styroporkopf gleich dazu. Der beschäftigte sich ebenfalls belustigend damit. Ich kramte noch im rückwärtigen Teil des Kofferraums und fischte zwei Stangen Camel-Zigaretten hervor. Jeder der Wilden hatte einen kurzen Zigarrenstumpen im Mund, aber ihre Augen leuchteten, als sie meine Geschenke in Empfang nahmen. Sofort entledigten sie sich ihrer Stumpen und holten sich eine amerikanische „Sargnagel Rauchprobe". Der starke Tabakgeschmack schien ihnen zu munden. Die ersten Lungenzüge deuteten darauf hin, ich schlich mich hinters Lenkrad. Die Männer verabschiedeten mich mit lautem Gejohle und wildem Applaus. Ich dankte meinem Schutzengel und fuhr schleunigst Richtung Norden. Ich wusste genau, was für ein großes Glück ich gehabt hatte, noch am Leben zu sein, ehrlich gesagt hatte ich richtige Angst gehabt, das Abenteuer nicht zu überleben. Es war allerhöchste Zeit, nach Hause zu kommen, auch die Moneten gingen dem Ende zu. Vor allem aber meine Unbekümmertheit. Ich realisierte nur zu gut, dass ich einer Vergewaltigung und dem Tod sehr nah gewesen war. Im nächsten Bundesstaat, wo ich übernachtete, erzählten mir Einheimische, was für ein Wunder es gewesen war, dass ich als Alleinreisende die Konfrontation mit vier höchstwahrscheinlich drogensüchtigen Jaqui-Rebellen überlebt hatte und dass der Bundesstaat berüchtigt war für verschwundene Touristen, die sich dorthin verirrt hatten.

Als ich wieder in Placerville war, behandelten mich die Schwiegereltern richtig nett. Robert hatte einen heftigen Streit zwischen uns zugegeben, jedoch nicht den eigentlichen Grund dafür offengelegt. Ihm war auch danach, den zu verheimlichen. Er wollte nicht, dass seiner Mutter seine Geschmackrichtungen in punkto Sex offengelegt wurden. Mein sechswöchiger Urlaub blieb daher ohne nennenswerte Konsequenzen. Einige Wochen war Robert wieder so wie vor unserer Ehe: höflich, zurückhaltend, der perfekte Gentleman. Leider ging der Terror dann los und die Ehe war schrecklich. Robert hatte mich davor für eine europäische, gefügige, brave katholische Frau gehalten, also Schwerpunkt Kinder, Küche, Kirche. Mein Drang zur Unabhängigkeit und eigenwilligen Entscheidungen, wie der mexikanische Urlaub, gingen gar nicht. Er wollte meinen Willen brechen, mich gefügig machen, oder er dachte insgeheim, ich sei eine Schlampe, die man züchtigen müsse. Genau kam ich nie dahinter.

Er band mich manchmal ans Bett und spielte mit mir mit einer 45er russisches Roulett. Er wollte unbedingt meine Unterwürfigkeit erzwingen. Ich weigerte mich, auch wenn ich panische Angst vor ihm hatte. Von meiner Mutter gab es keine Hilfe: „Du wolltest ja nicht auf mich hören, du hast es so gewollt und das hast du nun davon, mach was er will und jammer mich nicht an."

Von ihr konnte ich keine Hilfe erwarten, mir schien sogar, als ob Mutter es genoss, zu wissen, dass ich in meiner Ehe viel zu leiden hatte. Irgendwann platzte mir der Kragen. Nach einer von vielen Horrornächten saß Herr Mustergatte wieder am Küchentisch, schlürfte Kaffee, las seine Zeitung und wartete auf sein Frühstück. Die Gusseisenpfanne war voll mit zehn Stück Speck, fünf Spiegeleiern und einer großen Portion Kartoffelgratin mit Schmelzkäse. Die Pfanne war so schwer, dass ich beide Hände brauchte, um sie zum Tisch zu tragen, wo ich vorhatte, den Inhalt auf seinen Teller abzuladen. Spontan änderte ich meine Meinung. Mit aller Kraft, die ich meistern konnte, haute ich ihm die Pfanne auf den Kopf. Er sank zu Boden zusammen mit der Pfanne und deren Inhalt, welcher sich mit seinem Blut vermischte. Der Schlag auf seinen Kopf hatte ein ekelhaftes, dumpfes Geräusch abgegeben. Wie in Trance ging ich zum Telefon und rief den Sheriff an:

„Hier spricht Frau Clark vom La Campana Weg. Kommen Sie bitte vorbei. Ich habe soeben meinen Mann erschlagen."

Sie kamen sehr schnell. Da ich mir rasch eine zerrissene Bluse angezogen hatte und man so etliche verkrustete Schrammen und große, blaue Flecken an meinem Körper sehen konnte, wurden diese protokolliert und ich erstattete Anzeige. Robert war nicht tot, er hatte nur eine ordentliche Gehirnerschütterung und Verbrennungen vom Speckfett auf Wangen, Hals und Schultern wurden im Spital festgestellt. Meiner Mutter berichtete ich, dass meine Ehe am Ende war und ich weg von Placerville nach Sacramento ziehen würde, solange Robert im Spital lag. Alles, was sie sagen konnte, und sie wiederholte sich, war: „Du wolltest ja nicht auf mich hören, alle Männer sind Schweine, mach halt, was er will. Das geht mich nichts an, ist ganz alleine deine Sache."

Aber fürs Haare Färben und Schneiden kam sie trotzdem sofort regelmäßig von San Francisco nach Sacramento. Monat für Monat hatte ich mich um ihre Haare zu kümmern. Als ich in Sacramento im Schönheitssalon des Senator Hotels eine gut bezahlte Stelle fand, ging es mir eigentlich ganz gut. Schräg gegenüber dem Hotel war das Capitol Gebäude, der politische Sitz des Gouverneurs von Kalifornien mit Ronald Reagan als Oberhaupt. Folge dessen hatte der Hotelfrisiersalon gut zahlendes, exklusives Klientel. Lästig war nur Nancy Reagan, weil sie Termine für ihren Ehemann buchte, nachdem sie vorher das Horoskop ihres Mannes und den Mondkalender konsultiert hatte. Auch hatte sie die Angewohnheit, nach dem Haarschnitt die Haarpartien mit einem kleinen Lineal nachzumessen. War irgendwo ein Millimeter Abweichung, gab es nachträgliche Korrekturen. Das erinnerte mich an meine Mutter. Nancy machte mich wahnsinnig und ich brauchte irre Beherrschung, um nicht ausfällig zu werden. Nach einigen Monaten wechselten der berühmte Kunde und seine lästige Gemahlin zum „Garrys Herrenfriseur" vis a vis des Hotels.

... Was meine Arbeit betraf, ging alles sehr gut voran. Privat war das eine ganz andere Geschichte. Ich war für eine Scheidung bereit, nur wusste ich, dass die Angelegenheit ziemlich schwierig werden würde. Die Ehe hatte sechs Jahre gedauert. Leider war

Robert auf Rache aus. Nachdem ich ihn verlassen hatte und er aus dem Spital kam, passte er mich am Weg von der Arbeit ab. Er zeigte mir einen seiner vielen Revolvern aus seiner umfangreichen Waffensammlung. Robert versprach, mich zu töten, wann immer es ihm Spaß machte und es ihm passte. Auch wenn ich nach Österreich floh, würde er mich finden. Keine Immigrantin verlässt einen Amerikaner, oder verschmäht dieses herrliche Land! Verweigert die Staatsbürgerschaft! Solche Arroganz musste bestraft werden! Eine Immigrantin von irgendeinem zurückgebliebenen europäischen Land hatte dankbar zu sein, in den USA leben zu dürfen. Er vergaß sehr gerne, dass seine Großeltern mütterlicherseits fast nur Deutsch sprachen, trotz 45 Jahren in den Staaten sehr schlecht Englisch konnten und aus dem Sudetenland stammten.

Nach meinem Umzug war mein Sohn bei den Schwiegereltern geblieben. Bevor ich umsiedelte, war er oft dort gewesen und hatte sogar im großelterlichen Areal sein Pferdchen und einen Hund. Ich wollte ihm jegliche Streitigkeiten seiner Eltern ersparen. Nur Robert benahm sich wie ein Irrer. Er wollte, dass ich keine ruhige Minute mehr hatte und er begann mich zu verfolgen (stalking). Der Nervenkrieg war richtig angsteinflößend. Zwar selbst auch bewaffnet und wissend, dass ich abdrücken würde, hatte ich trotzdem Todesangst zu und von der Arbeit zu gehen. Umwege benützen, andauernd hinter mich blicken, bei jedem vorbeifahrenden Auto aufpassen, ob die Fenster offen waren oder runtergekurbelt wurden, um zu schießen, die Spannung zermürbte mich. Schrecklich war, sich in Hauseingängen zu verstecken, oder davor Angst zu haben, dass Robert sich dort versteckt hatte und ich ihm so in die Arme stolpern könnte. Die Ungewissheit setzte mir zu und die Spannung wurde unerträglich. Wie konnte ich nur in so eine fürchterliche Situation gekommen sein? Vor der Ehe war er so sanft und nett Das sadistische Schwein wusste genau, was er mir antat und er genoss es; irgendwann würde er mich erledigen, dessen war ich mir sicher. Wie lange hatte ich noch zu leben? Die Furcht war fast nicht zu ertragen und es machte mich richtig wütend, nicht zu wissen, wie ich vorgehen sollte, um mich zu retten. Nur eine andere Frau, welche so etwas durchgemacht hatte, konnte die lähmende Angst, Wut und Hoffnungslosigkeit, die man in dieser Situation erleidet, verstehen. Der Sommer 1969 hatte es in sich! Ich fieberte meiner Liquidierung entgegen und die US-Nation taumelten im Triumpfrausch wegen der Mondlandung im Juli. Die sonst so gut organisierte Bevölkerung brachte das Land praktisch zum Stillstand. Menschenmengen standen dicht gedrängt vor Auslagefenstern, in denen Fernsehgeräte die Mondlandung der Astronauten zeigten. Von Luxushotelbars bis hin zu Arbeiterbeiseln liefen die Fernsehgeräte mit der Übertragung des Weltraumgeschehens. An Arbeitsverrichtung im normalen Sinn war kaum zu denken, das ganze Land fieberte mit dem Ablauf der Mission mit. Für knapp eine Woche gab es nur die Eroberung des Mondes, den Rückflug der Astronauten und ihre Ehrung aus dem Weltall. Sogar in den Reno Kasinos wurden Fernsehgeräte aufgestellt, um die Spieler am Laufenden zu halten. So etwas hatte es bis dahin noch nie gegeben.

Robert bescherte mir einen triumphierenden Terrorbesuch: Was Amerikaner alles schafften, sogar der Weltraum gehörte ihnen, sie konnten sich nehmen, was sie nur wollten! Sie waren die Besten der Welt, und, und, und ... Die ganze Zeit fuchtelte er mir mit einem seiner vielen Revolver vor der Nase herum. Ich war wütend und trotz großer Angst brach es aus mir heraus:

„Ach, halt doch die Klappe, du Blödmann, und steck dir das Ding sonst wohin! Seit 1964 sitzt der Ami in Vietnam und ihr bringt nichts zustande außer Chaos und Verstümmelung, das geht sicher noch Jahre lang so weiter. Warum meldest du dich nicht und stirbst einen Heldentod für dein geliebtes Land und beendest damit dein erbärmliches Leben? Aus diesem Krieg steigt ihr ohne Ruhm aus, das wird sogar eine nationale Schande. Und jetzt scher dich zum Teufel, vor lauter stumpfsinnigem langweiligen Patriotismus haben du und deinesgleichen überhaupt nichts zu bieten! Aber Krieg führen auf fremden Boden, Tod und Verwüstung bringen, das könnt ihr eingebildeten, grenzdebilen Amerikaner am allerbesten! Und jetzt schieß, oder scher dich zum Teufel!"

Ich hatte ihn zum Schluss angeschrien, drehte ihm den Rücken zu und rannte davon. Die ganze Zeit hielt ich den Atem an und erwartete einen Schuss zu spüren, welcher doch nicht loskrachte. Ich hatte darauf vertraut, dass Robert in seinem Hass auf mich, mir in die Augen schauen wollte, wenn er abdrückte und es schien, dass ich recht hatte. Nach der Episode war meine Psyche am Boden. Ich musste schleunigst etwas gegen Robert unternehmen, und das Schicksal war mir gnädig.

„OMERTA, DIE SCHWEIGEPFLICHT DER SIZILIANER"

Ich war 25 Jahre alt, aber fest entschlossen, noch älter zu werden und mich nicht von einem wahnsinnigen US-Patrioten liquidieren zu lassen. Was war zu machen, um das zu bewerkstelligen? Im Senator Hotel, schräg gegenüber dem Kalifornischen Kapitol Gebäude residierte im Moment ein sehr elegant und wohlhabend aussehender, mysteriöser Gast, der auch manchmal die wunderschöne Hotelbar besuchte. Einige der Hotelangestellten, die auch meine Kunden waren, behaupteten zu wissen, er sei aus New York, hatte sich in Kalifornien abgesetzt und sei Mitglied der „ehrenwerten Gesellschaft". Da ich in Reno einige der Herren aus dieser Branche zu Gesicht bekommen hatte, waren mir ihre Aura und ihr Aussehen ziemlich vertraut. Mein Zielobjekt war sehr höflich, gepflegt und extrem gut angezogen. Das bedeutete edle Maßanzüge, handgenähte Maßschuhe, er trug Seidenhemden, eine teure Luxusmarkenuhr, seine Hände waren sauber, wunderschön sorgfältig manikürt und er hatte ein ruhiges, sehr elegantes Auftreten. Um Etliches besser und teurer angezogen als die einschlägigen Typen in Reno, musste er sehr hoch in der Mafiahierarchie angesiedelt sein. Er war nicht sehr groß, höchstens 1 m 66 cm, aber seine Körperhaltung ließ ihn größer wirken. Sein Gang war leichtfüßig, sicherlich war er ein guter Tänzer, und seine braunen Augen sprühten vor Lebensfreude, sein dunkles Haar hatte nur einige graue Strähnen an den Schläfen und rahmte sehr vorteilhaft sein markant attraktives Gesicht. Sein Lächeln zeigte ebenmäßige weiße Zähne. Ich fand ihn äußerst interessant und fasste einen Entschluss. Das Hotel hatte eine wunderschöne Bar, dort nahm ich manchmal nach der Arbeit eine Erfrischung ein, um mich zu sammeln, bevor ich den Heimweg antrat und zu fürchten begann, ob Robert zuschlagen würde, oder nicht. Auch der mysteriöse Fremde war oft zugegen, genoss einen Whisky und las dabei im „Wallstreet Journal". Ich ging zu seinem Tisch, stellte mich vor und bat um eine Unterredung. Sein Lächeln half mir gegen meine Nervosität. Aus irgendeinem Grund fand ich ihn vertrauenswürdig und sympathisch. Ich wusste von meinen Tagen in Reno, was mafiöse Netzwerke alles deichseln konnten, auch was erwartet wurde: Natürlich war man ihnen, nach ihrer Hilfe oder Intervention, etwas schuldig, was auch meistens irgendwann eingefordert wurde. Ganz gleich wie, ich musste Robert loswerden, bevor er mich endlos weiterquälte und dann irgendwann umbrachte, was ich ihm ohne Weiteres zutraute. Auch wenn die angenommene Hilfe Gefälligkeiten bedeutete, musste es sein, weil ich am Leben bleiben wollte. Ich beichtete meine Angstzustände bezüglich meiner Ehe/Scheidung/Stalking. Er bot mir an, sich darum zu kümmern. Der vorlaute Teil in mir fragte ihn allen Ernstes, was mich das kosten würde, hatte ich doch gehört, dass die „ehrenwerte Gesellschaft" sich nicht umsonst um irgendetwas kümmerte. Man war ihnen danach sozusagen auch etwas schuldig und sie konnten dann alles Mögliche verlangen. Ich wollte wissen, was mich erwartete. Er hatte ein gewinnendes Lachen, als er mir höchst amüsiert zuhörte und danach antwortete:

„Du scheinst dich ganz gut mit unsereins auszukennen. Lass dich einfach überraschen! In allen Ehren, es gibt auch Ausnahmen zu dieser Regel. Das geht schon in Ordnung, dieser Italiener mag keine Frauenprügler, obwohl einige von uns ihre eigenen Frauen leider auch schlagen, aber es ist verpönt". Er sagte das richtig bestürzt, als täte es ihm wirklich leid:

„Ich werde mich um Herrn Clark kümmern und ihm auf den Zahn fühlen."

Ich dankte ihm auf Italienisch. Es gefiel ihm, dass ich einige Sätze konnte. Wir saßen noch lange zusammen und ich beschrieb ihm meinen Adriaurlaub in Kindertagen. Nervlich war ich seit Wochen am Ende meiner Toleranz und völlig fertig. Es tat unheimlich gut, mich mit ihm zu unterhalten. Meine Ängste zu artikulieren und über Bekämpfungsmöglichkeiten zu reden, ließen mein Problem lösbar wirken. Hilfe für mich war möglich und in greifbarer Nähe. Aus unserer Besprechung wurde der Anfang einer wunderbaren längeren Beziehung. Auf Anhieb verband uns eine tolle Kommunikation miteinander. Seit sechs Jahren hatte ich nicht so viel gelacht wie mit dem Fremden an dem ersten Abend in der Senator Hotel Bar. Er besaß eine äußerst angenehme, nette vertrauenserweckende Persönlichkeit und einen wunderbaren Humor. Wir spazierten durch den Capitol Park, der mit blühenden Büschen betörte. Es ging zu meiner kleinen Wohnung in einem hässlichen Wohnhaus, in dem mich einer meiner Kunden untergebracht hatte. Ich konnte den wunderschönen Park rund um das Capitol Gebäude zum ersten Mal seit langem richtig genießen und unser Spaziergang wurde für mich sehr erholsam. Ich hatte ein gutes Gefühl, das Richtige getan zu haben, das sollte sich in vieler Hinsicht auch bewahrheiten. Eine wunderbare Zukunft hatte für mich gerade begonnen.

Ein Besuch von Peter Anastasia und der gestörte „noch"-Ehemann war Geschichte. Keine Ahnung, was ablief, er blieb jedenfalls am Leben, aber verschwand aus meinem! Peter mietete eine wunderschöne Wohnung im neuen Capitol Towers Wohnturmgebäude. Das war ein Hochsicherheitswohnbau. Mit besetzter Eingangshalle, wie in einem Hotel, wurden Fremde von den Sicherheitsbediensteten bei den Mietern vorangemeldet. Viele Politiker wohnten dort und man war da sicherer als in einem Banktresor.

Meine Scheidung wurde angegangen und würde ein halbes Jahr dauern. Um die Zeit bis zur gültigen Scheidung zu überbrücken und uns besser kennenzulernen, machten wir zuerst einen Urlaub in Mexiko. Ich erzählte Peter von meinen Abenteuern im mexikanischen Urlaub vor einigen Jahren, er fand es amüsant und er rechnete mir hoch an, mutig zu sein, aber er fand mich auch ziemlich risikofreudig, was ihm nicht unbedingt zusagte.

Als junge Frau an der Seite eines um 21 Jahre älteren Mannes gab es viele Vorteile zu genießen. In meiner Ehe mit Robert reichte es nur für meine Kleidung aus zweiter Hand von Caritas Geschäften. Bei Peter war das ganz anders, er hatte unglaublich guten Geschmack was Frauenkleidung, Schmuck, und Accessoires betraf. Er kleidete mich ein und ich war im siebenten Himmel, die Sachen waren unglaublich schön, geschmackvoll und edel. Uns gefielen die gleichen Dinge, wir hatten riesigen Spaß miteinander, unsere Chemie stimmte. Wir genossen einen Badeurlaub in Mexiko und lernten uns näher kennen. Danach heirateten wir dort, was mich zur Bigamistin machte. Das kümmerte aber niemanden. Wir entdeckten viele Gemeinsamkeiten und für mich war es schön, mich ausnahmsweise einmal nur um mich selbst zu kümmern, ohne etwas lernen zu müssen, mich von faxigen Kunden sekkieren zu lassen, oder ein rabiates Mannsbild bei Laune zu halten, noch Mutters Telefonterror zu erdulden, auf keinen Fall mich von ihr sekkieren zu lassen. Peter verwöhnte mich in allen Bereichen. Er war ein fantastischer Koch und zusammen genossen wir die Zubereitung toller Gerichte. Bis dahin hatte ich nie gekocht, nur gearbeitet und Peter wurde ein guter Lehrer. Es war wunderbar, sich nur um mich kümmern zu dürfen, gut auszusehen und Spaß am Leben zu haben. So etwas hatte es für mich bis dato noch nie gegeben und ich genoss es in vollen Zügen.

Peter räumte für mich eine goldene Diners Club Kreditkarte ein. Diese hatte den Vorteil, eine sehr hohe Obergrenze zu haben. Frau Mutter hätte für diese Kreditkarte gemordet, um sich mit ihr auszutoben. Komischerweise empfand ich ganz anders. Zu wissen, dass ich mir fast alles kaufen konnte, war irgendwie eine Spaßbremse. Ich hatte es genossen, auf etwas zu sparen und wenn ich dann das Geld zusammengebracht hatte und das Objekt meiner Begierde endlich besaß, freute ich mich, weil ich mein Ziel erreicht hatte. Einfach sofort zu kaufen, machte mir nicht wirklich Spaß. Peter war überrascht, dass ich so zaghaft mit Plastikgeld umging, aber es schien ihm zu gefallen. Als Erklärung erzählte ich ihm von Mutters Verhältnis zu Geld, Kreditkarten und Schulden.

Peter machte viele persönliche Einkäufe für mich. Jede Woche gab es Blumen und irgendwelche schönen, kostspieligen Kleidungsstücke oder Schmucküberraschungen. Meine Scheidung war endlich durch. Unser Sohn Christian blieb bei seinem Vater. Da ich keine US-Staatsbürgerin war, bestand angeblich die Gefahr, dass ich mich mit dem Kind nach Österreich absetzen und der Vater des Kindes sein Besuchsrecht nicht geltend machen könnte. Peter meinte, auch das würde er geregelt bekommen. Er gehörte wirklich zu einer sehr reichen, nicht unbedingt normalen New York „Familie" und ich hatte Angst, dass diese Verbindung mein Kind irgendwann gefährden könnte, obwohl damals Kinder und Ehefrauen bei Mafiakriegen Tabu waren. Riskieren wollte ich es trotzdem nicht. Nur litt ich sehr unter der Trennung von meinem Sohn. Wir hatten relativ wenig Zeit mit einander genossen, da ich vor und nach der Trennung von seinem Vater als arbeitende Mutter beschäftigt war. Die uns verbleibenden Stunden des Zusammenseins wurden umso harmonischer. Gerade, weil ich sehr viel und lange gearbeitet hatte, war unsere eine gute Beziehung, da die gemeinsame Zeit so kostbar war und mit Dingen verbracht wurde, die wir als sehr besonders empfanden. Christian verhielt sich brav und unkompliziert. Man konnte mit ihm überall hingehen, er benahm sich ruhig und vernünftig. Ich hatte ihn auch bestochen, sobald ich es erklären konnte und er es verstand. Ich sagte ihm, dass gutes Benehmen Vorteile bringen könne. Wenn er dies und das tat, gab es anschließend eine Belohnung, die er sich selbst aussuchen durfte. Es funktionierte prächtig. Dass er bei seinem Vater bleiben musste, weil Mutti keine Amerikanerin war, verstand er zwar nicht wirklich, aber er akzeptierte es. Ich versprach ihm aber, dass wir uns bald wiedersehen würden, da ich Besuchsrecht zugesprochen bekommen hatte. Nur konnte ich damals nicht wissen, dass Robert derjenige werden würde, der plante, das Land mit unserem Sohn zu verlassen und zwar für sehr lange Zeit und sehr weit weg. Er ging zurück zum US-Militär für zwanzig Jahre als Karriereoffizier in die Verwaltung und ließ sich samt Sohn auf einem Luftwaffenstützpunkt in Japan stationieren. Somit hatte ich wenig oder gar keine Chance, von meinem Besuchsrecht Gebrauch zu machen. Christian und ich hatten die ganzen Jahre telefonischen und brieflichen Kontakt. Das war aber keineswegs ausreichend und ich litt sehr unter diesen Umständen.

Es gab dicke Luft mit meiner Mutter. Sie war wütend, weil sie geglaubt hatte, ich würde endlich zu ihr ziehen, anstatt nochmals zu heiraten. Da Peter nur fünf Jahre jünger war als Frau Mama und er mit ihr Italienisch sprach, war sie von ihm sehr eingeschüchtert. Großartig, weil das lästige Haare Färben und Frisieren aufhörte und das ewige Meckern über alles und jeden. Wir zogen nämlich von Kalifornien in die Umgebung von Philadelphia, nach Cherry Hill, New Jersey, an die Ostküste der USA. Da wohnten zahlreiche Mitglieder der „ehrenwerten Gesellschaft", in vielen Luxuswohnhäusern und Villen, mit Geschäften wie Juweliere, Kürschner, teuren Boutiquen, Frisiersalons, tolle Restaurants und Nachtklubs, alles, was das Gangsterpack so brauchte, mochte und gerne frequentierte. Wir bezogen das Penthouse in einem wunderschönen, neuen Hochhaus, wer meine Nachbarn waren, wollte ich lieber nicht wissen, oder wen ich im Aufzug traf. Wir richteten uns geschmackvoll ein und lebten ein luxuriöses Leben. Ich brauchte auch nicht zu arbeiten und konnte mich richtig erholen von den Strapazen der letzten Jahre. Ich fing an zu studieren: neun Semester durchgehend, auch in den Sommermonaten Journalismus und englische Literatur- Dazwischen züchtete ich auf unserer großen Terrasse Tomaten und viele andere Gemüsesorten, aber auch Rosen. Die Terrasse wurde ein wunderschöner Minidschungel. Da gab es Bambus in Töpfen, welcher im Wind rauschte. Auch Sitzgelegenheiten aus Bambus, eine Hängematte, Zwergobstbäumchen in Terrakottatöpfen und Tonskulpturen. Urlaubsambiente in Reinkultur, ein herrlicher Aufenthalt im Freien mit erstklassiger Privatsphäre.

Manchmal gaben wir Geschäftsessen für Peters potenzielle Spitalskunden. Das waren meistens Männer, die im Verwaltungsvorstand saßen und die Spitalsbudgets überwachten. Peters offizieller Beruf war Röntgentechniker für die Firma Picker X-Ray, welche fast alle Spitäler in der Philadelphia-Region mit Röntgenapparaten, Zubehör, Entwicklungschemie und Instandhaltungsservices belieferte, versorgte und betreute. Auch wurde die chemische Flüssigkeit, gebraucht für die Röntgenbildentwicklung, gesammelt. Diese enthielt Silberpartikel, welche, wenn extrahiert, zur Silbergewinnung beitrugen. Damals wurde der Silberanteil nicht in die Kanalisation gespült, sondern gesammelt und gerettet. Es war ein sehr angenehmes Leben, dass ich an Peters Seite lebte, nur hatte es mit der wirklichen Welt da draußen wenig bis gar nichts zu tun. Ein paar Mal kamen zu uns zur Bewirtung Gäste, welche nichts mit Picker oder Spitälern zu tun hatten, einen ganz netten Eindruck machten und mir von Peter als Firmenmitarbeiter vorgestellt wurden. So auch zwei Herren um die 40, gut angezogen, mit Maßschuhen und Anzügen, was mich zur Spekulation verleitete, aber ich ließ es sehr schnell wieder bleiben. Nach dem Abendessen ging Peter mit den Herren in sein Arbeitszimmer, kurze Zeit später verabschiedeten sie sich.

In der Zeitung und im Fernsehen gab es danach über beide unserer ehemaligen Gäste Berichte. In der Umgebung von Cherry Hill wurde der eine erschossen im Kofferraum seines Cadillacs gefunden. Den zweiten netten Herrn fand man einige Wochen später mit einem Genickschuss in den Büschen neben dem Golfklub. Peter und ich verloren kein Wort darüber. Ich wusste aber instinktiv, dass die netten Herren gegen den Ehrenkodex der „lieben Familie" verstoßen haben mussten und deswegen liquidiert worden waren. Wer dafür die Verantwortung trug, sollte mir verborgen bleiben und darüber nachzudenken, war sicherlich auch nicht gesund, so ließ ich es bleiben.

Peters Nachname war nicht umsonst Anastasia, ein sehr böser Familienname. Er hatte vorne und hinten die As von seinem Nachnamen verschwinden lassen und sich in Kalifornien eine neue Identität zurecht gebastelt. Um 1969 ging das relativ einfach – es gab noch keine Computerprogramme oder landesweit umfassende Datenbanken wie wir sie heute kennen. Eine neue Identität zu kreieren war nicht so schwer: Wollte man sich neu erfinden, zog man von der Ost- an die Westküste, oder in einen anderen Bundesstaat. Man beantragte mit einer Kopie einer getürkten Geburtsurkunde, die den neuen Namen angab, eine Führerscheinprüfung. Diese war einfach zu bestehen, beinhaltete das Kursbuch nur ca. 35 Seiten und es gab nur ca. 17 Verkehrszeichen zu erlernen. Peter wurde natürlich gefragt, wieso er in seinem Alter noch keinen Führerschein gemacht hatte. Seine Antwort war, dass man in New York City ein Auto gar nicht brauchte, mit Öffis und Taxis viel besser, billiger, schneller dran gewesen sei, dass Parken und Garagen sehr teuer waren. Der neue Führerschein kostete um die 36 Dollar. Mit beiden Dokumenten wurde ein Pass beantragt, alles eingereicht im Staate Kalifornien, (oder wo auch immer man sich abgesetzt hatte) und der neue Mister Peter Nastasi (oder sonst wer) war nun höchst offiziell ein legales unbeschriebenes Blatt. Peter behielt seine alte Versicherungsnummer, was die alte Identität eigentlich mit der neuen in Verbindung hätte bringen müssen, was aber nicht geschah, da man nur eine Namensänderung vermutete. So interessiert waren die administrativen Herren US-Beamten damals nicht. Ich besaß also einen gefälschten Namen als Peters Ehefrau, aber es störte mich nicht.

Mutter war inzwischen nach San Francisco gezogen. Dort hatte sie eine Anstellung bei Christian of Copenhagen bekommen. Sie verkaufte Rosenthal Porzellan und beriet die Reichen, Schönen und Schwulen bezüglich kostspieliger Tischkultur. Diese Leute schätzten elegante, teure Dinge und investierten sehr viel Geld, um sie zu besitzen. Der US-Normalverbraucher futterte vor dem Fernseher im Wohnzimmer auf Plastik-/Melmacgeschirr, auch aus Pappschachteln für Pizza, oder aus Alufolientassen, in denen eine komplette Mahlzeit vorhanden war, tiefgefroren für das Backrohr. Diese Dinger nannten sich zurecht TV-Dinner (Fernsehabendessen). Tiefgefrorene Malzeiten für die Mikrowelle wurden erst Anfang der 80er Jahre zum gängigen Trend und Einsatz gebracht, genau wie die Geräte.

Der Wind des Fortschrittes wehte hurtig weiter. In Reno bei Grey Reids war ein neues Geschäftsprogramm im Anmarsch. Der Manager Mr. Katron stellte einen Effizienz- und Maximierungsspezialisten ein, um den Umsatz zu steigern. Das 23-jährige Bürscherl, mit einem Uniabschluss in Marketing, rannte alle paar Stunden geschäftig durch das Kaufhaus und inspizierte Kassenbeträge in allen Abteilungen. Dann, nach seiner Anleitung, wurden die Abteilungen von Grund auf umgebaut, um so viel wie möglich die zukünftige Kundschaft zum unvorhergesehenen Kauf zu animieren. Gewinnmaximierung nannte man das und es war der neueste Trend. Gängig populäre Waren wurden in die hintersten Ecken des Geschäfts in jeder Abteilung verbannt. Am Weg dorthin gab es Ware, welche man gar nicht wollte, die aber sehr penetrant zur Schau gestellt zum Kauf verleiten sollten. Ganz unten auf Kleinkindhöhe vor den Kassen, wo man sich zwangsweise manchmal länger aufhalten musste, gab es gezielt viel Ramsch für die Kleinen, in der Hoffnung, diese zu verleiten, etwas davon zu wollen und zu schreien, wenn sie es nicht bekamen. Das war die Zukunft des Verkaufs. Ladenhüter wurden eliminiert, der Einkauf en gros dementsprechend umgebaut und angepasst. Als der „Unimaxi" bei Mutters Bücherabteilung mitmischen wollte, schmiss „Missis Hänslig" ihn hochkantig hinaus:

„Das ist keine Supermarktabteilung und Sie haben keine Ahnung, worum es hier geht. Sie sehen nicht aus, als würden Sie sich mit Weltliteratur auskennen, sind sicher schon überfordert mit Superman-Sprechblasenheftchen. Finger weg von meiner Kassa und raus da, machen Sie sich in meiner Abteilung rar, oder noch besser verschwinden Sie auf Dauer! Punkt!" Das Effizienzwunderkind hatte Blut geleckt und der alten „Bücherschachtel" den Krieg erklärt, indem er in ihrer Domäne alles auseinandernahm und eliminierte. Die Geschichtenleserin wurde gestrichen: „Sollen doch die Eltern zu Hause übernehmen" –, die Schmökertische kamen raus: „Das hier ist keine Bücherei!" –, die Signier-

stunden von den Schriftstellern wurden gestrichen: „Das Gekritzel ist nicht wichtig in Anbetracht der Profitmaximierung
und die Schriftsteller kann man im Fernsehen auch sehen. In
einigen Jahren werden Bücher sowieso nicht mehr aktuell sein.
Die haben nur eine begrenzte Lebensdauer. Die Computer werden das alles übernehmen."

Die Modeeinkäuferin wurde auch verabschiedet, die herrlichen exklusiven Designerkleider und -unterwäsche gehörten
zur Vergangenheit, die Ersatzware im Vergleich hässlich und
ordinär. Das Geschäft war nicht wiederzuerkennen. Am ärgsten
aber war der subtile Umbau der Verkaufsflächen. Sie wurden
in einem bestimmten Muster an einander gereiht. Nach Betreten des Kaufhauses wurde der Kunde in eine bestimmte Richtung gezwungen um Waren zu begutachten welche gar nicht
von Interesse waren. Jedes Stockwerk hatte sein festgelegtes
Durchgang Muster, verstellt auf drei Seiten um eine vorgegebe-
ne Richtung vorzuschreiben. Das freie herum Schlendern von
einer Abteilung zur anderen war nicht mehr möglich wegen
der subtilen Freiheitsberaubung. Nur bemerkten die wenigsten Kunden wie sie bevormundet wurden. Innerhalb von vier
Monaten war der Umbau vollbracht. Auch die Buchabteilung
wurde Geschichte und Mutter war nach San Francisco gezogen. Eine total überforderte und unbeholfene junge Frau übernahm Frau „Hänsliks" Domäne und die Abteilung versank in
Chaos. Bevor Mutter ging, prophezeite sie Herrn Katron noch
den Untergang des Geschäfts, wie wir es kannten. Gray Reids
und die Exklusivität der Waren waren sehr schnell dahin, verdrängt von billigem Ramsch und Einheitsmist, Hauptsache, die
Gesamtziffern zeigten eine Einnahmesteigerung an den Kassen. Nach einer Weile ganz systematisch gingen die Umsatz-
zahlen zurück und Grey Reids war Vergangenheit. Gehobene
Ware gab es nicht mehr, dafür jede Menge durchschnittliche
0/8/15-Ladenhüter.

„Ja, ja, das kommt davon, wenn man den Hals nicht schnell
genug vollkriegt!", ätzte Mutter bei ihrem Abschied von Herrn
Katron. Er hatte mit seiner Familie vor kurzem einen Urlaub in

Europa gemacht und war von Wien und Österreich begeistert gewesen. Sie hatte ihm Tante Gretes Telefonnummer gegeben, damit diese für ihn Reiseleiterin spielen konnte, was ein Riesenerfolg wurde. Warum meine Mutter so ein sauberes, zauberhaftes Land verlassen hatte, und so eine nette Tante, wollte er wissen. Sie meinte nur, er würde den Grund nicht verstehen. Ich konnte es auch nicht.

Amerika arbeitete fieberhaft an großen Veränderungen. Es wurden weitgreifende Projekte ohne viel Aufsehen lanciert. Landesweit sperrten viele kleine unabhängige Geschäfte und Restaurants nach und nach zu. Sie wurden von großen Ketten verschluckt. Am subtilsten aber war die Vernichtung der Millionen kleiner Landwirtschaften: die regionale Nahversorgung von gesunden Lebensmitteln. Das Land war in gigantischem, aber leisem, Umbruch, es dauerte Jahrzehnte und es fing damals an. Schleichend erhöhte man die Grundsteuern von Landwirtschaften und Eigenheimen. Viele der Menschen wurden in den Ruin getrieben, oder obdachlos gemacht. Es passierte nicht sofort landesweit und wurde heruntergespielt. Erst in den 80er Jahren sah man die Tragweite dieser Schweinerei. Der US-Mittelstand, ein sehr großer und zufriedener, wurde landesweit ausgehebelt. Die „Einkaufswagerl"-Bürger ohne festen Wohnsitz, zogen durch die Großstädte, ihr letztes Hab und Gut darin verstaut. Geschlafen wurde in Parks, in einer Ecke am Gehsteig oder unter Brücken. Wer noch ein Auto besaß, hauste darin. Der Umfang dieser Bürgergruppe wurde von Jahr zu Jahr größer. Viele der Farmen, welche die Agrarkonzerne ins Visier nahmen, datierten zurück zu den Pionierzeiten. Die Vorfahren der Familien hatten dem Boden eine Existenz abgekämpft, nachdem gerodet wurde, die Indianer ermordet und verjagt, als besiegt galten. Das Farmland wurde von den Agrarfirmen einverleibt und bewirtschaftet, nachdem die Besitzer vertrieben und die Gebäude geschliffen wurden. Die riesigen Anbauflächen erlaubten es so, mindestens sechs bis acht Erntemaschinen nebeneinander, die Monokulturen einzufahren. Verschwunden waren damit die Streifen mit Baum- und Grasbestand, welche die Abgrenzungen zwischen den diversen Feldern ausmachten. Diese hatten Insekten und Kleintieren Unterschlupf geboten, einfach weg damit. Strapazierter Boden wurde chemisch aufgepeppt und Unkraut mit Gift vernichtet. Eine US-Firma namens Monsanto arbeitete an zukünftigem sterilem Saatgute, mit Terminatorgenen: nur einmal keimen, damit man Jahr für Jahr neues Saatgut von der Firma kaufen musste und nicht von der Ernte einen Teil als neue Saat einsetzen konnte. Durch die Gier der Menschheit wollte man die Vergewaltigung der Natur vorantreiben. Dazu kam dann noch „Cross Pollination", also normal keimende Samen mit sterilen durch Wind und Wetter gemischt, von einem Feld zum anderen. Gesunde Ernten? Ohne Gift und Kunstdünger uninteressant, dafür Profitmaximierung für Investoren mit steriler Saat, Monokulturen, und Massentierhaltung als Spekulantengut. Sehr oft musste ich an die Prophezeiungen von Leroys Großvaters denken. Leise wurden die Weichen gestellt für eine landesweite, flächendeckende Übernahme der Großkonzerne von Bundesstaat zu Bundesstaat. Bis Ende der 80er Jahre hatte man sehr viele kleinere, unabhängige, regionale Landwirtschaften in vielen Bundesstaaten ausgeschaltet, somit auch zum Großteil die Nahversorgung eliminiert. Dafür nahm der LKW-Verkehr zu, um die Ernten aus den Sammelzentren der Agrargiganten an die Verbraucher zu bringen. Im Namen der Gewinnmaximierung.

Christian Broda, als österreichischer Justizminister, war Mitte der 60er Jahren in Washington, um sich mit Robert Kennedy, Justizminister der USA, über Strafrecht auszutauschen. Mutter traf ihn dort. Sie trug ihre Nase sehr hoch, davon war ich überzeugt. Das kleine Biest war vor Glück über ihre Begleitung, die zwei berühmten Staatsmänner und der Entourage von Sicherheitspersonal, völlig aus dem Häuschen, das gab sie nach ihrer Rückkehr selber zu. Bobby Kennedy war quirlig und lässig, ratschte pausenlos Kriminalstatistiken herunter. Laut dem US-Justizminister gab es noch in etlichen amerikanischen Bundesstaaten die Todesstrafe, es existierten Probleme mit der italienischen Mafia und mit Drogen aller Art, ganz zu schweigen von den Rassenunruhen. Nach ihrer Rückkehr aus Washington hatte Eleonore keine beruhigenden Neuigkeiten und sie informierte mich und jeden, der es hören wollte:

„Hinter den Kulissen lauern Lobbyisten und Investoren von Konzernen, die über kurz oder lang ihre Interessen durchsetzen, sie haben sogar schon angefangen, es zu tun. Der arbeitende Mensch wird in der weiteren Zukunft nicht mehr zählen und somit auf der Strecke bleiben. Wenn Profit das Wichtigste wird, kann man Demokratie begraben, Profit um jeden Preis verlangt nach Ausbeutung. Die Zähmung der Manager ist die Aufgabe der Demokratie, die institutionalisierte Selbstbestimmung des Volkes. Die USA haben kein Interesse an diesen Dingen und an Lebensqualität für Jedermann. Die Massen sollen kaufen, kaufen, Schulden machen, arbeiten bis zum Umfallen und nach spätem Pensionsantritt so schnell wie möglich das Zeitliche segnen. Wachstum und Konsum werden in der Zukunft das Wichtigste und dann gerät der Durchschnittsbürger unter die Räder durch Altersarmut, schlechte, oder gar keine Gesundheitsvorsorge, außer er hat private Versicherungen und davon eine ganze Menge, was für den Durchschnittsbürger unerschwinglich werden wird." Eliminierung des Mittelstandes war das Ziel, nur noch arm oder reich erwünscht. Es gab auch viele Behandlungen und Medikamente, welche viele Krankheiten heilen konnten. Diese wurden absichtlich zurückgehalten im Namen des Profits, den man mit längeren Krankheitsverläufen erzielen konnte.

Mutter war seit ihrer Rückkehr aus Washington total politisch unterwegs. Onkel Christian machte sich Sorgen um die Lobbyisten und die Großkonzerne dahinter. Er sah eine gefährliche Entwicklung in der Zukunft und den Tod der Demokratie, wie wir sie verstanden, ganz Europa betreffend. Die Amerikaner betrachteten den Rest der Welt als ihren persönlichen Absatzmarkt. Noch relativ weit in der Zukunft, würde der Tod der Demokratie sicher eintreffen. Außerdem sahen die USA sich als Weltpolizei, die einzige Nation, die sich einbildete zu wissen, wo es lang zu gehen hatte und anderen ihren Willen, ihren Ramsch und Lebensstil aufdrängte, um ihren Profit und ihr existierendes Wachstum zu steigern. Auch die stellvertretende Kriegsführung in fernen Ländern wurde wichtig für ihre Finanzen. Das alles waren schlechte Neuigkeiten und bitterböse Aussichten. Da hatte Eleonore etwas Bedrohliches zu verbreiten, sie genoss es merklich und steigerte sich voll hinein. Diese Situation brachte mich zum Grübeln. Der geordnete Verkehr, der freundliche Umgang der Amerikaner miteinander, die geduldigen Warteschlangen, ohne zu stänkern und Aggressivität, was wenn das ganze rücksichtsvolle Benehmen verschwinden, jeden Moment Chaos ausbrechen und jeder sich am nächsten sein würde? Wie stabil oder dünn war das Korsett der Höflichkeit und Ordnung? Die Antworten ließen nicht lange auf sich warten. Das Land befand sich, noch immer/schon wieder, in einem großen Umbruch. Der Wind der drastischen Veränderung begann zu wüten. Als Bobby Kennedy in Los Angeles am 5. Juni 1968 erschossen wurde, spekulierten viele Menschen darüber, ob die Mafia dahintersteckte. Auf jeden Fall gab es für Eleonore sehr viel Schlechtes zu verbreiten, um sich wichtig zu machen. Sie hatte sich zur Botschafterin des Weltuntergangs ernannt, wegen Ausbeutung der Natur, Verseuchung der Luft, der Flüsse und den Meeren, das Verschwinden vieler Pflanzen und Tiere durch giftige Industrieemissionen, steigende Geburtsraten weltweit. Ihre bevorzugten Themen wurden gieriger Profit für Investoren und schlampige oder gar keine Geburtenkontrolle, speziell in Ländern der Dritten Welt. Natürlich dachten viele ihrer Zuhörer, dass sie nicht richtig tickte, weil die Veränderungen noch sehr sanft und still vor sich gingen. Viel Böses war noch im Anfangsstadium. Die meisten weißen Amerikaner hätten nie gedacht, dass ihnen in ihrem eigenen Land etwas Schlechtes widerfahren könnte, aber Amerika brodelte. Die Schwarzen preschten vorwärts mit ihrem Kampf für Gleichberechtigung, was sehr oft in Gewalt gipfelte. Die Weißen im Süden weigerten sich vehement, den Schwarzen Gleichberechtigung zuzugestehen. Sie lynchten sogar von Zeit zu Zeit weiße Bürgerrechtsvertreter und natürlich am laufenden Band ihre schwarzen Mitbürger.

Die USA brauchten einen Krieg, um die Konjunktur anzukurbeln: „Guten Morgen, Vietnam!" Angefangen schon 1964, hatte er sechs Jahre gewütet. Der Krieg ohne Fronten; basierend auf falschen Tatsachen, eine Demonstration der Macht, um der Macht Willen. Die jungen Männer der stolzen US-Nation wurden in die Fremde geschickt, um abgeschlachtet, verstümmelt oder mit dem Entlaubungsmittel „Agent Orange" ohne Schutzkleidung besprüht, vergiftet, zu werden. Man überließ sie den Drogen und wenn vergiftet, zusammengeschossen, oder von Bambusfallen verletzt, ließ man sie in schmutzigen US-Militärspitälern in den USA dahinvegetieren. Oder schlimmer noch, an Infektionen sterben wegen der unhygienischen Verhältnisse in den Militärkliniken. Der Vietnamkrieg kostete einer Million Vietnamesen das Leben. Sie waren gewohnt, sich gegen Fremde in ihrem Land zu verteidigen: gegen alle möglichen Nachbarn, dann gegen die Franzosen und danach kamen die Amerikaner dran. Das Land und seine Einwohner wurden dadurch Meister in der Verteidigung ihrer Heimat. Sie waren genügsam, zäh und einfallsreich. Der amerikanische Blutzoll mit 58.000 Toten und 100.000 Kriegsversehrten wurde verheerend. Das Durchschnittsalter war 21 Jahre infolge der Kriegswehrpflicht in den USA. Als der Krieg ohne definierte Fronten, entwickelte er sich zu einer riesigen Katastrophe, menschliches Abgleiten bis zur Stufe des Raubtieres mit all seinen abscheulichen, tödlichen Konsequenzen auf beiden Seiten. Nach elf Jahren Krieg war 1975 endlich Schluss für die Amerikaner. Wie man die Veteranen nach ihrer Rückkehr behandelte, war richtig gemein und kriminell: Die jungen Burschen voll Idealismus, die USA zu verteidigen, zogen optimistisch in den Krieg. Zurück kamen sie in Särgen oder verstümmelt, vergiftet von der Entlaubungschemie mit vorprogrammiertem Ablaufdatum wegen des Sprühens ohne Schutzkleidung und Masken, drogensüchtig und seelisch völlig kaputt. Zu Hause dann der nächste Schock, sie wurden nicht als Kriegshelden gehandelt, sondern als eine lästige Erinnerung an eine fehlerhafte politische Entscheidung.

Die Mitte der 70er war angebrochen. Der neue Trend hieß ungeniert, „um jeden Preis" für Investoren Gewinne zu erzielen, egal, wer auf der Strecke blieb. Die fette, immer hungrige Kapitalistenspinne und ihr klebriges Netz hatten unstillbaren Appetit. Furchterregend, wie ihre Geschäftemacherei begann, den gesamten Globus ins Visier zu nehmen. Die Kapitalverzinsung kam an die Spitze der Werteordnung. Es existierte kein Bereich des Lebens, der nicht dem Druck der Gewinnmaximierung ausgesetzt war. Manager der Aktiengesellschaften hatten plötzlich keine andere Wahl als die Steigerung des Profits, es wurde alles diesem Ziel untergeordnet. Nicht Nützlichkeit für Umwelt und Allgemeinheit war ihr Ansporn, nur die Gier nach maximalem Gewinn. Wenn um jeden Preis Profit in den Vordergrund rückt, kommen immer mehr Menschen unter die Räder. Das tägliche Leben in den Staaten war noch immer recht angenehm, verschwenderisch, noch hatte der Dollar gute Kaufkraft. Man konnte sich so einiges leisten, was in gar nicht so ferner Zukunft unerschwinglich werden würde. Das Diktat der Gewinnmaximierung hatte sich verselbständigt. Am Ärgsten aber war der Verlust von nützlichen Traditionen. Lokale Kulturen und den zwischenmenschlichen Ehrencodex opferte man auf dem Altar des Gewinns.

Mein neuer Ehemann schenkte mir im September 1972 eine Reise nach Wien. Seit 1955 hatten sich der Flugverkehr und das Ambiente an Bord rasant verändert. Trotz Flugkarten erster Klasse waren die Sitze schmäler und aus Stoff anstatt Leder, die Malzeiten wie aus einer durchschnittlichen Werksküche, serviert in rechteckigen Plastiktassen mit Unterteilungen, dazu Plastikbesteck und Plastikbecher für Wein, Bier und Fruchtsäfte. Die elegante Atmosphäre hatte sich verabschiedet und die frühere Exklusivität war abhandengekommen. Der spezielle Glamour, mit dem Flugzeug zu reisen war verschwunden. Fliegen war nun für Jedermann, gleichgestellt mit Zug oder Bim. Für Frau gab es keine Hüte und Handschuhe, oder Reptilienhandtaschen. Nun war der Hosenanzug angesagt und Jeans hatten modisch Einzug gehalten. Der „Freizeit-Look", legere bis schlampig, war nun die Devise. Dazu der Rucksack und die schlampige Sporttasche. Teures Markengepäck war auch verschwunden und beim Reisen elegant gekleidet zu sein, war nicht mehr angesagt. Es lag wohl daran, dass Flüge wie früher nicht mehr nur von wohlhabenden Passagieren beansprucht wurden.

In Wien wohnten wir im Hotel Sacher und mein Italiener liebte die traditionelle Atmosphäre. Auch ich fand die Stadt wunderschön und gab mich sehr stolz auf mein Heimatland. Peter zeigte Begeisterung für Wien und meine Familie. Die Tanten hatten viel Spaß mit ihm und führten uns durch ein Wien abseits der Touristentrampelpfade. Die Stadt war wiederaufgebaut und liebevolle Restaurationen wurden ausgeführt. Überall gab es Parks mit Blumenbeeten, auch blumengeschmückte Schanigärten, vor den Hotels und eleganten Geschäften standen große Blumentöpfe voll mit allerlei blühenden Pflanzen und Bäumchen. Von den hässlichen US-Großstädten so abgebrüht, hatte ich vergessen, wie Lebensqualität und gute Planung aussahen. Wien war sauber, geschichtsträchtig und gepflegt. Für ein unterirdisches U-Bahn-System am Karlsplatz wurde gerade aufgegraben, vermessen und Untersuchungen durchgeführt. Seiner Zeit verließ ich eine Stadt mit Schuttbergen und Kriegsnarben, dunkel, verwahrlost und arm. In den 14 Jahren meiner Abwesenheit hatte die Stadt eine gewaltige Schönheitsoperation über sich ergehen lassen.

Mit Ausnahme von New Orleans, Washington DC, San Francisco, Santa Barbara und San Diego waren die restlichen US-Großstädte unspektakulär und schmucklos deprimierend gewesen. Private Einfamilienhäuser in der Vorstadt wurden vorwiegend aus Holzgerüsten mit Rigipsplatten unliebsam zusammengenagelt. Billig musste es sein, für „Jedermann" erschwinglich. Viele Städte wirkten unliebsam, nicht richtig geplant. Außer man war reich, dann sah die Sache in den teuren US-Großstadtgegenden natürlich anders aus. Jede Stadt hatte ihre exklusiven Nachbarschaften mit prunkvollen Villen in extragroßen, parkähnlichen Grundstücken. Diese Eigenheime waren sogar sehr oft aus Ziegeln oder Stein gebaut. Das Land war eben jung und es gab keine geschichtsträchtigen, hunderte Jahre alten Gebäude, Burgen und Kathedralen oder Klöster. Kein rundes Gassengeflecht um eine zentrale Kirche, mit Resten alter Stadtmauern, wie in Europa als Zeugen von vergangenen Jahrhunderten. US-Städte waren neu, mit schnell entstandenen Nachbarschaften, der Stadtkern mit Betonwolkenkratzern oder Ziegelverwaltungsgebäuden und mit mehrstöckigen Wohnhäusern bestückt. Die Vororte hatten ausgedehnte Gärten, darauf Eigenheime, dazwischen einige teurere Ziegelhausexemplare. In den billigeren Gegenden gab es oft keine Gehsteige. Die Vorgärten endeten direkt an der Straße, wo große Briefkästen auf Pfosten platziert waren. Der Briefträger konnte so direkt vom Auto aus die Post in die Kästen liefern, ohne das Auto zu verlassen – ja, Zeit ist Geld! Hatte man Briefe zu verschicken, platzierte man sie frankiert im Postkasten und stellte eine kleine Flaggenvorrichtung auf. Da wusste der Postbote, ein Brief war zu befördern. Natürlich waren bei diesem Arrangement Gehsteige überflüssig.

In günstigen Wohngegenden gab es am Straßenrand die üblichen überirdischen Strom- und Telefonleitungen an hohen Holzmasten. Sie ergaben ein unordentliches Bild in Bezug auf die Optik. Diese unterirdisch zu verlegen, kam fast überall zu teuer. Lieber ließ man nach einem heftigen Sturm die Menschen im Dunkeln. Das war eben so, Pech gehabt. Nach jeder Wetterkatastrophe wurden neue Masten in die Erde gesetzt, die Leitungen neu aufgezogen. Sinn ergab das keinen, wenn man die Kosten in Betracht zog.

Im Vergleich zu den US-Vororten mit seinen Mastenwäldern und so manchem Unrat am Straßenrand, erschien Wien so ordentlich und es gab nirgends achtlos weggeworfene Pappbecher und Zigarettenstummel. Überall Papierkörbe, welche auch verwendet wurden, die Leute verweilten in Schanigärten, genossen Getränke: Kaffee mit Mehlspeise, ein kühles Blondes (Bier) oder ein Glas Wein.

Man ging in Österreich arbeiten, um zu leben, man lebte nicht nur, um zu arbeiten, wie in den USA. Wiens wunderschöne, alte Gebäude waren pracht- und liebevoll restauriert oder im Begriff, es zu werden, es fehlte auch noch Graffiti an Mauern und Zäunen. Die Parks, gepflegt und blühend mit tausenden Sträuchern und Blumen, zeigten viele Menschen auf Bänken verweilend und sie unterhielten sich miteinander. Alte Damen genossen die Sonne, fütterten Vögel und Eichhörnchen. Ein Besuch in Schönbrunn zeigte prachtvoll angelegte Rasenbeete, mit kunstvoll geschwungenen Blumen bepflanzten verschnörkelten Mustern. Sie sahen aus wie riesige grüne Teppiche.

Tante Hilda und Tante Grete bewirteten uns und spielten abwechselnd Fremdenführer. Ich kannte fast nichts von Wien, da ich in der Kindheit nicht viel herumgekommen war, entweder in den Schulen steckte, oder auf Sommerfrische in der Provinz war. Schönbrunn war die einzige Ausnahme, da ich oft dort fotografiert wurde. Die Sehenswürdigkeiten beeindruckten mich ebenso wie meinen US-Ehemann. Hilda nahm uns nach Fünfturm. Es war wie eh und je, angenehm altmodisch und leicht verstaubt mit einem Schuss eleganten Verfalls. Der Verwalter hatte wie immer einige Verkäufe getätigt und die dazugehörenden Ländereien waren noch weniger geworden. Peter fand die südsteirische Weingegend bezaubernd. Ich war stolz auf meine Landsleute, das Landschaftsbild war so ordentlich, alles so wunderschön Instand gehalten, dass es schmerzte. Zu wissen, dass ich das wieder verlassen musste, tat richtig weh und es versetzte mich in heulendes Elend. Die Landschaft wirkte minutiös gepflegt, die Bauerngärten liebevoll angelegt und voll mit herrlichem Gemüse und üppiger Blütenpracht, Balkone und Fensterbretter quollen über mit Kaskaden von erblühenden Blumen in ihren Kisterln. Die meisten Wohngebäudefassaden waren frisch verputzt. Man sah den Fleiß und die Mühe der Besitzer, die hinter den Häusern, Höfen, Wiesen, Feldern und Gärten steckten.

Wir machten einen Abstecher nach Seebenstein, wo Uroma Maria und Oma Lore Urlaub machten, ganz wie früher auch. Es hatte ein Erdbeben gegeben und die Kirche in Seebenstein zeigte große Risse in ihren Mauern. Auch im Dorf war Fortschritt eingekehrt. Plumpsklos und Brunnen hatten sich verabschiedet.

Es gab jetzt Wasserleitungen, und in den Häusern WCs. Frisch gestrichene Fassaden strahlten vor sich hin, Balkone und Fensterbretter zeigten wunderschönen Blumenschmuck. Die Gärten erblühten mit Herbstblumen, die Obstbäume bogen sich vor reicher Septemberernte. Die Gegend zeigte bescheidenen Wohlstand und liebevolle Instandsetzung. Ich schleppte Peter auf die Burg Seebenstein. Der Aufseher erinnerte sich an mich als Kind und er machte für uns eine private Führung. Den ganzen Nachmittag stöberten wir durch das Gebäude, die Rüstungen faszinierten Peter. Er hätte reingepasst, er war halt ein nicht sehr großer Italiener. Auch die Waffensammlung und die Streckbank im Kellerverlies erkundeten wir. Viele Kindheitserinnerungen fielen mir ein. Zum Beispiel die Burgwiesenfeste, mit Musikkapelle, hölzernem Tanzboden, Wettschießen und Bier mit Schnapsbesäufnissen bis in die frühen Morgenstunden. Am nächsten Tag dann die Gerüchteküche, wer mit wem und wer wo seinen Rausch ausgeschlafen hatte oder beim Burgabstieg im berauschten Zustand im Graben gelandet war. Ich erinnerte mich an die Wiesenfeste in Sautern, dort ging es auch oft sehr wild zu. Man hatte sogar eine Mini-Seilbahn zwischen den hohen Tannen aufgebaut. Kirtagsfeiern waren früher eine große Sache.

Peter schien sehr beeindruckt von meinem Heimatland. Er versprach mir, sich nach Europa versetzen zu lassen, damit wir öfter nach Österreich kommen konnten. Ich besuchte Oma. Wir befeuchteten unsere Gaumen mit heimischem Weißwein, erinnerten uns an alte Zeiten und verwünschten meine Mutter. So viele Erinnerungen aus der Kindheit kamen ins Bewusstsein. Wir gedachten auch Opa Alois' und weinten ein paar Tränen. Dank meiner Großeltern hatte ich wenigstens teilweise eine tolle Kindheit genossen. Vor allem war die Natur ringsherum von Seebenstein noch intakt und gesund. Pilze, Beeren und Haselnüsse gab es ausreichend. Den Einheimischen schien es sehr gut zu gehen, da diese natürlichen Gaben gar nicht mehr viel eingesammelt wurden. Wohlstand war im Vormarsch.

Bevor wir zurück nach Amerika flogen, gab es ein Abschiedsessen bei Hilda in Ober-St.-Veit. Auch Grete war anwesend. Nach der Mahlzeit nahm sie mich beiseite, gab mir zwei Zetteln und was sie mir zu sagen hatte, war schier unglaublich: Mein Vater war am Leben, wieder verheiratet, mit zwei Söhnen, meinen Halbbrüdern, er lebte in Krailing über München, ich sollte ihm schreiben. Das war aber noch nicht alles. Ein zweiter Zettel beinhaltete die Adressen zweier Frauen, sie waren meine Halbschwestern in der Schweiz. Mit einem Schlag hatte ich plötzlich vier Halbgeschwister und einen totgeglaubten Vater, der am Leben war! Eine Zeit lang war ich sprachlos. Wie konnte so etwas zu Stande gekommen sein? Warum waren mir diese Fakten verschwiegen worden? Warum hatte man uns Kindern das Kennenlernen verweigert und uns unwiederbringliche Zeit miteinander gestohlen? Lange wussten wir nichts voneinander, weil meine Mutter es sich so eingebildet hatte. Das erschütterte mich dermaßen, dass mich der Hass erschreckte, der sich wieder einmal in mir gegen meine Frau Mutter regte. Ich hatte all die Jahre hindurch, in denen ich mit ihr konfrontiert war, starke negative Gefühle gehegt. Jetzt waren es riesengroße Wut, Verachtung und Ohnmacht. Sie hatte mich absichtlich vor vollendete Tatsachen gestellt und mir einfach Menschen verschwiegen, welche zu mir und in mein Leben gehört hätten. Sie entschied über mich hinweg, dass es so sein sollte, dass mich diese Menschen nichts angingen, weil sie sie alle aus irgendeinem Grund aus ihrem eigenen Leben gestrichen hatte. Ich wollte nicht zurück in die USA. Beim Rückflug flossen Tränen und Peter tröstete mich, indem er mir versprach, uns nach Europa zu übersiedeln.

Nach der Ankunft zu Hause gab es zu allererst ein hitziges Telefonat mit Frau Mama. Sie war nicht übermäßig erfreut über meine Neuigkeiten:

„Was regst du dich so auf? Das waren harte Zeiten, ein ehemaliger deutscher Offizier als Ehemann, der Feind sozusagen, das war sehr unvorteilhaft für mich, was hätte ich denn tun sollen? Das ging einfach nicht und es geschah lange vor deiner Zeit, geht dich gar nichts an, lass die Vergangenheit gefälligst in Ruhe! Verwandtschaft und Väter überhaupt sind sowieso überbewertet. Seine Kinder, deine Halbgeschwister, bedeuten gar nichts, das sind Fremde, die uns nichts angehen."

Das war Mutters Kommentar und ich war außer mir vor Wut. Hätte sie vor mir gestanden, hätte ich sie höchstwahrscheinlich erschlagen wollen. Natürlich kamen meinerseits dadurch wieder Schuldgefühle zum Vorschein, nur bei diesem letzten Bravurstück hielten sie sich sehr in Grenzen. Die Flut von chaotischen Emotionen erzeugte in mir ein unglaublich starkes seelisches Ungleichgewicht, welches mich an den Rand einer Ohnmacht brachte. Noch nie zuvor in meinem Leben war mein seelischer Zustand so erschüttert worden. Dazu kam noch, dass ich absolut nichts Brauchbares von meiner Mutter bezüglich früherer familiärer Umstände und Zusammenhänge erfahren würde. Sie weigerte sich, mir ihre Seite der Geschichte zu erzählen und ich war auch nicht wirklich neugierig auf ihre verdrehte Sicht der Dinge, weil ich mir sicher war, dass ihre Erzählungen nur Unwahrheiten beinhalten würden. Sie litt sowieso an einer verschrobenen Darstellung der realen Fakten. Mama hatte die Vergangenheit aus ihrem Leben verbannt, oder so zurechtgebogen, wie es für sie am angenehmsten und für Zuhörer am dramatischten erschien. Ich war zwar das Überbleibsel von „damals" gewesen, aber auch diese Unannehmlichkeit war vorbei gegangen, sie musste finanziell nicht mehr für mich sorgen, blöd nur, dass einige Wahrheiten und Fakten sich jetzt an den Tag gedrängt hatten. Ich schlug eine neue Richtung ein, um Antworten über unsere gemeinsame Vergangenheit zu bekommen, von dorther würde ich sicherlich etwas Brauchbares erfahren. Ich beschloss, bei meiner neu gefundene Verwandtschaft Antworten zu finden. Dem unbeschriebenen Blatt „Vater" begegnete ich mit gemischten Gefühlen, konnte es gewesen sein, dass „der Deutsche" vielleicht ein überheblicher Despot gewesen war, einer dieser „Meisterrassefanatiker", wie man ihn dargestellt sah in den Kriegsfilmen? Oder hatte er sowieso einen Dachschaden, weil er sich freiwillig mit meiner Mutter etwas angefangen hatte?

Es folgte ein reger Briefwechsel mit Heinz Otto Quilitzsch, dem Journalisten und Autor, meinem totgeglaubten Vater. Er entpuppte sich als charmanter Mitbürger und fantastischer Briefverfasser. Was er zu berichten hatte, war sehr interessant und passte gut zu der Frau, die ich als meine Mutter kannte. Sie hatte nach Kriegsausbruch einen reichen Freund gehabt, welcher mit seiner Spedition unter anderem auch Waffen für die Resistance schmuggelte, darauf gab es von den Nationalsozialisten die Todesstrafe. Kurt, ihr Bruder, war auch involviert gewesen. Als die Geschichte durch einen unbedachten Fehler meiner Mutter aufflog, wurde ihr Freund umgehend erschossen, Kurt eingesperrt und zum Tode durch Erschießen verurteilt. Familienverbindungen erzielten, das Todesurteil durch Erschießen in Einsatz an der vordersten Kriegsfront umzuwandeln, was dem Todesurteil eigentlich gleich kam. Kein Wunder, dass Kurt meiner Mutter nicht gut gesinnt war. Die nervliche Belastung, die höllische Angst und der seelische Druck vor der Todesurteilvollstreckung musste schrecklich für Kurt gewesen sein. Ich konnte jetzt verstehen, dass er meine Mutter nicht liebte. Kurt, an der Front, mit Glück im Unglück, wurde verwundet, und er geriet in US-Gefangenschaft. Die Amerikaner hatten die kämpfenden Deutschen von Flugzeugen aus mit Propagandazetteln beworfen. Darauf wurden deutsche Soldaten aufgefordert, sich zu ergeben, sie würden eine faire Kriegsgefangenschaft erhalten. Kurt hatte so einen Zettel in seinen Stiefel gestopft. Als er als Verwundeter von den Amerikanern aufgesammelt wurde, winkte er damit. Von ihnen zusammengeflickt, schickte man ihn nach Amerika in ein Kriegsgefangenenlager im tiefsten Süden des Landes. Dort ging es ihm sehr gut und er beschloss, nach Kriegsende in die USA auszuwandern. In derselben Angelegenheit verfrachtete man meine Mutter zur Strafe nach Polen und sie wurde meinem Vater als Arbeitskraft zugeteilt. Er war für das Nachrichtenbüro in Krakau tätig, wo ein Teil der Propagandawochenschauen produziert wurden. Heinz kam aus guter Familie und seine Mutter wollte nicht, dass er zusammengeschossen würde. Daher brachte Freifrau Quilitzsch mit ihren Verbindungen zu wichtigen Leuten ihren Sohn in sicherem Abstand zur Kriegsfront unter. Sie als preußische Adelige verfügte über diese Möglichkeit, weil Heinz von Beruf Buchbinder und Journalist war, was ihn für die Position in Krakau auch qualifizierte. Vater schickte mir Fotos, welche er von meiner Mutter damals in ihrer beider Ehe gemacht hatte. Auch eines oben ohne, nie wieder hatte Frau Mama so eine Oberweite, sie sah, milde ausgedrückt, extrem gut genährt aus und, wie konnte es anders sein, sehr gelangweilt. Vater meinte, als Sekretärin taugte sie nicht viel, als Mätresse eigentlich auch nicht, schon gar nicht als Ehefrau. Trotzdem betrog er seine Schweizer Frau mit ihr, ließ sich scheiden und heiratete Eleonore Hanzlik. Er wusste, der Krieg war verloren, er saß ja an der Quelle der richtigen Informationen. Desto mehr Ruhm er seinen Reportagen gab, desto schlechter bestellt war es um die Wahrheit. Er dachte, es könne nicht schaden, eine österreichische Frau an seiner Seite zu haben, nachdem der Krieg verloren war. Auch wenn sie als Ehefrau nichts getaugt hatte, war der schlechte Charakter seiner zweiten Frau trotzdem ein Riesenschock. Für sie war er, nachdem Sekt und Kaviar zu Ende gingen, einfach zu sehr belastend. Sie schickte ihn in Wien Schutt aufräumen, ließ sich klammheimlich scheiden, Christian erledigte das, nahm ihren Mädchennamen zurück und jagte ihn zum Teufel. All unsere Familienmitglieder mussten versprechen, dicht zu halten, was ihnen auch gelang: Heinz Otto Quilitzsch war im Krieg „gefallen", Schluss, aus, basta. So war das eben.

Man hatte in unserer Familie schon immer gegen alles Deutsche gewettert, abfällige Bemerkungen darüber gemacht, Oma bevorzugte nur österreichische Dinge: Filme, Schriftsteller und Künstler, eigentlich sehr patriotisch, aber auch engstirnig. Sie liebte ihr Heimatland über alles. Ein deutscher Ehepartner kam für ihre Kinder nicht in Frage. Auch ihr allerliebster Sohn Kurti hatte eine Deutsche angeschleppt, mindestens acht Jahre älter als er. Diese Schlampe hatte er auch noch geheiratet! Lore war sich sicher, die Frau war moralisch nicht einwandfrei. Sie war sehr böse auf die Partnerwahl ihrer beiden Kinder gewesen und von ihnen zutiefst endtäuscht. Alles, was sie wollte, waren österreichische Partner für sie, um mit deren Familien alt zu werden.

Sie wollte sich um Enkel und Großenkel kümmern dürfen und bis zu ihrem Tod im Schoße der Familie weilen. Für sie war das ein ganz normales Vorhaben, nur wollte es ihr Schicksal ganz anders und ihre Kinder erst recht. Es stellte sich beim Nachrechnen heraus, dass mein Vater es nicht so genau mit der Treue gehalten hatte. Marion, meine jüngere Halbschwester, und ich waren mit unseren Geburtstagen sehr nahe aneinander. Also fuhr unser Herr Papa ordentlich zweigleisig.

Der Krieg neutralisierte gewisse Moralvorstellungen. Aus Angst vor dem oft tödlichen nächsten Morgen, stürzte man sich während langer Nachtstunden manchmal in Sexepisoden, die zu Friedenszeiten undenkbar gewesen wären. Man wollte alles um einen herum ausblenden, sich ablenken und nur noch zu zweit die Nacht überstehen, sich lebendig fühlen, vielleicht war man am nächsten Tag schon tot. Ob man da seine fruchtbaren Tage hatte oder nicht spielte keine Rolle. Man rechnete sowieso nicht mit dem Überleben.

DER KLUGE HORCHT IN DIE VERGANGENHEIT,
DENKT AN DIE ZUKUNFT UND HANDELT
DEMENTSPRECHEND IN DER GEGENWART.

-Ital. Sprichwort

In den US-Vorstädten und speziell in Kalifornien machten sich neue Trends breit. Überall wurde kollektiv durch Artikel in Zeitschriften und mit Büchern „den persönlichen Horizont erweitern" angeboten. Eine Flut von Bestsellern erblickten das Licht des Tages, darüber wie man sich ändert, Probleme angeht, sich in irgendetwas verbessert, spezielle Ziele erreicht, oder schlechte Eigenschaften bekämpft. Auf Hochschulen und an Unis wurden zig Kurse und Seminare in diesen Richtungen angeboten. Dazu kamen dutzende Esoteriker wie George Gurdjieff, die den Sinn des Lebens suchten. Speziell in Kalifornien, im Umkreis von San Francisco und Los Angeles, wohnten viele Intellektuelle, die nach allen möglichen Weltanschauungen suchten und dann versuchten, danach zu lebten. Wie Pilze nach einem warmen Regen, schossen in diesen Gegenden Aschrams aus dem Boden. Das waren Einsiedeleien, klosterähnliche Meditationszentren, mit Schwerpunkt für spirituelle Lehren. Die Selbstfindung war plötzlich große Mode. Dazu kamen Spezielle selbsternannte Berufssparten: persönliche Trainer, Coaches, Spezialisten, Berater, Manipulierer, alles für sehr teure Gagen. An der US-Ostküste bei Philadelphia, wo ich mit meinem italienischen Ehemann wohnte, war die Selbstfindung langsamer im Kommen. Fasziniert davon, musste ich leider passen, da ich andere Prioritäten hatte. Das Leben an Peters Seite war sorglos, luxuriös und frivol. Ich durfte studieren, englische Literatur und Journalismus: „ Journalismus ist etwas zu veröffentlichen, was Andere nicht wollen, dass es veröffentlicht wird. Alles andere ist Propaganda" <Zitat laut> George Orwell ". In drei Jahren, mit durchgehend auch drei Sommersemestern, machte ich meinen Master of Arts. Gerade als ich mit dem Studium fertig war, gab es in unserem angenehmen Leben eine Katastrophe. Von einem Tag zum anderen standen wir auf der Straße. Einfach so. Zwei Steuerfahnder in Begleitung eines Polizisten standen um sechs Uhr morgens an der Wohnungstüre, verlangten Einlass und hielten uns einen Schrieb unter die Nase. Angeblich fand man uns der Steuerhinterziehung schuldig, bis das so oder so geklärt war, wurden unsere sämtlichen Besitztümer beschlagnahmt. Alles, was wir aus unserer Wohnung mitnehmen durften, waren einige Kleidungsstücke, Kulturbeutel und unsere persönlichen Dokumente. Mit Müh und Not durfte ich meine Wasserfarben und Zeichenmappe behalten. Sonst war alles beschlagnahmt. Falls wir der Steuerhinterziehung für schuldig befunden wurden, würde unser sämtlicher Besitz versteigert werden, um Teil der Schuld zu begleichen. Wir waren uns keiner Schuld bewusst, aber die „Internal Revenue" (Steuerbehörde) ließ nicht mit sich verhandeln. Bis die Beamten den Fall gründlich untersuchen konnten, mussten wir irgendwo unterkommen, das war ganz alleine unser Problem. Peter konnte seinen Job bei Picker behalten, nur wurde das Gehalt beschlagnahmt, also eingefroren, so ließ er sich freistellen. Wovon sollten wir leben? Und wo? Alle Kreditkarten und unsere Bankkonten waren sofort gesperrt/beschlagnahmt. Ohne Bargeld kein Hotel, keine Lebensmittel. Was für ein Albtraum! Was sollten wir tun? Der Behörde war das völlig egal. Andere Menschen in so einer Situation verkrochen sich bei Familienmitgliedern, oder Freunden. Wir hatten keine. Es gab die „Salvation Army", die Heilsarmee mit miefiger Unterkunft und sicherlich gratis Ungeziefer in den grauslichen Schlafsälen, da würde ich lieber unter einer Brücke schlafen. Vom Penthausluxus, zur besitzlosen Obdachlosigkeit innerhalb einer Stunde war ein starkes Stück, aber genau das war uns passiert.

Peters große Liebe galt einer wunderschönen Epiphone Jazzgitarre, welche zum Glück gerade im Musikgeschäft beim Service bearbeitet wurde, deswegen nicht als Konkursmasse beschlagnahmt werden konnte. Peter war auch ein exzellenten Jazz- und Popgitarrist, der schon in Hollywood bei Capital Records Studio Aufnahmen für Film Musik gemacht hatte. Er besaß als Musiker ein zweites Standbein. Diese Tatsache wurde unsere Rettung.

Wir beschlossen, nach Philadelphia zu ziehen. Der Film Alexis Sorbas mit Anthony Quinn war gerade sehr populär gewesen. Er hatte einen richtigen griechischen Tanzkult losgetreten und es gab jede Menge griechische Tavernen mit „Live"-Musik in den Großstädten der östlichen USA, auch in Philadelphia. Wir kamen für ein paar Tage bei einem griechischen Bekannten von Peter unter. Der brachte uns auf eine Idee. Mein Mann, der ehemalige OSS Offizier und Verwandlungskünstler, Peter Nastasi wurde zu Panos Anastasios, dazu ließ er sich einen dicken Schnurrbart wachsen. Bis es soweit war, half ich nach mit einem künstlichen, kein Problem für eine Maskenbildnerin. Wir kauften einige Platten mit griechischer Musik von Mikis Theodorakis und Peter studierte die Akkordsequenzen.

Man hatte uns alles Bargeld abgenommen. Ich besaß noch ein Gebetbuch von Großmama, in dem man Geld verstecken konnte. Das Buch erlaubten mir die Fahnder mitzunehmen, ohne das Versteck gefunden zu haben. Der Einband war aus gewölbtem, ziseliertem Silber und in der hinteren und vorderen Wölbung des Deckels befanden sich zwei Geheimfächer. Ich hatte sie irgendwann ordentlich gefüttert und dann darauf vergessen, es gab da drinnen etliche Hunderter. Mit dem Geld hatten wir die Schallplatten finanziert und wir mieteten eine billige, ebenerdige, total verkommene Wohnung in einem schwarzen Ghetto in Philadelphia. Autoleichen am Straßenrand sowie Abfall und Papierfetzen im Rinnsal, dazwischen tote Ratten, Textillappen beschmiert mit Motoröl, soweit das Auge reichte. Unsere neue Unterkunft war ein von Kakerlaken überlaufenes Drecksloch in einem Wohnhaus aus Ziegeln mit acht Parteien in vier Stockwerken, unsere Wohnung war ebenerdig und im Vorgarten dazu tummelten sich große Ratten auf Brautschau. Ich beschloss, über meine Umgebung nicht nachzudenken, auch nicht über Steuerschulden und diese bösartige Situation, diesen fürchterlichen Albtraum. Irgendwie mussten wir da durch, es blieb uns nichts Anderes übrig und ich wollte meinen Beitrag dazu leisten. Keine Kunst, eine gute Partnerin zu sein, wenn Geld und Luxus vorhanden waren, wurde es in tiefster Not ein anderes Kapitel und ich war nicht gewillt, mich entmutigen zu lassen. Das Wissen und Können für diese Situation hatte ich in meiner Vergangenheit gelernt, da erinnerte ich mich noch an jede Menge Hilfreiches. Ich brauchte für mein Seelenheil eine angenehme, saubere, halbwegs schöne Umgebung. Koste es, was es wolle, es musste möglich sein, das Drecksloch wohnlich zu gestalten und das irgendwie möglichst schnell zu bewerkstelligen. Auf jeden Fall musste und wollte ich aus der miesen Situation das Beste machen.

Während Peter in einem griechischen Nachtklub mit den Musikern probte und zeigte, was er draufhatte, gab es bei mir eine superschnelle Wohnungsumgestaltung. Eingemummt von oben bis unten in wegwerfbarer Altkleidung, mit Gummischürze, Gesichtsmaske und zwei Paar Gummihandschuhen übereinander, wütete ich stundenlang mit Danchlor, Drahtwaschel und Reisbürste. Das WC löste bei mir Brechreiz aus und ich musste mich sehr bemühen, nicht Hals über Kopf die Flucht zu ergreifen, anstatt das total verdreckte Klo zu putzen. Die Fliesen im Bad zeigten tatsächlich ein zartes hellblau, nicht Pissgelb, die Fugen dazwischen wurden wieder Weiß anstatt Schimmelschwarz. Das Linoleum im Rest der Bleibe war Ziegelrot und nicht Dunkelbraun, nachdem der Jahre alte Dreck weggeschrubbt und danchlorisiert war. Die Risse in den vergammelten Wänden verkleidete ich mit blumiger Selbstklebefolie und ausgeflippter Malerei. Einige Sperrmüllmöbel zur freien Entnahme vom Mistplatz bekamen einen Anstrich. Das Geld reichte noch für einige Spraydosen an Farbe und bunten Billigstoff vom guten, verlässlichen „Woolworth" für arme Leute. Ganz im Sinne der Detroit-Wohnungsverschönerung von Emmy Rosdolsky anno dazumal war das Szenario genauso. Es gab Ungezieferpulver für alle Ritzen und eine neue Matratze im Abverkauf für unser Bett. Eine neue Klobrille ging sich geldmäßig auch noch aus. Dazu holte ich noch einige leere Milchflaschen aus dem Mistcontainer und benutzte sie als Vasen für Zweige, gemopst aus einem verwahrlosten Park ganz in der Nähe des Zinshauses. Innerhalb von drei Tagen war die Wohnung fertig. In den Milchflaschen gingen die Knospen auf und das sah hübsch aus. Peter war freudig überrascht über meine Wohnungsverschönerung. Auch ich war zufrieden mit dem Endresultat. Wenigstens hatten wir einen halbwegs sauberen Unterschlupf, wie lange wir den brauchen würden, war völlig ungewiss, da die zuständige Behörde keine brauchbare Information von sich aus hören ließ: „Es dauert solange es dauert", war alles, was sie dazu sagen wollten.

Peters Transformation in einen griechischen Musiker namens Panos Anastasios war gelungen. Der hatte einen Musikjob im größten griechischen Nachtlokal namens „Zorbas" in Philly gelandet. Spieldauer von 20 Uhr bis 2 Uhr früh, Mittwoch bis Samstag. Wenn die Stimmung im Lokal heiß herging und es Dollarscheine regnete, wurde auch bis 3 Uhr früh gespielt. Griechische Männer tanzten gerne Rembehiko, Hasapicos, Pentozali, Kalamatianos, Sirtaki und Siftatelli, alles Volkstänze ihrer Heimat mit schönen Schrittformationen. Dabei warfen sie Unmengen von Geldscheinen um sich, welche später nach jedem Tanz eingesammelt und den Musikern auf die kleine Bühne gegeben wurden. Die griechischen Immigranten tanzten sich ihr Heimweh von der Seele. Sie tanzten zur Entspannung, und um sich gegenseitig anfeuern zu lassen, um sich auszutoben. Manchmal zu später Stunde tanzte der Eine oder Andere mit einem Sessel zwischen den Zähnen, manchmal sogar mit einem der kleinen, runden Klubtischchen und die Geldscheine regneten herab auf den Tänzer. Da war es natürlich logisch, dass die Musiker enthusiastisch weiterspielten, auch über die Sperrstunde hinaus. Geteilt durch drei ergab das Geld am Tanzboden mehr als 200 Dollar pro Nase, pro Nacht. Das vier Tage die Woche, unversteuert. Wir konnten einiges beiseite legen. Ich begleitete Peter oft in den Klub und lernte die Tänze mit ihren tollen Schrittmustern, wurde dann integriert in den Tanzablauf, um die amerikanischen Gäste zu animieren, mitzumachen. Sie kamen zum Abendessen und blieben höchstens bis Mitternacht. Nachher ging es mit den Griechen dann richtig los und der „Rubel rollte".

In unserer schönen/hässlichen Wohnung im scheußlichen Wohnhaus gab es eine afroamerikanische Frau mit zwei 8- und 10-jährigen Söhnen. Eines Nachmittags saß sie am Stiegenaufgang neben meiner Eingangstüre, bitterlich weinend. Als ich sie fragte, was los war, gestand sie mir, dass ihre Buben Lernprobleme hatten und sie außer Stande war zu helfen, weil sie selbst kaum lesen und schreiben konnte, außerdem besaß sie kein Geld für Nachhilfe. Andauernd hatte ich über unser Steuerfiasko nachgedacht, brauchte unbedingt Ablenkung, da jetzt die Wohnungsumwandlung fertig war. Spontan beschloss ich, für uns alle kollektiv Abhilfe zu schaffen. Nun begann für mich eine interessante Tätigkeit: gratis Nachhilfe für Kinder in meiner neuen Nachbarschaft. Die zwei Buben waren bald nicht die einzigen, welche Hilfe brauchten. Innerhalb von drei Wochen machten sie gute Fortschritte, ich war auch auf dem Weg, der Mutter der beiden das Alphabet zu vermitteln und es machte mir Spaß, zu unterrichten. Plötzlich stand eines Abends ein großer Afroamerikaner vor meiner Türe. Ich bekam einen heftigen Schreck, er sah wie ein riesiger Türsteher vor einer Disko aus. Der schwarze Riese stellte sich als Prediger von der dortigen Baptistenkirche um die Ecke vor. Seine Gläubigen hatten gesammelt, ob ich nicht bei ihnen in den Kirchenräumen Nachhilfe für zusätzliche Kinder geben könnte? Auch einigen Erwachsenen besseres Lesen und Schreiben beibringen? Erst war ich sprachlos, danach überraschte ich mich selbst, ich nahm an. So musste ich nicht andauernd über die Einkommensteuerepisode nachdenken und wie es wohl ausgehen würde. Nachhilfe zu geben, fand ich richtig gut, schien auch eine Begabung dafür zu haben. Dem Kirchenmann blieb die Sprache weg, als ich ihm sagte, dass ich den Unterricht ehrenamtlich abhalten würde. Waren doch Kinder die Zukunft einer Nation, auch wenn sie laut ihren Landsleuten die falsche Hautfarbe hatten. Die Eltern sollten sich um das Geld für die Nachhilfe lieber Lebensmittel kaufen. Mein Standpunkt verbreitete sich wie ein Lauffeuer in der armen, hässlichen, afroamerikanischen Nachbarschaft. Ich hatte sofort Aufpasser, eine Art private Beschützer. Auf Schritt und Tritt folgten mir wachsame Augen in schwarzen Gesichtern. Der Unterricht wurde in der Baptistenkirche abgehalten und der Ansturm, etwas zu lernen war groß. Die Steuerfahnder hatten unseren Cadillac auch beschlagnahmt. Peter ersetzte ihn mit einer Rostschüssel, auf die wurde aufgepasst, sie wurde sogar gewaschen und poliert. Das taten Jugendliche aus der Nachbarschaft, manche waren meine Nachhilfeschüler. Peter kam in den frühen Morgenstunden von Zorbas nach Hause, er hatte viel Bares an sich und wurde von unseren Nachbarn sorgfältig bewacht. In der schrecklichen Nachbarschaft waren wir so sicher wie in einem Bankschließfach. Eigentlich war unser Leben im Ghetto von Philadelphia gar nicht schlecht. Die Slum-Nachbarschaften hatte tausende Augen, jeder kannte jeden und man überwachte sich gegenseitig. Fremde wurden sofort perlustriert und/oder verprügelt und verjagt. Anfang der 70er gab es verhältnismäßig weniger Kriminalität im Vergleich zu den kommenden Jahrzenten. Drogenhändler benahmen sich weniger aggressiv als heute. Irgendwie zeigte sich unsere Umgebung als aushaltbar. Eigentlich lag es an uns beiden, da wir, ohne lange zu lamentieren, das Beste aus einer schlechten Situation machen wollten und konnten. Wir hatten keine Vorurteile und keine Wahl, da das Schicksal uns vom Luxuspenthouse völlig mittellos in ein Armenviertel geschleudert hatte. Es war mir gelungen, ein schmutziges Loch in eine bunte Hippie-Wohnung zu verwandeln, sicherlich ein tiefer Fall im Vergleich zu der früheren Luxusumgebung in einem teuren Penthouse mit eigenem Aufzug. Den Ratten im Ghettovorgarten war ich mit Fallen zu Leibe gerückt. Die Nachbarn benahmen sich alle sehr nett wegen meiner Nachhilfeaktivitäten, jeder war freundlich und höflich. Eines Nachmittags versuchte ein Jugendlicher aus einer anderen Nachbarschaft, meine Handtasche zu entwenden. Ich konnte gar nicht so schnell schreien, waren drei junge Männer an meiner Seite und hatten den Dieb schon im Schwitzkasten. Wir waren sicher und beliebt in tiefster, armer Nachbarschaft in Philadelphia und das tägliche Leben war richtig erträglich. Es lag auch an uns beiden, wir hatten eben keinerlei Berührungsängste.

Die Steuerfahnder brauchten ein volles Jahr, um nichts Negatives zu finden. Kein Wort der Entschuldigung. Gerade, dass sie von uns keine verlangten, weil wir nicht schuldig waren, Steuerhinterziehung begangen zu haben. Das Trauma, das sie in mir verursacht hatten, war mein Problem. Dafür gab es keinerlei Entschädigung. Mit den Einkommenssteuerfahndern war nicht zu spaßen. Sie benahmen sich äußerst arrogant und unerbittlich. Die sonst so freundliche und entspannte amerikanische Exekutive und ihr netter Umgang mit der Zivilbevölkerung waren immer vorbildlich gewesen, die Steuereintreiber dagegen waren einfach furchterregend, eiskalt und ekelhaft. Ihre Macht war unumstößlich. Nie wieder wollte ich mit ihnen etwas zu tun haben. Noch ekelhafter benahmen sich allerdings die Einwanderungsbehörden. Auch diese waren mit großer Vorsicht zu behandeln. Benehmen, Erziehung, Respekt, Anstand, angenehmes Auftreten, Schliff, Manieren und gute Kinderstube, diese Tugenden waren bei den beiden genannten Institutionen nur selten vorhanden. Sie erkannten diese auch nicht bei ihren Opfern an. Diese zwei Berufssparten waren tunlichst zu vermeiden. Unsere Penthauswohnung, Miete ein volles Jahr bezahlt obwohl versperrt und versiegelt, war verstaubt. Die Terrasse ruiniert, alle Pflanzen verdorrt, unser Pech. Die Steuerfahnder übernahmen keine Haftung.

Mutter war Peter vom Anfang an irgendwie nicht geheuer gewesen und sie telefonierte fast nie, was ich sehr zu schätzen wusste. Ich rieb ihr meinen Studienabschluss kräftig unter die Nase. Dazu meinte sie nur, dass es allerhöchste Zeit gewesen war, lange genug hatte es doch gedauert, ich war ja schon dreißig. Normale Akademiker hatten in dem Alter schon sechs Jahre in ihrer Sparte gearbeitet, Bücher geschrieben, Artikel veröffentlicht. Zum Beispiel Johanna Broda, sie verfasste und ihre Arbeiten wurden andauernd gedruckt. Was hatte ich schon vorzuweisen? So gesehen, war ich doch sowieso ein Nachzügler! Mama musste immer alles madig machen, was meine Leistungen betraf, keine Chance auf Gratulationen. Was hatte ich eigentlich erwartet? Leider irgendeine Anerkennung, Glückwünsche, etwas Positives, aber sicherlich nicht solch einen Standpunkt. Es tat mir einfach weh, machte mich böse auf mich selbst, weil ich immer wieder von ihr hoffnungsvoll auf Lob pochte, aber genau wusste, dass es so etwas nicht geben würde. Warum konnte ich nicht akzeptieren, dass Eleonore Hanzlik nicht in der Lage war, meine Leistungen positiv zu kommentieren? Warum nur wollte ich immer noch ihre verdammte Anerkennung, wenn ich genau wusste, dass ich sie nie bekommen würde? Sie war doch selbst ein unendlich oberflächlicher, egoistischer Mensch, viel zu beschäftigt mit ihren eigenen Dingen, um mitgekriegt zu haben, wie sehr sie mich immer wieder verletzte und mir geschadet hatte. Für sie blieb ich nur das Resultat eines Fehltritts mit einem Mann.

Peters erlernter und ausgeübter Beruf war Röntgentechniker, der die Apparate inspizierte und Reparaturen veranlasste, dadurch wurde er Jahre lang Strahlung ausgesetzt. Laufend leichtsinnig gewesen, hatte er den Strahlenzähler sehr oft vergessen, oder einfach nicht getragen. Bei einer lang überfälligen Gesundenuntersuchung wurde bei Peter Drüsenkrebs diagnostiziert. Ich fiel aus allen Wolken und bekam panische Angst, es würde nicht gut ausgehen. Ich wusste es einfach. Der Ausbruch der Krankheit machte unsere Pläne von Europa zu Nichte. Mir zuliebe, entschied sich Peter für eine Chemotherapie, obwohl er meinte, die Diagnose zu spät bekommen zu haben. 13 Monate quälte er sich mit der Chemie herum. Trotzdem kam es zu weiteren Metastasen. Danach war seine Gesundheitsversicherung ausgeschöpft. Wir hätten fortan die Chemo selber zahlen müssen und man schickte ihn nach Hause zum Sterben, einfach so. Als US-Veteran hätte er Anspruch auf Behandlung in einem Kriegsveteranenspital der Regierung gehabt, diese waren noch immer als nicht sehr gut oder sauber verschrien. Außerdem wollte er nicht weiterkämpfen, er fand es nicht relevant, weil die Krankheit zu weit fortgeschritten war. Stattdessen rauchte er gegen die Schmerzen Marihuana mit jungen Musikern aus unserer Nachbarschaft und musizierte mit ihnen. Auch gab er Gitarrenunterricht. Er wollte so seinen Lebensausklang feiern, da er wusste, wie es mit seiner Krankheit stand und er seinen Tod voll akzeptierte. Er war sich im Klaren, dass in seinem Fall das Ende nur einige Monate hinausgezögert werden würde und die Übelkeit von der Chemo in keiner vernünftigen Relation zu dem Lebenszeitgewinn lag. Er versuchte, mit mir sehr sachlich darüber zu reden. Ich wollte das nicht akzeptieren, er war erst 52, wirkte viel jünger und durch seinen unerschütterlichen Humor sah sein Gesicht immer verschmitzt lächelnd aus, was ihn äußerst sympathisch und jugendlich erscheinen ließ. Er war nur einen Meter sechsundsechzig groß, hatte aber einen muskulösen, gut durchtrainierten Körper. Bis zum Schluss seines Lebens sah er lange nicht krank aus.

Ich stand unter Schock. Nur das erklärte, warum ich telefonisch Kontakt zu meiner Mutter suchte. Durch die Zeitverschiebung war es bei ihr mitten in der Nacht: Sie lebte in Kalifornien, ich an der Ostküste der USA:

„Was fällt dir ein, mich zu stören, ich brauche meinen Schlaf, ich muss ja arbeiten. Jeder muss einmal sterben, schließlich hast du einen alten Mann geheiratet, der stirbt nun mal früher als du. Ich hoffe, er hatte eine gute Lebensversicherung abgeschlossen, mit dir als Begünstigte! Hoffentlich gibt es keine Kinder von ihm, mit denen du teilen musst. Dann hast du wenigstens was Positives aus der ganzen Sache, gute Nacht und ruf mich um diese Zeit nie mehr an!"

Ich war sprachlos. So ein kaltschnäuziges Miststück! Am Boden zerstört, dachte ich noch: Warum erwischt es dich nicht? Sie rief mich immer an, wenn ihr langweilig war und das sehr oft in letzter Zeit. Dann quälte sie mich mindestens eine Stunde lang mit Tragödien, die sie in der Zeitung und im Fernsehen aufgeschnappt hatte, wie schlecht die Welt war, die Menschen in ihr, wie sinnlos das Leben war und wie alles in den USA, was früher angenehm und großzügig gewesen war, langsam aber sicher den Bach runterging und verschwand. Ich versuchte, nicht durchzudrehen und war bei diesen Telefonaten am Kettenrauchen. Es wurde so schlimm, dass, wenn das Telefon am Abend läutete, mir richtig schlecht wurde. Wenn Mutter mich anrief, durch die Zeitverschiebung, störte sie meinen Schlaf, das war natürlich selbstverständlich. Während dieser Zeit in meinem Leben war ich einfach nicht sehr belastbar, am wenigsten, was ihre Anrufe und deren blöde Inhalte betraf. In mir sträubte sich jede Faser meiner Seele gegen ihre gesunde Langlebigkeit und ihre kaltblütige Gleichgültigkeit für meinen Schmerz.

Ich hatte Angst, die Situation mit Peter bis zum bitteren Ende durchmachen zu müssen. Wann kam endlich dieses bittere Ende? Alle möglichen Zustände plagten mich. Das Leben an Peters Seite war wunderbar und sorglos gewesen, nur hatte er alles Wichtige bezüglich des täglichen Lebens von mir ferngehalten und selbst erledigt. Nach fast sieben Jahren wusste ich nicht einmal, ob er eine Lebensversicherung hatte. Was ich aber sicher wusste, war, dass ich immer tiefer in eine schwere Depression schlitterte. Ich wollte für meinen Ehemann stark sein und Unterstützung bieten. Nur packte mich andauernd die nackte Angst, weil ich ihn liebte und nicht sterben sehen wollte. Ich wusste gar nicht, wie ich alleine die banalsten Dinge des täglichen Lebens meistern sollte. Vor lauter Kunstverwirklichung und Studium hatte ich mich um nichts Anderes gekümmert. Eines Nachmittags sah ich zu tief in eine Whiskyflasche, beschloss meinem Leben ein Ende zu setzen, damit ich Peters Ende nicht mehr erleben musste. Natürlich war das eine Kurzschlussreaktion und zwar eine gewaltige. Mit meinem teuersten Negligee, einer wunderschönen Frisur und tollem Make-up, legte ich mich aufs Ehebett und schluckte zig dutzend Schlaftabletten zusammen mit Valium und schwemmte alles mit Whisky hinunter. Peter hatte einen Arzttermin in Philadelphia und würde erst spät abends nach Hause kommen. Ich war sicher, er würde meine Handlung verstehen, ich wollte einfach nicht mehr weitermachen. Mein Sohn war mit seinem Vater auf einem Militärstützpunkt in Japan, schon seit Jahren, und zurück nach Österreich kam ich ja doch nie mehr. Meine blöde Mutter terrorisierte mich mit ihren Telefonaten. Peter war todkrank. Es schien alles trostlos und hoffnungslos, perfekt für eine Megafehlentscheidung.

WO WIR NICHT HELFEN KÖNNEN,
SIND WIR DOCH SCHULDIG ZU LINDERN

-Johann Wolfgang von Goethe

Ich hatte keine Ahnung, wo ich war, schon tot? Das konnte nicht sein, weil ich plötzlich irrsinnige Schmerzen im Brustkorb verspürte. Bei jedem Atemzug gab es glühend heiße Messerstiche in der Brust, im Kopf, in der linken Schulter und dem rechten Unterarm. Mein Kopf schien bandagiert zu sein und auch er tat höllisch weh. Das linke Auge war bandagiert. Das Schlucken war gestört, der Hals schmerzte schrecklich. Auf meinem Kinn und der Nase klebten Pflaster. Mein rechter Arm war eingegipst und schmerzte ordentlich. Was in aller Welt war bloß los? Was war um Himmels Willen geschehen? Nur langsam dämmerte es mir: die Überdosis! Ich hatte getrunken und mich in Selbstmitleid gesuhlt, plötzlich sah ich Peters Gesicht dicht neben meinem. Was er mir zu sagen hatte, war ziemlich heftig. Er war umsonst nach Philadelphia gefahren, da sein Arzt einen Sondereinsatz hatte und alle Kontrolltermine verschoben wurden, also fuhr er wieder nach Hause. Als er mich fand, rief er die Rettung, die pumpten mir den Magen aus, schnallten mich auf eine Trage und begannen, mich in den Krankenwagen zu transferieren. Ich war zwar auf der Trage angeschnallt, aber ich rutschte durch die Gurte und fiel sieben Natursteinstufen beim Hauseingang hinunter. Was zur Folge hatte, dass der Sturz sehr heftig war, dass ich mir drei gebrochene Rippen und einen gebrochenen Arm holte, ein blaues Auge und eine Gehirnerschütterung dazu. Also gut, das war meine Strafe für die Kurzschlusshandlung. Ich musste Peter versprechen, so etwas nie wieder zu versuchen. Er war zutiefst erschrocken und erschüttert. Ich fühlte mich schrecklich, weil ich ihn enttäuscht hatte, mit so einer blöden, feigen Tat mich aus der Situation herausmanövrieren wollte. Wir sprachen nie mehr darüber, ich riss mich zusammen, um die Zukunft so gut wie möglich zu überstehen und Peter eine Stütze zu sein.

Mutter verschwieg ich die Selbstmordaktion, sie hätte sowieso nichts verstanden. Sie wollte lästigerweise wissen, was mit Peter war.

„Ist er schon gestorben? Wie viel Lebensversicherung hat er? Verkauf doch dein Haus und komm endlich zu mir!"

Solche Kommentare waren verletzend, ihre kalte Berechnung für mich immer noch schockierend. Ich konnte nicht glauben, dass sie mich bei sich haben wollte, um mir mit meinem Kummer beizustehen, um mich zu trösten. Madam war sicherlich nicht besorgt, wie es mir ging, wichtig schien ihr nur eine eventuelle Finanzspritze. Es war sinnlos ihr zu erklären, dass ich nie mit ihr leben würde, sie akzeptierte es einfach nicht. In letzter Zeit meckerte sie unheimlich über San Francisco und sie wollte nun unbedingt nach Santa Barbara. Dort lebte die Mutter der Freundin, die immer für mich gelogen hatte, um mir ein Alibi zu verschaffen, wenn ich mit den Native Americans in der Wüste übernachtet hatte.

Das Küstenstädtchen Santa Barbara, ganz im mexikanischen Baustil gehalten, mit weißgetünchten Gebäuden, orangenen Ziegeldächern und von Palmen gesäumten Straßen, war traumhaft schön und nobel. Es gab eine alte Missionskirche mit Minikloster und blühende Klostergärten. Ein langer Holzsteg ragte über weißen Sandstrand hinaus ins Meer. Von dort oben wurde gefischt, oder spazieren gegangen, um das Meer zu beobachten. In der Bucht von Santa Barbara war der Pazifik ruhiger als überall sonst entlang der kalifornischen Küste. Es handelte sich um ein kleines, verschlafenes Dorf, elegant, exklusiv und ruhig. Seine Bevölkerung bestand aus wohlhabenden Leuten, welche keinen Strandrummel wollten. Nur sanfter Tourismus, schon gar keine Hotelburgen waren erwünscht. Es existierten sogar gesetzlich verankerte Obergrenzen für die Zahl der Stockwerke für jedes neue Gebäude.

Madam hatte Glück im Unglück. Sie war in einem San-Francisco-„Cable Car" (Zahnradbahn) verunglückt. Dieses bestand aus an allen Seiten offenen, alten, roten, hölzernen Waggons mit Triebwagen und murkste die steile Powell Straße auf und ab. Sie mündete am unteren Ende in „Fishermen's Wharf", die beliebte Touristenattraktion, einer Mole mit vielen Fischmärkten und Restaurants darauf. Eines Morgens stieg Mama vor ihrer Haustüre in die Bahn ein, kaum hatte sie im Triebwaggon Platz genommen, riss gerade das Kabel und die hölzerne Kiste raste, trotz verzweifeltem Eingreifen des Fahrers mit der Notbremse, die steile Straße hinab zur Endstation, wo sie sich in ihre sämtlichen Einzelteile auflöste. Die meisten Passagiere und der Fahrer waren vorher abgesprungen. Eleonore blieb sitzen und landete in den Trümmern am Ende der Powell Straße, wo der berühmte Fischmarkt war und duzende Zeugen dem Unfall beiwohnten. Der unverwüstlichen Eleonore war absolut nichts passiert bis auf einen langen, tiefen Schnitt am Kinn, der sehr stark blutete und von einem Holzsplitter verursacht worden war. Ein kleines Stück davon klebte sogar in der Wunde. Mama sah schrecklich aus, als wäre sie am Verbluten. Sie verteilte das rote Lebenselixier im Gesicht und auf ihrem Hals, spielte „sterbenden Schwan", arme, alte Dame, mit diesem ganz bestimmten Akzent, die so viel im Krieg mitmachen musste! Und jetzt das auch noch, um hier jämmerlich zu verbluten! Ihre Darbietung war oskarreif! Mit der Rettung ins Spital, zerstörtem Gesicht, Gehirnerschütterung, plus seelischem Schock! Sie verklagte die Stadt San Francisco auf kraftvolles Schmerzensgeld, mit einem krummen Advokaten, der auch ordentlich mitschnitt. Dieses Geld finanzierte den Umzug von San Francisco nach Santa Barbara. Eleonore war nun im Pensionsalter, hatte das Unfallgeld und zog in eine Seniorenanlage mit Bewachung von Sicherheitskräften, zu einem Spottpreis für die Miete. Diesen Glücksfall hatte sie der Mutter meiner Schulfreundin zu verdanken, die mir für meine Ausflüge mit den Indianern immer ein Alibi verschafft und mir ihr Auto geborgt hatte. Die Anlage wurde von einer Stiftung finanziert und verwaltet, welche ihren Mitgliedern und deren Angehörigen oder Freunden diese Wohnmöglichkeit bot. Eleonore Hanzlik war wieder auf die Butterseite des Lebens gefallen. Eine solche Umgebung in einem putzigen Bungalow in einem Luxusstädtchen zu einer winzigen Miete war wie ein Lottosechser.

Es war der 31. Dezember 1977: Am späten Nachmittag starb Peter Nastasi/Anastasia an seinem Krebsleiden. Von nun an war Silvester für mich mit der Bedeutung der Erlösung verbunden, aber auch mit Tränen. Ich war den ganzen Tag mit Frisuren meiner Kunden für Silvesterfeiern beschäftigt gewesen. Als ich am frühen Abend aus dem Spital kam, war viel Schnee gefallen, alles war so unschuldig weiß und friedlich. Ich hatte mich noch von Peter verabschiedet. Am Totenbett sah er richtig friedlich und jung aus, als würde er total entspannt nur schlafen. Er war 53 einhalb Jahre alt geworden. Ich war tieftraurig, fühlte mich total leer und ausgebrannt. Aber auch erleichtert, der Leidensweg hatte für Peter endlich ein Ende gefunden. Freunde von uns hatten es geschafft, trotz schlechter Finanzen, Peter zum Sterben in ein Spital zu bringen. Diese Freunde waren ehrenamtlich bei der Rettung in unserer Nachbarschaft und kannten uns seit wir uns dort niedergelassen hatten. Wenn sie für ihre Rettungstruppe Spenden sammelten, waren wir immer sehr großzügig gewesen. Wir dachten nie, dass uns dies noch einmal zu Gute kommen würde, oder wir dringenden Bedarf dafür haben würden. Ich war wütend auf die USA und ihre brutale, kaltherzige Art, ein Gesundheitssystem als profitgeile Industrie zu betreiben: Bist du arm, gibt es keine guten Medikamente und du musst früher sterben, so einfach war das. Peter hatte es überstanden, endlich vorüber die Schmerzen und zuletzt der schreckliche körperliche Verfall. Vor dem Ausbruch der Krankheit waren wir keine armen Leute gewesen. Im Gegenteil, wohlhabend war das richtige Wort. Leider aber zu spät merkten wir, dass bei uns medizinisch Unterversicherung herrschte, nur, wer rechnete mit einer Krankheit wie Krebs und den horrenden, obszönen, teuren Kosten für Chemotherapie? Oder dass das Sterben zwanzig Monate dauern würde? Die Versicherung aber nur für dreizehn Monate zahlte und danach ausgeschöpft war. Ich hatte von diesen Dingen wenig Ahnung, weil ich jeden Tag munter drauflos gelebt hatte, ohne einen Gedanken an praktische Maßnahmen und einen Plan B zu haben, wenn der Hut brannte.

Vier Tage nach Peters Tod kam ein großer, schwarzer Geländewagen mit verdunkelten Scheiben in meine Auffahrt gerollt. Aus seinem Inneren stiegen vier große, breitschulterige Männer, mit dem gewissen Aussehen von offiziellen Geheimdienstlern: dunkle Anzüge, dunkle Brillen, kurzer Haarschnitt, stumpfer Gesichtsausdruck, verkabelt mit Ohrstöpseln und geschäftigem, brüskem Auftreten. Sie hielten mir ein offiziell aussehendes Dokument vor die Nase und eröffneten mir, dass sie befugt waren, eine Hausdurchsuchung durchzuführen: von der CIA (Zentraler Intelligenz Agentur), dem US-Auslandsgeheimdienst.

„Ich weiß zwar nicht, was Sie glauben zu finden, aber bitte! Toben Sie sich nur aus. Es ist nirgends was verschlossen." Ich wusste von nichts, da Peter immer bestimmte Geschäfte von mir ferngehalten hatte. Auch über sein Verschwinden einige Male pro Jahr auf ein oder zwei Tage sprachen wir nie. Es hieß immer, er war unterwegs für „die Firma". Ich hatte nie gestöbert und Fragen gestellt, da ich wusste, für meine Gesundheit war das die beste Vorgangsweise, auch um gesund zu bleiben. Wir hatten am Anfang unserer Beziehung darüber gesprochen und uns beide für mein „Nichtwissen" entschieden. Nach zwei Stunden waren die Herren fertig mit der Hausdurchsuchung. Sie nahmen nichts mit, also hatten sie nichts Diskriminierendes oder Brauchbares gefunden. Auch benahmen sie sich relativ ordentlich, waren kalt-höflich, hatten nicht zu viele Sachen ausgestreut. „Alles klar, auf Wiedersehen", und sie rauschten ab.

... Ein paar Stunden später wieder so ein staatlicher Kübel mit vier schwarz gekleideten Innsassen, mit Stöpseln in den Ohren und einem offiziellen Wisch, diesmal vom FBI (Staatliches Untersuchungsbüro – Inlandsgeheimdienst). Nochmal dieselbe Vorgangsweise. Auch sie hatten nichts gefunden, was sie interessierte und schnell waren sie wieder weg. Die hatten viel mehr Unordnung hinterlassen. Peter war im Zweiten Weltkrieg Mitglied der OSS gewesen (Officers Strategic Services) im Amt für strategische Dienste, hatte sogar zwei hohe Auszeichnungen bekommen, die OSS kümmerte sich hauptsächlich um Spionage, und wurde nach dem Krieg in Friedenszeiten zur CIA. Diese war unter anderem auch Meister darin, ihre eigenen Spuren verwischen und diskriminierende Dinge verschwinden zu lassen. Natürlich hatte Peter diese Ausbildung genossen und danach gehandelt.

Nach den „Besuchern" befand sich das Haus in gröberer Unordnung, um die ich mich kümmerte, als die nächste Partie eintraf. Diesmal war es ein neuer Cadillac mit Sonderausführung: kugelsicherer Verglasung und höchst wahrscheinlich verstärkter Bodenplatte gegen Bombenattentate. Das sah nach Mafia aus. Die drei älteren Herren in ihren maßgeschneiderten Kaschmiranzügen, Vicunamänteln, wunderschönen Maßschuhen, dem langen Nagel und wertvollem Ring am kleinen Finger der linken Hand, waren nun in meinem Wohnzimmer. Sie erklärten mir, sie wollten mir helfen, diskriminierendes Material verschwinden zu lassen. Sie sahen die Unordnung und ich schilderte ihnen den bisherigen Tagesablauf, sie waren viel zu spät dran, aber es wurde nichts konfisziert, also gab es nichts Diskriminierendes, Peter hatte dafür gesorgt. Die Herren Mafiosi waren sehr nett und höflich. Sie erzählten mir, dass Peter zwar in die Familie hineingeboren worden war, aber einer staatlichen Kariere gefolgt war, also keinen „Familiengeschäften" nachgegangen war, sondern nur für die USA Drecksarbeit verrichtet hatte, und dass es bei ihm mit 17 Jahren im Zweiten Weltkrieg angefangen hatte. Es war mit der „Familie" ausgemacht, dass ich nicht, wie sonst üblich für eine Witwe in ihren Kreisen, von ihnen einverleibt und versorgt werde. Dass ich in meine Heimat zurückwollte und Peter das ermöglicht hatte. Sie fragten mich, ob das auch wirklich war, was ich wollte, ob ich irgendetwas brauchte, was sie für mich tun könnten. Ich brauchte es nur zu sagen. Sie meinten auch, dass ihnen Peters Schicksal leidtat, was für ein wertvoller Mensch er gewesen war und wünschten mir alles Gute. Zum Abschied gaben sie mir eine Visitenkarte mit dem Namen ihres Rechtsanwaltes, dem Familienkonsigliere. Sollte ich irgendwelche Probleme haben, auch in Europa, einfach nur anrufen, sie würden alles für mich regeln. Auf Lebzeiten. Da hatte ich ja mal Glück gehabt. Es war gar nicht auszudenken, was mit mir passieren hätte können, wenn irgendeiner von den Herrschaften mich als gefährlich eingestuft hätte.

... Ich war wieder Witwe, diesmal mit 32. Peter hatte eine Lebensversicherung abgeschlossen, der Erlös groß genug für meine Reise „ nach Hause". Die Vorbereitungen halfen mir, mit Peters Tod halbwegs zurecht zu kommen. Ich fühlte mich irgendwie ferngesteuert. All die Ehejahre mit Peter hatte ich mich von ihm verwöhnen lassen, mich um nichts Wesentliches kümmern müssen, folge dessen war ich total eingerostet, was das Treffen von Entscheidungen und das Lösen von Problemen betraf. Die letzten Monate vor Peters Tod hatte ich wieder gearbeitet, aber die Umstände waren rundum schwierig gewesen.

Als Tante Grete bei einem Telefonat merkte, dass es mir emotional schlechtging, schickte sie mir eine Flugkarte für Wien. Ich machte vier Wochen Urlaub, um irgendwie das viele Erlebte zu verarbeiten. Das elegante Ambiente beim Fliegen war nicht mehr gegeben, Willkommen, Massentourismus. Die Passagiere sahen aus wie Busreisende, schlampig angezogen und nicht besonders höflich, die Flugbegleiter gestresst und kurzangebunden und die Verköstigung fabrikkantinenmäßig. Alkohol wurde großzügig ausgeschenkt, es gab noch keine Begrenzungen, die Reisenden waren sehr artig und genossen ihren Alkohol friedlich. Noch randalierten keine besoffenen Fluggäste.

Hilda nahm mich nach Fünfturm, ins Pabst/Broda-Refugium im steiermärkischen Vulkanland und ich versuchte dort, mein seelisches Gleichgewicht zu finden. Stundenlang durch die Weinberge und Waldabschnitte streifend, sammelte ich Parasole und stürzte mich in Trauerbewältigung. Es war September, gab deswegen sehr vieles zu ernten und sammeln, was mich ein wenig beruhigte. Das Trauern war anstrengend. Oft setzte ich mich einfach auf den Waldboden und heulte dort den Ameisen was vor. Das und die Schönheit der Gegend wirkte heilend auf mein kaputtes Gemüt. Die Weinberge mit ihren sonnengeküssten, reifenden Trauben waren so wunderschön. Die Klapotez – die Holzgestelle mit den lärmenden Holzbrocken, wenn der Wind sie aktivierte, um die Vögel von den Trauben zu scheuchen – hatten viel zu tun. Die südsteirische Landschaft war einzigartig und ideal, um eine traurige Seele zu streicheln.

Tante Grete kam zu Besuch und wir schmiedeten Pläne für meine Übersiedlung nach Wien. Vier Wochen vergingen sehr schnell, dieses Mal gab es beim Abflug keine einzige Träne, denn ich wusste, dass ich bald für immer wieder in Österreich sein würde und das war ein tolles Gefühl.

DAS LETZTE US-KAPITEL

Hotel del Coronado, in San Diego, Kalifornien, wurde berühmt durch den Billy-Wilder-Film mit Marilyn Monroe „Manche mögen's heiß". Ein hölzerner Prachtbau aus 1888, damals das größte Hotel der Welt, wurde ein Treffpunkt zwischen Mama, mir und meinem neuen Ehemann. Zu ihrem großen Ärger hatte ich zum vierten Mal geheiratet und zwar einen Musikschüler von Peter. Am Schluss seines Lebens hatte Peter beschlossen, gegen seine Schmerzen zu musizieren, um besonders talentierten Musikern gratis Gitarrenunterricht und den speziellen letzten Schliff zu geben. Steven Harrison war einer seiner Schüler gewesen, ich hatte ihn bei uns einquartiert, damit er sich besser um Peter kümmern konnte, während ich sieben Tage die Woche fast rund um die Uhr gearbeitet hatte. Tagsüber als Hotelzimmermädchen, oder Kellnerin, am Abend als Friseurin pfuschend, im Bestattungsinstitut an Wochenenden die Leichen schminken und frisieren, oder zwischendurch als exotische Tänzerin, ein eleganterer Name für „Burlesk"-Strip-tease, den Körper zur Schau zu stellen. So konnte ich das Geld zusammenkriegen für die Chemotherapie, als die Versicherung die Zahlungen einstellte. Zum Schluss mussten wir illegal Medikamente auftreiben. Steve hatte Peter auch regelmäßig Marihuana verschafft, welches zur Schmerztherapie und gegen die Übelkeit eingesetzt wurde, aber als illegal galt. Mein Pensum war brutal und Peter beschloss nach einigen Monaten, die Chemo abzusetzen, weil es sowieso nichts mehr bringen würde und er sich seinem Schicksal gefügt hatte. Diese letzten Monate waren zermürbend, traurig, anstrengend, einfach schrecklich.

Vor meiner Übersiedlung nach Wien traf ich mich ein letztes Mal mit Frau Mama. Sie war wütend auf mich und das gefiel mir ungemein. Die Animosität zwischen uns hatte sich hochgeschaukelt, da ich es gewagt hatte, nochmals zu heiraten. Wieder nichts mit Zweisamkeit von Mutter und Tochter! Wir trafen uns im D'el Coronado Hotelspeisesaal, sie war von Santa Barbara nach San Diego gekommen, um über die Erbschaft des Hauses am Stefan-Fadinger-Platz zu reden.

Oma war gerade an einer Herzattacke gestorben. Halbschwester Hilda hatte ihr Lebensmittel geliefert. Lore ging aufs WC und kam nicht mehr heraus. Irgendwie kein passender Platz für einen eleganten Abgang. Ich musste an die Blitzepisode denken und unwillkürlich schmunzeln. Das „Häusel" schien es auf Großmama abgesehen gehabt zu haben. Ich hatte mit ihr so vieles Schönes erleben dürfen, hatte auch so viel Nützliches von ihr gelernt. Es tat mir so leid um sie, ihre Kinder waren ihr abhandengekommen, hatten sie verlassen, sie lernte ihre Enkel nie kennen und musste im Alter einsam dahinvegetieren. Durch kaputte, abgenützte Knie reduzierte das Schicksal sie zum Krüppel. Damals gab es noch keine Knieprothesenoperationen für Jedermann. Bis auf Lores Halbschwestern, welche sie mit Lebensmittel und sonstigen Dingen belieferten, sah sie niemanden. Sie war verbittert geworden. Gewünscht hatte sie sich, im Schoße ihrer Familie, den Kindern und Enkeln alt zu werden und nicht in Einsamkeit ihren Lebensabend zu verbringen, aber nicht, das Warten auf ihr Ableben in völliger Isolation zu bestreiten.

Die Zusammenkunft mit Mutter entpuppte sich als sehr schwierig. Ich hatte es auch nicht anders erwartet. Die Salongurke und ich waren aufgeladen und es wurde ein schreckliches Mittagessen im wunderschönen Hotelspeisesaal. Sie war wütend über meine erneute Heirat und der arme Kellner bekam das grausamst zu spüren. Ich hatte schon vergessen, wie widerlich sie sich benehmen konnte, wenn sie im Modus der Oberzicke agierte. Der Kellner wurde von ihr umständlich über alle Speisen auf der Karte gelöchert: Gewürze, die Herkunft des Gemüses, des Fisches und des Fleisches. Der arme Junge war den Tränen nahe. Jemand wollte zahlen, aber er konnte nicht aus dem Verhör und tat mir unendlich leid. Gar nicht höflich wies ich sie auf Deutsch zurecht und entließ den armen Kellner.

„Verdammt noch mal! Hör auf mit dem Mist!", fuhr ich sie an. „Ist es so wichtig zu wissen, wo der Fisch vorbeigeschwommen ist? Er wird sicherlich nicht verlautbaren, in welchen vergifteten Gewässern er in letzter Zeit geplantscht hat, oder wo die Karotten die Sonne erblickt hat? Wir haben hier ganz andere Sachen zu klären. Bleib doch bitte sachlich und hör auf, den Kellner zu belästigen!" Ich begann innerlich zu kochen. Ununterbrochen motzte sie während der Mahlzeit über das Essen, die Bedienung, auch den Tisch, weil sie wieder einmal im faxigen, pubertären Ekelmodus urgierte. Das kleine Biest war unausstehlich: „Da zieht es, die Klimaanlage ..." Das störte sie plötzlich, als wir schon beim Nachtisch waren. Danach schimpfte sie auf Deutsch über meinen neuen Ehemann, der wortlos neben mir saß. Sie hatte vor, das Wiener Haus zu verkaufen und mit dem

Erlös eine Reise nach Italien, eigentlich Ricceoni, zu finanzieren. Ich erklärte ihr, dass das Städtchen sehr groß geworden war, zu einem überfüllten Hausmeisterstrand mutiert war, gar nicht nach ihrem Geschmack. Sie wollte unbedingt, dass ich mit ihr nach Santa Barbara kam, um endlich in trauter Zweisamkeit zu leben. Was wollte ich eigentlich mit dem Büblein, das noch nicht trocken hinter den Ohren war? (Steven war 25 zu meinen 32 und eine kostbare Stütze gewesen während der letzten schweren Monate).

Nach der Mahlzeit gingen wir alle drei spazieren. Das Hotel war direkt am Strand mit feinem, weißen Sand, der Pazifik tiefblau. Es war schön, aber es war Kalifornien, mit Palmen und tropischen Blumen, die immer üppig blühten, ohne verschiedenen stark merkbare Jahreszeiten, für mich völlig langweilig! Ich wollte keine zehn Monate nur mit Sonnenschein, das tat mir überhaupt nicht gut. Mir war nach dem mitteleuropäischen Klima und seinen stark unterschiedlichen Jahreszeiten mit schneereichen Wintern, am Ende dazu manchmal sogar mit weißen Ostern, danach Frühlingserwachen in all seiner Pracht. Mit üppigen Schneerosen, dann den ersten zaghaften Schneeglöckchen und der Obstbaumblüte, bis zum duftenden Flieder und den Pfingstrosen im Mai/Juni. Ein Sommer mit heißen, sonnigen Tagen, erfrischenden Gewittern, Kirschen und Marillen ernten, mit sich im Wind wiegenden Weizenfeldern, knackigem Gemüse und farbenfrohen Sommerblumen. Ich sehnte mich nach ertragreichen Herbsternten und tagelangem Einkochen von Geerntetem für die stille, kalte Jahreszeit. Vorher gab es noch die goldene und rote Blätterpracht des sterbenden Blattwerks, die melancholische Vorbereitung der Natur für den kalten, schneereichen Winter. Da gab es stille Abende beim knisternden Ofen und einer nach Weihnachtsbäckerei duftende Stube. Diese wechselnden Jahreszeiten mit den jeweiligen saisonbedingten Höhepunkten waren für mich notwendige Streicheleinheiten für mein Seelenheil. Ich war emotional ausgehungert nach diesen Gegebenheiten. Auch hatte ich unglaubliche Sehnsucht nach Stein- oder Ziegelhäusern anstatt Bretterbuden mit Teerpappendächern, die Häuser verseucht mit riesigen Kakerlaken. Wenn man bei Nacht ohne Licht durch die Zimmer schlich, knacksten ihre zerquetschenden Körper unter den Fußsohlen. Ich hasste den Gestank vom dauernden Gifteinsatz der Kammerjäger, wenn sie die Wohnungen und Häuser ausräucherten. Die ewig grinsenden körperkultfrischluftdepperten, braungebrannten, eingeölten, spärlich bekleideten, rad- oder rollschuhfahrenden Menschen in den Straßen und auf den Strandpromenaden hingen mir zum Hals heraus. Ich hasste Kalifornien und wusste, ich würde durchdrehen, wenn ich da noch länger bleiben musste. Ich wusste auch, wie ordentlich, reserviert und fleißig die Österreicher waren, wie schön und sauber das Land sich immer mehr herausgeputzt hatte und ich sehnte mich nach der würdevollen, mitteleuropäischen Lebensweise, welche dort praktiziert wurde.

Als Witwe, die selbst kein Pensionsalter erreicht hatte, fehlten mir noch einige Jahre zum gesetzlichen US-Ruhestand (65). Erst dann hätte ich die Social-Security-Pension meines verstorbenen Mannes bekommen können, also in über dreißig Jahren. Wurde wieder geheiratet, verfiel diese Unterstützung. So viel zu US-Witwenversorgung! Die Lebensversicherung hielt ich auf jeden Fall vor Mutter geheim. Da sie in der Erbfolge vor mir war, wusste ich, dass sie ihr Elternhaus hasste und es verkaufen würde. Von dem Erlös schwebte ihr eine Reise nach Ricceone vor. Sie hatte allerdings nicht bedacht, dass in Italien, besonders die Städtchen an der oberen Adria nicht mehr so elegant und schön wie früher waren.

Ich zog alle Register und bekam einen hysterischen Tobsuchtsanfall. Sie müsse mir eine Schenkung machen, ich wollte endlich nach Wien zurück und raus aus Amerika. Sie hatte mir meine Familie genommen und meine Heimat. Das Mindeste, was sie nun tun könnte, war, mich mit dem Haus zu entschädigen. Ich heulte, fluchte und legte oskarreife Szenen hin, die sie zutiefst schockierten. Mich auch, da ich gar nicht wusste, wie viel Unbehagen, Zorn, Schmerz und Frust in mir steckten. Ich konnte nicht glauben, dass die Worte und Töne, die ich produziert hatte, der jahrelang aufgestaute Frust und Hass, die wie ein

Vulkan aus mir eruptierten, von mir stammten, da ich plötzlich völlig neben mir stand. Meine Darbietung gestaltete sich schauderhaft und sehr gekonnt. Sie hatte Tränen in den Augen, das alleine bedeutete ja nichts, weil sie das auf Knopfdruck konnte, aber egal. Ich war voll in Fahrt und erzählte ihr weinend, wie man mir die Woche zuvor bei einer roten Ampel versucht hatte, das Pontiac-Firebird-Kabrio zu stehlen. Bei einer Verkehrsampel wartete ich auf Grün und plötzlich standen drei Afroamerikaner neben mir an der Fahrerseite, genau wie die Verbrecher damals in Mexiko. Die drei waren allerdings nicht so nett, einer von ihnen zerrte mich an den Haaren aus dem Kabrio, schleifte mich über die Straße und schmiss mich in die Oleanderbüsche am Straßenrand. Gott sei Dank, beobachteten diese Tat zwei vorbeifahrende Polizisten auf Motorrädern und konnten eingreifen. Mir reichte das Erlebnis und ich war fertig mit den Nerven. Ein blaues Auge von der Episode war in meinem Gesicht noch immer vorhanden. Die Salongurke hatte mich gleich am Anfang unseres Zusammentreffens angepöbelt, ob mir der neue Ehemann das Veilchen verpasst hatte. Für Ende der 70er Jahre war der Überfall typisch gewesen, in einer US-Stadt an der Grenze zu Mexiko. Die Zeiten wurden immer härter und schlechter in dem gelobten Land Amerika. San Diego war eine sehr gefährliche Stadt geworden. Außerdem gestalteten sich die Nächte extrem laut, da andauernd Polizeisirenen heulten, dazu der Fluglärm der Hubschrauber, welch Kriminelle jagten, beeinträchtigte sehr stark die Nachtruhe. Wir wohnten ebenerdig und eines Nachts stieg ein Einbrecher zu uns ins Bett! Es stand unter dem Schlafzimmerfenster. Der Kriminelle hatte das Fliegengitter zerschnitten, das Fenster war offen gewesen und seine haarigen Beine und dreckigen Schuhe standen plötzlich neben unseren Köpfen auf den Kopfkissen. Wir waren erschrocken aus dem Schlaf gerissen worden und richtig wütend über so viel Dreistigkeit von dem Fremden. Steven hielt ihn fest und ich zertrümmerte die Nachtkästchenlampe auf seinen Knien und seinen Kopf bearbeitete ich mit einem Buch, auch vom Nachtkästchen. Dann stopften wir den Einbrecher zurück aus dem Fenster. Mit Genugtuung sahen wir, wie er unsanft auf dem Rücken zu Boden fiel, sich dann schwer hinkend und langsam davonmachte. An sicheren Schlaf war nach diesem Geschehnis nicht mehr zu denken, schon gar nicht mit offenem Fenster. Mama tat einmal etwas Anständiges mir gegenüber und zog die Wiener-Haus-Schenkung durch. Danach verkaufte ich den meisten Hausrat und packte nur meine Lieblingssachen in einen Container für die heißersehnte Übersiedlung nach Österreich.

TEIL II ZURÜK IN DIE HEIMAT

„DAS LEBEN IST, WAS EINEM ZUSTÖSST, WÄHREND MAN AUF DIE ERFÜLLUNG SEINER TRÄUME WARTET"

Im Jänner 1980, nach 22 Jahren, war es mir endlich gelungen, in mein Heimatland zurück zu übersiedeln. Was ich nicht bedacht hatte, war die Tatsache, dass ich als Kind das Land verlassen hatte und keine blasse Ahnung von den banalen Dingen des österreichischen Erwachsenenlebens kannte.

In den USA verliefen die Tage in den 60er und 70er Jahren mit einem Minimum an Bürokratie. Man konnte alles Mögliche tun und lassen, ohne zig Genehmigungen und Begutachtungen zu beantragen, Dokumente vorweisen, Erlaubnisse einzuholen, oder bei irgendeinem Amt offizielle persönliche Dokumente, Umbaukostenvorschläge für Bauänderungen bearbeiten zu lassen. Man tat einfach, was man wollte, in den meisten Fällen hatte man drüben Narrenfreiheit. Dafür brannten die Eigenheime meist völlig ab bis zum Betonbodensokel, wenn es einen Kurzschluss bei Christbäumen oder sonst was gab. In Wien war für alles ein Magistrat zuständig, welches seinen Senf dazugeben musste, wenn man sanieren, umbauen, oder erneuern wollte. Man hatte sich auch sofort polizeilich anzumelden, sobald man im Land war, was mein US-Mann überhaupt nicht verstand, da es drüben eben nicht üblich war und keine Meldepflicht existierte. Mein Amerikaner empfand die Meldepflicht als Freiheitsberaubung.

Gleich zu Beginn der Übersiedlung bekam ich nicht einmal meinen Übersiedlungscontainer vom Zoll, ohne vorher eine Radioanmeldung und die bezahlte Gebührenrechnung vorzuweisen. Ein Radioapparat stand auf der Inhaltsliste des Containers. Nichts Anderes interessierte die Zöllner. Überall hätten Drogen versteckt sein können, oder Waffen, uninteressant, die Herren wollten nur den Radiogebührenbeleg kontrollieren. Der Besitz von Radios und Fernsehgeräten war gebührenpflichtig. Ich fand so etwas ausgesprochen lächerlich. Mein amerikanischer Mann konnte das überhaupt nicht verstehen. Es würde ihm noch sehr oft so gehen, da er als Ausländer sehr viele Auflagen und einen gewaltigen Papierkrieg über sich ergehen lassen musste. Auch der Justizministergroßonkel seiner Frau konnte das nicht verhindern.

Das fing ja gut an! Ich kannte keinen Erlagschein (die gab es drüben nicht), geschweige denn wusste ich, wie man ihn ausfüllte. Ich wusste nicht, was ich erwartet hatte, aber wieder in Wien Fuß zu fassen, war höllisch schwer, auch als österreichische Staatsbürgerin und mit Protektion im Hintergrund von einem Justizminister. Ich verzichtete auf Onkel Christians einflussreiche Möglichkeiten, mich in irgendeinem Amt mit Aufstiegsmöglichkeiten unterzubringen, (großer Fehler), und wollte es ohne seine Hilfe schaffen (blöder, falscher Stolz), durfte ihn aber als Referenz angeben. Ich wollte nicht so sein, wie meine Mutter früher gewesen war, als sie immer und immer wieder seine Hilfe in Anspruch nahm, um Arbeitsplätze zu bekommen oder seine Verbindungen ausnützte. Ich wollte ihm einfach beweisen, dass ich selbständig die Situation meistern konnte. Somit bekam ich sofort einen sehr gut dotierten Posten in der Privatwirtschaft im Import-/Exportgeschäft: zuerst für General-Electric-Produkte, später für Toshiba-Unterhaltungselektronik. Man brauchte dafür perfekte Englischkenntnisse, um Verkaufsgespräche zu führen und positiv abzuwickeln, obwohl die Englischkenntnisse der beteiligten Personen in den Ostblockländern oft sehr schwer zu verstehen waren, zumindest für Österreicher mit Schulenglisch, jedoch nicht für mich. Ich war so froh, wieder in Österreich sein zu dürfen, dass ich mich ohne Murren mit allem arrangierte und alles mitmachte, was von mir verlangt wurde. Mein größtes Problem war die Tatsache, dass ich keine Ahnung von gewöhnlichen, geschäftlichen Abwicklungen in Österreich hatte und mein Deutsch war sehr schlecht. Außerdem litt ich unter Kulturschock. An Wochenenden waren wir bei Hilda auf Besuch in der verschlafenen Villa, um Zukunftspläne zu schmieden und gute Ratschläge zu bekommen, sie sprach Englisch, so konnte auch mein Mann alles verstehen. Es gab ein schönes Mittagessen, serviert von Elli der braven Hausfee. Sie war noch immer gut erhalten, schnatterte drauflos wie eh und jäh und ich übersetzte fü meinen Mann. Hilda war in melancholischer Stimmung, irgendetwas beschäftigte sie sehr, aber sie wollte nicht darüber sprechen. Ein bestimmter Minister mit seiner Ehefrau, kam am Nachmittag zur Jause. Er hatte irgendwelche müden Schnittblumen für Hilda mitgebracht. Am Ende des Besuches ging er zu Elli in die Küche und wollte von ihr übriggebliebene Mehlspeise zum Mitnehmen einpacken, „weil sie so gut geschmeckt hatte". Tante Hilda und Elli machten Witze über seine welken Blumen und Sparsamkeit, die waren nicht unbedingt schmeichelhaft. Auch lästerten wir über seinen Haarschnitt, den ihm angeblich seine Frau von Zeit zu Zeit verpasste, oder darüber, dass er sich des Öfteren aufs WC flüchtete, um Abstimmungen oder Reportern zu entfliehen, wenn er verhindern konnte, dadurch Stellungnahme zu beziehen.

Die Eingliederung in das Wiener Geschäftsleben war äußerst brutal. Ich konnte mit der Maschine schreiben aber nicht stenographieren. In den USA erwartete man von einer Chefsekretärin, dass sie von ein paar Schlagworten die Korrespondenz in eigener Regie verfasste und nachher dem Chef zur Absegnung, oder eventuellen Änderungen danach, zur Unterschrift vorlegte. Der Wiener Vorgesetzte wollte diktieren und damals unbedingt die Sekretärin bei ihm sitzend haben. Auch wenn es der größte Blödsinn war, den er verzapfte, die Sekretärin musste an jedem seiner Worte hängen, ihm vorlesen, was er bisher von sich gegeben hatte. Ich fand diese Vorgangsweise mittelalterlich. Die Machochefs gaben den Ton an, die weiblichen Angestellten durften massenhaft Kaffee servieren, Essen holen oder in der Büroküche sogar das Mittagsmahl kochen. Ich dachte, ich träume bei diesen Erwartungen. Vom Chef vermasselte Projekte still und heimlich auszubügeln, wurde natürlich erwartet. Wer kassierte danach das Lob für gelungene Transaktionen? Natürlich der (inkompetente) Vorgesetzte. Er hatte auch das fettere Salär. Da ich für englischen Schriftverkehr und telefonische Konversationen verantwortlich war, meine neuen Chefs aber die Sprache sehr schlecht beherrschten, konnte ich eigenständig schalten und walten, wichtig schien nur das Resultat. Trotzdem waren solche chauvinistischen Praktiken Anfang der 80er Jahre in der Wiener Arbeitswelt der Privatwirtschaft noch sehr verbreitet. Die Parteizugehörigkeit war auch wichtig. Da ich den roten Justizminister als Referenz angab, wurde ich als SPÖ-Zugehörigkeit angesehen. Dass eine Sekretärin in eigener Regie Korrespondenz erledigen durfte, auch mit hohen politischen Verbindungen, war generell nicht üblich.

Ich machte andere skurrile Erfahrungen. Als man mich Büromaterial einkaufen schickte, gab es eine Überraschung. Beim Zahlen wurde ich gefragt, welcher Betrag auf der Rechnung stehen sollte. Da ich nicht gleich verstand, worum es ging, wurde ich aufgeklärt. Es ging da um mein „Körberl"-Geld. Die höhere Summe des Kassenbeleges garantierte mir später einen persönlichen Freibetrag von meiner Firma. Hans Weigl hatte vor langer Zeit gesagt: „In Wien beginnt der Balkan. "(Damit hatte Herr Weigel angedeutet dass dort wie bei uns auch des Öfteren unlautere Geschäfte getätigt wurden). Es waren korrupte Praktiken im Kleinformat. Ich wollte kein Körberl-Geld und verlangte den korrekten Betrag auf der Rechnung, die Kassiererin schüttelte nur den Kopf und verdrehte die Augen.

Mit Fleiß und sturer Arbeitswut verbiss ich mich in die anfallenden Aufgaben: US-Elektronikersatzteile und japanische

Unterhaltungselektronik an den Ostblock zu verkaufen. Es gab noch den Eisernen Vorhang mit endlos viel bürokratischem Papierkram für Zahlungskonditionen und Warenverkehr. Die österreichischen Firmen arbeiteten mit Bestechung, damit gab es dicke Aufträge. Mein Gehalt war hoch und ich brauchte viel Geld, um das arme Haus, was in sehr schlechtem Zustand war, auf Vordermann zu bringen. Oma verfügte seinerzeit nur über eine kleine Pension. Sie hatte sich Reparaturen nicht leisten können. Es schmerzte mich unglaublich, vergleichen zu können, wie schön das Haus früher gewesen war. Ich würde es wieder in vollem Glanz erscheinen lassen. Das schwor ich mir. Die Ausstattung war in die Jahre gekommen. Rohre und elektrische Leitungen mussten erneuert und alles von Grund auf saniert werden. Für jede Arbeit in Auftrag gegeben, war es nötig, bürokratische Wege zu gehen, Vorgaben und Inspektionen nach Fertigstellung zu absolvieren. Das war notwendig, um gewissen Pfusch zu unterbinden. Wenn ich mich an die schlampige US-Bauweise ohne strenge Kontrollen erinnerte, fand ich die schweren Sicherheits- und Qualitätskontrollen in Österreich sehr vernünftig und beruhigend.

Es dauerte ein Jahr bis die Liegenschaft am Stefan-Fadinger-Platz in meinen Besitz übertragen wurde. Ich durfte trotzdem im Haus wohnen und es begann das Räumen und Aussortieren seines Inhalts. Großmama hatte sehr viele Sachen aus der Vergangenheit aufgehoben, vor allem Fotos und Korrespondenz. Aus alten Briefen erfuhr ich viel sehr Brisantes über die „liebe Familie". Natürlich gab es 22 Jahre lang jeden Monat einen Brief von Frau Mama. Sie schrieb immer nur in Blockschrift, da sie irgendwo gelesen hatte, dass man Charakterzüge aus der Handschrift herauslesen konnte, wenn man etwas davon verstand. Ihre Briefe klangen alle gleich: Sie musste so viel und hart arbeiten, sie würde nächsten Monat mehr Geld schicken, jetzt ging es leider nicht, weil sie unvorhergesehene Auslagen hatte. Ihre Korrespondenz war voll mit Trivialitäten und großer Leere. Wo immer sie war, dort war alles Mögliche nicht in Ordnung und sie sehnte sich nach der nächsten Stadt ihrer Träume. Ihre Rastlosigkeit und Drang nach neuer Umgebung waren sehr bedenklich und brachten mich zum Grübeln. Irgendetwas triggerte immer wieder ihre Unzufriedenheit mit den jeweiligen Gegebenheiten und sie sehnte sich, woanders hin zu entfliehen. Diese Rastlosigkeit lief wie ein roter Faden durch ihren Werdegang.

Ein dicker Stapel Korrespondenz war von Onkel Kurt: Loblieder auf Toronto und das Sun Life Insurance Versicherungsgeschäft der frühen und mittleren 50er Jahre. Anfang der 60er dann die schlechte Nachricht: Man hatte bei ihm Multiple Sklerose diagnostiziert, eines Nachts erwischte ihn ein heftiger Schub. Danach ein langer Spitalsaufenthalt, mit Stoßtherapie und Wiederkehr ins Arbeitsleben. Die Briefe waren anfangs sehr optimistisch, der gute Sohn tröstete seine arme Mutter, alles halb so schlimm. Anfang der 70er Jahre, Monat für Monat, dann der Verfall der Handschrift wegen seiner schwindenden Gesundheit. Ich war mir sicher, wenn er in Österreich MS bekommen hätte, wäre er viel länger am Leben geblieben. Die Krankheit wäre in Wien ohne den gewaltigen Immigrantenstress vielleicht gar nicht so heftig ausgebrochen. Er hätte in Österreich viel bessere Unterkunft und Pflege bekommen als in Toronto.

Seine Frau Elli hatte ihre krebskranke Mutter nach Wien bei Tante Franzi zum Sterben abgeladen. Scheinheilig schenkte sie ihr einen Urlaub nach Wien und weigerte sich, ihr danach eine Rückfahrkarte zu finanzieren, um sie wieder in Toronto aufzunehmen. Die Krebsbehandlung in Kanada konnte oder wollte Elli sich für sie nicht leisten. Sie hatte ihre Mutter Jahre lang als billige Arbeitskraft sogar ohne Gehalt ausgebeutet und als diese Hilfe und Unterstützung brauchte, wurde sie brutal entsorgt. Auch von ihrem kranken Ehemann Kurti ließ Elli sich scheiden: Ein Vater mit Multiple Sklerose war nicht gut für die Kinder. Ich musste an Großmama denken und wie diese ihre Schwiegertochter vor Jahrzehnten beurteilt hatte: als egoistische, hinterhältige Opportunistin mit picksüßem Gehabe und eiskalter Berechnung.

Elli hatte das teure Haus im Toronto Nobelbezirk verkauft und war in eine Luxuswohnung gezogen. Sie hatte alle gemeinsamen Versicherungspolizzen auf sich alleine umgeschrieben. Die Kinder Petra und Kurt Junior nahm sie mit in das neue Leben. Ihr wahres Gesicht kam zum Vorschein als Kurts gesundheitlicher Zustand schlechter wurde. Ein Ehemann, der an Multiple Sklerose erkrankt war, war nicht nach ihrem Geschmack. Kurt brachte sie auf einer Farm außerhalb Torontos unter. Sie hatte die Kinder, ein Luxusapartment und genug Geld, um gut zu leben. Kranke, wie ihre Mutter und Kurt, waren da nur störend und gehörten entsorgt. Nun konnte sie sich darauf konzentrieren, das Leben ohne leidende Verwandtschaft zu genießen.

Es gab manchmal doch noch Gerechtigkeit: am Dach von Ellis neuem Luxusapartmentwohnhauses, in dem sie residierte, befand sich ein Schwimmbecken, dort zog sie sich beim Ausrutschen am nassen Fliesenboden eine Kopfverletzung zu. Ohne aus ihrer Ohnmacht noch einmal zu erwachen, verstarb sie einfach so. Kurt Senior überlebte Elli um sechs Monate. Er verstarb nicht an MS. Eine Scheuerwunde am Rücken, ausgelöst durch den Rollstuhl, war infiziert und er starb an Blutvergiftung. Kurt Junior und Petra, als Vollwaisen, kamen zu Pflegeeltern. Damals hörte mein Telefon nicht auf zu klingeln. Frau Mama versuchte krampfhaft, mich zu überzeugen, mich scheiden zu lassen und Kurts Kinder zu mir zu nehmen. Wir sollten alle zu ihr kommen und als glückliche Familie leben! Ich würde die Hausarbeit erledigen. Sie würde uns allen zeigen, wo es langging. Am meisten aber interessierte sie sich für das Geld der Kinder. Diese besaßen fette Lebensversicherungspolizzen von den Eltern, welche für ihre Ausbildung und ihr Wohl zu verwenden und für denjenigen gedacht war, welche die Vormundschaft für die Kinder bekam. Natürlich folgte ich Mutters Wünschen nicht.

EINE LÜGE MUSS NUR LANGE GENUG WIEDERHOLT WERDEN, DAMIT SIE GEGLAUBT WIRD

-Alexander Goebel

Ich fand einen Brief an meine Großmutter aus der Schweiz, in der eine Frau namens Marion Kontakt zur Familie Hanzlik gesucht hatte. Sie wollte Information über mich, angeblich war ich ihre Halbschwester aus den USA. Oma beschloss sich zu weigern, Folge zu leisten, der Brief wurde ignoriert, so wusste ich nichts von meiner Schweizer Halbschwester. Ich war über diese Neuigkeit ganz aus dem Häuschen. Schon seit frühester Kindheit wurde ich das Gefühl nicht los, dass irgendwo noch Mitglieder meiner Familie sein mussten, irgendetwas hatte gefehlt und ich glaubte auch Mutters Geschichten von Vaters Tod nicht wirklich. Wenn ich als Kind in der Vergangenheit diesbezüglich Fragen gestellt hatte, waren die Antworten aller Familienmitglieder verkrampft und die Blicke in ihren Gesichtern unnatürlich gewesen, eben unbequem und leicht verlegen. Es konnte auch sein, dass ich einen sechsten Sinn für Lügengeschichten hatte. Da stimmte etwas einfach überhaupt nicht. Aber alle Erwachsenen hielten damals über viele Jahre dicht. Die Wahrheit hat die Eigenschaf früher oder später zum Vorschein zu kommen, ob man will oder nicht. Bei uns war das so.

Fotos von Mutter und meinem Vater fand ich auch bei Briefen, sie sehr wohl genährt, gar nicht zaundürr, wie ich sie als Knochengerippe kannte. Sie war immer ganz in Schwarz gekleidet. Die Hochzeitsfotos zeigten sie in einem schwarzen Kostüm mit einem schwarzen Turban. Sie hatte, wie immer, einen gelangweilten Gesichtsausdruck. Ihr Kopf samt Turban reichte Vater bis zur Achsel, obwohl sie hohe Absätze trug. Beide waren, den Notizen an der Rückseite der Fotos zu entnehmen, 24 Jahre alt. Mein Vater trug dicke Brillen und hatte eine Glatze. Schönheitswettbewerb hätten die beiden keinen gewonnen, aber sie wirkten interessant. Keinesfalls waren sie das brave, fade deutsche Durchschnittsehepaar, welches heimatgetreue Söhne für Hitlers Kriegsmaschinerie in die Welt setzen würde.

Ein Tagebuch von Opa aus dem Zweiten Weltkrieg war sehr poetisch und manchmal krass schockierend. Den Tod jeden Tag vor Augen, der tägliche Kampf, am Leben zu bleiben, damit man die Heimat und die Familie noch einmal sehen kann, bevor man stirbt, war erschütternd realistisch beschrieben. Die Sehnsucht nach den Geliebten im Heimatland rührte mich zu Tränen. Die schrecklich brutalen, abscheulichen Seiten des Krieges und seine Sinnlosigkeit hatte Alois schauderhaft gut zu Papier gebracht.

Viele Fotos in Alben und Schachteln zeigten die Großeltern in jungen Jahren auf dem Motorrad, Oma hinter ihrem Mann, später mit Beiwagen, in dem die Kinder steckten, zum Beispiel auf der Serpentinenstraße am Großglockner. Auch in Italien, und dem heutigen Dalmatien, unter Palmen oder am steinigen Strand. Ich fand Fotos von Mutter, ein spindeldürres Mädchen, mit dünnen Beinchen und klobigen Knien, großen, etwas schräg-gestellten Augen unter üppigen, dunklen Brauen, struppigen, dünnen, braunen Haaren, niemals lächelnd, meistens gelang-weilt irgendwo lehnend. Sie tat mir plötzlich schrecklich leid und ich brach in Tränen aus. Das war mir gar nicht recht und ich versuchte, mir sofort ihre schlechten Seiten ins Gedächt-nis zu rufen, damit die Heulerei aufhörte. Fotos von Mutter als Teenager zeigten sie noch immer spindeldürr, mit den klo-bigen Knien. Eines mit ihr beim Opernball, die Knie bedeckt vom langen Ballkleid, mit Stöckelschuhen, einer schrecklichen Dauerwelle im struppigen, dünnen Haar und im Sommerbade-urlaub braungebrannt unter Palmen an der Riviera mit Tante Franzi und Aloisia, da auch keine Spur von einem Lächeln. Sie schien nie glücklich gewesen zu sein, oder entspannt. Ein Foto gab es von ihr als „Teenager" in Venedig am Markusplatz, noch immer mit klobigen Knien, mit einer Taube auf ihrem Kopf, die sie versuchte wegzuscheuchen. Wunder, oh Wunder, sie lächelte! Ein sehr schiefes, aber trotzdem ein Lächeln! Es tat fürchter-lich weh, sie so zu sehen und über sie nachzudenken. Ich fing wieder an zu heulen und beschloss, das in Zukunft zu lassen.

Mich als Erwachsene in Wien zurechtzufinden, meine neuen Geschwister kennenzulernen, das Haus auf Vordermann zu brin-gen, einen gut dotierten Job zu halten, meine Deutschkenntnisse aus der Vergangenheit zu kitzeln, die Umbauerlaubnis einzuho-len, Umbausanierungskredite einzureichen, endlose Bürokratie zu überwinden, meinem US-Ehemann durch Deutschkurse zu helfen, dadurch selber mitzulernen und unter dieser Last nicht zusammenzuklappen, wurde meinerseits ein schwerer Kraftakt.

Eines lernte ich sehr schnell: Wenn es in Wien hieß „des geht net", ging es doch noch irgendwie. Irgendeine Möglichkeit wurde immer gefunden, auch wenn es durch eine Hintertüre war, um das Erwünschte zu erreichen. In den USA war das unmöglich; nein hieß dort 100 Prozent nein für Normalsterbliche, da ging gar nichts! Außer man war sehr reich, die Mafia, oder gehörte zu den Freimaurern, der Einfluss dieser drei reichte bis zu den höchsten Ämtern im Lande. Für den US-Normalbürger bedeutete nein genau das wirklich. In Wien fand sich immer irgendein Beamter, der helfen wollte, etwas durchzusetzen, was zuerst abgelehnt worden war, es gab Schleichwege und Lösungen für Probleme, nachdem manche Fakten ein wenig umgekrempelt wurden. Wenn man höflich um Hilfe bat, sich selbst als völlig hilflos darstellte, erbarmte sich immer jemand und fand eine Lösung für das existierende Problem. Nachträglich bedankte man sich mit Julius Meinl Naschereien im Geschenkekorb für „die nette Betreuung der Abteilung". Offiziell nicht erlaubt und doch gerne entgegengenommen. Man wusste ja nicht, ob man die Abteilung nochmals brauchen würde, was oft geschah. Die Herrschaften erinnerten sich dann und das nächste Projekt funktionierte umso schneller und besser.

Richtig gemein fand ich die Frauenfeindlichkeit gegen mir als Bauherrin. Am Ärgsten machten mir die Firmenchefs von Sanierungsbaufirmen zu schaffen. Sie weigerten sich, mit einer Frau zu verhandeln:

„Wo is'n Ihna Mann? Da Bauherr sozusagen. Mit ana Frau red i nix."

„Pech für Sie. Der hilft Ihnen gar nichts, ich hab' hier das Sagen, mein Ehemann ist Ausländer und kann nicht einmal Deutsch! Können Sie Englisch?"

„Na, konn I net, Ah so, des is oba net guat, a Frau vasteht do des ollas net."

„Haben Sie eine Ahnung, was ich alles schon oder net vasteh! Es bleibt Ihnen gar nichts Anderes übrig, als mit mir Vorlieb zu nehmen, wenn Sie den Auftrag wollen, wenn nicht, such ich mir eine Firma ohne Chef mit chauvinistischen Tendenzen! Haben wir uns verstanden?"

Widerwillig wurde dann mit mir verhandelt und als die Herren merkten, dass ich Baupläne lesen konnte, kamen wir einigermaßen miteinander aus.

Mein Durchsetzungsvermögen war mit stressigem Kampf verbunden und aufs Äußerste gefordert. Ich stand andauernd unter emotionaler Hochspannung. Es schien mir bald, dass ich „mehr abgebissen hatte, als ich kauen konnte". Haus von Grund auf sanieren, plus arbeiten in einem mir völlig fremden Metier, teils in meiner Muttersprache, die ich vergessen hatte. Ich war viel lieber kreativ-künstlerisch unterwegs und vehement hasste ich alles, was als Büroarbeit galt. Die Datenverarbeitung steckte noch in den Kinderschuhen. Meinen Erzfeind, das Telex Lochstreifenmonstrum, zu bedienen, entpuppte sich als Folter. Ich beschloss, es so wenig wie möglich zu verwenden und avisierte telefonisch so viele Warensendungen wie möglich. Noch nie in meinem Leben kämpfte ich so hart, um Fuß zu fassen, die Arbeit zu bewältigen, die deutsche Sprache neu zu erlernen, der Bürokratie einer Hausschenkung Herr zu werden und Altbausanierungskredite der Stadt Wien zu erlangen. Alles war neu, schwierig, umständlich und mit sehr viel kämpferischem Aufwand verbunden. Am Ärgsten war der Papierkrieg wegen eines Befreiungsschein für den amerikanischen Ehemann, damit er krankenversichert werden konnte und legal arbeiten durfte. Anfang der 80er Jahre war dieser Weg steinig und äußerst langwierig. Jahrzehnte später kamen Fremde in unser Land, einfach so, entledigten sich ihrer Papiere, schrien Asyl und bekamen die Mindestsicherung, dadurch konnten sie den ganzen Tag herumlungern und Blödsinn anstellen. In den 80ern in Österreich gab es für einen zugereisten ausländischen Staatsbürger nichts umsonst. Als solcher wurde man nicht bevorzugt behandelt. Man musste arbeiten, auch wenn es nicht der Job in der eigenen Berufssparte war. Steve schleppte Jahre lang Koffer als Lohndiener. Zuerst ein Jahr im Hotel Stefanie, danach viele Jahre im

Hotel Interkontinental. Hätte man mir gesagt, was mir alles in punkto Bürokratie bevorstehen würde, hätte ich sicherlich kalte Füße bekommen und den Neuanfang in Österreich nicht gewagt. Ich hatte meinen Justizministeronkel im Hintergrund und trotzdem war der Papierkrieg für die Erbschaft, die Papiere für meinen ausländischen Mann, die Anerkennug meiner Zeugnisse und den Führerschein ein Wahnsinnsaufwand, mit etlichen Bauchflecken von Zeit zu Zeit.

Man erwartete von mir, für den Führerschein die Schulbank zu drücken, was ich auch kurz tat. Ich hatte Probleme mit der deutschen Sprache. Die Unterlagen waren lächerlich, drei dicke Bücher mit den unnützesten Dingen für einen Autofahrer, wie Errechnung eines Bremsweges, als ob das einen sicheren Autolenker ausmachen würde. Weil ich eine österreichische Staatsbürgerschaft hatte, gab es keine Anerkennung und Übersetzung vom US-Führerschein. Nur ausländische Staatsbürger konnten ihren Führerschein damals umschreiben lassen, ohne eine Prüfung abzulegen. Zumindest war das so für mich. Da schmiss ich alles hin und fuhr deswegen Jahre lang illegal. Sobald ich in einem Planquadrat von der Polizei gestoppt wurde, wachelte ich mit dem US Führerscheinwinzling durchs Fenster, steckte den Kopf raus dazu, lächelte von Ohr zu Ohr und quatschte auf Englisch drauf los. Kein Polizist wollte mit mir reden und winkte mich immer durch. 20 Jahre verhielt ich mich so, ohne Probleme. Die Englischkenntnisse der Polizei waren nie überwältigend, was sich aber später änderte. Aufgeflogen und erwischt wurde ich nie.

Mit den Friseurlizenzen waren auch Probleme angesagt. Man wollte sie nicht übersetzt akzeptieren. Die Innung verlangte, dass ich mindestens zwei Lehrjahre absolvierte, bevor ich zu einer Prüfung antreten durfte. Die Presse Reportagen und Fotos über mich als ersten und zweiten Platzgewinnerin beim Preisfrisieren zählte nicht und war für die Innung völlig belanglos. Meine US Frisurenakademie Ausbildung mit Diplom und gültiger Liezens war viel besser als die österreichische. Dass die Hygieneregeln im Vergleich zu denen in der USA geltenden wie aus dem schmutzigen Mittelalter waren, schockierte mich total. Um die Hüfte geschnallt getragen waren Kamm und Bürste, ein Set für den ganzen Tag steckte in dem Tascherl von der Friseurin. Es gab keine sterilen Arbeitsgegenstände. Kämme und Bürsten wurden in den USA in sterilisierten Glasvitrinen mit UV-Licht aufbewahrt bis zur Verwendung, für jede Kundschaft frische, jeder Kamm oder andere Gegenstände, welche auf den Boden fielen wurden liegengelassen, danach in ein Sterilbad getaucht, bevor sie wiederverwendet wurden, Kämme in einem mit Desinfektionsbad gefüllten Glasbehälter aufbewahrt, auch gab es in Wien kein Händewaschen oder Sterilisation zwischen Kunden. Wenn keine frischen Handtücher zur Verfügung standen, wurde einfach geschummelt und gebrauchte oft nur zum Trocknen aufgehängt, ohne vorheriges Waschen wieder für die neue Kundschaft verwendet. Als ich das alles bei der Innung beanstandete, wurde mir mit süffisantem Lächeln gesagt, das tue nichts zur Sache. Zur Prüfung, ohne zwei Lehrjahre zu absolvieren, war nicht erlaubt und nicht möglich. Es war völlig unlogisch und die Sturheit der betreffenden Personen völlig unverständlich. Ich sah das als Willkür. Gut, dann eben nicht, ich pfuschte später in einem Salon einer Freundin und für zu Hause baute ich mir einen guten Kundenstock auf. Die sturen Regeln von Innungen und Dachverbänden in allen Bereichen machten mir bei der Eingliederung in meinem Heimatland sehr zu schaffen.

Die Unterlagen für die Altbausanierungskredite waren wahnsinnig aufwendig und umständlich. Ich begann, den ganzen Bewilligungswahn zutiefst zu hassen und jegliche Form von Büroarbeit obendrein. Hin und wieder dachte ich mit Wehmut an die kindischen US-Bürger und die US-Lebensweise mit minimalster Bürokratie. Hatte man dort einmal die Einwanderungsbehörde und das Einwanderungs-OK hinter sich gebracht, gab es keine behördlichen Auflagen im täglichen Leben. Als Nichtstaatsbürger musste man sich einmal pro Jahr bei den US-Behörden melden, das war es auch schon. Man füllte eine Karte mit minimaler Information wie eventuellem Adressenwechsel aus und gab sie unterschrieben bei irgendeinem Postamt ab. Den Rest der Zeit durfte man schalten und walten, hin und her im Land herumreisen, wie man wollte, ohne Zettelwirtschaft und/oder Meldepflicht. Solange man sich nicht durch irgendetwas strafbar machte, interessierte es niemanden, was man tat oder wo man hinreiste oder übersiedelte.

Die Übernahme der Liegenschaft in Wien 10 war auch eine sich in die Länge ziehende Sache. Ein Riesenproblem wurde für mich der verstorbene Onkel Kurt und seine zwei Kinder in Kanada. Er war an Omas Haus mit dem Pflichtteil in die Erbschaft miteingebunden. Nach seinem Tod ging das Erbrecht an seine Kinder weiter. Ich musste den beiden ihren Pflichtteil auszahlen. Dank Onkel Christian und seiner Kanzlei wurde das Haus als Bruchbude dargestellt und der Wert herabgesetzt, so betrug der Pflichtteil der Kinder eine recht mickrige Summe.

Äußerst große Schwierigkeiten gab es mit der sonderbaren Mentalität meiner Kollegen am Arbeitsplatz. Wo Zusammenarbeit in den USA noch sehr angesagt war, wurden in Wien andauernd kleine, gemeine Rivalitäten durchgespielt. Als ich mir von einer Kollegin einen Kundenadressenordner ausborgen wollte, sah sie mich entgeistert an und erklärte mir: „Den hab i ma selber zamgstellt, der ghört mir, den geb i net her, machens ina an eigenen!" Was konnte man dazu sagen? Wo war ich da bloß gelandet? Ich wollte ihn ihr nicht wegnehmen, nur eine gewisse Adresse suchen und herauskopieren, sie erlaubte das nicht. So musste ich ein offizielles Telefonbuch auftreiben und die benötigte Information auf diesem Wege heraussuchen, was viel Zeit kostete, was für eine Arbeitszeitverschwendung! Es war erschreckend, wie eigenbrötlerisch die Kolleginnen und Kollegen sich verhielten, von Teamarbeit keine Spur. Der Brotneid stand andauernd im Vordergrund, Missgunst regierte.

In den USA wurde als vorteilhaft empfunden, Bekannte und Freunde zu haben, die finanziell besser dastanden als man selbst, oder Talente besaßen, welche man an sich selbst nicht vorweisen konnte. Dort dachte man, das fremde Charisma und Ambiente würden auch auf einen selbst abfärben und automatisch in ein besseres Licht rücken.

In Wien schienen die Mitmenschen nur besonders nett, wenn man zum Beispiel schwerkrank dahinsiechte, bankrott wurde, der Ehepartner davongelaufen, der Hund überfahren, die leibliche Mutter gestorben, das Eigenheim niedergebrannt war und das Auto den Geist aufgegeben hatte. Desto schlechter, desto besser. Der/die Arme! Da konnte man Großzügigkeit walten lassen. Wehe, man hatte exklusive Kleidung, ein teures, tolles Auto, bessere Kenntnisse, oder sehr gutes Aussehen. Da wurden die Kolleginnen unerbittlich neidisch, giftig und gemein. Auch die Herren der Schöpfung wurden da um nichts netter.

Mein Ass im Ärmel war, dass ich den grammatisch miesesten englische Kauderwelsch mit der härtesten und schlechtesten Aussprache meiner Ostblockkunden mühelos verstand, dazu konnte ich ein wenig Tschechisch und Russisch. Ich half meinen Bürokolleginnen, ohne darum gebeten zu werden, wenn sie beim Telefonat keine brauchbare Konversation zustande brachten, weil ihre Englischkenntnisse nicht ausreichten und sie verzweifelt kämpften, um sich zu verständigen. Nach ein paar verbalen Rettungsaktionen wurden die Kolleginnen weniger giftig und plötzlich halfen sie auch mir. Langsam brachte ich tatsächlich ein sich gegenseitig unterstützendes Team zusammen, aber auch nur manchmal.

Alles war schwierig, langwierig und mühsam. Man musste lang genug dranbleiben, sich nicht entmutigen lassen, mit Hartnäckigkeit und Geduld gelang so manches Unterfangen. Das kostete mich sehr viel Selbstbeherrschung, oft wollte ich alles hinschmeißen und davonlaufen. Trotz aller Schwierigkeiten gab es für jemanden, der die US-Arbeitswelt und ihren Erfolgsdruck gewohnt war, eine riesige, freudige Überraschung: vier Wochen Urlaub und so viele Feiertage pro Jahr, auch von dem Trend „Fenstertage" Gebrauch zu machen, fand ich richtig aufbauend, diese vielen Arbeitspausen zwischendurch waren etwas herrlich Erholsames! In den Staaten sah die Arbeitswelt viel brutaler aus. Nahm man sich nach den üblichen zwei Wochen Urlaub noch eine Woche dazu, konnte es sein, dass jemand Anderer den Job hatte, wenn man vom längeren Urlaub zurückkam und man sich einen neuen Wirkungskreis suchen musste.

In Österreich wurde gearbeitet, um zu leben, anstatt zu leben, um zu arbeiten, wie in den Staaten. Drüben hatte fast jeder den amerikanischen Traum, reich zu werden, sich am Weg dorthin etwas aufzubauen. Ferien waren da nicht so wichtig. Für Österreicher war Urlaub sehr, sehr wichtig. Kaum waren sie vom letzten zurück, ging die Suche für den nächsten, neuen, sofort wieder los. Man studierte Landkarten, Urlaubsprospekte und Sonderangebote in Katalogen aus dem Reisebüro. Urlaube waren scheinbar das Wichtigste im Arbeitsjahr.

Bei einer General-Electric-Vertretungsfirma in Oberlaa bei Wien, mein allererster Job, hatte ich einen Chef, der ziemlich chauvinistisch, rau und ungehobelt war. Am Ärgsten trieb er es, wenn er etwas aus dem Blechtrottelcomputer wollte. Er stellte sich hinter mich und motzte mich ungeduldig an, schneller an die Information zu kommen, die er wollte. Ich war langsam, der Computer auch, die Software war noch in den Kinderschuhen, die Masken verwirrend und der Bildschirm flimmerte. Herr Wichtig trieb mich an, beflegelte mich verbal, schneller an die Information zu kommen. Wenn alles zu lange dauerte, schimpfte er mich blöd und unnütz, „a depperte Amerikanerin". Das war Tage lang so. Er stellte sich hinter meinen Sessel ganz nah und ließ idiotische Sprüche los, ich begann innerlich zu zittern, vor lauter Wut und Unbehagen wurde ich noch langsamer beim Bedienen des Blechtrottels. Es gipfelte in einer Schreitirade seinerseits von wegen „blöde Weiber, zu nichts gut zu sein, außer die Fias aufstön!". Danach zischte er mir eine mit der flachen Hand auf den Rücken, ich rutschte vom Sessel und verletzte mein Knie. Ich verließ augenblicklich das Büro und verklagte ihn beim Arbeitsgericht, nachdem ich mich im Spital behandeln ließ und bekam Recht, aber keine Entschädigung, der Chef kam nicht einmal zur Verhandlung. Seit der Zeit mochte ich niemanden, der hinter oder neben mir stand, wenn ich an einem Schreibtisch am Bildschirm arbeitete. Dieses Erlebnis war für mich richtig verstörend. Jahre später traf ich den Brutalo-Ex-Chef. Er entschuldigte sich für den damaligen Wutausbruch und gestand mir, er sei eigentlich mit dem Job überfordert gewesen, dass ich ein Recht gehabt hatte, ihn zu verklagen, dass ich die Beste von all meinen Nachfolgerinnen gewesen war, die tüchtigste und gewissenhafteste und er noch oft an mich dachte. Mit einer gewissen Genugtuung hörte ich dieses Geständnis, aber damals war die Episode für mich dramatisch gewesen. Wieder empfand ich tiefen Hass auf und akute Abneigung gegen Büroarbeit, ich fand nichts abstoßender, als Dinge zu verrichten und erledigen, dafür, dass der männliche Vorgesetzte den Ruhm einstrich, nichts dazu beitrug und obendrein noch mehr Gehalt bekam als ich, diejenige, welche das alles durch ihre harte Arbeit ermöglicht hatte. Solche Umstände waren meiner Meinung nach mittelalterlich, frauenfeindlich und gemein.

Ich kämpfte täglich mit irren Hürden und stand andauernd unter Strom. Stress konnte ich nicht abbauen, da jede Situation für mich neu, ungewohnt und unvorhersehbar war. Hilfe oder Unterstützung gab es von niemandem, die Angst des Scheiterns war mein ständiger Begleiter. Kollegen und Kolleginnen warteten andauernd auf meine Fehler, oder mein totales Versagen. Süffisante Blicke und Kommentare über die „Ami-Braut" ließen nie lange auf sich warten. Das Ganze war ein widerlicher Albtraum. Wie schon in meiner Kindheit, wo ich das mir unmöglich Erscheinende zu bewältigen lernte, biss ich mich auch in der Wiener Privatwirtschaft durch. Das kostete mich sehr viel Substanz, ich war todunglücklich und der Hass auf Frau Mama wurde noch heftiger. Ich gab ihr die Schuld für meine Lebensumstände, die damit verbundenen Schwierigkeiten, das Einwandern in mein eigenes Heimatland. Zu lange war ich weg gewesen und die Zeit lief mir davon. Bei meiner Ankunft in Österreich war ich 35 Jahre alt. Ich konnte unmöglich genug Arbeitsjahre zusammenbekommen, um eine ordentliche Pension zu erreichen, außer ich arbeitete bis 75. Bei dem Gedanken an meine zukünftige Pensionierung war mir gar nicht wohl. Man konnte es drehen und wenden, wie man wollte, einen sorglosen Lebensabend würde ich nicht zusammenbringen.

Mein amerikanischer Ehemann hatte eine immer lukrativer werdende Arbeit gefunden. Als Lohndiener zuerst im Hotel Stefanie, dem ältesten Hotel in Wien, danach im Interkontinental, war er offiziell nur Kofferschlepper, aber die Zeiten waren fantastisch für die Touristikbranche. Die amerikanischen Touristen strömten zu Tausenden nach Wien, kauften kräftig Hummelfiguren, Petit-Point-Stickerei, Michaela-Frei-Emaille, Swarovski-Kristallfiguren und Schmuck. Die Koffer der Touristen wurden für die Lohndiener pro Stück kräftig verrechnet und das ergab pro Monat fette Zulagen für sie als Kofferschlepper.

Ein guter Lohndiener in einem eleganten, voll ausgebuchten Hotel war um das Wohlbefinden seiner Gäste bemüht. Es waren allerhand extra Dinge zu vermitteln und besorgen, wie zum Beispiel Zimmerbesuche für alleinstehende, männliche Reisende. Der Mitschnitt war gegeben, vom potenziellen Kunden und dem Frauenbesuch, diese Geschäfte waren illegal, (wo kein Kläger, da kein Richter), sie liefen prächtig und der Rubel rollte. Noch nie hatte Steven Harrison solch üppige Geldbeträge verdient. Er hatte erstaunlich schnell Deutsch gelernt und war nach eineinhalb Jahren der Sprache mächtig. Man merkte nur einen subtilen Accent welcher nicht typisch Amerikanisch war. Die klangen Alle wie wenn sie zum Beispiel beim Sprechen den Mund voller Murmeln hatten zusammen mit Zungenträgheit. Steve konnte sogar wunderbar im Dialekt blödeln.

Für meinen US-Ehemann war der gute Verdienst nicht genug. Er litt an Heimweh. Um seinen Schmerz zu lindern, machte ich einen fatalen Fehler und unterstützte sein Hobby: das Musizieren. Ich zog rund um ihn eine Profiband auf, und dachte halt: „Mach es richtig oder gar nicht." Meiner Meinung nach war seine Stimme zu schlecht, also dünn, seicht, 0/8/15, er atmete falsch, klang, als würde er sich strangulieren, wenn ihm die Luft ausging und er musste pressen, um die Strophe zu Ende zu singen. Er war sehr überzeugt von seinem Talent, fand sich toll und außerordentlich gut, keineswegs bereit, anständig singen zu lernen, mit Verbesserung der Atmungstechnik, oder Notenlesen. Das wollte ich ihm vermitteln und zeigen. Ich hatte eine ausführliche, gut fundierte Klavier- und Gesangsausbildung. Er wollte nichts dergleichen, fand sich so wie er ein Lied präsentierte absolut fantastisch und war sogar beleidigt und pampig wie ein trotziges Kind. Steve war mit unbeugsamer Sturheit ausgestattet. Ihm fehlte die Disziplin, ein Lied zweimal gleich zu präsentieren. Für andere mitwirkende Musiker ein Gräuel. Steve hatte in der Vergangenheit immer gerne als Solist herumgegammelt oder sich höchstens im Duo präsentiert, wie früher als Hippie-Straßensänger, vor allem hatte er aber ohne Verstärkerelektronik gespielt. Bei akustischem Klimpern ließen sich schiefe Noten relativ leicht vertuschen, durch einen Verstärker amplifiziert klang das nicht sonderlich gut. Ein sporadischer Rhythmus war auch nicht das Gelbe vom Ei. Ich begriff viel zu spät, dass ich ihm, inmitten Profimusikern platziert, seine Unzulänglichkeiten gravierend vergrößert aufzeigte. Außerdem erforderte eine seriöse Gruppenformation Teamarbeit; jeder hatte sein Solo, man unterstützte sich gegenseitig und nahm Rücksicht auf andere Bandmitglieder. Jedem gehörten gewisse Soloparts und man ließ sich gegenseitig abwechselnd den Vortritt. Es sollte wie ein Ballspiel ablaufen, von einem Spieler zum anderen, vereint als Team. Alle Bandmitglieder brillierten zur gegebenen Zeit mit ihren Riffs und Solos. Man baute das Lied auf und arbeitete an dem gesamten Klangbild der Komposition. Mein egomanischer Glampfenzupfer drängte sich andauernd in den Mittelpunkt jedes Stückes. Das war ihm nur sehr schwer, wenn überhaupt, abzugewöhnen. Liebend gerne drehte er das Volumen an seinem Verstärker hoch und spielte an seiner Hippie-Glampfen irgendwelche Riffs ins E-Gitarrensolo oder die gesungene Strophe eines Bandmitglieds. Er mochte auch keinen Bass und kein Schlagzeug, empfand sie beide als einengendes Korsett, weil er selbst seinen sporadischen Rhythmus durchsetzen wollte und nicht genug Selbstdisziplin besaß, um das zu korrigieren. Sein größtes Problem war das Jointrauchen, was er plötzlich mit dem Bassisten anfing, es ging Hand in Hand mit dem Musizieren und war der Grund für seine holprig-sporadische Darbietung. Das wurde untersagt bis nach dem Auftritt und es kam bei ihm gar nicht gut an. Mürrisch trotzend war er sauer, bis ich ihn dazu überredete, unser Publikum verbal in seinen Bann zu ziehen, indem er mit ihm kokettierte, blödelte und sie anfeuerte, sich gut zu amüsieren, er machte einen fantastischen Pausentrottel. Das gefiel ihm plötzlich sehr, Lampenfieber hatte er nie, zumindest stritt er ab, darunter zu leiden. Hauptsache, vor ihm saßen oder standen irgendwelche Leute, die er unterhalten konnte. Steve Harrison war eine Rampensau in Übergröße. Bei einem Provinzauftritt irgendwo in der Botanik, gesponsert von Haiders blauer FPÖ, mit vorwiegend rotem SPÖ Dorfpublikum wurden wir mit Buhrufen begrüßt und mit Gemüse beworfen. Kein Problem für unseren musikalischen Egomanen. Steven stellte sich an den Bühnenrand und sagte ins Mikrophon:

„Danke Herrschaften, des könn ma alles gut gebrauchen, aber gebt's es in a Schachtel, wir sind ja arme, unterbezahlte Musiker und immer hungrig." Dazu fing er eine Karotte auf, welche gerade in seine Richtung geworfen wurde, biss von ihr ab und ließ die Kaugeräusche übers Mikrophon laufen, dazu gab es noch eine Bugs-Bunny-Imitation. Das brachte schallendes Gelächter, welches mehr und mehr anschwoll, dann tobenden Applaus und der Abend war gerettet. Anschließend bekamen wir auch von der SPÖ Buchungen. Stevens Deutsch mit echtem, sehr leichtem US-Akzent gefärbt, war ein großes Plus. Die teuren Deutschkurse hatten sich ausgezahlt. So hatten wir einen redegewandten, echten „Ami" als Frontmann, was uns von anderen europäischen Westernmusikgruppen unterschied. Es war rundum sehr vorteilhaft. Wir unterhielten eine richtig gute Aufmachung und Formation. Ich selbst griff zu einer Autoharp, das ist eine Akkordzither, das Urinstrument der US-Südstaaten und ihrer ländlichen Hausmusik. Ich tat das, weil eine Musikgruppe mit einer Frau sich gut verkaufte, auch dazu ein seltenes, unbekanntes Instrument. Zusammen hatten wir einen interessanten Klang mit mehrstimmigem Gesang. Unsere Richtung war amerikanische Country Musik mit eigenem, angenehmem, außergewöhnlichem Klang durch die Untermalung der 36-Saiten-Akkordzither. Auch hatten wir eigene Lieder aus der Feder von Steve, das konnte er einwandfrei sehr gut. Die Steve-Harrison-Band kam wirklich gut an. Leider war Steve damit überhaupt nicht glücklich. Er sah mich und die Autoharp als Bedrohung und Rivalität, die Bühne wollte er ohne weiblichen Aufputz. Er schien zu glauben, dass er mit dieser Formation und den Arrangements der Lieder nicht genug im Mittelpunkt stand und empfand alles als persönliche Konkurrenz und Einengung. Natürlich war er zu eigensinnig und dumm, um zu verstehen, dass es in meinem Konzept um eine rundum Unterstützung für Steve Harrison ging: einen mittelmäßig talentierten Durchschnittmusiker, verpackt in einem guten Klangbild, mit glamouröser Bühnenbekleidung, harmonischem, mehrstimmigem Gesang, um sein schwaches, dünnes Stimmchen optimal zur Geltung zu bringen. Ich nähte unsere Bühnenbekleidung, welche teuer und wunderschön aussah. Ich wollte keinen muffigen, schlampigen, ungepflegten Look wie andere Westerngruppen und tendierte in Richtung reicher, edler texanischer Ölmillionärsmode – Leder, Sterlingsilberschmuck, Nerzmantel und -jacken. Das Konzept war richtig gut, wir sahen fantastisch aus, kamen richtig toll an und die Mühe war an unserer Rampensau eine riesengroße Vergeudung.

Fast jedes Wochenende von 1984 bis 1989 waren wir kreuz und quer durch Österreich unterwegs. Frühling, Sommer und Herbst spielten wir Feuerwehr- und Zeltfeste. Zwei Jahre hintereinander, bevor er bankrott ging und schloss, waren wir jeden Sonntag die Hausband im Safari Park bei Gänserndorf. Leider gab es streunende Affen, welche meinem Mann Unterstützung beim Auftritt mit leidenschaftlichem Einsatz boten. Wir spielten auf einer kleinen, erhöhten Bühne vor dem Restauranteingang. Dort kletterten die Affen zu uns hinauf und präsentierten ihr Können bei der Selbstbefriedigung zu den flotten Nummern. Äußerst peinlich! Die verstörten Mütter mit ihren Kindern rannten im Laufschritt davon. Viele weniger zimperliche männliche Besucher lachten so viel, dass sie oft Husten- und Erstickungsanfälle bekamen. Das Ganze war richtig peinlich, wenn auch sehr ungewöhnlich und lächerlich.

Ein anderes geschmackloses Abenteuer ereignete sich in der tiefsten Steiermark in einem Lokal namens Felsenkeller. Die Nacht war gut gelaufen, jede Menge begeisterte Gäste, viel Tanz und Gesang, nur der Chef wollte die vereinbarte Gage am Ende der Nacht nicht zahlen und sperrte unsere Instrumente und Verstärker in ein Kammerl, bis er uns weichklopfen konnte, weniger Gage als die vertraglich festgelegte zu zahlen. Als die Gendarmerie von uns zu Hilfe gerufen wurde, brachte das zuerst auch nichts. Der eine Gendarm war mit dem zahlungsunwilligen Wirt verwandt. Erst als ich einen Journalistenausweis zückte und mit einem Repressalienartikel drohte, bekamen wir unser Geld und unser Eigentum zurück.

Am Spielbergring beim Autorennen gab es danach eine Siegesfeier, welche wir musikalisch beschallten. Die Rennfahrer und ihre Damen amüsierten sich königlich, manche von ihnen hatten sogar richtig gute Stimmen und sangen nach Herzenslust, der Sekt floss in Strömen. Das war einer der feuchtfröhlichste Auftritt in unserem Werdegang.

Am besten ging es uns bei den Zeltfesten der freiwilligen Feuerwehren in der südlichen Steiermark, großzügige Versorgung bei Essen und Trinken war kein Thema. Gesammelt wurde auch bei Spielverlängerung, für ein oder zwei extra Stunden gab es zusätzlich viel Geld und viel Alkohol. Der Blumenball in Tieschen war so eine Affäre.

Der Sommerkarneval am Wörthersee war eine schöne, elegante Sache. Da waren zig Bühnen entlang der Promenade aufgebaut, mit je zwei Musikergruppen besetzt, die sich jede Stunde abwechselten. Zwischendurch gingen wir uns im See abkühlen, heiß genug war es ja.

Wir spielten beim allerersten Donauinselfest 1984, als es noch in seinen Kinderschuhen steckte. Die SPÖ sponserte mitveranstaltete es und ein kleiner Feuerwehrmann namens Harry Kopietz hatte die Idee dafür gehabt. Er wollte von uns wissen wie diese Veranstaltungen in den USA so abliefen, strukturiert waren, und wir erzählten ihm über unsere Erfahrungen als Besucher bei den vielen Freiluftfesten, plus was dort so geboten wurde. Er wollte ein tolles Freiluftmusikereignis für Wien mit vielen verschiedenen Künstlern und Musikrichtungen. Dass das Donauinselfest über vierzig Jahre abgehalten werden würde, dachten wir damals Alle nicht. Auch nicht dass es die Dimensionen erreichen würde welche es Heute hat.

Wir nahmen sogar einen Auftritt in Bratislava beim jährlichen Country Ball an. Natürlich war die Gage gering, es herrschte noch der Eiserne Vorhang, nur war uns das egal, weil das slowakische Publikum Riesenfans von allem Amerikanischen war, speziell der Country Music. Sie konnten fast alle Texte auswendig, sangen mit den Standardliedern mit und behandelten uns wie große Stars. Das kam bei Steve sehr gut an und es stieg ihm zu Kopf. Durch diesen Auftritt wollten die Slowaken uns unbedingt noch auf eine fünftägige Tour ins Hinterland überreden. Wir, hauptsächlich Steve, wollten Folge leisten und das wurde ein sehr tolles, aber abenteuerliches Erlebnis.

Gereist wurde in einem großen, alten Bus, welcher als fahrendes Röntgenlabor des Militärs Jahre lang im Einsatz gewesen war. Wir spekulierten über Verstrahlung, wurden versichert, der Bus sei nicht radioaktiv verseucht, ich glaubte das nicht, viel durfte man darüber nicht nachdenken. Wir rumpelten durch die niedrige Tatra entlang schmaler Straßen, durch üppige Nadelwälder mit moosigen Böden, wo Farne und Pilze gediehen. Man erwartete, nach jeder vorsichtig absolvierten Biegung des Busses auf den engen Straßen, Schneewittchen und die sieben Zwerge oder Hänsel und Gretel aufmarschieren zu sehen. Noch nie hatte ich solch zauberhafte Wälder erblickt und ich kriegte sofort Sehnsucht nach einem Pilze-sammel-Urlaub. Leider war auch die Verunreinigung der Natur zu sehen, welche unter Braunkohleverbrennung und Luftverschmutzung litt.

Wir bekamen einen Reiseführer, eigentlich fungierte er als unser Aufpasser, ein Wachhund der Regierung. Er war scheinbar ein Amerikaverehrer. Gleich am Anfang der Reise stellte er sich vor als politisches Überwachungsorgan, aber wir sollten keine Notiz von ihm nehmen, er sei auf unserer Seite, das Regime bröselte sowieso schon, bald würde es keinen Eisernen Vorhang

mehr geben und er könne dann endlich eine US-Reise machen!
Gespart hatte er schon über zehn Jahre alle Dollar, die er kriegen konnte. Unser „Tourkoordinator" bestätigte seine Harmlosigkeit, wir schenkten ihm keine besondere Aufmerksamkeit und die Stimmung zwischen uns allen war richtig gut. Jeden Abend waren wir in irgendeinem größeren Dorf/Städtchen, wo unsere Auftritte in Regierungspropagandahallen stattfanden. Diese waren sonst für kommunistische Bonzenauftritte genutzt. Man verköstigte uns mit belegten Broten, viel zu viel Becharovaschnaps, dazu russischen Sekt, der es in sich hatte und in Strömen floss. Das Publikum war absolut großartig. Sie bewunderten alles aus der freien Welt. Das Hören, Sammeln und Spielen von amerikanischer Country Music war eine von der Obrigkeit tolerierte Rebellion gegen das Regime und sehr weit verbreitet. Nach unseren Auftritten herrschte immer nur Finsternis. Die Elektrizität wurde ab 22 Uhr landesweit gedrosselt. Wir saßen im Dunkeln oder bei Kerzenlicht und beim Duschen war nur gewöhnungsbedürftiges lauwarmes bis kaltes Wasser zu haben. Nach 22 Uhr wurde eben landesweit Energie gespart. Die jeweiligen Musikliebhaber veranstalteten noch nach dem Auftritt Partys für uns und wir machten natürlich mit. Es wurden die ewigen belegten Brote und Unmengen Alkohol angeboten, der russische Sekt floss weiter in Strömen. Viele Slowaken spielten selbst Instrumente, und zwar sehr gut, wir hatten elektronisch unverstärkte Improvisationssessions, welche sehr professionell klangen. Die einheimischen Slowaken waren unglaublich talentiert, nett und sympathisch, geschlafen wurde wenig, getrunken richtig viel, und wir amüsierten uns königlich.

In Kosice und Banska Bistriza waren die Auftritte in riesigen Hallen. Etwas Erstaunliches passierte dort. Da ich generell gar nicht gerne auftrat und immer unter Lampenfieber litt, die Auftritte nur machte, wegen des ungewöhnlichen Instruments, welches sich sehr gut verkaufte, erlebte ich etwas Tolles. Die positive Energie, welche von dem slowakischen Publikum aus dem Zuschauerraum uns auf der Bühne entgegenfloss, war gewaltig, man spürte sie. Die Menschen kannten jedes Lied, sangen mit, jubelten und klatschten mit echter Freude. Sie strömten Wohlwollen und die Liebe zu dieser Musik aus, ohne Hysterie oder Aggression. Sie zelebrierten die Existenz der US-Volksmusik. Die USA standen im Hintergrund. Was ihnen gefiel, waren die Lieder der amerikanischen Landbevölkerung und deren Arbeitern. Die Stimmung riss uns alle mit, wir hatten noch nie so gut gespielt. Man konnte sich der positiv geladenen Stimmung nicht entziehen. Sie hüllte uns in Wärme und Freude an dem Gespielten zusammen mit den Zuschauern, welche das auch so empfanden. Wir brachten ganz selbstverständlich Höchstleistungen und befanden uns auf einem irren künstlerischen Höhenflug. Es gab noch etliche Zugaben und das Publikum schickte seine Begeisterung durch den dunklen Zuschauerraum. Sogar unser meist bockiges Sorgenkind Steve war richtig gut drauf, ohne irgendwo dreinzupatzen. Bic-Feuerzeuge waren für das slowakische Publikum hoch begehrt und kostspielig im Vergleich zum Preis im Westen. Trotzdem zündeten sie alle ihre Bics bei der letzten Zugabe und bewegten ihre Arme. Das kollektive Ergebnis war umwerfend und mir lief ein kalter Schauer über den Rücken. Solch ein Publikum hatten wir noch nie und wir wussten auch, dass wir so etwas nie wieder erleben würden.

Nach dem Auftritt dann ein Riesenproblem. So viele Besucher drängten sich um mich und wollten alles über die Autoharp wissen. Steve stand plötzlich im Abseits, es war nicht mehr sein Können als Ansager, Aufheizer, Witzereißer und Hauptperson im Mittelpunkt, wie in Österreich und Deutschland. Seine Kokettierung in englischer Sprache mit dem slowakischen Publikum war sehr gut angekommen, brachte ihm aber nach dem Auftritt nicht die erwarteten Glückwünsche und Aufmerksamkeiten, welche er von vorhergehenden Auftritten gewohnt war und dringend brauchte. Das wurde der gravierende Anfang vom Ende unserer Ehe. Das dankbare Publikum beschenkte uns mit kleinen geschnitzten Talismananhängern, sie wollten unbedingt Tonträger, wir hatten keine CDs, diese waren gerade im Anfangsstadium und noch kostspielig zu produzieren. Wir verteilten Demokassetten, und Autogrammkarten. Die slowakische Tour wurde eine große Erfolgsgeschichte im Werdegang der Country Music der Steve Harrison Band.

1988 spielten wir im Wiener Metropol.

St. Anton am Arlberg zu Silvester 1989 landeten wir eine Buchung in einem Luxushotel. Wir spielten in Abendgarderobe, auf jeden Fall waren wir unserem Aussehen nach reif für Las Vegas. Wir brachten zuerst sanft melancholische Westernlieder, ab 23 Uhr kamen die schnellen Nummern. Im neuen Jahr ging es richtig los mit dem Tanzen und Mitsingen. Die Gäste waren hauptsächlich Engländer. Sie brauchten lange, ihre Steifheit zu überwinden, einmal in Fahrt ging es bis 3 Uhr früh mit großzügiger Extragage. Es lief so gut, dass wir für das nächste Silvesterereignis gleich gebucht wurden.

Die Steve-Harrison-Band war angekommen, etabliert, fast jedes Wochenende und an Feiertagen waren wir ausgebucht. Und plötzlich schmiss Steve alles hin. Vorher gab es im Proberaum andauernd von ihm inszenierte Streitereien. Er wollte urplötzlich unbedingt zurück nach Amerika. Wir stritten und kamen zu keiner vernünftigen Lösung unserer Probleme. Eigentlich hatte Steve Angst vor dem Erfolg. Es war der eigentliche Grund für seine Flucht, nur verstand ich das damals noch nicht. Im Grunde seines Herzens war er ein bekiffter Straßenmusiker geblieben. Er machte sich nichts aus professionellen Strukturen, welche er als Einengung empfand. Er wollte einfach alleine oder höchstens mit einem zweiten möglichst angerauchten Musiker im kleinen Rahmen herumalbern, seine Gage viel Bier und eine Mahlzeit, dazwischen einen Joint, er war das ewige Blumenkind, „der Hippie" geblieben, alles andere war ihm zu anstrengend.

ES WIRD NIEMALS SO VIEL GELOGEN WIE VOR
DER WAHL, WÄHREND DES KRIEGES
UND NACH DER JAGD.

-F. v. Bismarkt

An Wochenenden hatten wir musiziert. Den Rest der Zeit verbrachte ich mit mehr Geldverdienen in der Import-/Exportfirma, und durch die Arbeit versuchte ich, Pensionszeiten anzusammeln. Die Außendienstmitarbeiter versuchten mir das Leben schwer zu machen, es waren junge Männer, die sexistische Sprüche vom Stapel oder den rüpelhaften Machoproleten raushängen ließen. Sie sekkierten mich andauernd und ich musste mich sehr bemühen, nicht in Tränen auszubrechen. Stattessen verstellte ich mich, um mich kaltherzig und brutal zu geben. Einer der Herren war ein ganz gemeines, richtiges Ekel. Walter Edler schrieb die meisten Abschlüsse, mit den höchsten Verkaufszahlen, er war der beste Vertreter mit dem größten Umsatz. Wenn er im Büro war und ich seine Spesenabrechnungen machen musste, stänkerte er mich andauernd an oder bombardierte mich mit zweideutigen Sprüche, wohlwissend, dass ich mit Deutsch noch kämpfte, bis ich ihn zum Teufel wünschte. Ich schrie ihn an, sich seine blöden pubertären Anwandlungen sonst wohin zu schieben. Auch wünschte ich ihm bei seiner nächsten Außendienstreise null Abschlüsse, eine Geschlechtskrankheit bei seinem Besuch im Haus der freundlichen Damen und einen fetten Unfall. Möge er irgendwo dagegen donnern und in einem Ostblockgefängnis landete, welches er einige Monate nicht verlassen dürfe. Als ich ihm das wünschte, war ich bitterböse. Prompt wurde ich scheinbar vom Schicksal in punkto Herrn Edlinger erhört. Eine ganze Woche versuchte ich ihn in Rumänien per Autotelefon zu erreichen. (Handys in der heutigen Art gab es noch keine). Nach zehn Tagen kam die Nachricht: Es gab ihn nicht mehr, er war ermordet worden und lag auf Eis in irgendeinem rumänischen Kaff. Unser Firmenwagen samt Vorführware war konfisziert worden. Der rumänische Staat verlangte als Geste des guten Willens zig tausend Dollar für den Wagen und den Toten. Angeblich hatte unser Großmaul sich schuldig gemacht, einen Extraverdienst zu lancieren und für kriminelle Devisen zu schmuggeln. Es dauerte Monate bis wir dessen verstorbene Überreste für seine Familie aus Rumänien erhielten, das Land wurde von da an als Kunde gestrichen und von uns nicht mehr beliefert. Den Wagen bekamen wir nie wieder. Sicherlich hatte irgendeine hochrangige Politbonze den einkassiert.

Wie schon beim Überspringen von Klassen und der Bewältigung von neuem Lehrstoff, verbiss ich mich in mir völlig fremde Aufgaben und es gelang mir, eine effiziente Exportsachbearbeiterin zu werden. Die Bürokratie, die Dokumente für US-General-Electric-Haushaltsgeräte oder japanische Toshiba-Unterhaltungselektronik für Ostblockländer waren zeitaufwändig und umfangreich. Dafür wurde von unserer Firma auch heftig bestochen. Die Einkäufer für den offiziellen kommunistischen Kaufhof bekamen als Geschenk Videorekorder, nicht einen pro Person, sondern mehrere, auch für ihre jeweiligen Verwandten, für große Aufträge gab es auch Bargeld, nur Dollar waren erwünscht. Am Körper geschmuggelt in einem Geldtransportgürtel, brachte ich die Devisen über die Grenze des Eisernen Vorhangs. Offiziell waren die Strafen bei Aufdeckung gewaltig, nur die Grenz- und Zollkanäle so korrumpiert, dass bei regelmäßiger, ordentlicher Bestechung keinerlei Gefahr drohte. Die Zöllner und Grenzpolizisten waren auf unserer „Gehaltsliste". Ich hatte immer Angst vor Überfällen im Auto. Man wusste, dass ich als Geldkurier unterwegs war. Komischerweise stand meine Firma, somit auch ich als ihre Angestellte, inoffiziell unter dem Schutz der korrupten Netzwerke, und ich war so sicher wie in Abrahams Schoß. Trotzdem litt ich andauernd unter Angstzuständen, welche man mir äußerlich so gar nicht anmerkte. Dass ich so viel Schauspieltalent hatte, wusste ich gar nicht. Unbekümmert, freundlich lächelnd, stand ich an unserer Grenze beim Zollgebäude und händigte Videorekorder aus. Die Zöllner waren freundlich und gaben mir scheußlich schmeckendes Ostblockcola zu trinken, als Geste der Freundschaft, allerdings sehr oft mit Schnaps verfeinert. Innerlich bebte ich vor Angst, jedoch lief alles immer friedlich ab. Die Firma Wittrans wurde hofiert, weil wir großzügigerweise alles Mögliche springen ließen. Eine italienische Make-up-Firma namens Pupa, die wunderschöne Schminkschatullen produzierte, war ein viel begehrter Beeinflusser für spätere Aufträge von den Damen, die das Bestellwesen für die Kaufhöfe abwickelten. Diese Schminkschatullen wurden auch für die Freundinnen und Ehefrauen der Zöllner gerne in Empfang genommen. Es gab auch elektronische Schachspiele als Überzeuger für Aufträge und Geldbeträge in Dollarscheinen erwirkten Wunder bei bestellten Stückzahlen. Dass ich in Gefahr war, wegen Devisenschmuggel aufzufliegen und hinterm Eisernen Vorhang für immer verschwinden könnte, versuchte ich krampfhaft zu verdrängen, wann immer ich unterwegs war. Von der Wittrans Chefin persönlich bekam ich fette Prämien für jede Fahrt, oft dreimal pro Woche. Da mein Haus umgebaut wurde, kam das Geld sehr gelegen. Christian hätte diese Vorgangsweise der Geschäftemacherei nicht gebilligt, obwohl er sicherlich von dieser Form der Korruption wusste.

Mutter rief mich andauernd an und jammerte, verstand nicht, warum ich sie nicht bedauerte und ihr feindlich gesinnt war, nur weil ich kurz angebunden, ungeduldig, ihr idiotisches Geschwafel nicht lang und breit mit ihr durchdiskutieren wollte. Die nervliche Belastung durch den Job war zermürbend. Ich versuchte es zu erklären: Meine Probleme hatte ich ihr zu verdanken, weil ich mir erkämpfen musste, was eigentlich von vornherein mein Geburtsrecht gewesen wäre. Die Schwierigkeiten bei meiner Wiedereingliederung in der Heimat waren äußerst nervenaufreibend. Auch quatschte sie mir andauernd die Ohren voll über den Verfall der ehemaligen guten Konditionen und Bedingungen im US-Leben. Das gab mir zu denken, alles, was drüben vor sich ging und passierte, kam irgendwann über den großen Teich und machte sich auch in Europa breit. Irgendwie beeinflussten im negativen Sinne die USA die ganze Welt. Ihre Konflikte und stellvertretenden Kriege wurden in fremden Ländern ausgeführt, um der Waffenlobby fette Profite zu garantieren. Diese Tatsachen und Aussichten waren für mich extrem beunruhigend. Andauernd wollte Mutter, sobald sie irgendwo sesshaft wurde, danach früher oder später irgendwoanders hin. Sie war nie zufrieden mit ihren Lebensumständen. Ihre ewige Raunzerei belastete und belästigte mich. Durch die Zeitverschiebung von neun Stunden waren meine Nächte andauernd gestört. Für die egoistische kleine Hexe gab es natürlich keine Rücksicht auf Andere. Es kam ihr einfach nicht in den Sinn, dass ihr Gegenüber sich überhaupt nicht für ihre Probleme interessieren könnte. Noch weniger begriff sie, dass ihre Tochter nicht ihr Besitztum war, zu benutzen und einzusetzen, wie sie es gerade wollte oder für richtig hielt. Die den Rest der Zeit auf „bitte warten" in den Kulissen auf Abruf zu stehen hatte, bis sie von ihr gebraucht wurde. Klar bekam Mutter schön langsam Angst vor ihrer Zukunft in den Staaten. Mit begrenzten finanziellen Möglichkeiten und kleiner Pension war es nicht gerade ein optimales Land für alte Leute und deren netten Lebensabend. Auf keinen Fall für eine extravagante Seniorin mit Allüren und einem angeborenen Geschmack für Luxus.

Mutters großer Tag kam, als Sigmund endlich geschieden war. Er hatte es tatsächlich getan, was ich nie für möglich gehalten hätte. Einer Heirat mit Frau Mama stand nun wirklich nichts mehr im Wege. Hoffentlich hatte das zu bedeuten, dass sie jetzt ihn mit ihrem idiotischen Gefasel beglücken würde und nicht mehr mich. Diese Möglichkeit war mir sehr willkommen. Ich konnte mit ehrlicher Freude den beiden gratulieren. Sie wollten nach Florida ziehen. Eine wunderbare Neuigkeit und noch besser für mich, es war so schön weit weg von mir. Aber leider, leider ...

Knapp vor Mamas heiß ersehnter Hochzeit fiel Sigmund tot um. Ein Herzinfarkt hatte den kleinen Wicht dahingerafft. Von da an liebte sich Mutter in der tragischen Rolle der „fast"-Witwe. Andauernd gab es Anrufe, sie wollte getröstet werden, ich konnte es aber leider nicht, zu tief war meine Endtäuschung. In meinem Kopf spukte Großmamas Vorhersage herum: „Da kannst du Kopf stehen, der wird dich nie und nimmer heiraten!" Sie hatte Recht behalten, aber, dass er sich vor der Hochzeit in den Tod flüchten würde, konnte man auf verschiedene Weise auslegen. Ich fand es irgendwie sehr passend und enthielt mich jeglichen Kommentars. Eigentlich schade, dass Sigmund nicht schon früher das Zeitliche gesegnet hatte und dadurch Mutter und mir das blöde Auswandern erspart geblieben wäre. Ohne ihn als die treibende Kraft dahinter, hätte Mutter das Wagnis der Immigration nicht durchgezogen, zumindest glaubte ich das. Zur selben Zeit wurde mir auch bewusst, dass unsere Familie meine Mutter loswerden hatte wollen, weil sie andauernd Mist gebaut hatte und sooooo anstrengend gewesen war. Dass mir als Anhängsel das Verlassen meiner Heimat immense Nachteile bringen würde, schien keinen in der Familie wirklich interessiert zu haben. Es wurde angenommen, ich würde mich schon irgendwie durchsetzen und wenn nicht, konnte man halt auch nichts machen. Im Grunde war ich sowieso allen egal.

Mitte der 80er und Anfang der 90er Jahren war es möglich, in Österreich für eine zukünftige Rente Pensionszeiten nachzukaufen, und Hilda, mit Christians Ministergehalt, kaufte für Eleonore kräftig nach. Mama hatte vor dem Auswandern insgesamt ganze achteinhalb Jahre in Österreich gearbeitet, mit zig Monaten Krankenstände und Kuren dazwischen. Ihre Pension wäre gar nicht richtig zustande gekommen, ohne den Nachkauf von der Frau Justizminister. Durch diesen bekam Mutter später 14 Mal pro Jahr vierhundertfünfzig Euro pro Monat. Kassieren würde sie ganze 34 Jahre. Das störte mich ungemein: auf Österreich schimpfen, woanders leben, aber das Geld einsacken, ich fand das schlimm, abstoßend, opportunistisch, verlogen und typisch Mutter. Mein Vater meinte nur, es passte zu ihr. Sie war halt in erster Linie auf ihren eigenen Vorteil bedacht, für sie war nur das Beste gut genug, hatte sich immer schon überall herausgenommen, was nur ging. Sie war der Ansicht, was sie sich erschwindelte oder selbst aneignete, stand ihr selbstverständlich zu.

JAGT MAN EINE WAHRHEIT ZUR TÜRE HINAUS,
KOMMT SIE BEI EINEM FENSTER WIEDER HEREIN

-Leo Tolstoi, Brüder Karamasov

Seit ich von seiner Existenz in Kenntnis gesetzt worden war, hatte ich regen, brieflichen Kontakt mit meinem Vater und ein Besuch war geplant. Als ich das bei einem Telefonat mit Frau

Mama absichtlich erwähnte, um sie zu ärgern, kam sie förmlich durch die Leitung. Ihr Gekreische ging mir wieder einmal durch Mark und Bein:

„Lass doch gefälligst die Vergangenheit in Ruhe! Das geht dich alles gar nichts an! Wenn ich das gewusst hätte, wäre keine Hausschenkung zu Stande gekommen! Kümmere dich um deine blöden Männer und hör auf, in meiner Vergangenheit herumzustochern. Du kennst die Zusammenhänge nicht, oder die Beweggründe von damals!"

„Warum erklärst du sie mir nicht?", wollte ich wissen.

„Das verstehst du nicht, die Zeiten waren ganz anders."

Wie anders sie waren, darüber redete sie nicht und wollte keinerlei Details erläutern. Ich schloss daraus, dass sie sich entweder ihrer damaligen Gegebenheiten schämte, oder sie hatte einfach alle Kriegserlebnisse total ausgeblendet. Alles schien wahrscheinlich für sie viel zu schmerzhaft gewesen zu sein, zumindest formulierte sie es so. Es war ihr unangenehm, wenn die Wahrheit über die genauen Umstände ihrer Zeit in Polen zu Tage kommen würde. Dank meines Vaters war es ihr dort viel zu gut gegangen. Es gab keinerlei Entbehrungen. Heinz verwöhnte seine kleine, gelangweilte österreichische Ehefrau. Auf jeden Fall ließ er seine Schweizer Familie (mit schwangerer Ehefrau) für meine Mutter sausen. Ich verstand, dass sie nicht preisgeben wollte, dass sie nicht gelitten hatte. Ihre unter Tränen offenbarten, generellen Kommentare über den bösen Krieg und wie schrecklich sie dadurch zu leiden gehabt hatte, waren Schall, Rauch und Hysterie. Um Mitleid zu schinden, Sympathie zu lukrieren, um von ihr begangene Fehler zu vertuschen, kurzum war ihre Version der Dinge eine große, fette Lüge. Traurig schien nur, dass sie ihr Lügengebilde, ihre erfundene Geschichte, für die tragische, absolute Wahrheit hielt.

Endlich war der ersehnte Besuch bei meinem Vater in Grailing über München aktuell. Schwer gezeichnet von seiner Herzkrankheit war er nur mehr ein Schatten seiner früheren Fotos. Er rauchte trotzdem sehr viel und drehte seine Zigaretten selbst, um sie sich leisten zu können. Der treue Familienhund, ein Beagle, wich nicht von seiner Seite, als wüsste er, wie schlimm es um sein Herrchen stand. Heinz hatte etwas sehr Charmantes an sich und viel Humor, trotz seiner fatalen Herzkrankheit und dem verfallenen Gesundheitszustand. Die starke Brille verbarg keineswegs seine neugierig voll Übermut schillernden Augen. Trotz der Einnahme seiner schweren Medikamente wirkte er immer aufgeweckt und hoch amüsiert. Fast zwei Meter groß, war er wegen seines Gesundheitszustands schwer untergewichtig. Nur ein leichter Windstoß und er würde umfallen, so sah er aus, aber er war zäh, hatte sogar einen sehr stabilen Gang, allerdings war er keiner längerer Strecke mehr mächtig. Obwohl erst Anfang sechzig, ging sein Gesundheitszustand dem Tod entgegen. Er bekam nicht genug Luft beim Atmen, trotzdem rauchte er sehr viel. Er meinte, es sei egal, weil seine Tage sowieso gezählt waren, er gerne rauchte, das Aufhören ihm viel zu viel Stress bereiten würde und ihn trotzdem nicht mehr retten konnte, oder ihn länger auf der Welt behalten würde.

Heinz hatte sich die letzten Jahrzehnte seinen Lebensunterhalt mit dem Schreiben von Groschenromanheftchen verdient und zwar mit Wildwesthandlung. Es gab damals keine Möglichkeiten, bei spezifischen Beschreibungen der geografischen und folkloristischen Gegebenheiten das Internet zu Rate zu ziehen, es gab noch keines und man konnte nicht googlen. Trotzdem war seine Beschreibung des Metiers, der Landschaft, der Menschen, das ganze Drumherum so authentisch, als hätte er schon ewig in den westlichen Bundesstaaten gelebt. Er beschrieb alles absolut perfekt und ließ mich einige seiner Werke lesen. Ich war erstaunt über sein Talent und seine Vorstellungskraft. Er brachte in die Handlung Beschreibungen der Geografie und der Leute darin so genau, dass ich den wilden Westen der USA und meine früheren Indianerfreunde zu erkennen glaubte. In den USA war er nie gewesen, geschweige denn hatte er die westlichen Bundesstaaten mit ihren vielen Gedenkstätten, Museen, alten Silbermienen, Geisterstädten und Saloons gesehen. Westernfilme hatte es auch nicht damals viele gegeben. Seine Beschreibung des Genres war seiner Vorstellungskraft entsprungen. Er schrieb unter vielen verschiedenen Namen: Sidney King, O.H. Quitz, Kibby Williams. Dutzende seiner Erzählungen waren extrem gefragt und er erfreute sich einer großen Fangemeinschaft. Zwei Geschichten wurden sogar verfilmt.

Heinz kam auf Eleonore zu sprechen, als er sie zum ersten Mal sah. 1942 wurde sie ihm als Büroschreibkraft zugeteilt. Irgendetwas hatte sie angestellt, weil man sie von Wien nach Krakau in Polen in den Arbeitsdienst strafversetzt hatte. Es schien ihr gar nichts ausgemacht zu haben und nicht einmal bewusst zu sein, in welcher gefährlichen Situation sie sich befand, nämlich mit einem Fuß auf nasser Seife und dem anderen im „Arbeit macht frei"-Lager. Eines Morgens hatte sie gelangweilt in seinem Büro vor ihm gestanden, in einem pfiffigen Kalbfellmantel, die Haare dauergewellt, sie trug Lippenstift, Wimperntusche und Nagellack, war gar nicht der Typ der braven, deutschen Frau und Mutter von zukünftigen Soldatensöhnen. Klein und zierlich, erweckte sie in Heinz sofort den Beschützerinstinkt. Drei Jahre versuchte er, sie zu beschützen, entfesseln und ohne Erfolg zu verführen.

Als der Krieg zu Ende ging, in den letzten Wochen, brachte Heinz die schwangere Eleonore im Frühjahr 1945 nach Wien. Es war eine haarsträubende Reise gewesen, gefährlich und blutig. Per Bahn erwischte sie nach der polnischen Grenze ein Fliegerangriff auf deutschem Boden. Sie mussten den brennenden Zug verlassen und ihren Weg durch Teile Deutschlands nach Österreich und nach Wien fortsetzen. Leider waren sie auf ihrer Reise auch sehr häufig Bombenangriffen der US-Luftwaffe ausgesetzt. Zu Fuß unterwegs fanden beide manchmal eine kurze Mitfahrgelegenheit bei anderen fliehenden Menschen mit Fahrzeugen. Die Fluchtepisode war für Eleonore ein Riesenschock. Bis dahin hatte sie vom brutalen Teil des Krieges mit Leichen in Schutt und Asche nichts mitbekommen. Der Krieg mit seiner horrenden Gewaltobszönität trug nun ein Gesicht und seine blutige Fratze war für sie nicht wegzuignorieren. Für kurze Zeit löschte die gewaltige Zerstörung sogar ihren gelangweilten Gesichtsausdruck. Nach tagelangem Fußmarsch erreichten Heinz und

Eleonore Wien und Tante Hildas Villa in Ober-St.-Veit, wo sie sich im Keller vor den einmarschierenden Russen versteckten. Diese kamen über den Lainzer Tiergarten die Adolfstorgasse herunter, genau an ihnen vorbei. Auf ihren Wegen wurde geraubt, vergewaltigt und geplündert. Ein Deutscher war der Erzfeind dieser Soldaten und am besten nicht auffindbar, so versteckte man Heinz im Keller hinter und Kohlen und anderem Brennmaterial. Man setzte die schwangere Salongurke vor den Kellereingang, die wilden Russen hatten manchmal Mitleid mit schwangeren Frauen, obwohl man da nicht sicher sein konnte, ob auch mit ihr das so ausgehen würde. Sie hatte Riesenglück und ließen sie in Ruhe. Elli und Hilda servierten Schnaps und Wurstbrote, was bei den Russen gut ankam. Sie benahmen sich halbwegs artig und zogen weiter, ohne zu zerstören, zu plündern, zu vergewaltigen oder gar zu morden. Andere Wiener kamen nicht so gut weg, es gab Gewalt und todbringende Aggression seitens der russischen Befreier. Ein Nachbar von Hilda wollte seine Armbanduhr nicht sofort aushändigen, so wurde er vor seiner Frau und den Kindern erschossen, danach wechselte die goldene Uhr den Besitzer. Es gab sehr viele tödliche Delikte und brutale Vergewaltigungen in den ersten Wochen der „Befreiung".

Eleonores Familie mochte Heinz vom ersten Tag an nicht. Großmama Lore als Schwiegermutter war auch von seinen guten Manieren nicht beeindruckt, für sie blieb er als Deutscher der Feind. Eine Weile durfte er nach meiner Geburt noch als mein Vater mitwirken. Mit Christians Effizienz wurde die Scheidung meiner Eltern durchgezogen. Heinz durfte mich noch ein paar Mal sehen, dann wurde er verjagt.

Nach meiner Mutter ehelichte er für kurze Zeit eine Wienerin, wo er eine Zeitschrift lancierte. Sie hieß „Der Fortschritt" und befasste sich mit österreichischer Kunst, Tradition und Kurzgeschichten, also Zerstreuung für die Freizeit. Wenige Leute hatten Freizeit, weil der Wiederaufbau in vollem Gang war und wenig Geld für den Luxus eines Freizeitmagazins übrig blieb. Das gab nach wenigen Ausgaben den Geist auf, auch weil Papierlieferungen nur sporadisch erfolgten. Heinz' nächste und letzte Frau traf er nach der Magazinpleite. Er heiratete Elisabet, eine Juwelierstochter und Kriegswitwe mit vier Kindern. Mit einem Goldschmuckvorrat und den Kindern verließen sie Österreich, zogen nach Berchtesgaden und die neue Frau Quilitzsch gebar ihm zwei Söhne. Einer war eine Hausgeburt während eines Schneesturms gewesen, deswegen bewältigten die beiden das Geschehen sehr vorbildlich ganz alleine. Diese Erfahrung brachte sie einander noch näher. Sie und Heinz schrieben Romane für einen Taschenbuchverlag und später eben die Westernserien, genossen ihre Ehe und ihre Kinder. Ende der 70er Jahre erschienen zwei Schweizer Töchter, um ihren Erzeuger kennenzulernen. Seine Söhne nannten sie die Gespenster aus der Vergangenheit. Als ich in den 90ern dann auch noch auftauchte, waren die Burschen ganz aus dem Häuschen. Ihr Familienratespielwitz war, sobald die Türglocke läutete: „Wie viele Halbschwestern kommen aus welchem Land heute zum Tee?"

Der Besuch bei meinem Vater, meinen zwei Halbbrüdern und seiner Frau Elisabet gestaltete sich sehr harmonisch. Heinz wollte mir eine Freude machen und wir gingen alle in einen Biergarten auf Weißwürste und ein Maß Bier. Wir waren quietschfidel und blödelten durcheinander. Alles war wunderbar, aber wir merkten, wie sehr Heinz sich zusammenriss, um bei der Familienfeier durchzuhalten. Wir wussten, mit ihm ging es dem Ende zu.

Ich war dem Schicksal ewig dankbar, dass ich zwei Wochen gehabt hatte, meinen Vater und dessen Familie doch noch kennenzulernen. Nach meiner Wiederkehr nach Wien löcherte ich Mutter via Telefon über die Gründe für die vielen Lügen. Wütend versuchte ich, trotzdem kühl und fair zu sein, wollte wissen, warum mich all die Jahre meine Verwandtschaft hinters Licht geführt hatte. Darauf bekam ich keine zufriedenstellende Antwort. Es hieß nur, auf schiefe Blicke und blöde Kommentare hatte Frau Mama keine Lust, weil Deutsche generell in Wien nach Kriegsende nicht gerne gesehen waren. Außerdem hatte Madam ihrerseits keine Gefühle für ihn und ohne meinen Vater ließ es sich viel besser leben. Dass sie aber in ihrer Strafversetzung im Krieg nach Polen, durch ihn, in Saus und Braus leben hatte dürfen, mit Kaviar, Sekt und Trüffelpastete, war für sie selbstverständlich gewesen. Dass er sie höchst wahrscheinlich vor dem Vernichtungslager gerettet hatte, auch. Das normale europäische Volk hatte gehungert; um Bomben zu entgehen, in Kellern gelebt, oder in Todeslagern gelitten und war dort gestorben, während sie gut gekleidet und gefüttert in den Tag hineinleben hatte können, weil sie unter dem Schutz eines deutschen Bonzen gelebt hatte. Sie hatte unerhörtes Glück gehabt, weil Heinz, durch Interesse an ihrer Person, ihr Böses erspart hatte. Sie wäre sicherlich in keinem Konzentrationslager lange am Leben geblieben. Den Mund hätte sie ganz sicher nicht gehalten und wegen ihrer Sprüche wäre sie bei der ersten Gelegenheit von den Aufpassern oder Mitgefangenen ganz sicher unschädlich gemacht worden. Solche Spekulationen ließ ich mir durch den Kopf gehen, weil ich versuchte, mir die damaligen Umstände vorzustellen. Egal mit welcher List ich versuchte, Mutter zum Reden zu bringen in punkto Vergangenheit, Madam war absolut nicht gewillt, über ihre zu reden. Lieber frönte sie Trivialitäten. Teile ihres früheren Lebens schien sie völlig verdrängt zu haben.

Alle paar Tage rief Mutter an, um Horrorunfälle, oder politische Schandtaten zu bereden und dann mich anzujammern, dass ich hätte Sängerin, Schauspielerin, Tänzerin werden sollen. Ich war ja soooo begabt gewesen. Immer diese blöden Ehen! Wann würde ich endlich durchstarten? Ich hatte Valium und ein volles Paket Zigaretten beim Telefon und einige Male gab ich ihr Kontra, dann heulte sie und betonte, wie arm und missverstanden sie sich fühlte. Wie gemein ich war, weil ich sie attackierte. Ich steckte einmal das Festnetztelefon aus, um einige Wochen Ruhe zu haben. Prompt schickte sie mir die Polizei ins Haus, um nachsehen zu lassen, was mit mir los war! Sie rief aus Kalifornien die US-Botschaft in Wien an, die kontaktierten für sie das Kroat beim Reumanplatz und sie verlangte, dass man mich besuchte, um zu sehen, ob mir etwas passiert war, weil ich nicht ans Telefon ging. Ich war sehr erschrocken, als die Polizisten mit einem Schlüsseldienst anmarschierten und versuchten, mein Gartentürschloss zu knacken. Als ich hörte, worum es ging und ich mich von der Überraschung ein wenig beruhigt hatte, erklärte ich der Polizei die Verhältnisse zwischen Mutter und mir. Sie versprachen, nie wieder Folge zu leisten. Ich war immer wieder überrascht, was diese Wahnsinnige zu Stande brachte, wenn sie sich etwas in den Kopf setzte und das bis zum bitteren Ende durchzog. Was war sie lästig und überheblich, ich würde erst zur Ruhe kommen, nachdem sie unter der Erde weilte. In mir brodelten Ungeduld und Unbehagen, wenn das Telefon am Abend läutete bekam ich Magenschmerzen. Es war wie in meiner Kindheit, wenn ich unter das Klavier flüchtete, sobald ich ihr Gekreische an der Eingangstüre hörte. Wie konnte ich mich als erwachsene Person von ihrem Telefonterror so verrückt machen lassen? Alle möglichen Gegner und Aggressoren hatte ich mein Leben lang in die Schranken gewiesen, abserviert, unschädlich gemacht! Vor ihrer lästigen Art war ich nicht im Stande mich zu schützen. Immer wieder vor den Kopf gestoßen von Mutters Kommentaren, war mir unbegreiflich, wie eine erwachsene Frau so unsensibel sein konnte in Bezug auf die Gefühle ihrer Mitmenschen. Sie war überzeugt, dass „die Wahrheit", ihre Wahrheit, unbedingt jedem unter die Nase gerieben gehörte. Diplomatie war für sie ein Fremdwort. Wenn sie mit mir telefonierte, langweilte sie mich stundenlang mit Geschichten darüber, wem sie es wieder so richtig verbal gegeben hatte. Sie schien zu glauben, dass ihr Geschrei und die Beschimpfungen ihrem Gesprächspartner gegenüber, aus welchem Grund auch immer, in Ordnung waren. Wehe, man kritisierte sie, da kamen sofort die Tränen, sie war ja so fertig mit den Nerven, der schreckliche Krieg, wie konnte man sie nur angreifen? Sie hatte doch gar nichts getan. Desto älter sie wurde, desto dramatischer dieses Verhaltensmuster. Ich konnte nicht verstehen, warum ich mich durch das Telefon tyrannisieren ließ. Noch dazu von jemandem, der auf der anderen Seite der Weltkugel lebte, das war völlig lächerlich. Ich wünschte, Madam würde endlich das Zeitliche segnen, oder zumindest die lästigen Anrufe reduzieren. Vielleicht war mein Verhalten ihr gegenüber zu nett oder höflich. Aus irgendeinem Grund, den ich nicht nennen konnte, war es mir unmöglich, sie ein für alle Mal verbal zurecht zu stutzen und ihr die Meinung zu sagen. Dass ich meinen Vater nett und liebenswert fand, störte sie sehr. Ich fühlte perverse Genugtuung, weil es sie störte. Da waren wir wieder bei den kranken Verhältnissen aus meiner Kindheit. Ich wollte eigentlich nur, dass Madam endlich aus meinem Leben verschwand aber daraus wurde nichts.

Zu ihrer kurzen Beziehung zu meinem Vater meinte sie nur, ein Mann, mit dem sie sich eingelassen hatte, musste sehr wohl etwas Besonderes gewesen sein, sie ließ doch nicht irgendwen an sich heran! Heinz war sehr intelligent, auch hatte er gute Manieren, aber sie liebte ihn nicht und sie wollte allein sein. Auf jeden Fall nicht dauernd Rücksicht nehmen müssen auf einen Partner. Und überhaupt sollte ich die Vergangenheit vergessen und endlich Ruhe geben. Das war Mutters Einstellung und ihrer Meinung nach wurden Väter sowieso überbewertet und waren überhaupt nicht wichtig. Mit ihrem eigenen wusste sie nie was anzufangen, hatte keinerlei Draht zu ihm. Er blieb ihr ein Leben lang fremd. Sie mochte ihn eigentlich gar nicht und ihre Mutter noch weniger. So formulierte sie ihre Gefühle für ihre Eltern. Die beiden hatten mir so viel beigebracht und mit viel Liebe und Geduld Lebenswichtiges vermittelt. Konnte es sein, dass Großeltern differenziertes Benehmen und Gefühle für ihre eigenen Kinder und ihre Enkel praktizierten? Als junge Eltern war ihre Kindererziehung noch Neuland. Als Großeltern mit Enkeln gestaltete sich das anders, man sah die Welt mit ihren Problemen gemäßigter, war nicht mehr so leicht aus der Ruhe zu bringen, verfügte über viel größere Geduldreserven.

„SEI WIE DU BIST; DU KANNST ES SOWIESO NICHT ALLEN RECHT MACHEN", sagte mein Vater zum Abschied. Als er starb, waren wir darauf vorbereitet, wussten wir doch, dass seine Krankheit über ihn jeden Augenblick siegen würde. Trotzdem traf uns sein Abgang ziemlich schwer. Wir waren in sehr trauriger Stimmung, als wir uns vor einem kleinen Urnengrab in einem Friedhof beim Starnbergersee versammelten. Es wurde ein sehr ungewöhnliches Begräbnis. Am Weg zum Friedhof hatte es in Strömen geregnet. Der Himmel weinte mit uns.

Höchst ironisch: zwei Schleifen an zwei Kränzen am Grab hatten gravierende Rechtschreibfehler, bei einem Schriftsteller eigentlich fehl am Platz. Um das Grab waren grüne Plastikgrasmatten ausgelegt, völlig durchnässt und sehr rutschig, was dem kleinen, evangelischen Pfarrer nicht so bewusst war. Prompt verlor er den Halt und fiel in das ausgehobene Urnenloch. Nur sein Glatzkopf und die Schultern ragten heraus. Mit größter Mühe konnten wir uns das Lachen verkneifen. Natürlich war er, nachdem wir ihm da rausgeholfen hatten, sehr schmutzig, mit nasser Erde auf seinem weißen Spitzenüberwurf. Machte nichts, sehr elegant hielt er seine Ansprache völlig bekleckert. Plötzlich wurde er unterbrochen. Mein älterer Halbbruder war mit einer neuen Freundin, spät aber doch, gerade am Grab angekommen. Seine zwei Exfrauen und die „noch"-Ehefrau waren seit Beginn der Zeremonie dabei und gingen nun auf die „Neue" und ihn los. Sie wurden untereinander richtig handgreiflich und eine der Damen ging sogar zu Boden. Das Gras war klitschnass und sie wurde es auch. Es fing wieder an zu regnen und in dem Durcheinander tat mir Heinz' Witwe leid. Ich wollte ihr tröstend beistehen. Elisabeth lächelte und meinte nur: „So ging es öfter bei uns zu." Sie zeigte zum Himmel: „Heinz sitzt da oben irgendwo auf einer Regenwolke, raucht eine Zigarette nach der anderen und amüsiert sich königlich."

JEDES ENDE IST AUCH EIN NEUER ANFANG

Obwohl ich ihn gar nicht lange gekannt hatte, war ich traurig, dass Mutter und der Rest der Familie ihn vor mir geheim gehalten hatten. Es war nicht mehr zu ändern, aber ich wollte noch so vieles von ihm wissen. Wir gingen nach der Beisetzung in einen Biergarten auf Weißwürste und ein Maß Bier, der Verstorbene hatte sich das für uns so gewünscht. Die Frauen meines älteren Bruders hackten verbal aufeinander herum. Der Rest der Trauerpartie erzählte Geschichten über Heinz. Unter den Trauergästen befanden sich Leute vom Verlag und einige Schriftsteller. Er schien sehr beliebt bei Freunden und Familienmitgliedern gewesen zu sein.

Das Telefonat mit Frau Mutter über dieses Geschehen wurde sehr seltsam. Konnte es sein, dass ihr sein Tod zu denken gab? Beide waren schließlich gleich alt gewesen. Mutter hatte keine giftigen Kommentare bereit und sie klang fast andächtig, als sie über ihre Beziehung zu ihm sinnierte:

„Er war ja recht charmant und intelligent. Ach, was soll's, es war Krieg, der torpedierte viele Ehen. Ich wollte halt allein weitermachen, eine Ehe taugte mir nicht, dafür bin ich nicht geschaffen. Warum soll ich mich einengen lassen, wenn ich nicht will? Das Leben ist sowieso viel zu kurz und beschissen, ohne sich noch mit einer Partnerschaft zu belasten. Diese Energie kann man woanders viel besser gebrauchen."

Auf jeden Fall gab es von ihr aus gar keine Gift-und-Galle-Sprüche. Auch klang ihre Stimme fast weich und beschwichtigend. Das kannte ich überhaupt nicht von ihr. Fast konnte man den Eindruck bekommen, dass ihr Heinz und sein Dahinscheiden nahegingen. Manchmal, eigentlich äußerst selten, hatte sie Momente, in denen sie nachdenklich und ruhig vor sich hin philosophierte. Irgendetwas am Tod ihres Exmannes berührte und störte sie sehr. Wahrscheinlich hatte sein Tod ihr ihre eigene Sterblichkeit vor Augen geführt. Sie befand sich auch im vierundsechzigsten Lebensjahr. Hätte ich damals gewusst, wie viele Jahre zu leben noch vor ihr lagen, wäre ich wahrscheinlich in Ohnmacht gefallen.

Als ich aus Deutschland zurückkam, merkte ich, dass ich dringend Urlaub brauchte, um alles zu verdauen. Fünfturm fand ich perfekt für diese Gelegenheit und Tante Hilda begleitete mich, weil sich angeblich einiges dort geändert hatte und sie es gerne gesehen hätte. Die Fahrt in die Steiermark war wieder einmal eine haarsträubende Affäre. Diesmal schoss Christian nicht die Bundesstraße entlang wie eine gesengte Sau, sondern Hilda tuckerte mit 30 km/h dahin, in der linken Spur nach Mönichkirchen über den Pass in die Steiermark. Die rechte Spur war ihr nicht geheuer, wegen des steil abschüssigen Geländes daneben. Hinter ihr staute sich die Autokolonne, wild hupend und gestikulierende Autofahrer überholten uns in der rechten Spur. Ich war wütend und beschloss, die Tante zu überzeugen, das Autofahren aufzugeben, bevor noch gröbere Probleme mit ihrem Fahrstil passierten. Danach war sie höchst beleidigt. Den Rest des Weges übernahm ich das Steuer und versuchte ihr zu erklären, dass es keine Schande war, älter zu werden und nicht mehr so tapfer wie in jungen Jahren zu sein, sie blieb beleidigt.

Das neue Fünfturm war grandios gelungen, was seine Renovierung betraf! Schon als wir die Auffahrt zum Hauptgebäude einschlugen, begrüßten uns hunderte blühende Dahlien in allen möglichen Farben, von der Einfahrt bis zum Haus war die Blütenpracht überwältigend. Das Gebäude selbst strahlte schon von Weitem blendend weiß vor sich hin. Beim Eingang stand ein riesiger Eisenkessel auf einem Podest, der Behälter voll mit einem wunderschönen Schnittblumenstrauß. Kein Vergleich zu der früheren vernachlässigten Bruchbude mit blätterndem Putz, der verwitterten Holzeingangstüre mit zerbrochener Glasscheibe. Die neue/alte war restauriert worden und sicher sehr teuer gewesen. Die kaputte Eingangstürscheibe war mit einer von Bleiglas verzierten ersetzt worden. Die zwei Holzbalkone erstrahlten neu instandgesetzt und bei den Balkongeländern fehlten keine Bretter mehr. Dafür war da jede Menge hängende Blütenpracht in Balkonkisten an den Balustraden. Es gab ein neugedecktes Dach, neue dreifach verglaste Fenster. Das Gebäude sah wunderbar aus und mir war ganz warm ums Herz. Ein strahlendes Fünfturm glänzte uns in seiner neuen Aufmachung entgegen. Leider gefiel es Hilda gar nicht, raunzend mit weinerlicher Stimme meinte, sie das Ganze sehe aus wie ein feudaler Landsitz von neureichen Emporkömmlingen. Das fand ich gar nicht und ich sagte es ihr auch, da war sie wieder einmal beleidigt.

Eine breitschultrige, große Frau etwa Mitte//Ende vierzig, sonnengebräunt und lachend kam uns entgegen. Sie hatte dichtes, leicht gewelltes, hellbraunes Haar in einen üppigen Pferdeschwanz gebunden. Ihre hellbraunen Augen sprühten mit

Lebenslust. Es war Lydia Pabst, Ehefrau von G.W. Pabsts Sohn Peter. Wie wir später bei Kaffee und Kuchen erfuhren, hatten beide den Besitz günstig erstanden, renoviert und sich dafür richtig ins Zeug gelegt. Das Haus erstrahlte in einem fantastischen Gemisch aus raffinierter Modernisierung und liebevoller, alt erhaltener Tradition. Lydia hatte auch ein wunderschönes Platzerl hinter dem Haus mit Blick auf Kitzeck geschaffen. Diese mit Steinplatten ausgelegte Terrasse bot Platz zum Verweilen, um die einzigartige, traumhaft schöne Aussicht zu genießen. Es gab einen großen Tisch und Stühle, um Wetter erlaubend dort zu essen, einige Liegestühle zum Seelebaumelnlassen, oder auf die herannahende Nacht zu warten. Links davon erfreute den Besucher ein Beet, bepflanzt mit verschiedenen Gräsern und blühenden Büschen. Die gegenüberliegende Seite zeigte den Standplatz von einem halben Dutzend sehr großer, alter Nadelbäume, die Wetter bedingt wunderbar rauschten. Ich war sprachlos und glücklich, dass dieser Besitz der Pabst-Familie erhalten geblieben und so wunderbar saniert worden war, und dass die untüchtigen Brodas nichts mehr zu sagen hatten. Mit der nächsten Pabst-Generation wehte frischer Wind und glamouröser Aufschwung durch die einst müden Gemächer und die zwei kaputten Balkone. Ich flüchtete schnell zu meinem Beetstockmarterl, wo ich vor meiner Abreise nach Kanada gefleht hatte, irgendwann wiederkehren zu dürfen, bedankte mich innig für meine Rückkehr und schmückte es mit frischen Wiesenblumen. Danach rannte ich guter Dinge wieder zum „Schlösserl".

Lydias und Peters Teenagetochter fand ich in Begleitung einer Klassenkameradin, welche sie besuchte. Sie war ein sehr hübsches Mädchen um die siebzehn Jahre alt. Wir bastelten alle zusammen an Korallenketten und nähten. Eigentlich nahmen wir bunte Männerhemden und trennten die Kragen ab, um sie wie Jacken über T-Shirts zu Jeans zu tragen. Es war ein wunderschöner Mini-Urlaub, Lydia sprühte mit Witz und guter Laune. Die Frau war unglaublich. Sie betreute den riesigen Garten mit Schwung und Elan, putzte das Haus und kochte herrliche Malzeiten. Ich folgte ihr wie ein Schoßhund, half, wo gebraucht und fand die Frau einfach fantastisch. Ihren Ehemann Peter Pabst sah man fast nie. Unter der Woche arbeitete er in Deutschland, am Wochenende war er mit Tochter und deren Freundinnen unterwegs.

Die einzige Spaßbremse war Tante Hilda. Sie schlich durch die Zimmer, beanstandete jede Erneuerung, jedes verschobene Möbelstück auf seinem neuen Platz oder ganz neue Möbel, die sie nicht passend fand. Sie lamentierte unaufhörlich über das frühe, alte Fünfturn, das vertraute, verstaubte, vernachlässigte und verwahrloste Ambiente der Broda-Ära. Hilda mochte die Erneuerungen gar nicht, für sie war das nicht ihr geliebtes Refugium von anno dazumal. Ich vermutete, sie war einfach zu alt, um Erneuerungen und Fortschritt zu vertragen. Konnte sehr wohl sein, dass Veränderungen bei ihr generelles Unbehagen aufkommen ließen, ihr das Vertrauen in die Zukunft entglitten war und sie diese irgendwie fürchtete.

Peter und Lydia war es gelungen, alles liebevoll zu sanieren. Die Fassade erstrahlte, weil man sogar auf die Kletterrosen- und Wisteriengirlanden Rücksicht genommen hatte: vor der Renovierung von den Hausmauern weggebunden und nach Erneuerung des Maueranstrichs wieder auf Gittern befestigt. Der Garten war ein Traum, mit gepflegten Hecken und vollen Blumenbeeten, der Rasen ein saftiges Grün. Lydia hatte eine feine Hand für Gartengestaltung und einen grünen Daumen. Sie verstand etwas vom Obstbaumschnitt und es war ihr gelungen, alle Obstbäume zu verjüngen. Ohne Zweifel war sie die treibende Kraft hinter dem neuen Gesicht von Fünfturm. Es sah nun wie ein gepflegtes und nobles Herrenhaus aus. Lydia und Peter gehörte das Gebäude mit dazugehörigem Grund, aber sie hatten zwei alte Ladies bis zu deren Tod am Hals: Gertrude Pabst, G.W.s Witwe und Hilda Broda, beide besaßen bis zu ihrem Ableben Wohnrecht auf Schloss Fünfturm. Jede hatte ein eigenes Zimmer mit Gästebett, sie durften auch welche einladen. Ich fuhr manchmal auf Kurzurlaub mit Hilda in die Südsteiermark nach Tilmitsch und Fünfturm. Zu verschiedenen Jahreszeiten war immer viel zu genießen. Lydia hatte einiges Interessantes zu erzählen. Über Peters Film- und Fernseharbeit in München, wo er unter anderem auch fürs Synchronisieren von US-Filmen zuständig gewesen war. Sogar Lydia hatte in der Vergangenheit selbst als Synchronsprecherin gepfuscht, wenn unbedingt Not am Mann war.

Als ihr gerngesehener Gast stand ich ihr hilfsbereit zur Seite mit so manchem Gartenprojekt. Natürlich gab es auch Schönheitsbehandlungen und Frisuren von mir für sie. Es war für uns alle, bis auf Hilda, eine herrliche Zeit. Nur leider werkte das Schicksal schon wieder ordentlich hinter den Kulissen. Plötzlich kam dann alles völlig anders. Indirekt war ein Mordsgetue im Anmarsch.

Peter Pabst verliebte sich in eine Freundin seiner Tochter. Was für ein Skandal, schon wegen des Altersunterschieds. Ein sehr reifer Mann mit einem Teenagermädchen! Lydia verlor ihren Ehemann und dadurch später auch noch ihre Immobilie. Er war ausgezogen und hatte sich mit seiner jungen Geliebten eine neue Wohnung zugelegt, Lydia konnte alleine das Finanzielle nicht bewältigen. Er ließ sie einfach im Stich und fing mit 50 Plus ein neues Leben an. Lydia fand ein Haus unweit vom Schloss. Ich wunderte mich, wie sie es verkraftete, ihr früheres Heim direkt vor der Nase zu haben, jeden Tag zu sehen, sich zu erinnern an alles, was dort vor sich gegangen war und das zu ertragen. Irgendwie tat sie das. Fünfturm ging in fremden Besitz über, somit war dieses wunderbare Urlaubsrefugium für uns für immer verloren. Und leider auch die Familie Pabst, wie ich sie kannte. Für Hilda und Frau Trude Pabst gab es auch kein Wohnrecht mehr.

ES GIBT AUGENBLICKE IM LEBEN, DIE ALLES DRASTISCH VERÄNDERN

Mein Sohn Christian war Jahre lang mit seinem Vater unterwegs gewesen. Robert fand auf Dauer keinen Gefallen an dem Zivilistendasein. Nach unserer Scheidung hatte er sich erneut dem Militärdienst verschrieben. Er war für das Leben als Zivillist ungeeignet, da er täglich strenge Strukturen brauchte, (einen heftigen Tritt ins Gesäß), für ihn galt nämlich sonst am Liebsten „mach ma gleich, mach ma Morgen". Von selbst war er zu faul, um zielstrebig Erledigungen zu tätigen. In der US-Luftwaffe hatte er seinen Platz in der Verpflegungsausgabe gefunden, auf einem Stützpunkt in Übersee, nämlich in Japan. Unser Sohn, als Angehöriger eines US-Karriereoffiziers in Japan, hatte die Möglichkeit, dort die Computer Technik aus erster Hand in ihren Anfängen kennen zu lernen. Er war sofort fasziniert und machte diese neue Technologie zu seinem Beruf. Wir waren telefonisch viele Jahre in Verbindung gewesen. Als Christian älter wurde, verstand er nur zu gut, warum ich seinen Vater verlassen hatte. Er vergrub sich in seine Computertechnologieleidenschaft, er war ja schließlich von der Stunde Null an der Quelle in Japan.

Im Alter von 25 Jahren, also 1990, wollte mein Sohn heiraten. Da ein US-Militärstützpunkt als US-Hoheitsgebiet gilt, sind auch US -Gesetze gültig. Von dem her benötigten Verlobte einen Bluttest bevor sie heiraten durften, genau wie in den Staaten. Bei Christian zeigten sich alarmierend schlechte Blutwerte – ihm wurde geraten, sofort ein Spital aufzusuchen, die Werte waren so drastisch, dass sie auf etwas Schlimmes schließen ließen. Der Verdacht bestätigte sich, Christian wurde als leukämiekrank im fortgeschrittenen Stadium diagnostiziert.

Es war, als hätte ich bei dieser Neuigkeit einen Bauchschuss erlitten, zumindest stellte ich mir vor, es würde sich so anfühlen. Der Schmerz war sengend heiß, tat sehr weh und dann kam Schwindel. Ich dachte: „Bitte nicht noch einmal, nicht meinen Sohn, das stehe ich nicht durch. Was soll jetzt werden?"

Ich konnte nur an die letzten Wochen vor Peters Ableben denken. Obwohl er sich bewundernswert gefasst und souverän gegeben hatte, war der schreckliche körperliche Verfall nicht zu übersehen gewesen, das war unsagbar traurig gewesen und hatte mich sehr viel Kraft gekostet, durchzuhalten bis es vorüber war.

TRAUER, WUT, OHNMACHT, UND VERZWEIFLUNG:

Nur jemand, der Sterbebegleitung bei einem geliebten Menschen selbst durchgemacht hatte, versteht die Wucht von solch emotionalem Durcheinander der Gefühle. Man fängt an innerlich zu bröseln und versucht, Optimismus vorzutäuschen. „Das wird schon wieder", flunkert man sich und der betroffenen Person vor, obwohl man genau weiß, dass es nicht so ist. Danach quatscht man dummes Zeug, um Hoffnung aufzubauen und vorzutäuschen. Nach einer gewissen Zeitspanne und dem Verlauf der brutalen Therapie beginnt man zu wünschen, es würde schnell vorbei sein, obwohl man instinktiv weiß, dass es nicht so sein wird. Dass man hofft, nervlich durchzuhalten solange es eben dauern wird. Man will den Betroffenen endlich erlöst von Schmerz und Leid wissen und trotzdem fühlt man sich dann schuldig, den Tod herbei zu wünschen und so zu reagieren. Man fällt emotional in ein bodenloses schwarzes Loch, es ist unmöglich, ordentlich zu schlafen, der Appetit verschwindet und man funktioniert oft nur wie in Trance, richtig ferngesteuert. Das gefährdet den normalen Tagesablauf, weil die einfachsten Dinge eben tranceähnlich ausgeführt, oft plötzlich zum Desaster werden. Ich wickelte mich auf einem Fahrrad um einen Baum, stürzte eine Treppe hinab, schnitt mir in die Hand, ohne viel zu spüren, es war alles schrecklich. Man fängt an zu grübeln. Wieso? Warum? Was habe ich falsch gemacht? Man hadert mit dem Schicksal, in den schlaflosen Nächten versucht man, viele Antworten in der gemeinsamen Vergangenheit zu finde, immer wieder. Wieso? Warum? Was war der Auslöser dieser Tragödie?

Dass Christian schon als Kind sehr blass ausgesehen und die Sonne nicht gut vertragen hatte, leicht Sonnenbrand bekommen hatte, hatten wir seinem fast albinoweißen Haarwuchs zugeschrieben. Er mochte keinen Sport, da war er eher wie sein Vater etwas träge. Er beschäftigte sich Tag und Nacht lieber mit seinem Computer, lernte zu programmieren und dann schrieb er neue Programme.

Ich war am Boden zerstört über seine gesundheitliche Neu-igkeit. Irgendwie wusste ich, dass nichts in seinem Fall gut aus-gehen würde. Ich erinnerte mich, wie im Juni Anfang der 60er Jahre in Reno eines Morgens, nach einem heftigen Regen, die ganze Nacht lauter totes Kleintier auf den Gehsteigen gelegen hatte: Vögel, Würmer, Insekten, viele von uns eine Art Grippe bekommen hatten und uns kotzübel gewesen war. In den Me-dien war das Ganze als eine Art Grippewelle abgetan worden. Man hatte aber hinter erhobener Hand von einem schiefgelau-fenen Atomtest mit unvorteilhaften Windböen vom südlichen Nevada und den dortigen Testgründen geredet. Dieses Gerücht hatte angeblich seinen Ursprung im naheliegenden „Stead"-Luft-waffenstützpunkt genommen. Wenn es von dort kam, musste was dran sein. Die Luftwaffe hatte bestimmt gewusst, um was es dabei ging. Der Vorfall war einmal kurz im Radio erwähnt worden, danach totgeschwiegen. Man hatte nie wieder etwas über diesen Vorfall gehört. Konnte es gewesen sein, dass wir erbgutschädigenden Atomstrahlen ausgesetzt gewesen waren? Auf jeden Fall gab es in meiner Abschlussklasse von 1962 vie-le Paare, die später Eltern von krebskranken Kindern wurden. Das kam alles viel später ans Tageslicht.

... Erstaunlich, wie effizient Österreich vernetzt war mit dem Rest der Welt, wenn es darum ging, kompatible Knochen-markspenderkandidaten aufzustöbern. Im alten AKH wurde ich getestet, aber leider kam ich als Spender nicht in Frage. Ich rekrutierte viele Freunde und Bekannte für Tests, ohne Erfolg. Ein paar Mal hatten wir einen „fast"-Treffer, aus dem dann doch nichts wurde. Tief in meinem Inneren spürte ich, dass es keine Rettung geben würde. Ich wusste es einfach und das traf mich ungemein hart. Gleichzeitig redete ich Christian andauernd Mut und Durchhaltevermögen zu. Ich fühlte mich scheußlich, weil ich an keine Rettung für ihn glaubte, mich aber zwang, optimis-tisch zu klingen. Fast eineinhalb Jahre kämpfte Christian gegen die Krankheit an. Er bekam harte Chemotherapie, die er sehr schlecht vertrug, während Tag und Nacht eine Übereinstimmung bei einem Spender gesucht wurde, aber es gab keinen passenden. Christians Blutgruppe A, plus ein Rhesus Faktor negativ machten die Suche sehr schwierig. Die Krankheit wurde zu spät diagnostiziert, Christians genereller Gesundheitszustand war zu geschwächt und die Zeit lief uns davon. Zum Schluss wollte Christian nur noch Erlösung durch den Tod, von den Schmerzen, der Übelkeit, den Medikamenten. Er war 27 Jahre plus einige Monate alt geworden.

Ich war am Ende meiner Kräfte und hatte keine Reserven an Kraft für die banale Bewältigung des täglichen Lebens übrig. Ich schaffte nicht einmal die einfachsten Dinge, wie Arbeiten gehen, Auto fahren oder Lebensmittel einkaufen. Die Auflösung unserer Musikgruppe und meine Scheidung von Steve, dazu der Tod meines Sohnes, all das war instrumental geworden an meinem emotionalen Totalversagen.

Die Scheidung hatte mir zugesetzt und mich Kraft gekostet, viel mehr, als ich dachte. Die Mehrheit der patriotischen Amerikaner ließ sich nicht leicht in andere Länder und Gesellschaften transplantieren, weil sie die USA als das ultimativ beste Land der Erde sahen, genau wie mein Ehemann. Was er nicht bedacht hatte, waren die gravierenden Veränderungen, welche in den USA stattgefunden hatten, während er die letzten zehn Jahre in Österreich gelebt hatte. Dazu auch die subtilen Veränderungen seiner Perspektiven bezüglich des täglichen Lebens der beiden Länder. Steve hatte, von Heimweh geplagt, um jeden Preis zurück in sein gelobtes Land Amerika wollen. Er fühlte damals, dass das Leben mit so viel lästiger Bürokratie nicht seinem Geschmack entsprach. Für mich waren die USA keine Option gewesen, obwohl er und meine Mutter mich damals dazu drängten, zurückzugehen. Die USA hatte andauernd rassistische Probleme gehabt, ansonsten war noch immer nichts wichtiger gewesen, als den Turbokapitalismus am Rücken der Mittelschicht für die Reichen und Privilegierten zu optimieren. Auch der globale Markt wurde angekurbelt. Mit der Umwelt hatte man Schindluder getrieben, alles war unwichtig geworden, außer Profit. Egal ob im eigenen Land, oder an exotischen Adressen in Übersee, überall gab es Umweltsünden, wie das Abholzen von Tropenbäumen, Urwaldrodungen für Palmölplantagen, das alles wurde organisiert von riesigen Konzernen, die ihre Wurzeln zum Großteil in Amerika hatten. Die Menschheit schien eine sehr fragwürdige Richtung eingeschlagen zu haben. Steven Harrison war sich sicher, dass seine bessere Zukunft im Heimatland USA lag. Er wollte damals, dass wir das Haus verkauften und zurückzogen. Ich dachte keine Sekunde daran, Österreich zu verlassen und sollte Recht behalten.

Nach drei Jahren war Steve wieder in Österreich. Das klägliche Scheitern in seiner Heimat hatte zur Folge, dass er zurück nach Österreich kommen musste, weil er in Amerika nicht mehr zurecht kam. Außerdem wurde er drüben eines Nachts überfallen, ausgeraubt und zusammengeschlagen. Danach gehörten seine wunderschönen Zahnkronen der Vergangenheit an. Nach seiner Rückkehr nach Europa war er traurig und weinte sich an meiner Schulter die Augen aus. Was ich ihm prophezeit hatte, war eingetroffen. In den zehn Jahren unserer Abwesenheit hatten sich die USA drastisch verändert. Ihre Mittelschicht war größtenteils abhandengekommen, es gab vorwiegend arm und reich und keine Gesundheitsversorgung wie unsere Krankenkassa. Steven merkte nach seinem dreijährigen Ausflug in die Staaten, wie wunderbar das Leben in Österreich auch für mittelständige Menschen war. Im Vergleich zu drüben konnten auch ganz normale Durchschnittsbürger ohne Reichtum das Leben genießen, mit „Dach überm Kopf", Krankenversorgung und Urlauben, mit gemütlichem Arbeitstempo agieren und an vielen Feiertagen sich ausruhen und amüsieren. Nach Stevens Rückkehr wusste er all das plötzlich sehr zu schätzen. Was ich ihm vergeblich Jahre lang hatte versucht schmackhaft zu machen, ihm beizubringen, das Soziale zu schätzen, wurde vorher verschmäht, nicht gewürdigt, aber nach seiner Rückkehr nach Österreich endlich als die Wahrheit akzeptiert. Allerdings war das nicht mehr mein Problem, ganz schnell heiratete er eine andere österreichische Staatsbürgerin, um seine Aufenthaltsgenehmigung wiederzuerlangen. Den Befreiungsschein hatte er durch unsere Scheidung verloren.

STARK IST, WER KEINE FEHLER MACHT;
NOCH STÄRKER, WER DARAUS LERNT:

Nach meiner Scheidung und dem Tod meines Sohnes war mir
alles endgültig zu viel geworden, ich flüchtete in den Alkohol,
einen Nervenzusammenbruch und suchte vorher blöderweise Trost bei Frau Mama, wie konnte ich nur so dumm sein?
Beschwipst wusste ich einfach nicht mehr weiter, wollte und
brauchte dringend irgendwelche neue Richtungsimpulse, um
wieder Boden unter meine Füße zu bekommen. Hätte ich mich
nur nicht an Frau Mama gewandt, sie war die denkbar ungeeig-
netste Anlaufstelle:
„Sei froh, dass es vorüber ist, Christian hat es überstanden,
ist erlöst. Er hat sich viel erspart, das Leben ist eh so beschissen, wer weiß, was noch alles für ihn an Tragödien zu bewältigen gewesen wären, dich als Mutter war schlimm genug!" So
die Einschätzung der Situation meiner lieben Frau Mama. Geschah mir recht, so konnte man es auch sehen, nur konnte ich
es nicht. Das hatte ich wirklich nicht brauchen können. Dieser
blöde Giftzwerg! Verzweiflung und Verachtung kamen in mir
hoch. Wie konnte sie nur solche Sachen von sich geben, er war
doch ihr Enkel gewesen, er hatte noch sein ganzes Leben vor
sich gehabt. Ihr Pessimismus machte mich seelisch krank, ich
wollte unbedingt Ruhe von ihr und ihren blöden Verlautbarungen, giftigen Sprüchen und lästigen Tragödienberichten. Ich
sehne mich nach ihrem Ableben und das schockierte mich zutiefst, aber ich wollte sie ein für alle Mal los sein und deswegen
fühlte ich mich auch noch schuldig. Für mich gab es lange mit
ihr keine Telefonate mehr. Ich war in eine tiefe Depression gefallen, aus der ich mich nicht mehr alleine lösen konnte. Dazu
kam Alkoholmissbrauch, der die Depressionen noch verstärkte. Ich war auf einer Abwärtsspirale die ins Nirgendwo führte.
Die Doppler Rotwein wurden immer mehr. Auf der Raxstraße
vis a vis von unserer Siedlung gab es eine große Tankstelle, die
24 Stunden offen war, mit Lebensmittel- und Getränkeabtei-
lung, welche ich dann nach Mitternacht besuchte, um den Wein-

vorrat aufzustocken. Das gefiel mir überhaupt nicht. Aus dem Schlamassel führte nur ein Weg wieder heraus und aufwärts: das war mit professioneller Hilfe.

1993 ließ ich mich in die geschlossene psychiatrische Abteilung des Kaiser-Franz-Josef-Spitals einweisen, um von Selbstmordgedanken und Alkoholmissbrauch wegzukommen, außerdem den Wunsch, mich zu betäuben, zu besiegen. Dort lernte ich langsam wieder das tägliche Leben zu meistern.

Wenn man selbst Hilfe suchte, waren die Ärzte sehr hilfsbereit und unterstützend. Ich hatte keine Bedenken, psychiatrische Hilfe in Anspruch zu nehmen. Diese Einstellung kam von meinen Erfahrungen in den USA. Man schämte sich dort eben nicht, Psychiater und Psychologen zu konsultieren. Das schien für die Wiener Ärzte überraschend, die meisten Patienten waren zwangseingewiesen. Dass jemand von selbst Hilfe suchen kam, war noch nicht oft vorgekommen. Meine freiwillige Suche nach Unterstützung sah man gerne und alle Beteiligten waren extrem zuvorkommend. Sich freiwillig in eine geschlossene psychiatrische Spitalabteilung einsperren zu lassen, machte mir nichts aus, wenn ich nur wieder den Leitfaden meines Lebens zurückbekam.

Die Abteilung hatte einige harte Fälle zu betreuen. Junge Frauen und Männer waren manisch depressiv oder wegen Alkohol und Drogensucht, Schizophrenie, Selbstverstümmelung, Selbstmordversuch und Magersucht hier gelandet. Das Elend dieser Menschen war erschreckend. Sie schienen oft zu zart besaitet zu sein für die Strapazen und Enttäuschungen in ihrem Lebenslauf. Der Schaden sehr früh angerichtet, löste im Erwachsenenalter oft gravierende psychologische Störungen aus.

Viele der Patienten verweilten nicht zum ersten Mal auf der Station und würden nach der nächsten Entlassung wieder zurückkommen müssen, nach einem erneuten Scheitern im täglichen Leben da draußen in der bösen Welt. Einen schweren Fall von Schizophrenie hatte eine junge, wunderschöne, blonde Frau. In einem Wahnanfall stach sie sich ein Auge aus. Sie war schwer sediert unterwegs und wanderte wie ferngesteuert nachts unaufhörlich durch die Gänge. Vor ihr hatte ich richtig Angst. Die Gruppentherapiesitzungen fand ich anstrengend und deprimierend. Es gab so viele traurige Schicksale und so viele labile Patienten, welche durch selbstgewähltes Suchtverhalten, unfreiwillig erduldeten Kindesmissbrauch und/oder Vergewaltigungen das emotionale Gleichgewicht verloren hatten und deswegen das Leben nicht meistern konnten. Ich war gescheitert an „Verlust" durch Tod, etwas ganz Natürliches, Alltägliches und Unumstößliches. Der Tod gehörte zum Leben dazu, nur wenn es einen Ehepartner erwischt, wenn uns Nahestehende wie Verwandte oder unsere eigenen Kinder die Betroffenen sind, wird der Schmerz unerträglich und reißt tiefe Wunden in die Psyche. Die Ärzte und Therapeuten in der Psychiatrie waren schwer bemüht, um uns zu helfen unser innerliches, seelisches Wirrwarr zu entwirren. Die Tragödien anderer Patienten zu hören, war hilfreich. Man fühlte sich nicht so allein mit seinem Schmerz oder seiner Sucht, speziell, wenn manche Schicksalsschläge der anderen Menschen in der Gruppe richtig schrecklich waren, so viel heftiger als seine eigenen.

Nach sechs Wochen durfte ich mich entlassen. Mit der Auflage, für ein Jahr einmal pro Woche psychologische Betreuung von einem Psychiater oder einem Psychologen in Anspruch zu nehmen. Ich kam gut zurecht mit diesen Auflagen und fühlte mich nach und nach wieder wohl. Irgendwann später konnte Frau Mutter es wieder nicht lassen zu ätzen, nach meiner Entlassung aus dem Spital: alle Psychiater seien Idioten, wussten sowieso gar nicht, wo es lang ging. Auch über Sohn Christians Ableben gab es wieder blöde, für mich sehr schmerzhafte, Kommentare:

„Der ist doch viel besser dran, wer weiß, was er sich noch alles erspart hat auf dieser scheußlichen Welt! Oder, wenn er Kinder in die Welt gesetzt hätte, was die uns noch für Blödsinn anschauen hätten lassen. Kinder sind ja so undankbar, egoistisch und gemein!"

Dieser Kommentar war auf mich bezogen! Diesmal war bei mir das gute Benehmen gestorben, außerdem hatte mir die neue Psychologin geraten, mich von Mutter zu lösen und ihr kräftig den Marsch zu blasen, um endlich ein unabhängiges Leben zu führen. Ich versuchte es zumindest, später jedoch nur halbherzig, diesmal aber war ich außer Stande, diplomatisch und rücksichtsvoll wie sonst zu sein:

„Was du nicht sagst! Viel lieber wäre mir gewesen, du wärst abgekratzt statt Christian! Er war ein guter, wertvoller Mensch. Du bist nur nervig, blöd und völlig unnütz! Dazu egoistisch und gemein, so jemand wird wahrscheinlich hundert Jahre alt! Ein richtiger Horror für alle Beteiligten!" Ich haute den Hörer aufs Telefon und heulte mir die Augen aus, warum wusste ich eigentlich gar nicht, vielleicht war es Erleichterung. Nach einer Weile fühlte ich mich sogar richtig wohl. Was ich gesagt hatte, meinte ich von ganzem Herzen, nur das „hundert Jahre alt werden" bereitete mir Sorgen. Der Kuckuck war im Stande, wirklich so alt zu werden! Sehr beunruhigend! Das Telefon klingelte sofort mindestens vierzig Mal. Ich hob nicht ab. Danach hatte ich fast sieben Wochen Ruhe.

Ich verstand Mutters Denkweise wieder einmal nicht, ihren tiefschwarzen Pessimismus hasste ich zu tiefst, der war absolut deprimierend und dämpfte immer meinen Enthusiasmus. Die Lösung für das Dilemma mit Mutter wäre ihr Ableben gewesen. Da es nicht stattfand blieb leider weiter Arschkriechen, ich war mir sicher, dass damit und mit Honig ums Maul Schmieren grandiose Resultate erreicht würden. Ich schwankte zwischen akuter Abneigung, Heuchelei und guter Erziehung, wollte, dass ich nie wieder ihre raunzende, kreischende Stimme und negativen Stuss hören müsste. Trotzdem waren diese Gefühle unschön, eigentlich sehr böse und ich fühlte mich schuldig. „Du sollst Vater und Mutter ehren", war doch von der katholischen Kirche vorgeschrieben und Sünde, es nicht zu tun. Mutter machte mich krank, einfach so, mit Magenschmerzen, Atemnot und Schwindel. Ich arrangierte mich mit ihr, weil ich ihr von Zeit zu Zeit Geld von ihrem österreichischen Pensionskonto abluchste, meiner Meinung nach sollte die Kohle in Österreich bleiben und ausgegeben werden. Dieses finanzielle Gängelband machte es für mich unmöglich, mit ihr völlig zu brechen.

Als „Groß Onkel" Christian überraschend am 1. Februar 1987 dahingerafft wurde, gab es große Bestürzung seitens Frau Mama. Sie wollte sogar unbedingt zum Begräbnis kommen. Ich versuchte, es ihr auszureden. Wie ich sie kannte, hätte sie sicherlich einen mittleren Skandal heraufbeschworen, betreffend Christians Verhältnis mit seiner Lebensabschnitt Partnerin. Er hatte schon sehr viele Jahre lang nicht mehr mit Hilda in Ober-St.-Veit residiert. Des guten Rufes halber, wohnte er anfangs offiziell in einer Wohnung um die Ecke von seiner Kanzlei im selben Gebäude. Diese hatte oft als Übernachtungsmöglichkeit gedient, wenn in der Kanzlei sehr spät gearbeitet wurde. Auch Mutter und ich hatten vor unserer zweiten Auswanderung dort einige Male übernachtet.

Für eine Scheidung war Christian nie bereit gewesen Folge zu leisten. Hilda blieb nach wie vor all die Jahre die offizielle Ehefrau, dann seine Witwe und ein Teil seiner beträchtlichen Politikerpension stand ihr in der Vergangenheit und natürlich in der Zukunft zu. Sie saß in der ersten Reihe in der Aufbahrungshalle am Zentralfriedhof und ich zur Unterstützung neben ihr, Ihre Tochter Johanna war aus Mexiko angereist und saß an Hildas linker Seite. Es war ein gewaltiges Staatsbegräbnis mit allen SPÖ-Granden, die nach der Zeremonie bei uns Hände schüttelnd ihr Beileid aussprachen. Die „Andere" saß irgendwo in den rückwärtigen Reihen. Sie tat mir fast leid, sie schien richtig zu trauern.

Als Christian Hilda verlassen hatte, war es aus heiterem Himmel gewesen Als es geschah, waren alle welche ihn kannten einfach nur sprachlos. Vor Jahren ließ Hilda ein Ehepaar, als enge Freunde in ihr Leben. Als Herr Strobel (Name geändert) an einem Krebsleiden starb, schnappte die Witwe sich den Mann ihrer Freundin Hilda. Eines Tages ging Christian, wie jeden Morgen, ins Ministerium und kehrte niemals wieder in die Adolfstorgasse zurück. Einfach so. Hilda fiel aus allen Wolken. Alles war wie immer gewesen, oder so behauptete sie. Einfach aus heiterem Himmel verlor sie ihren Ehemann. Es konnte auch sein, dass Hilda subtile Veränderungen von Christians täglichem Verhalten verdrängt hatte.

Mutter wusste sofort Bescheid da Hilda in ihrer Verzweiflung sich ihr telefonisch anvertraut hatte. Frau Mama konnte es nicht lassen zu ätzen: Ach, wie schlecht doch Männer waren, sogar Christian, der korrekte, brave, seriöse Ehemann und Vater, wie konnte er nur? Damals waren die Journalisten noch kulant. Dr. Dr. Broda wurde verschont von der Presse, kein Breittreten der Umstände. Keine Spekulationen einer Boulevardpresse.

Sicherlich spielte die „Neue" als Witwe, hilflos und traurig, und umgarnte Christin. Er war immer sehr korrekt, zurückhaltend und diszipliniert gewesen. Deswegen überraschte und schockierte diese Vorgangsweise, alle die ihn kannten. Seine politischen Auftritte hatte Christian sowieso meistens alleine absolviert, weil Hilda zur Abfahrtszeit zu einem wichtigen politischen Auftritt es einfach nicht fertiggebracht hatte selbst zeitgerecht fertig zu sein. Da stand sie im Unterkleid und sinnierte über die Vor- und Nachteile zweier Kleider, die sie in Händen hielt. Entscheiden konnte sie sich nicht schnell genug. Frisiert und sonst zurecht gemacht gewesen, war sie auch noch nicht und Schuhe, Handtasche und Mantel oder Jacke war noch nicht ausgesucht. In der Beziehung war sie hoffnungslos überfordert damit, schnell Entscheidungen zu treffen. Sie schaffte es nur selten, zeitgerecht fertig zu werden und Christian zog oft allein von Dannen.

Die „Neue" war immer gut angezogen und zurecht gemacht, liebte den Luxus, trat nach angemessener Zeit hinter den Kulissen hervor und war an Christians Seite, wenn sie beide einen Kreis spezieller Freunde und Veranstaltungen frequentierten. Er war ein Mann, der die Verteidigung der Gerechtigkeit, die Würde des individuellen Menschen und die Aufrechterhaltung der Demokratie zu seiner Lebensaufgabe gemacht hatte. Der immer korrekte, brave, oft scheu wirkende Christian hatte einen für ihn neuen Weg eingeschlagen. Nach Dr. Dr. Christian Brodas Tod durfte die Hinterbliebene Lebensabschnittspartnerin zumindest sein Ehrengrabmonument entwerfen. Die Beiden waren viele Jahre das am meisten offengelegte „Promi" Geheimnis der Wiener Gesellschaft.

Dr. Dr. Christian Broda war verantwortlich gewesen für:

- die Aufhebung der Todesstrafe,
- die große Reform des Familienrechts,
- die Rechtstellung unehelicher Kinder,
- die Gründung eines ersten Wiener Frauenhauses,
- die Aufhebung der Strafbarkeit der Homosexualität,
- die Möglichkeit zum Schwangerschaftsabbruch,
- das Konsumentenschutzprogramm,
- die Reform der Sachwalterschaft.

Er war Rechtsreformer, Europäer, Humanist und Visionär gewesen. Leider war die Luxusstrafzelle in allen österreichischen Gefängnissen auch ihm zu verdanken, mindestens so schön und komfortabel wie ein nettes Zimmer in einer guten Pension. Die österreichischen Gefängniszellen waren weit entfernt von den überbelegten, dreckigen, stinkenden Strafbehausungen anderer Länder, vollgestopft mit viel zu vielen Gefangenen auf einmal. Eingesperrt in Österreich war, verglichen mit den meisten Dritte-Welt-Ländern, für die ausländischen Kriminellen wie ein Urlaub in einem Sanatorium. Viele von ihnen kannten weder WC-Muscheln noch fließendes Wasser. Sie waren gewohnt, in Schichten zu schlafen, weil nicht alle Gefangenen genug Platz in der überfüllten Zelle hatten, wenn sie sich gleichzeitig schlafenlegten.

... Christian war von uns gegangen und Hilda stürzte in ihr eigenes tiefes Trauerloch, ich war sehr besorgt um sie. Meine Mutter keifte telefonisch zwei bis dreimal pro Woche über die neuen Lebensumstände in den USA: Sparkurs, schwindender Mittelstand, steigende kriminelle Vorfälle und Inflation. Am meisten aber ärgerte sie der immer populärer werdende Einfluss des Internets. Die Reichen wurden reicher, der kleine Mann kam finanziell unter die Räder. Hoch lebe der US-Turbokapitalismus. Alles Schlechte aus den USA verteilte sich aber immer nach Übersee in andere Nationen. Hauptsache, neue Märkte für ihren Ramsch wurden eröffnet und es brachte steigenden Umsatz, auch wenn die Ware schlecht oder sogar gefährlich war. Bis das erkannt und aufgedeckt wurde, konnte man noch ohne Weiteres viel Kohle damit verdienen. Bis Untersuchungen abgeschlossen und Verkaufsverbote ausgesprochen wurden, verging viel Zeit, in der noch Geld gescheffelt werden konnte. Dieser Trend war sehr klar sicht- und spürbar, unterbunden wurden solche schädlichen Umstände leider nicht. Ich war froh, in Österreich leben zu können, verdrängte meine Vorahnungen und konzentrierte mich auf meine familiären Nachforschungen.

Die alten Briefe aus der Schweiz, die ich gefunden hatte, veranlassten mich, endlich den Kontakt mit meinen Halbschwestern aufzunehmen. Wir beschlossen, uns in Wien zu treffen und ich lud sie ein, bei mir zu wohnen. Als ich sie am Westbahnhof abholen sollte, war mir komisch zumute. Ich stand am Bahnsteig neben dem soeben angekommenen Zug und traute meinen Augen nicht. Schon vom Weiten stach sie heraus mit ihrer roten Lockenmähne. Ich sah mich selbst, wie unheimlich! Sie war einige Zentimeter kleiner als ich, aber die Naturlocken, der Gesichtsschnitt, die grünen Augen, die kleine Lücke zwischen den zwei Vorderzähnen waren genau wie bei mir. Wir erkannten einander sofort und konnten es kaum glauben. Andere vorbeigehende Reisende starrten uns an und lächelten. Dagmar Specker und Gloria Harrison, sahen vom Weiten aus wie Zwillinge. Nebeneinander stehend, merkte man erste kleine Abweichungen. Die zweite Halbschwester Marion sah unserem Vater sehr ähnlich, eigentlich war sie sein weibliches Ebenbild: dunkle Haare, starke Brille, dahinter lebenslustig blitzende Augen, exquisit fein geformte Lippen, seriöse Miene. Dagmar und ich trugen grüne Kontaktlinsen, es intensivierte die Augenfarbe. Nach einer emotionalen Begrüßung ging es zu mir nach Hause. Zwei Wochen lang lernten wir uns kennen und waren von einander begeistert. Anhand von Fotos versuchten wir, die vielen Jahre vor unserem Kennenlernen zu dokumentieren. Wären meine Familienmitglieder nicht so verbohrt gewesen, hätten wir uns schon früher kennenlernen und mehr Zeit miteinander verbringen können. Wir beschlossen, dass ich in die Schweiz kommen sollte, um meine Neffen und Nichten kennenzulernen. Die Frauen waren so süß, als sie die Heimreise antraten, wäre ich gerne sofort in die Schweiz mitgefahren.

Ich berichtete Mutter von dem Besuch und natürlich war das gar nicht, was sie hören wollte. Es gab mir riesige Genugtuung, ihr ihre Vergangenheit unter die Nase zu reiben, speziell alle Ungereimtheiten: dass Marion und ich so nah aneinander Geburtstag feierten. Mama war total überfordert mit den Neuigkeiten. Immer wieder dann die alte Leier:

„Es war halt Krieg, da geschah so manches Unvernünftiges, was zu Friedenszeiten gar nicht möglich gewesen wäre." So einfach war es aber nicht, ich wollte das nicht gelten lassen. Es kam mir vor, als würde eine Generation der nächsten immer wieder großes Fehlverhalten entgegenbringen. Irgendwie war in unserer Familie und in ihrem Werdegang überall der Wurm drin.

Um mich herum wurden alle Familienmitglieder älter und gebrechlicher, nur Frau Mama blieb immer gleich faxig und rüstig. Mit 78 ging sie alleine einkaufen und beschwerte sich andauernd über die Teuerungen des täglichen Lebens. Auch darüber, dass in den Einkaufszentren schön langsam einige Geschäfte zugesperrt hatten, weil viele Leute anfingen, im Internet ihre Einkäufe zu tätigen. Andauernd beschwerte sie sich, dass die Mehrheit der Banken und Postämter viele Filialen zusperrte. Schön langsam gab es in ihrer Umgebung nur mehr einen Supermarkt. Es verschwanden in ihrem Teil von Santa Barbara die Geschäfte zur Nahversorgung. Frau Mama war mit Santa Barbara unzufrieden und das war nicht sehr beruhigend. Wohin würde sie als nächstes wollen? Doch hoffentlich nicht nach Wien? Sie würde mich beschlagnahmen, Hilda und Grete ausnützen und uns alle zusammen verrückt machen. Sie würde unseren wohlverdienten Ruhestand zu Nichte machen. Diese Aussichten waren gar nicht gut und gar nicht beruhigend. Ich besprach mit Grete meine Vermutungen. Sie pflichtete mir bei.

Die 90er Jahre waren angebrochen. Hildas Verfall kam schleichend. Es gab plötzlich viele gravierende Veränderungen in ihrem täglichen Leben. Eigentlich mit den neuen Umständen gar nicht einverstanden, hüllte sie sich in Melancholie.

Von Resignation begleitet, waren der Verlust des Ehepartners und die Auswanderung der Tochter, schon vor Jahren, für sie immer noch schwer zu verkraften gewesen. Als Johanna von ihrem Vater und dessen Neuorientierung mit seiner Lebensabschnittspartnerin erfahren hatte, ergriff sie die Flucht aus Wien, stürzte sich in das Studium vergangener mexikanischer Urvölker. Sie heiratete, bekam eine Tochter, zog nach Mexiko City und wurde Dozentin an der dortigen Universität. Sie war angesehene Ethnologin geworden, schrieb diesbezüglich Bücher, tätigte Untersuchungen in Ruinen aus der Vergangenheit und erreichte bescheidenen Ruhm. Hilda waren Ehemann und Tochter mit der Enkelin Anna verlorengegangen. Alle hatten sie verlassen. Sie befand sich, bis auf ihre treue Haushälterin Elli, ganz alleine in der großen, alten Villa. Es tat ihr gar nicht gut und sie litt leise vor sich hin. Die sporadischen Besuche von ihrer reschen Schwester Grete konnten sie auch nicht trösten. Die Pensionierung von Elli traf Hilda ziemlich heftig. Für sie wurde im Laufe der Jahre das einfache Hausmädchen im täglichen Leben zur mitfühlenden Frau, Mitbewohnerin und Freundin. Obwohl sie für Elli immer noch „Frau Doktor" war und per „Sie" angesprochen wurde, kannte diese alle Umstände und Geheimnisse der Familie Broda. Sie hatte Hilda durch viele Krisen mit Trost unterstützt, ihre Loyalität zu den Brodas war immer unerschütterlich gewesen, vor allem aber zu „Frau Doktor". Hildas Tochter Johanna lebte auf der anderen Seite der Weltkugel. Heim zu Frau Mutter reiste sie meistens, um die Erbschaften der Familien Pabst und Broda zu empfangen, Vererbtes zu veräußern und um einiges reicher mit dem Vermögen zurück nach Mexiko City zu verschwinden. Das letzte Kapitel mit dieser Vorgangsweise war der Villa in der Adolfstorgasse gewidmet. Hilda konnte aus gesundheitlichen Gründen nicht mehr dortbleiben, speziell nicht alleine. Hausgehilfin Elli hatte schon lange ihr Pensionsalter erreicht und wollte endlich in Rente gehen. Kurzerhand kam Johanna, die Villa wurde schnellstens geräumt, verkauft und Hilda in einem eleganten Altersheim untergebracht. Neben dem oberen Eingang zur Gloriette in Schönbrunn bekam sie eine herzige Mini-Wohnung mit Balkon in der Kursana-Seniorenresidenz. Das Heim war teuer aber mit der Ministerwitwenpension ging sich das locker aus. Es war für Hilda sicherlich eine gewaltige Umstellung. In der Adolfstorgasse, vom Villenwohnzimmer aus durch das riesige Panoramafenster, hatte man einen wunderschönen Ausblick gehabt, flankiert von alten, hohen Tannen. Hildas dortiger Garten war eigentlich schon ein Park, viel größer und schöner als die Kursana-Botanik. So etwas vermisste man, speziell nach über sechzig Jahren Anwesenheit. Verglichen damit, war die neue Aussicht dürftig, alltäglich, bescheiden und langweilig. Hilda fühlte sich entsorgt, beiseitegeschoben, zum Sterben auf „bitte warten" eingereiht. Sie war immer so traurig, lamentierte vor sich hin über das Leben und all die Leute, die sie gekannt hatte, die schon gestorben waren. Auch über ihre Tochter Johanna und Enkeltochter Anna. Hilda war überzeugt, dass Christian sie durch seine Affäre mit „der Ungarin" verjagt hatte. Hilda konnte noch immer nicht verstehen, was da abgelaufen war, voraussichtlich würde sie es auch nie.

Nach und nach begann Hilda, auf meinen wöchentlichen Besuch schon zu warten und nachdem sie frisch frisiert war, Wetter erlaubend, gingen wir in den Kursana-Garten, oder den Schönbrunnpark bis zur Gloriette. Dort suchten wir uns eine Bank, Hilda kramte in ihren Erinnerungen, ich hörte ihr zu und gab ihr das Gefühl, wichtig zu sein. Wir fütterten Eichhörnchen oder Vögel und genossen die frische Luft. Sie tat mir leid, früher waren Familien zusammengeblieben. Großeltern passten auf Enkelkinder auf, man lebte und feierte zusammen, unterstützte einander und die Alten blieben bis zur letzten Stunde im Schoße ihrer Familie. Die Familienstruktur hatte sich massiv verändert, junge Familien zogen in die Fremde, Groß- und Urgroßeltern blieben zurück und vereinsamten.

In der Kursana-Residenz bahnten sich subtile Veränderungen an. Leider hielt Gewinnmaximierung auch dort Einzug. Die hausinternen Raumpflegerinnen wurden von einem auswertigen billigeren Reinigungsdienst mit schlecht bezahlten Arbeitskräften ersetzt. Danach verschwand allerhand aus Kästen, Tresoren und Laden, inklusive Schmuck und Geld.

Tante Grete besuchte manchmal ihre Schwester in der Kursana-Residenz, um ihr über ein Wochenende Gesellschaft zu leisten, man konnte ein Zimmer buchen. Die Schwestern versuchten weiter, ihre spezielle Beziehung zueinander zu pflegen und sich gegenseitig zu unterstützen. Grete sagte immer: „Alt werden ist nichts für Feiglinge!" Sie war sehr diszipliniert, was Bewegung betraf. Wo sie nur konnte, verzichtete sie auf die Benützung von Aufzügen und Rolltreppen. Sie unterzog sich auch einer rigorosen Schönheitspflege, war immer perfekt gekleidet und gestylt, machte viele Kreuzworträtsel, um die grauen Zellen zu trainieren, kurzum war sie eine eloquente, sehr schöne, alte Dame geblieben. Gretes Hausdrache Fini wurde auch in Pension geschickt, inoffiziell blieb sie aber noch einige Jahre. Desto älter sie wurde, desto schnippischer und mürrischer benahm sie sich. Natürlich hatte sie es nicht leicht wegen der Knausrigkeit der Frau Regierungsrat. Außerdem war da noch der Chow Chow namens Amur, ein riesiges Vieh, das sie dreimal am Tag Äußerln führen musste. Er war der Nachfolger von Muschi, der ersten Chow-Chow-Dame. Die Wohnung war noch immer die alte geblieben, im vierten Stock der prunkvollen Villa in Döbling. Fini marschierte 44 Jahre lang täglich vier bis sechs Mal hinunter und hinauf, um ihre Aufgaben zu erfüllen. Sie schaffte es trotz ihres mickrigen Gehalts, ein Grundstück in Niederösterreich zu erwerben und darauf ein Eigenheim zu errichten. Die beiden Dienstmädchen und ihre Jahre langen Dienstverhältnisse bei den Tanten waren eigentlich ein Überbleibsel der guten alten Kaiserzeit. Ich hatte nie gedacht, dass die beiden Frauen diese Arbeitsverhältnisse bis zur Pensionierung durchhalten würden. Auch Hildas Elli erwirtschaftete Baugrund mit Haus darauf. Trotz ihrer kleinen Gehälter schaffte das jede von ihnen und sie verwirklichten sich damit einen Lebenstraum. Das zeigte, was in Österreich früher noch möglich war zu erreichen und schaffen, auch mit winzigem Einkommen.

Gretes gesundheitliche Kapriolen begannen ganz plötzlich. Sie war jetzt über neunzig Jahre alt und ihre Bauchspeicheldrüse fing an zu revoltieren. Zuerst sporadisch, dann regelmäßig. Gretes kämpferische Natur wollte diesen Zustand nicht akzeptieren. Sie ließ sich auch nicht behandeln, verweigerte sogar einige Spitalsuntersuchungen. Sie quälte sich ein volles Jahr bevor sie, nach einem akuten Anfall, am dritten Tag im Allgemeinen Krankenhaus Erlösung fand. Die Ärzte mussten ihr ein starkes Beruhigungsmittel spritzen, weil ihr Todeskampf so heftig war. Immer wieder riss sie die Sauerstoffmaske vom Gesicht, bäumte sich auf im Bett und wollte fliehen. Fini und ich wachten bei ihr, um zu versuchen, die Situation zu erleichtern, leider ohne Erfolg. In ihrem Todeskampf agierte sie so, wie sie es auch in ihrem Leben getan hatte. Für sie war nichts unmöglich gewesen, auch die haarigsten Situationen während der NS-Zeit hatte sie mit energischer Autorität absolviert und ausdauernden Kampf bis zum Ziel gezeigt. Während der Besatzung mit schwer betrunkenen Russen hatte sie immer die Oberhand mit Autorität und einem Schuss Humor behalten. Sie hatte großes Glück gehabt, weil die betrunkenen Russen ihre resche Art akzeptierten, anstatt sie zu vergewaltigen. Ihre Schönheit und wie sie sich benahm, hatte viel damit zu tun. Sie baute sich vor den Soldaten auf, mit den Händen an den Hüften und begann, ihnen mit wohlklingender autoritätsgeladener Stimme die Hölle heiß zu machen. Einem auf sie mit einem Gewehr zielenden Soldat trat sie ganz nahe, stellte sich auf Zehenspitzen, griff nach seiner Waffe und drückte sie aus ihrem Gesicht zur Seite, schimpfte dabei die ganze Zeit laut und ausführlich in einer Mischung aus Deutsch und Russisch. Die ganze Zeit fuchtelte sie dazu mit einem Zeigefinger verneinend vor seiner Nase herum, bis er sich nicht mehr bedrohlich gebar. Danach lächelte sie ihr schönstes Lächeln, klopfte ihm wohlwollend auf die Schulter, bedankte sich für seine Einsicht und wünschte ihm einen guten Tag. Jede andere Frau hätten die Soldaten vergewaltigt und/oder erschossen, aber irgendetwas an Margarete Kammerers Benehmen ließ es nicht zu. Für sie waren ihre Gegner, Mann oder Frau, immer ungezogene, störrische Kinder gewesen. Die musste man ordentlich ermahnen, oder eins hinter die Löffel geben und freundlich aber energisch die Leviten lesen, damit sie spurten. Mit dem Tod funktionierte das leider nicht. Ich war erschüttert von ihrem kämpferischen Abgang, sie hatte noch gar nicht vorgehabt, abzutreten. Sie tat sich irrsinnig schwer, mit der Endgültigkeit des Todes klarzukommen.

Mutter war sofort am Telefon: „Was würdest du machen, wenn ich nach Wien kommen würde? Grete hat es ja jetzt überstanden. Ich muss auch an den letzten Lebensabschnitt denken."

(Ich dachte nur: hoffentlich bald.) Mir rann es kalt über den Rücken. Spontan fasste ich einen Entschluss:

„Ich komme bald in die USA, dann können wir das alles besprechen."

Bei dem Gedanken, dass sie sich bei mir einnisten würde und ich sie zu pflegen hatte, war mir gar nicht wohl. Sicherlich hätte sie die Zügel in der Hand und das Kommando über mich. Ich würde Tag und Nacht zu ihrer Verfügung stehen müssen und mein bisheriges Leben plus, was ich noch vor mir hatte, aufgeben, um mich ihr anzupassen. Was für eine grauenhafte Vorstellung. Das versetzte mich ordentlich in Panik. Im Februar 1999 war ich zur Hochzeit von einer Freundin aus der Schulzeit in New York City eingeladen und ich beschloss spontan, dieser Einladung Folge zu leisten.

USA IM UMBRUCH – BESSER WIRD'S NIE WIEDER WERDEN

Neunzehn Jahre waren vergangen seit meiner Übersiedlung nach Österreich und der Kontrast zwischen beiden Ländern war überwältigend im negativen Sinne für die USA. Der Flug war ramschig, die Reisenden laut und nicht besonders höflich. Schon am Weg vom Flughafen auf Long Island nach Manhattan gab es hässliche Überraschungen. Schlaglöcher und Risse auf der Autobahn, rostige Autowracks am Pannenstreifen, dazu jede Menge Abfall wie alte Autoreifen, Flaschen, Pappbecher, Stofffetzen, McDonald's Tüten, überall Dreck und Verwahrlosung. An den Brückenpfeilern und Hausmauern war alles mit Graffiti beschmiert. Das ordentliche Österreich, seine gepflegten Straßen, die schmucken Dörfer und Städte hatten mich maßlos verwöhnt, was harmonische Schönheit, Ordnung und Sauberkeit betraf. Hier gab es so viele Obdachlose, die ihr Hab und Gut in Supermarkteinkaufswägen durch die Gegend schoben. Der Anblick war für mich so ungewohnt und völlig schockierend. Es war Winter, trotzdem schoben Scharen von in Fetzen vermummten Obdachlosen die Wägen mit ihrem letzten Hab und Gut vor sich hin. Das elegante New York City von 1958 hatte sich auch verabschiedet. Stattessen wirkte die Stadt grell, schmutzig, überfüllt, laut und aufdringlich. Nur vereinzelt sah man noch gut gekleidete Leute in einigen besseren Gegenden, oder vor teuren Hotels und Luxuswohnhäusern. In dem Finanzbezirk gab es Männer und Frauen in Anzügen, Kostümen und Pelzmäntel plus Aktentaschen. Der Rest der Menschenmassen tummelte sich in den eisigen Straßen in Jeans und hässlichen wattierten Schmuddel- oder Militärcamouflagejacken und darunter Sporttrainingsanzügen. Die Kopfbedeckung sah für meinen Geschmack sehr gewöhnungsbedürftig aus, hässliche Strickmützen tief in die Stirn gezogen, darüber Kapuzen. Die Aktentaschen waren größtenteils von Plastiksackerln ersetzt worden. Vorwiegend schlurfte jeder in schmutzigen Sportschuhen, oder Plastikwinterstiefeln mit Klettverschlüssen dahin. Außerdem hatte sich alles sehr verteuert. Trotzdem war die Stadt für mich nach wie vor faszinierend geblieben. Ich tröstete mich mit dem Gedanken, dass die Zeit nie stillstand, dass Veränderung der Lauf der Welt sei, hoffte aber, dass solch eine gravierend negative Veränderung meiner geliebten Heimat Österreich in der Zukunft erspart bleiben würde. Ich wollte wissen, wie sehr sich auch die Westküste verändert hatte und beschloss, eine Freundin in Sacramento, Kalifornien, zu besuchen, danach meine Mutter in Santa Barbara.

Leider gab es in Kalifornien überall ziemlich dasselbe Szenario wie in New York City. Auch dort schoben Scharen von

Obdachlosen ihre Einkaufswägen vor sich her. Wahrscheinlich wegen des milden Winterwetters zogen arme Menschen vom ganzen Land dorthin, um wenigstens die Strapazen des frost- und schneereichen Winters zu vermeiden. Die traurige Realität sah man im Straßenbild: Gravierend und verstörend war der drastische Unterschied zwischen wohlhabend und obdachlos. Junge Mütter auf Inlineskates, mit ihren Kindern in teuren Dreiradkinderwägen, die Frauen mit Wasserflaschen an den Lippen, durch die Gegend flitzend, daneben den beladenen Einkaufswägen mit den letzten Habseligkeiten irgendwelcher gescheiterten Existenzen in Armut und Verwahrlosung. Luxuskabrios fuhren vorbei, am Steuer ältere Herren mit jungen, grell gestylten Frauen und daneben laut schnaufende Rostlauben mit havarierten Kotflügeln. Wohlstand und Armut krass nebeneinander, der Mittelstand hatte sich größtenteils verabschiedet. Schockierend, die Immobilienpreise. Die Holz- und Rigipsbretterbuden für 12 bis 24 tausend Dollar aus den 60er Jahren waren auf das Vierfache und noch mehr gestiegen, blieben aber trotz Preislage miese schnell abfackelbare Kakerlakenbruchbuden.

Mutters Bungalow, einer von ca. 15 Stück, war auch so eine Holz- und Rigipsaffäre mit Dachpappenschindeln obendrauf, in einer schönen Parkanlage, abgegrenzt mit einer Mauer und bewacht von einem Sicherheitswachdienst. Was mich wunderte, war die Heizungsanlage des kleinen Häuschens. Sie bestand aus einem Erdgasstrahler, angebracht in einer Zwischenwand, damit die Wärme in zwei Räumen gleichzeitig zu spüren war. Gasleitungen in einem Erdbebengebiet? Ich fand das unverantwortlich, aber es war billig und auch Gefährliches war erlaubt im Namen des Profits. Passierte etwas Schlimmes, war es halt ein Kollateralschaden, konnte man nichts machen.

Wir hatten Ende Februar. Am 20. August 1999 würde Eleonore achtzig Jahre alt werden. Sie hatte noch immer die zaundürre Statur von früher, mit winzigem Busen und einem straffen, muskulösen Hintern. Die langjährigen Sonnenbäder hatten ihren Teint richtig lederig gemacht, mit tausenden kleinen und großen Falten und übersät mit Leberflecken. Sie feierte diese, trug keinen Strich Schminke und die ergrauten Haare streng im Nacken zusammengewurstelt. Sie machte sich absichtlich hässlich und zelebrierte den Verfall des Alters mit giftigen Sprüchen und verunstalteter Frisur; sie trug schwarzen Nagellack und einen riesigen Onyx- und Silberring am Zeigefinger der linken Hand. Mit dem Ring und den schwarzen Nägeln kamen ihre Leberflecken auf den Handrücken so richtig zur Geltung. Hätte man eine optimale Hexenbesetzung für „Hänsel und Gretel" gesucht, wäre sie für diese Rolle absolut perfekt gewesen, ohne vorher in der Maske bearbeitet zu werden. Eigentlich fehlte nur ein Besen zum durch-die-Luft-Fliegen, um das Bild zu vollenden. Es war elf Uhr nachts, als sie zu backen anfing. In einem schantungseidenen altrosa Hosenanzug setzte sie sich in die Küche und rührte Teig für einen Biskuit zur Feier des Tages meiner Ankunft. Mutters Wohnzimmer war mit den unbequemen, teuren schwedischen Nussholzmöbeln, noch aus der Reno-Grey-Reids-Zeit, ausgestattet. Sie hatte wunderschöne Rosenthal-Porzellanteller, Vasen und Skulpturen, die ein kleines Vermögen wert waren. Sie stammten aus der Zeit in San Francisco von Christian of Copenhagen. Der Stückzahl nach schien sie dort ihr bester Kunde gewesen sein. Ihre Kästen bogen sich vor Luxusmode aus edlen Stoffen und die Etiketten in den Kleidungstücken waren von berühmten französischen Designern. In Santa Barbara gab es einige „Retro"-Geschäfte mit toller Designerware aus zweiter Hand, die man günstig kaufen konnte, daher Mutters Luxuskleidung. Die vielen Millionärinnen, wohnhaft in dieser Gegend, spendeten fleißig Modelbekleidung, um Platz in ihren Kästen zu schaffen. Was für eine wunderbare Sache. Ich kaufte mir gleich einige Stücke. Mutter hatte auch eine fantastische Opernschallplattensammlung, oft mit Künstler- oder Dirigentenwidmung. Natürlich gab es auch jede Menge Bücher mit Autorenwidmung. Die niedrige Miete für das Häuschen erlaubte Mutter, mit ihrer Pension gut auszukommen. Sie aß fast nichts und trank gerne koscheren Mogen-David-Wein. Körperlich war sie wie eine 50-Jährige erhalten und beim Spazierengehen ausdauernder als ich. Das Gesicht war das einer über hundertjährigen Native American. Mama mied Ärzte, da sie ihnen nicht traute, weil sie behauptete, diese waren von der Pharmaindustrie beeinflusst. Sie nahm daher keinerlei Medikamente, auch kein Aspirin. Sie meinte nur: „Die bekommen von den pharmazeutischen Firmen Geld, um gewisse Medikamente an den Mann zu bringen, nicht, weil sie am besten für den Patienten sind." Mutters Meinung nach verschrieben sie ihre Medikamente in erster Linie, weil sie für sie von finanzieller Bedeutung waren. Ohne teurer Gesundheitsversicherung lebte man sowieso prekär, aber Mutter schien nie ernsthafte Krankheiten zu haben, konnte einen großen Bogen um alle Ärzte machen und das ihr ganzes langes Leben in den USA. Als früherer eingefleischter Hypochonder war mir diese von entgegengesetzte Einstellung schwer begreiflich.

„MIT DEM SCHLIMMSTEN RECHNEN UND AUF DAS BESTE HOFFEN"

Wir versuchten zu reden, aber es ging fast immer daneben. Mutter war einfach nicht im Stande, ehrliche Antworten auf viele meiner Fragen zu geben, schien sich so lange selbst belogen zu haben, dass sie die Lügen als ihre Wahrheit verstand. Sie hatte eine verschobene Perspektive der Realität. Ich versprach ihr, mich um alles zu kümmern, was sie für ihre Rückkehr nach Österreich und die Eingliederung ins Sozialsystem brauchte. Wohl war mir dabei nicht. Ich wusste auch, dass ich sie anlog. Um jeden Preis musste ich ihre Rückkehr nach Wien verhindern. Wie konnte ich das überhaupt bewerkstelligen? Emotional würde ich sie auf Dauer keinesfalls verkraften. Das lag alles in der Zukunft und ich versuchte mich auf die Gegenwart und den Besuch zu konzentrieren. Mama zeigte mir Santa Barbara und die Umgebung. Man merkte den Reichtum der Bewohner dieses Abschnittes von Kalifornien. Die Villen waren prachtvoll, allerdings viele mit Holzschindeln auf den Dächern, nicht unbedingt feuerresistent. Die Geschäfte und Restaurants waren sehr exklusiv und teuer, die Straßen gut erhalten und sauber. Leider gab es auch hier Obdachlose. Sie trieben sich vorwiegend am Strand herum. Die hier Ansässigen konnten nicht verhindern, dass Ölbohrinseln in der Nähe ihres exklusiven Strandes aufgestellt wurden. Wollte man schwimmen gehen, kam man manchmal auch hier aus dem Wasser mit Rohölpatzen auf der Haut und dem Badeanzug. Die stinkende, klebrige, braunschwarze Masse war widerlich und sehr schwer zu entfernen. Vom Norden des Bundesstaates Washington bis zur südlichen Spitze Kaliforniens zur mexikanischen Grenze war der Pazifik mit dutzenden Ölbohrtürmen ausgestattet. Man interessierte sich nicht für die Umweltschäden, nur der Profit zählte, und der war gewaltig. Die unberührte Schönheit der Westküste hatte man dem Profit geopfert. Die Verschandelung störte anscheinend niemanden. Man interessierte sich aber sehr wohl für Menschen, die rauchten. Kalifornien war militanter Nichtraucherbundesstaat geworden. Wenn man mir etwas verbietet, mache ich es sehr oft erst recht. So kam es, dass ich vor teuren Restaurants nach der Mahlzeit auch bei Regen unter dem Schirm, vor der Türe stand, um auf der Straße zu rauchen. Prompt wurde ich angepöbelt. Meine Antworten waren weder astrein noch damenhaft.

Ich dachte an die elegante Gesellschaft, gezeigt in den Filmen der 30er, 40er und 50er Jahren. Die großen Stars der glamourösen Hollywoodära rauchten. Ich erinnerte mich an die 60er Jahre mit aggressiver Fernsehwerbung für Zigaretten und wie man den Menschen einredete, wie cool und sexy es war, zu rauchen. Es gab speziell eine Werbung für Camel-Zigaretten. Ein berühmter Schauspieler gestand dem TV-Publikum, er würde meilenweit zu Fuß gehen, um eine Camel-Zigarette erwerben und rauchen zu können. Als Teenager meiner Generation wurden wir alle beeinflusst, positiv über Tabakkonsum zu denken. Prominente männliche Schauspieler warben für die Tabakindustrie. Kalifornien war früher Hochburg für die Marihuanakifferei. Auf Gehsteigen, in Parks und am Strand wurde für Zigaretten geworben, rauchen war der Inbegriff von Kühnheit und hochmodern gewesen. Die Zeiten hatten sich drastisch geändert. Kalifornien war voller durchgestylter

Gesundheitsfanatiker, das Treiben um den Körperkult direkt angsteinflößend. Zig Millionen Dollar wurden gescheffelt mit Nahrungsergänzungsmitteln, Turngeräten und in Fitnessstudios. Ein neuer Beruf florierte: persönlicher Fitnesstrainer. Noch mehr Geld wurde verdient mit Fitness-/Turn-/Laufbekleidung und extra Vitamindrinks. Auch Jane Fonda verdiente sehr viel Geld mit ihren Turnübungskassetten. Äußerliche Schönheit und Körperperfektion waren oberstes Gebot. Dadurch kamen auch die Schönheitschirurgen zum Zug. Die Menschen hatten sich in einen Schönheitswahn gesteigert, welcher an Fanatismus grenzte. Nach der ersten Besuchswoche wurde ich sehr unruhig und soff eine Flasche Wodka aus, welche ich Mutter am nächsten Tag ersetzte. Sie war schockiert und besorgt. Nicht um mich, sondern um die Möglichkeit, dass ihre Umsiedelung zu mir gefährdet werden würde. An dieses Szenario wollte ich nicht denken und stürzte mich in das Touristendasein, gönnte mir eine Katamaranreise entlang der Küste von Baha California. Ich überlegte krampfhaft, wie unser zukünftiges Wohnproblem zu lösen war. Es gab keine vernünftige Lösung, weil ich der kommenden Situation nicht gewachsen war und mich nie bei ihr mit meinen Wünschen durchzusetzen vermochte. Sie kostete mich sehr viel Kraft, weil sie meinen Standpunkt und meine Meinung nicht nachvollziehen konnte oder wollte. Sie fuhr einfach über mich und jeden Anderen drüber. Ich war zu gut erzogen, um sie so richtig anzubrüllen, um ihr meine Meinung kundzutun. Gegen ihre Tricks kam ich nicht an, obwohl ich alle auswendig kannte. Wenn sie mit ihrer Raunzerei, den Tränen und den Beschwerden darüber, wie arm und unschuldig sie war, anfing, war ich angewidert, böse und zugleich machtlos. Ich hielt den Mund und schluckte die bösen Antworten hinunter, das frustrierte mich und kostete viel Überwindung meinerseits. Bisher hatte ich nur die Telefonate zu bewältigen gehabt. War sie einmal bei mir einquartiert, war ich ihr täglich voll ausgeliefert. Das würde ich auf die Dauer nicht aushalten. Aber wie konnte ich dieses auf mich zukommende Szenario verhindern?

„DIE REINSTE FORM DES WAHNSINNS IST ES, ALLES BEIM ALTEN ZU LASSEN UND GLEICHZEITIG ZU HOFFEN, DASS SICH ETWAS ÄNDERT"

-Albert Einstein

Ich ging mit Mutter die Küste entlang spazieren und versuchte, unsere Differenzen zu klären. Es war hoffnungslos. Andauernd wollte sie wissen, warum ich nicht berühmt wurde, ich hatte ja so eine gute Stimme! Was war mit Hollywood? Wieso frisieren und schminken, wieso nicht vor der Kamera stehen? Wieso ... wieso ... wieso??? (Ach, verdammt noch mal, fall doch endlich tot um, dachte ich einige Male.) Genauso fühlte ich, aber gleichzeitig fand ich mich böse für diese Gedanken. Innerlich kochte ich vor Wut, mein Blutdruck war sicherlich in gefährlicher Höhe, aber ich brachte es nicht fertig, ihr meine Sicht der Dinge und Gefühle verständlich zu machen. Sie konnte mich mit ihren Worten und Standpunkten rasend machen und sie nörgelte andauernd an mir herum. Es gibt verschiedene Wege, Dinge zu erledigen oder zu machen. Bei ihr gab es nur einen ihren – Weg, meinen wollte sie nie gelten lassen. Wenn ich meine Schwierigkeiten mit ihrer Persönlichkeit und Denkweise hätte klären können, wäre ein Zusammenleben möglich gewesen. Sicherlich merkte ich, wie sehr sie genoss, mit mir durch die Gegend zu ziehen, ich wusste auch, dass sie sonst immer sehr einsam war, aber ihre Lieblingsdeklamation: „Ich möchte allein sein!", wies jegliche Gesten des Kennenlernens aller möglichen Menschen zurück, weil sie nicht bereit war, für Freundschaft das Geben und Nehmen zu akzeptieren. Sie erwartete von ihren Mitmenschen konkrete Zusagen, aber sie selbst war außer Stande diese selbst zu tätigen. Seit meiner frühesten Kindheit musste ich mir immer anhören:

„Ich kann nichts versprechen, weil ich nicht weiß, ob ich es auch halten kann, wenn es so weit ist."

„Ich lass mich nicht festlegen, vielleicht hab' ich bis dahin meine Meinung geändert."

„Könnte doch sein, dass ich bis dahin etwas ganz Anderes besser finde!"

„Wie soll ich jetzt schon wissen, ob mir dann noch danach ist?"

„Das Ja-Wort beim Heiraten ist doch lächerlich unrealistisch, wer pickt gerne an ein und derselben Person ein ganzes Leben lang? Man kann doch seine Meinung im Laufe der Jahre ändern."

„Ich, mein, mir, …", etwas Anderes gab es bei ihr nicht. Sie war wie Quecksilber, immer entgleitend. Man konnte sehr selten von ihr eine klare Zusage für die banalsten Dinge bekommen, da wand sie sich wie ein aufgespießter Regenwurm an einem Angelhacken.

Die Gespräche über ihre Rückkehr nach Wien waren für mich erschreckend, sie als Person bei mir auf Dauer unerträglich, obwohl sie ruhige Momente hatte. Alles an ihr ging mir auf die Nerven, ich konnte keinerlei Verständnis für ihre Faxen aufbringen. Arg war auch ihr andauerndes „den Teufel an die Wand Malen", das böseste Szenario bei einem ganz gewöhnlichen Geschehen zu aussprechen. Natürlich konnte dies oder das passieren, der Aufzug oder das Flugzeug abstürzen, das Messer ausrutschen und eine Arterie verletzen, das Auto sich überschlagen und einem das Genick brechen, in einer Coladose, die man in seinem Vorgarten entsorgen will, eine Bombe sein, die einen in Stücke reißen könnte. Sie hatte andauernd endlose Horrorvisionen. Wenn sie in ihrer dunklen Phase sinnierte, gab es an den Haaren herbeigezogene, schlimme Szenarien und nur pessimistische Vorhersagen. Wenn etwas gut ausging oder gelang, war das sicher nur vorübergehend, Unheil lauerte um die Ecke, das war ganz sicher. Ich wollte aber trotzdem fair sein: Konnte sie etwas dafür, dass sie im Erwachsenenstatus ihres Lebens eine 14-jährige Göre geblieben war? Trotzig, aufmüpfig, intolerant, streitsüchtig, launisch? Und immer nahe am Wasser gebaut, um ihre Ziele zu erreichen, ihre Fehler zu vertuschen, oder einen Vorteil über Andere zu ergattern. Eines war sicher: Sie wollte plötzlich zurück nach Österreich, für mich eine emotionale Katastrophe. Ich versprach, alle legalen Notwendigkeiten in Erfahrung zu bringen, damit Madam ihr Leben in Österreich bis zum Tod dort verbringen konnte. Jetzt auf einmal war ihr Österreich gut genug, Jahrzehnte das Land schlecht machen, nichts beitragen, aber dann abkassieren und sich bei den sozialen Einrichtungen bedienen. Irgendetwas würde mir schon einfallen, um ihr einen Strich durch diese Rechnung zu machen. Und wenn es das letzte war, dass ich in diesem Leben tat, irgendetwas musste geschehen, um zu verhindern, dass sie zurück nach Wien und zu mir ziehen würde. Als wir uns vor meiner Rückreise verabschiedeten, wussten wir beide, dass wir uns nie wiedersehen würden. Ich sah es in ihrem Gesicht und sie es in meinem. Es stimmte mich traurig, weil ich bedauerte, dass wir so eine schlechte Beziehung zueinander hatten. Es wäre schön gewesen, wenn wir uns gut verstanden, an einem gemeinsamen Strang gezogen hätten. Was wäre da nicht alles möglich gewesen zu erreichen, genießen, erkunden, aufzubauen und gemeinsam zu erleben.

Vor meiner Rückreise nach Europa machte ich noch einen Abstecher nach Reno und an den Tahoe See. Auch hier hatte sich alles drastisch verändert. Im Tahoe See schwamm ein Mississippiraddampfer mit Touristen, der höchstwahrscheinlich seine gesammelten Fäkalien weit draußen am See entsorgte. Die Kasinos auf der Nevadaseite hatten sich drastisch vermehrt. Um den See herum auf der kalifornischen Seite wurde wie wild gebaut, natürlich musste der Pinienwald weichen, der stellenweise bis zum Seeufer reichte. Für Feriendomizile auf „time sharing"-Basis und den Profit davon war ein Pinienwald nicht so wichtig, was waren schon ein paar Bäume. Man kaufte sich das Recht, bis zu vier Wochen im Jahr in einer der Luxuswohnungen seinen Urlaub zu verbringen. 1999 wurden wie wild Interessenten geködert. Die Immobilienmakler standen in den Kasinos bei den Restaurants und brachten Einladungen für Immobilienbesichtigungen mit vorheriger Getränkeverköstigung an den Mann. In einigen Jahren würde man im Namen des Profits den herrlichen See ruinieren und seinen Strand total verbauen. Auch wird man das Wasser mit schlechter, schlampiger, bis gar keiner Kanalisation verpesten, für die Profitmaximierung. Die Pinienwälderabholzung hatte schon an mehreren Stellen begon-

nen. Ich dachte an meine Ausflüge als Teenager in diese Gegen,
die sanfte Bebauung von Natursteinhäusern, die halb versteckt
zwischen den Nadelbäumen hockte. Und an meine Indianerfreunde, wie behutsam sie mit der Natur Jahrhunderte lang umgegangen waren. Der Tahoe See war ihnen heilig gewesen. Die
Veränderungen machten mich traurig. Der weiße Mann wollte
nur Profit. Es war anhand dieses wunderbaren Sees offensichtlich, wie drastisch die Steigerung dieser Einstellung gegenüber
der Natur im Laufe der Jahrzehnte zugenommen hatte. Reno
war im Vergleich zu meiner Jugendzeit riesengroß geworden,
es reichte bis nach Sparks, die Ausläufer der Berge ringsherum
waren hoch hinauf total verbaut mit Eigenheimen. Es gab Werbung für den Pyramid See. Die Indianer hatten einen Teil des
Gebietes als ihr eigen eingeklagt und gegen die US-Regierung
gewonnen. Es war nun ihr Reservat, sie bauten Campingplätze
und boten Urlaubsunterkünfte für Touristen an, allerdings mit
naturschonenden Schwerpunkten. Es gab sogar Glückspiel, jedoch eher mit Diskretion. Auf Indianergrund und -boden hatte
die US-Polizei keinerlei Amtshandlungsrechte.

Auch in den Zwillingsstädtchen Reno und Sparks pilgerten
viele Einkaufswagenobdachlose durch die Gegend. In Sparks
war Leroys Indianerreservat verschwunden, Reno und Sparks
ineinander ausgedehnt, sehr vergrößert und zusammengewach-
sen, aber das konnte man nicht unbedingt als Vorteil sehen. In
beiden Städten gab es in den Kasinos Hochbetrieb. Täglich karr-
ten einige Agenturen Busladungen von Spielern in die beiden
Städte, vor allem Chinesen aus San Francisco und Umgebung,
mehrere neue Billighotels waren aus dem Boden gestampft/
gebaut worden. Auf niedrigem Niveau war eine abscheuliche
drittklassige Jahrmarktatmosphäre für Massentourismus der
ärgsten Sorte aufgezogen worden. Von oben bis unten ramschig,
irgendwie ungepflegt, überall, wo man hinsah, hatte sich Hässlichkeit eingeschlichen. Die Straßen waren voll mit Unrat, die
aufgesprungenen Oberflächen mit Teer geflickt und mit ausge-
spucktem Schlatz dekoriert. Obdachlose mit ihren vollgepack-
ten Einkaufswagen zogen traurig durch die Gegend. Viele Ein-

familienhäuser hatten Verkaufsschilder in ihren Vorgärten. Die einst gepflegten Vororte aus meiner Jugendzeit waren es nicht mehr. Schön gemähter, saftig grüner Rasen und blühende Büsche gehörten auch zur Vergangenheit. Trotzdem wurde das wenige reiche Klientel umschwärmt und weiter draußen neue Luxusdomizile verführerisch verkauft.

Die einst große Mittelschicht des Landes war schockierend geschrumpft. Im Fernsehen liefen viel mehr und aggressivere Werbungen für die meisten Produckte: „neu ... verbessert ... mehr Inhalt ... neue Formel ...", beim Kauf war die neue, verbesserte Ware nur teurer, kleiner und schlechter. Die einst prüden, zugeknöpften Amerikaner akzeptierten nun Werbung für Frauenhygieneartikel und Sexhotlines. Ich hatte die Nase voll von Amerika und konnte die Rückkehr nach Österreich kaum erwarten. Ob und wie schnell „Profit um jeden Preis" auch nach Europa überschwappen würde? Sicherlich, da die US-Firmen Menschen auch in der Fremde mit ihrem chemischen Mist, grauslichen Süßigkeiten (M&Ms, Bounty, Oreo, Mars, etc.), und Knebelverträgen ködern würden. Sie dachten. es war ihr Geburtsrecht, den Rest der Welt zu bevormunden, mit ihrem Mist und ihrer Chemie zu verseuchen, stellvertretend irgendwo Kriege zu führen und in allen möglichen fremden Ländern Profite einzufahren, egal, welche negativen Konsequenzen losgetreten wurden.

Noch nie war ich so glücklich, wieder zu Hause in Österreich zu sein. Unglaublich, wie sauber und wohlhabend Wien aussah, vor kurzer Zeit war ich bei den Millionären in Santa Barbara gewesen. Die Architektur in Wien und Umgebung sah viel nobler aus. Die Parks und Gärten hatten zwar keine Palmen, jedoch die Blütenpracht in ihnen konnte ohne Weiteres mithalten. Ich hielt Mutter bei Laune, indem ich Fragebögen für die Beantragung ihrer österreichischen Pension schickte. Zweimal, um Zeit zu gewinnen. Die ersten Papiere gingen in der Post verloren. Da schien das Schicksal mitzuhelfen.

Ab dem Jahr 2000 war ich mit 55 nach damaligen Verhältnissen in Österreich pensionsberechtigt: das bedeutete nur die Mindestpension für die österreichischen zwanzig Arbeitsjahre, damit hatte ich gerechnet. Die US-Pension für 20 Jahre ergab ca 160 Euro. So wenig, weil die USA außerhalb ihrer Grenzen wenige Prozente auszahlte Willkommen, Altersarmut! Da ich mit Frisierenpfusch dazuverdienen konnte, war der finanzielle Einbruch anfangs nicht arg. Ich erweiterte mein Schwarzarbeitsangebot mit Gesangsunterricht und Klavierstunden. Wandern und Bergsteigen kostete nicht viel. Leidenschaftlich kraxelte und wanderte ich auf den Hausbergen des Wienerbergs, der Rax und des Schneebergs umher, mit mitgebrachtem Wanderproviant war alles rundum erschwinglich. Ich kannte genügend Sparrezepte. Armut machte mir keine Angst, solange ich gesund war, konnte ich das Leben auch ohne viel Geld genießen, Miete hatte ich auch keine zu bezahlen und die Regie fürs Haus war bescheiden.

Bei einem herrlichen Ausflug mit einem netten Bergsteigerfreund beschlossen wir, vom Preiner Gscheid zum Raxplateau aufzusteigen. Der Weg dorthin hatte mit Drahthandlauf gesicherte Abschnitte im felsigen Bereich und enthielt im letzten Viertel eine ungesicherte Passage über eine Geröllhalde. Genau in deren Mitte passierte es. Eben noch quietschvergnügt, war ich gerade mittendrin, meinen Weg durch die losen Steine zu finden, als meine Beine plötzlich versagten und ich in die Knie ging. Das Geröll unter mir machte sich selbstständig und ich fand mich ausgestreckt liegend auf losem, instabilen Untergrund. Gleichzeitig zitterte ich plötzlich am ganzen Körper, danach gab es kalten Schweißausbruch und Schwindel, Übelkeit und unbeschreibliche Panik. Noch nie in meinem Leben hatte ich mich so hilflos und verwundbar gefühlt. Mein Begleiter kam an meine Seite und versuchte, mich zu beruhigen. Ich schloss die Augen. In meinem Kopf drehte sich ein Karussell auf Hochtouren. Was war da bloß los? Woher kam diese Schwäche? Das Versagen der Beinmuskulatur? Wie kam ich wieder auf die Beine, herunter von diesem Berg? Oder hinauf, um mit der Seilbahn ins Tal zu gelangen? Musste ich jetzt mit Hilfe der Bergrettung abtransportiert werden? Es dauerte gute 30 Minuten bis ich aus dem Anfall rauskam. Da lag ich im Steinerhaufen, konnte weder vor noch zurück und war ein schauderhaftes Häufchen Elend. Die

Muskulatur im ganzen Körper spielte verrückt, sie gehorchte mir nicht, außerdem war ich nach dem Zusammensacken plötzlich steif wie mein Bügelbrett. Wie in einem Schraubstock zeigten sich Arme und Beine völlig nutzlos durchgestreckt. Ich lag im Geröll und versuchte, ruhig zu atmen. Ich sagte mir andauernd: „Das wird schon wieder, nur mit der Ruhe." Langsam kam ich danach in die Gänge, war nach zirka einer Stunde wieder fit genug, um einen Aufstieg zu Ende zu bringen. Schritt für Schritt sehr wackelig, weiche Knie hatte ich mindestens auch noch eine Stunde nach dem Anfall. Die Kletterpartie normalisierte sich, war dann wieder wie sonst und es wurde trotz des Zwischenfalls ein herrlicher Ausflug. Als wir das Raxplateau erreichten, hatte sich meine Motorik wieder völlig normalisiert. Was genau war da passiert? Mein ganzes Leben war ich schwindelfrei gewesen, vor einigen Tagen hatte ich noch die Dachrinnen meines Hauses im dritten Stock ohne Probleme gesäubert. Ich war zwar mit Seilen gesichert gewesen, aber Schwindel kannte ich nicht, auch keine Höhenangst. Der Zwischenfall bei der Raxbesteigung ließ mich nicht mehr los. Vielleicht war es eine Warnung gewesen? Dass meine körperlichen Voraussetzungen sich verändert hatten, dass ich von nun an nirgends mehr hinauf klettern sollte. Dass ich zu alt geworden war, um in luftigen Höhen herumzuturnen wie in jüngeren Jahren, dass es für alles ein Ende gab, außer für Frau Mutters Ablaufdatum.

Des Rätsels Lösung ließ nicht lange auf sich warten. Sehr subtil kündigte sich eine in mir schlummernde Autoimmunkrankheit an. Es würde nach dem Jahr 2000 losgehen. Die kribbelnde Zehe kribbelte bis zum Knöchel und der gefühllose Fleck am Abdomen hatte sich sehr vergrößert. Alle paar Tage, mit dem rechten Knöchel umkippend, gab es manchmal einen Sturz. Müdigkeit machte sich breit, man rationalisierte es weg mit der Ausrede der „Frühjahrsmüdigkeit", auch wenn es schon Hochsommer war. Mein Gang wurde breitbeinig, beim Tanzen war eine flotte Drehung nicht mehr möglich. Wenn es kein Geländer zum Anhalten gab, ging es beim Stiegenhinabsteigen sehr wackelig zu. Wenn auf die Beine kein hundertprozentiger Verlass ist, wird der Gang ohne Gehhilfe zum Spießrutenlauf. Man hat andauernd Angst, ohne Vorwarnung plötzlich zu stürzen. Ich hatte Glück, wenn es mich hinhaute, wusste ich mich zu entspannen und abzurollen, so entging ich Verletzungen. Das war ein Riesenvorteil, den ich bei der Selbstverteidigung gelernt hatte. Die Gelenkigkeit und der Spagat vom Ballett kamen mir auch zu Gute, speziell beim Versorgen und Anziehen der unteren Extremitäten. Im August 2002 gab es noch einen Urlaub nach Dalmatien. Das war eine wunderschöne sechswöchige Reise von Pag über Hvar bis Dubrovnik mit etlichen kleineren Inselbesuchen dazwischen. Das Gehen war schwierig geworden, ich hätte einen Gehstock oder eine Krücke gebraucht, um mich sicherer zu fühlen. Aber es ging noch einigermaßen ohne Hilfe. Das Schwimmen im Meer wirkte therapeutisch, fast waren die wackeligen Beine wieder in Ordnung. Mein Reiseführer war ein Polizist und guter Freund. Wir hatten eine IPA(International Police Association)-Wimpel auf der Windschutzscheibe. Dalmatinische Polizisten erkannten diese und waren sofort sehr hilfsbereit, was Information zu Zimmern und Restaurants betraf. Viel zu spät lernte ich die Schönheit Dalmatiens kennen, hätte schon vor Jahren dort Urlaub machen sollen. Ein Paradies praktisch vor der Haustür. Sehr gepflegt, mit freundlichen Einheimischen, sauberem Meer und einsamen Stränden, ein zauberhaftes Urlaubsland, ganz nach meinem Geschmack.

Auf der Insel Hvar erwischte uns ein wildes Gewitter mit Weltuntergangsstimmung. Es regnete so stark, dass das Wasser wie Sturzbäche die vielen Stufen zwischen den Häusern herunterschwappte, seinen Weg zum Meer findend. Die sonst so ruhige Adria war tiefschwarz und hatte stark schäumenden, extrem hohen Wellengang. Die Einheimischen meinten, dass der Sturm und Regen noch nie so gewütet hatten. Die Strände waren danach plötzlich voll von angeschwemmtem Unrat: Plastikgegenstände wie Flipflops, Fischernetzfetzen, Plastiksäckchen, Plastikstrohhalme und tausende Wattestäbchen, Einwegfeuerzeuge, Zigarettenfilter, Kinderspielzeug, Autoreifenteile und hunderte Kunststoffgetränkeflaschen, ein hässliches, wildes

Durcheinander. Die Einheimischen waren sofort zur Stelle, um die Plastikinvasion zu beseitigen. Ich machte mir Gedanken darüber, woher der Mist kam. Es schien, als hätte die Menschheit das Meer als Abfallbehälter missbraucht. Dass es von nun an immer so sein und noch viel mehr dazu kommen würde, dachte keiner meiner Bekannten, als wir später darüber sprachen. Diesen Abfall in dem Ausmaß vor sich liegen zu sehen, war schockierend. Das also hatte uns der Wohlstand beschert.

Sehr viele Reisen würde ich mir in der Pension nicht leisten können. Da ich keine Miete bezahlen musste und als Friseurin nebenbei pfuschen konnte, gab es genug Geld, um über die Runden zu kommen, auch ab und zu sich was leisten. Da war ich nun in meinem geliebten Heimatland, im Haus meiner Kindheit und falls Reparaturen anfielen, würde das Geld fehlen. Falls ich nicht mehr pfuschen konnte, würde ich nicht über die Runden kommen. Das hatte ich allein Frau Mama zu verdanken und es machte mich sehr sauer. Das waren niederschmetternde Perspektiven. Diese Fakten machten mir Angst und ich war zornig. Die vielen Jahre US-Aufenthaltes machten sich nun negativ bemerkbar, da 20 Jahre der österreichischen Abgabenzeit fehlte. Als ich Mutter telefonisch mein Leid nahelegte, meinte sie nur, dass sie bis 70 berufstätig war. Ihre Pension sei ausreichend, sogar toll und ihr ging es besser denn je finanziell. Diese Neuigkeiten machten mich keineswegs glücklich. Mutter meinte, ich sollte auch bis 70 arbeiten, damit die Pension eben größer ausfallen würde. Wäre sie nach dieser Aussage vor mir gestanden, hätte ich sie höchstwahrscheinlich erschlagen. Sie meinte, ich würde sowieso noch die US-Pension dazu bekommen, welche erst ab 65 ausbezahlt wurde. Sehr bestürzt, hatte ich Angst um meine Zukunft im Alter und versuchte, klar zu denken. Das war gar nicht leicht, da meine angeschlagene Gesundheit und die motorischen Aussetzer dazukamen. Alt, arm und behindert, das waren schlechte Aussichten. Trotzdem versuchte ich, nicht zu verzweifeln. In meiner Erinnerung gab es noch viele Sparrezepte von meiner Großmutter, da waren Obstbäume im Garten, Rexgläser im Keller, auch zwei riesen Töpfe für Wasserbäder der Gläser. Außerdem ging ich Supermarktabfallkisten nach verwertbaren Lebensmitteln durchstöbern. Das war bis um die 2002er noch möglich. So hatte ich mir meinen Lebensabend nicht vorgestellt, wollte trotzdem noch verreisen können, was mir auch unter den etwas drastischen Umständen gelang. Die Supermärkte entsorgten richtig gute Lebensmittel. Ich konnte auch sehr vieles einkochen, es machte mir sogar Spaß. Dass meine Ausfälle zu einer drastischen Behinderung und chronischen Erkrankung führen würden, verdrängte ich vollkommen.

„WIR SIND DIE GESAMTSUMME ALLER ERFAHRUNGEN ALLER MENSCHEN, DENEN WIR IM LAUFE UNSERES LEBENS BEGEGNEN."

Weihnachten und Silvester 2002 gab es einen Besuch bei Freunden in London. Wir hatten uns auf eine Silvesterfeier in der Stadt im Freien gefreut. Leider war alles aus Sicherheitsgründen wegen Terrorgefahr abgesagt. In den U-Bahnen trieben sich bewaffnete Sicherheitskräfte herum. Sie trugen alle Schusssicherheitswesten. Die schienen etwas zu wissen, was wir restlichen Bürger nicht wissen durften. In allen Pubs wurde hinter vorgehaltener Hand über muslimische Terrorangriffe diskutiert. Die Welt hatte sich drastisch zum Schlechteren verändert. Bombenterror und Bürgerkriege waren täglich in den Nachrichten. Krisenherde brodelten vor sich hin. Es kriselte und blutete weltweit auf allen Kontinenten.

Ich durchstöberte London von einem Ende zum anderen, weil ich das Gefühl hatte, dass ich nie wieder so gut zu Fuß sein würde, dass der weltweite Terror das Reisen in Zukunft gefährlich machen würde und ich nie mehr nach London käme. Mein Gang hatte sich verschlechtert. Auf die Beine war kein Verlass, sie versteiften sich manchmal, oder sie knickten einfach ein. Noch konnte ich diese Fehlfunktionen immer im letzten Moment kaschieren und/oder abfangen. Onkel Kurt, in seinen Briefen an Oma, beschrieb genau diese Symptome. Dazu kam die Einschränkung des peripheren Blickwinkels. Beim Rasieren der

Achseln hatte ich keine brauchbare Seitensicht. Auch die Veränderungen meiner Motorik wurde von mir mit Resignation wahrgenommen. Trotzdem genoss ich zwei herrliche Wochen in London. Nach Weihnachten begann der Abverkauf in allen Geschäften der vielen Einkaufszentren mit 50 bis 70 Prozent Reduzierung und ich kaufte einige schöne Sachen.

Londons riesiges indisches Viertel ohne den Schmutz, das Gedränge und den Bettlerschaaren wie im echten Indien, war eine fantastische Fundgrube für Exotik. Die Stoffgeschäfte bogen sich mit herrlicher Meterware, die Juwelierschaufenster mit atemberaubend schönen Edelsteinkreationen. Die Vielfalt war einfach überwältigend. Die Menschen gaben sich freundlich und hilfsbereit, ohne aufdringlich zu sein. In den Bussen in ihrem Stadtteil benahmen sich junge Leute respektvoll, sie waren sofort bereit, ihre Sitzgelegenheit ganz automatisch älteren Personen, sogar mit freundlichem Lächeln, zu überlassen.

Auch die Nachbarschaft der Skinheads fand ich toll, obwohl man mich eindringlich gewarnt hatte, dort nicht alleine herumzuziehen. Ich wagte es trotzdem, das Risiko einzugehen und amüsierte mich mit den wild aussehenden Bewohnern. Die meisten sahen selbst aus wie wandelnde Kunstwerke, von oben bis unten tätowiert und gepierced, ihre Jacken und Hosen voller Ketten, Sicherheitsnadeln und Nieten. Ich wunderte mich insgeheim, wie sie wohl an einem großen Magnet vorbeikommen würden, ohne daran picken zu bleiben.

Genauso ein Exemplar lief mir bei einer Verkehrsampel über den Weg. Dort beide auf grünes Signal wartend, musste ich über das Metall an dem Jüngling lächeln, was bei ihm neben mir stehend ansteckend wirkte. Wir standen da und lächelten einander entgegen. Eigentlich voll idiotisch und höchstwahrscheinlich unvernünftig von mir aus, aber es war mir plötzlich egal und er war mir sympathisch. Er wollte wissen, wieso ich mich ganz alleine in seine böse Nachbarschaft traute und mich das sogar amüsierte. Ich meinte nur, dass ich als Kind im besetzten Russensektor in Österreich zu Hause gewesen war und alleine durch wilde Teile von Mexiko gereist war. Da würde ich doch wohl im königlichen England nichts zu befürchten haben, oder? Die Antwort gefiel ihm. Da meine Antwort mit leichtem Akzent schattiert war, wollte er wissen, woher ich kam, mit Österreich schien er kein Problem zu haben. Er wusste sogar, wo es war! So bekam ich einen richtig netten, wildaussehenden Fremdenführer an meine Seite, was zur Folge hatte, dass mich weiter niemand belästigen würde. Wir besuchten den schrägen Tätowierladen seines Freundes, auch ein angesagtes Piercing-studio. Am eindrucksvollsten waren einige Kunstgalerien, in denen richtig tolle Arbeiten hingen, auch einige Kunstgewerbe-studios, vollgestopft mit Objekten von sehr begabten Künstlern. Zum Abschluss gab es noch einen Besuch im Stammlokal mei-nes Begleiters. Niemand belästigte mich, alle wildaussehenden Männer und Frauen kamen mir mit offener Neugier entgegen und ich verbrachte einen sehr amüsanten Abend mit den „ärgs-ten" Außenseitern der britischen Gesellschaft. Wir politisier-ten und philosophierten und sie meinten alle, dass ich ihnen ohne Vorurteile begegnete und sie bei mir einfach nur als „Men-schen" zählten, was ihnen gefiel, was aber bei ihren Landsleuten nicht der Fall war. Diese sahen auf sie herab und schoben ihnen Verbrechen zu, welche sie sehr oft nicht begangen hatten. Die Engländer hielten nach wie vor fest an einem Klassensystem, welches gegen das System rebellierende wildaussehende, stark tätowierte und ausländische Menschen unterschwellig aber stur diskriminierte. Engländer tolerierten kein sich verbessern, um emporzukommen. Emporkömmlinge waren für sie zu vermei-den und zu unterdrücken. Sie beharrten nach wie vor auf einer rigorosen sozialen Klassenstruktur. War man von niedriger Herkunft, wurde einem hartnäckig der Aufstieg in höhere Ge-filde vermiest. Den Besuch in das wilde Viertel empfand ich als den krönenden Abschluss meines Besuches in London. England war ein wunderbares Urlaubsland gewesen und die Menschen, die ich traf eine interessante Mischung. Schnell kam die Zeit, zu packen, aber es wäre noch so vieles zu erkunden gewesen, das Wetter war zu mild für Winter und das machte den Besuch noch angenehmer, ich nahm mir vor, zurückzukommen, aber wusste, dass es nicht wahrwerden würde. Meine körperlichen Ausfälle waren verstärkt aufgetreten. Mein Gepäck hatte einiges an Übergewicht. Die Ryan-Air-Fluggesellschaft war noch großzügig, was Übergewicht schwerer Koffer betraf. Ich hatte ja heftig beim Ausverkauf zugeschlagen. Es wurde nichts zusätzlich verrechnet für die extra sieben Kilo. Irgendwie spürte ich, dass diese Reise meine letzte gewesen war und es stimmte mich sehr traurig. Ich hatte automatisch geglaubt, auch im fortgeschrittenen Alter so gut zu Fuß zu sein, wie meine Mutter und Tanten, aber ich wusste, dass irgendwann der Rollstuhl aktuell werden würde, das war deprimierend und machte mir Angst. Um als Pflegefall angenehm leben zu können, war ich zu arm.

Zurück in Wien, nach dem tollen Urlaub in Großbritannien, ging es sofort von einem Neurologen zum nächsten. Ich irrte von „Pontius zu Pilatus", um eine Bestätigung meiner Krankheit zu bekommen, um eine medikamentöse Therapie anzufangen. Sogar im Klinikum St. Pölten, nach einer ersten Wirbelsäulenpunktion waren keine eindeutigen Beweise für Multiple Sklerose vorhanden. Ich hatte im Vorjahr eine Zeckenimpfung, welche den Befund dominierte. Meine aufgezählten Symptome wurden als gegenstandslos betrachtet und wurden nicht berücksichtigt: Man meinte, sie könnten auch von der Borreliose sein:

„Sie sind viel zu alt, um einen Erstausbruch von Multiple Sklerose zu haben, sowas gibt es zwischen zwanzig und vierzig, aber nicht in Ihrem Alter."

„Sie haben Borreliose von einem verschleppten Zeckenbiss. Daher kommen die Symptome."

„Das sind Altersbeschwerden, Sie sind schließlich fast sechzig."

Ich erklärte den langjährigen kribbelnden Fleck am Bauch und der Zehe, welche sich beide verschärft und vergrößert hatten. Dass diese nach einer stark infektiösen Krankheit erschienen waren. Niemand wollte davon Notiz nehmen.

Mutter erklärte ich beinhart, dass bei mir MS ausgebrochen war. Ich machte die Ausfälle ärger als sie waren, damit Madame ja die Idee, zu mir zu ziehen, aufgab. Schockiert war sie schon, mein Schicksal schien ihr aber nicht nahe zu gehen. Sie kapierte nur, dass unter diesen Umständen keine Übersiedelung für sie stattfinden würde. Es konnte auch gewesen sein, dass sie dachte, zum Schluss müsse sie sich noch um mich kümmern. Das passte so gar nicht in ihr Konzept von einem angenehmen, späten Lebensabend.

Auf jeden Fall schien mein Problem gelöst, was ihre Absicht nach Wien zu kommen betraf. Das ließ mich aufatmen und ich freute mich, dass ich das Problem „Mutter" ein für allemal als erledigt betrachten durfte. Es konnte doch nicht mehr lange sein, bis sie endlich die Augen schloss. Sie war jetzt fast 86. Andauernd hatte sie irgendwelche Schmerzen und Beschwerden, aber einen Arzt suchte sie nicht auf. Sie meckerte über den Fluch des Alters. Trotzdem ging sie ohne Stock oder Gehhilfe Lebensmittel einkaufen und sie brauchte noch immer keine Lesebrille. Sie machte lange Strandspaziergänge, schimpfte mit den dort kampierenden Obdachlosen wegen Verschandelung und Verschmutzung des Strandes. Niemand wollte zerfranste, ungewaschene Leute zu sehen, das mussten sie verstehen, es war schlecht für den Tourismus! Dass die dort Anwesenden ihr nicht aufs Maul hauten und sie verschwinden ließen, wunderte mich ungemein. Sie stiftete Unfrieden, wo immer sie erschien, um mir nachher sofort davon telefonisch zu berichten. Mich wunderte immer wieder, dass ihr niemand der Angepöbelten den Hals umgedreht hatte. Das wäre für mich ein willkommenes Szenario gewesen, aber leider, leider ... Solche Gedanken kamen mir ganz automatisch und danach fühlte ich mich, wie immer, fürchterlich schuldig, es war zum Verzweifeln.

Durch meine körperlichen Ausfälle wurde ich weniger höflich ihr gegenüber, weil mir die Geduld abhandengekommen war. Das löste bei ihr unglaubliche Raunz- und Weintiraden aus: Sie war so arm und missverstanden! Ihre böse Tochter war ja so gemein!

Zu Weihnachten 2004 war ich auf Reha in Oberösterreich, um meine Gehbeschwerden in Angriff zu nehmen. Wassertherapien und das Wandern im Tiefschnee brachten Verbesserungen im Gehverhalten. Am 26. Dezember gab es die Tsunamikatastrophe in Thailand, mit all ihren Horrormeldungen. Im Vergleich zu den vielen verletzten, oder toten Einheimischen und Touristen kam ich mir gar nicht so lädiert vor. Ich musste mich um eine Diagnose für meine Krankheit kümmern, so zog ich von einer neurologischen Spitalsabteilung zur nächsten. In vier Spitälern wurde ich getestet, mit der Punktion für die Liquoruntersuchung von der Wirbelsäule und dreimal gab es Magnetresonanz des Gehirns. Generell wollten die meisten konsultierten Neurologen von meinen Symptombeschreibungen nichts wissen. Diese hatte ich durch Onkel Kurt mitbekommen. Ich war fünf Jahre am Verzweifeln, weil ich keinen Arzt finden konnte, der mir Glauben schenkte. Altersmäßig, und wegen meiner extremen Kraft und Beinbeweglichkeit noch immer von Ballett in jungen Jahren, dem jetzigen, täglichen Turnen, passte nichts ins Bild eines MS-Erstausbruchs.

Am 3. März 2006 dann der große Schub mit Doppelbildern durch einen verrücktspielenden Sehnerv und akutem Kollaps. Steif wie ein Bügelbrett, konnte ich meine Beine nicht abbiegen. Meine Augen spielten verrückt, der Sehnerv war voll angeschlagen. Mir war speiübel, ich besuchte gerade eine Mineralienausstellung, als ich zusammenbrach. Die Rettung brachte mich in das Wilhelminenspital. Plötzlich glaubte man mir und diesmal gab es bei der Liquorpunktion die Bestätigung der Multiple Sklerose. Ich wurde mit einer massiven Kortisonstoßtherapie behandelt. Nach fünf Tagen und fünf Mal zehntausend Einheiten Kortison ging es mir wieder gut. Zumindest konnte ich meine Beine wieder abbiegen, selbständig agieren, die Augen hatten sich normalisiert, keine Doppelbilder mehr. Mein Gang war auch wieder normal. Man verpasste mir als Behandlung Interferon, jeden Tag eine Spritze würde ich mir geben müssen. Als ich es wagte, zu fragen, was es für alternative Medikamente und Therapien für MS gab, wurde mir von der zuständigen Neurologin erklärt:

„Das ist die beste Therapie! Das hat Sie doch gar nicht so zu interessieren, verstehen würden Sie auch gar nicht, was Interferon ist, wir wissen am besten, was für Sie in Frage kommt."

Mehr brauchte ich nicht zu hören, es machte mich richtig böse, behandelt zu werden wie ein unmündiges Kind. Diese

Einstellung akzeptierte ich nicht, schon gar nicht die Arroganz der MS-Spezialistin.

„Bei allem Respekt, Frau Doktor, es ist immer noch mein Körper und meine Krankheit. Daher müsste es verständlich, sein dass ich die beste Lebensqualität, trotz Krankheit und Therapie, herausholen will, natürlich mit den wenigsten Einschränkungen. Interferon ist heikel beim Reisen zu transportieren, weil Hitze empfindlich, da muss ich mich dauernd um ununterbrochene Kühlung kümmern, es wird bei Krebskranken eingesetzt, ist körpereigenes Eiweiß mit immunmodulierender und antitumoraler Wirkung. Nebenwirkungen sind Symptome des grippalen Infekts. Mein Ehemann und Sohn sind beide nach langer Chemo an Krebs gestorben und damit habe ich viel Erfahrung. Das können Sie mir ruhig glauben. Also sagen Sie mir ja nicht, was ich verstehe und was nicht!" Sie starrte mich mit offenem Mund ungläubig an.

„Außerdem werden Ärzte von der Pharmaindustrie bezahlt, ausschließlich ihre Medikamente zu verschreiben, auch wenn es nicht die optimalste Lösung für den Patienten ist, alles seit Jahren praktiziert in den USA, dass es auch schon in Österreich passiert, hätte ich nicht gedacht!"

Der Neurologin hatte es die Sprache verschlagen. Sie wurde krebsrot und sehr böse. Wie konnte ich es nur wagen, ihr zu unterstellen, unter der Fuchtel der Pharmaindustrie zu stehen. Sie würde mich wegen Rufschädigung verklagen.

„Sind Sie auch sicher, dass Sie sich das leisten können? Das würde ich mir an Ihrer Stelle überlegen. In dieser Abteilung gibt es nur Interferonwerbung und Informationsheftchen, sonst nichts! Obwohl es zig medizinische Therapievarianten für diese Krankheit gibt. Was ist Ihre Ausrede dafür?", wollte ich wissen.

„Mit Ihnen rede ich nicht mehr!", zischte sie und marschierte aus dem Zimmer. Ich sah sie auch nie wieder. Danach pilgerte ich ins AKH. Aus dem Internet hatte ich die Information über ein neues MS-Medikament – Natalizumab (Tysabri) – eine Infusion pro Monat, sehr teuer, aber effektiv. Da würde die lästige Kühlung wegfallen, und die Nebenwirkungen mit den lästigen

Erkältungssymptomen. Der junge MS-Spezialist sah mich an, dann lachte er mich aus und informierte mich mit einer Arroganz, die mir einen Schauer über den Rücken jagte:

„Das Medikament ist viel zu teuer, das ist nur für junge Patienten vorgesehen, welche unbeschwerte Lebensqualität brauchen, nehmen's Interferon, das tut's auch in Ihrem Fall und Alter." Ich konnte nicht glauben, was ich da hörte. Die Krankheit hatte sich bei mir im 55. Lebensjahr bemerkbar gemacht, im 61. Lebensjahr war sie offiziell voll ausgebrochen und somit endlich offiziell anerkannt. Es gab keine Studien über Erstausbrüche dieser Krankheit in meinem fortgeschrittenen Alter. Hauptsächlich befiel sie junge Erwachsene zwischen 20 und 40. Eigentlich hatte ich die taube, kribbelnde Zehe und den juckenden Fleck am Bauch im Kindesalter seit der Masernepisode im Skeith-Haushalt in Toronto in den fünfziger Jahren. Die Krankheit war also in mir seit dieser Zeit. Voll erblüht war sie, als Frau Mama mich mit ihrer Umsiedelung bedrohte.

WENDE DEIN GESICHT DER SONNE ZU, DANN FALLEN DIE SCHATTEN HINTER DICH

Eine unheilbare Krankheit wie MS ändert das Leben drastisch und unwiderruflich. Man kann so viele Dinge plötzlich nicht mehr tun. Bewegungsstörungen waren Norm geworden. Jeden Morgen können einer oder mehrere der 650 Muskeln im Laufe des Tages rebellieren und versagen. An den Gegebenheiten zu verzweifeln, oder depressiv zu werden, kam für mich nicht in Frage und schon gar nicht, in Selbstmitleid zu versinken. Irgendwie musste ich mich mit MS arrangieren. Die bestmögliche Therapie würde mir dennoch langfristig massive Einschränkungen im täglichen Leben bescheren, aber bei weitem nicht so arg wie Alltag mit Frau Mutter.

Am allerwichtigsten war, einen Arzt und ein gutes Medikament zu finden, welche mir ermöglichten, trotz der Behinderungen, bessere Lebensqualität zu erhalten. Eine Möglichkeit blieb mir noch und das war das Kaiser-Franz-Josef-Spital in meiner Nachbarschaft im zehnten Bezirk, dort sollte es eine gute neurologische Abteilung geben. Ich hatte Riesenglück, weil ich an eine junge Neurologin kam, mit der ich mich sofort gut verstand, kein Wunder, wir hatten am selben Tag Geburtstag. Frau Doktor Sabine Urbanitz ermöglichte mir das teure, neue Medikament, indem sie mich in eine Studie miteinbezog. Es gab keine Statistik bei Erstausbruch von MS mit sechzig plus. Von da an ging die Lebensqualität trotz MS rapide bergauf. Ich hatte starke grippale Nebenwirkungen mit Interferon gehabt und ich verwendete es mit akutem Widerwillen. Überglücklich war ich, das Interferon los zu sein. Bei Tysabri gab es keine einzige gesundheitliche Beschwerde und gar keine Nebenwirkungen.

Auf Mutter machte das alles gar keinen Eindruck. Sie meinte, es sei halt eine Schwäche der Nerven in unserer Familie, mit Alois und Parkinson, auch Kurts Multiple Sklerose. Jetzt war halt ich dran.

Sie selbst schien immun gegen jegliche Alterserscheinungen, Wehwehchen, oder seriöse Krankheiten zu sein. Zumindest hätte sie schon längst Hautkrebs haben müssen, in Anbetracht der Jahrzehnte langen Sonnenrösterei. Ich konnte mir nicht vorstellen, wie sie als ehemaliger Hypochonder seit Jahren keine Ärzte konsultierte und keinerlei Medikamente schluckte. Sie sagte mir, sie vertraute weder der Medikamentenlobby noch den Ärzten, welche von den Lobbyisten in punkto Interessen abhängig waren. Angeblich wurden in den Staaten Medikamente verordnet, die in erster Linie für den Arzt mit lukrativen (Schmier-) Geldern verbunden waren, nicht aber für die Beschwerden und Symptome der Patienten die beste Lösung waren.

Ich dachte darüber nach, ob ich in die Krankheit geflüchtet war, um mich vor Mutter zu schützen? Stürzte ich mich in MS, um sie von mir fernzuhalten? War so etwas überhaupt möglich und konnte man eine in sich schlummernde Krankheit durch Angstzustände lostreten? Ich hatte noch so viel vorgehabt. Meinen Hobbies frönen, zum Beispiel jeden Herbst meine geliebten Pilze sammeln, indem ich Stunden lang durch die Wälder um Seebenstein bis Mönichkirchen streifen wollte. Bergwandern auf der Hohen Wand, der Rax oder dem Schneeberg war auch geplant gewesen. Langlauf und Skifahren, Hauptstädte an Wochenenden in ganz Europa zu bereisen via Billigflugangeboten. Das waren alles Optionen, welche ich vorhatte, zu realisieren. Auch Dalmatien wollte ich erkunden und wieder London. All das war mit einem Mal vorerst gestrichen. Sogar eine schwere Autoimmunkrankheit war besser, als Mutter am Hals zu haben und das fand ich schockierend. Wie „krank" war das denn? Entsprach es den Tatsachen, dass ich mich hinter der manchmal sehr heimtückischen Multiple Sklerose verschanzt hatte, um Mutter von mir fernzuhalten? Wenn das die Wahrheit war, ergab das schlimme Aussichten. Ich beschloss, diesen Gedanken nicht nachzuhängen und versuchte das Beste daraus zu machen.

Mein Körper war in erstklassiger Form und an hartes Training gewöhnt. Ich hatte eine tolle junge Neurologin, anstrengende Bewegungstherapie und die besten Medikamente, die es weltweit gab. Dazu noch jährliche Rehaansprüche in auf MS spezialisierten Zentren in der Steiermark. Gott sei Dank lebte ich in einem Land mit Sozialmedizin. Die Medikamente kosteten obszön viel Geld. In den Vereinigten Staaten wäre eine Behandlung in dieser Preisklasse unmöglich gewesen und ich wäre sehr schnell gestorben oder hätte mich aus dem Weg geräumt, da ich ohne medikamentöser Therapie die volle Wucht der Symptome ertragen hätte müssen. In Wien bekam ich sechs extrem heftige Schübe mit Spitalsaufenthalt und Kortisonstoßtherapien. Auch das wäre in den USA unbezahlbar gewesen. Danach war die tolle Neurologin verantwortlich für den richtigen medizinischen „Cocktail", was die Krankheit optimal erträglich machte, die Symptome verlangsamte, Schübe reduzierte und abschwächte. Multiple Sklerose gibt es in verschiedenen Variationen, die Krankheit hat viele Gesichter und manchmal ist sie besser als ihr Ruf.

Mutter war komischerweise kleinlaut geworden. Sie unterließ den Telefonterror mindestens zwei Jahre. Von Zeit zu Zeit gab es neutrale Gespräche und langwierige Erzählungen, wie alles den Bach runterging in ihrem gelobten Lande Amerika: keine persönlichen Erledigungen von Einkäufen und Bankgeschäften mehr möglich, alles nur via Internet und Geldautomaten. In den großen Shoppingcenters sperrten viele Geschäfte zu, die ehemaligen Kunden erledigten ihre Einkäufe bei Versandhäusern im Internet. Es gab immer mehr Obdachlose, das Land ging vor die Hunde, die vielen Illegalen schwappten über die südlichen Bundesstaaten, es gab zu viele Menschen auf der Welt, zu viele Touristen und Konsumenten und zu wenig Naturschutz. Diese Themen servierte sie mir manchmal zwei bis drei Mal die Woche. Gegen diese Telefonate jede Woche wurde mein Widerwille immer stärker.

Wegen meiner eingeschränkten Mobilität war es mir unmöglich schnell zum Festnetztelefon in der Küche zu kommen, deswegen gab es wieder Terror. Madam weigerte sich, eine Nachricht am AB zu hinterlassen, damit ich Kontakt aufnehmen konnte, wann ich wollte. Sie wurde wieder hysterisch, weil sie sich weigerte, auf ein Band zu sprechen:

„Ich rede mit keiner Maschine!", schrie sie mich an. Ihrer Meinung nach sollten wir uns Datum und Zeit ausmachen, damit ich neben dem Telefon auf ihren Anruf warten sollte, wie sich das für eine brave Tochter gehörte. Dass ich meine Ruhe brauchte, war ihr egal, ich hatte mich gefälligst nach ihren Wünschen zu richten. Wir verschwendeten viel Geld bei unerfreulichen Telefonaten, sie hörte nie zu, langweilte mich mit lauter idiotischen Geschichten und es folgten Jahre der Streitereien, wer wem was in der Familie angetan hatte. Unproduktive Schuldzuweisungen wurden von ihr gerne aufgewärmt. Ich hatte absolut keine Geduld für dieses sinnlose Gequatsche, das unerfreuliche Getue. Läutete am Abend das Telefon, kriegte ich Atemprobleme und brauchte einen Zerstäuber. Es folgten weiter endlose Debatten und Streitereien um teure Telefongebühren. Mutter war böse, dass ich es gewagt hatte, krank zu werden, böse, weil ich sie nicht nach Österreich holen würde, und dass ich meine Halbgeschwister aufgesucht hatte. Böse auf die vielen Ehen, die ich eingegangen war. Nichts, was ich je getan hatte, war gut genug gewesen. Dazwischen gab es einige Telefonate, wo sie sich tausendmal entschuldigte, mein Leben durcheinander gebracht zu haben und sie ihre Liebe für mich betonte. Ich glaubte, ich hörte nicht recht, schrieb dies dem koscheren Mogen-David-Wein zu, den sie liebte und sehr oft genoss, ich erklärte ihr, dass dies alles viel zu spät war, um jetzt noch irgendeinen Unterschied zu machen. Lange hielten diese positiven Emotionen ihrerseits sowieso nicht an, denn danach kamen wieder Vorwürfe. Weil ich ihr noch immer von Zeit zu Zeit österreichisches Pensionsgeld abluchste, schaffte ich keinen endgültigen Kontaktabbruch mit ihr. Da ich hartnäckig der Meinung war, die österreichische Pension in Wien zu lassen und auszugeben, war ein endgültiger Bruch der Beziehung unvorteilhaft. Stattdessen betete ich, sie möge endlich tot umfallen und sehnte mich nach Ruhe und dem Schluss dieses verdammten Telefonterrors. Wann würde endlich das Ende kommen? Genug war genug.

Bei MS war es wichtig, seelisches Gleichgewicht zu erzielen und im Positiven zu erhalten. Ich nahm die Krankheit an, hatte keinerlei Angst davor, lebte im Hier und Jetzt, blockierte absichtlich alle Gedanken an die Zukunft, und den Verlauf (Verfall), den die Krankheit mit sich bringen würde. Mit EMS bearbeitete ich regelmäßig Arm- und Beinmuskulatur. Das Gerät aktiviert Kontraktionen der Muskeln. Dazu trainierte ich weiter Beinverrenkungen, das half beim An- und Ausziehen von Unterwäsche, Hosen und dem Ausführen der eigenen Pediküre. Schwierig wurde es allerdings am Anfang beim Suchen eines Behinderten-WCs. Dafür gab es eine Liste und einen Euroschlüssel. Wien war ganz gut gerüstet für behinderte Rollstuhlfahrer, man konnte sehr viel unternehmen, außerdem gab es auch viele Vergünstigungen beim Eintritt zu Museen, Ausstellungen, dem Schönbrunner Zoo, Theater und Musikveranstaltungen.

Das Ärgste an MS für mich waren die Spitalsaufenthalte bei den Schüben. In der neurologischen Abteilung im Kaiser-Franz-Josef-Spital befand sich meine Anlaufstelle und Betreuung, wenn die Krankheit wütete. Ich wurde Zeuge trauriger Gegebenheiten, welche meine Krankheit im Vergleich milde erscheinen ließ. Da spielten sich fürchterlich traurige Schicksale ab. Da lagen im Einzelzimmer sterbend junge Frauen mit inoperablen, schnell wachsenden Gehirntumoren. Junge Väter mit kleinen Kindern kamen, um sich von der sterbenden Mutti zu verabschieden. Danach standen sie weinend, sich gegenseitig tröstend, im Korridor vor der Krankenzimmertüre. Das war herzzerreißend. Auf der Station gab es viele junge Männer und Frauen in der Blüte ihres Lebens, mit ihren ersten Schlaganfällen, oder anderen motorischen Störungen, massiv beeinträchtigt, verursacht durch nervliche Fehlleitungen. Im Vergleich war ich da mit meiner Art von MS viel besser dran. Es gab so viele Varianten dieser Krankheit. Manche Patienten bekamen einen einzigen Schub und blieben völlig gelähmt, steif wie ein Bügelbrett, andere erwischten eine aggressive Art dieser Krankheit und sie starben innerhalb eines Jahres. Multiple Sklerose hatte wirklich tausend Gesichter.

Am schlimmsten war für mich die totale Hilflosigkeit bei den Schüben. Man konnte nichts für sich selbst erledigen, nicht mal die intimsten Dinge. Bis die Kortisonstoßtherapie anschlug, dauerte es einige Tage: fünf Infusionen, jeden Tag eine mit fünfzigtausend Einheiten waren nötig, damit man langsam wieder das Nötigste selber bewältigen konnte. Bis dahin waren Scham und Scheu nicht möglich zu berücksichtigen. Liegend die Bettschüssel benutzen zu müssen, ist nicht leicht und auch gewöhnungsbedürftig, speziell wenn junge Pfleger Nachtdienst hatten. Man durfte nicht darüber nachdenken: Flucht nach vorne! Ich wollte mir einen Katheter ersparen, da ein Blaseninfekt oft eine Begleiterscheinung war.

Nach jedem Schub, sobald es irgendwie möglich war, musste man Bewegungstherapie anfangen und durchziehen. Das Wichtigste überhaupt ist, vor allem in den Beinen Muskelmasse wiederaufzubauen und zu erhalten. Mein durchtrainierter Körper und die Beinverrenkungen, welche noch vom Ballett stammten und die ich mit täglichen Übungen beibehalten hatte, kamen mir beim An- und Ausziehen sehr zu Gute. Leider gab es bei mir zusätzlich zur MS noch eine kaputte Lendenwirbelsäule. Das wurde mir zum Verhängnis. Operation, ja oder nein? Eine fünfzig/

fünfzig-Chance nachher totalen Bewegungsverlust zu haben, war nicht optimal. Mehr Schübe zu riskieren, oder einen massiven loszutreten, da die MS-Herde sich vorwiegend in meiner Wirbelsäule befanden, war auch keine verlockende Option. Es gab keine Garantie, wie der Körper reagieren würde, wenn an der Wirbelsäule gewerkt wurde. Ich entschied mich gegen den Eingriff und dachte, es war besser, Einschränkungen zu haben, als einen totalen Mobilitätsverlust, mir war dieses Risiko zu groß.

MS-krank zu sein, wurde zur Vollzeitbeschäftigung. Zwischen täglichem Turnen, Medikamentenrezepte beim Hausarzt einzuholen, und Monat für Monat vom Wiener Gebietskrankenkassenchefarzt bewilligen zu lassen, nahm viel Zeit in Anspruch. Behindert zu sein, war auch sehr teuer, die Preise für Medikamente und Heilbehelfe unverschämt hoch. Die Bürokratie für sie erforderte viel Geduld und viel Geld. Ich wollte gerne wissen, wie man rechtfertigen konnte, zum Beispiel für ein 50 bis 60 cm langes Rutschbrett (eine Transferhilfe) 90 bis 120 Euro zu verlangen: Abzocke noch und noch! Ein Treppenlift kostete 12.000 €, aber einmal pro Jahr mussten ein Service um 250 € plus eine Inspektion um über 100 € gemacht werden. Diese Überraschung wird erst nach dem Einbau prompt erläutert. Bei einer Mindestpension und einer niederen Pflegestufe war das verhältnismäßig teuer, eigentlich unerschwinglich. Behindert sein, war etwas für gut Betuchte. Mit einer Mindestpension fehlte es an allen Ecken und Enden. Man musste beinhart Prioritäten setzen: Wollte man erstklassig gesund essen und dazu Nahrungsergänzungsmittel nehmen, oder einen wöchentlichen Physiotherapeuten plus eine Heimhilfe engagieren? Finanziell ging sich beides nicht aus, also musste man lernen, trotz Pflegegeld, Abstriche zu machen und natürlich jeden Cent dreimal umzudrehen.

Dass ich in Österreich krankenversichert war, rettete mein Leben und verlängerte es, auch die gute Behandlung im Spital war für diese Tatsache verantwortlich, dazu die teuren Medikamente ein richtiger Lebensretter. Als ich Mutter davon erzählte, wollte sie es gar nicht wissen. Sie meinte nur, ich solle keine

Medikamente schlucken, Ärzte seien Verbrecher, weil sie von der Pharmaindustrie bestochen werden und ihre krummen Geschäfte unterstützen. Da waren viele Medikamente und Operationsmöglichkeiten, welche alles Mögliche heilen würden, aber zurückgehalten wurden, um weniger geeignete Medikamente und Behandlungen weiter zu verwenden wegen längeren und höheren finanzieller Einnahmen. Es ginge allen nur um Profit, manche Krankheiten könnten längst geheilt werden, aber Patienten gab man diese Behandlungen nicht, sondern andere, welche die Krankheit aufrecht erhielten und nur gewisse Symptome erleichterten, oder nach Remission wieder ausbrachen. Die Pharmaindustrie war genau das: eine Industrie, die enorme Profite einfuhr, Krankheiten waren ein Milliardengeschäft. Viele Ärzte scherten sich nicht mehr um ihren hippokratischer Schwur, nur Einnahmen zählten, der menschliche Aspekt wurde sekundär und Menschenleben waren nicht wichtig. Laut Frau Mama war das Leben ja so beschissen, die Ärzte und Pharmaindustrie ein verlogenes Gangsterpack. Ich war wirklich ein Masochist, immer wieder ließ ich zu, dass sie mich mental herunterzog. Warum behielt sie ihre Vermutungen nicht für sich? Sie glaubte allen Ernstes, ich sollte die MS-Medikamente verweigern.

Ich konnte fast zehn Jahre mit Rollator und Krücken navigieren. Einkaufen fuhr ich im Rollstuhl mit einem Behindertenfahrtendienst. Dank dem Schicksal war ich behindert in Österreich. Meine Rückkehr in die Heimat war doch das Richtige gewesen, weil Behinderte in Österreich sehr gut behandelt wurden. In den Supermärkten und generell in allen Geschäften traf ich hilfsbereite Mitmenschen. Wien hatte viel für Behinderte getan. Es gab die sauberen Behinderten-WCs, Gehsteige mit abgeflachten Abgrenzungen, Aufzüge bei U-Bahn und Schnellbahnstationen. Viele Geschäfte hatten sogar Rampen, wenn man sie darum bat. Trotzdem haderte ich immer wieder mit meinem Schicksal. Luxus und Geld waren mir nie wichtig gewesen. Da alle weiblichen Mitglieder meiner Familie bis ins hohe Alter rüstig gewesen waren und herum gerannt waren wie Jugendliche, hatte ich automatisch angenommen, mir würde es auch so gehen. Keinen einzigen Moment hatte ich gedacht, dass eine akute Gehbehinderung mir meinen Lebensabend vermiesen würde. Mir kamen die haarsträubenden Bravurstücke in den Sinn, die ich früher beim Sport gemacht hatte. So vieles hätte schiefgehen können beim Fallschirmspringen, Reiten, Motorrad- und Skifahren, oder Klettern. Damals flirtete ich förmlich mit Absturz, Querschnittslähmung und/oder Tod. Dennoch kam mir nie in den Sinn, dass etwas daneben gehen könnte oder würde. Dass mich das Schicksal für solche Arroganz nicht sofort bestrafte, grenzte an ein Wunder. Die vielen jungen Menschen, welche durch Unfälle plötzlich querschnittsgelähmt im Rollstuhl endeten, waren sehr arg dran. Sie hatten das Leben noch vor sich. Meine schwere Behinderung fing erst mit 65 Jahren an. Viel hatte ich schon gesehen, ausprobiert und erlebt, bevor die großen Beeinträchtigungen an der Tagesordnung erschienen. Meine vielen Stürze und Knochenbrüche waren immer gut ausgegangen, mit vollständiger Genesung der betroffenen Gliedmaßen. Für mich war es selbstverständlich gewesen, dass nach einem Unfall keine gravierenden Schäden zurückbleiben würden. Ein einziger Fehlgriff oder Fehltritt hätte mich schon im Jugendalter in den Rollstuhl verbannen können, oder auf den Friedhof.

Jungen Leuten sollte man beibringen, mit Vorsicht und Verstand ihre Gesundheit zu verwalten, ihre Muskeln aufzubauen, bis ins hohe Alter beizubehalten und zu pflegen, damit ein gut funktionierender älterer Körper ihnen später Freiheit und Unabhängigkeit garantiert. Man sollte Kindern in den Schulen lehren, dass man seine körperliche Gesundheit schützen musste, um später als Senior noch über seine uneingeschränkte Eigenständigkeit verfügen zu können.

„WENN DER MENSCH SO VIEL LEIDEN SCHAFFT,
WELCHES RECHT HAT ER DANN, SICH ZU BEKLAGEN,
WENN AUCH ER SELBST LEIDET?"

-Romain Rolland, franz. Dichter

2012, Mama war jetzt 93, fing bei ihr Makuladegeneration an, man erblindete langsam ohne Heilungschancen. Für jemanden, der sehr gerne las und strickte, war das sicherlich eine Tragödie. Außerdem wurde die Anlage, in der sie wohnte, privatisiert. Die Stiftung hatte das Areal verkauft. Man wollte die Häuschen sanieren und wegen Profitmaximierung für Investoren teuer vermieten. Weil „Mrs. Hänslig" als Überlebende des Holocaust gehandelt wurde, gab es eine gewisse Rücksicht, was ihren Rausschmiss betraf. In Anbetracht ihres hohen Alters dachte man, dass sie jeder Zeit sterben würde. Dass sich da alle heftig irrten, merkten die neuen Besitzer ziemlich bald. Sie versuchten, Eleonore auszuquartieren, aber sie weigerte sich, mit hysterischen Gemütsausbrüchen und Weintiraden, ihre vier Wände aufzugeben. Die anderen Bungalows wurden zuerst um sie herum modernisiert und aufgemotzt, also ließ man sie vorerst in Ruhe. Man hoffte, der Baulärm würde ihr so zu schaffen machen, dass sie sich von selbst schleichen würde, aber sie blieb stur in Bezug auf das Verlassen ihres Bungalows. Man trat an sie heran und versprach ihr einen Platz in einem „Betreuten Wohnen"-Etablissement zur selben Miete wie ihre bestehende. Natürlich weigerte sie sich vehement. Zwei Jahre später wurde keine Rücksicht mehr auf ihr Alter genommen. Man übersiedelte sie mit Gewalt in einen Bungalow. Für sie war das eine Tragödie, fast blind, wusste sie nicht einmal, wo und wie ihre Besitztümer in den Kartons lagerten. Noch dazu war der Grundriss des Häuschens anders als ihr altes Domizil. In ihrer Verzweiflung ging sie andauernd auf mich los: Ich hatte ihr den Lebensabend verpfuscht, es wäre meine Pflicht gewesen, ihr zur Hand zu gehen, wozu hatte man sonst Kinder in die Welt gesetzt, natürlich, um sie als Pfleger am Ende seines Lebens einzusetzen! Hilda hatte doch auch Urgroßmutter Maria bis zu deren Tod in der Villa gepflegt. Eigentlich war es die Hausangestellte Elli, der diese Arbeit zugeteilt worden war, was ich Mutter auch sagte, sie ließ diese Tatsache aber nicht gelten. Es war doch die Pflicht der Kinder, den Eltern bis zu deren Tod zur Seite zu stehen. Nach dieser Verlautbarung von Mutter konnte ich nicht anders, als ihr einmal gründlich die Leviten zu lesen. Sie hatte mir wieder einmal ihre egozentrischen Verlautbarungen an den Kopf geworfen, wollte mir ein schlechtes Gewissen einreden. Das ließ ich nicht auf mir sitzen:

„Na so was! Auch du hättest deiner Mutter mit deinem Vater helfen müssen, wenn du selbst solche Ansprüche stellst. Das ist wieder typisch für dich, mit zweierlei Maß zu messen: Wenn es um dich geht, soll ich für dich da sein, du brauchtest aber für deine Eltern selbstverständlich keine Unterstützung zu leisten."

Ich war ärgerlich und voll in Fahrt:

„Andauernd alles so drehen, wie du es gerade brauchst! Du wolltest immer deinen Kopf durchsetzen, aus einem Zahra-Leander-Film geklaut deine Lieblingsverlautbarung: Ich will allein sein! Jetzt bekommst du die Rechnung, alleine heißt ganz alleine, bis zum bitteren Ende. Auch wenn ich nicht MS hätte, würde ich dir trotzdem nicht helfen, weil du mir andauernd sehr geschadet hast mit deinem blöden Auswandern. Geh endlich in ein Altersheim und füg dich deinem Schicksal. Du wirst dir sonst sehr schwer beim Sterben tun."

Nach diesen Ratschlägen wurde sie wütend und ausfällig. Erstaunlich, wie viel Zorn in ihr steckte, sie würde sich definitiv beim Sterben schwertun. Ich musste an Tante Grete denken und deren wilden Todeskampf. Meine Ansichten waren brutal gewesen, speziell die lieblose Kampfansage beim Dahinscheiden, aber ich konnte einfach nicht anders. Irgendwo tat sie mir ja leid, ich war jedoch machtlos gegen den Jahre lang aufgestauten Frust, Schmerz und Widerwillen gegen ihre Person. Trotzdem spürte ich Mitleid und konnte mir gut vorstellen, wie sehr sie unter ihren letzten Lebensumständen litt. Gerade deswegen wollte ich sehnlichst, dass diese Situation schnellstens zu Ende war, um ihr und mir weitere Unannehmlichkeiten zu ersparen. Das Schicksal jedoch wollte es anders.

Mitten in der Nacht rebellierte mein Magen. Zuerst dachte ich, der Ärger mit Frau Mutter hatte mir auf den Magen geschlagen. Dann waren die Schmerzen fast unerträglich geworden. Bis zum Morgengrauen hielt ich sie noch aus, danach fuhr ich mit der Rettung ins Kaiser-Franz-Josef-Spital, wo eine Gallenkolik diagnostiziert und eine dreiwöchige Affäre daraus wurde. Jeden Nachmittag saß ich als Raucherin mit anderen Rauchern auf einer der dazugehörenden Terrassen der Neurologie. Jeden Nachmittag kamen auch Angehörige der Patienten zu Besuch.

Er war sehr groß, schlank, wirkte kühl, gelassen, bewegte sich legere, als er seinem Hund folgte. Vor ihm elegant dahertrippelnd, war eine winzige, schwarzgraue Zwergpudeldame, mit klassischem Pudelschnitt. Der krasse Kontrast zwischen dem großgewachsenen, gut proportionierten, vor Kraft strotzenden Mann und der graziösen, kleinen Pudeldame war irgendwie urkomisch, aber herzig und sehr amüsant. Bei dem Hündchen saß die Haarpracht perfekt, jedes Lockerl passte genau zum nächsten. Dagegen wehten bei seinem Herrchen viele längere, hellbraune, leicht gewellte Haarsträhnen im fröhlichen Durcheinander unter einer Kappe hervor. Wir hatten 30 Grad im Schatten, daher trug der Mann kurze Sporthosen, die kraftvollen Waden und gepflegten Füße sockenlos in Sandalen, machten einen sehr gesunden Eindruck. Ich musste jeden Tag beim Anblick des Duos von Ohr zu Ohr grinsen. Eigentlich hätte etwas Großes wie eine Dogge, ein Irish Setter, oder Dobermann an seine Seite gepasst. Aber seine Präferenz schien diese putzige Begleiterin zu sein, die brav unter Herrls Sessel kroch und sich nicht mehr von der Stelle rührte. Sie würdigte auch niemanden und nichts mit ihrer Aufmerksamkeit und gab keinen einzigen Wuff von sich. Der Mann mit Hund kam jeden Nachmittag mit seinem Vater, eine ältere Ausgabe seiner selbst, um die kranke Mutter/Ehefrau zu besuchen und Mut zuzusprechen. Die alte Dame hatte einen Schlaganfall erlitten und versuchte, sich zurück ins Leben zu kämpfen. Nicht unbedingt mit den besten Fortschritten.

Vierzehn Tage unterhielten wir vier uns ausführlich jeden Nachmittag auf der Spitalterrasse, um die langweilige Genesungszeit zu überbrücken. Wir diskutierten auch tiefgründige Themen. Zum Beispiel, dass die heutige junge Generation alles im Überfluss gewöhnt war. Bei dem übermäßigen Wohlstand in Österreich waren der Mehrheit der Menschen Mangelerfahrungen völlig fremd. Die Gesellschaft war nicht mehr in der Lage, Krisen richtig zu erkennen, einzuordnen und angemessen damit umzugehen. Die Bürger interessierten sich hauptsächlich fürs Shoppen, Feiern und den nächsten Urlaub. Die Kriegs- und Nachkriegsgeneration musste schweres Leid und bittere Entbehrungen erdulden. Sie kannten Sparsamkeit zur Genüge und bauten nach 1945 Österreich wieder auf; zu einem wunderschönen, gepflegten und wohlhabenden Land, mit einem beneidenswerten Lebensstandard. Eine moderne Konsumgesellschaft wurde in Österreich gegründet, die sich über die Jahrzehnte verselbstständigte. Luxusgüter wurden zur Selbstverständlichkeit. Mann verfügte heute über weit mehr, als notwendig wäre, und hatte sich an den Überfluss gewöhnt. Nach dem Zweiten Weltkrieg mussten Europäer ohne ausreichende Nahrung und Heizmaterial überleben. Auch mit Wohnungsnot fertigwerden, weil so viele Wohnhäuser in Schutt und Asche gelegen hatten. Die Menschen wurden zu entsprechender Genügsamkeit und Improvisation gezwungen, um zu überleben. Leider wurden ihre Kinder und Kindeskinder maßlos verwöhnt. Sie sollten es viel besser haben, als man selbst in seiner Kindheit es gehabt hatte. Die Urlaubsreise, der Kino- und Restaurantbesuch, bekamen einen erhöhten Stellenwert und wurden zur Selbstverständlichkeit. Krisen bergen auch Chancen, man musste sie nur erkennen. Wir waren uns sicher, dass die jungen Generationen nicht mehr in der Lage war, zu improvisieren, und dass ihre Not nicht erfinderisch machen würde. Auf der Terrasse im Spital spielten wir verschiedene Szenarien durch und kamen zur Überzeugung, dass im akuten Krisenfall wenige Menschen positiv damit umgehen könnten. Dass wir in einem Land lebten, in dem Überfluss als normal und selbstverständlich galt. Wir waren alle vier auf derselben Wellenlänge, was unsere Weltanschauungen betraf und überzeugt, dass der Wohlstand nicht andauern und der Überfluss abrupt enden würde. Dass in der Zukunft chaotische Zustände auf uns zukommen würden. Der Pudelpapa war manchmal sehr pessimistisch angehaucht, aber man musste ihm Recht geben. Viele Umstände deuteten auf schlechte Zeiten hin und sehr viel Verschwendung war im Umlauf, die Ressourcen jedoch beschränkt. Das Spital war ein perfektes Beispiel dieses Trends. Man hatte das Personal drastisch reduziert, viele vor sechs Jahren sanierte Pavillons niedergerissen, obwohl die alten Mauern im Sommer kühl, im Winter isolierend, wirkten und die Gebäude durchaus noch viele Jahre gut funktioniert hätten. Man war im Begriff, sie durch Glaspaläste zu ersetzen, alles Alte niederzureißen und umzukrempeln. Vertrauenerweckend in Bezug auf die rote Regierung war das keinesfalls, nur kümmerte es niemanden.

Bei der Spitalsentlassung versprachen wir, telefonisch in Kontakt zu bleiben, um uns gegenseitig über unsere Gesundheitszustände zu erkundigen. Ein Jahr lang unterhielten sich der Pudelpapa und ich per Handy über alles Mögliche ein bis zweimal pro Woche, bis es fast täglich wurde. Sein Name war Peter und wir merkten, dass wir über gewisse Dinge dieselbe Meinung vertraten. Plötzlich stand er eines Tages auf der hinteren Terrasse mit dreißig Rosen. Seine Eltern waren in ein Pflegeheim gezogen, nach dem Schlaganfall ging es Peters Mutter trotz Reha wieder sehr schlecht. Sie brauchte Betreuung auf einer Bettenstation. Sein Vater hatte Probleme mit seinem Kurzzeitgedächtnis. Wir hatten trotz der gesundheitlichen Probleme seiner Eltern sehr viel Spaß miteinander und es existierte ein guter Draht zwischen uns. Durch Peter, einen Beamten, lernte ich sehr gute Ärzte kennen. Es gab sehr wohl zwei Klassenmedizin in Wien. Peter zog zu mir mit Pudeldame Cara und einer westafrikanischen Graupapageiendame namens Jakobine. All die Jahre wurde sie als ein er, also Jakob, gehandelt, bis er/sie plötzlich ein Ei legte. Sie war ein entzückendes, blitzgescheites Vögelchen mit einem großen Wortschatz und sie sang Melodien nach, welche sie gerade im Radio gehört hatte. Unsere Viersamkeit war richtig wohltuend und wir hatten eine riesen Hetz. Meine Freundinnen, Nachbarn und nähere Bekannte waren zutiefst schockiert. Wie konnte eine alte Schachtel wie ich, sogar teils im Rollstuhl, sich einen jüngeren Mann angeln? Der musste unlautere Absichten haben. Das schickte sich nicht! Und überhaupt und sowieso!!! Wie konnte ich nur?

Es war ein sehr praktischer Grund dahinter, eigentlich ganz einfach, Peter wohnte in Transdanubien, im 21. Bezirk. Das Pflegeheim von Peters Eltern war nur 15 Minuten von meiner Adresse entfernt, auf unserer Seite der Stadt im Süden Wiens. So war es logisch, bei mir zu wohnen, um sich täglich die Tangente zu ersparen, den Verkehrsstress und die Benzinkosten noch dazu. Ich hatte genug Platz, eben drei Stockwerke im Haus. Wir waren einfach egoistisch genug, um uns miteinander köstlich zu amüsieren und uns nicht um anderer Leute Ansichten zu kümmern. Leider nahmen so manche Mitmenschen uns das sehr übel. Was auch immer. Für uns passte es. Ein paar Freunde verlor ich, der Rest freute sich für und mit uns. Wenn es keine Freude war, dann wenigstens teilweise Akzeptanz. Wir hatten nach einem Jahr zusammenleben geheiratet, wegen legaler Erledigungen. Zuerst war es in erster Linie eine Vernunftssymbiose: Als Mann und Frau hatte man es leichter bei Spitalsbesuchen und hundert andere amtliche Dingen sind füreinander als Eheleute leichter zu erledigen. Eine Zweckgemeinschaft im gesetzten Alter, mit Spaß dazu, war sicherlich nicht zu verachten.

Mutter war richtig böse, als ich ihr von Peter erzählte. Ich genoss es sehr, ihr diese Neuigkeit zu unterbreiten. Im Moment hatte sie es in Santa Barbara nicht leicht. Psychiater bestätigen, dass ein Umzug zu einem neuen Domizil denselben psychologischen Stress auslöste wie der Tod einer geliebten Person. Ich hatte 24 Mal einen Adressenwechsel hinter mich gebracht, die meisten waren Mutter zu verdanken. Es wunderte mich daher nicht, dass ich nach jedem Umzug unter einer gewissen Entwurzelung und Depression litt. Vollgepackte Schachteln und Koffer, dazu massive Unordnung, versetzten mich sehr leicht in Panik. Ich musste immer schnell wieder Ordnung herstellen, sonst bekam ich sogar gesundheitliche und seelische Beschwerden und Asthmaattacken.

Für Mutter mit 96 war das Umziehen sicherlich ein emotionaler Schock. Ich hatte ihr gleich nach meinem Krankheitsausbruch geraten, in betreutes Wohnen zu wechseln. Solange sie noch rüstig genug war, sollte das Aussortieren ihrer Besitztümer erfolgen und gewisse Sachen zum Verkauf angeboten werden. Zum Beispiel ihre signierten Schallplatten- und Bestsellersammlungen, auch das Rosenthal-Porzellan würde viel Geld bringen. Frau Mama wurde richtig laut und hysterisch, ihre Stimme, wie immer, überschlug sich:

„Ich will keine fremden Leute in meiner Wohnung, das hättest du erledigen sollen, wegen deiner blöden Krankheit und deinen Männern wurde das ja wohl nichts! Und überhaupt ...", sie begann, alle möglichen Vergehen meinerseits ihr gegenüber aufzuzählen. Ich merkte sofort, sie würde in ihrer letzten Lebenslage nichts Vernünftiges zu Stande bringen und versuchte immer wieder, sie zu überzeugen, in einen betreutes-Wohnen-Komplex zu ziehen, solange sie noch rüstig genug war, ihre Maculadegeneration noch nicht zu weit fortgeschritten war und sie noch etwas erkennen konnte. Mit ihr über praktische Lösungen für ihre Situation zu reden, war völlig sinnlos. Wie eine störrische Jugendliche trotzte sie oder suhlte sich in Selbstmitleid. Diese Tatsache setzte mir schwer zu; warum fällt sie nicht einfach endlich tot um? An irgendetwas musste sie doch irgendwann bald zu Grunde gehen! Was war mit ihren andauernden früheren Beschwerden oder der verstrahlten Nevada-Luft? Das Rösten in der Sonne auf Teerpappe, plus seine giftigen Dämpfe, freigesetzt durch die Hitze, all die Jahre und regelmäßig eingeatmet hatte ihr auch nichts angehabt. Zeitweise hatte sie viel geraucht und Cognac gesoffen. Mir schien: DER SCHLÜSSEL ZUM GEHEIMNIS FÜR GESUNDES, LANGES LEBEN WAR, BÖSARTIG, LÄSTIG, GIFTIG, GELANGWEILT UND EGOISTISCH DURCHS LEBEN ZU GEHEN. Dabei seine eigenen Wünsche zielstrebig zu verwirklichen, keinen Gedanken an Mitmenschen zu verschwenden, welche deshalb auf der Strecke bleiben würden. Rücksichtslosigkeit war das magische Wort, mit dem man scheinbar gesundblieb und uralt wurde. Der einzige Gedanke, der mich tröstete, war, dass Mutter sich sehr schwer beim Sterben tun würde. Resignation und passive Akzeptanz einer gegebenen Situation mit unumstößlichen Grundfakten wie Sterblichkeit waren für Eleonore sicherlich nicht sofort möglich. Auch sie würde einen heftigen Todeskampf absolvieren, wenngleich unter ganz anderen Voraussetzungen wie bei Grete.

Ich hatte schreckliche Gewissensbisse, weil ich ihren Tod so sehr herbeiwünschte, ich fühlte mich schuldig, ein schlechter Mensch zu sein. Die negativen Gefühle, welche in mir brodelten, machten mir furchtbar zu schaffen, ich sah aber keine Möglichkeit, diese ekelhafte Situation zu entschärfen. Nur ihr Ableben konnte das schaffen.

Zirka ein Jahr lang nach ihrem Zwangsumzug rief sie sehr oft an, um sich zu beschweren, dass man sie umgesiedelt hatte, dass sie in ihren Umzugskartons nichts finden konnte, dass sie fast nichts mehr sah und dass sie wegen meiner blöden Krankheit jetzt nicht die Pflege und Hilfe bekam, die sie brauchte. Sie war tatsächlich an dem Standpunkt angelangt, dass ich ihr die Altenpflege schuldig geblieben sei. Sie war böse auf ihr Schicksal, böse auf mich und meine Multiple Sklerose. Von ihrem Standpunkt aus wäre es meine Pflicht gewesen, ihr zu helfen und für sie Tag und Nacht da zu sein, egal ob in Österreich oder in den USA. Mutter sah mich als Bedienung cum Krankenschwester, welche sich feigerweise selber in Krankheit geflüchtet hatte, um dieser Pflicht absichtlich zu entgehen. Das gab mir zu denken. War das wirklich so? War so etwas überhaupt möglich? Ihr Telefonterror nahm irre Dimensionen an. Die Zeit lief ihr davon. Die Devise „ich will allein sein!" hatte sich nun plötzlich auf negative Weise sehr spürbar gemacht. Es gab von nirgendwoher eine brauchbare Hilfe, da sie sich nie um Freundschaften gekümmert, sich nie um Netzwerkaufbau bemüht hatte, zum Beispiel mit Enkeln und Urenkeln guter Freunde. Diese hätten ihr zur Hand gehen können, für Besorgungen oder zum Beispiel dabei, etwas in den Umsiedelungskartons etwas zu finden. Hätte sie Freundschaften gepflegt, hätte es einige Möglichkeiten der Unterstützung gegeben. Sie stand nun völlig alleine da, sehr unpraktisch im hohen Alter und das noch dazu in den Vereinigten Staaten von Amerika.

Das Kapitel „um jeden Preis auf eine störrische alte Frau Rücksicht nehmen", war dann plötzlich abgeschlossen. Die Besitzer

ihrer Wohnanlage siedelten sie kurzerhand ruckzuck in eine be-
treutes-Wohnen"-Altenresidenz um. Am Ende ihres autonomen
Lebens angelangt, war sie nun 2016 endlich in einem Pflegeheim angekommen. Für eine Person wie meine Mutter, die andere Menschen verabscheute, am liebsten alleine lebte, musste
diese Umstellung auch mit großem Stress verbunden gewesen
sein. Sie hatte einen ganz anderen Tagesablauf als normale Menschen, liebte es, tagsüber zu schlafen, nachts Radio zu hören und
erst in den frühen Morgenstunden schlafen zu gehen. Im Pflegeheim gab es einen strengen Tagesablauf: mit den Hühnern aufstehen und früh schlafen gehen, was sie hasste. Dunkelheit und
ein strenger Stundenplan hatten sie nun wie ein Schraubstock
in der Mangel. Sie war gefangen in ihrer eigenen persönlichen
Hölle. Ich konnte mir vorstellen, wie sehr sie litt unter diesen
neuen Lebensumständen, war mir auch ziemlich sicher, sie fing
an, über ihr bisheriges Leben nachzudenken. Wie sehr sie Menschen in ihrem Umfeld verletzt, gedemütigt und generell schlecht
behandelt hatte. Eleonore war nun völlig auf fremde Hilfe angewiesen, saß in ewiger Finsternis, würde nichts tun können, als
nachzudenken und auf ihr Ableben zu warten. Wie konnte es
anders sein, trotzdem war sie kein bisschen nett oder einsich-
tig geworden, sondern entrüstet über ihr Schicksal. Sie gab mir
die Schuld für ihre Misere. Wäre ich früher schon zu ihr gezogen, hätten wir ein schönes Leben gehabt. An meiner Krankheit
waren alleine nur die Ehemänner schuld und der Stress, den sie
über die Jahre verursacht hatten. Dass sie mir selbst andauernd
den größten Stress bescherte, schon seit frühester Kindheit, kam
ihr nicht in den Sinn. Das wollte sie auch nicht hören oder gelten
lassen. Sie hatte Angst, weil sie wusste, dass bald das Ende ihres
Lebens nahte. Diese Angst machte sie noch ungerechter, giftiger
und zorniger als sonst.

Eleonore gönnte uns keinen würdigen Abschied. Die Zeit des
Abschiednehmens und Rückblickhaltens hätte heilend auf unsere vergangenen Differenzen wirken können. Man setzt sich mit
der Endlichkeit auseinander. Raum und Zeit spielten keine Rolle
mehr. Wenn man nach einem langen, erfüllten Leben in Frieden

geht, kann der Tod Befreiung bedeuten und willkommen sein. Sie empfand die Essenz ihres Lebens nicht als erfüllend angenehm und meinte, nichts Positives erlebt zu haben. Viele sehr alte und sterbende Menschen flüchten sich in sanfte Resignation, Melancholie, religiöse Vorkehrungen, oder Teilnahmslosigkeit. Nichts von alldem spielte für Mutter eine Rolle. Sie war zu einem einzigen bösen Trotzbündel mutiert. Ich hatte gehofft, dass sie, da ihr Ende nahte, zugänglicher werden würde und wir uns aussöhnen könnten. Zwischen uns ging es dank ihr leider in eine andere Richtung, es war unmöglich, mit Freundlichkeit zu ihr durchzukommen. Die Fronten waren völlig verhärtet, der Karren dermaßen festgefahren, dass keine verzeihenden Emotionen fruchten konnten. Vergessen und vergeben war unmöglich. Ich befürchtete, mehr Bitterkeit ins Gesicht geschleudert zu bekommen, eine Ladung Beleidigungen zu ernten, auf die ich keine Lust mehr hatte. Genau so wurde es. Trotzdem kroch ich zu Kreuze und versuchte bei den Telefongesprächen höflich zu sein, hatte aber nur einen einzigen Gedanken: Wann ist endlich Schluss mit dem Theater!?!? Ich wollte dies in die Welt posaunen, schreien: Schluss mit lustig! Erspar uns endlich deine Gegenwart! Aus jetzt! Gleichzeitig gab es bei mir ein sehr schlechtes Gewissen wegen der Todeswunschgedanken, immer und immer wieder das gleiche zermürbende Gefühlschaos. Schluss war noch lange nicht. Drei bis vier Mal pro Woche gab es telefonische Beschwerden über das Leben im betreuten Wohnen. Ich konnte es mir nicht verkneifen, Mutter zu gratulieren! Nun wusste sie, wie es mir in der Frauenoberschule in Döbling ergangen war. Das gab mir große Genugtuung. Auch kein netter Zug von mir. Gleichzeitig tat sie mir leid, das war zum Verzweifeln. Es waltete doch manchmal noch Gerechtigkeit auf dieser Welt, man musste nur geduldig lang genug darauf warten können! Als ich ihr die Gemeinsamkeiten zwischen dem Leben im Internat und ihrem im Altersheim erklären wollte, war sie stocksauer. Was hatte denn ein Altersheim mit einem Klosterinternat zu tun? Sie weigerte sich, die Parallelen zu erkennen. Da gab es aber eigentlich genug davon: ein strukturiertes Gemeinschaftsleben,

rigide Regeln, Bevormundung des Tagesablaufes, der Menüaus-
wahl, der Freizeitgestaltung, der Zeiteinteilung wie aufstehen,
schlafen gehen, Mahlzeiteinnahme, u.s.w. Mama wollte das alles nicht gelten lassen, erkennen oder verstehen. Sie stritt alles
ab und trotzte wie ein böses Kleinkind. Ich versuchte es trotzdem zu erklären:

„Es geht um den Verlust individueller Freiheiten. Tun und
lassen zu können, was einem beliebt, zu jeder Tages- und Nachtzeit! Ohne rigorosen Stundenplan, fremde Bevormundung und
unisono Gruppendynamik."

Als ich ihr das so nahelegte, verstand sie trotzdem nicht,
was ich meinte, oder tat absichtlich so, als würde sie es nicht
verstehen und/oder akzeptieren.

Einmal noch unterhielten wir uns telefonisch im Pflegeheim.
Sie residierte seit einigen Monaten im Bettentrakt und war vom
Rollstuhl abhängig. Es ging um ihr Testament, sie hatte keines
und weigerte sich, mir mit einem entgegenzukommen, würde
ich halt großen Aufwand mit ihrem bürokratischen Nachlass
haben. Es hätte sehr einfach sein können: nur ein Diktat im
Pflegeheim, alles wäre geregelt gewesen, aber nein, justament
nicht! Sie tat es mir zu Fleiß und sagte es mir triumphierend
noch dazu. Dass ihre PVA-Pension auf einer Wiener Bank eingefroren war, interessierte sie nicht. Auch nicht, dass es schwierig
sein würde, das Geld zu kassieren. Eleonore war mir gegenüber
sehr feindlich eingestellt, sie bekämpfte ihre Lebensumstände äußerst heftig und beklagte sich über das Heim, obwohl die
Schwestern sehr mitfühlend und professionell klangen, wenn
ich später Erkundigungen über Mutter einholte. Die Damen
sprachen mit asiatischen Akzenten. Auch das noch! Mutter
hatte immer über Chinesen gelästert, auf sie herabgesehen. Sie
mochte sie überhaupt nicht seit sie in San Francisco um die Ecke
vom Chinesenviertel gewohnt hatte. Niemand aus dieser ethnischen Gruppe gab ihr jemals Grund zu Feindschaft oder Ableh-
nung. Noch nie war zwischen ihnen ein einziges Wort gewechselt worden. Sogar chinesische Restaurants wurden immer von
ihr boykottiert. Sie konnte sie nicht ausstehen. In ihrem letzten

Lebensabschnitt war sie nun auf asiatisches Pflegepersonal angewiesen. Sie schimpfte vehement über „diese Leute", das Leben und das Alter generell, es sei ein verdammter Fluch! Ihr Leben hätte sie sich sparen können, völlig scheußlich vom Anfang bis jetzt und es hatte viel zu lange gedauert. Da musste ich ihr beipflichten. Ich konnte und mochte sie nicht trösten, alles, was ich wollte, war endlich ein Ende ihres Daseins. Ich beschloss, mit ihr einfach nicht mehr zu telefonieren. Ihre ewigen Hasstiraden und Hiobsbotschaften regten mich zu sehr auf und Tage lang nach einem Gespräch mit ihr ging es mir schlecht. Sie spuckte Gift und Galle. Wie sie noch immer wusste, was in der Welt vor sich ging, ordnete ich ihrem kleinen, portablen Kurzwellenradio zu. Sie weigerte sich, dem Standpunkt einer anderen Person zuzuhören, geschweige denn ihn zu akzeptieren. Dafür, dass es ihr in ihrem langen Leben gesundheitlich andauernd schlecht gegangen war, wenn sie an Langeweile gelitten hatte, lebte sie viel zu lange ohne Ärzte oder Medikamente. Sie hatte alles immer so gedreht, wie sie es gerade gebraucht hatte. Sie konnte immer ihren eisernen Willen durchsetzen. Ich selbst verfügte nicht mehr über genug seelische Kraft wöchentlich Monate lang rabiate, jammernde, giftige Telefonate durchzustehen, das wiederum machte mir ein schlechtes Gewissen, ich kam mir vor wie ein Nager im Hamsterrad. Im März 2018 sprach ich ein letztes Mal mit ihr. Ich hätte es aber bleiben lassen sollen. Es eine Konversation zu nennen, war übertrieben. Eigentlich war es vorwiegend ein böser Monolog ihrerseits an mich. Anstatt wissen zu wollen, wie es mir ging, oder zu berichten, wie es ihr ging, vielleicht doch noch ein Lebewohl zusammen zu teilen, überschüttete sie mich mit Hiobsbotschaften:

„Die EU ist dazu da, Europa absichtlich zu ruinieren, die reichen Länder auszubluten, eine Völkerwanderung zu unterstützen, um die Individualität und Einzigartigkeiten der Nationen zu vernichten und aufzumischen. Nationale Traditionen müssen ausgelöscht werden. Es wird absichtlich eine Seuche losgelassen werden, welche durch den Flugverkehr Weltweit ihr Unwesen treiben wird, um die Überbevölkerung ein wenig zu dezimieren, speziell in den Slums der Länder der Dritten Welt. Es wird nur vereinzelt Impfungen und Medikamente für die armen Massen geben, aber genug spezielle nur für Reiche und Politiker. Ein Impfzwang wird untaugliche Impfstoffe weltweit die Massen unterdrücken. Die Pandemie wird die Finanzwelt kräftig durcheinandermischen, viele neue Millionäre hervorbringen, gewisse Leute und ihre Konzerne steinreich machen, vor allem die Pharmaindustrie wird diktieren und manipulieren. Lange Abriegelungen und Quarantänen für die Bevölkerungen, auch in allen Ländern werden Nationalschulden und Inflation die Welt beflügeln. Danach wird es Unruhen und ausgeartete Demonstrationen geben. Die absichtlich losgetretene Einwanderung vorwiegend junger Männer in EU-Länder wird unterstützt werden, sie werden rauben, morden und Chaos stiften. Auch die Atomkraftwerke werden ihren Teil an Bösem beitragen. Es werden dazu noch ein ökonomischer und mit russischer Waffengewalt bestrittener Konflikt ausbrechen, auch ein religiöser Glaubenskrieg kommen". Mutter war froh, bald zu sterben, aber ich würde noch meine Wunder erleben, durch die Pandemie würde die Versorgung mit Lebensmittel und Medikamenten zusammenbrechen. Dazu die Klimaerwärmung, Überschwemmungen und Stürme, mit massiven Ernteausfällen, plus maroden Atomkraftwerken. Danach würde Verstrahlung ihr Unwesen treiben und es nur mehr Raub und Totschlag geben um die wenigen Güter, die noch vorhanden waren.

Sie sagte es mit freudigem Triumph, als ob das Leid, welches sie schilderte, eine wunderbare, aufbauende Sache sein würde. Ich war schockiert von so viel Bösem und sie war für mich höchst abstoßend. In der Vergangenheit hatte sie immer schon schreckliche, deprimierende Nachrichten gesammelt und verbreitet. Es konnte sein, dass das Leben in einer chaotischen Zukunft leichter für sie zu verlassen war. Dieser Gedanke wiederum machte es leichter für mich, über ihre Prophezeiungen nicht besonders viel nachzudenken. In der Vergangenheit hatten sich ihre pessimistischen Vorhersagen leider manchmal bewahrheitet. Dieses „Schwarzsehen", alles Düstere, Tragische und Negative, war

466

immer ihr Markenzeichen, ihr Lieblingsthema gewesen. Als ich nochmals darüber nachdachte, fand ich ihre letzte Voraussage allerdings doch viel zu heftig und dann auch wieder nicht. Es war ihre Absicht gewesen, mich zum Abschied zu verunsichern, das fand ich äußerst gemein, richtig schäbig und verstörend.

Eleonore Hanzlik, geboren am 20. August 1919, schloss für immer die Augen am 1. Mai 2018. Ein sehr sozialistisches, österreichisches Datum! Ich hätte nie geglaubt, dass sie mir so endlos lange erhalten bleiben würde, nun war alles überstanden! Vorbei! Und dann auch wieder noch lange nicht. Wie konnte es wohl anders sein. Es dauerte zwei Jahre, die legalen Obligationen international einzureichen, es war nervenaufreibend, kostspielig und lästig. Genau wie in ihrem Leben, ließ sie mich auch noch nach ihrem Tod lange nicht zur Ruhe kommen. Ich war unglaublich erleichtert, dass wenigstens ihr leeres Leben endlich vorbei war, wusste auch, dass speziell die letzten Jahre im Heim für sie fast unerträglich gewesen sein mussten, in totaler Finsternis, völlig auf fremde Hilfe angewiesen. Sie war im Vorhof zur Hölle gewesen und sie hatte endlose Stunden über ihr Leben zu resümieren gehabt. Völlig in Ordnung, was ihr Gedächtnis betraf, hatte sie sicherlich sehr viel Zeit ausführlich über das Geschehen ihres Daseins nachzudenken gehabt. Hoffentlich war sie zu der Erkenntnis gekommen, dass sie sehr viele Fehler gemacht hatte, insgeheim aber zweifelte ich daran. Nie wäre ich auf den Gedanken gekommen, dass sie so endlos langlebig sein würde. Ich stellte mir vor, wie wunderbar es gewesen wäre, wenn Zuneigung, Liebe und Zusammenhalt in unserer Beziehung stattgefunden hätten, wenn wir in Wien geblieben wären, vieles hätten wir erreicht. Auf jeden Fall wäre mir Altersarmut erspart geblieben, vielleicht hätte ich etwas für mein geliebtes Land geleistet.

Zu versuchen, einen Grund zu finden, warum das Schicksal mir so eine Mutter beschert hatte, war nicht leicht. Was sollte ich daraus lernen? Vielleicht die Kunst der Vergebung? Was war zu verzeihen? Dass sie sich Zeit ihres Lebens weigerte, erwachsen zu werden? Eigentlich war ihre Lieblosigkeit abhärtend für die Schicksalsschläge, welche das Leben mir serviert hatte. Ihr rabiates Benehmen, allgemein betrachtet, brachte positive Auswirkungen für mich. Ich dachte an so viele nette, wertvolle, gutherzige Menschen, denen ich im Laufe der Zeit begegnet war, die plötzlich aus ihrem Leben gerissen worden waren, durch Unfall oder Herzinfarkt und Gehirnschlag. Auch welche, die eine grimmige, schwere Krankheit mit dem entsprechenden Leidensweg erdulden hatten müssen und das noch dazu oft in jungen Jahren. Eleonore hatte 99 Jahre auf dieser Welt zu leben gehabt. Dass sie die Zeit nicht richtig ausgekostet hatte, ihren Mitmenschen freudlos und bitter die Tage vermiest hatte, war allein ihre eigene Schuld. Nach ihrem, von mir, sehnlichst erwünschten Dahinscheiden, konnte ich ihr keine einzige Träne nachweinen. Ich fühlte mich auch deswegen nicht schuldig. Meine Bekannten waren mit mir sehr unzufrieden:

„Aber wie kannst du nur, sie war doch trotzdem deine Mutter!"

In deren Augen ist eine Frau, die geboren hatte, alleine durch diese Tatsache automatisch eine Heilige und hat somit unwiderruflich Anspruch auf Verehrung, Rücksicht und bedingungslose Liebe, auch wenn sie sich egoistisch, gemein, nachlässig, brutal oder kalt ihren Kindern gegenüber verhalten hatte. Diese Denkweise konnte ich nicht nachvollziehen. Ich kannte den tiefen Schmerz beim Verlust eines geliebten Menschen: den Tod meines allererstens Ehemannes durch seinen Autounfall, das Ableben des italienischen Ehemannes an Drüsenkrebs, den Verlust meines Sohnes an Blutkrebs. Sie schnitten tiefe Furchen in meine Psyche. Ich hatte bei dem Tod meiner Großeltern enormen Trauerschmerz empfunden, auch bei meinen beiden Tanten, und als mein Vater starb, erst recht bei dem Verlust meines Heimatlandes und meiner Muttersprache. Bei dem Tod meiner Mutter fühlte ich einfach nur grandiose Erleichterung und ich hatte deswegen keinerlei Schuldgefühle. Danach setzte eine angenehme Leere ein: Ich würde nie wieder das Läuten des Telefons fürchten müssen. Für immer waren die Tiraden über das miese Leben generell, die ekeligen Menschenmassen weltweit und den Fluch des Alters (seit ihrem vierzigsten Lebensjahr), allgegenwärtig verstummt. Das einzig störende war das endlose Hin und Her bei den bürokratischen Erledigungen ihres Todes auf zwei Kontinenten. Weil kein Testament vorhanden war, gab es nichts als Schwierigkeiten. Der kalifornische Totenschein passte den österreichischen Behörden nicht. Sie wollten Dokumente mit offiziellen Stempeln und Beglaubigungen. Die gab es nicht, zumindest nicht in Südkalifornien, und die österreichischen Beamten waren höchst uneinsichtig. Der Totenschein vom Pflegeheim war sicherlich dürftig, die Hälfte eines A4-Blattes, ein Vordruck mit ausgesparten Zeilen für Todesdatum, -uhrzeit und Name der/des Verstorbenen. Es war schon lächerlich, weil es an die Vordrucke in den Schulen von seinerzeit erinnerte! Die Bank Austria mochte den Totenschein auch nicht, „ungeeignet" für die Anwendung zur Verfügbarkeit des Pensionskontos. Ich musste mit der Servicesendung im ORF „Heute Konkret" drohen, damit man mir entgegenkam. Irgendwie murksten alle Beteiligten volle zwei Jahre, bis die Erbschaftsabwicklung zu Ende war.

NACHWORT

Es ist viel Zeit vergangen seit Mutters Tod. In unserer Familie gab es von einer Generation zur nächsten zwischen Müttern und Töchtern immer gröbere Missverständnisse. Mit mir war dieses Verhaltensmuster auf jeden Fall zu Ende. Ohne Nachkommen keine Reibereien. Warum war ich bei Eleonore außer Stande gewesen, all die Jahre ein klärendes Gespräch zu führen? In der Vergangenheit hatte ich viele Tränen vergossen wegen der Aktionen, die Mutter veranlasst hatte. Geweint habe ich wegen ihres Dahinscheidens noch immer nicht.

SOMMER 2021, 2022 Eine weltweite Pandemie ist ausgebrochen, es gibt andauernd Lockdowns und Ausgehverbote, Impfpflicht mit teils wirkungsschwachen, teils unerprobten Impfstoffen, Impfschäden, welche vehement verheimlicht werden, eine kranke Wirtschaft, Massenimmigration von unqualifizierten, Teils rabiaten, gefährlichen Asylanten, welche finanziell besser abgefertigt werden als die einheimischen Mindestpensionisten und so mancher Staatsbürger, es gibt unfähige, machtbesessene Politiker, Korruption, Asylanten, welche auf christliche Mädchen und Frauen Jagd machen und sie schänden, Gewalt, muslimische Einwanderer morden ohne Repressalien, was minimiert, ignoriert oder gar geleugnet wird. Man darf sich nicht kritisch äußern, sonst wird man als Landesfeindlich ins rechte Eck gestellt, es weht ein starker diktatorischer Wind. Eleonore lässt grüßen.

DIE AUTORIN

G. Quilitzsch wurde im Jahr 1945 in Wien geboren. In der geliebten Heimat Österreich blieb sie jedoch nicht lange, da ihre Mutter die Auswanderung in die USA forcierte. Die erzwungene Emigration machte Quilitzsch schwer zu schaffen und die Sehnsucht nach der Heimat prägte ihr Leben in den Staaten. Doch der Aufenthalt in den USA war auch erfolgreich. So schloss sie ein Master-Studium an der Universität in New Jersey ab und ging danach einer journalistischen Tätigkeit nach. Im Zuge dessen konnte sie ihre Sprachfähigkeiten in Deutsch, Englisch, Italienisch und Spanisch ausbauen und für eine lokale Tageszeitung Artikel schreiben. Erst nach 22 Jahren kehrt die gebürtige Wienerin in ihr Heimatland zurück. Dort fiel die Eingliederung in die Heimat erst schwer.

„Lebenslügen meiner Mutter" vereint all diese Fähigkeiten und zeigt nicht nur, wie sie erworben wurden, sondern warum sie G. Quilitzsch als Autorin prägen.

DER VERLAG

VINDOBONA
VERLAG · SEIT 1946

ein Verlag mit Geschichte

Bereits seit 1946 steht der Vindobona Verlag im Dienst seiner Bücher und Autoren. Ursprünglich im Bereich periodisch erscheinender Journale tätig, präsentiert sich der Verlag heute als kompetenter Partner für Neuautoren am deutschen, österreichischen und schweizerischen Buchmarkt. Engagement, Verlässlichkeit und Sachverstand – das sind die Grundpfeiler, auf denen der Verlag seit jeher sicher steht.

Sie möchten mit Ihrem Werk das vielseitige Verlagsprogramm bereichern? Der Vindobona Verlag garantiert Ihnen eine professionelle Prüfung Ihres Manuskriptes durch das Lektorat sowie eine zeitnahe Rückmeldung.

Genauere Informationen zum Verlag
finden Sie im Internet unter:

www.vindobonaverlag.com